Digitale Souveränität

Mike Friedrichsen · Peter -J. Bisa (Hrsg.)

Digitale Souveränität

Vertrauen in der Netzwerkgesellschaft

Springer VS

Herausgeber
Mike Friedrichsen
Stuttgart, Deutschland

Peter -J. Bisa
Bergisch Gladbach, Deutschland

ISBN 978-3-658-07348-0   ISBN 978-3-658-07349-7 (eBook)
DOI 10.1007/978-3-658-07349-7

Die Deutsche Nationalbibliothek verzeichnet diese Publikation in der Deutschen Nationalbi-
bliografie; detaillierte bibliografische Daten sind im Internet über http://dnb.d-nb.de abrufbar.

Springer VS

Lektorat: Barbara Emig-Roller, Monika Mülhausen

Gedruckt auf säurefreiem und chlorfrei gebleichtem Papier

Springer VS ist Teil von Springer Nature
Die eingetragene Gesellschaft ist Springer Fachmedien Wiesbaden GmbH

Europa und die Souveränität im Netz

Günter Oettinger

Das Urlaubsfoto auf Facebook gepostet, das Video auf YouTube und dann noch schnell etwas gegoogelt: Wer im Internet unterwegs ist, privat oder beruflich, kommt um die US-Giganten nicht mehr herum. Facebook hat weltweit 1,4 Milliarden regelmäßige Nutzer, Google einen Marktanteil von 93 % an den in Europa benutzten Suchmaschinen. Die amerikanischen Unternehmen, so scheint es, haben das Internet fest im Griff. Wo bleibt da die Souveränität Europas, wenn Firmen hier solche Fakten schaffen? Wer macht die Spielregeln? Und wer sorgt für Ausgleich?

Klar ist: Erfolg an sich, darf kein Kritikpunkt sein. Und klar ist auch: Europas Antwort auf die US-Unternehmen kann keine rein defensive sein, die sich nur auf das EU-Wettbewerbsrecht stützt. Natürlich müssen wir dafür sorgen, dass sich auch amerikanische Giganten an unser Recht halten. Aber die eigentlich entscheidenden Fragen für die Zukunft Europas sind andere:

Wie schaffen wir es, dass Europa die nächsten „Googles", „Facebooks" und Plattformen der nächsten Generation hervorbringen? Und wie schaffen wir es, dass unsere traditionelle Industrie Maschinenbau, Fahrzeugbau, Chemie, aber auch Dienstleistungssektoren wie das Verlagswesen oder Versicherungen, den Sprung in das digitale Zeitalter schaffen und ihre weltweit führende Rolle gegenüber High-Tech Firmen behaupten können? Dabei geht es um den Wettbewerb und darum, wie europäische Firmen mithalten und aufholen können. Aber es geht darüber hinaus auch um die digitale Souveränität Europas. Es geht um eigene Ideen, Produkte, Standards.

Die Antwort auf all diese Fragen lautet daher: Wir brauchen einen digitalen, europäischen Binnenmarkt. So wie wir jetzt aufgestellt sind, mit 28 zersplitterten nationalen Märkten, wird Europa nie Start-ups hervorbringen, die Google&Co einmal Paroli bieten könnten. Denn gerade im digitalen Bereich ist die Größe des Marktes, den man bedienen kann, entscheidend für den Erfolg. Wer beispielsweise eine neue App entwickelt, kann den Service an 10 000 oder 100 Millionen User anbieten ohne große Zusatzkosten zu haben. Daneben müssen wir natürlich auch ein Umfeld schaffen, ein sogenanntes „Ökosystem", dass Innovationen und Effizienzgewinne sowohl in traditionsreichen wie in neuen Sektoren erleichtert, wie es die USA vorexerzieren. Dazu gehört die Bereitstellung von Forschungsmitteln für Plattformen der neuen Generation, wie es die EU-Kommission schon heute schon tut. Und auch Maßnahmen, die das Vertrauen in Cloud-Anwendungen erhöhen. Bisher machen noch viel zu wenige europäische Unternehmen davon Gebrauch, weil das Vertrauen in die IT-Lösung fehlt. Dadurch bleiben Effizienzgewinne und das Innovationspotential, das sich vor allem durch die Verknüpfung mit Big Data ergibt, ungenutzt. Daher wollen wir die Cloud-Angebote, die heute schon heute auf dem Markt bestehen, zertifizieren und auch einen schnellen und unkomplizierten Wechsels zwischen Cloud-Anbietern gesetzlich vorschreiben.

Daneben müssen wir auch den Zugang zum Kapital erleichtern. Während in den USA ein Börsengang relativ einfach ist, finanzieren sich hierzulande 80 Prozent der Unternehmen über Bankenkredite, mit all den Einschränkungen, die bekannt sind. Unter dem Schlagwort „Kapitalmarktunion" wollen wir daher die nationalen Börsenregeln anpassen und auch dort Zugang zu einem viel größeren, europäischen Markt schaffen.

Wir brauchen natürlich auch die bestmögliche digitale Infrastruktur, die dank lückenloser Vernetzung neue Dienstleistungen quer durch Europa erlauben muss, wie zum Beispiel immer mehr autonomes Fahren, oder das sogenannte „eHealth", also die Nutzung von IT um die medizinische Versorgung zu verbessern.

In unserer Strategie zur Schaffung eines digitalen Binnenmarktes, die wir vor wenigen Monaten vorgeschlagen haben, sind noch andere Stellschrauben genannt, an denen wir drehen müssen, damit der Binnenmarkt Realität wird – Erleichterung im Online-Handel, Verbilligung der Paketzustellung, Vereinfachung der Mehrwertsteuer-Regelungen und eine Analyse der Geschäftsmodelle von Online-Plattformen. Dabei haben wir auch die KMUs im Blick. Sollte bei der Analyse herauskommen, dass die Plattformen die eigenen Serviceleistungen systematisch bevorteilen, haben unabhängige Start-ups keine Chance.

Das alles wird Europa nicht von heute auf morgen ganz nach vorne katapultieren. Aber, wenn uns die digitale Revolution eines gelehrt hat, dann das: Unternehmen, die gestern noch fest im Sattel saßen und als unbestrittene Marktführer galten, blicken heute gebannt und nervös auf die Start-ups. Das kann Google&Co auch passieren.

Günter Oettinger, EU-Kommissar für Digitale Wirtschaft und Gesellschaft, Brüssel

Inhalt

I Digitale Souveränität

III Wirtschaftliche Ebene

IV Gesellschaftliche Ebene

Verzeichnis der Autorinnen und Autoren

Herausgeber

Mike Friedrichsen, Prof. Dr., Professor für Medienökonomie und Medieninnovation an der Hochschule der Medien Stuttgart und wissenschaftliche Leitung der Humboldt-School Stuttgart/Berlin

Peter Bisa, Geschäftsführer Tactum GmbH Köln sowie Mitglied im Wirtschaftsrat der CDU und Mitglied der MIT

Autoren

Ayad Al-Ani, Prof. Dr., Alexander von Humboldt Institut für Internet und Gesellschaft, Berlin

Jan Philipp Albrecht, MdEP, DIE GRÜNEN, Brüssel

Dorothee Bär, MdB CSU, Parlamentarische Staatssekretärin beim Bundesminister für Verkehr und digitale Infrastruktur, Berlin

Ansgar Baums, Director Corporate Affairs, Germany, CEE & MEMA, Head of Berlin Office, Hewlett-Packard Company, Berlin

Michael von Foerster, Hauptgeschäftsführer des VDR, ehemals Director Government & Public Affairs (ST/SAG), Bosch Sicherheitssysteme GmbH, Berlin

Jo Groebel, Prof. Dr., Deutsches Digital Institut, Berlin

Johanna Grübelbauer, Dr., Senior Researcherin und stellvertretende Leiterin des Österreichischen Instituts für Medienwirtschaft an der Fachhochschule St. Pölten, Österreich

Wolfgang Hagen, Prof., Dr., Leuphana Universität Lüneburg

Peter Haric, Dr., Leiter des Leitbetriebe Austria Institut, Wien

Wilfried Jäger, Dr., Bereichsleiter Infrastruktur im Bundesrechenzentrum Wien, Österreich

Thomas Jarzombek, MdB, CDU, Berlin

Cherno Jobatey, Chefredakteuer Huffington Post, München

Eva-Maria Kirschsieper, Manager Privacy & Policy, Facebook Germany GmbH, Berlin

Lars Klingbeil, MdB, SPD, Berlin

Hans Köchler, Prof. Dr., Vorsitzender der Arbeitsgemeinschaft für Wissenschaft und Politik und Präsident der International Progress Organization

Ralf Koenzen, Geschäftsführender Gesellschafter, Lancom Systems GmbH, Würselen

Günter Krings, Prof. Dr., MdB CDU, Parlamentarischer Staatssekretär im Bundesministerium des Inneren, Berlin

Michael Littger, Dr., Geschäftsführer, Deutschland sicher im Netz e. V., Berlin

Lena-Sophie Müller, Geschäftsführerin, Initiative D21, Berlin

Jörg Müller-Lietzkow, Prof. Dr., Lehrstuhl Medienökonomie, Universität Paderborn

Günter Oettinger, EU-Kommissar für Digitale Wirtschaft und Gesellschaft, Brüssel

Hartmut Pohl, Prof. Dr., Geschäftsführer Softscheck GmbH, Lehrstuhl Informatik, Sankt Augustin

Harald Rau, Prof. Dr., Fachhochschule Ostfalia, Lehrstuhl Medienmanagement, Salzgitter

Philipp-Chr. Rothmann, DHPG IT Services GmbH, Gummersbach

Jimmy Schulz, Unternehmer ehemaliger MdB, FDP

Wolf Siegert, CEO IRIS Media, Berlin

Aleksandar Stojanovic, Executive, The NeonBridge Consortium

Peter Tauber, Dr., MdB, Generalsekretär der CDU, Berlin

Henrik Tesch, Director Corporate Affairs & Citizenship, Microsoft Deutschland GmbH, Berlin

Michael Veddern, Prof. Dr., Hochschule der Medien Stuttgart

Stephan Weichert, Prof. Dr., Makromedia Hochschule, Hamburg

Rüdiger Weis, Prof. Dr., Cryptolabs Berlin

Stefan Werden, Dr., Geschäftsführer open-six GmbH, Nürnberg

Marco Zingler, Geschäftsführer, Denkwerk GmbH, Köln

Einführung –
Analyse der digitalen Souveränität
auf fünf Ebenen

Mike Friedrichsen und Peter Bisa

Mit der NSA-Spähaffäre, die 2013 mit den Enthüllungen von Edward Snowden öffentlich wurde, hat sich der netzpolitische Diskurs massiv verändert. Sicherheitspolitik existierte in der Vergangenheit in den Bereichen Innen- und Verteidigungspolitik. Durch die Digitalisierung der gesamten Wirtschaft und der Gesellschaft ergibt sich nun eine neue Facette. Digitale Sicherheitspolitik ist in aller Munde, denn sie berührt die tragende Säule der Digitalisierung: VERTRAUEN! Dieses Thema, das entscheidend für eine funktionierende Netzwerkgesellschaft und damit auch für den Standort Deutschland ist, wird gesamtgesellschaftlich bzw. volkswirtschaftlich noch nicht ausreichend aufgegriffen und zunehmend undifferenziert betrachtet. Das liegt vielleicht daran, dass unser Verständnis von Sicherheit noch immer traditionell in einer territorialen Welt geprägt ist. Diese eher historische Bilderwelt übersetzt das Souveränitätsvokabular von Jean Bodin und seiner Nachfolger in die digitale Welt und führt dazu, dass wir Sicherheit in Maßnahmen suchen, die global gesehen nicht mehr funktionieren, die obsolet sind. In der Manier des 18., 19. und 20. Jahrhunderts wird heute Sicherheit in einer digitalen Souveränität gesucht, die durch territoriales Denken geleitet wird. Ein solches Denken führt jedoch zu kurz und kann die Sicherheit sowie eine funktionierende digitale Wettbewerbsstruktur mit einer gewissen Souveränität nicht gewährleisten, sie läuft Gefahr, die Integrität unserer Netzwerkgesellschaft zu gefährden. Wir müssen den Begriff der digitalen Souveränität von der rein territorialen Ebene lösen und sie um eine inhaltliche, qualitative Dimension erweitern. Unser Menschenbild und unsere gesellschaftliche sowie wirtschaftliche Zukunft verlangen – vor dem Hintergrund der globalen Digitalisierung – neue Verhaltensmuster, neue Lösungsansätze, wie z. B. gehärtete Prozess-Architekturen, exzellentes Prozess-Management oder neue Standards, die auf unseren eigenen Fundamenten, auf unseren eigenen Kompetenzen basieren und die zugleich den internationalen Kontext berücksichtigen. Der Glaube, sich auf andere Nationen sowie Unternehmen und deren Identitäten und Wertekanon verlassen zu können – unabhängig ob aus den USA oder aus Asien – dürfte nicht ausreichend sein.

Politische Ebene (rechtliche Rahmenbedingungen)

Ein souveräner Umgang mit digitalen Technologien und Medien ist Grundvoraussetzung, damit die Bürger kompetent mit der Digitalisierung umgehen können. Wer ist für den Aufbau digitaler Souveränität verantwortlich? Wie kann die Digitalisierung in allen staatlichen Aufgabenfeldern sinnvoll umgesetzt werden, ohne die eigene Souveränität, das Recht auf informationelle Selbstbestimmung des einzelnen Bürgers, ad absurdum zu führen, zugleich aber den Einsatz neuer Technologien ermöglichen? Wie sichern wir eine sinnvolle Balance ab zwischen der Aufgabe des Staates nach Sicherheit und dem Recht auf informationelle Selbstbestimmung der einzelnen Bürger, wenn die dazu benötigten Technologien nicht mehr der eigenen Kontrolle unterliegen? Wie kann vor dem Hintergrund von Big Data Analytics die Wahrung der Souveränität der Bürger, des Parlaments gewährleistet sein? Ist ein Denken in den Kategorien von „digitaler Souveränität" politisch überhaupt noch gefragt? Wenn ja, in welchem Rechtsrahmen wäre dies umsetzbar?

Wirtschaftliche Ebene (Globalisierung, Wertschöpfung, Produkte)

Wir leben im Zeitalter der globalisierten Wirtschaft: Ganze Volkswirtschaften, Sektoren und Unternehmen sind durch weltumspannende IT-Lösungen miteinander vernetzt. Der überwiegende Teil der Software und IT-Services kommt mittlerweile aus den USA. Bedingt durch die Erkenntnisse aus der NSA Affäre und deren Spionageaktivitäten auch – im Wirtschaftsumfeld – stellt sich damit zwangsläufig die Frage nach der Absicherung des Wirtschaftsstandortes, da die eigenen digitalen Kompetenzen sehr limitiert sind. Deshalb gibt es zunehmend Stimmen, die für nationale bzw. europäische IT-Lösungen plädieren. Was würde die angestrebte technologische Souveränität für die deutsche Wirtschaft bedeuten? Der Erfolg der Exportnation Deutschland hängt maßgeblich von der technologischen Integration in den Weltmarkt ab. Können sich deutsche Unternehmen vor diesem Hintergrund einen Verzicht auf internationale IT-Expertise überhaupt leisten? Kann Deutschland in der digitalen Welt eine ebenso führende Rolle einnehmen wie in anderen Märkten? Wie kann eine sinnvolle Balance gewährleistet werden? Sind Industrie 4.0, Big Data und die eigene Souveränität in einer digitalisierten Welt machbar? Welche wirtschaftlichen Kompetenzfelder wären für die deutschen Unternehmen geeignet? Wäre z. B. die in den USA praktizierte Form des „buy american" vor dem Hintergrund der Wahrung der nationalen Sicherheitsinteressen ein gangbarer Weg auch für Deutschland, eine eigene Industrie zu fördern? Das kürzlich gefällte Urteil des Europäischen Gerichtshofs zum Thema Safe Harbour zeigt die Brisanz dieser Thematik.

Technische Ebene (Datenschutz, Datensicherheit)

„Wir können die digitale Souveränität Europas nur dann erhalten, wenn es uns gelingt, in der Zukunft die technologische Souveränität über die Netzinfrastruktur und die Netztechnik zu erlangen und zu verstärken", so Hans-Peter Friedrich (ehemaliger Innenminister). Um in der gesamten Bevölkerung Vertrauen in das Internet und seine Dienste zu schaffen, sind digitale Sicherheit und Datenschutz essenziell. Welche Akteure sind für den Schutz des Individuums und seiner personenbezogenen Daten verantwortlich? Welche Maßnahmen sollten verstärkt eingesetzt werden, um den sicheren Umgang mit elektronischen Identitäten in der digitalen Welt zu gewährleisten? Die gleiche Aufgabe stellt sich auch in Richtung der Unternehmen: Wie ist die Sicherheit der Netze, die Sicherheit des Informationsaustausches seitens des Staates zu gewährleisten? Ist unsere Wirtschaft ausreichend sensibilisiert?

Gesellschaftliche Ebene (Bildung, Nutzung)

Digitale Aufklärung und digitale Bildung ist die Grundlage für einen souveränen und selbstbewussten Umgang mit der digitalen Technologie. Damit verknüpft ist auch die verstärkte Nutzung digitaler Angebote im Bildungsbereich. Es geht letztlich auch darum, den Umgang mit den Angeboten von Facebook, Google, Apple und Microsoft kompetent zu gestalten. Souveränität erhält in diesem Kontext eine neue Dimension: Nutzung der Chancen ja, jedoch gleichzeitig auch Wissen um die darin enthaltenen Risiken und souveräne Entscheidung darüber und nicht nur blindes Anwenden. Digitale Medienkompetenz ist letztlich auch die Voraussetzung dafür, dass die Internetangebote, die der Staat im Rahmen von E-Government- und Open-Data-Strategien seinen Bürgerinnen und Bürgern zur Verfügung stellt, von diesen auch genutzt werden können. Dieses Angebot werden aber nur diejenigen nutzen, die sich souverän im Netz bewegen und sich dort sicher fühlen. Wie kann jedoch ein Angebot geschaffen werden, welches sich nicht auf einem globalen Hegemonieverständnis aufbaut, wie dies z. B. indirekt von Eric Schmidt, dem Google-Verwaltungsratsvorsitzenden (bzw. Chairman bei Alphabet) postuliert wird?

„Digital Souveräne" sind im Internet zuhause und meistens schon mit dem Internet aufgewachsen (Digital Natives). Sie verfügen über eine ausgeprägte IT-Kompetenz und sind entsprechend umfassend und intensiv im Netz unterwegs. Online zu sein ist für sie keine technische Aktivität, sondern Situationsbeschreibung und damit ein selbstverständliches Moment des privaten und beruflichen Alltags. Digital Souveräne sind junge, ungebundene und flexible Nutzer aus gehobenen, postmodernen Milieus. Sie eignen sich nicht gezielt bestimmtes IT-Wissen an, sondern erwerben dieses im kreativ-spielerischen Umgang, d. h. überwiegend intuitiv. Sie haben großes Selbstvertrauen bei der Internet-Nutzung und wenig Sicherheitsängste.

Auch wenn sie wissen, dass Sicherheit und Datenschutz im Internet nicht immer gewährleistet sind, legen sie sich kaum Verhaltenseinschränkungen auf, sondern vertrauen auf ihre Kompetenz und „gefühlte" Souveränität: „Wer kann im Netz am ehesten überleben? – Wir!" Ist diese Form der Selbstbehauptung jedoch nur oberflächlicher Natur oder basiert sie auf Unkenntnis?

Juristische Ebene (Datenschutz, Privatsphäre)

Die allumfassende Vernetzung führt stets zum leidigen Problem der Daten. Das Internet wird heute von Daten angetrieben. Milliarden von Sensoren tauschen Daten miteinander aus, Milliarden von Menschen geben ihre Daten preis, um Informationen, Spiele und soziale Netzwerke nutzen zu können, ohne Geld dafür zahlen zu müssen. Die Verarbeitung von Daten eröffnet zwar die Möglichkeit, effizienter zu arbeiten, den Menschen mehr von dem zu geben, was sie sich wünschen, und uns selbst in einer Weise wahrzunehmen, wie dies zuvor nicht möglich war. Es ist unbefriedigend, wenn Bürger und Aktivistengruppen von Politikern noch härtere Maßnahmen zum Schutz der Privatsphäre fordern, während sie selbst durch ihr Verhalten zeigen, dass sie diesen Schutz nicht wirklich ernst nehmen.

Datenschutzgesetze in Zeiten globaler Vernetzung bedürfen neuer Lösungsansätze. Ist der alte Begriff der zu schützenden Daten vor dem Hintergrund der rasanten Technologien und der geänderten Einstellungs- und Verhaltensweisen noch sinnvoll oder bedarf es einer neuen Definition. Wie lassen sich Eigenverantwortung, staatliche Fürsorge und die Erkenntnisse aus der Digitalisierung sinnvoll verknüpfen?

Kulturelle (mediale) Ebene (Netzwerke, Informationsfluss, Psychologie des Handelns)

Die globale Netzwerkgesellschaft beruht auf den Netzwerken der digitalen Informations- und Kommunikationstechnologien. Diese vernetzen Menschen jenseits territorialer Grenzen und erlauben weltweite Kommunikation in Echtzeit. Zum Internet haben heute über zwei Milliarden Menschen einen mehr oder weniger freien Zugang. Das Netz der Netze hat zur Emergenz einer digitalen Öffentlichkeit geführt. In ihr setzen sich zusehends neue soziale Praxen der Kommunikation und der Arbeit durch. So erleben wir zurzeit den Übergang von der Massenkommunikation in der Informationsgesellschaft zur Massenselbstkommunikation in der Netzwerkgesellschaft. Die Nutzer digitaler Medien konsumieren nicht mehr nur, sondern produzieren immer mehr auch selbst Inhalte. Die zunehmende Popularität sozialer Medien liegt unter anderem darin, dass sie das Publizieren, Teilen, Bewerten und Kommentieren von Inhalten im Internet vereinfacht haben. Die Kommunikation in der digitalen Öffentlichkeit wird dadurch direkter, dialogischer, schneller und flüchtiger. Eine ähnliche Bewegung sehen wir im Bereich der Arbeit. Hier vollzieht sich ein Übergang von der Massenarbeit in der Informationsgesellschaft zur Massenzusammenarbeit in der Netzwerkgesellschaft. Menschen mit gleichen Interessen arbeiten in sich selbstorganisierenden Netzwerken weltweit zusammen, um gemeinsam Projekte zu realisieren. Sie tragen ihr Fachwissen zu einer frei zugänglichen Enzyklopädie zusammen oder erstellen frei nutzbare Betriebssysteme und Programme. Die Zusammenarbeit in der Netzwerkgesellschaft beruht auf Offenheit, Freiwilligkeit und einer Kultur des Teilens. Diese neuen sozialen Praxen führen dazu, dass die Organisationsform des Netzwerkes hierarchisch-bürokratische Organisationformen zusehends verdrängen. Peter Kruse sieht in dieser Entwicklung eine Machtverschiebung weg von den traditionellen Anbietern politischer und wirtschaftlicher Güter hin zu den Nachfragern. Mit den digitalen Informations- und Kommunikationstechnologien haben unzufriedene Bürger und Konsumenten effiziente und effektive Mittel, um sich auszutauschen, zu organisieren und selbst initiativ zu werden.

Folgende Fragestellungen stehen übergreifend im Mittelpunkt des Buches:

- Was eigentlich ist Souveränität und vor allem, was bedeutet Souveränität im digitalen Zeitalter?
- Ist digitale Souveränität in Zeiten der Globalisierung für Deutschland überhaupt noch eine Aufgabe?
- Wie und wozu konstruieren Staaten digitale Souveränität?
- Welche Aufgaben würden sich die politisch Verantwortlichen stellen?
- Welche Herausforderungen stehen vor den Unternehmen, ihre eigenen Kompetenzfelder zu bewahren?
- In welchen Aktionsfeldern lägen potentielle Schwerpunkte für die deutsche Wirtschaft?
- Ist die digitale Politik Deutschlands (und auch der EU) von Rückzug und Protektionismus geprägt und werden die Europäer bald nur noch Konsumenten sein, eingezwängt zwischen der Hardware aus Asien und der Software und den Internetdiensten aus USA?

Die nachfolgenden Beiträge beleuchten den Begriff der digitalen Souveränität unter unterschiedlichsten Facetten. Sie fordern die Souveränität, sie lehnen sie ab, sie legen dar, dass der Begriff überholt sei, dass er eine Fiktion sei resp. die Souveränität wieder eingefordert werden sollte. Es ist unser Ziel, durch dieses Buch den Prozess der Meinungsbildung voranzutreiben, dem Leser zugleich die

Bandbreite der Positionen zu verdeutlichen. Unser Ziel ist es, den Weg der Diskussion einzuschlagen.

Mike Friedrichsen, Prof. Dr., Professor für Medienökonomie und Medieninnovation an der Hochschule der Medien Stuttgart und wissenschaftliche Leitung der Humboldt-School Stuttgart/Berlin

Peter Bisa, Geschäftsführer Tactum GmbH Köln sowie Mitglied im Wirtschaftsrat der CDU und Mitglied der MIT

I
Digitale Souveränität

Der bürgerliche Traum von digitaler Souveränität

Technische Bemerkungen zur völligen Unsicherheit digitaler Kommunikation

Hartmut Pohl

In der digitalisierten Welt *interagieren Computer* zunehmend in allen Lebensbereichen über Handys, Smartphones, Tablets, Wearables … Sensoren wie Rauchmelder, Kameras bis hin zum Gesundheitsbereich (Insulinpumpe, Herzschrittmacher etc.), um private, behördliche und unternehmerische Prozesse (Akquise, Einkauf, Verkauf, …, Strom- und Wasserversorgung etc.) sowie Maschinen in der Produktion – vernetzt zu steuern. Soweit die politisch korrekte Formulierung.

Tatsächlich wird jegliche digitale (und auch die analoge) Kommunikation von Interessierten wie der Organisierten Kriminalität und den Sicherheitsbehörden *vollständig abgehört* („jedes Gerät, überall, jederzeit"). Gespeicherte Daten (Forschungsdaten, Personendaten, Meinungen, Dokumente, Bilder, Industriesteuerungen – auch von (Kern-)Kraftwerken, Wahlergebnisse, Gesundheitsdaten) werden vollständig ausgelesen oder werden per Tauschhandel von Anderen erworben. Alle abgehörten und ausgelesenen Daten werden für die – eventuell zukünftige – Auswertung gespeichert. Diese Daten werden auch bei Bedarf (fast) in Echtzeit *manipuliert*.

Einschlägige Spionage- und Sabotagesoftware sowie Auswertungssoftware (Tools) wird – weit überwiegend selbständig oder als Auftragsarbeit für Sicherheitsbehörden – von der *Organisierten Kriminalität* entwickelt, am Markt angeboten und auch selbst benutzt. Einige Sicherheitsbehörden erwerben diese Tools und geben sie ggf. an andere weiter. Nach zwei bis vier Jahren werden diese Methoden, Verfahren und Tools Allgemeingut. Letztlich entsteht dabei ein umfangreicher Markt weltweit von der OK vertriebener Produkte.

Technische Sicherheitsmaßnahmen wie Firewalls, Intrusion Detection und Protection Systems, Antivirenprogramme, digitale Signaturen, Verschlüsselungen – auch Ende–zu-Ende etc. – werden umgangen oder geknackt, Implementierungen werden mit Backdoors und Sicherheitslücken versehen. Technische Maßnahmen helfen daher weder gegen Abhören noch gegen Manipulationen. So ist z. B. die

Ende-zu-Ende Verschlüsselung nur sicher, wenn sie selbst und die erforderliche umfangreiche Sicherheitsinfrastruktur tatsächlich sicher implementiert sind – also z. B. keine Backdoors und Sicherheitslücken enthalten. Kompromittierungen wurden in der Vergangenheit allerdings schon mehrfach bekannt. Das Sicherheitsniveau, der Widerstandswert gegen Angriffe lässt sich vielleicht etwas erhöhen – jedenfalls aber nicht signifikant.

Schengen-Routing und Euro-Routing nutzen genauso wenig wie deutsche Clouds, weil Server, Router, Gateways in den Netzen vollständig überwacht werden.

Die Mehrheit der *Bürger* argumentiert heute, sie habe nichts zu verbergen – nur 21 % der Bürger sind über die Risiken sehr beunruhigt. Dies ist verständlich angesichts der technisch heimlichen (stealth) im Hintergrund ablaufenden Aktivitäten im virtuellen Raum. Regierungen klären nur unvollständig auf – sei es auch nur technischer Art. Bisher haben die Bürger mehrheitlich noch gar nicht ihre eigene Abhängigkeit und die Abhängigkeit der gesamten Gesellschaft von der – dank Organisierter Kriminalität und Sicherheitsbehörden – unsicheren IT erkannt und auch nicht erkennen können. Je mehr Unternehmen und Bürger diese Unsicherheit erkennen, umso stärker könnte die unternehmerische und private Internetnutzung zurückgehen. Nur durch völlige Abstinenz vom Internet und der Digitalisierung (Verweigerung) können sich Unternehmen und Bürger gegen Überwachung überhaupt wehren.

Allein das *Eindringen in Computer* kann durch Identifizierung der Sicherheitslücken und deren Behebung verhindert werden.

Tatsächlich wird also

- jegliche digitale (und auch die analoge) technische Kommunikation vollständig abgehört,
- werden gespeicherte Daten (Texte, Kontodaten, Steuerdaten, Gesundheitsdaten) vollständig ausgelesen und
- alle Daten werden für die – eventuell zukünftige – Auswertung gespeichert.
- Kommunikation und gespeicherte Daten werden bei Bedarf manipuliert.

Der *bürgerliche Traum* von technischer Vertraulichkeit, Integrität, Authentizität, Anonymität, Freiheit, Gleichheit, Netzneutralität, Privatheit, Verfügbarkeit etc. im Internet bleibt daher ein unerfüllbarer Traum. Dies wissen die Regierungen aller Industriestaaten und der Dritten Welt; und sie wissen auch, dass es so etwas wie private und unternehmerische – und auch staatliche – digitale Souveränität nie gegeben hat. Regierungen wollen auch gar keine private und unternehmerische digitale Souveränität.

Im Folgenden werden die aktuell-praktizierten Techniken zur Überwachung und Manipulation von Daten dargestellt und es wird auf das in der IT erreichbare Sicherheitsniveau eingegangen. Ziel ist der Versuch einer Bewertung, inwieweit zukünftig selbständiges und unabhängiges Handeln (digitale Souveränität) von Privaten, Unternehmen, Behörden und Regierungen überhaupt möglich ist und welche grundsätzlichen Auswirkungen dies auf eine Staatsform wie die Demokratie und (grundsätzlicher) Rechtsstaatlichkeit hat.

1 Abhören elektronischer Kommunikation

Die erste elektronische Überwachung der (geschichtlich anfangs ausschließlich analogen) Kommunikation datiert aus der Zeit vor dem Ersten Weltkrieg (1914 – 1918) durch das damalige deutsche Kaiserreich.

Heutzutage wird die über alle Medien wie Kabel (Telefon, Überseekabel), Satellit oder Radiowellen übertragene digitalisierte (verbale und nonverbale) Kommunikation aufgefangen, ausgeleitet, kopiert und ausgewertet.

Die folgenden Gerätearten z. B. werden abgehört: Festnetz-Telefon, Satelliten-Telefon, Mobiltelefon (Smartphone), Telefonanlagen (auch und insbesondere virtuelle Telefonanlagen in der Cloud).

Dienste werden in Echtzeit abgehört: Twitter, WhatsApp, Snapchat etc. Short Message Service (SMS), Fax, Video-Konferenz, E-Mail, File Exchange, Social Media (Facebook …), Cloud- und Storage und Streaming Services (YouTube, Netflix …) etc.

Folgende Daten sind von besonderem Interesse: Kreditkartendaten, Passagierdaten, Passwörter … sowie Standortdaten von Handys, Smartphones und Tablet PCs, Notebooks, Bankkonten und Kontobewegungen (SWIFT).

Soweit nützlich wird die Hardware von Geräten (Handys, Notebooks, Router …) manipuliert und auch die Firmware (BIOS) sowie das Betriebssystem und Anwendungsprogramme.

2 Eindringen in Computer und Netze

Die NSA hat weltweit 100.000 Server („Strategic Server') nachhaltig mit Software-Hintertüren (Backdoors) versehen. Dies geschieht nicht „von Hand"; vielmehr werden programmgesteuerte Prozesse eingesetzt – von der automatisierten Identifizierung von Sicherheitslücken über deren Ausnutzung, ggf. Infizierung mit eigenem Code

… bis hin zur automatisierten Erfolgskontrolle: Wiederholte programmgesteuerte Überprüfung auf tatsächliche und nachhaltige Ausnutzbarkeit der installierten Backdoors.

Da dieses Vorgehen nicht weltweit flächendeckend nützlich ist, kann davon ausgegangen werden, dass nur die wichtigsten Server in den wichtigsten Staaten mit Backdoors versehen sind. Geht man davon aus, dass die wichtigsten Staaten die G8 sind, dann sind in Deutschland durchschnittlich mehr als 10.000 Server mit Backdoors versehen. Das sind weit mehr Unternehmen als an der Börse in Deutschland gelistet sind; vielmehr dürften alle größeren Unternehmen und auch kleine Unternehmen infiltriert sein sowie wichtige Behörden.

Das Wissen über Backdoors in bestimmten Systemen und die Zugriffsweise und ggf. auch Identifizierungsinformation wie Passwörter etc. fließt an Dritte ab, so dass davon ausgegangen werden muss, dass diese Backdoors auch von Dritten wie Kleinkriminellen genutzt werden (Lerneffekt).

Allerdings lassen sich Backdoors und die für erfolgreiche Angriffe unverzichtbaren Sicherheitslücken mit heuristischen Methoden identifizieren. Software lässt sich so angriffssicher machen (Security Testing Process nach ISO 27034): Sicherheitslücken – insbesondere die Zero-Day-Vulnerabilities – beheben.

3   Speicherung und Auswertung abgehörter und ausgelesener Daten

Alle abgehörten und durch Eindringen in Computer erhaltenen Daten werden im Original (z. B. verschlüsselt) gespeichert.

Ausschließlich bei Bedarf werden gespeicherte Daten themenbezogen (ggf. entschlüsselt) ausgewertet und als Ergebnis wird ein Dossier erstellt.

Kommunikationsdaten und durch Eindringen in Computer erhaltene Daten werden nach bestimmten Suchbegriffen, Namen und Adressen etc. ausgewertet. So sind z.B, die Strafverfolgungsbehörden in einer Reihe von Staaten in der Lage, binnen 40 Minuten bestimmte benutzte Geräte zu identifizieren, sie zu lokalisieren und damit den Aufenthaltsort von Personen zu bestimmen und diese festzunehmen.

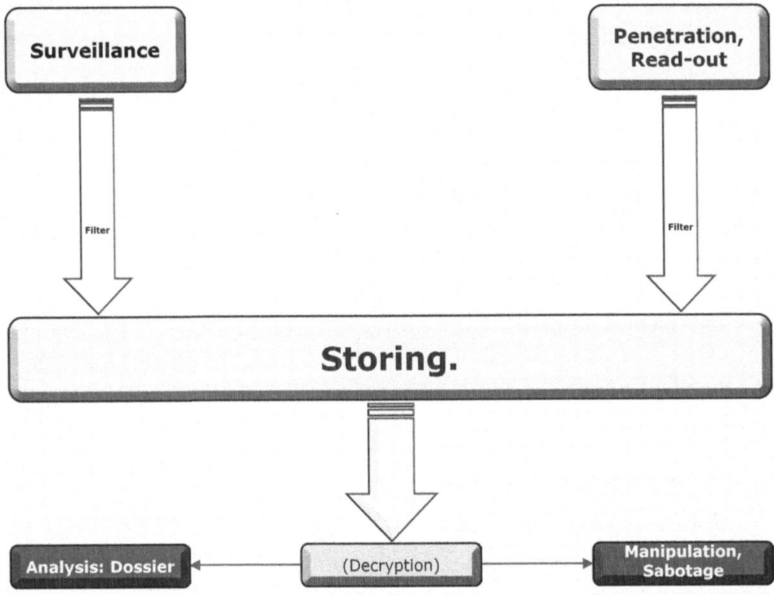

Abb. 1 Datenspeicherung und Auswertung

4 Manipulation von Daten

Alle abgehörten und ausgelesenen Daten können manipuliert werden und – auch in Echtzeit – wieder eingespielt werden (Desinformation). Beispiele sind Krankenakten, Dokumente zur Veröffentlichung für Medien, Prozesssteuerungen, digitale Stimmzettel und Wahlergebnisse. Weitere Szenarien sind realistisch.

5 Sicherheitslücken

Alle IT-Angriffe basieren auf der Ausnutzung sicherheitsrelevanter Fehler (Sicherheitslücken – Vulnerabilities) in Software und Firmware: Ohne Sicherheitslücke kein erfolgreicher Angriff.

Zwar korrigieren (patchen) alle Software-Hersteller mehr oder weniger regelmäßig Sicherheitslücken – allerdings nicht alle. Die Menge der Sicherheitslücken kann in die folgenden fünf Klassen gruppiert werden:

1. Gepatchte (veröffentlichte und unveröffentlichte) Sicherheitslücken – im Einzelfall haben Anwender aber die Patches (noch) nicht eingefahren.
2. Veröffentlichte Sicherheitslücken – ungepatcht.
3. Dem Hersteller bekannte Sicherheitslücken – unveröffentlicht, ungepatcht.
4. Identifizierte Sicherheitslücken – dem Hersteller (noch?) nicht bekannt – aber womöglich Dritte
5. (Noch?) nicht identifizierte Sicherheitslücken – unbekannte Sicherheitslücken

Der Lebenslauf einer Sicherheitslücke kann wie folgt in drei Phasen klassifiziert werden:

Phase des größten Risikos ('Black Risk')

Nach Auslieferung eines Produkts oder einer neuen Version sind erst einmal keinerlei Sicherheitslücken bekannt. Nach Identifizierung einer Sicherheitslücke ist diese nur dem Spezialisten bekannt. Manchmal informiert der Spezialist den Softwarehersteller über die Sicherheitslücke oder veröffentlicht sie sogar. Häufig werden unveröffentlichte Sicherheitslücken gegen Entgelt damit handelnden Unternehmen angeboten oder auch eigenständig direkt an Nachrichtendienste, Sicherheitsbehörden oder Wirtschaftsspionage und/oder –sabotage treibende Unternehmen verkauft. Meist liefert dieser Spezialist 'zum Beweis', dass seine Entdeckung tatsächlich eine Sicherheitslücke darstellt, einen diese Sicherheitslücke ausnutzenden Angriff (Exploit) gleich mit; die Exploits werden (unberechtigt, missbräuchlich) genutzt. Grundsätzlich sind Angriffe, die unveröffentlichte Sicherheitslücken ausnutzen, nicht erkennbar (stealth).

Phase mittleren Risikos ('Grey Risk')

Der Hersteller kennt nun die Sicherheitslücke; sie bleibt aber unveröffentlicht. Im Unterschied zur Phase des Black Risk ist der Kreis derjenigen, die die Details der Sicherheitslücke kennen, sehr viel größer. Die Sicherheitslücke kann in dieser Phase von den Mitwissern gegen Entgelt auf dem 'Markt' angeboten werden.

Phase hohen Risikos („White Risk')

Der Hersteller, ein Unternehmen oder der Spezialist veröffentlichen die Sicherheitslücke. Dieser Zeitpunkt wird Zero-Day genannt. Wenn nicht zeitnah ein Exploit veröffentlicht wird, wird ein solcher meist von Dritten für Angriffszwecke entwickelt.

Aus Wirtschaftlichkeitsgründen werden von den Herstellern nicht alle Sicherheitslücken (zeitnah) gepatcht; so sind einige veröffentlichte Sicherheitslücken seit mehreren Jahren ungepatcht.

Nach Veröffentlichung des Patches muss es zeitnah eingefahren werden, da die zugrundeliegende Sicherheitslücke nunmehr einem sehr großen Kreis bekannt ist und breit – auch von Skriptkiddies – ausgenutzt werden kann. Ebenfalls aus Wirtschaftlichkeitsgründen oder Kompatibilitätsgründen aktualisieren Endverbraucher nicht alle betroffenen Systeme – trotz vorhandenem Sicherheitspatch.

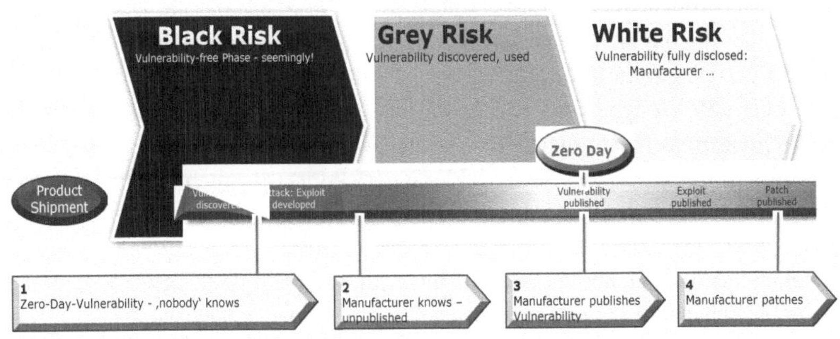

Abb. 2 Lebenslauf von Sicherheitslücken

Durch die Bekanntheit der Sicherheitslücke sind Anwender allerdings in der Lage, betreffende Komponenten zu deinstallieren oder einen Fix bzw. Workaround zu entwickeln, so dass sie nicht mehr erfolgreich angegriffen werden können.

6   Security Testing Process

Software und programmgesteuerte Computer können also nach dem Stand der Technik nicht (beweisbar) sicher entwickelt werden. Menschliche Fehler und daraus folgend auch technische Fehler sind bei der Entwicklung unvermeidbar. Allerdings können erfahrungsgemäß sicherheitsrelevante Fehler (Sicherheitslücken – Vulne-rabilities) methodisch identifiziert werden.

Angesichts der beiden Fakten:

- Software kann nicht fehlerfrei entwickelt werden,
- kein (erfolgreicher) Angriff ohne Sicherheitslücke.

Daher ist über das bekannte funktionale Testen hinaus Security Testing als vollstän-diger Prozess unverzichtbar, um das Sicherheitsniveau von Produkten sowie von IT-Infrastrukturen zu steigern. Zur Identifizierung insbesondere bisher nicht-er-kannter Sicherheitslücken werden erfolgreich die folgenden fünf Methoden – massiv Tool-gestützt – eingesetzt:

1. *Security Requirements Analysis*: Ziel dieser Methode ist es exakte Sicherheits-anforderungen für die darauf folgende Designphase bereitzustellen. Dabei werden alle die Sicherheit betreffende Anforderungen identifiziert, definiert und Bestehende validiert.
2. Security By Design: *Threat Modeling* ist eine Methode, um systematisch eine Architektur auf Sicherheit hin zu prüfen. Diese Methode wird sowohl bei der Software- und Hardwareentwicklung verwendet, als auch zur Prüfung von sicherheitskritischen IT-Infrastrukturen und Netzwerken.
3. Code Review: *Static Source Code Analysis* – Semi-automatisiertes Scannen des Quellcodes auf Sicherheitslücken zum Auffinden von Race Conditions, Dead-locks, Zeiger- und Speicherverletzungen.
4. Simulated Attacks: *Penetration Testing* ist eine dynamische Sicherheitsprüfung, bei der bekannte Angriffe auf ein System simuliert werden, um in dieses einzu-dringen. Damit werden bekannte Sicherheitslücken identifiziert und damit das Sicherheitsniveau ermittelt.
5. Dynamic Analysis: *Fuzzing* ist eine Methode zur dynamischen Sicherheitsprü-fung, bei der manipulierte und bisher nicht bekannte Angriffe auf ein System simuliert werden, um Anomalien herbeizuführen. Herbeigeführte Anomalien werden reproduziert und untersucht, mit dem Ziel unbekannte oder nicht-ver-öffentlichte Sicherheitslücken (Zero-Day-Vulnerabilities) zu identifizieren.

Der Einsatz dieser fünf Methoden wird umso wirkungsvoller und kostengünsti-ger je früher in der Software-Entwicklung Sicherheitslücken identifiziert werden, möglichst also beginnend in der Requirementsphase. Am teuersten wird es, wenn die Software schon ausgeliefert ist (Release Phase) und erst dann korrigiert wird.

Zudem lassen sich diese fünf Verfahren für alle Anwendungsbereiche einsetzen: Anwendungssoftware (Web Applications, ERM, CRM, SCM, ERP, E-Business, CIM etc.) und Netzwerk-Protokolle, Embedded Systems (auch die Hardware) und Industrial Control Systems (ICS) (auch proprietärer Systeme), Manufacturing Execution Systems (MES), Produktionsleitsysteme, SCADA (Leittechnik und -systeme), SPS bis zur Feldebene, Cyber Physical Systems (CPS), Industrie 4.0, Apps und Applets für smart and mobile Devices, Cloud Computing und auch Hardware. Im Bereich Smart Grid / M2M wurden erfolgreich Energy Management Systeme – EMS und Machine-to-Machine Communication und Smart Meter Gateways (SMGW) abgesichert.

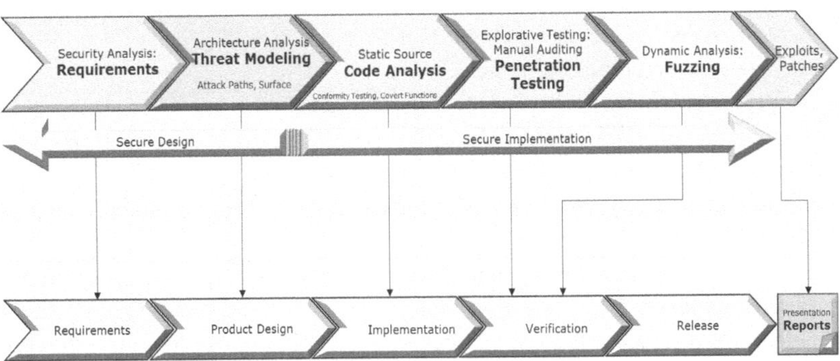

Abb. 3   Security Testing Process

Mit der Identifizierung und Behebung bisher nicht-erkannter Sicherheitslücken kann sporadischen Betriebsausfällen und unbeabsichtigten Datenabflüssen – den häufigsten Folgen sicherheitsrelevanter Softwarefehler – entgegengewirkt werden und so können proaktiv hohe Umsatzausfälle und Reputationsschäden gemindert werden.

7   Stand des Wissens, der Forschung und Entwicklung

Derzeit hängt Deutschland bei allen digitalisierten Anwendungen völlig von ausländischen (US-amerikanischen und asiatischen) Komponenten und Produkten ab! Um unabhängiger (souveräner) zu werden, erscheint eine eigenständige nationale Forschungspolitik also alternativlos.

Allerdings muss sorgfältig geprüft werden, in welchen Bereichen nationale Sicherheitsforschung nützlich sein könnte. Im Bereich der Verschlüsselung erscheint sie fraglich. Jedenfalls mag die Sicherheitsqualität der eingesetzten Algorithmen noch so hoch sein – Verschlüsselung wird derzeit erfolgreich auf den folgenden Wegen gebrochen:

- *Berechnen* der benutzten Schlüssel;
- *Auslesen* der benutzten Schlüssel;
- Strategische *Schwächung* internationaler Standards;
- Ausnutzen von *Backdoors* in Verschlüsselungsprogrammen – auch in Open Source;
- Ausnutzen von *Sicherheitslücken* in Verschlüsselungsprogrammen – auch in Open Source;
- Angriff auf die *Trust Center*: Backdoors, Sicherheitslücken zum Auslesen benutztet Schlüssel;
- Selbst wenn sie aktuell nicht gebrochen werden kann, werden die Daten gespeichert und können in *naher Zukunft* dechiffriert werden, wenn geeignete Verfahren entwickelt wurden.

Abhören von Kommunikation und Eindringen in Computer wird weltweit von nationalen Sicherheitsbehörden und Nachrichtendiensten der Industriestaaten vollständig betrieben – (partiell) auch von deutschen.

Software-Angriffe auf die IT werden seit langem durch programmgesteuerte Gegenangriffe beantwortet (Cyberwar).

8   Politik, Behörden, Regierungen, organisierte Kriminalität, Kulturen

Nachrichtendienste und Strafverfolgungsbehörden arbeiten auf der Grundlage nationaler Gesetze mit einem gewissen Freiraum. Internationale Vereinbarungen dürften daher schwer durchsetzbar sein. ‚Die Politik‘ scheut eine Diskussion der vorgenannten Punkte, weil sie von den beschriebenen Aktivitäten der Sicherheitsbehörden profitiert. Darüber hinaus scheut sie sich, sachlich gegen fremde Dienste vorzugehen, da sie genau weiß, dass die Dienste und Behörden alles über sie wissen. Die Politik und die staatlichen Behörden besitzen zwar seit Jahren die technische Kompetenz, Informationssicherheit (und Datenschutz) für Bürger und Unternehmen im Netz sicherzustellen – sind aber eben befangen (Politik) oder weisungsgebunden (Behörden).

Vertraulichkeit, Integrität und Authentizität sowie Anonymität, Freiheit, Souveränität und Netzneutralität hat es technisch vollständig im Internet daher nie gegeben und wird es auch nicht geben; selbst die bereitgestellte Bandbreite lässt sich von Dritten beliebig beeinflussen.

Selbst wenn internationale Verträge abgeschlossen und (nationale) Gesetze beschlossen würden, ist dies nur die rechtliche Ebene. Um auf Ebene der Nationalstaaten durchgreifen zu können, wäre die Umsetzung internationaler Verträge, eine Anpassung des Völkerrechts und eine Anpassung des Strafrechts in vielen Staaten unverzichtbar. Und das will (bisher) keine Regierung.

Obwohl die jüngeren Veröffentlichungen unter der Überschrift ‚NSA-Affäre‘ erschienen sind, sind die Nachrichtendienste Kanadas, Englands, Australien und Neuseelands (Big Five) aktiv beteiligt sowie insbesondere die der EU-Staaten Belgien, Dänemark, Deutschland, Finnland, Frankreich, Griechenland, Luxembourg, Niederlande, Österreich, Portugal und Schweden.

Sofern diese Nachrichtendienste nicht selbst weltweit aktiv sind, beteiligen sie sich intensiv am Tauschhandel und erwerben so die für sie relevanten Daten von den Partnerbehörden.

Darüber hinaus kann das Internet generell lokal, regional und praktisch auch weltweit zeitweise gezielt abgeschaltet werden (Kill-Switch).

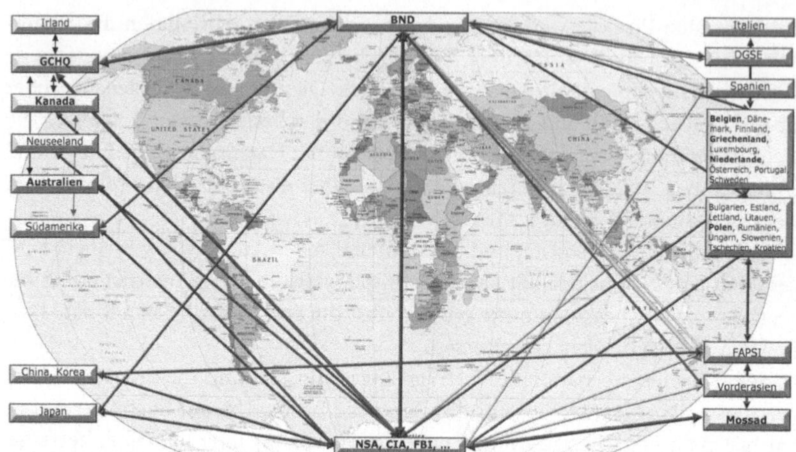

Abb. 4 Mengengerüst des internationalen Daten-Tauschhandels zwischen Nachrichtendiensten

Die enorme Menge an eingesetzter Software zur Überwachung, zum Eindringen in Computer und zur Manipulation von Daten führt zu der Frage, ob die Sicherheitsbehörden diese selbst entwickeln. Tatsächlich findet ein intensiver Gedanken- und Produktaustausch statt zwischen Sicherheitsbehörden und Unternehmen, die der Organisierten Kriminalität (OK) zuzuordnen sind. In einer Kooperation werden von der OK Produkte angeboten, die sie selbst längst nutzt. Weiterhin werden von Sicherheitsbehörden Ideen entwickelt zur Verbesserung ihrer eigenen Arbeitsergebnisse; diese Ideen werden von der OK in Produkte umgesetzt. Letztlich entsteht dabei ein umfangreicher Markt weltweit von der OK vertriebener Produkte.

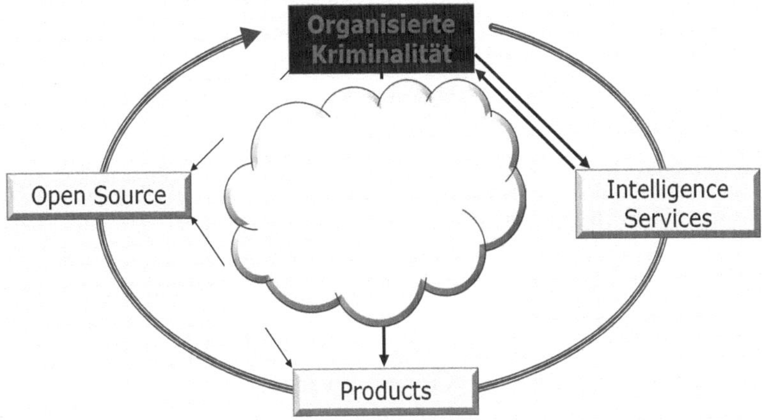

Abb. 5 Methoden- und Produktentwicklung der Sicherheitsbehörden und von – der OK zuzuordnenden – Unternehmen

Diese Produkte können von der Organisierten Kriminalität und den Sicherheitsbehörden nur eine begrenzte Zeit geheim gehalten werden. Der *Distributionsprozess* der eingesetzten hoch-komplexen Spionageinstrumente mit den Methoden, Verfahren und Tools zur Nutzung von Backdoors und (bislang nicht erkannten) Sicherheitslücken (Zero-Day-Vulnerabilities) hat eine mittlere Dauer von zwei bis vier Jahren – danach werden diese Methoden, Verfahren und Tools Allgemeingut, werden nämlich – ggf. unter anderem Namen und mit anderem Marketingkonzept – Unternehmen und breiten Bevölkerungskreisen, Skriptkiddies und auch Terroristen bekannt und genutzt.

9 Bewertung der beschriebenen Situation: Digitale Souveränität?

Eine eigenständige nationale *Forschungs- und Entwicklungspolitik* ist alternativlos – wird aber aktuell gar nicht bedacht. Selbst europäische Vereinbarungen würden nicht helfen, weil die EU-Mitgliedsstaaten sich gegenseitig und auch Deutschland ausspionieren. Dies gilt für alle privaten, gesellschaftlichen, politischen und wirtschaftlichen Entwicklungen.

Politische Anstrengungen und Hinweise auf Vereinbarungen zum *Datenschutz* sind unverzichtbar – aber völlig unzureichend, weil es nicht nur um personenbezogene Daten geht und die Vereinbarungen nicht global gelten!

Alle demokratischen Entscheidungen und *Wahlen* müssen angesichts möglicher Echtzeit-Manipulationen in Frage gestellt werden: Mit Hilfe der Informationstechnik lässt sich jedes Ergebnis generieren – auch eine Änderung der Staatsform.

Dieses Potential der Informationstechnik zur vollständigen Überwachung von Menschen sowie die Ausspionierung technischer, finanzieller, gesundheitlicher, politischer etc. Daten und ihre Manipulation hat zuerst die *Organisierte Kriminalität* erkannt und nutzt sie zunehmend aus. An dieser Situation sind die Sicherheitsbehörden nicht unschuldig, sie sind sogar Nutznießer – zwar nicht Auslöser, generieren sie aber durch ihre Nachfrage einen Markt für Tools zur Überwachung, zum Auslesen, zur Speicherung, Auswertung und Manipulation.

Überwachung ist also technisch nicht zu verhindern, es kann nur geringfügig erschwert werden.

Auslesen und Manipulieren von Daten kann mit Security Testing verhindert werden. Keinesfalls helfen die deutschen (Sicherheits-)Behörden dabei allerdings Unternehmen und Anwendern durch Hinweis auf neue Sicherheitslücken: Der Gesetzgeber hat jedenfalls (bisher?) keine Veröffentlichungspflicht vorgesehen für Sicherheitslücken, die den Behörden bekannt geworden sind – insbesondere von IT-Angriffen ausnutzbare, bisher nicht-veröffentlichte Sicherheitslücken. Der Anwender muss sich selbst helfen: Nur die Identifizierung und Behebung von Sicherheitslücken machen seine Systeme angriffssicher(er).

Es muss also überhaupt nicht nach einer technischen Lösung gesucht werden sondern vielmehr nach einer politisch/rechtlichen: Insgesamt dürfte nur eine *internationale Vereinbarung* zur Ächtung digitaler Überwachung und digitaler Angriffe helfen – bis hin zur Implementierung im Strafrecht der Nationen. Eine internationale *Kontrolle* der Einhaltung etwaiger Vereinbarungen sowie zur *Verifikation* vereinbarter Nicht-Überwachung, zum Nicht-Auslesen und der Nicht-Manipulation ist derzeit allerdings überhaupt nicht absehbar.

Dazu ist weltweit keine Regierung bereit – sie müsste denn von den Bürgern gezwungen werden: *Digitale Souveränität – ein bürgerlicher Traum.*

Hartmut Pohl, Prof. Dr., Geschäftsführer Softscheck GmbH, Lehrstuhl Informatik, Sankt Augustin

Neue Rolle öffentlicher Rechenzentren für Bürger-Datenschutz und Bürger-Befähigung

Wilfried Jäger

1 Demokratische Anforderungen an öffentliche Rechenzentren

Es vergeht xkaum eine Woche, in der nicht über Datenmissbrauch auf Plattformen, über Überwachung von Bürgern, Unternehmen und Staaten in den Medien berichtet wird. Der Bürger, das Individuum wird in eine ohnmächtige Position gegenüber der Datensammelflut sowie der Analyse- und Bewertungswut einer unheiligen Allianz aus Geheimdiensten und wirtschaftlichen Interessen gedrängt (Greenwald, 2014). Die Bürger reagieren auf diese Bedrohung mit Empörung, Vertrauensverlust und Rückzug aus Internet-Services. So schätzt der Marktforscher James Staten die Umsatzeinbußen von amerikanischen Internet- und IT-Giganten bis 2016 auf kumulierte 180 Milliarden Dollar (Der Spiegel, 06/2014). Dieses Misstrauen kann nur über die Klärung der Fragen des Eigentums an persönlichen Daten, der Rechte diese Daten auszuwerten und an Dritte weiterzugeben, sowie der Kontrolle über persönliche Datenprofile beseitigt werden.

Was heißt für Bürger und Ihre demokratische Verwaltung in diesem Szenario „digitale Souveränität"? Souveränität wird als Oberhoheit des Staates, als Unabhängigkeit, als Selbstbestimmung und Selbständigkeit definiert. Diese Souveränität definiert das demokratische Bürger-Selbstverständnis und sie wird heute in der digitalen Sphäre bedroht. Wie können öffentliche eGovernment Rechenzentren diese Souveränität unterstützen und etablieren helfen?

Erstens erfordert Freiheit die digitale Privatsphäre, um dem Gruppendruck und dem sozialen Konformitätsanspruch auszuweichen. Die Furcht vor nicht gebilligten Meinungen und Urteilen behindert die eigene Meinungsbildung und verführt zu vorauseilendem Gehorsam. In totalitären Staaten verhindert Überwachung, mit der Drohung systematischer Benachteiligungen und Repressalien, die Äußerung abweichender Meinungen effektiv. Es besteht die Gefahr, dass öffentliche Rechenzentren – wie jenes der NSA – diesen Schutz der digitalen Privatheit aktiv gefährden.

Zweitens benötigt der Bürger in seiner politischen Rolle als „Souverän" Unterstützung durch öffentliche Daten, um einen Wissens- und Informationsgleichstand mit der Verwaltung aber auch mit Unternehmen herzustellen. Diese Befähigungsfunktion einerseits zur demokratischen Kontrolle, andererseits zur aktiven Partizipation ist Kern einer aktiven Demokratie. Öffentliche Rechenzentren haben eine politische Befähigungsaufgabe für Bürger wahrzunehmen.

Drittens sind öffentliche Rechenzentren, als „Bewahrer" und Befähiger" selbst unter Legitimationszwang transparent und kontrollierbar und nicht Spielball wirtschaftlicher und anderer Interessen zu sein.

Damit ergeben sich die Anforderungen für öffentliche Rechenzentren:

1. Schutz der Privatsphäre der Bürger;
2. über öffentliches Handeln für Kontrolle und Befähigung zu gesellschaftlicher Partizipation;
3. Kontrolle der öffentlichen Rechenzentren selbst.

2   Schutz der Privatsphäre der Bürger – Datensouveränität

Selbstbestimmte Bürger sind Herren Ihrer eigenen Daten und können damit auch die Souveränität über Ihre digitale Identität und Ihre digitale Privatsphäre faktisch ausüben. Diese Souveränität ist derzeit wenig gegeben, da der einzelne keine Hoheit über seine Daten im Internet, bei Unternehmen und Behörden hat, er die gespeicherten Daten nicht kennt und nicht weiss welche Auswertungen daraus gezogen werden (Klausnitzer, 2013). Die Freiheit des Individuums, der Schutz seiner Privatsphäre, sind lange erkämpfte Errungenschaften, welche die explosive Entwicklung unserer westlichen Zivilisation ermöglicht und beflügelt hat. Während im digitalen Raum fundamentale Rechte und Identitäten noch unscharf sind, wurden im physischen Raum die Freiheiten und Rechte der Individuen in langen sozialen Auseinandersetzungen durchgesetzt und ausformuliert.

• Schutz der Privatsphäre, Familie, Heim und Korrenspondenz (Art. 12 der Menschenrechte) sowie Recht auf Schutz der persönlichen Daten (Art. 8 der Charta der fundamentalen Rechte der EU, 2009).

- Freiheit der Meinung und des Ausdruckes, und Recht auf unparteische Informationen über alle Medien (Art. 17 der Menschenrechte).
- Recht auf Teilnahme am kulturellen Leben und Teilen von wissenschaftlichen Erkenntnissen und seinen Vorteilen (Art 27 der Menschen Rechte).

Diese Bürgerechte sind auch für digitale Identität und Freiheit zu sichern.

2.1 Heutige Absicherung des Datenschutzes

Eine gesetzliche Grenze für Datensammeln und Datenkombinieren besteht in der klaren Kompetenzverteilung der Ministerien, welche nur Daten sammeln und aufbewahren dürfen, welche zur unmittelbaren Erfüllung Ihrer Aufgaben erforderlich sind. Somit ist ein Kombinieren von Daten für Big-Data-Analysen über die Bürger rechtlich verboten. Die Trennung von Exekutive und Gerichtsbarkeit bedingt, dass richterliche Durchsuchungsbefehle vorliegen müssen, um Zugriff auf elektronische Daten von Ministerien oder von Privatpersonen zu erhalten. Diese rechtliche Festlegungen waren durch geringe Datenmengen, durch getrennten Applikationen und Infrastrukturen technisch abgesichert. Diese Situation ist durch die Möglichkeiten Personen-Daten mit anderen Quellen wie öffentliche Social Media Daten zu kombinieren aufgeweicht worden.

Verschlüsselung der bestehenden Daten kann Datenabhören, Datendiebstahl und die unzulässige Kombination von Daten wirkungsvoll behindern. Gegen Angriffe von Außen ist die verschlüsselte Speicherung und Transfer von Daten mit erprobter Technologie ein Schutz. Verschlüsselung ist jedoch kein Schutz gegen einen Angriff von Innen. Personen, welche einen prinzipiell legitimierten Zugang haben, können Daten über ihre Aufgabe hinaus missbräuchlich verwenden und verkaufen. Dies haben Gerichtsurteile über die Weitergabe von Bankdaten und von Personenauskünfte an private Auskunfteien gezeigt. Übergriffe der eigenen Behörden und fremder Geheimdienste sind keinesfalls abgesichert, da diese Behörden sich mit rechtlichem Zwang Zugang zu den Schlüsseln verschaffen und selbst modernste Entschlüsselungstechniken einsetzen.

Um dem Problem des „Schlüsselhalters" zu begegnen, wurde der Vorschlag entwickelt, die Zusammenführung aller Daten eines Bürgers nur durch die Kombination verteilter Schlüssel durchführbar zu machen. So sollen zum Beispiel nur die kombinierten Schlüssel eines Ministeriums, eines Geheimdienstes und einer Non-Governmental-Organisation (NGO) die Datenzusammenführung für einen individuellen Bürger ermöglichen. Dieses Verfahren soll eine Barriere gegen leichtfertige und missbräuchliche Auswertungen darstellen. Es schließt aber nicht eine

Kollision der „Schlüsselhalter", vor allem bei einer gemeinsam wahrgenommenen Gefahr wie Terrorismus, aus.

Wie das NSA-Vorgehen zeigt, sind diese Schutzmaßnahmen nicht ausreichend und werden sowohl technisch als auch rechtlich umgangen. Eine substantielle Verbesserung bringt der Ansatz das Dateneigentum sowohl rechtlich als auch technisch in die Hände des Individuums zu legen.

2.2 Daten-Souveränität: Individuelles Dateneigentum – Bürger-Daten-Safe

Die Gegenthese zur Speicherung und Auswertung der persönlichen Daten durch andere – seien es staatliche oder private Organisationen – ist die individuelle Speicherung sämtlicher persönlicher Daten durch das eigenverantwortliche Individuum selbst. Die persönlichen elektronischen Daten liegen nur beim Bürger gesammelt vor und sind in dessen Bürger-Daten-Safe gespeichert. Damit kontrolliert der Bürger sein Datenprofil und die digitale Souveränität wird zum Individuum zurückverlagert. Eine Datenweitergabe erfolgt transparent und durch das Individuum kontrolliert.

Der Bürger-Daten-Safe wurde in der Vergangenheit auf Basis von Cloud-Systemen oder auf der Basis eines zentrales „Safe-Bereitstellers" diskutiert. Technisch ist aber der zentrale Safe-Provider weiterhin die Schwachstelle des Systems. Einerseits weil er durch Attacken kompromittiert werden kann und dann große Datenmengen entwunden werden können, andererseits ist schwer zu überprüfen inwieweit der Provider sich selbst, unbemerkt vom Bürger, Zugang zu den Daten verschafft und diese weitergibt – wie im Falle einiger E-Mail-Provider in den USA geschehen.

Die neuen technischen Möglichkeiten der Mobil-Geräte umgehen dieses Problem. Heute verfügt in Europa eine überwältigende Mehrheit von Bürger mobile elektronische Geräte wie Smartphones, Notebooks und Tabletts mit großen internen Datenspeichern. Diese Geräte sind außerdem mit Funk, Bluetooth oder Near-Field-Communication (NFC) ausgestattet, wodurch die mühelose Verbindung in das Internet oder direkt mit anderen elektronischen Geräten sichergestellt wird. In diesem dezentralen Datenhaltungskonzept können elektronische Formulare mit Daten aus dem „Bürger-Daten-Safe" jederzeit gefüllt, Rechte identifiziert und elektronische Geschäfts- und Verwaltungsvorgänge ausgeführt werden. Die Integration in E-Government- oder auch private Services ist möglich, da die Daten automatisiert an offene Schnittstellen übergeben werden können und mehrfaches Ausfüllen, fehlerhafte Eingaben und Mehrfacherhebung entfallen.

Zentrale Herausforderung ist die sichere, vertrauenswürdige Verschlüsselung und die Safe-Software selbst. Diese Software sollte öffentlicher Code – Open-Source-Code – sein, um die Transparenz bezüglich der Sicherheit der Verschlüsselung, der Freiheit von Spy-Software wie „Backdoors" sicher zu stellen, und offene, dokumentierte Schnittstellen für Erweiterungen durch den Markt zu gewährleisten. Als rechtliche Konsequenz dieser Bürgerdatenhaltung auf persönlichen physischen Geräten werden damit alle Schutzrechte über den Zugriff auf physisches Eigentum wirksam. Auf der Seite der staatlichen Rechenzentren, werden für eine bürgerzentrierte Datenhaltung bestehende Applikationen und Speicherroutinen geringfügig angepasst, welche automatisiert nach den für den jeweiligen Verwaltungsakt nötigen Daten fragen und eine Freigabe durch den Bürger protokollieren können. Weiter gedacht sind die freigegebenen Daten – bis auf ein personenbezogenes Minimum – nicht notwendigerweise zentral im Rechenzentrum weiter aufzubewahren. Wurde erst einmal zum Beispiel ein Steuerbescheid berechnet, so sind die Berechnungsdaten nach einer Einspruchsfrist irrelevant und die Behörde selbst benötigt nach Abwicklung des Steuerverfahrens und der gesetzlichen Aufbewahrungsfrist keinerlei Aufzeichnungen. So würde ein kontinuierliches Anwachsen des zentralen Datenvorrates durch die laufende Bürger-Behörden Interaktion vermieden.

Die Rolle der staatlichen IT würde sich dann hin zu einem Authentifizierungs- und Verarbeitungszentrum von dezentral bereitgestellten Daten für die Allgemeinheit wandeln. Es bleiben anonymisierte statistische Daten für die Optimierung des Verwaltungshandelns und als Open-Government-Data (OGD) für die Allgemeinheit im Datenpool übrig.

2.3   Netz-Souveränität: Dezentrale Netzwerke und Datenspeicher – Infrastrukturen

Die Idee, Dateneigentum durch die Verknüpfung mit physischem Eigentum sicher zu stellen, kann auch auf die gesamte Internet-Infrastruktur angewandt werden. Die Verletzbarkeit von Menschenrechten und der Privatsphäre innerhalb zentral gesteuerter Netze und Internet-Services wurde im arabischen Frühling und anderen zivilgesellschaftlichen Protesten sichtbar. So wurden im Verlauf dieser zivilen Unruhen sowohl die Mobilfunknetze als auch Internetdienste wie Twitter von staatlicher Stelle stillgelegt, um den Informationsaustausch der protestierenden Bürger untereinander und nach außen zu unterbinden.

Für die Bürger in den westlichen Demokratien war der zentrale Zugriff der Geheimdienste auf Internet-Serviceanbieter wie Facebook, Maildienste und andere Speicherdienste ein Schockerlebnis. Unter diversen Anti-Terror-Gesetzen wurde leicht und ohne Kenntnis der Betroffenen auf persönliche Daten über Cloud-Providern und über Telekommunikations-Unternehmen zugegriffen.

Dagegen wird physisches Eigentum und die physische Privatsphäre (Zugang zu Wohnung, Büroräumen etc.) durch Eigentumsrechte und der Notwendigkeit individueller richterlicher Anordnungen wesentlich besser geschützt. Den Abzug von Daten aus der Cloud kann der Besitzer dieser Daten nicht verhindern. Um aber einer Festplatte mit deselben Daten aus einer Privatwohnung habhaft zu werden, muss ein richterlicher Durchsuchungsbefehl auf individueller Basis vorliegen. Aufbauend auf dieser rechtlichen Basis hat der Rechtsprofessor an der Columbia University, Ebden Moglen das Open Source Projekt „Freedom Box" initiiert. Dieses Projekt will mittels privater Speicher-Boxen mit entsprechenden Funkmodulen (Freedom Box) durch Gerät zu Gerät Verbindung unter den Nutzern ein alternatives Internet, eine dezentrale Cloud zu erstellen. Letztlich können durch Nutzung der hohen Dichte von vorhandenen digitalen Geräten in allen Haushalten mit Funk-Modulen ausfallsichere, weite Ad-hoc-Funknetze gebildet werden. Ziel dieses Projektes ist die Erringung der Souveränität der Bürger gegen übermächtige staatliche und private Organisationen, welche die Kontrolle über die gesellschaftliche Kommunikation erringen wollen. So können über ein dezentrales Netzwerk aus diesen einfachen Speicher/Funkgeräten E-Mail und Telekommunikationsdienste, welche die Privatsphäre schützen und zensurfreie Publishing Plattformen, eingerichtet werden. Ein derartiges dezentrales Kommunikationsnetzwerk kann nicht zentral durch Machthaber abgeschaltet oder überwacht werden (Why FreedomBox, 2014).

3 Informationen über öffentliches Handeln – Open-Government-Data

Je mehr Verwaltung als die Entwicklung der gemeinamen Sache, der „res publica" gesehen wird, desto mehr tritt der Bürger aus der Rolle des passiven Verwaltungskonsumenten heraus und nimmt seine politische Funktion als „Bürger Souverän" wahr. Aktive gestaltende Bürger benötigen eine – digitale – Plattform auf der die gemeinsame Gestaltung und Verwaltung des Gemeinwesens stattfinden kann (O'Reilly, 2010). In der Fähigkeit zur gemeinsamen politischen Willensbildung und des Verwaltungshandelns gewinnt der Bürger seine Souveränität wieder. Um die gesellschaftlichen Spieler in die Entwicklung und Verwaltung des Gemeinwesens ein zu beziehen, benötigt das Gemeinwesen eine E-Government-Plattform zur:

a. Kontrolle des staatlichen Handelns durch die Bürger.
b. Weiterentwicklung der Verwaltung durch die Bürger.

Dabei geht es zuerst um die Qualität des demokratischen Diskurses, der von der Offenheit und Verfügbarkeit von Wissen und Informationen abhängt (Parycek, 2007). Aktive transparente Informationsbereitstellung durch die Verwaltung – vor allem in digitaler Form ist ein integrierender Schritt, welcher die Zivilgesellschaft in die Politikgestaltung einbezieht. Erst durch die Veröffentlichung von Daten und Informationen wird das Wissensgefälle zwischen Zivilgesellschaft und Verwaltung verringert, und Fehlentwicklungen wie Korruption, Datenmissbrauch und Ähnliches früh erkannt und vorgebeugt. Beispiele der Herstellung von Kontrolle durch Transparenz sind die Veröffentlichung von Parteispendern oder den Beschäftigungsverhältnissen von politischen Amtsträgern. Skandinavien erzielt Steuertransparenz und -disziplin durch die namentliche Veröffentlichung der Steuerleistungen der Bürger. Diese Kontrollfähigkeit schafft einerseits Verantwortlichkeit im Staatswesen und Vertrauen der Bürger.

Die aktive Gestaltung von Entscheidungen über politische und finanzielle Schwerpunkte unterstützt die Veröffentlichung von internen Verwaltungsdaten wie Budget-Daten. Hier steht nicht nur Transparenz und Kontrolle der Verwaltung durch den Bürger im Fokus, sondern die bewusste Diskussion um Schwerpunkte. Der Name „Bürger-Budget" betont bereits den breiten Beratungs- und Konsultationsprozess. Zur wirksamen Kontrolle soll die standardisierte Bereitstellung dieser Daten verpflichtend sein – worüber es noch Debatten gibt. Für diese Daten sind einfache sinnvolle Auswertungsdarstellungen und Programme bereit zu stellen, um auch nicht Spezialisten Diskussionsgrundlagen zu bieten. Es fallen aus verwaltungstechnischen Tätigkeiten viele Daten an, welche als Basis für private oder öffentliche Services dienen können. Durch deren Veröffentlichung wird ein Umfeld geschaffen, in dem Bürger oder Unternehmen eigen Auswertungen und Darstellungen dieser Daten vornehmen können und Mehrwert über die ursprüngliche Intention der Datenerhebung hinaus erzeugen. Auch Verwaltungs-Apps können auf Basis sicherer Schnittstellen für Open Government Data von Nutzern und Unternehmers entwickelt und angeboten werden und die Kreativität der „Crowd" und des Marktes genutzt werden. In Irland wurde zum Beispiel eine Wohnungssuche-App aus dem Verschnitt von öffentlichen Geodaten, öffentlichen Wohnungs-Meldungen und den Daten von Maklerfirmen erfolgreich eingesetzt.

Die meisten Government Daten fallen in den öffentlichen Rechenzentren an und werden dort verarbeitet. Für diese Daten können die Datenzentren die Rolle des technischen „Bibliothekars" übernehmen, der einheitlichen Formate, Vollständigkeit der Daten und die adequate Bereitstellung garantiert. Dazu gehört auch die Standardisierung und Bereitstellung der unterschiedlichen Datendarstellungen und Auswerteprogramme, welche derzeit nur punktuell vorhanden sind. Auf der Entwicklungsseite können die öffentlichen IT-Provider mit der Festlegung der

Schnittstellen und Sicherheitsstandards das Kreativpotential außerhalb der Verwaltung für die Entwicklung von bürgerzentrierten Applikationen und Interfaces freisetzen – und so der Zivilgesellschaft Ihr Recht auf Teilnahme und Partizipation sichern.

4 Kontrolle der öffentlichen Rechenzentren selbst – Open-Source-Software

Verhaltungshandeln ist heute hochgradig automatisiert und wird durch codierte Software-Algorithmen gesteuert. Fast alle Steuerbescheide in Österreich werden automatisch erstellt. Werden die Daten durch den Bürger über ein Finanz/Steuerportal selbst eingegeben, erfolgt der Verwaltungsakt inklusive Abbuchung ohne menschlichen Eingriff. Daher ist die Kontrolle der Verwaltungsalgorithmen durch Politik und Zivilgesellschaft wesentlich. Im Falle von elektronischen Wahlen – mit direkter Auswirkung auf Machtverteilungen – ist diese Transparenz noch bedeutsamer. Man erinnere sich an die Diskussion um die Wahlmaschinen in Florida welche George W. Bush das Präsidialamt gewannen. In Österreich wurde eine elektronische Wahl der studentischen Vertretungen für ungültig erklärt, weil der Code der Wahlsoftware nicht durch die Wahl-Kommission überprüft werden konnte. Die anbietende Firma hatte argumentiert, durch diese Geheimhaltung eine Manipulation der Software verhindern zu wollen. Aber wie hätte die Wahlkommission feststellen können, dass wirklich jede Stimme gleich gezählt wurde und sonst keine eigenständigen Wahlvorschläge oder „Default" Einstellungen, welche das Wahlergebnis beeinflussen, existierten.

Trotz dieser Bedeutung für die politische und gesellschaftliche Kontrolle sind derzeit die elektronischen Verwaltungsprozesse intransparent und nicht einsehbar. Es wird in der Verwaltung in hohem Maße proprietäre Software – deren Quellcode nicht einsehbar ist – verwendet. Im Rahmen der Snowden-Enthüllungen wurde bekannt, dass auch der Software Code von Netzwerk-Komponenten und anderen elektronischen Geräten manipuliert wurde, um Daten abzweigen zu können.

Um Transparenz über die Funktionen einer Software herzustellen, ist der Zugang zum Source Code der Anwendung unabdingbar. Experten müssen in der Lage sein diesen Source Code zu inspizieren und zu testen. Damit wird der Einsatz von Open Source Software unverzichtbar. Beim Open Source Modell liegt der gesamte Code eines Programmes öffentlich vor. Neben Experten kann die gesamte weltweite Open-Source-Community zur Prüfung des Codes herangezogen werden. Im der Erstellung von Open-Source-Software ist es üblich, dass zahlreiche Programmierer verteilte Testaufgaben übernehmen und Sicherheitslecks entdecken und melden (Raymond, 2008). Daher ist der Einbau von „Spyware" in Open-Source-Programmen unter den Augen einer fachkundigen Weltöffentlichkeit sehr schwierig. Genau diese hohe Sicherheit hat auch zum Siegeszug der Open-Source-Software im Rechenzentrum geführt. So sind Betriebssysteme auf Linux Basis weit verbreitet, Webserver Software wie Apache, Tomcat in Rechenzentren dominant gegenüber proprietärer, kommerzieller Software. Die Bestrebungen der Open-Source-Community gehen in die Richtung sämtliche automatisierte Rechenzentrumsaktivitäten in einem völlig transparenten „Open-Cloud-Stack" zur Verfügung zu stellen (Hummel, 2012). Staatliche Rechenzentren sollten den Code sämtlicher Hintergrund- und Applikationsprogramme einer Prüfungskommission vorlegen können und auf Bürgeranfragen vollständige Aufzeichnungen von welcher Quellen, zu welchem Zeitpunkt und zu welchem Zweck Daten verarbeitet wurden vorlegen können. Nur dann kann die Zivilgesellschaft durch Kontrollen sicher sein, dass die Verwaltungs-Algorithmen und -Daten im Souveränitätsbereich der Bürger und ihrer demokratisch gewählten Vertretung bleiben.

Verwaltungswissen wird heute in Daten und Codes der Verwaltungsapplikationen niedergelegt. Dieses Verwaltungswissen wird von den Bürgern finanziert und sollte daher unbeschränkt für die Verwaltung und die Bürger zur Verfügung stehen. Der Einsatz von Open Source Verwaltungssoftware ermöglicht dieses Wissen jederzeit öffentlich wieder zu verwenden. Durch die „General Public Licences" der Open-Source-Community, welche die freie Wiederverwendung und Weiterentwicklung sichern, wird verwaltungsintern ein Produktivitätsschub erzeugt. Best Practice Applikationen stehen ohne Mehrkosten sofort der gesamten Verwaltung zur Verfügung und müssen nicht neu entwickelt oder lizensiert werden. Über den Austausch dieser Software und die darin enthaltenen Prozessschritte wird die Integration der Verwaltungen vorangetrieben.

Durch die Nutzung der Kreativität der Vielen können öffentliche Rechenzentren klassische „Vendor-Lock In" Situationen vermeiden. Da der Code offen liegt, kann jede Verwaltung ihre Investitionen in dieser Software sichern und problemlos eigenes Personal oder andere Firmen mit der Erweiterung und Wartung der verwendeten Software betrauen. Damit kann die E-Government auf Impulse der Zivilgesellschaft reagieren und deren Bedürfnisse transparent und technisch effizient umsetzen. Die Verwendung von Open Source stärkte die lokale Softwareindustrie mit dem Schwerpunkt kleinerer Unternehmen, da viele unterschiedliche Firmen an dem offenen Source Code arbeiten können. Rund um derartige Software-Cluster werden Ausbildungsinstitutionen aufgebaut und ein dynamisches Geschäfts-Ökosystem kann entstehen – sodass damit langfristige Technologie Souveränität entsteht.

Offenen Schnittstellen und Programme ermöglichen die Partizipation der interessierten, fachkundigen Bürger selbst. In dem Programm „Code for America" bündelt zum Beispiel eine Non-Governmental-Organisation freiwillige Programmierleistungen für das große Gemeinsame.

5 Neue Rolle der öffentlichen Rechenzentren „post Snowden"

Ebenso wie die Erfindung der Buchpresse durch Gutenberg nicht nur eine handwerkliche Verfeinerung der Darstellung von Buchstaben war, sondern der Buchdruck tiefgreifende gesellschaftliche Entwicklungen angestoßen hat, ist die Informations- und Kommunikationstechnologie (IKT) ein hoch politisches Werkzeug. Die Enthüllungen von Edward Snowden haben uns diese politische Dimension von Informations-Technik und ihre Vernachlässigung drastisch vor Augen geführt. In diesem Sinne sind die Rollen der öffentlichen Rechenzentren an den Anforderungen einer demokratischen Gesellschaft und deren Visionen und Ziele auszurichten. Diese Ausrichtung eröffnet neue politische Handlungsfelder und die Chance die vergessene digitale Souveränität von Bürger und Gesellschaft rückzuerobern.

Das demokratische Paradigma fordert eine gläserne digitale Verwaltung, keinen gläsernen Bürger. Es fordert die Datensouveränität für den Bürger und nicht für Institutionen. Es fordert die Transparenz der verwendeten Software Codes, die Souveränität über Entwicklung der gesellschaftlichen Kommunikations- und Computer-Infrastruktur und deren Sicherheit für die gewählten politischen Vertreter und die Zivilgesellschaft, nicht für Geheimdienste und Konzerne (Federico, 2012). Ein Beispiel für den expliziten Ausdruck eines politischen Verständnisses von öffentlicher IT ist der Auftrag des Münchner Stadtrates zur Entwicklung eines städtischen Arbeitsplatzes:

„Freie Software und offene Standards sind das Rückgrat der Informationsgesellschaft, weil der Zugriff auf Wissen auch zukünftig gewährleistet sein muss. Öffentliche Verwaltungen sollten die Verbreitung freier Software für freie Bürger gezielt fördern, um Demokratie und neue Beteiligungsformen zu ermöglichen. Networking und Aufbau einer Community sind eine große Chance für eine starke Verankerung der Verwaltung in der Bürgerschaft."

In ihrer neuen Rolle dienen öffentlichen Rechenzentren als „Trusted Librarians" für öffentlichen Daten, welche sie standardisieren, aufbereiten und verlässlich der Allgemeinheit zur Verfügung stellen, damit öffentliche Kontrollen und Entscheidungen auf breiter Basis faktengesichert erfolgen können. Sie dienen als Koordinatoren,

Vermittler von offenen Softwarebausteinen einer E-Government-Software-Library um Transparenz und Best-Practice Sharing innerhalb der Verwaltung sicher zu stellen. Sie kümmern sich als „Community-Manager" der Verwaltung um internationale Harmonisierung und Abstimmung – diese wiederverwendbaren Software-Bausteine, welche dann in der Verwaltungs-Community geteilt werden. Die öffentlichen Rechenzentren dienen als gläserne, datenminimierte IT-Fabriken, in denen Verwaltungsprozesse transparent, nachvollziehbar und qualitätsgesichert abgewickelt werden. Durch Ihre Standardsierungstätigkeit und Schnittstellendefinitionen stellen sie die E-Government-Plattform dar, auf deren Basis Zivilgesellschaft und Wirtschaft den Staat mitgestalten können. Sie bündeln damit die Kreativität und Innovation außerhalb der Verwaltung für die Verwaltung.

Rahmenbedingungen, damit diese Vision Realität werden kann sind zu schaffen:

- Die Informationstechnologie und E-Government-Anwendungsdesign wird auch nach politischen Kategorien wie Datenschutz und Bürgerbefähigung beurteilt.
- Bekenntnis zu Open-Source-Software in Einkaufs- und Entwicklungsvorgaben.
- Strikte Transparenz-Governance-Vorgaben bei Verarbeitung öffentlicher Daten.
- Förderung lokalen europäischen IT-Know-Hows durch öffentliche Aufträge.

Es ist an der Zeit, dass die öffentlichen Rechenzentren die digitale Souveränität des Bürgers sichern und unterstützen – gehen wir es an!

Literatur

Greenwald, G. (2014). No Place to Hide. London: Penguin Books.

Federico, H. (2012). Öffentliche Verwaltung braucht Freie Software. In: Helfrich, S./Heinrich Böll-Stiftung (Hrsg): Commons. Bielefeld, Transcript Verlag.

Hummel, M. (2012). Bedeutung von Open-Source-Software für Cloud Computing im Öffentlichen Sektor. In: Fritzlar, H./Huber, A./Rudl A. (Hrsg): Open Source im Public Sector, Boizenburg, Verlag Werner Hülsbusch.

Klausnitzer, R. (2013). Das Ende des Zufalls. Wie Big Data uns und unser Leben vorhersagbar macht. Salzburg, Ecowin Verlag.

O'Reilly, T. (2010). Government as a Plattform. In: Open Government, O'Reilly Media Inc.

Parycek, P. (2007). Gläsener Bürger – transparenter Staat? Institut für Technikfolgenabschätzung, ITA Manuskript Mai 2007, S. 17. Internet: http://epub.oeaw.ac.at/ita/ita-manuscript/ita_07_04.pdf, Zugriff am 25.08.2014.

Raymond, E. (2008). The Cathedral and the Bazaar. O'Reilly Media.

Schmundt, H./Taufeter, G. (2014). Digitale Souveränität. In: Der Spiegel 6/2014.

Why FreedomBox (2014). Learn about the FreedomBox. Internt: http://www.freedombox-foundation.org/learn/, Zugriff am 02.09.2014.

EU Charta der Grundrechte (2009). Internet: http://ec.europa.eu/justice/fundamental-rights/charter/index_de.htm, Zugriff am 30.08.2014.

Vereinte Nationen (1948). Allgemeine Erklärung der Menschenrechte. Internet, www.un.org/depts/german/menschenrechte/aemr.pdf, Zugriff am 30.08.2014

Wilfried Jäger, Dr., Bereichsleiter Infrastruktur im Bundesrechenzentrum Wien, Österreich

Digitale Souveränität, ein Orientierungsversuch

Stefan Werden

Mit dem Einzug moderner Netzwerkinfrastrukturen und entsprechenden Berechnungsmöglichkeiten rückt vom Rand des Blickfeldes ein völlig neues Thema unaufhaltsam ins Zentrum, die digitale Souveränität.

Das Thema Souveränität in der realen Welt ist an sich schon ein Schwieriges. Trotz allgemeiner Meinungsfreiheit und freiem Zugang zu Informationen sorgt die allgemeine Informationsüberflutung und Reizüberflutung für einigen Aufwand diese zu organisieren.

Wie kann man digitale Souveränität, also so etwas wie eine digitale Selbstbestimmung verstehen? Im einfachsten Fall versteht man darunter, das Bestimmungsrecht über alle persönlich digital erfassten Daten bzw. die eines Unternehmens. Um die entsprechende Souveränität wahrzunehmen geht man dann konventionell vor. Man betrachtet die jeweils bereits gestellten bzw. erfassten digitalen Daten. Diese werden bewertet und priorisiert. Im Anschluss werden Klassen (Regeln) bestimmt, die in entsprechende Nutzungsrechte für Dritte münden. Ist man mit dieser Aufgabe durch hat man seiner digitalen Souveränität genüge getan oder ist souverän.

Diese Auffassung ermöglicht es auch sehr einfach digitale Daten isoliert voneinander zu betrachten und dann allgemeine Regeln (Gesetze) aufzustellen. Im Grunde genommen ist das Verfahren sehr unkompliziert und eine gesellschaftliche und politische Fleißarbeit.

Die Betrachtungsweise ist bequem, ließe sich das Thema doch perfekt delirieren. Dritte, zum Beispiel der Gesetzgeber und Interessensgruppen organisieren die digitale Souveränität. Was daran Selbstbestimmung ist bleibt dem Leser selbst überlassen. Doch entspricht der Kern dieser Auffassung weiten Teilen von Anwenderkreisen.

Im Folgenden werden wird darauf eingegangen, warum diese Sichtweisen zur kurz gegriffen sind und wie aktuelle digitale Erfassung von Micro-Informationen, also Informationen die jede für sich genommen unwichtig sind, den vielleicht größten Innovationsschub der letzten 20 Jahre ausgelöst haben. Vielfach werden digitale Daten erfasst, die man ohne große Analyse schon intuitiv in den Zuständigkeitsbereich der digitalen Selbstbestimmung einordnen kann. Geodaten, Verbindungsdaten, Kontakte und E-Mails sind nur exemplarisch hier anzuführen. All diese Daten werten heute schon massenhaft von privatwirtschaftlichen Unternehmen erfasst, gehandelt und verkauft. Diese betonen stark die gesetzliche Legalität und es werden auch keine geheimdienstlichen Ausrüstungen verwendet.

Mit den folgenden Darstellungen lassen sich auch die Möglichkeiten staatlicher Institutionen mit ausreichender materieller Ausstattung und Kompetenzen besser verstehen. Ohne dass dies näher begründet wird, nutzen staatliche Institutionen Profilierungen lediglich mit anderer Zielrichtung und Zeitauflösung. Der Zugang zu den Daten umfasst ein größeres Spektrum. Letzteres trat besonders in die Öffentlichkeit um das Thema NSA, deren „Partnerfirmen" und Erkenntnisse von dem Whistleblower Edward Snowden. Man sollte sich auf jeden Fall nicht naiv zeigen und glauben amerikanische Geheimdienste seien die einzigen auf der Welt. Das geht aber in Richtung der Souveränität von Staaten und wird hier nicht weiter ausgeführt.

1   Big Data fordert die digitale Souveränität heraus

Die massenhafte Verarbeitung von Daten ist nicht neu, ebenso die elektronische Datenverarbeitung ist seit vielen Jahrzehnten alltäglicher Standard. Gleich wie man digitale Souveränität versteht, so kommt man nicht umhin zu verstehen, wie heute Daten erfassten werden, diese zusammengeführt werden und welche Fragestellungen aktuell sind. Das Thema Big Data wird wichtig. Ohne ein Grundverständnis zu Big Data lassen sich wohl keine zeitgemäßen Ableitungen finden. Was ist also das Neue an Big Data?

Die Strukturiertheit der Daten, einen Verwendungszweck oder statistische Signifikanzen spielen bei Big Data eine untergeordnete Rolle.

Big Data beinhaltet aber nicht nur große Datenmengen, sondern insbesondere die Sichtweise auf die Daten und deren Verarbeitung. Die Verfügbarkeit bezahlbarer immer größerer Speicher, Rechenkapazitäten und breitbandiger Netzwerkverbindungen entstanden neue Möglichkeiten der Auswertung. Was mit der Mustersuche für erfolgreiche Trades an der US-Börse entstand und heute vielfach mit Highspeed Trading verknüpft wird, wird nun auch auf Menschen und Umgebungen angewendet. Prognosen auf Käuferverhalten, individualisierte Angebote, Stimmerkennung, Gesichtserkennung, massenhafte Erfassung von Textbedeutungen und Übersetzungsautomaten sind nur einige Beispiele. Alles mit wirtschaftlichem Nutzen bekommt ein individuelles Prognoseprofil. Je besser das Profil, desto besser der wirtschaftliche Nutzen (zukünftige Verkäufe). Es werden Vorteile gesucht und maximiert. Kausalität ist nicht wichtig solange die Korrelation erfolgreich ist.

Big Data kann nur derjenige betreiben, der ausreichend massenhaft Daten besitzt. Was zunächst irgendwie logisch erscheint, ist bei näherer Betrachtung eine wirklich große Einschränkung. Selbst Bildungseinrichtungen wie Universitäten sind oft nicht in der Lage ausreichende Datenmengen zusammen zu stellen und sind auf Industriepartnerschaften mit Firmen wie Google angewiesen. Letztere kennen den Wert der Daten und reglementieren deren Verwendung und damit direkt das Forschungsgeschehen. Anders gesagt, wer nicht die notwendigen Datenmengen dauerhaft erheben kann ist aus dem Spiel draußen.

Was die Datenverarbeitung angeht, so wählen wir den einfachsten möglichen Ansatz. Wir zeigen exemplarisch die Erfassung digitaler Daten auf. Dann wird kurz darauf eingegangen wie diese Daten zusammen geführt und verarbeitet werden. Und schließlich warum das Ganze so erfolgreich ist. Alles unter dem Gesichtspunkt der digitalen Souveränität.

2　　Datenquellen oder Datenerhebung

Man überlege welche Daten man erhebt, was man damit tun will um ein bestimmtes Ergebnis zu erzielen. Das ist einer der Leitsprüche der klassischen Erhebung von Daten für statistische Untersuchungen. Big Data kehrt das Prinzip um und sammelt alle Daten ein, möglichst ohne Vorfilter oder Vorauswahl. Redundanz ist gewünscht und wird sogar für das Zusammensetzen der Daten gebraucht.

Die Kernidee dahinter ist Daten nicht nur für einen Zweck zu erheben. Die Erfassung von Daten erfolgt in der Regel aus unterschiedlichsten Quellen. Die sogenannte Zweit- und Drittverwertung wird als gleich wichtig zur Erstverwertung gesehen. Das Ideal sind unstrukturierte Datensätze, die quasi adaptiv auf ein noch unbekanntes Problem wirken. Es sei hier angemerkt, dass für digitale Souveränität die Daten selbst unmittelbar gar keinem Zweck oder Sinn zugeordnet sein müssen. Es geht nur darum die Daten für viele Verwendungsmöglichkeiten „offen" zu halten. Die Verwendung der Daten wird quasi höher priorisiert als deren Bedeutung oder Inhalt. Daten sammeln wird zum Selbstzweck, nicht selten einhergehend mit einer geografischen Verlagerung der Daten in einen „datenfreundlichen Rechtsraum". Daten werden zum Rohstoff und bekommen einen eigenen Wert.

Das ist auch einer der Gründe, warum sich alleine aus Inhalt und Bedeutung (siehe oben) keine digitale Souveränität ableiten bzw. herstellen lässt. Der unmittelbare Zweck einzelner digitaler Datenerhebungen ist in der Regel unbekannt. Das übergeordnete Ziel schon.

Sogenannte Data Scientist, Analytiker oder auch Psychologen sind die neuen Stars von Big Data. Sie gehen mit komplett neuen Fragestellungen und Methoden auf Datensätze zu. Sie finden Zusammenhänge (Korrelationen) die nicht offensichtlich sind. Jeder kennt irgendwelche spektakulären Bilder und Videos. Für Big Data wurden sogar eigens neue Darstellungsformen für Auswertungsergebnisse erfunden.

Wichtig und wesentlich für Big Data sind „smarte Geräte". Diesen Geräten kommt eine Schlüsselfunktion zu. Diese und fungieren sinnhaft als intelligente Messsensoren und sind massenhaft verbreitet. Jedes noch so kleine Datenschnipsel wird erfasst und versendet, je nach der Hersteller- und Anwenderkonfiguration. Jeder kennt die nicht löschbaren Apps auf Smartphones.

Selbst die Konfiguration eines Gerätes selbst ist schon eine charakteristische Information.

Mit der Einführung der Smartphones von Apple iOS, Google Android oder auch Microsoft Windows Phone werden Anwender nicht mehr aktiv gefragt, sondern senden vollautomatisch digitale Daten an Datenbanken. Durch vielfältigste Apps und Social-Media werden sie sogar zu Erzeugung von mehr digitalen Daten angeregt. Ein wirklicher Geniestreich der Datenerhebung. Die Hersteller werden zu den größten Datensammlern. Die führenden privatwirtschaftlichen Systemhersteller zu Datenoligopolen. Werden Datenerfassung, Auswertung und Ergebnisse (z. B. Werbeprofile) vereint entstehen globale trustähnliche Strukturen zur Informationsgewinnung. Eine völlig neue Herausforderung für das Thema digitaler Souveränität.

Um eine Vorstellung zu bekommen wo und wie Daten erhoben werden, führen wir einige typische Beispiele an, ohne Anspruch auf Vollständigkeit und Wichtigkeit:

3   Software

Es gab eine Zeit, in der Software auf die Funktionalität begrenzt wurde, die dem Zweck der Verwendung entsprach. Spätestens mit dem Einzug der sogenannten Apps vollzog sich ein grundlegender Wandel. Eine typische App bedient nicht nur Bedürfnissen von Nutzern, sondern ermittelt und sammelt digitale Daten von Anwendern und schickt diese an eine zentrale Sammelstelle, oftmals mit einem Wechsel des Rechtsraumes. Spitzfindige Zeitgeister fragen sogar nach, wer hier denn der wahre Nutzer ist.

Auch wenn diese Methoden offensichtlich durch findige Lizenzbedingungen beim Installieren legalisiert werden sollen, wird der Nutzer über die Art, die Menge, die Verwendung und die Dauer der Datenhaltung ebenso wenig informiert, wie die Möglichkeit dies in einer Anwendung einzuschränken oder zu unterbinden.

Speziell kostenfreifreie Apps blenden oftmals Werbung ein zwecks Refinanzierung. Woher der Werbeanbieter weis welche Werbung wohin geschickt wird und ob dies die einzige Quelle der Refinanzierung ist bleibt den meisten Anwendern unklar.

Auch bezahlte Software senden in der Regel mehr digitale Daten zum Anbieter, als dies zur eigentlichen Anwenderfunktion notwendig ist. „Software as a Service", also das Nutzen von Software von einem Dienstanbieter könnte zum Beispiel einzelne Mitarbeiter eines Unternehmens profilieren ohne Einwilligung des Arbeitgebers. Die Frage eines Herstellers, ob man mithelfen will die Software zu verbessern kann in Zeiten von Big Data nicht eindeutig beantwortet werden. Datensammeln ist Selbstzweck und ist grundsätzlich nicht mit einem Zweck verbunden, so auch plausibel, glaubhaft und aufrichtig Zwecke auch genannt werden.

4 Cloud bzw. Speichern von Daten im Internet

Wir sind heute modern und wollen viele Dinge einfacher haben. Statt sich mit technisch komplizierten Geräten auseinanderzusetzen, stellt man seine Daten in die Cloud. Den wenigsten ist klar, was für ein großer Verlust insbesondere an Souveränität, speziell bei kostenfreien Angeboten einhergeht.

Nicht selten wird dem Anbieter per AGB eingeräumt die gespeicherten Daten zu analysieren, diese mit Erkenntnissen über andere Anwender zu vergleichen und eigene Schlüsse daraus zu ziehen (siehe oben). Diese werden kombiniert und an Dritte verkauft. Alles völlig legal und ohne Benachrichtigung an den Anwender.

5 Services

Dienstleistungen, insbesondere kostenlose sind eine tolle Sache. Besonders beliebt sind beispielsweise kostenlose E-Mail-Postfächer und Adressen. Auch kostenlose Internettelefonie ist eine tolle Sache um seine entfernten sozialen Kontakte oder Geschäfte nachgehen zu können. Manche Services versprechen sogar verschlüsselte Gespräche.

Anbieter behalten sich oftmals das Recht vor Gespräche, oder sind verpflichtet worden, trotzdem auswerten zu können. Für Unternehmen ist das sicherlich eine problematische Klausel.

Kostenlose Spiele, insbesondere werbefreie Spiele dienen teileweise als Massenversuche bzw. zur Ergebnisgewinnung von Verhaltensweisen. Wer Entscheidungen vorberechnen kann ist klar im Vorteil. Der virtuellen Realität erlauben heute kontinuierliche psychologische Massenstudien mit gescripteten Szenarien, maßgeschneidert für den Auftraggeber vom Spielehersteller. Jedem Spieler sollte klar sein, dass es kein Freibier im Internet gibt.

Generell gehört zur Selbstbestimmung auch die Wahlfreiheit sich an digitalen Experimenten beteiligen zu dürfen oder auch nicht.

6   Social Media

Jeder kennt heute Plattformen und Dienstleistung rund um das Thema. Facebook, Twitter, WhatsApp, Google+, Yahoo, Youtube und andere. Die Selbstdarstellung des Individuums wird belohnt und gefördert. Privateste Informationen werden freizügig offengelegt und anscheinend liegt das Glück im digitalen Exhibitionismus. Wir erinnern uns. Es geht nur um das Datensammeln.

Die Neugier und das Kommunikationsbedürfnis von Menschen erzeugen so einen einzigartigen strukturierten Datensatz. Den Social Graph, also eine Struktur der sozialen Verbindung von Menschen und Gruppen zueinander. Der Social Graph ist der zweite wichtige Ansatz zur Berechnung von Werbeprofilen. Der andere ist die Suchmaschine. Die Anbieter dieser Dienste sind überzeugt eine einzigartige Goldmine für Werbung von Verkauf von Produkten zu haben. Der wirtschaftliche Erfolg beglaubigt die Einschätzung noch vor der wissenschaftlichen Bestätigung und treibt diese Entwicklung weiter voran.

Die Wahrnehmung von digitaler Souveränität steht hier vor einer großen Aufgabe. Man kann sich sehr einfach für die Freigabe von Daten entscheiden. Aber Einschränkungen sind schwer, zumal Profilierungen auch indirekt über das persönliche Umfeld erfolgen können. Das Erstaunliche ist, dass im Prinzip eine sehr zutreffende Profilierung von eigenständigen Individuen erfolgen kann, obwohl gar keine digitalen Daten direkt bereitgestellt wurden. Das ist neu und entzieht sich dem Selbstverständnis der Selbstbestimmung. Vergleichbar ist das mit dem Urteilbilden auf Basis von „Hörensagen". Nur mit wissenschaftlicher Präzision und industriellen Maßstab.

Gleich der Datenschutzeinstellungen kann eine Art zweckgebundener Avatar mit der größten Wahrscheinlichkeit berechnet werden. Je besser der Datensatz zum Umfeld ist, desto besser können „Löcher" gefüllt werden. Wir erinnern uns an den Satz: Redundanz ist gewünscht.

7 Datenaustausch und Datenübertragung

Es ist absolut logisch, dass in einer vernetzten Welt die Datenübertragung eine zentrale Rolle spielt, denn sonst würde eine Vernetzung ja keinen Sinn ergeben. Im Rahmen der digitalen Souveränität ist klar, dass Vernetzung und Datenübertragung gewünscht ist. Die Frage ist hier wiederum nur wie wir das tun um digitale Souveränität sicherzustellen. Hierzu muss man wissen, dass heute bereits bestimmte Institutionen den Datenverkehr ganzer Länder komplett abspeichern können. Wozu das gemacht wird ist keine Frage der Souveränität selbst. Die Frage der Souveränität ist, ob Gesellschaften und Individuen für die eigenen übertragenen Daten hier ein Bestimmungsrecht wahrnehmen können.

Im Grunde genommen ist das Thema Datenübertragung am einfachsten. Wenn man keine öffentliche Übertragung wünscht, dann wählt man eine ausreichend starke Verschlüsselungstechnologie und schon hat sich das Thema aus technischer Sicht im Prinzip erledigt. Hier ist digitale Selbstbestimmung am einfachsten herzustellen. Was der Empfänger mit den Daten macht bleibt grundsätzlich meistens außerhalb der eigenen Souveränität. Genauso wie das Thema der Verbindungsdaten sich der Selbstbestimmung traditionell entzieht bzw. benötigen gesonderte Technologien wie das mittlerweile bekannte Netzwerk Tor erfordern.

8 Die kleinen Helferlein

Wer hätte es nicht gern bequem? Wir alle schätzen die Fragevorschläge in den Suchanfragen der Browser oder ähnlichen Anwendungen. Diese Helferlein liefern einen wichtigen Beitrag zur Optimierung von Algorithmen und Antworten bei Suchanfragen. Sollte eine der vorgeschlagenen Eingabemöglichkeiten richtig sein, hat die Prognose des Algorithmus richtiggelegen und bekommt vom Anwender durch Auswahl die Bestätigung. Mit ausreichend Training können damit sogar Prognosen auf die nächste Frage gemacht werden. Rückschlüsse auf die fragende

Person und deren Eigenschaften sind ebenfalls möglich. Wie das prinzipiell geht erklärt das Thema Big Data.

Automatisierte Übersetzungen sind wirklich ein Segen. Fremdsprachliche Text können heute in verständlicher Qualität Menschen zugänglich gemacht werden. Eine Wohltat für Menschen, die einer Sprache nicht mächtig sind. Es ist fast wie der Universalkommunikator aus Star Trek. Sowohl fremde Texte als auch eigene Texte können übersetzt werden. Auf einmal kann man zum Beispiel Preisvorteile auf fremdsprachigen Internethandelsplätzen nutzen ohne die Sprache selbst zu beherrschen. Mit der Benutzung gibt man aber auch andere Informationen weiter. Welche Texte in welcher Sprache, welche Webseiten man besucht, bzw. wann und welche Inhalte aufgerufen werden, werden der „Übersetzungsmaschine" preisgegeben. Anbieter von „Übersetzungsmaschine" bekommen automatisch viel mehr Informationen als es zunächst erscheint. Mit Textanalyse, der Reihenfolge der zu übersetzten Texte oder auch das „Surfverhalten und Links" sind nur mögliche Datenerhebungen. Freie Übersetzungsdienste können eine Big Data Goldmine zur Datengewinnung sein. Zum Beispiel stellen sich Fragen, wie mit automatisch übersetzten gesicherten Webseiten umgegangen wird und was mit Zugangsdaten und Inhalten passiert.

Besonders modern sind gerade Spracheingaben. Unser Smartphone soll nicht mehr nur eine Kommunikations- und Spieleplattform sein. Nein, jetzt werden diese Geräte zu individuellen Assistenten in allen Lebenslagen! Es geht ganz einfach. Vom Smartphone-Hersteller schon zwingend voreingestellt, startet man eine App und schon hört unser Assistent mit und weiß automatisch wann er „angesprochen" wird. Dazu muss aber das Mikrophon die ganze Zeit offen sein und alle Aufzeichnungen mitgehört und interpretiert werden. Auch wenn zu einem guten Zweck, unser Assistent ist immer dabei, hört immer mit und interpretiert 24 Stunden am Tag. Alle vom Mikrofon aufgenommen Signale können automatisch in Texte verwandelt werden. Damit stehen alle Werkzeuge der Textanalyse zur Verfügung. Diese Metadaten könnten dann beispielweise der „großen Suchmaschine" zugeführt werden.

Ob man „Nebendatenerhebung" erlaubt, ist Teil der Ausübung von digitaler Souveränität. Es ist nicht ein unabwendbares Schicksal von Anwendern. Zur Entscheidungsfindung gehören vollständige Information zu dem was eine Anwendung macht und was ihr Zweck ist. Die Informationen sollten allgemeinverständlich sein. Ähnlich gelagerte Diskussionen sind bei Finanzprodukten, Nahrungsmittelindustrie oder Medikamenten bereits im vollen Gang. In der Informationstechnologie ist das Neuland. Aber genau hier liegt die prinzipielle Grundproblematik von Big Data. Daten werden zunächst weitestgehend zweckfrei erhoben. Ähnlich der Rohölförderung dessen Raffinierung erst später an einem anderen Ort erfolgt und der jeweiligen Marktlage angepasst werden.

9 Digitales TV, Online Videobibliotheken und andere Streamingdienste

Es ist schon erstaunlich, dass ein für das digitale Zeitalter gesehen altes Medium neuen Schwung und Auftrieb erhält. Mit Einzug des Internets und der Verlagerung der Videotheken ins Internet, einschließlich von Fernseherkanälen erfüllt sich ein Traum von Medienfirmen, – die Rückkanalfähigkeit.

Man kann jetzt messen wann welcher Film geschaut wird, wann unterbrochen, umgeschaltet oder abgeschaltet wird. Wichtige Daten, denn es geht darum die Attraktivität von Medienangeboten zu optimieren. Sei es implizite Meinungsforschung zu Themen, sei es die Bindung an einen Kanal zu erhöhen. Das Verhalten wird aufgezeichnet und bereits heute mit Social Media Aktivitäten im Internet zur entsprechenden Sendung abgeglichen. Bei Live-Sendungen kann so prinzipiell die Sendung heute schon „nachjustiert werden". Live und in Echtzeit werden Einschaltquoten und Zuschauerprofile optimiert.

10 Geräte, Smartphones und vielleicht mal Autos

Praktisch alle innovativen Gerätehersteller arbeiten an sogenannten smarten Systemen. Neuerdings kann sogar die Zahnbürste dem Nutzer auf dem Smartphone mitteilen, ob er fachmännisch richtig die Zähne putzt. Was für ein Fortschritt, aber trotzdem genial! Mit jeder erfolgreich platzierten App auf smarten Geräten können spezifische, meist personalisierte Daten gesammelt werden.

Jeder neue Einsatz von „smarter Technologie" verdichtet das Erfassungsnetzwerk bzw. neue Teilnehmer treten dem Datenmarkt bei. Ein möglicher Schritt sind die angekündigten smarten und vernetzten Autos der Automobilindustrie. Die Technologieträger von Google bestätigen deren Bedeutung.

11 Datenprovider

Für alle, die keine eigene oder nur eine unzureichende Datenerhebung haben, können von sogenannten Datenprovidern entsprechende Daten erwerben. Am bekanntesten ist vielleicht der öffentliche „Twitter-Stream". Diesen gibt es auch vorgefiltert nach Themen und Regionen. Die Spezialisierung ist mittlerweile so weit, dass eine eigene Aufbereitung wenig Sinn macht. Manche behaupten auch der öffentliche Twitter-Stream sei inhaltlich unbrauchbar gemacht. Andere Dienstleister bieten ähnliche Streams und Daten für Social Media und Benutzerverhalten an. Gekaufte Daten sind nicht fertig berechnete Informationen, sondern vorgefilterte Daten und bereits eine Art Metadaten. Der Käufer verarbeitet diese dann nach seinen Vorstellungen.

Beispielsweise können kommerzielle Twitterstreams als eine Art „Fieberthermometer" für das öffentliche Ansehen von Unternehmen und deren Produkte dienen. Bei Gefahr können Gegenmaßnahmen live eingeleitet werden, quasi eine Echtzeit-Produktpflege. Hierfür hat sich bereits eine eigene spezialisierte Branche entwickelt.

12 Big Data, das Spiel um Informationen verändert sich nachhaltig

Nachdem exemplarisch aufgezeigt wurde wie moderne Datenerhebung funktioniert, stellt sich natürlich die Frage wie man unstrukturierte Kleinstdatenmengen wieder sinnvoll zusammensetzt. Wozu der ganze Aufwand, wenn es doch bewährte statistische Auswertungen gibt (z. B. Meinungsforschung). Big Data versucht jenseits der statistischen Signifikanz Individualaussagen zu treffen und eine vollständige Datenerhebung durchzuführen. Die Datenerhebung strebt immer 100 % der untersuchten Menge an. Im Grunde ein mit klassischen Methoden nicht planbares Großprojekt. Big Data geht genau den umgekehrten Weg. Ganz abgesehen, dass die Frage was 100 % ist in der Regel dadurch ersetzt wird, dass man alle Daten einsammelt die man bekommen kann. Ob das dann 100 % ist? Es werden in der Regel fragmentierte kleinste Datenmengen gesammelt, mit dem Zweck diese „Datenschnipsel" später zu größeren Bildern zusammen zu setzen. Es wird nichts weggeworfen. Erst bei der Auswertung wird gefiltert. Das begründet die zentrale Stellung von Metadaten.

Nur wenige können sich Stand heute einen so großen Datenspeicher für Big Data Anwendungen leisten, bzw. sind in der Lage so viele Daten überhaupt einzusammeln. Big Data impliziert riesige Mengen von „Datenstaubsaugern". Strukturiertheit, einen Zweck oder statistische Signifikanzen spielen zunächst keine Rolle. Vor wenigen Jahren hätte man frei weg behaupten können, dass die meisten Daten in eine Big Data Einrichtung Datenmüll sind, weil man diese gar nicht verarbeiten kann.

Warum Big Data so wichtig ist wurde in Gespräch mit einem marktführenden Logistiker und Handelshaus deutlich. Sinngemäß wurde das so beschrieben: „Wir erfassen heute statistisch Alles und im Mittel sind wir perfekt. Aber wir wissen, dass es in der Realität vor Ort nicht perfekt ist, wir Potentiale nicht erfassen und nicht nutzen können. Wir setzen Alles ein was gut und teuer ist am Markt. Aber wir brauchen was Neues, denn die Statistik alleine lässt uns mittlerweile in Stich."

13 Das Extrahieren von Informationen, die Schnipsel und Puzzlemaschine

Wie setzt man ein Puzzle von unsortierten unstrukturierten Einzelstücken zusammen? Und wie setzt man ein Puzzle zusammen, das mehr Elemente hat als man für ein Bild braucht und trotzdem die Vollständigkeit nicht garantiert ist? Schließlich die Frage, wie setzte ich aus einem unbekannten Haufen ein Puzzle zusammen dessen Bild gerader einer Auswertungsidee entsprungen ist?

So oder so ähnlich muss man sich die scheinbar hoffnungslose Auswertung aus unstrukturierten Daten vorstellen. Alleine die Tatsache, dass es mittlerweile wirtschaftlich funktionierende Unternehmen gibt wie Google, Facebook und andere zeigt uns, dass diese Aufgabe offensichtlich lösbar ist. Auch wenn eine komplette Individualerfassung und Profilierung sicherlich noch in den Bereich der ungelösten Ziele von Big Data gehört.

Große Fortschritte wurden in den letzten Jahren auf dem Gebiet der Texterkennung und des maschinellen verstehen von Texten gemacht. Die Zeiten von reiner Schlagwortsuche oder statischen Mustern sind vorbei. Suchmaschinen können bereits natürlich sprachige Sätze verstehen und eine entsprechende Suche generieren. Was für uns alle eine deutliche Erleichterung bei der Internetrecherche dient, bleibt natürlich nicht auf diese Anwendungen beschränkt.

Für das Thema digitale Souveränität ist es wichtig zu verstehen, dass es gelungen ist bisher nicht fassbares inhaltliches Verständnis in Zahlen zu fassen und weiteren Berechnungen zuzuführen. Gleiches gilt für die Bewertung von Musik, Bildern, Sprache usw. Die Stunde der Metadaten hat begonnen. Metadaten sind Daten zur Weiterverarbeitung, also quasi vorberechnete Ergebnisse deren Weiterverwendung Vorteile bietet. Das können gleichermaßen Suchergebnisse einer Suchmaschine oder aufbereitete unstrukturierte Daten sein. Die Verarbeitung der Metadaten ist dann schon eher wieder konventionell und das was Big Data Auswertungen so spektakulär und erfolgreich macht. Ohne Metadaten als Zwischenschritt ist Big Data heute nicht denkbar. Metadaten sind eine Art Raffinat unstrukturierter Daten.

Das Erkennen von Zusammenhängen und deren Darstellung in sogenannten Graphen ist der Schlüssel zum Erfolg. Der zentrale Begriff von Big Data ist die Korrelation, also das Finden und Darstellen von Zusammenhängen aus unstrukturierten Daten. Man kann sich diese vereinfacht als eine Art Strichmännchen vorstellen. Graphen selbst können verglichen oder auch bewertet werden. Kann man die Zusammenhänge erkennen, beispielsweise warum ein Kunde ein Bier bestellt, kann das für ihn und ähnliche Kunden in der Zukunft prognostiziert werden.

Ein funktionierender Graph ist eine Goldmine. Hat man beispielsweise einen Graphen für einen Bayern München Fan gefunden, kann man ihm attraktivere Werbeangebote machen. Feste Werbebudgets zielgerichteter und effektiver genutzt werden.

Ein anderes Beispiel ist ein „sich bildender Graph". Durch gezielte Beeinflussung, wie beispielsweise Alternativangebote (Amazon Bücher Vorschläge) kann so ein Graph in einen Verkaufsabschlussgraphen „umgewandelt" werden. Was für das Thema Bayern München Fan sicherlich Grenzen besitzt, sieht bei dem Thema politischer Meinungsbildung möglicherweise schon völlig anders aus.

Das dritte Beispiel handelt von Prognosen mit Hilfe von Graphen. Kennt man den Anfang eines Graphen, kann man Wahrscheinlichkeiten zur weiteren zeitlichen Entwicklung berechnen. Werden bestimmte Schwellwerte überschritten könnten entsprechende Maßnahmen eingeleitet werden. Genutzt wird das heute zur Produkt und Markenpflege in Onlineforen. Wenn zu viele negative Kommentare auftreten, werden entsprechende Maßnahmen zu Eindämmung eingeleitet (z. B. gegen sogenannte Shitstorms). Die gleiche Technik wird in den USA für Precrime eingesetzt. Ein Programm was unter anderem Polizeiressourcen zur Verbrechensverhinderung steuert. Die zentrale Rolle von Graphen sollte mit den drei Beispielen klar geworden sein.

14 Der Wert von Profilen und der Traum von individualisiertem Vertrieb und Marketing

Alles begann mit dem Web, dem Bereitstellen der besten Inhalte für Portale und der Suche nach der besten Suchmaschine im Web. Dem kommerziellen Zweig des Web wurde schnell klar, dass mit fachgebundenen Webseiten sich auch spezifische Werbung schalten lässt. Mit sogenannten Banner-Ads ließ sich schnell Geld verdienen. Alleine die Anzahl der Besucher bestimmte nun den Wert einer Webseite. Das ist eine der Grundlegenden Ideen von Portalen und für Internetfirmen. Bei spektakulären Übernahmen wurden 20-25 Dollar für aktive Benutzer/Anwender bezahlt. Eine unglaubliche Goldmine, allerdings beschränkt auf die jeweilige Entität. Man muss nur den richtigen Trend erwischen. Letzteres begründet auch den Jugendwahn bei neuen IT-Technologien.

15 Online Werbung und der Wettbewerb um Werbeanzeigen

Besonders gut frequentierte Webseiten, mit meist noch statischen Inhalten konnten sich ein Zubrot verdienen, indem man bestimmte Flächen auf dem Bildschirm für kleine Grafiken schaffte, den sogenannten Banner-Ads. Stellte sich heraus, dass alleine mit Werbung sich eine Webseite finanzieren ließ, sogar Aussicht auf Profit bestand.

Zwei Probleme besaßen die klassischen Banner-Ads. Erstens war die Werbung an die jeweilige Seite gebunden und nicht an den Besucher der Seite selbst. Zweitens fehlt die Möglichkeit die Werbung auf jeden einzelnen Anwender selbst abzustimmen. Für den Fall eines Shops stellte sich die Frage welche Kaufangebote auf der Seite Angezeigt werden sollen (z. B. Amazon löste das Problem wohl am besten). Im Wesentlichen wurden zwei Technologien entwickelt um diese Aufgaben zu lösen. Erstens die Klickpfadverfolgung zur Interessenermittlung des Besuchers. Zweitens dynamische Webseiten, die benutzerindividuell automatisiert zusammengestellt werden. Ein Beispiel dafür ist heute der Versandhändler Otto, der nach eigenen Angaben mit selbst lernenden neuronalen Netzwerken (Neuro-Bayes-Algorithmen) ca. fünf Mrd. solcher dynamischen Webseiten (Prognosen) pro Jahr erstellt. Online Shops funktionieren also komplett anders als klassische Kaufhäuser. Onlineshops adaptieren sich in Grenzen auf den Besucher/Käufer indem Sie eine Vorstellung von ihm berechnen.

Ohne weiter ins Detail zu gehen wird klar, dass individualisierte Nutzerprofile der Schlüsselfaktor zum Verkaufserfolg sind. Am leichtesten gelingt der Verkauf an Kunden, die man gut kennt. Sei es online oder in der realen Welt. Diese allgemein anerkannte Tatsache begründet auch die Datensucht nach qualifizierten Kundendaten. Je qualifizierter, desto höher der Wert. Denn Verkäufe können gesteigert werden. Typischerweise dürfen Besucher nicht entscheiden, ob Sie erfasst (Aufzeichnen ihrer digitalen Spur) werden oder nicht. Gute Verkäufer machen sich schon immer ein Bild des potentiellen Käufers. Das Neue ist das automatisierte industrielle Ausmaß der Erfassung und die Qualität der Auswertung. Es entstehen zweckgebundene Avatare für die Optimierung der Wahrscheinlichkeit eines momentanen Verkaufsabschluss. Diese Avatare können im Konflikt zur digitalen Souveränität stehen. Unbekannte elektronische Abbilder von physikalischen Personen und Unternehmen werfen neue Fragen auf. Die Probleme sind ähnlich der heutigen Bonitätsbewertung. Die Bewertung erfolgt nach dem Ergebnis eines unbekannten Algorithmus.

Die Frage nach der digitalen Souveränität umfasst auf jeden Fall solche Fragen, wie weit wir das Thema treiben wollen, ob wir schon zu weit gelaufen sind und welche Wege wohl die gesellschaftlich akzeptierten Wege sein werden. Zugespitzt würden die privatwirtschaftlich organisierten Avatare heute schon als Eingriff in

Privatsphären bedeuten, wenn diese von staatlichen Organisationen erhoben und berechnet würden.

16 Kann man sich dem Datenwahn entziehen und gibt es ein Entkommen vor den Datenkraken Big Data?

Der natürliche Fluchtreflex von Menschen wirft die obige Frage als erstes auf. Um es vorneweg zu sagen, für eine digitale Souveränität ist es prinzipiell nicht wichtig der Datenkrake zu entkommen oder sich ihr sich komplett zu entziehen. Nur wenige Menschen führen ein glückliches Leben als Eremit. Isolierte Unternehmen gehen Pleite. Die Frage der Souveränität betrifft mehr die aktive Bestimmung jener digitalen Daten, die man bewusst der Dritten überlässt und den potentiellen Auswertungen, die mit den Daten möglich sind. Und deshalb ist es auch so wichtig sich mit dem Potentialen von Big Data auseinander zu setzen. In der Folge können aus dem Verständnis Infrastrukturen, Empfehlungen oder Menschen hervorgebracht werden an denen sich Dritte orientieren können. Hier stehen wir wohl noch sehr am Anfang. Es ist keine Schande noch nicht mit fertigen Lösungen glänzen zu können. So ist es mit Neuland eben.

Trotz aller hier angebrachten Kritik darf man nicht aus den Augen verlieren, dass der Erfolg von Big Data uns allen einen Innovationschub gebracht hat, Arbeitsplätze geschaffen hat und viele Möglichkeiten, die ohne Big Data und deren wirtschaftlichen Verwertung heute nicht existieren würden. Big Data nicht zu nutzen bedeutet Rückschritt und ist für ein führendes Industrieland inakzeptabel. Big Data ist kein Teufel, sondern vielleicht die größte Chance in den letzten 20 Jahren. Es sollte kein Unternehmen ohne eine entsprechende Strategie geben. Big Data wird zum Allgemeinwissen werden. Aus diesem Grund kann man rückwärtsgewandte Abwehrstrategien auch als wenig hilfreich und kontraproduktiv ansehen. Fortschritt lässt sich nicht aufhalten, – aber organisieren. Sollte der Leser glauben sich in einer Art Science-Fiction zu befinden oder der Autor sei Berufsparanoiker, dann wird es Zeit. Alle Technologien befinden sich bereits heute im produktiven Einsatz erfolgreicher Unternehmen. Lediglich über die Verbreitung lässt sich streiten.

17 Die Weiterentwicklung von digitaler Souveränität

Kommen wir nun auf Kernfragen der Souveränität selbst zurück und fragen uns, was digitale Souveränität im digitalen Zeitalter bedeutet? Keine Industrie entwickelt sich konstant so schnell wie die IT-Industrie und deren Produkte. Sicherlich war ein Meilenstein die computerisierte Auswertung von Erhebungen. Es ist erstaunlich welche Informationen nur aus repräsentativen Stichproben gewonnen werden können. Jeder kennt vielleicht das wöchentliche Politbarometer. Am Wahltag selbst und eine Karenzzeit davor dürfen keine Prognosen mehr veröffentlicht werden. Auch dürfen bestimmte Datenerhebungen für statistische Auswertungen nicht mehr veröffentlicht werden. Daten dürfen nur für bestimmte Zwecke und Dauer gespeichert werden. All diese Regeln wurden in Deutschland neu eingeführt und kontrovers diskutiert. Die Diskussion ist noch nicht abgeschlossen.

Mit Big Data beginnt das Zeitalter der Korrelation. Daten werden per Korrelation zusammengeführt, gedeutet, interpretiert und mit Aktionen verbunden. Das Ganze passiert vollautomatisch im industriellen Maßstab und in Echtzeit. Das ist neu. Die Gesellschaft wird sich ein kollektives Verständnis aneignen müssen und neue Regeln für sich selbst finden. Das Ganze wird ohne Zweifel mit der üblichen Geschwindigkeit der politischen Diskussion vollziehen. Der Wettbewerb um die besten Argumente zur digitalen Souveränität in der westlichen Wertegemeinschaft ist eröffnet. Deutschland hat hier selbstverständlich seinen Beitrag zu leisten. Es ist nicht eine Frage der Globalisierung, es ist eine Frage der Wertegemeinschaft. Es lässt sich also gut streiten in bester demokratischer Tradition.

Damit ist auch klar, warum Staaten eigene Regeln zur digitalen Souveränität erstellen müssen. Es geht nicht nur um Arbeitsplätze. Es geht darum die jeweilige gesellschaftliche Kultur weiter zu entwickeln. Und das findet traditionell zuerst in Nationalstaaten, gefolgt von Wertegemeinschaften, sowie politischen und wirtschaftlichen Bündnissen statt. Ohne eigene Position kann man sich nicht einbringen. Es drohen sogar Bedeutungsverluste von Gesellschaften, die sich verweigern.

Für Unternehmen sind die neuen Technologien eine riesengroße Chance, vielleicht eine der größten der letzten 20 Jahre. Digitale Souveränität bedeutet für Unternehmen nicht nur das Schützen ihrer Daten selbst. Sondern auch der Schutz, dass diese nicht durch Ersatzverfahren rekonstruiert werden. Auch die eigene Darstellung in der digitalen Welt muss aktiv und selbstbestimmt verwaltet werden können.

Bei der Kundensuche, Imagepflege, Produktpräsentation und Werbung bieten neue digitale Verfahren eine riesengroße Chance Firmenressourcen, erfolgreicher, besser, effektiver und kostengünstiger einzusetzen. Auch Produktentwicklungen und Innovationen werden auf neue Niveaus gestellt. Digitale Souveränität bedeutet für Unternehmen nicht zuletzt auch fairen Wettbewerb zu fairen Bedingungen. Neue Märkte bzw. Wettbewerbsvorteile dürfen nicht alleine deswegen an bestimmte Unternehmen gehen, weil diese geschickt Daten und Datenauswertung in einen „genehmeren juristischen Raum" verschieben können. Erkenntnisse tragen nicht einen Beipackzettel über ihre Entstehung mit sich und lassen sich entsprechend leicht „reimportieren". Das ist nicht nur auf die Softwareindustrie und Dienstleister begrenzt. Ungleiche Standards bei der digitalen Souveränität von Unternehmen führen bereits heute zu Nachteilen. Industrie 4.0 wird um das Thema digitale Souveränität nicht herumkommen. Wer Souveränität nur als Einschränkung begreift denkt zu kurz. Wer digitale Souveränität als digitalen Protektionismus begreift liegt nicht besser. Das Problem bei Big Data ist vielleicht am besten mit dem Hase-Igel-Spiel vergleichbar. Wer zu hohe Standards hat kann die Technik nicht nutzen. Wer zu niedrige Standards hat kann berechnet werden und ist kein gleichwertiger Verhandlungspartner mehr. Niemand verhandelt ernsthaft, wenn er sein optimales Ergebnis bereits kennt.

Das neue Zeitalter der Korrelation verlangt viele weitere Innovationen. Es braucht das was Deutschland hat, Mathematiker, Psychologen, Mediziner, Marketiers, Soziologen, Logistiker, Biologen, Politologen, usw. Also alles das was das deutsche Bildungswesen hervorbringt und ein Querschnitt dessen sich das allgemeine Selbstverständnis an der internationalen Spitze wähnt. Gebraucht werden innovative heterogene Teams die spezifische Big Data Auswertungen und Prognosen zum Nutzen der Unternehmen erfinden und einen allgemeinen unternehmerischern Geist, der Neuerungen nicht als bedrohlich empfindet. Es geht nicht nur um Bildung. Es geht um den Willen zum Fortschritt. Was die Datenerhebung angeht sind einzelne Unternehmen überfordert. Zusammenarbeit, Arbeitsgruppen und Interessenvertretungen was den Zugang zu Daten und Auswertungen beeinhaltet sind wichtig. Das ist grundsätzlich nicht neu (z. B. Schufa). Aber die Zielrichtung von Big Data ist neu und der Zugang zu Big Data Technologie wird ein Wettbewerbsfaktor und sollte einen eigenen Schwerpunkt erhalten.

Für die Politik und Parteien in demokratischen Staaten stellt vor dem Hintergrund Big Data – die digitale Souveränität – eine besondere Herausforderung. Mit Big Data können bei ausreichenden Budget in Echtzeit Meinungsbilder zu Themen, deren Entwicklung und deren Bedeutung für Wahlen berechnet werden z. B. Auswertung von Medienberichten, Online-Foren, Chats, – und die Auswertung von Gesprächsinhalten (bei den meisten Smartphones ist mittlerweile das Mikrofon immer an!). Stimmungen können schneller erkannt und genutzt werden. Die Verlockungen einer erfolgreichen Politik, die nur der Wiederwahl auf Basis eines wahrnehmungsgesteuerten Big Data Populismus ausgerichtet ist. Politikprinzipien im Buch Der Fürst von Machiavelli bleiben aktuell.

Wahlvorbereitungen in den USA nutzten Big Data Techniken. Es wurde zum Beispiel ausschließlich auf Bürger aktiv zugegangen, deren geschätztes politisches Profil dem der eigenen Partei entspricht. Es geht um die beste Aktivierung von Wählern des eigenen politischen Lagers. Eine Diskussion um die besten Argumente und Überzeugungen findet nur sehr reduziert statt.

Demokratie basiert auch darauf Andersdenkende friedlich von eigenen Standpunkten zu überzeugen und Meinungsgemeinschaften zu bilden. Eine reine Optimierung Gleichdenkender führt zu unversöhnlicher Blockbildung.

Digitale Souveränität ist eine notwendige Voraussetzung auch für politische Arbeit, kann aber selbst die verantwortliche Umsetzung alleine nicht garantieren. Das sind sie wieder, die gesellschaftlichen Werte. Aber das ist eine andere Diskussion und trotzdem der Ausgangspunkt gesellschaftlich verankerter digitale Souveränität.

Stefan Werden, Dr., Geschäftsführer open-six GmbH, Nürnberg

Technische Sicherung der Digitalen Souveränität

Rüdiger Weis

Die weltweite Vernetzung ist die tiefgreifendste Veränderung seit der industriellen Revolution. Das Zusammenleben der Bürgerinnen und Bürger, unser gesamtes Wirtschaftsleben, das Verhältnis zwischen Bürger und Staat und das Verhältnis der Staaten untereinander steht vor tiefgreifenden Herausforderungen. Vielleicht ist es sogar gar nicht unklug hier von Neuland zu sprechen. In der Diskussion wird gelegentlich das technikfixierte „code is law" vorgebracht, und in der Tat scheint die Gesetzgebung den technischen Entwicklungen oft hinterher zu laufen. Allerdings ist es ja gerade das Wesen einer freiheitlichen Gesellschaft, dass der Staat Innovation nicht behindern, sondern einen fairen Rechtsrahmen vorgeben sollte. Hierbei kann Technik der Politik helfen, wo Diplomatie allein sich als machtlos erwiesen hat. Die Regierungen weltweit sind daran gescheitert, das flächendeckende Abhören von Bürgern und Industrie zu verhindern. Starke Verschlüsselung kann dies. Kryptographie und Open Source Software sind mächtige Werkzeuge die digitale Gesellschaft freiheitlich und demokratisch zu gestalten.

Das Internet bietet die Möglichkeit der einfachen Teilhabe für die Bürger. Jeder kann sich umfassend auch bei nichtstaatlichen Quellen informieren und auch die aktive Teilnahme am politischen Meinungsbildungsprozess ist dank sozialer Netze und des einfachen Publizierens mittels Blogs sehr niederschwellig möglich. Andererseits wurde schon von Anfang an von der Wissenschaft gewarnt, dass schon konstruktionsbedingt eine allumfassende Überwachung möglich ist. Nach Snowden ist es unstrittig, dass Staaten dies auch tun.

1   Technische Sicherung der Digitalen Souveränität

Die gute Nachricht ist, dass wissenschaftlich starke Kryptographie auch für übermächtige Geheimdienste nicht brechbar sein dürfte.

> "Crypto works. It's not an arcane black art. It is a basic protection, the Defense
> Against the Dark Arts for the digital world. We must implement it, actively research
> it". (Eduard Snowden, Guardien, 11. März 2014)

Allerdings sollten zukünftig Warnungen aus der Wissenschaft vor schwacher Kryptographie ernst genommen werden. Starke Kryptographie sollte als Standardeinstellung
benutzt und im klugen Ingenieursinnne ausreichend große Sicherheitsspielräume,
sprich bewährte Algorithmen mit langen Schlüssellängen, gewählt werden.

1.1   Mathematik hilft den Schwachen

Kryptographie geht bei der wissenschaftlichen Modellbildung von einem fast all-
mächtigen Gegner aus. Der Angreifer kann alle Nachrichten lesen, alle übertragenen
Nachrichten ändern. Die einzige Voraussetzung auf Verteidigerseite ist das sichere
Erzeugen und Speichern von wenigen Bits für die kryptographischen Schlüssel.

Wenn die geheimen Schlüsselinformationen durch Hintertüren übertragen
werden, kann natürlich die stärkste Kryptographie nichts ausrichten.

Die bestätigten geheimen Einbauten von Hintertüren durch US Firmen führen
ein weiteres Mal die Notwendigkeit für eine neue Vertrauensbasis für die digitale
Welt vor Augen. Hierfür sind Schlüsselkontrolle durch den Anwender, nachvollziehbare Standardisierungsprozesse und einsehbarer Source Code für Software
und Hardware als unabdingbar anzusehen.

> "Trust the math. Encryption is your friend." (Bruce Schneier, Guardian, 6. September
> 2013)

Kryptographische Algorithmen gehören zu einer Königsdisziplin der Mathematik.
Die meist zugrundeliegende Zahlentheorie galt über die Jahrhunderte als eines der
schwierigsten und reinsten Wissensfelder der Mathematik. In der Vor-Compu-
terzeit meinten viele Mathematiker dies durchaus im Sinne von „nicht mit realer
Anwendbarkeit beschmutzt".

Gründlich irrten sich hier kluge Menschen, Kryptographie ist zur zentralen
Technologie der digitalen Welt geworden und eine der wenigen Technologien bei
der Beschleunigung der den Schwachen hilft. Die immer schneller werdenden

Systeme bevorteilen in mathematisch nachweisbarer Weise den Verschlüsselnden gegenüber den Angreifern.

Kryptographie ermöglicht durch Mathematik auf einer kleinen Fingernagelgroßen Fläche oder in mit einer handvoll Programmzeilen, Daten sicher selbst gegen eine weltweite Geheimdienstzusammenarbeit zu verschlüsseln. Freie Software ermöglicht dies kosten- und hintertürenfrei.

Pessimisten meinen, dass Kryptographie die letzte Brandmauer gegen eine umfassende Überwachung darstellen könnte, die allerdings in der Praxis häufig umgangen werden kann. Optimisten glauben, dass Kryptographie zu einer Stärkung des Einzelnen gegenüber den Staaten führt und damit die Schlüsseltechnologie für eine freiheitlich, demokratische Gestaltung des digitalen Lebensraumes darstellt.

1.2 Nicht stärkste Kryptographie ist schwach.

Die geringe Aufgeregtheit in der kryptographischen Forschung nach den Snowden-Enthüllungen rührt daher, dass man seit jeher nur kosmische Konstanten als Grenze der Mächtigkeit des Angreifers für diskussionswürdig hielt. Konkret rechnet man schon immer mit einem Angreifer, der alle Nachrichten abhören kann und Milliarden an Dollars zum Brechen der Verschlüsselung zur Verfügung hat.

Nach Snowden wissen wir genauer, an welchen Kabelstellen abgehört wird und auf den Cent genau, wie viel Geld für Kryptoangrie vorhanden ist. Nicht uninteressant, aber wissenschaftlich betrachtet nur eine Fußnote.

Die „übertriebene Paranoia" der Theoretiker hat sich also mal wieder als die realistischste Einschätzung der praktischen Bedrohungslage erwiesen.

Nach Snowden ist es sicher, dass kryptographische Verfahren, gegen die wissenschaftliche Vorbehalte bestanden, wohl auch praktisch gegen mit Milliarden ausgestattete Gegner mehr als problematisch sind.

1.3 Gebrochene Krypto-Verfahren gefährden Sicherheit

Zentrale Sicherheitsbausteine die eine sichere Web-Kommunikation ga- rantieren, denn SSL/TLS-Protokoll sind symmetrische, asymmetrische Ver- fahren und Hashfunktionen. In allen drei Bereichen müssen heute höhere Sicherheitsanforderungen gestellt werden.

RC4 gebrochen. Nicht mehr verwendet werden sollte die bei SSL häufig als Standard verwendete RC4-Stromchiffre. RC4 ist ein Geniestreich von Ron Rivest. Es ist unglaublich elegant, schnell, mit wenigen Programmzeilen und sogar mit

Spielkarten implementierbar. Das Verfahren ist ganz anders konstruiert als gängige Algorithmen. Deshalb können neue Angriffe einen Totalschaden herbeiführen, was bei alten, langweiligen Verfahren sehr unrealistisch erscheint.

Nach Snowden können wir, insbesondere dank der Informationen zu TOR-Angriffen, davon ausgehen, dass die NSA vor wenigen Jahren einen Durchbruch gegen RC4 erreichen konnte.

Hash-Probleme. Ähnlich düster sieht die Lage bei Hashfunktionen aus. Hashfunktionen sind wichtige Bausteine von kryptographischen Systemen. Trotzdem wurden diesen bisher relativ geringe Aufmerksamkeit gewidmet. Dies ist auch deshalb überraschend, da Schwächen von Hash-Funktionen beispielsweise für das Fälschen von Zertifikaten ausgenutzt werden können, selbst wenn die eigentliche Signaturfunktion sicher ist.

Gegen Hashfunktionen gab es in der öffentlichen Forschung einige dramatische Durchbrüche. Fast alle in Anwendung befindlichen Hash-Funktionen stammen von Ron Rivests MD4-Hash-Funktion ab. Gegen MD4 gab es schon früh Sicherheitsbedenken, MD5 und SHA1 ergänzten Operationen zur Erhöhung der Sicherheit. MD4 ist inzwischen mit Bleistift und Papier brechbar. MD5 und SHA1 sind ebenfalls schon mit überschaubarem Aufwand praxisrelevant angreifbar.

Eine Analyse von stuxnet ergab, dass die NSA wohl über Techniken zum Angriff auf die MD4-basierte Hash-Funktionen Familie verfügt, die in der öffentlichen Forschung bisher nicht bekannt waren.

Auch das inzwischen angewendete und bisher noch nicht gebrochene SHA2-Verfahren stammt aus dem Hause der NSA und ist ähnlich konstruiert. Das neue Hash-Verfahren SHA3 wurde in einem offenen, transparenten Wettbewerb ausgewählt und ist bewusst völlig anders konstruiert.

1.4   Elliptische Kurven Probleme

In der Public-Key-Kryptographie halten Kryptographen schon seit vielen Jahren RSA mit einer Schlüssellänge von 1024 bit für brechbar. Die staatlichen Stellen verpflichten schon seit längerem auf eine Mindestlänge von 2048 Bit, wie sie beispielsweise Windows 8 verwendet, und halten längere Schlüssellängen schon mittelfristig für empfehlenswert. Vielen Kryp- tographieforscher empfehlen mindestens 4096 Bit.

Eine interessante Entwicklung ist die verstärkte Nutzung von Elliptischen Kurven Kryptosystemen. Die Hauptidee hierbei ist, das schon lange bekannte Diskrete Logarithmus Problem (DLP) auf mathematisch anspruchsvollen Strukturen zu verwenden. Die Mehrheit der kryptographischen Forschung ist der Ansicht, dass ECC ähnliche Sicherheit liefert wie RSA und dies bei deutlich kürzeren Schlüsseln und bessere Geschwindigkeit. Diese Eigenschaften sind besonders im Bereich Smartcards und eingebetteten Systemen bedeutend.

Eine Minderheit der Kryptographen kritisiert, dass man sicher lediglich weiß, dass der gegen DLP Systeme über endlichen Körpern wirkungsvolle Index-Calculus Angriff nicht unmittelbar gegen das DLP über der additiven Gruppe von Elliptischen Kurven angewendet werden kann. Gerade die reichhaltige algebraische Struktur von Elliptischen Kurven könnte jedoch überraschende und sehr wirkungsvolle Angriffe möglich machen.

Zudem ist ECC wegen der kürzeren Schlüssellänge viel anfälliger gegen Angriffe mit Quantencomputern (Shor Algorithmus).

Nach Snowden wissen wir centgenau, dass die NSA erheblichen Mittel in die Forschung zu Quantencomputern steckt.

Ein erhebliches praktisches Problem stellt weiterhin die Tatsache dar, dass ECC-Systeme einer Reihe von mathematisch höchst sensiblen Parametern benötigen. So wurde von offen forschenden Kryptographen in einem NIST-Standard schon im Juni 2006 die hohe Wahrscheinlichkeit einer Ma- nipulation von Elliptischen Kurven Parametern für einen Zufallsgenerator (Dual Elliptic Curve Deterministic Random Bit Generator) aufgedeckt.

Nach Snowden bestätigt sich die Existenz einer NSA-Backdoor in einem NIST Standard. Der Vertrauensverlust der Standardisierungs-Behörde ist ein harter Schlag für die Informatik.

Es bestehen zusätzlich auch einige grundsätzliche Probleme von ECC-Systemen. Die weit verwendeten ECC-Systeme basieren auf dem Diskreten Logarithmus Problem und brauchen bei jeder Signatur starken Zufall. Wenn man für zwei Nachrichten denselben Zufallswert verwendet, wird der Schlüssel kompromittiert und kann durch einfache Umformungen aus der Schulmathematik direkt ausgerechnet werden. Ein manipulierter Zufallsgenerator führt direkt zum kryptographischen Super-GAU.

Nach Snowden haben wir es schriftlich, dass gerade ECC-Parameter und Zufallsgeneratoren zu den NSA-Lieblingsangriffszielen gehören.

Viele Kryptographen sehen inzwischen die Probleme bei ECC als erheblich an und empfehlen die konservative Verwendung von RSA mit großer Schlüssellänge.

2   Starke Kryptographie als Standard Einstellung

Anbieter von Internet-Dienstleistungen sollten verpflichtet werden, sichere Kryptographie als Standardeinstellung zu nutzen.

Die Enthüllung zum Behördenvorgehen gegen den E-Mail-Anbieter Lavabit zeigen, wie riskant kryptographisch problematische Einstellungen sind. Es scheint noch nicht bei allen Verantwortlichen angekommen zu sein, aber beim Benutzen der bisherigen Standardeinstellungen bedeutet die erzwungene Herausgabe von SSL Schlüsseln die automatische Kompromittierung der gesamten, sicherlich von der NSA aufgezeichneten, Kommunikation aller Kunden.

Der betroffene E-Mail-Anbieter Lavabit beendete den Geschäftsbetrieb, Kommentatoren schrieben über das „Todesurteil für US-Kryptographie" und für US Cloudanbieter könnte die in der Tat das Aus des Nicht-US- Geschäftes bedeuten.

2.1   Kundenschutz per Protokolleigenschaft

Hier ist dank kryptographischer Forschung die Lösung nur einen Maus-Klick entfernt. Perfect Forward Secrecy (PFS) ermöglicht, dass durch eine Kompromittierung eines SSL-Serverschlüssels nicht die gesamte Kommunikation von Unschuldigen betroffen ist.

Nach Snowden sollten RSA1024 und RC4 nicht mehr verwendet und die Schlüsselvereinbarung auf Perfect Forward Secrecy umgestellt werden.

2.2   Staatliche Empfehlung

Im Oktober 2013 veröffentlichte das Bundesamt für Sicherheit in der In- formationstechnik (BSI) den „Mindeststandard des BSI nach 8 Abs. 1 Satz 1 BSIG für den Einsatz des SSL/TLS-Protokolls in der Bundesverwaltung": „Demnach wird in der Bundesverwaltung das Protokoll TLS 1.2 in Kombination mit Perfect Forward Secrecy (PFS) als Mindeststandard auf beiden Seiten der Kommunikationsbeziehung vorgegeben."

3   Warnung vor Windows 8

Neu bewertet werden muss die Initiative vom Microsoft bei der Einführung von Windows 8 den Nutzern eine neue, von Microsoft kontrollierte Sicher- heitsarchitektur aufzuzwingen. Hierbei soll ein Trusted Computing Modul (TPM) in die persönlichen Computer und Mobilgeräte eingebaut werden. Dieses enthält einen Schlüssel auf den der Besitzer des Computers keinen Zugriff hat. Zusammen mit den nun von Microsoft implementierten Verfahren innerhalb von Windows 8 (insbesondere Secure Boot) wird dem Nutzer weitgehend die Kontrolle über seine eigene Hardware und Software entzogen.

Ähnlich analysierte das Bundesamt für die Sicherheit in der Informationstechnik in einer „Stellungnahme des BSI zur aktuellen Berichterstattung zu MS Windows 8 und TPM":

> „Aus Sicht des BSI geht der Einsatz von Windows 8 in Kombination mit einem TPM 2.0 mit einem Verlust an Kontrolle über das verwendete Betriebssystem und die eingesetzte Hardware einher. Daraus ergeben sich für die Anwender, speziell auch für die Bundesverwaltung und kritische Infrastrukturen, neue Risiken."
> (Bonn, 21.08.2013, (https://www.bsi.bund.de/DE/Presse/Pressemitteilungen/ Presse2013/ Windows_TPM_Pl_21082013.html)

Es erinnert fatal an eine elektronische Fußfessel. So kann beispielsweise über das Netz angefragt werden, ob nur genehmigte Software läuft. Das Ende der persönlichen Computer und Smartphones. Es klingt wie aus einem Traum für außer Kontrolle geratene Geheimdienste und repressive Staaten.

3.1   Kryptographen warnen vor Trusted Computing

Whitfield Diffie, einer der Entdecker der Public-Key-Kryptographie, zeigte sich besorgt über die dominierende Stellung von Microsoft und forderte, dass die Benutzer die vollständige Kontrolle über die Schlüssel des eigenen Computers behalten sollten:

> "(The Microsoft approach) lends itself to market domination, lock out, and not really owning your own computer. "
> "To risk sloganeering, I say you need to hold the keys to your own computer"

Auch Ron Rivest mahnte eindringlich, die möglichen Konsequenzen gründlich abzuwägen:

> "We should be watching this to make sure there are the proper levels of support we really do want."
> "We need to understand the full implications of this architecture. This stuff may slip quietly on to people's desktops, but I suspect it will be more a case of a lot of debate."

Wenn Wirtschaft und Behörden mittels Windows und Trusted Computing eine Sicherheitsinfrastruktur aufbauen, können die US-Behörden im Zweifelsfall die völlige Kontrolle übernehmen.

> „Darüber hinaus können die neu eingesetzten Mechanismen auch für Sabotageakte Dritter genutzt werden. Diesen Risiken muss begegnet werden." (BSI, August 2013, a. a. O.)

Angesichts der Tatsache, dass wiederholt Druck auf Hersteller ausgeübt wurde, Hintertüren einzubauen, wirkt die Idee, dass ein Schlüssel vom Benutzer nicht ersetzt werden kann, sehr bedrohlich. Besonders brisant ist, dass die geheimen Schlüssel während des Herstellungsprozesses außerhalb des Chips erzeugt und danach in den Chip übertragen werden. Hier ist es trivial eine Kopie aller Schlüssel herzustellen. Es ist nicht auszuschließen, dass entsprechende Rechtsvorschriften bestehen und über diese nicht berichtet werden darf.

Das andere realistische Szenario, dass der TPM Hersteller nicht in der Reichweite der NSA, sondern beispielsweise in der Volksrepublik China sitzt, kann nicht wirklich beruhigen.

Da neben den Überwachungsmöglichkeiten auch die Wahlmöglichkeiten der Nutzer eingeschränkt werden, stellen sich natürlich kartell- und ver- braucherrechtliche Fragen. Unter anderem die Tatsache, dass Microsoft die übliche Praxis verlassen hat und den Überwachungschip bei den modernen ARM Systemen automatisch einschaltet und nicht mehr ausschalten lässt, verstößt unter anderem gegen das Eckpunktepapier des Bundesin- nenministeriums zur vertrauenswürdigen Technikgestaltung.

3.2   Secure Boot Probleme für Linux

Nachdem die Einführung einer von Microsoft kontrollierten Sicherheitsinfrastruktur durch politischen Widerstand lange aufgehalten werden konnte, hat Microsoft ein weiteres Mal in Geheimverhandlung Fakten zu schaffen. In den Hardwareanforderungen für Windows 8 wird Secure Boot verpflichtend vorausgesetzt. Alternative Betriebssysteme können in der Praxis bisher nur mit technisch und rechtlich nicht unproblematischen Notkonstruktionen gestartet werden.

Microsoft kann und hat auch ohne nachvollziehbare Begründung konkurrierende Bootloader deaktiviert. Ein Szenario, dass Microsoft (möglicher Weise durch US Regierungsdruck) die Berechtigung für die von Microsoft unterschriebene Bootloader für Linux-Distributionen zurückzieht, will man sich insbesondere für sicherheitskritische Systeme oder eingebettete Systeme nicht wirklich vorstellen.

> „Insbesondere können auf einer Hardware, die mit einem TPM 2.0 betrieben wird, mit Windows 8 durch unbeabsichtigte Fehler des Hardware- oder Betriebssystemherstellers, aber auch des Eigentümers des IT-Systems Fehlerzustände entstehen, die einen weiteren Betrieb des Systems verhindern. Dies kann soweit führen, dass im Fehlerfall neben dem Betriebssystem auch die eingesetzte Hardware dauerhaft nicht mehr einsetzbar ist. Eine solche Situation wäre weder für die Bundesverwaltung noch für andere Anwender akzeptabel." (BSI, August 2013, a. a. O..)

Während deutsche Behörden darüber diskutieren, wie sehr vor Windows 8 gewarnt werden sollte, verbot die Volksrepublik China Windows 8 auf staatlichen Computern.

3.3 Alternative Vertrauensanker

Es erscheint zwingend notwendig, Alternativen zum Vertrauensanker von Microsoft zur Verfügung zu stellen. Aus technischen Gründen ist dies sogar deswegen notwendig, weil Microsoft mit einer Schlüssellänge von 2048 Bit arbeitet, welche vom BSI nicht für langfristige Sicherheit empfohlen wird.

Für den staatlichen Bereich könnte beispielsweise die Bundesnetzagentur eine führende Position einnehmen. Hier sind im Zusammenhang mit dem Signaturgesetz schon erhebliche Vorarbeiten vorgenommen worden.

Für nichtstaatliche Bereiche erscheint eine gemeinnützige Stiftung außerhalb der USA die bessere Lösung. Ähnliche Diskussionen werden bereits zu ICAN und DNSSEC Rootzonenschlüssel geführt. Die Kryptographieforschung hat Lösungen für feingranulare Sicherheitspolitiken mit mathematisch beweisbaren Sicherheitseigenschaften entwickelt. Beispielsweise können Vertrauensbeziehungen durch mehrere mögliche Stellen dezentralisiert werden oder eine Zusammenarbeit von mehren Instanzen erforderlich gemacht werden.

4 Hintertüren in Closed Source Soft- und Hardware

"Remember this: The math is good, but math has no agency. Code has agency, and the code has been subverted." (Bruce Schneier, 5. September 2013)

Es gibt ein eigenes Teilgebiet der Kryptographie namens Kleptographie, welches sich unter anderem mit dem sicheren Stehlen von Geheimin- formationen durch Manipulation von Software und Hardware beschäftigt. Ohne Einsicht in den Source Code und das Hardware-Design ist der Angegriffene beweisbar hilfos.

Nach Snowden ist dollargenau bekannt, dass die Geheimdienste über einen Milliarden-Etat verfügen, um kommerzielle Software und Geräte mit Hintertüren zu versehen. Lesbarer Quellcode und aufmerksame Entwickler bieten hiergegen Sicherheit.

4.1 Lesbarer Quellcode

Während über die Notwendigkeit der ausschließlichen Verwendung von Open Source Programmen für sicherheitskritische Bereiche noch kontrovers diskutiert wird, ist die weitere „Lesbarer Quellcode" Forderung innerhalb der Wissenschaftsgemeinde unumstritten. Ohne die Möglichkeit den Quellcode zu überprüfen ist es faktisch unmöglich, Hintertüren zu entdecken.

Lesbarer Quellcode bedeutet nicht zwangsläufig die Verwendung einer offenen Lizenz. Auch veröffentlichter Quellcode kann unter kommerzielle Lizenzen gestellt werden, die die Verwendung und Weitergabe nahezu be- liebig einschränken können. Dies ist schon lange gängige Praxis, wie die Beispiele PGP und CryptoPhone zeigen.

4.2 Shared Code Probleme

Shared Code Initiativen für Windows, die beispielsweise Microsoft mit verschiedenen Regierungen vereinbart haben, bieten geringeren Schutz, da nicht die gesamte kryptographische Forschungsgemeinde an der Sicherheitsanalyse teilnehmen kann.

Die freie Forschung arbeitet besser als ihre Gegenspieler im Verborgenen und tut dies in der Regel kostenlos für (akademischen) Ruhm und Ehre.

Ein exklusiver Quellcode-Zugang für Regierungen ist problematisch, da viele Dienste diesen Wissensvorsprung für Angriffe missbrauchen.

4.3 Open Source schließt Sicherheitslücken schneller

Open Source Programme bieten den wichtigen Vorteil, dass beim Schließen von Sicherheitslücken nicht auf den Hersteller gewartet werden muss. Die Zeit zwischen der Veröffentlichung einer Sicherheitslücke und des Schließens durch den Hersteller ist unstrittig die Zeit der höchsten Gefährdung. In der Praxis sind derartige Hochrisikozeiten von mehreren Monaten nicht unüblich.

4.4 Konsequenzen aus der Open SSL-Katastrophe

Die 2014 aufgedeckte Sicherheitskatastrophe in der für die Internetkommunikation systemrelevanten Open-SSL Implementierung zeigt einen unmittelbaren Handlungs-bedarf.

Da staatliche Stellen häufig Open Source Lösungen einsetzen und damit selbst nach konservativen Schätzungen Milliardeneinsparungen realisieren, besteht wegen der Sorgfaltspflicht eine staatliche Verpflichtung, hier für eine Grundsicherheit zu sorgen.

5 Staatsaufgabe Sicherheit in der Informationstechnik

Die politische und juristische Frage, ob Regierungen Cyberangriffswaffen („Bundes- trojaner") zum Schutze hoher Rechtsgüter entwickeln dürfen, oder dies verfassungsrechtlich unakzeptabel ist, wie ein entsprechendes Urteil des Bundesverfassungsgericht nahe legt, soll an dieser Stelle nicht diskutiert werden. Aus wissenschaftlicher Sicht muss jedoch in diesem Falle auf ein technisches und organisatorisches Problem hingewiesen werden, dass beispielsweise bei der Einblickgewährung in den Windows-Quellcode auftritt.

Die Kenntnis des Quellcodes erleichtert es Angreifern ganz erheblich, ausnutzbare Schwachstellen zu verwenden. Hier haben staatliche Stellen, die neben dem Schutz der Anwender, auch aktive Angriffe entwickeln, einen nicht auflösbaren Zielkonflikt.

Aus diesem Grunde sollten staatliche Stellen die digitale Verteidigung von Bürgern und Wirtschaft organisatorisch strikt von der Entwicklung von Cyberangriffswaffen trennen.

Die Bundesregierungen haben diesen Punkt schon recht früh durch die Gründung des Bundesamtes für Sicherheit in der Informationstechnik teilweise adressiert. Hier erscheint es sinnvoll eine weitere organisatorische Stärkung, etwa durch die

Konstitution einer eigenen Bundesbehörde, umzusetzen. Diese könnte sich etwa an den Reformvorschlägen der Bun- desdatenschutzbeauftragten Andrea Voß-hoff zur organisatorische Aus- gestaltung und Stärkung der Unabhängigkeit des Bundesdatenschutzbeauf- tragten oder dem seit 2000 bestehenden Unabhängigen Landeszentrums für Datenschutz Schleswig-Holstein anlehnen.

Eine unabhängige Bundesbehörde für die Sicherheit in der Informationstechnik könnte, wie bereits seit Jahrzehnten der Datenschutz, eine deutsche Pionierleistung für eine freiheitlich, demokratische Gestaltung des Internets darstellen.

6   Datensparsamkeit als Querschnittsaufgabe

Die Tatsache, dass gespeicherte Daten in der real existierenden IT Welt nicht gesichert werden können, macht Datensparsamkeit zur Querschnittsaufgabe.

Grundannahme 2014-2023: Daten können nicht technisch geschützt werden.

Bedeutend für eine gesellschaftliche Einschätzung ist auch die Tatsache, dass neben den Diensten fremder Staaten, auch Privatpersonen und Firmen in der Praxis recht einfach (rechtswidrigen) Zugriff auf den heutigen Computersystemen erlangen können. Es haben sich Online Marktplätze für ausnutzbare Sicherheitslücken (Zero-Days) gebildet. Die Preise sind schwankend, allerdings meist für höhere Einkommen und kleinere Firmen durchaus finanzierbar.

Heute müssen sich Datenschutzexperten daher auch in hochkonfliktäre Diskussionen einbringen. Das hier leider vorherrschende politische Diskussionsklima schreckt dabei verständlicher Weise viele Wissenschaftler ab. Dennoch gebietet es die gesellschaftliche Verantwortung, darauf hingewiesen werden, wenn technische Entwicklungen, wie eine allumfassende Überwachung oder die praktische Angreifbarkeit von Com- putersystemen, juristische Datenschutzzusicherungen praktisch unwirksam werden lassen.

Speziell aus dem Bereiche des CCC wurde häufig postuliert, dass Daten auf vernetzten Computersystemen generell als hackbar anzusehen sind. Lyrisch formuliert: „Daten möchten frei sein". Wenn das nicht vorgesehene Veröffentlichen von Daten zu nicht akzeptablen Problemen führt, dürfen Daten nicht gespeichert werden.

In der Praxis sieht es so aus, dass Sicherheitsexperten aus der Hacker- gemeinde Computer mit Snowden-Daten nicht ans Netz hängen, Schlüs- selteile auf essbarem Papier speichern oder beim Datenlöschen thermit- gestützte Analogverfahren (http:// frank.geekheim.de/?p=2423) verwenden. Wissenschaftliche Standardwerke, etwa Schneier oder Anderson, empfehlen ebenfalls ein derartiges Management, welches natürlich für die normale Computernutzung weit zu aufwendig ist.

Beginnend mit dem Volkszählungsurteil des Bundesverfassungsgerichts hat sich in Deutschland ein weltweit beachtetes Datenschutzrecht in Gesetzgebung und Rechtsprechung entwickelt. Datensparsamkeit ist die verfassungsrechtlich und höchstrichterlich geforderte einzuhaltende Norm.

Bei einer Abwägung von zu begründender Datenspeicherungen ist neben der rechtlichen Sicherung von Daten gegen Zugriffe, die Auswirkungen von einer rechtswidrigen Veröffentlichung auf die Betroffenen in besonderer Weise zu berücksichtigen.

In der Diskussion über eine Änderung des Prostitutionsgesetzes wurde beispielsweise eine Pflichtregistrierung von Sexarbeiterinnen und Sexarbeitern gefordert. Auch, wenn dies von den Vorschlagenden überwiegend zum Schutz der Betroffenen gedacht war, wehrten sich die Berufsvertreterinnen und Datenschützer gegen derartige Maßnahmen. Von den Berufsvertreterinnen wurde neben der Sorge vor staatliche Verfolgung (Saudi-Arabien, Schweden), gesellschaftliche Ächtung durch religiösen oder politischen Fanatismus (Schwarzer Kampagne), auf eine unmittelbare Gefahr für Leib und Leben durch Triebtäter hingewiesen.

Während die beiden ersten Punkte Teil einer verbittert geführten Diskussion sind, ist es unstrittig, dass insbesondere angesichts des letzten Punktes, ein zugesicherter juristischer Datenschutz in keiner Weise als ausreichend angesehen werden kann (vergleiche auch Stellungnahme Deutscher Juristinnenbund). Das technische Problem der Angreifbarkeit der gespeicherten Daten wächst natürlich, wenn viele schlecht gesicherte Ziele, wie bei einer Speicherung bei den lokalen Gewerbeämtern, angeboten werden.

Datenregister, welche zu erheblichen Gefährdung von ganzen Menschengruppen führen könnten, wie die historisch belastete „Rosa Listen" und Prostitutionsregister, sollten aus moralischen Gründen nicht wieder eingerichtet werden.

7   Wissenschaftliche Empfehlungen

Aus der Sicht der theoriekundigen Praktiker und der praktisch orientierten Theoretiker ergeben sich überraschend einfache Empfehlungen mit zu vernachlässigenden Kosten:

- Starke Kryptographie mit extra Sicherheitsspielraum. Dies bedeutet auf der Algorithmenebene beispielsweise:
- die Verwendung von 256-Bit Schlüssellänge für AES
- Schlüssellänge größer gleich 4096-Bit für RSA

- 512-Bit Hash-Funktionen ohne volle Schlüsselkontrolle für die Anwender und ohne lesbaren Code und offene Hardware helfen die besten kryptographischen Verfahren natürlich nicht gegen Geheimdiensthintertüren.
- Open Souce fördern.
- Open Source Sicherheit als Staatsaufgabe wahrnehmen.

Kryptographie ist eine notwendige Technologie zum Schutz des freiheitlich demokratischen Gemeinwesens. Trotz der viel diskutierten Angriffe ist es stets die schlechteste Lösung ungeschützt zu kommunizieren. Die kryptographische Forschung entwickelt schon seit langem Protokolle, die für die menschliche Gestaltung einer digitalen Gesellschaft hilfreich sein könnten. Open Source Software bietet die Möglichkeit zum Aufinden von Hintertüren und Programmierfehlern. Eine Grundsicherheit für systemrelevante Open Source Programme sollte als Staatsaufgabe wahrgenommen werden. Kryptographie und Offene Software sind mächtige Werkzeuge zur Sicherung der Digitalen Souveränität. Die Aufgabe die digitale Gesellschaft menschenwürdig zu gestalten bleibt allerdings auch Aufgabe unseren freiheitlich, demokratisch verfassten Gemeinwesens. Hier sollte die Chance genutzt werden, das Vertrauen, das durch den Verzicht auf die Vorratsdatenspeicherung teilweise wiedergewonnen wurde, zu einem ehrlichen Dialog zu nutzen. Meinungsfreiheit, Datenschutz und Subsidiarität sind unsere gewachsenen Grundwerte, welche bescheiden und selbstbewusst in die weltweite Diskussion eingebracht werden sollten.

Rüdiger Weis, Prof. Dr., Cryptolabs Berlin

Ist Widerstand möglich?
Souveränität in Wirtschaft und Politik

Ayad Al-Ani

> *"Creative Work in fact is often downright subversive,*
> *because it disrupts existing patterns of thought and life.*
> *It can feel unsettling even to its creator."*
> *(Florida, 2011, S. 19)*

1 Widersprüchliche Tendenzen

Mit den sozialen Medien verändern sich die sozialen Beziehungen zwischen Individuen in wirtschaftlichen und politischen Institutionen. Individuen können plötzlich mehr für sich und vor allem aber auch mit anderen tun, ohne hierbei auf traditionelle, stabile und oft exklusive Institutionen angewiesen zu sein (Benkler, 2006, S. 9). Diese neuen sozialen Beziehungen zwischen Individuen ermöglichen vielleicht zum ersten Mal in der Menschheitsgeschichte auf globaler Ebene die Freiheit, mit Gleichgesinnten Projekte anzugehen und so etwas wie Selbstverwirklichung zu suchen und zu finden. Gleichzeitig hat diese Freiheit ihren Preis: Die neuen Kollaborationen werden von Unternehmen argwöhnisch bis fasziniert beobachtet, und es setzt eine Bewegung ein, die von freien Produzenten *(Peers)* geschaffenen *freien Güter* (*Commons*/Allmende) und deren Fähigkeiten und Motivationen kommerziell zu nutzen, zu monetarisieren und zu kooptieren. Analog werden Peers von der Politik ebenfalls als Produzenten von öffentlichen Gütern bzw. zur Anreicherung und Verbesserung von politischen Lösungen in traditionelle politische Institutionen „eingebunden". Ja, die Bewegungen der Peers selbst bzw. ihre digitalen Spuren werden ohne deren Wissen und Genehmigung ausgewertet und als Vorhersagen über das Verhalten der zunehmend heterogenen individualisierten Masse, der *Multitude*, von Wirtschaft und Staat genutzt, um Entscheidungen in Unternehmen zu fällen, Produkte zu platzieren und Politikfelder zu entwickeln.

Mehr denn je scheint somit der Ausgang zwischen dem Wettbewerb dieser beiden gegenläufigen Tendenzen – der Möglichkeit zum autonomen Handeln und Eingehen von Kooperationen und der Möglichkeit, diese Bewegung zu antizipieren und für kommerzielle und politische Zwecke zu nutzen – ungewiss. Es ist an der Zeit, politische und ökonomische Strukturen und Angebote auf die sich verändernde Rolle des Individuums anzupassen und dieses auch im Interesse der Wirtschaft und der Politik zu stärken.

2 Looking for the Mouse: Die Jagd nach dem kognitivem Surplus

Die traditionelle Hierarchie ist jene Organisationsform, die seit der industriellen Revolution die Fähigkeiten und Arbeitsleistung von Individuen arbeitsteilig strukturiert. Historisch betrachtet, setzte sie sich durch, weil der neuen Schicht der Kapitaleigner eine Aufgabe in dem Produktionsprozess gegeben werden musste, der bis zu diesen Zeitpunkt eher gruppenorientiert und vor allem aufstiegsoffen funktionierte: Jeder Geselle konnte Meister werden (Marglin, 1974). Diese Offenheit des pre-industriellen Modells ging nun verloren. Kaum ein Arbeiter kann seitdem Manager werden.

Natürlich wurde das hierarchische und arbeitsteilige Modell mit der Zeit subtiler, offener und weniger kleinteilig. Hierzu wurde vor allem der Psychologie versucht, die „Subjektivierung" der Organisationsmitglieder – verstanden als die extensive Nutzung der individuellen Fähigkeiten, Bereitschaften und Autonomie – zu erreichen, ohne jedoch das hierarchische Modell grundlegend zu reformieren, *„[...] indem sie [die Psychologie] dem Management die Chance suggeriert, mit psychotechnischen Methoden die Mitarbeiter zu motivieren und sie im Sinne der Unternehmensziele zu steuern. [....] Sie pflegt die Illusion der Unternehmensführung, der teure Weg institutionell gepflegter Vertrauensbildung durch Verhandlung lasse sich mit Hilfe der billigeren Techniken des ‚Human-Ressource-Management'*
umgehen." (Deutschmann, 2002, S. 186).

Die Globalisierung verstärkte den Druck auf die problematische Beziehung zwischen Individuum und Hierarchie. Die Individualität, welche vorher als ein potenzieller Störfaktor im Getriebe der Organisation betrachtet wurde (Moldaschl, 2010, S. 281f.), wurde nun immer wichtiger, um die schlanken Just-in-Time-Arbeitsprozesse zu steuern. Diese Zuwendung zur Individualität geschah allerdings schon aus einer „Position der Schwäche" heraus. Das sich abzeichnende Dilemma des Managements entsteht aus der Erkenntnis heraus, dass man in „leanen", dezentralisierten, teamorientierten und mehr prozesshaften Organisationen von der Kooperationsbereitschaft der Arbeitnehmer abhängiger und damit objektiv verwundbarer ist denn je. Es ist daher kein Wunder, dass das „Subjektive" in der konkreten Umsetzung immer mehr „[...] *die prinzipiell positiven Konnotationen des Widerständigen, Anarchischen, Kreativen [...]."* (Ders., 2010, S. 283) verlor. Diese Kooptation der Individualität durch das hierarchische Modell in Wirtschaft und Politik geschah aber immer nur unvollständig, da das Grundprinzip der Hierarchie, der Top-down Vorgaben und der Arbeitseinteilungen nie infrage gestellt wurden (Ferguson, 2014). So gesehen suchte man immer nur Zuflucht in „Scheinlösungen" (Deutschmann, 2002, S. 187). So wurde selbst in partizipativen Systemen, wie demokratischen Strukturen, bewusst das Element des Quietismus bzw. der Apathie eingebaut, um diese vor zu viel Individualität und damit Instabilität zu schützen (Edelmann, 1990). Die eigentliche Verwirklichung des Individuums konnte somit nicht innerhalb der Organisation geschehen, sondern nur außerhalb in der privaten Sphäre – und nur hier – konnte das Individuum seine politischen, künstlerischen, erzieherischen Fähigkeiten entfalten (Gorz, 1989, S. 134).

Mit der Verwendung von sozialen Medien konnte dieser private Rückzugsbereich nun plötzlich enorm ausgedehnt werden. Das Individuum konnte nun auf globaler Ebene Gleichgesinnte und –motiviert finden, sich mit diesen zusammenschließen, um gemäß seinen Möglichkeiten und Fähigkeiten politische und ökonomische Projekte anzustoßen und umzusetzen (Abb.1).

	1 day	1 month	1 year	10+ years
2 people	Coffee w/ Linkedin contact (2003)	Remote engineer onsite (1990s – present)	Match.com (1995)	Eharmony.com (2000)
10 people	Hackathons (1990s – present)	Insight Data Science (2012)	Hacker Houses (Late 200s)	Cloud Communities
100 people	Meetup.com (2002)	Ycombinator (2005)	Internet Startups (90s – present)	Cloud Communities
1.000 people	YC Startup School (2013)	Occupy Wall Street (2011)	Cloud Communities	Cloud Towns
10.000 people	Stewart/Colbert Rally (2010)	Cloud Gatherings	Cloud Communities	Cloud Cities
100.000+ people	Arab Spring (2011)	Cloud Gatherings	Cloud Communities	Cloud Countries

Abb. 1 Neue soziale Kooperation in der Cloud (Smalls, 2014)

Diese neuen Kollaborationen können zwischen einer kleinen oder großen Anzahl von Individuen stattfinden, kurz- oder langfristig etabliert werden und letztendlich auch dazu führen, dass Individuen sich auch physisch zusammenschließen, in politischen Bewegungen oder eigenen Städten (Silicon Valley) oder vielleicht sogar eigenen Gemeinschaften (*Cloud Communities*) (Small, 2014). Der Antrieb für diese neuen Kollaborationen ist der sogenannte *kognitive Surplus,* jene Fähigkeiten und Motivationen der Organisationsmitglieder, die die politische und ökonomische Hierarchie nicht verwenden kann und welche sich nun über die sozialen Medien selbst organisieren und so Ausdruck verschaffen (Shirky, 2010). Diese neuen Kollaborationen zwischen freien Produzenten (Peers) funktionieren jenseits der Erklärungsmuster der konventionellen Wirtschafts- und Managementwissenschaften: Hier organisieren sich Individuen, die dafür kein Geld bekommen und arbeiten an Dingen, die sie interessieren und die sie dann anderen Individuen ohne Entgelt zur Verfügung stellen. Mehr noch: Diese Individuen werden nicht von anderen angeleitet, sondern entscheiden über ihren Arbeitseinsatz selbst. Durch die große Anzahl von Peers können trotz dieser Selbststeuerung Schwankungen ausgeglichen werden: *„The old model for coordinating group action requires convincing people who care a little to care more."* (Shirky, 2008, S. 181). Durch angemessene, skalierbare Mitarbeitsmöglichkeiten in virtuellen Plattformen, welche diese Ressourcen „automatisch" durch Protokolle koordinieren, können Individuen gemäß ihren Möglichkeiten und Präferenzen eingesetzt, und trotzdem kann ein gemeinsames Ergebnis erzielt werden: *„(...) so that people who cared a little could participate a little, while being effective in aggregate."* (ebd.) Erstaunlicherweise waren die Ergebnisse dieser *Peer-to-Peer-Produktionen* oftmals durchaus markttauglich und führten sogar dazu, dass ganze Wirtschaftszweige revolutioniert wurden (Open-Software-Bewegung und die IT Industrie, Open Journalism und die Medienindustrie). In der politischen Sphäre zeigten die Aufbegehren in der arabischen Welt und neue Strömungen im Westen (Occupy, Piraten), dass diese neuen Kollaborationen immer auch politisch sein können und die Kraft haben, das bestehende System zu verändern oder sogar gänzlich zu beseitigen. Das soziale Agieren außerhalb bestehender Institutionen wirkt ja quasi automatisch als widerständig (Bauwens, 2006). So gesehen führen soziale Medien zu einer verstärkt sichtbaren Integration von ökonomischem und politischem Handeln, die Luhmann aus einer übergeordneten Sicht schon immer unterstellte *„Erst recht halte ich die Unterscheidung wirtschaftlich/sozial/kulturell für irreführend. Alles wirtschaftliche Handeln ist soziales Handeln, daher ist alle Wirtschaft immer auch Vollzug der Gesellschaft."* (Luhmann, 1994, S. 8).

3 The Empire Strikes Back: Wirtschaft und Staat als Plattform

Diese durch Peer-to-Peer-Kollaboration angetrieben Veränderungen und Disruptionen treffen die Institutionen der Wirtschaft und Politik in einer Phase eingeschränkter Handlungsfähigkeit. Die traditionelle Unternehmung ist sogar in einer mehrfachen Krise: So führen tendenziell steigende Inputpreise (Löhne, Umweltauflagen etc.) dazu, dass diese Organisationsform für Kapitalisten immer uninteressanter wird und sich diese deshalb neuen Spekulationsformen zuwenden müssen (Wallerstein, 2014, S. 20ff.). Durch den Hyperwettbewerb der globalisierten Wirtschaft steigen zudem die Anforderungen an die Geschwindigkeit, mit der Innovationen hervorgebracht werden müssen (D'Aveni, 1994, S. 8f.). Diese Innovationsrate übersteigt aber die Kapazitäten, die die schlanke Unternehmung noch hervorbringen kann bei weitem. Durch die Kostensenkungen der letzten Jahrzehnten wurden auch die Fähigkeiten für Experimente bzw. „Trial-and-Error" Schritte in der Unternehmung schrittweise reduziert. Zudem wollte die Unternehmung ja niemals das ganze Individuum nutzen, sondern immer nur Teile davon (*selektive Inklusion*), um die hierarchischen Steuerungsmechanismen nicht zu überfordern (Neuberger, 2000, S. 500). Diese Unfähigkeit, den ganzen Menschen zu nutzen, wird der Unternehmung nun zusehends zum Verhängnis. In dieser schwierigen Situation, in der zudem die Produkte und Dienstleistungen durch zunehmend kommerzialisierte virtuelle Plattformen der Peers immer einfacher nachgeahmt und mit einem Schwung ungeheure Kapazitäten der Peers auf dem Markt geworfen werden können (Uber, AirBnB), bleibt für die traditionelle Organisation nur mehr ein Ausweg: Diese neuen Kollaborationen müssen integriert, genutzt und kooptiert werden. Die Kreativität und Innovationsfreude der Individuen, mit denen die traditionelle Hierarchie nur allzu oft nichts anfangen konnte, die sie vielmehr als Widerstand gegen die eigenen Protokolle und Ziele wahrnahm, werden nun, nachdem sie sich außerhalb des Unternehmens materialisiert und bewährt haben, wieder zurückgeholt! Der Widerstand des Individuums durch die Ausübung von im Unternehmen nicht erwünschten oder benötigten Fähigkeiten, Handlungsweisen, Gefühle und Motivationen wurde zuerst ausgelagert (in die Privatsphäre und dann in die Sphäre der sozialen Medien) und wird nun wieder in Wirtschaft und Politik re-integriert.

Schon arbeiten in Deutschland knapp 19 % der Unternehmen in einzelnen Funktionen mit der Crowd der Peers zusammen und versuchen, deren Leistungen für die Entwicklung ihrer Produkte, vor allem aber für den Vertrieb und die Beratung ihrer Leistungen für sich zu nutzen (Al-Ani/Stumpp/Schildhauer, 2014). Und auch in der Politik gibt es erste Schritte, die Fähigkeiten der Peers etwa bei der

Formulierung von Verfassungen (Island) und Gesetzesvorlagen (etwa der virtuelle „18. Sachverständige" im deutschen Bundestag) zu nutzen (Al-Ani, 2013, S. 252ff.). und es gibt schon erste Debatten darüber, ob sich die wesentliche Rolle des Staates nicht darauf beschränken sollte, eine Plattform zu schaffen, damit bislang öffentliche Dienstleistungen von den Peers selbst erstellt oder koordiniert werden können. Der Staat wird also zunehmend als eine Plattform agieren, über die die öffentlichen Güter nicht unbedingt mehr durch den Staat erstellt, sondern durch freie Produzenten erbracht werden, die sich über dieses Modell koordinieren (O'Reilly, 2010).

Diese Kooptationen führen natürlich dazu, dass sich das Wesen der P2P-Kollaborationen schrittweise verändert: waren die Ergebnisse dieser Kollaborationen ursprünglich eine Allmende bzw. ein kostenfrei nutzbares Ergebnis (Wikipedia, Linux, Mozilla), so verlangen Peers nun für ihre Dienstleistungen auch Geld, da sie wissen, dass Unternehmen ihre Arbeitsergebnisse monetarisieren. Zudem versuchen Unternehmen nun auch die Crowd zu steuern und zu systematisieren, damit sie besser nutzbar ist und genau das tut, was die Kunden der Unternehmung wollen (und nicht das, was die Peers wollen). IBM beeinflusst z. B. die Open-Software-Entwicklung durch eigene Programmierer, die in das Projekt entsendet werden (Benkler, 2006, S. 46f.). Ein extremes Beispiel ist sicherlich in der Politik anzutreffen, wo etwa die konservative britische Regierung versuchte, den Wegfall der öffentlicher Leistungen durch die Stimulierung von P2P-Kollaborationen unter dem Mantel der Selbsthilfe und einem ideologischen Überbau („Big Society") zu substituieren (Bauwens, 2012).

Zudem versuchen Unternehmen und auch die Politik, die nun besser erkennbaren Bewegungen der Individuen im Netz zu systematisieren und zu erfassen, um bessere Prognosen für den Absatz von Produkten, generell für die Richtigkeit von Entscheidungen in der Politik und im Unternehmen zu erlangen. In Unternehmen selber, werden die Verhalten der Arbeitnehmer immer besser erfassbar und Personalentscheidungen können dann auch empirisch fundiert werden, indem man etwa das Profil eines Bewerbers im Netz (Feedback von Peers, Ergebnisse bei Onlinespielen) mit erfolgreichen Profilen von Unternehmensmitgliedern vergleicht und so eine Erfolgswahrscheinlichkeit für den Kandidaten erhält (Peck, 2013).

Die ursprünglich individualisierte Kollaborationsform gerät also unter Druck, vereinnahmt, reglementiert und systematisiert zu werden. Zugleich wird das Individuum durch das Zurücknehmen staatlicher Leistungen in dieser Kollaboration allein gelassen. War P2P ursprünglich ein Modell der Mitteklasse, ihre Motivationen und Fähigkeiten zusätzlich zu ihren Aufgaben in der traditionellen Organisation selbst zu organisieren, so wird das P2P-Model in der Zukunft für viele zu einem Lebensstil, der einen enormen Druck auf dem Individuum ausübt. Erkennbar wird, dass der Preis für die individualisierte Organisation mitunter darin liegt, dass diese ihre Fürsorgepflicht gegenüber den Mitarbeitenden reduzieren und keine Verantwortung für seine Entwicklung und Laufbahn übernehmen kann und will: *"We not only take all the risks of our job moves, we assume the task of taking care of our creativity-of investing in it, and nurturing it. (...) Increasingly workers have come to accept that they are completely on their own-that the traditional sources of security and entitlement no longer exist, or even matter."* (Florida, 2011, S. 99). Anders ausgedrückt, entzieht sich das Individuum auch den Schutzmechanismen der Gesellschaft und der Sozialsysteme (Castel, 2011, S. 354ff.). Die Biografie, die aus sequenziellen und auch parallelen Plattformmitgliedschaften resultiert, ist in der „Verantwortung" des Individuums. Das „Verlangen ein Individuum zu sein", führt somit zum „bloßen Individuum", das möglicherweise nur mit Mühe die Kosten der individuellen Freiheit aufbringen kann (a. a. O., S. 356).

4   Szenarien und Strategien

Die Prognose, ob sich nun die neuen individuellen Kollaborationsformen gegenüber den traditionellen Organisationen behaupten werden, ist aufgrund der Vielzahl der Einflussparameter schwer zu treffen. Zusammenfassend für die unterschiedlichen Positionen wird zwischen einem „Kooperationsszenario", in dem diese neue Kollaboration gemeinsam mit herkömmlichen ökonomischen und politischen Institutionen existieren und einem „dunklen Szenario" (Bauwens, 2006) unterschieden, in dem die Möglichkeiten der Individuen durch technologisch übermächtige Unternehmen eingeschränkt werden bzw. der Zugriff (Access) auf lebensnotwendige Informationen und Wissen reglementiert und kommerzialisiert wird (Rifkin, 2000). Dass das gegenwärtige System, wieder in seine ursprünglichen Koordinaten zurückfinden wird, ist aufgrund der Krise der Unternehmung nicht mehr zu erwarten. Und die politischen Lager und Intellektuellen, die für ein hierarchisch kapitalistisches Szenario in einer adaptierten oder eher repressiven Form plädieren (*Davos-Lager*) eine eher an neuen Kollaborationsformen ausgerichtete Fraktion (*Porto Alegre-Lager*), haben sich schon in Stellung gebracht (Wallerstein, 2014, S. 25ff.).

Parallel zu derartigen Debatten, scheinen sich in einigen Bereichen und Regionen erste Schritte in Richtung einer Strategie zur Stärkung von P2P-Kollaborationsformen anzukündigen. So zeigt etwa die in Ekuador entwickelte Strategie zur Stärkung von P2P erste Konturen (Abb. 2).

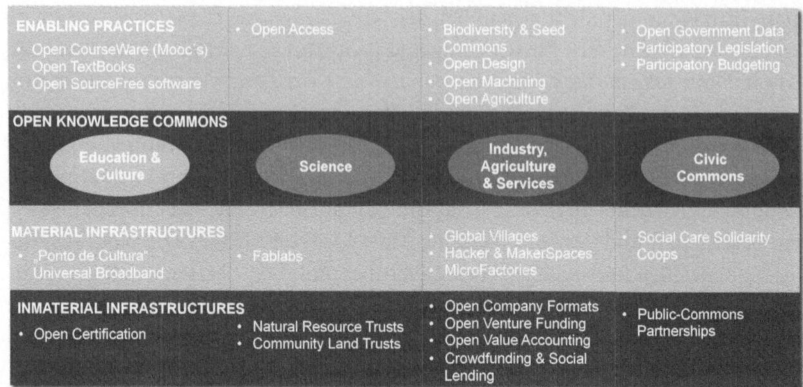

Abb. 2 „Open Knowledge Society" – Framework (Bauwens, 2012)

Im Rahmen derartiger Strategien wird erkenntlich, welche Unterstützungsstrukturen und -angebote, das Individuum in einer P2P-lastigen Ökonomie benötigt:

- Freier Zugang zu Wissen und allen Bauplänen, die eine Zivilisation so benötigt. Wenn der freie Produzent effizient und effektiv sein will, benötigt er Wissen, welches er on-demand zur Lösung eines bestimmten Problems nutzbar machen kann. Dieses Wissen wird in der Regel digital verfügbar gemacht werden müssen und kann so genutzt werden, wie es die Möglichkeiten, Umstände und Fähigkeiten des Individuums diktieren. Hinter derartigen Forderungen verbirgt sich dann nichts weniger, als ein kompletter Umbau der Bildungsvermittlung hin zu offenen virtuellen Angeboten – wie etwa *Massive Open Online* Courses (MOOCs) und freier Zugang zu wissenschaftlichem Wissen (*„Edupunk"-Ansatz*) (Gelernter, 2012; Kamenetz, 2011; Al-Ani, 2014), sowie die Zurverfügungstellung von Bauplänen für den Agrar- und Technologiebereich, damit Lösungen mit einfachen Mitteln oder 3D-Druckern „heruntergeladen" und nachgebaut werden können (*Open Source Agriculture*). Derartige Produktionsprozesse werden durch den offenen Zugang zu öffentlichen Daten (*Open Gouvernement Data*) komplementiert. Der Staat kann zudem auch die Möglichkeiten zur Kollaboration stärken, indem er offen nutzbare Werkstätten einrichtet (*FabLabs*) und rechtliche Rahmenbedingungen für derartige Kooperationen ermöglicht (*Peer Property Rights*).
- In dieser Debatte wird aber oftmals vergessen, dass dem Individuum nicht nur der Zugang zu Wissen und Kollaborationen ermöglicht wird, sondern auch

ein Mindestmaß an Sicherheit gegeben werden muss. In diesem Kontext wird zu erwarten sein, dass die Debatte um ein bedingungsloses Grundeinkommen wieder einen Aufschwung erleben wird (Hardt/Negri, 2009). Aber mit einer veränderten Begründung: wenn Unternehmen und der Staat durch den Einsatz der Peers profitieren, dann müssen diese Gewinne auch zur Finanzierung und Unterstützung der Crowd verwendet werden können. Dies umso mehr, als die Unternehmen von der Leistungen der Crowd zwar profitieren, diese aber nicht immer entlohnen. So tragen etwa die unbezahlten Buchrezensionen auf der Amazon-Plattform zur Wertsteigerung von Amazon bei.

Um einen Zustand zu erreichen, in dem das Individuum tatsächlich nach seinen Fähigkeiten und Motivationen arbeiten und kreativ werden kann, bedarf es also des Zusammenspiels von einer Angebotsstruktur aus Wissen und Informationen sowie mit einem Mindestmaß an Sicherheit, damit das Individuum etwa in Zeiten schwacher Leistungsfähigkeit (Krankheit, Familiengründung, Weiterbildung) und Arbeitssuche nicht zu sehr unter Druck gerät.

5 „Post-Privacy" und der Fluch der Vorhersehbarkeit

Das Urteil darüber, ob dem Individuum in der digitalen Welt mehr Möglichkeiten zum Widerstand bzw. zur Auslebung seiner Ideen, Motivationen und Fähigkeiten zukommen, fällt nicht ganz eindeutig aus. Wie beschrieben, wachsen sowohl die Überwachungs- und Reglementierungs- und Zutrittsmechanismen als auch die Möglichkeiten zur Kollaboration und damit zur Überwindung jener Restriktionen, die Hannah Arendt (1959) in totalitären Institutionen ortete, und die die Freiheit des Individuums – wenn überhaupt – nur im Privaten zugestehen. Diese von ihr festgestellte „Entpolitisierung" bzw. „Entlastung" der Öffentlichkeit durch Zuweisung von privaten Freiräumen ist ein oft beobachtetes Merkmal autoritärer Systeme und äußert sich etwa durch Organisations- und Parteienverbote bei gleichzeitiger Zulassung von privaten Nischen. Sie erfährt – nicht überraschend – selbst nach der Überwindung dieser Systeme oft eine gewisse Verklärung, die diesen privaten Räumen sogar einen viel größeren Mittelpunkt im Leben zuweisen als in „freien" Gesellschaften, wie Gaus (1983) am Beispiel der DDR zeigen konnte. So betrachtet, umfasst die Diskussion über die Wahrung der Privatsphäre bzw. des Datenschutzes die Gefahren der Einschränkungen individueller Souveränität in der digitalen Welt nur unvollständig. Unbestritten ändert sich die Definition darüber, was wir als Privatsphäre definieren und wir erkennen, dass die Veröffentlichungen von

Informationen, die wir bewusst freigeben, oder aber unsere passiven Spuren, die wir in digitalen Sphären „hinterlassen", hinsichtlich Umgang und Qualität zunehmen werden (Heller, 2014). Damit schränkt sich unser privater Rückzugsraum natürlich immer mehr ein. Stellt man allerdings die Wichtigkeit der Kollaboration und der selbstbestimmten Interaktion und nicht die des Rückzugs in das passive Private in den Vordergrund, so erscheint der Konflikt zwischen Individuum und digitalen Medien sowie Institutionen als ein anderer: Hier ist die Erkenntnis, dass unsere Schritte, unsere Kollaborationen, ja unsere gesamte Biografie berechenbar und vorhersehbar werden, zentral: *„Der Glaube an unsere Selbstbestimmtheit und unsere Individualität wird angegriffen durch Algorithmen, die unser Verhalten aus Umweltfaktoren und Statistik vorhersagen."* (a. a. O., 2014, Pos. 2392). Natürlich ist die Verringerung unserer Privatsphäre auch ein Problem, weil uns hier mögliche Rückzugsmöglichkeiten aus wirtschaftlichen, gesellschaftlichen und auch religiösen Zwängen verbaut werden. Diese entlastenden Rückzugsorte im Sinne einer Art Hinterbühne brauchen wir aber, damit Dinge (Konflikte, Unsicherheiten, Fehler, Misserfolge ...), die die Außendarstellung auf der Vorderbühne stören, aber gleichzeitig notwendig sind, ausgegrenzt werden können und so das Individuum stabilisiert wird (Goffman, 1969, S. 107ff.). Nun variiert aber jenes Ausmaß, welches einzelne Gesellschaften und auch Generationen als ein notwendiges Ausmaß an Privatheit ansehen und die Diskussionen über diese Rückzugsmöglichkeiten werden mit aller Berechtigung weitergeführt werden. Noch viel unklarer ist uns heute aber, wie wir als Individuen darauf reagieren werden, dass unser gesamtes Leben schon viel massiver als heute vorausberechnet wird. Schon heute bieten Apps gen-gestützte Vorhersagen über mögliche Krankheiten an, die uns in bestimmten Lebensphasen ereilen werden. Mittels „Person Analytics", werden Prognosen über unseren Erfolg in bestimmten Berufskonstellationen auf Basis der über uns verfügbaren Informationen im Netz und historischen Daten errechnet, die viel genauer sind, als Intelligenz-, Eignungstests und Assessment Center sowie persönliche Einschätzungen (Peck, 2013). Die Stabilität politischer Systeme wird kalkuliert, indem man die Interaktionen und Kollaborationen im Netz erfasst und Eintrittswahrscheinlichkeiten von Demonstrationen ableitet und diese somit auch verhindern oder ihnen ausweichen kann (Al-Ani, 2013, S. 234*)*. *„From a philosophical point of view, the most interesting feature of all this is not that these demonstrations can be predicted, but rather how technology has finally uprooted and dislodged man from the world, that is, has given human existence to a power beyond human control. The secured, comfortable and calculated environment that allowed the creation of society has now become so functional and rationalised that we cannot help but become victims by existing in it"* (Zabala, 2012). Wie kann das Individuum in einer solch vorherbestimmen Welt also noch ein Individuum sein? Dem Science- Fiction-Fan offenbart sich an dieser Stelle ein vertrautes Paradoxon: Wenn ich die Zukunft kenne, kann ich sie doch auch ändern (und neue Zukunft entsteht)? Es bleibt der Trost oder eher die Hoffnung, dass, obwohl diese Prognosen zwar mögliche Entwicklungslinien einschränken, gleichzeitig immer auch neue Möglichkeiten eröffnet werden – insbesondere, wenn die Individuen die Geschwindigkeit ihrer Kollaborationen bzw. Neuformierung erhöhen und somit immer schneller neue mögliche Handlungslinien entwickelt werden.

Literatur

Al-Ani, A. (2013). Widerstand in Organisationen, Organisationen im Widerstand. Virtuelle Plattformen, Edupunks und der nachfolgende Staat. Wiesbaden: Springer.

Al-Ani, A. (2014). Edupunks und neue universitäre Strukturen. In: Keuper, F.; Arnold, H. (Hrsg.). Campus Innovation – Education, Qualification and Digitalization (S. 111-129). Berlin: Logos.

Al-Ani, A./Stumpp, S./Schildhauer, T. (2014). Crowd-Studie 2014 – Die Crowd als Partner der deutschen Wirtschaft. Internet: http://www.hiig.de/wp-content/uploads/2014/06/SSRN-id2437007.pdf, Zugriff am 17. August 2014.

Arendt, H. (1959). Freiheit und Politik. In Die neue Rundschau 69, 1958, Heft 4, S. 670-694.

Bauwens, M. (2006). The Political Economy of Peer Production. Internet: http://www.ctheory.net/articles.aspx?id=499, Zugriff am 5. Mai 2012.

Bauwens, M. (2012). Blueprint for P2P Society: The Partner State & Ethical Economy. Internet: http://www.shareable.net/blog/blueprint-for-p2p-society-the-partner-state-ethical-economy, Zugriff am 10. März 2014.

Benkler, Y. (2006). The Wealth of Networks. How Social Production Transforms Markets and Freedom. New Haven: Yale University Press.

Castel, R. (2011). Die Krise der Arbeit. Neue Unsicherheiten und die Zukunft des Individuums. Hamburg: Hamburger Edition.

D'Aveni, R. (1994). Hypercompetition. Managing the Dynamics of Strategic Maneuvering. New York: Free Press.

Deutschmann, C. (2002). Postindustrielle Industriesoziologie. Theoretische Grundlagen. Arbeitsverhältnisse und soziale Identitäten. Weinheim und München: Juventa.

Edelman. M. (1990). Politik als Ritual. Die symbolische Funktion staatlicher Institutionen und politischen Handelns. Frankfurt/M.: Campus.

Florida, R. (2011). The Rise of the Creative Class Revisited. New York: Penguin.

Ferguson, N. (2014). Networks and Hierarchies. Has Political Hierarchy in the Form of the State Met its Match in Today`s Networked World? Internet: http://www.the-american-interest.com/2014/06/09/networks-and-hierarchies/, Zugriff am 1. Juli 2014.

Gaus, G. (1983). Wo Deutschland liegt. Eine Ortsbestimmung. Hamburg: Hoffmann u. Campe.

Gelernter, D. (2012). Hausfrauen, Polizisten – jeder ist als Lehrer geeignet. In FAZ 8. Februar 2012, Nr. 33, S. N5.

Gorz, A. (1989). Kritik der ökonomischen Vernunft. Berlin: Rotpunkt.

Goffmann, E. (1969). Wir alle spielen Theater. München: Piper.

Hardt, M./Negri, A. (2009). Common Wealth. Das Ende des Eigentums. Frankfurt/M.: Campus.

Heller, C. (2014). Post-Privacy. Prima Leben ohne Privatsphäre. München: Beck.

Kamenetz, A. (2011). The Edupunk's Guide to Education. To a DIY Credential. Internet: http://diyubook.com/2011/07/now-available-for-free-download-the-edupunks-guide/, Zugriff am 10.November 2012.

Luhmann, N. (1994). Die Wirtschaft der Gesellschaft. Frankfurt/M.: Suhrkamp.

Marglin, S. (1974). What Do Bosses Do? In: The Review of Radical Political Economics 6, No. 2, S. 60-112.

Moldaschl, M. (2010). Organisierung und Organisation von Arbeit. In: Böhle, F./Voß, G.G./ Wachtler, G. (Hrsg.). Handbuch Arbeitssoziologie (S. 263-300). Wiesbaden: VS Verlag.

Neuberger, O. (2000): Individualisierung und Organisierung. Die Wechselseitige Erzeugung von Individuum und Organisation durch Verfahren. In: Ortmann, G./Sydow, J./ Türk, K. (Hrsg.): Theorien der Organisation (S. 487-522). Wiesbaden: VS Verlag.

O'Reilly, T. (2010). Government 2.0.: It's All About the Platform. In: Heuermann, H./ Reinhard, U. (Hrsg.): Reboot_D – Digitale Demokratie. Alles auf Anfang (S. 60-67). Oldenburg: Whois.

Peck, D. (2013) They're Watching You at Work. What happens when Big Data meets human resources? The emerging practice of "people analytics" is already transforming how employers hire, fire, and promote. Internet: http://www.osaunion.org/articles/Theyre Watching You At Work.pdf, Zugriff am 10. August 2014.

Rifkin, J. (2000). Access. Das Verschwinden des Eigentums. Frankfurt/M.: Campus.

Shirky, C. (2008). Here Comes Everybody. The Power of Organizing Without Organizations. New York: Penguin.

Shirky, C. (2010). Cognitive Surplus, How Technology makes Consumers into Collaborators. London: Penguin.

Smalls (2014). The Future of Governance is in the Cloud: A Framework for Legal Governance in the Digital Age. Internet: https://medium.com/@ericsmalls24/the-future-of-governance-is-in-the-cloud-4788b953054e, Zugriff am 14. Juli 2014.

Wallerstein, I (2014). Die strukturelle Krise oder Warum sich der Kapitalismus nicht mehr rentieren könnte. In: Wallerstein, I./Collins, R./Mann, M./Derluguian, G./Calhoun, C. (Hrsg.): Stirbt der Kapitalismus? Fünf Szenarien für das 21. Jahrhundert (S. 9-35). Frankfurt/M.: Campus.

Zabala, S. (2012). Predicting the Future Through Online Data Mining. Recorded Future Predicts When and Where a Demonstration Will Occur After Mining From The Web All The Related Activities. Internet, http://www.aljazeera.com/indepth/opinion/2012/10/2012102105523661935.html, Zugriff am 6. September 2012.

Ayad Al-Ani, Prof. Dr., Alexander von Humboldt Institut für Internet und Gesellschaft, Berlin

Der Souverän – wir haben ihn längst zu Grabe getragen.

Wer digitale Souveränität diskutieren will, wird früher ansetzen müssen

Harald Rau

Im Grunde ist möglicherweise der Buchtitel dieses Werkes bereits falsch gewählt. Verbindet uns das „Digitale" mit oder trennt es uns von der Souveränität? Kann Souveränität digital sein? Können wir im Digitalen souverän entscheiden, genauer: souverän handeln, wenn wir diese Eigenschaft nicht längst schon für uns gewonnen, entwickelt, integriert haben? Werden wir nicht nur dann sicher Herr unserer Daten sein und bleiben, wenn wir uns uns selbst, unseren Werten und Normen, und wenn wir uns unserer tatsächlichen und unserer sozialen Umwelt sicher sind, uns ihrer versichert haben?

Dies ist ein ganzer Katalog von Fragen, sie alle stehen im Grunde für die kaum von der Hand zu weisende These, dass eine kritische Betrachtung des Terminus der digitalen Souveränität nur dann möglich wird, wenn wir das Themenfeld weiter fassen, wenn wir über das Digitale hinausdenken und die Position des Individuums in der Gesellschaft betrachten – und hier insbesondere seine Fähigkeit zur Eigenverantwortlichkeit, zur Selbstbestimmung.

Wir müssen uns also möglicherweise nicht fragen, in welcher Weise wir die Hoheit über die digital gelegten Spuren halten werden, sondern ganz generell, wie wir uns in die Lage versetzen können, wissend und souverän-selbstbestimmt zu bestehen. Vielleicht sogar, wie uns die gesellschaftlichen, die sozialen Rahmenbedingungen und ihre ganz konkrete Ausprägung in die Lage versetzen, Souverän unseres Handelns zu werden, zu sein und zu bleiben.

Dies vorausgeschickt, darf man aber auch erkennen: Digitale Technologien sind eben genau dieses, sind Technologien, sind Produktionsmittel, die uns zur Verfügung gestellt werden, oder anders herum: die wir uns zur Verfügung *holen* können – oder eben nicht. Ergo, kann das Individuum formulieren: „Souverän bin ich, souverän handle ich, bevor ich digital bin oder handle. Über meine Souveränität entscheide ich, bevor ich mich auf das „Digitale" einlasse, bevor ich digital „werde", bevor ich mich auf die Welt des Netzes einlasse, sie für mich fruchtbar mache und annehme." Darin mag der eigentliche Punkt der Argumentation verborgen liegen, ein sehr menschlicher, ein sehr nachvollziehbarer. Ohne dieses Thema mit dem Individuum zu verschränken, es rückhaltlos auf den Einzelnen zu beziehen, wird ein zielgerichteter Umgang mit dem Konstrukt nicht möglich sein.

Die erfahrenen Erleichterungen, die gefühlten Vereinfachungen, kurzum die Netzbequemlichkeit in der wir uns eingerichtet haben – sie trüben gleichermaßen unseren Blick, lassen uns in einer Weise erblinden, die uns selbst immer wieder überrascht, denn wenn wir ins Nachdenken kommen, finden wir viele Ansätze, wie wir anders, „sicherer" handeln könnten, wenn wir uns durch das Netz bewegen; wie wir politisch Einfluss nehmen könnten, indem wir Gemeinschaft in einem nun deliberativen Sinne organisieren. Dennoch bleiben wir gelähmt, da uns die vermeintliche Lebenshilfe aus dem Netz – vom Fitnessmonitor bis zum Routen-planer – schneller leben lässt.

Ein Paradoxon? Nun, vermutlich hat niemand dieses Phänomen bislang bildlicher, pointierter und drastischer beschrieben als Aldous Huxley in seiner „Brave new World", eine Welt, in der das Miteinander auf wunderbare Weise geregelt ist, in der das Individuum, eingebettet in die Totalität des Seins, aus der sozialen Sicherheit handeln kann, (s)einen verlässlichen Platz einzunehmen. Das komplexe System aus Schichten und Klassen wird dort durch die Möglichkeit zusammengehalten, jederzeit basale Bedürfnisse befriedigen zu können – ermöglichtes Ausleben von Sexualität und Konsum, abgesichert durch die Allerweltsdroge „Soma". Sie ist es, die dem Individuum die Kritikfähigkeit raubt und die neben einem geregelten, einem geordneten Leben das System stabilisiert. Visionäre neue Welt in der Souveränität keinen Platz haben kann. Dieses Bild aus dem Zeitalter des „Vornetz" kann uns für den Moment helfen, die tieferen Schichten unserer digitalen Abhängigkeit offenzulegen. Man muss lediglich nach dem „Somatisierungsgrad" unserer Gesell-schaft fragen, Überlegungen darüber anstellen, wie nachhaltig die allgegenwärtige Gratifikations-Überflutung zum Beispiel (souveränen) Medienkonsum – oder eleganter: das Mediennutzungsverhalten – verändert. Die (kulturindustriell ver-schränkte – dazu später mehr) Konsumbedürfnisbefriedigung ist stets nur einen Klick entfernt, und sie wirkt heute deutlich nachhaltiger, da weder Linearität noch Angebotsregulierung eine Grenze setzen. Der Mensch ist in diesen Zeiten nicht besser informiert – aber zumindest besser unterhalten. Eine zentrale Frage ist also jene danach, wo wir den Maßstab für Souveränität ansetzen wollen, inwiefern sind wir tatsächlich „frei", wo hat uns die Angst eines sozialen Teilnahmeverlustes im Griff, wo suchen wir im Konsum wie Drogensüchtige Teilhabe und Bestätigung?

In der Geistesgeschichte des 20. Jahrhunderts begegnet dem geneigten Leser ein auf unterschiedlichen Ebenen wiederkehrendes Motiv, das jeweils Bindungen, Unfreiheit und Begrenzungen des Individuums in der Gesellschaft aufgreift, diskutiert und moduliert. Drei jener Ansätze, die dieses Motiv bewegen, sollen in der Folge kurz angerissen werden:

- ein Blick mit Nietzsche auf das souveräne Individuum – als eine Illusion, sowie die Rolle des Freiheitswunsches als ein der Sklaven-Moral zugeordnetes Bedürfnis,
- mit Erich Fromm die Frage, wie sehr wir unser Leben „verpreist" haben und damit den sozialen Marketing-Charakter der Gesellschaft weiter schärfen,
- ein Verweis auf den von Horkheimer und Adorno eingeführten Begriff der Kulturindustrie – und auf seine neue alte Aktualität.

All die hier angesprochenen Konzepte können auf den Geist einer Zeit zurückgeführt werden, die noch nicht von der Ökonomie des Internet geprägt war, sind in ihrer konzeptionellen Anlage älter – im Falle von Nietzsches Genealogie der Moral sogar mehr als hundert Jahre – als die Ahnung globaler Austauschmöglichkeiten in der heutigen Form. Sie können uns dennoch Erklärungen liefern, da sie alle uns mit Erkenntnissen konfrontieren, die eine moderne oder postmoderne Gesellschaft in der Bezogenheit der in ihr lebenden Individuen ausmachen und die das Zusammenleben sowie den Austausch beeinflussen.

1   Das Individuum in der liberalen Gesellschaft – Nietzsche

So ist beispielsweise die nähere Betrachtung einer *vermeintlichen* Bindungsfreiheit des Individuums in der liberalen Gesellschaft, deren möglicherweise größte Kritiker Nietzsche war, ausgesprochen gewinnbringend. Für den Philosophen ist ein souveränes Individuum schlichtweg Illusion, als liberales Konstrukt fände ein solches Individuum seinen Vorläufer in der ,Herdenmoral' und deren Fiktionen ,freier Wille' und ,Subjekt' (Stoldt, 2014, o. S.), denn das „souveraine Individuum" hängt als „reifste Frucht" am Baum der „Sittlichkeit der Sitte" (Nietzsche, 1887, GM-II-2) und stellt das Ergebnis eines Prozesses dar, der den Menschen berechenbar macht, denn das von der Sittlichkeit der Sitte wieder losgekommene, das autonome übersittliche *Individuum* (denn „autonom" und „sittlich" schließt sich aus)" (ebd., H. i. O.) gleiche „nur sich selbst" (ebd.). Bürgerliche Ideologie wird dabei zu jener Größe, die den zutiefst abhängigen und unfreien Menschen in der Herde als frei erscheinen lässt: „Aber es handelt sich um eine Freiheit aus Gleichheit, die mehr einem Wunschdenken entspringt, statt sich tatsächlicher eigener Stärke zu verdanken." (Soldt, 2014: o. S.). Nietzsche wisse, so Soldt weiter, um die Anpassung gerade des Bildungsbürgers, dessen Glaube an die eigene Freiheit nur Spiegelbild der eigenen Abhängigkeiten sei. Verkürzt dargestellt, wird das Individuum durch Sozialisation und gesellschaftliche Rahmensetzung beschränkt. Extrapoliert manifestiert sich dies im Zeitalter des vermeintlichen Weltbürgertums der somatisierten, gratifizierten oder, noch banaler formuliert, pornografisierten, an niedere Bedürfnisse (an)gebundenen Internetbildungsbürger der schönen neuen Welt. Das Individuum dieser Welt bleibt ein „gebundenes", ein eingeschränktes, ein Sachzwängen und realökonomischen Bedingungen unterworfenes, es bleibt unfrei. Um an diesem Punkt mit Nietzsche weiterzudenken: die herrschende Moral bleibt jene Sklaven-Moral, von der er in „Jenseits von Gut und Böse" spricht und die als Motiv mehrfach in seinem Werk aufscheint. Die Unterscheidung zwischen Herren- und Sklavenmoral macht er an feudalen Strukturen fest – sie fügt sich aber passgenau in das Denken ein, das vermutlich erst zur Konzeption dieses Buches geführt hat. Dass wir uns hier überhaupt mit digitaler Souveränität beschäftigen, ist der inhärenten Sklavenmoral unserer Lebenswirklichkeit zu verdanken. Nur deshalb schätzen wir Freiheit so hoch: „[D]as Verlangen nach Freiheit, der Instinkt für das Glück und die Feinheiten des Freiheits-Gefühls gehört ebenso nothwendig zur Sklaven-Moral und -Moralität, als die Kunst und Schwärmerei in der Ehrfurcht, in der Hingebung das regelmässige Symptom einer aristokratischen Denk- und Werthungsweise ist." (Nietzsche, 1886, JGB-260). Nur weil die Netzgemeinde (man beachte die religiöse Konnotation des Begriffs) einer Sklaven-Moral im Sinne Nietzsches folgt, wird Freiheit zum moralischen Wert – und rechtfertigt am Ende auch das Ressentiment gegenüber allem, was sich als mächtig geriert, was als herrschende Institution auf den Plan tritt. Die Sklaven-Moral kommt in Form von Piraten-Partei, Anonymous-Bewegung und in vielen anderen Erscheinungen netzpolitisch zum tragen. Wir müssen also mit Nietzsche fragen, warum digitale Souveränität für uns einen Wert darstellt, warum wir sie verteidigen wollen, warum wir kein Vertrauen in Institutionen haben – oder wie solche Institutionen überhaupt entstehen können, die gesellschaftlicherseits konsequent das Vertrauen verlieren, besser: verspielen.

2   Der Marketing-Charakter in der kommodifizierten Gesellschaft – Fromm

Es bleibt über Nietzsche hinaus zu argumentieren: Bezogen auf digitale Souveränität darf man das Spannungsfeld von Individuum auf der einen Seite, die angedeuteten gesellschaftlichen Realitäten und damit ihre Rahmensetzungen sowie die Protagonisten dieses Framings auf der anderen Seite näher betrachten.

Zurück also Individuum zu seinen Leiden in und den Wechselwirkungen mit der kommodifizierten Gesellschaft – hiermit sei das zweite angekündigte Konzept eingeführt, auch dieses aus einer Zeit, in der nicht daran zu denken war, sozialen Austausch, Sozialität über Computernetze herzustellen. Erich Fromm hat die gesellschaftlichen Veränderungen, die auf das Individuum durchschlagen sehr treffend beschrieben und in „Haben und Sein" nachvollziehbar gerahmt. „Der wichtigste Schlüssel zum Verständnis der Charakterstruktur unserer heutigen Gesellschaft", so der Psychoanalytiker, „ist die Veränderung, die sich zwischen dem Frühkapitalismus und der zweiten Hälfte des 20. Jahrhundert im Gesellschafts-Charakter vollzog." (Fromm, 1967, S. 146). Der autoritär-zwanghaft-hortende Charakter, der sich im 16. Jahrhundert zumindest in der Mittelklasse zu entwickeln begonnen hätte und bis zum Ende des 19. Jahrhunderts dort vorherrschte, würde sich allmählich mit dem so genannten Marketing-Charakter vermischen, wäre gar durch ihn verdrängt worden: „Ich habe die Bezeichnung ‚Marketing-Charakter' gewählt, weil der einzelne sich selbst als Ware und den eigenen Wert nicht aus ‚Gebrauchswert', sondern als ‚Tauschwert' erlebt." (Fromm, 1967, S. 148). Lebens- oder Alltagsziel eines solchermaßen definierten Marketing-Charakters ist eine rückhaltlose und umfassende Anpassung an die vorgegebenen Werte. Der Mensch wird Objekt des Begehrens, er will begehrt werden, trägt seine Haut, sich selbst, seine Interessen zu Markte, und zeichnet ein Bild von sich, das diesen Anforderungen entspricht – mit Fromm verliert er die Identität (was im Vergleich mit „Souveränität" als noch größerer Verlust interpretiert werden kann), verliert er sein „Ich", seine Werte und Normen, an denen er sich orientierten und festhalten könnte. Dieses „Ich" wird stattdessen nach den Anforderungen eines Gegenübers geformt, die sich in den Werten des Marktes spiegeln, es wird Arbeitnehmer in der Fabrik, Teil der arbeitenden Bevölkerung, Fan eines Sportvereins oder einer Popgruppe etc. Der Marketing-Charakter ist quasi ziellos unterwegs, richtet sich rastlos immer wieder neu aus und versucht sehr effizient zu handeln, hinterfragt wird wie in der „schönen neuen Welt" Huxleys so gut wie nichts, Religion, Spiritualität, Philosophie werden zur vernachlässigbaren Nebensache.

Wird das Selbst auf diese Weise aufgelöst, verschwindet auch dessen Identität. Genau dieser Identitätsverlust, man darf auch von Identitätskrise sprechen, da Fromm seine Erkenntnisse auf die gesamte Gesellschaft bezieht, erklärt vielleicht, warum der Verzicht auf die digitale Souveränität so leicht fällt, warum der Diskurs noch nicht in der Mitte der Gesellschaft angekommen ist. Dabei bezieht Fromm die Charakterstruktur „des durchschnittlichen Individuums" und die sozioökonomische Struktur der Gesellschaft, der dieses Individuum angehört direkt aufeinander: „Das Ergebnis der Interaktion zwischen individueller psychischer Struktur und sozio-ökonomischer Struktur bezeichne ich als Gesellschafts-Charakter. Die sozio-ökonomische Struktur einer Gesellschaft formt den Gesellschafts-Charakter ihrer Mitglieder dergestalt, dass sie tun *wollen*, was sie tun *sollen*. Gleichzeitig beeinflusst der Gesellschafts-Charakter die sozio-ökonomische Struktur der Gesellschaft: In der Regel wirkt er als Zement, der der Gesellschaftsordnung zusätzliche Stabilität verleiht; unter besonderen Umständen liefert er den Sprengstoff zu ihrem Umbruch." (Fromm, 1967, S. 129, H. i. O.) Und an anderer Stelle: „Um Erfolg zu haben, muss man imstande sein, in der Konkurrenz mit vielen anderen seine Persönlichkeit vorteilhaft präsentieren zu können. […] Der Mensch kümmert sich nicht mehr um sein Leben und sein Glück, sondern um seine Verkäuflichkeit. Das oberste Ziel des Marketing-Charakters ist die vollständige Anpassung, um unter allen Bedingungen des Persönlichkeitsmarktes begehrenswert zu sein. Der Mensch dieses Typus hat nicht einmal ein Ich (wie die Menschen des 19. Jahrhunderts), an dem er festhalten könnte, das ihm gehört, das sich nicht wandelt. Denn er ändert sein Ich ständig nach dem Prinzip: ‚Ich bin so, wie du mich haben möchtest.' (Fromm, 1967, S. 142).

Die Auseinandersetzung mit dem Marketing-Charakter wird hier zum Schlüssel einer neuen Betrachtung auch der (stets vermeintlich zu nennenden) digitalen Souveränität – denn dieser Modus der „Warenförmigkeit" aller Leistungen und Tätigkeiten, wird im Digitalen nicht durchbrochen – stattdessen wird eine alte kommerzielle Tradition der Medienökonomie auf neuer Ebene fortgeschrieben und erweitert, der Autor dieser Zeilen würde sogar behaupten: verschärft. Es ist die Tradition, Produktion und Konsumption über mehrere Märkte hinweg zu entwickeln. Bei Tageszeitungen beispielsweise ist dies vergleichsweise leicht nachzuvollziehen, und man kann von einem zweiseitigen Markt sprechen, auf dem die Aufmerksamkeit des Lesers zur Handelsware für die Werbewirtschaft wird, gerne wird hier auch von der dualen Ökonomie gesprochen.

Im durchökonomisierten Internet wird nun dieser Prozess um ein Vielfaches transparenter – man denke nur an die gelebte Realität, Werbeinventar per „Real Time Bidding" unmittelbar zu auktionieren und in der gleichen Sekunde an die werberelevante Zielgruppe zu verbreiten. Kurzum: die Aufmerksamkeit des Rezipienten wird in einem solchen Modell wertvoller, weil aufgrund der nun möglichen Transparenz des Prozesses alle Kommunikationsleistungen direkter und ohne größere Streuverluste ausgeliefert werden können.

Zwei weitere Aspekte bleiben zu berücksichtigen: Erstens ist im Unterschied zu einem klassischen massenmedial organisierten Austausch der Weg der Aufmerksamkeit nicht mehr länger auf eine Richtung festgelegt. Rezipienten schenken den Medien ihre Aufmerksamkeit, diese Ströme sind so transparent wie noch nie, im Gegenzug wachen Medien aufmerksam darüber, was das Individuum im Moment der Rezeption aus dem verfügbaren Set der Möglichkeiten benötigen könnte, vielleicht gar, was es denken will oder soll, um den Austauschprozess mit höchstmöglicher

Effizienz zu führen. Natürlich ist auch der Rezipient selbst freier geworden, kann deutlich stärker eingreifen und seine Mediennutzung steuern – möglicherweise erhöht dies den Druck auf Medienanbieter, noch stärker eine Anpassung im Sinne soziokultureller Kollektivierung (vgl. Rau, 2007, S. 49f) voranzutreiben – dazu gleich mehr. Zweitens ist es nicht mehr allein nur die Aufmerksamkeit, die im medialen Miteinander als harte Währung gilt. Eine tatsächlich noch härtere Währung ist nun jene Anerkennung (vgl. Rau, 2014, S. 113ff), die über Likes, Shares und Comments zugeteilt wird. Wer dies nicht glaubt, achte einmal darauf, wohin der gemeine Nutzer zuerst schaut, wenn er einen Facebook-Account öffnet. Es werden die winzigen roten Kästchen sein, die an der symbolisierten Weltkugel hängen, oder persönliche Nachrichten kennzeichnen.

Was hat dies nun mit dem Marketing-Charakter im Sinne von Erich Fromm zu tun? Wir erinnern uns – dies war der Ausgangspunkt, um über Aufmerksamkeits- und Anerkennungsökonomie in einem sozialmedialen, netzbasierten Miteinander zu sprechen. Ganz einfach: Längst haben wir uns mit Hilfe der Internetangebote vollständig verpreist, haben wir unser Handeln in die digitalen Geschäftsmodelle eingebettet – nicht weil dies etwa unbemerkt geschehen wäre und als ein feindlicher Akt übermächtiger Konzerne eingestuft werden müsste. Nein, wir alle haben, jeder Einzelne von uns hat diesen Vertrag geschlossen – aus rein ökonomischen Gründen: so, wie wir in Zeitung und Zeitschrift werbende Anzeigen, im Free-TV Werbespots und im Kino die obligatorische filmische Eis-Verkaufshilfe akzeptieren. Warum haben wir dies getan? Weil der homo oeconomicus als Menschenbild noch nicht ausgedient hat, weil wir möglicherwiese doch zweckrationaler handeln als es uns die Verhaltensökonomie mit ihren Experimenten vorführt. Zumindest entscheiden wir Menschen mit Internetzugang preisbewusst – und wir werden dies auch weiterhin tun, wir verpreisen unsere Aufmerksamkeit, weil dieser Weg für uns als der billigste und kostengünstigste erscheint. Das heißt natürlich auch: Es gibt keine Kostenloskultur im Internet, schließlich ist die digitale Wirklichkeit über mehrere Märkte hinweg durchökonomisiert und erschließt uns als aufmerksamkeitskapitalistischer Segen das Internet.

Die Frage nach der digitalen Souveränität tritt unweigerlich auf den Plan, wenn plötzlich der Informationswert dieser Aufmerksamkeit, die wir den Medien schenken, um viele Grade gewachsen ist – dank der Hilfe von Cookies oder jenen häufig als Supercookies (Puju, 2014, o. S.) bezeichneten „Flash-Cookies", die über den Umweg Flashplayer Browser-Begrenzungen umgehen können. Auch hier gilt: Wir haben es nicht anders gewollt, solange Zeit, unsere Zeit, verpreisbar und damit handelbar, also Ware bleibt, werden wir die Verschränkung der Medien-Teilmärkte nicht vermeiden können, werden wir also dafür bezahlen müssen, dass wir bestimmte Mediendienste nutzen – wenn uns tatsächlich Geld dafür zu wertvoll ist, zahlen wir heute mit sehr spezifischen und genauen Informationen über uns und unser Leben, mit Transparenz. Die technischen Möglichkeiten sind hier ausgereifter geworden, ohne dass sich die Preisgestaltung nachhaltig verändert hätte. Wir können auch von einem Preisverfall am abgeleiteten Markt sprechen, dieser vollzog sich schleichend und repräsentiert einen weiterer Schritt in Richtung Abhängigkeit, eine Manifestation des Marketing-Charakters unserer Mediengesellschaft. Denn wir sind nun noch nicht einmal mehr dazu in der Lage, selbst darüber zu bestimmen, in welcher Währung wir bezahlen wollen. Es hat sich längst durchgesetzt, dass die Nutzung des Internet nur in seltenen Fällen wirtschaftlich erfolgreiche Bezahlschranken erlaubt. Es fließt also selten Geld – dessen Ströme plätschern oder rauschen mal mehr, mal weniger auf abgeleiteten Märkten. Deren Logik: Je genauer die über den Rezipienten gesammelten Informationen, umso wertvoller, umso besser zu verkaufen ist die Aufmerksamkeit des Rezipienten. Am Rande bemerkt: Das bedeutet natürlich im gleichen Moment, dass je nach Tätigkeit und Surf-Verhalten, die von uns zur Verfügung gestellte Leistung mehr oder weniger wertvoll ist. Märkte in denen der Ausgleich von Angebot und Nachfrage über abgeleitete Märkte verpreist wird, sind vielfach von Marktversagen geprägt, Netz- und Medienökonomie schenken sich hier nichts – und in Letzterer kennt man sich mit der Berücksichtigung externer Effekte durchaus aus. Die externen Effekte haben sich verstärkt, die Informationsasymmetrie zwischen den Beteiligten ist zunächst unmerklich gewachsen – heute können wir sagen, sie ist deutlich ausgeprägt. Die Gewinner sind jene Medienunternehmen, die über große Datenbestände verfügen – deshalb wird man auch davon ausgehen können, dass die faktische (betriebswirtschaftliche) Ausprägung der Medienlandschaft nicht mehr lange in den Händen der bekannten Unternehmen (ausgenommen die großen Konzerne, die stark in Big Data-Bereiche investieren) liegen wird, – dass statt dessen neue Anbieter die Regeln bestimmen, ein Randaspekt, der hier nicht weiter verfolgt werden soll.

Ohne einen empirischen Beleg dafür vorweisen zu können, sei hier der These Ausdruck verliehen, dass mit wachsendem Wert der zur automatisiert zur Verfügung gestellten Daten (und der Kenntnis beider Marktteilnehmer darüber, einer zunehmenden Reduktion der Informationsasymmetrie also) die Fähigkeit der unter Symmetriegesichtspunkten inferioren Marktteilnehmer wächst, den freien Zugriff auf die eigenen Daten zu vermeiden – dies wäre zumindest in einem ökonomischen Modell zu erwarten, das heißt die Preissensibilität der Rezipienten steigt. Im gleichen Moment wird die Nachfrage reagieren und – Konkurrenz vorausgesetzt – das Angebot für die Nutzer erweitern. Hier zeigt sich, warum die Entstehung von (Datensammel- und -auswertungs-) Monopolen so kritisch zu betrachten ist, auch wenn es sich hierbei wie im Falle von Facebook oder Google um natürliche Monopole handelt. Denn genau diese Monopole verhindern eine souveräne Funktionsfähigkeit des Marktprinzips. Die Entscheidung für die Wortwahl fiel hier natürlich bewusst – denn auf von externen Effekten geprägten Märkten handeln keine Souveräne mehr.

Im Normalfall hinterlegt Tracking-Software alle einem Individuum zuzuweisenden Informationen in einem Nutzungsprofil, das ein eigenes Pseudonym trägt. Spannend wird es dann, wenn dieses Pseudonym mit unserer Netzwirklichkeit selbst verschmilzt. Die mit den Tracking-Technologien erhobenen Daten werden normalerweise ohne eine gesondert erteilte Zustimmung des jeweils Betroffenen nicht dazu benutzt, den Besucher einer Website tatsächlich persönlich zu identifizieren und auch nicht dafür, sie mit konkreten, personenbezogenen Daten über den Träger des Pseudonyms zusammenzuführen. Technisch freilich ist das möglich. Und man könnte auch dieses als große Leistung und Lebenserleichterung verkaufen – schließlich lassen uns auch jene „normalen" Cookies schon deutlich schneller und effizienter im Netz unterwegs sein.

Die Konfrontation mit dem Konzept des Marketing-Charakters zeigt in diesem Kontext die selbstgewählte Abhängigkeit des Rezipienten, sie führt ihm im gleichen Moment den Verlust seiner Souveränität unmissverständlich vor Augen, denn: „Der Marketing-Charakter liebt nicht und hasst nicht. Diese ΄altmodischen΄ Gefühle passen nicht zu einer Charakterstruktur, die fast ausschließlich auf der rein verstandesmäßigen Ebene funktioniert und sowohl positive als auch negative Emotionen meidet, da diese mit dem Hauptanliegen des Marketing-Charakters kollidieren: dem Verkaufen und Tauschen oder genauer, dem Funktionieren nach der Logik der Mega-Maschine. [...] In Wirklichkeit steht dem Marketing-Charakter niemand nahe, nicht einmal er selbst." (Fromm, 1967, S. 143)

3　Indoktrinierte kulturindustriell überformte Interessen – Horkheimer und Adorno

In dieser Diskussion hilft ein weiterer Ansatz aus jenen Zeiten, in denen Netzpolitik kein Thema war. Es ist die Frage danach, inwiefern unsere eigenen, tieferen Bedürfnisse nicht längst schon von indoktrinierten Interessen der Akteure einer Kulturindustrie überformt sind.

Zur Erinnerung: Der Begriff bemüht sich im Sinne von Adorno (1963, S. 60f) frühmoderne gesellschaftliche Phänomene zu deuten: „In unseren Entwürfen war von Massenkultur die Rede. Wir ersetzen diesen Ausdruck durch ‚Kulturindustrie', um von vornherein die Deutung auszuschalten, die den Anwälten der Sache genehm ist: dass es sich um etwas wie spontan aus den Massen selbst aufsteigende

Kultur handle, um die gegenwärtige Gestalt von Volkskunst. Von einer solchen unterscheidet Kulturindustrie sich aufs Äußerste." Gesellschaftliche Gruppen werden in diesem Verständnis zu Objekten der Kulturindustrie, sie verlieren ihre Souveränität und damit auf eine gewisse Weise sogar sich selbst: „Der Kunde ist nicht, wie die Kulturindustrie glauben machen möchte, König, nicht ihr Subjekt, sondern ihr Objekt. Das Wort Massenmedium, das für die Kulturindustrie sich eingeschliffen hat, verschiebt bereits den Akzent ins Harmlose." (Adorno, 1963, S. 60). Massenmedien und ihre Inhalte werden in diesem Verständnis von ökonomischen Interessen beeinflusst, die Individuen in der Gesellschaft gezielt manipuliert. Der Terminus der Kulturindustrie spiegelt sich mit Kausch (1988, S. 86) in Begriffen wie „soziale Indifferenz, Wiederholung des immer Gleichen, rasche Vergänglichkeit, Verdoppelung der Realität und Verstärkung vorgegebenen Bewusstseins". Wirklichkeit wird zu einer „Pseudorealität" (ebd.) – und dies, ohne dass es sich dem Einzelnen erschließt, was einer „Entmündigung des Individuums" (ebd.) gleichkommt. Kulturindustrie führt so zu einem Verlust der „Fähigkeit, Alternativen zum Vorhandenen zu denken" (Paetzel, 2001, S. 38). Bei alledem lässt sich Adorno nicht ohne die Verschränkung seiner Ideen und Vorstellungen mit jenen einer freudianisch geprägter Psychoanalyse verstehen. Ohne hier auf den Bedürfnisbegriff bei Adorno näher eingehen zu wollen (vgl. dazu Raupach, 2015) sei hier das Thema Sublimierung angedeutet: „Während Kunst die Triebe sublimierte, unterdrückt sie die Kulturindustrie. Während die unsublimierte Vorlust von ihr noch aufgestachelt wird, verweist sie die Erfüllung der Triebe unbarmherzig in die Schranken des Realitätsprinzips." (Paetzel, 2001, S. 38). Kulturindustrie agiert quasi aus der Position des freudschen Über-Ich (vgl. Kausch, 1988) und beschneidet die Zahl von Denkweisen und Wahlmöglichkeiten, was letzten Endes einer Beschneidung der Souveränität gleichzusetzen ist.

Die Frage nach einer kulturindustriell motivierten Überformung ist also auch aktuell eine hochgradig spannende, auch wenn die kritische Medienökonomie in der Tradition der Frankfurter Schule der späten 1960er und frühen 1970er Jahre bis heute einen erfahrungswissenschaftlichen Beleg schuldig geblieben ist. Der Terminus des Kommunikationsmarketing, der uns heute vergleichsweise leicht über die Lippen geht, war in der ursprünglich geprägten Form (Kiock, 1972) Medienkritik, die insbesondere bei der Analyse des Marktes für Publikumszeitschriften (vgl., Holzer, 1969) ansetzte und von einer zu extremen Anpassung der Massenmedien an vermeintlichen Bedürfnisse der Rezipienten spricht. Vermeintlich sind diese deshalb, weil das Individuum in dieser Gesellschaft längst das Wollen verlernt hat, und nur noch den vorgegebenen kulturindustriellen Massengeschmacks-Interessen folgt. Kultur schlage alles mit Ähnlichkeit, stellten Adorno und Horkheimer schon in ihrem Kulturindustrie-Kapitel der Dialektik der Aufklärung fest (vgl., 2006,

S. 128) und warfen alle mediale Inszenierung quasi in einen Topf: „Die soziologische Meinung, dass der Verlust des Halts in der objektiven Religion, die Auflösung der letzten vorkapitalistischen Residuen, die technische und soziale Differenzierung und das Spezialistentum in kulturelles Chaos übergegangen sind, wird alltäglich Lügen gestraft. Kultur heute schlägt alles mit Ähnlichkeit. Film, Radio, Magazine machen ein System aus." Souveränität aber verträgt sich nicht mit Massengeschmack – sie braucht die Reflektion, benötigt kritisches Denken im Sinne einer analytischen Auseinandersetzung.

Dies in starker Verkürzung vorweggenommen zeigt: Unsere Souveränität ging nicht erst im digitalen Zeitalter verloren, vielmehr können wir einen schleichenden Prozess verzeichnen, der nur mit Hilfe der Medienökonomie zu erklären ist. Vor ziemlich genau zehn Jahren (Rau, 2005, S. 209ff) schrieb der Autor dieses Beitrages einen Text mit dem Untertitel „Oder: von der Notwendigkeit einer Politischen Medienökonomie", der heute nichts an Aktualität verloren hat, und das, obwohl sich die Medienwelt zwischenzeitlich nachhaltig und bleibend verändert hat. Der seinerzeit verfasste Beitrag sollte zeigen, dass eine Auseinandersetzung mit den Theorien einer Politischen Medienökonomie der frühen 1970er Jahre „auch heute noch gewinnbringend sein kann." (ebd., S. 209). Das für die nähere Diskussion gewählte Konstrukt der Anpassungshypothese ist dabei kein Einzelfall. Aber an ihr lässt sich bis heute nachgerade idealtypisch zeigen, dass man einer einstmals beinahe intuitiv zugeschriebenen Gültigkeit eine entideologisierte Betrachtung zur Seite stellen darf, die eine Auseinandersetzung auf der Höhe der Zeit zulässt. Zwischenzeitlich haben sich Optionen zur Verifizierung dieser These über die begriffliche Konkretion und eine Beschränkung des Entscheidungsraumes in der Anwendung eines spieltheoretischen Modells ergeben. Einmal mehr macht dieses Anschauungsobjekt auch deutlich, dass es die Ökonomie, und das ist am Ende eben doch eine Besonderheit dieser Sozialwissenschaft, mit Hilfe von mutigen Setzungen schafft, (hier dann durchaus in systemtheoretischer Tradition) beobachtbaren Wirklichkeiten ihre Komplexität zu nehmen. Erst dieser Schritt schafft jene Nähe, mit der man das Sozialgefüge menschlicher Existenz erklärbar machen kann. So gesehen, ist zukunftsorientierte Medienwissenschaft ohne Politische Ökonomie undenkbar – gleiches gilt für das Konstrukt, das dieses Buch zur Diskussion gewählt hat: Digitale Souveränität.

Ohne ökonomische Fragestellungen zu durchdringen, ohne politökonomisch die beobachteten Wirklichkeiten zu analysieren, werden wir keine Antwort auf die Frage finden, wie sehr wir Souverän unserer Identität bleiben können, wie sehr jedes Mitglied dieser Gesellschaft noch in der Lage ist, den sichtbaren Tendenzen einer Banalisierung, besser: Trivialisierung, des gemeinsamen gesellschaftlichen Nenners entgegen wirken kann. Vielleicht darf man ja auch sagen: in die Lage versetzt wird, denn dies ist eine zutiefst politische Angelegenheit – und dabei eine Gratwanderung paternalistischer Beeinflussung.

4   Ergo – und so bleibt zusammenzufassen:

1. In der Diskussion digitaler Souveränität, führt an ökonomischen Fragestellungen kein Weg vorbei.
2. Dabei stellen Aufmerksamkeit und Anerkennung zentrale Größen dar, sie repräsentieren die Währungen im massen- und sozialmedialen Kontext.
3. Tatsächliche Verwirklichungsmöglichkeiten und individuelles Verwirklichungsverständnis sind ohne Verständigung im sozialen Miteinander, ganz konkret: im Zusammenleben nicht zu diskutieren.
4. Der Terminus der Kulturkritik und die Auseinandersetzung über die Anpassung von Medieninhalten an (vermeintliche,) massentauglich zu adressierende Bedürfnisse schaffen eine gute Grundlage, die aktuelle Diskussion an einen bekannten Diskurs anzuschließen.
5. Ökonomisierung ist nicht gleich Kommerzialisierung – das bedeutet, einer durchkommerzialisierten (eher gar kommodifizierte) Medienwelt kann im Grunde nur mit Mitteln der Ökonomie begegnet werden.
6. Digitale Souveränität ist nicht ohne den Wert der „Freiheit" zu erörtern – und dieser Wert wird sehr stark an der Sklaven-Moral im Sinne Nietzsches orientiert. Es wäre also zu fragen: Wer hat die Individuen unserer Mediengesellschaft versklavt, wer versklavt sie noch – aus Sicht des Autors ist es von hohem, nein von höchstem Wert, dieser Fragestellung nachzugehen. Man wird unweigerlich den Machtbegriff betrachten müssen, man wird die Frage nach der Ausübung von Herrschaft stellen und danach, welcher Moral diese folgt.

Politische Medienökonomie ist – allein schon solange 2. gilt – unverzichtbar. Man muss sie fraglos vom klassenkämpferischen Vokabular der späten 1960er Jahre befreien und in ihr die große Chance sehen, Zukunft zu denken, den Menschen in einer ausdifferenzierten Gesellschaft wieder zum Souverän seiner Handlungen und Entscheidungen zu machen, ihm zu zeigen, dass letzten Endes der Verlust an Denkbarem einen Verlust an Identität bedingt.

Die erweiterte Kommunikation im Netz, die Chancen, die sich über den Austausch in Sozialen Netzwerken ergeben, die Effizienzressourcen, die daraus wirken – dies alles trägt dazu bei, dass wir das Rad nicht werden zurückdrehen können. Die Gesellschaft ist längst in der Digitalität angekommen – ohne tatsächlich den in ihr lebenden Individuen zu jener Souveränität zu verhelfen, die das Netz hätte versprechen können. Oder anders: Wir sind in der Netzrealität eingetroffen mit deutlich erleichtertem Gepäck – wir haben die Warenförmigkeit unserer Fähigkeiten konsequent akzeptiert, gesellschaftlich manifestiert; bieten zwischenzeitlich nicht länger nur unsere Arbeits- und Gedankenkraft sondern tragen jede Sekunde unsere Lebenswirklichkeit zu Markte, das bedeutet: wir sind Durchkapitalisiert, man muss kein später Marxist sein, um an diesem Punkt weiterdenken zu dürfen. Das interessante Phänomen scheint nun: Politische Ökonomie aus diesem Denken heraus ist zum ersten Mal in der Geschichte dem Liberalismus nahegekommen – jenem Liberalismus von dem Nietzsche folgerichtig mutmaßte, dass er keine souveränen Individuen hervorbringen kann. Daran sollten wir weiterarbeiten!

Literatur

Adorno, T.W./Horkheimer, M. (2006). Dialektik der Aufklärung.   Frankfurt/Main: Fischer.

Fromm, E. (1967). Haben oder Sein. Die seelischen Grundlagen einer neuen Gesellschaft. München: DTV.

Holzer, H. (1968): Facsimile – Querschnitt durch die Quick. München, Bern.

Kausch, M. (1988). Kulturindustrie und Populärkultur – Kritische Theorie der Massenmedien. Frankfurt: Fischer Taschenbuch.

Kiock, H. (1972). Kommunikations-Marketing. Die Technik, journalistischer Anpassung (Schriftenreihe Gesellschaft und Kommunikation, Bd. 12). Düsseldorf.

Nietzsche, F. (1887). Zur Genealogie der Moral. Leipzig. Internet: http://www.nietzschesource. org/#eKGWB/GM (zuletzt: 4.4.2015).

Nietzsche, F. (1886). Jenseits von Gut und Böse. Leipzig. Internet: http://www.nietzschesource. org/#eKGWB/JGB (zuletzt: 4.2.2015).

Paetzel, U. (2001). Kunst und Kulturindustrie bei Adorno und Habermas – Perspektiven kritischer Theorie. Wiesbaden: Deutscher Universitäts-Verlag.

Puju, H. (2012). Spionage verhindern: „Super-Cookies" sperren. In PC-Welt vom 17.7.2012. Internet: http://www.pcwelt.de/tipps/Internet-Explorer-Google-Chrome-Superueberwachung-verhindern-Flash-Cookies-sperren-und-loeschen-4423965.html (zuletzt: 4.2.2015).

Rau, H. (2005). Von der Notwendigkeit einer politischen Medienökonomie. Journalismus zwischen Anpassung und Aufklärung. In: Steininger, C. (Hrsg.): Politische Ökonomie der Medien – Theorie und Anwendung; Wien u. a. O., Lit., S. 209-226.

Rau, H. (2007). Metajournalismus als redaktionelle Herausforderung – Journalisten in der multimedialen Konvergenzbewegung. In: Rau, H. (Hrsg.): Zur Zukunft des Journalismus. Frankfurt u. a. O., Peter Lang, S. 31-61.

Rau, H. (2014). Medienkrise – Journalismuskrise – Managementkrise. Aufmerksamkeitsökonomisch induziertes Krisengeschehen und Hinweise für eine zukunftsorientierte

Ökonomie des Journalismus. In: Lobigs, F./ von Nordheim, G. (Hrsg.): Journalismus ist kein Geschäftsmodell. Aktuelle Studien zur Ökonomie und Nicht-Ökonomie des Journalismus. Baden-Baden: Nomos, S. 113-138.

Raupach, C. (2014). Überlegungen zu einem kritischen Bedürfnisbegriff. In: Rau, H. (Hrsg.): Digitale Dämmerung. Die Entmaterialisierung der Medienwirtschaft. Baden-Baden: Nomos.

Stoldt, H. (2014). Nietzsche im Feld der Ideologien. In: Edition M.I.M., Universität Düsseldorf. Internet: http://wwwalt.phil-fak.uni-duesseldorf.de/germ4/tepe/tepeSite/mim/editionMIM/data/index.htm (zuletzt: 4.4.2015).

Harald Rau, Prof. Dr., Fachhochschule Ostfalia, Lehrstuhl Medienmanagement, Salzgitter

Souveränität, Recht und Demokratie versus Machtpolitik[1]

Hans Köchler

Ich werde das mir gestellte Thema in vier Abschnitten behandeln. Zunächst (1) möchte ich über Begriff und Geschichte der Souveränität sprechen, sodann (2) mich mit dem beschäftigen, was ich als „integrale Definition" der Souveränität bezeichne, und damit zusammenhängend mit der Frage, ob es eine Möglichkeit gibt, über die Machtpolitik hinauszugehen. Schliesslich (3) werde ich – im Kontext unseres Grundthemas „Souveränität, Recht und Demokratie" – normenlogische Widersprüche und deren Folgen in der Charta der Vereinten Nationen aufzeigen und abschliessend (4) die Frage „quid nunc?" (was jetzt?) stellen, mit welcher eine grundsätzliche Reform des derzeitigen internationalen Systems thematisiert werden soll.

1   Begriffliches und Geschichtliches

Der Begriff der *Souveränität* ist aus meiner Sicht zentral für das Verständnis der Prinzipien von *Rechtsstaatlichkeit* und *Demokratie* und die Formulierung der damit zusammenhängenden Problembereiche internationaler Politik. Im internationalen (d. h. zwischenstaatlichen) Kontext wird Souveränität generell in Verbindung mit Gleichheit gedacht. Artikel 2, Absatz 1 der Charta der Vereinten Nationen, der sich auf die Grundsätze bezieht, an denen sich die Mitgliedstaaten der Vereinten Nationen zu orientieren haben, verwendet den Terminus „sovereign equality" (souveräne Gleichheit). Nach meiner Analyse ist Souveränität quasi der *Basisbegriff* des modernen Völkerrechts, wobei nicht übersehen werden darf, daß

---

1   Vom Verfasser autorisierte Mitschrift eines am 25. Juli 2013 vor dem Leserkreis „Zeit-Fragen" gehaltenen Referates.

damit immer zwischenstaatliches Recht („international law") gemeint ist und nicht so etwas wie ein „Recht der Völker" („peoples rights"), was etwas gänzlich anderes wäre. Auch wenn sie im Zuge der Globalisierung immer mehr ausgehöhlt wird, so ist und bleibt Souveränität im Kontext des gegenwärtigen Völkerrechts der zentrale Begriff. Bei einer grundsätzlichen Betrachtung wird zudem klar, dass Souveränität *Recht* (bzw. *Rechtsstaatlichkeit*) und *Demokratie* mit einschliesst. Der zentrale Aspekt ist hierbei derjenige der *Volkssouveränität*. Souveränität ist nicht irgendeine metaphysische Qualität, die dem Staat zu eigen wäre und aufgrund deren dann der jeweilige Staatsvertreter sozusagen „souverän" agieren könnte. Souveränität ist letztlich, wenn sie überhaupt eine Bedeutung haben soll, nichts anderes als der Ausdruck der unveräusserlichen Würde der menschlichen Person, ein Umstand, der sich sowohl auf den Menschen in seinem Status als Individuum wie auch als Mitglied einer Gemeinschaft bezieht. Volkssouveränität ist nach meiner Interpretation einerseits die Quelle von Demokratie – was mehr oder wenig offenkundig ist und nicht näher erläutert zu werden braucht, vor allem auch hier in diesem Lande [der Schweiz, d. Red.], in welchem das Demokratieverständnis gerade diesen Aspekt akzentuiert. Volkssouveränität ist aber auch Quelle und Fundament des Völkerrechtes, also des internationalen Rechts, im Sinne eines Systems von Regeln der Beziehungen zwischen den Staaten.

Hier scheint mir noch eine Bemerkung zur Verwendungsweise des Terminus „Souveränität" angebracht. Dieser ist als *normativer,* nicht als *deskriptiver* Begriff zu verstehen – ein Gesichtspunkt, den schon *Hans Kelsen* in seinem klassischen Werk über „Das Problem der Souveränität und die Theorie des Völkerrechts" (1920) klar hervorgehoben hat. Wenn ich sage, dass Souveränität nicht als deskriptiver, also rein beschreibender, Begriff zu denken ist, dann meine ich damit, dass Souveränität nicht im Sinne der aktuellen Machtfülle eines Staates interpretiert werden kann. Würde man sie so, nämlich deskriptiv, verstehen – und nicht normativ, also mit Bezug auf den rechtlichen Status eines Staates im zwischenstaatlichen (internationalen) Kontext –, dann wären eigentlich nur die Grossmächte souverän und alle anderen, die kleinen und mittleren Staaten, nicht. Dies ist allerdings ein häufiges und kaum auszurottendes Missverständnis. Die konkrete Fähigkeit eines Staates, sich zu artikulieren, internationale Macht auszuüben und „souverän" (im Sinne von selbstbestimmt) zu handeln – sein internationales Machtpotential sozusagen –, ist nicht zu verwechseln bzw. gleichzusetzen mit dem Prinzip der Souveränität selbst.

Die *Würde des Menschen*, welche die Grundlage der Volkssouveränität ist, kann philosophisch auch aus der Konzeption von Immanuel Kant hergeleitet werden, und zwar aus seinem Verständnis des Subjektes im Sinne eines *autonomen Willens,* der sich selbst ein Gesetz sein kann und niemals zum Objekt der Bestrebungen anderer gemacht werden darf. So wird auch deutlich, dass es zwischen Souveränität und Menschenrechten einen inneren Zusammenhang gibt.

Bei der Begriffsklärung ist die Analyse der konkreten *Anwendung* des Prinzips ein weiterer wichtiger Schritt. Souveränität wird *konkretisiert* gemäss dem Prinzip der Gleichheit. Dies schliesst wiederum Gegenseitigkeit (Reziprozität) ein – im Sinne des klassischen Diktums, dass meine Freiheit „begrenzt" wird durch die Freiheit des anderen. Man könnte hier auch, wenn man semantisch präzise vorgehen will, das Verbum „definiert" verwenden. Der lateinische Ausdruck „de-finitio" bedeutet nichts anderes als „etwas abgrenzen". Man kann also sagen: Meine Freiheit wird „definiert" durch die Freiheit des anderen und vice versa. Das heisst, dass es in sich widersprüchlich wäre, wenn jemand für sich *Freiheit* des Handelns in Anspruch nimmt, diese aber allen anderen abspricht. Dies gilt selbstverständlich auch für den Staat als Kollektiv, als rechtliche Organisationsform von Bürgern. Deshalb ist es auch offensichtlich, dass *absolute*, d. h. absolut verstandene Souveränität einen Selbstwiderspruch darstellt. (Auch hier kann man wieder etymologisch darauf verweisen, daß „ab-solut" im wörtlichen Sinne „losgelöst" – konkret also losgelöst von allen anderen Staaten – bedeutet.) Unter dieser Voraussetzung würde sich sozusagen einer über alle – ein Staat über alle anderen Mitglieder der Staatengemeinschaft – stellen. Dies wäre allerdings das staatliche Selbstverständnis aus der Ära des Absolutismus. Auch wenn diese Auslegung der Souveränität zweifellos ein historisches Faktum ist, so muss doch betont werden, daß die philosophische Basis des Prinzips die Unvergegenständlichbarkeit des Menschen als *Person* ist (als *Subjekt* im Sinne der von Immanuel Kant in seiner Metaphysik der Sitten, aber auch in der Kritik der praktischen Vernunft ausgearbeiteten Konzeption, oder auch gemäß der personalistischen Philosophie des Professors und nachmaligen Papstes Karol Wojtyla, der diesbezüglich den Terminus der „irreducibility", d. h. der Nicht-reduzierbarkeit des Subjekts auf den Status eines bloßen Objektes, gebraucht hat).

Damit komme ich – ganz kurz und „en passant" – zur *Geschichte* der Souveränität, also der *Interpretation* dieses Prinzips in den unterschiedlichen politischen Konstellationen. Es ist ein Faktum, wie immer man dazu stehen mag, dass die internationalen Beziehungen bis zum heutigen Tag von der *Machtpolitik* geprägt sind. Bis in die jüngste Gegenwart hinein war dies zumeist eine Politik im Sinne eines absoluten oder, anders formuliert, *exklusiven* Souveränitätsverständnisses. Dies bedeutet – und das hat auch Kelsen in dem vorhin erwähnten Werk ausgeführt –, dass alle völkerrechtlichen Normen nur im Hinblick bzw. in Hinordnung auf das jeweilige innerstaatliche Rechtssystem gelten. Wenn man das aber so absolut interpretiert, ist man unweigerlich mit dem Problem sich gegenseitig ausschließender Souveränitätsansprüche konfrontiert. Für die realpolitischen Folgen daraus gibt es in der Theorie der internationalen Beziehungen den treffenden deutschen

Terminus «Souveränitätsanarchie». Damit läßt sich der Zustand der zwischenstaatlichen Beziehungen all die Jahrhunderte hindurch bis in die Gegenwart treffend charakterisieren. Dieses absolute bzw. exklusive Souveränitätsverständnis, wonach jeder sozusagen allein „Herr" der Normen ist und die Normen anderer Gemeinwesen wie auch internationale Normen nur als geltend anerkannt werden, wenn man diese im eigenen Bereich „nachvollzieht", schliesst natürlich auch das Recht auf Krieg ein. Nach dieser gewissermaßen absolutistischen Auffassung hat der Herrscher eines als souverän definierten Staates das Recht, gegen andere Staaten Gewalt anzuwenden. In der völkerrechtlichen Tradition ist der Ausdruck dafür das «ius ad bellum», wörtlich «Recht auf Krieg», d. h. das Recht, einen Krieg zu führen, ohne dafür eine weitere Begründung abzugeben; es bedarf lediglich der Einhaltung gewisser Prozeduren. Nach der traditionellen völkerrechtlichen Auffassung muss ein Krieg zumindest vorher *erklärt* werden. Im modernen Völkerrecht gibt es zwar kein „ius ad bellum" mehr, aber wenn man nichtsdestotrotz einen Krieg führt, deklariert man ihn zumeist gar nicht als solchen. Dieses „ius ad bellum", dieses Recht auf den Krieg – als Ausfluss oder Ausdruck der Souveränität – ist jedoch nicht zu verwechseln mit dem, was man als „ius in bello" bezeichnet, wörtlich „das Recht im Krieg". Gemeint sind damit die Rechtsprinzipien, welche die Art der Gewaltanwendung regeln, wenn es denn schon einmal Krieg gibt. Der heute gängige Terminus dafür ist derjenige des „humanitären Völkerrechts".

In dem Kontext, wie ich ihn hier apostrophiert habe, ist es klar, dass die Dynamik der zwischenstaatlichen Politik ausschliesslich durch den Machtkampf zwischen souveränen Akteuren bestimmt wird. Es gibt keine wie immer geartete Möglichkeit, diesen aufgrund von *Prinzipien* zu entscheiden. Letztlich zählt das Recht des Stärkeren. Die Differenzen werden sozusagen auf dem Schlachtfeld ausgetragen. Dies ist geschichtliche Realität bis in die Gegenwart. Wenn es um den *Machtwettbewerb* zwischen souveränen Staaten geht, so haben wir es letztlich mit einer Art *moralfreiem* Bereich zu tun, wofür es den treffenden deutschen Ausdruck der „Realpolitik" gibt (der übrigens auch zu einem Standardterminus der englischsprachigen Theorie der internationalen Politik geworden ist). „Moralfrei" heisst hier insbesondere, dass die Staaten aus einem Selbstverständnis heraus agieren, welches durch den Spruch charakterisiert wird, dass „Staaten keine Freunde haben, sondern Interessen", wobei klar ist, dass letztere sich laufend ändern können. Das bedeutet, dass – völlig unabhängig von irgendwelchen Prinzipien, ob moralischer oder rechtlicher Art – für einen Staat gilt, dass wer heute mein größter Feind ist, morgen oder übermorgen auch mein bester Freund sein kann, und umgekehrt. Wenn man die Geschichte der zwischenstaatlichen Beziehungen betrachtet, dann gibt es dafür eine Unzahl von Beispielen. Entscheidend ist hierbei allerdings, dass sich die miteinander konkurrierenden Mächte gegenseitig in Schach halten, dass sich also nach und nach, wenngleich nicht notwendig in friedlicher Art, so etwas wie ein Machtgleichgewicht – „balance of power" – herausbildet. Eine solche Konstellation der Beziehungen zwischen souveränen Staaten kann *multipolar* – also ein System mit mehr als zwei Akteuren – oder allenfalls, wie in den Jahrzehnten nach dem Zweiten Weltkrieg, d. h. in der Ära des Kalten Krieges, *bipolar* sein. Weiter ist zu bedenken, dass die Gefahren für den Frieden und die Rechte der Völker, die aus dem traditionellen „absolutistischen" Souveränitätsverständnis resultieren, dann besonders groß sind, wenn es kein derartiges Machtgleichgewicht gibt, nämlich in einer Situation der *Unipolarität*, also in einer Konstellation hegemonialer Ordnung, wenn ein übermächtiger Staat allein im Stande ist, die Richtlinien vorzugeben, und der Unterschied zwischen der Machtfülle, insbesondere dem militärischen Potenzial, dieses einen Staates und der Machtfülle des zweitstärksten Staates so groß ist, dass letztlich dieser eine allein gewissermassen die Direktiven vorgibt. Das ist auch eine Situation, in der ein Staat in der Regel der Versuchung nicht widerstehen kann, sich selber als unverzichtbare Ordnungsmacht zu sehen und gegenüber der Staatengemeinschaft auch so zu präsentieren. Dies ist uns noch in jüngster Zeit durch die Vertreter der Vereinigten Staaten von Amerika drastisch vor Augen geführt worden, welche ihr Land als „indispensable nation", als „unverzichtbaren Staat", charakterisiert haben. Ein solcher ideologischer Führungsanspruch kann im unipolaren Kontext leicht zu einer Art universalisierter „Breschnew-Doktrin" führen, nämlich zur Einschränkung bzw. Infragestellung der Souveränität kleinerer oder schwächerer Staaten. Wenn man ein derartiges quasi missionarisches Selbstverständnis formuliert, dann bedeutet dies desweiteren, dass man jede Möglichkeit einer kritischen Analyse des eigenen hegemonialen Status ausschliesst. Dies ist eine für die Logik der Macht geradezu typische Situation, in welcher ein Akteur, der nicht nur effektiv über dem Recht steht, sondern dieses faktische Privileg auch noch als Ausfluss seiner eigenen Souveränität für sich reklamiert, der gesamten Welt seinen Willen aufzuzwingen sucht. Hierbei ist Folgendes zu bedenken: Selbstverständlich kann Hegemonie (eine hegemoniale Struktur) auch *Ordnung* und *Stabilität* bedeuten. Dies ist vor allem dann evident, wenn die Machtkonstellation scharf ausgeprägt und der Abstand zwischen der Macht des einen dominierenden Staates und dem Rest der Welt sehr groß ist. Es ist aber genauso klar, dass Hegemonie, d. h. eine Konstellation extremer Machtfülle, auch die Gefahr von *Willkürherrschaft* einschliesst und gleichzeitig die *Einschränkung der Freiheit* aller anderen Akteure der internationalen Beziehungen bedeutet. Es ist außerdem eine historisch belegte Tatsache, dass der jeweilige Hegemon diese Realitäten nicht zur Kenntnis nehmen will. Ein derartiges Eingeständnis, d. h. eine Konfrontation mit den sozialen und politischen Folgen ihrer Politik, ist für die hegemonialen Mächte oftmals ein schmerzhafter Prozess. Es ist schliesslich offenkundig, dass Hegemonie auch Widerstand und Aufbegehren bedeutet, also langfristig Instabilität produziert, weil eben irgendwann die anderen Völker bzw. Staaten diese für sie nachteilige Konstellation nicht mehr zur Kenntnis nehmen wollen.

Wenn man in die Geschichte zurückblickt, dann kann man sagen, dass es, was die machtpolitischen Extreme betrifft, sehr wohl Ansätze zur „Hegung" der Souveränität – oder zumindest Versuche des Aufweises und der Einforderung von *ethischen Rahmenbedingungen* gegeben hat, unter denen Souveränität ausgeübt werden soll. Ein Beispiel hiefür ist die sogenannte Heilige Allianz, welche im Jahre 1815 – nach dem Ende der Napoleonischen Kriege – von einigen europäischen Mächten proklamiert wurde. In dieser Initiative der „Siegermächte" in der nach-napoleonischen Zeit verpflichteten sich die Herrscher von Russland, Österreich und Preußen (1818 kam auch Frankreich dazu), ihre Politik ausschliesslich an den hehren Prinzipien der christlichen Moral zu orientieren. (Historisch interessant, wenngleich nur ein Detail am Rande ist übrigens, dass sich der Kirchenstaat der Heiligen Allianz niemals angeschlossen hat.) Des weiteren könnte man hier Ansätze zur Milderung der Folgen souveräner Machtausübung, d. h. also einer ungezügelten Machtpolitik, in Form von Konventionen des Kriegsvölkerrechts im 19. und beginnenden 20. Jahrhundert erwähnen. Dazu gehören die Genfer Konventionen von 1864 und 1906 (Vorläufer der Genfer Konventionen von 1949, mit welchen, nach der Erfahrung des Zweiten Weltkrieges, das humanitäre Völkerrecht umfassend kodifiziert wurde). Man könnte aber auch auf die sog. Haager Landkriegsordnung (IV. Haager Konvention) verweisen, die bereits 1907 als Anhang zum Abkommen über die „Gesetze und Gebräuche des Landkrieges" beschlossen worden war und mit welcher die schlimmsten und inhumansten Auswüchse kriegerischer Gewaltanwendung eingedämmt werden sollten. Bei all diesen völkerrechtlichen Initiativen, so kann man rückblickend sagen, handelte es sich um moralisch durchaus begründete Bemühungen zur, um bei der vorherigen Diktion zu bleiben, rechtlichen Hegung des Krieges. Durch die verbindliche Formulierung von Grundsätzen und das Erlassen von Regelungen, welche die Behandlung von Verwundeten und Kriegsgefangenen, den Schutz der Zivilbevölkerung und ganz allgemein das Ausmaß und die Art der Gewaltanwendung zum Gegenstand hatten, erstrebte man gewissermassen eine Minimierung der inhumanen Folgen des Krieges. Allerdings – und dies ist das rechtstheoretisch und rechtsphiloso-phisch Entscheidende – bedeutete all dies keine grundsätzliche Infragestellung des souveränen Rechtes zum Krieg, des „ius ad bellum". Es ging immer nur um die Bindung der Ausübung dieses Rechtes an gewisse übergeordnete, sozusagen humanitäre Normen; deshalb auch die Bezeichnung „humanitäres Völkerrecht" (international humanitarian law) für den Normenkomplex, der traditionell unter

„Kriegsvölkerrecht" („ius in bello") firmiert. Ein *Paradigmenwechsel*, also ein echter Umschwung im Denken hat sich erst im 20. Jahrhundert mit der grundsätzlichen Ächtung der Gewaltanwendung in den zwischenstaatlichen Beziehungen angebahnt. Ich meine hier den sogenannten *Briand-Kellogg-Pakt* aus dem Jahr 1928, der nach den Außenministern Frankreichs und der Vereinigten Staaten benannt ist, die diesen Vertrag ausgehandelt hatten. Man muss allerdings hinzufügen, dass die damit eingeleitete Entwicklung durchaus mit Widersprüchen behaftet und auch von Rückschlägen gekennzeichnet war und ist. Auf das gravierendste Problem in diesem Zusammenhang – nämlich einen bis zum heutigen Tage ungelösten normenlogischen Widerspruch in der im Jahre 1945 beschlossenen Charta der Vereinten Nationen – werde ich später eingehen.

2 Die integrale Definition der Souveränität (Über die Machtpolitik hinaus?)

Damit komme ich zum zweiten Teil meiner Überlegungen, nämlich zur Frage, ob es überhaupt eine Möglichkeit gibt, über Machtpolitik im Sinne eines absoluten Souveränitätsverständnisses hinaus zu gelangen, d. h. ob man sich ein internationales System vorstellen kann, in dem die Staaten *jenseits* der Machtpolitik agieren. Entscheidend dafür, was ich als *Transformation* des Souveränitätsverständnisses in Richtung eines grundlegenden Prinzips einer internationalen Friedensordnung, die *gerecht* und *demokratisch* ist, bezeichnen möchte, ist, wie schon eingangs erläutert, die Definition von Souveränität im Sinne von *Volkssouveränität*, und nicht im Sinne irgendeiner abstrakten Eigenschaft eines sich metaphysisch oder von Gott her legitimierenden Staates, d. h. ohne irgendwelche Mystifikationen. Ein Umdenken hat diesbezüglich bereits im Zuge der Aufklärung des 18. Jahrhunderts – auch auf Rousseaus „Contrat social" von 1762 wäre hier zu verweisen – eingesetzt. Es hat sich ein Abschied vom Gottesgnadentum des absoluten Herrschers abgezeichnet und nach und nach eine Position durchgesetzt, wonach das Gemeinwesen nicht aus *Untertanen*, sondern aus *Bürgern* besteht, d. h. aus freien und autonomen Subjekten, die souveräne Akteure im jeweiligen Gemeinwesen sind und selbst entscheiden, wie der Staat beschaffen („*konstituiert*") sein soll und wer die *Repräsentanten* des Staates sein sollen. Dies ist in der Folge auch die Basis des Souveränitätsverständnisses in internationaler Hinsicht. Man könnte also sagen, dass die Souveränität eines Staates sowohl nach *innen* wie nach *außen* abgeleitet ist aus dem souveränen Status des Subjektes. Das Gemeinwesen hat ausschliesslich der Verwirklichung der Rechte seiner Bürger auf der Basis der Gegenseitigkeit zu dienen. Der Staat hat keinen *Selbstzweckcharakter.* Die Doktrin des *Etatismus* hat hier überhaupt keinen Platz. Der Repräsentant des Gemeinwesens bezieht seine Legitimation allein aus der Souveränität des Volkes und nicht aus irgendeiner Erbfolge oder aufgrund einer wie auch immer gearteten „metaphysischen" Proklamation. In einem solchen System ist der Repräsentant nicht *Herr,* sondern *Diener* (was übrigens auch die Bedeutung des lateinischen Wortes „Minister" ist).

Was sind nun die politisch-rechtlichen Implikationen dieser Konzeption? Sie bedeutet, *erstens,* dass auf *innerstaatlicher* Ebene eine demokratische Organisationsform des Gemeinwesens notwendig ist. Im Idealfall wäre dies eine „direkte Demokratie" (was streng genommen ein Pleonasmus ist, da der griechische Terminus Herrschaft *des* Volkes und nicht Herrschaft *über* das Volk oder *im Namen* des Volkes bedeutet, was umgekehrt heißt, dass „indirekte" Demokratie eigentlich einen Selbstwiderspruch darstellt). *Zweitens* erfordert diese Konzeption auf *zwischenstaatlicher* (internationaler) Ebene ein System, das der rechtlichen (nicht zu verwechseln mit der faktischen) Gleichheit aller Menschen als Bürger durch Anerkennung und Umsetzung des Prinzips der „souveränen Gleichheit der Staaten" (gemäss Artikel 2[1] der UNO-Charta) Rechnung trägt. Die rechtliche Gleichheit der Staaten resultiert nämlich aus der rechtlichen Gleichheit aller Menschen. Wichtig ist dabei, dass man die normative (rechtliche) von der faktischen Ebene klar unterscheidet. Tatsächlich gibt es große Unterschiede zwischen den Staaten, was Größe der Einwohnerzahl, Reichtum, Macht, militärische Stärke, etc. betrifft. Diese faktischen Unterschiede ändern jedoch nichts an der Gleichheit im rechtlichen (mit Bezug auf das Individuum: menschenrechtlichen) Sinne. Auch wenn dies von der Idee her schön und gut klingt, so liegt darin doch auch das entscheidende Problem, wenn es um *Recht* und *Demokratie* in der gegenwärtigen Weltordnung geht: Die Anerkennung der Souveränität der Staaten im Sinne rechtlicher Gleichheit impliziert zwar die Akzeptanz allgemeiner – und das heißt für alle geltender – Regeln des Zusammenlebens und demgemäß auch einen demokratischen Prozess der Entscheidungsfindung in den internationalen Angelegenheiten im Sinne von „one state, one vote" („ein Staat, eine Stimme"). Die Realität sieht jedoch anders aus: In den entscheidenden Fragen der Anwendung von Gewalt zwischen den Staaten dominiert – so wie in früheren Jahrhunderten – auch weiterhin die Machtpolitik. Die internationalen Verträge, welche den Verkehr zwischen den Staaten regeln, und die Statuten der durch diese geschaffenen Organisationen sind oftmals *lückenhaft* und *widersprüchlich* – und Organisationen wie die UNO sind dadurch *ineffizient* –, wenn es um die Beachtung der souveränen Gleichheit der Staaten und die dieser allein entsprechende Organisationsform der *Demokratie* im zwischenstaatlichen Bereich, d.h. bei der Entscheidungsfindung in internationalen Angelegenheiten, geht.

Wir dürfen uns über den Status quo am Beginn des 21. Jahrhunderts keine Illusionen machen. Es existiert weiterhin eine durch unilaterale Gewaltanwendung charakterisierte prekäre, also instabile Ordnung, die sich offiziell zwar an der hehren Idee von Freiheit und Gleichheit der Bürger wie auch der sie repräsentierenden Staaten orientiert – so steht es auch in der Präambel der UNO-Charta –, tatsächlich aber das Resultat eines rechtlich kaum gezügelten Machtwettbewerbs zwischen den Staaten ist. Konkret sind es einige wenige Staaten, auf die es dabei ankommt. Seit dem Ende des bipolaren Machtgleichgewichtes zwischen Ost und West in der Periode des Kalten Krieges, also seit den 90er Jahren des vorigen Jahrhunderts, ist, so scheint mir, die Situation noch wesentlich gravierender, da die in der UNO-Charta vorgesehenen *checks und balances,* d. h. die Kontrollmechanismen für die internationale Entscheidungsfindung – die ohnedies nur zwischen wenigen privilegierten Staaten gelten –, weitgehend ausser Kraft gesetzt sind.

3 Normenlogische Widersprüche und ihre weltpolitischen Folgen

Dies bringt mich zum dritten Abschnitt meiner Überlegungen, in dem ich mich zunächst (A) mit den Implikationen für die Doktrin der internationalen Beziehungen und sodann (B) mit den Auswirkungen auf die Weltpolitik beschäftige. Einen exemplarischen Hinweis, was die Wichtigkeit und Aktualität der Fragestellung betrifft, geben übrigens auch die jüngsten Enthüllungen um die keinerlei rechtliche Schranken – weder national noch international – akzeptierende globale Spionagetätigkeit der National Security Agency (NSA) der Vereinigten Staaten.

(A) Zunächst widme ich mich der Doktrin der internationalen Beziehungen, von der allein her man die realpolitischen Fakten adäquat interpretieren kann. Tatsächlich ist die *Doktrin* den *Machtinteressen* untergeordnet – und dies trotz aller gegenteiligen Beteuerungen der Gralshüter der internationalen Rechtsstaatlichkeit (und ich meine hier insbesondere die Staaten, die sich heutzutage gerne als die „internationale Gemeinschaft" präsentieren, nämlich die USA und ihre Verbündeten). Das beste und eindringlichste Beispiel scheint mir die Charta der Vereinten Nationen zu sein. Immerhin ist dies die erste wirklich universale Organisation der Staaten – es gab ja schon einmal den Völkerbund in der Kolonialzeit –, die einen dauerhaften Frieden zwischen allen Ländern auf der Grundlage von *Freiheit* und *Gerechtigkeit* für alle Völker anstrebt – wenn man sich an der Satzung orientiert. Gleichzeitig aber ist festzuhalten, dass dieses Statut in der Ausformulierung der diesbezüglichen Prinzipien, Normen, und Prozeduren sogar noch hinter das mit der Satzung des – nach dem Ersten Weltkrieg realpolititisch gescheiterten – Völkerbundes Erreichte zurückfällt. Was meine ich damit? In der Satzung des Völkerbundes, die als Teil des Vertrages von Versailles noch ein Jahrzehnt vor dem Briand-Kellogg-Pakt beschlossen wurde, gab es zwar keine *grundsätzliche* Ächtung des Krieges, aber immerhin ein *Einstimmigkeitserfordernis*, wenn es um die zentralen Fragen von Krieg und Frieden ging. In diesem Sinn galt also das Prinzip der *Gleichheit* zwischen den dem Rat des Völkerbundes angehörenden Staaten. Das ist ein gravierender Unterschied zur Charta der Vereinten Nationen. In dieser gilt zwar ein grundsätzliches Gewaltverbot, einschliesslich eines Verbotes der Androhung von Gewalt (Artikel 2, Absatz 4). Das Prinzip der souveränen Gleichheit der Staaten, das in der Charta ebenfalls festgeschrieben ist (Artikel 2, Absatz 1), gilt jedoch in der UNO nur mit Einschränkungen – und somit gar nicht. (Wenn man für einen *generellen* Begriff wie denjenigen der souveränen Gleichheit Einschränkungen vorsieht, dann ergibt dieses Prinzip als solches keinen Sinn mehr.) Diese normenlogische Widersprüchlichkeit – oder Inkonsistenz – bedeutet gleichzeitig eine Aushöhlung des völkerrechtlichen Gewaltverbotes und, in letzter Konsequenz, eine Restauration des „ius ad bellum", also des Rechtes auf Krieg, das die Wohlmeinenden als längst überwundenes Relikt aus der Zeit der Souveränitätsanarchie zwischen den europäischen Nationalstaaten ansehen wollten. Was ist mit dieser Feststellung konkret gemeint, und warum ist dieser statutarische Widerspruch so gravierend? Dies möchte ich kurz in drei Punkten erläutern.

1. Artikel 2, Absatz 4 der UNO-Charta verbietet die Anwendung und Androhung von Gewalt in den zwischenstaatlichen Beziehungen. Das Recht auf *individuelle* und *kollektive* Selbstverteidigung im Falle eines Angriffs gemäß Artikel 51 der Charta ist sozusagen die logische Ausnahme vom generellen Gewaltverbot. Allerdings ist zu bedenken, dass der Ausdruck „kollektive Selbstverteidigung" nicht wirklich präzise ist und, wie man auch in der jüngeren Geschichte der Vereinten Nationen gesehen hat, eine durchaus nicht unproblematische Hintertür zu Koalitionskriegen nach alter (machtpolitischer) Fasson öffnen kann. Ich meine hier insbesondere das Problem der Willkür in der *Interpretation* des Rechtes, d. h. was das tatsächliche Ausmaß der „erlaubten" Gewaltanwendung betrifft, das vor allem in dem Quasi-Koalitionskrieg gegen den Irak im Jahre 1991 deutlich wurde. Auch darf nicht übersehen werden, dass das Recht auf Selbstverteidigung (ob individuell oder kollektiv), sozusagen als Ausnahme vom Gewaltverbot, nur so lange gilt und in Anspruch genommen werden kann, als der Sicherheitsrat keine entsprechenden Maßnahmen gemäß Kapitel VII ergriffen hat.

2. Kapitel VII der Charta der Vereinten Nationen, in welchem die Zuständigkeit des Sicherheitsrates zur Durchsetzung des Gewaltverbotes geregelt ist, autorisiert diesen zur Anwendung von *Zwangsmaßnahmen* unter Einschluss von Waffengewalt, wenn ein Mitgliedstaat den Frieden gefährdet oder gebrochen hat. Allerdings muss der Sicherheitsrat gemäß Artikel 39 in so einem Fall zunächst explizit eine Feststellung darüber treffen, *dass* eine Verletzung oder Gefährdung des Friedens oder ein Akt der Aggression vorliegt. Wenn es aber in der Folge zu derartigen Zwangsbeschlüssen gekommen ist, dann sind diese – das liegt in der Natur der Sache – für alle Staaten und für alle UNO-Gremien bindend. Sogar, und das ist aus meiner Sicht höchst problematisch, der Internationale Gerichtshof, der zum System der Vereinten Nationen gehört, kann Zwangsbeschlüsse des Sicherheitsrates nach Kapitel VII nicht auf ihre Rechtmässigkeit überprüfen. Somit trifft sehr wohl die Einschätzung des seinerzeitigen amerikanischen Außenministers *John Foster Dulles* aus der Zeit nach dem Zweiten Weltkrieg zu, der einmal sagte, dass der Sicherheitsrat „a law unto itself" sei, was bedeutet, daß er faktisch über dem Gesetz (dem Völkerrecht) steht. Der Sicherheitsrat kann aufgrund der statutarischen Gegebenheiten tatsächlich wie ein souveräner Staat in der Ära des Absolutismus agieren, wobei allerdings zu fragen wäre, ob dies im 21. Jahrhundert nicht eigentlich ein Anachronismus ist. Auch was die vorhin schon erwähnte Zuständigkeit gemäß Artikel 39 zur Feststellung einer Gefährdung oder Verletzung des Friedens in einer konkreten Situation betrifft, gibt es effektiv keine Instanz, welche eine derartige Beurteilung auf ihre Richtigkeit und Angemessenheit überberprüfen könnte. Der Sicherheitsrat kann gewissermassen dogmatisch alles und jedes, egal wie die Umstände konkret sein mögen, als Tatsache gemäß Artikel 39 statuieren und sodann Zwangsmaßnahmen beschließen – ob in Form von spezifischen oder generellen Wirtschaftsanktionen oder der Anwendung von Waffengewalt. Der Ermessensspielraum ist faktisch unbegrenzt. Es gibt keine wie immer geartete rechtliche Möglichkeit, derartige Feststellungen von außen zu überprüfen. Dies zeigte sich besonders drastisch auch darin, dass die Errichtung von internationalen Strafgerichtshöfen (Jugoslawien, Ruanda) in Form von Zwangsmaßnahmen nach Kapitel VII erfolgte, wobei in der Vergangenheit begangene Verbrechen als Gefährdung des Friedens nach Artikel 39 interpretiert worden waren.

3. Ein ganz entscheidendes Problem, was den völkerrechtlichen Status und die Glaubwürdigkeit der Vereinten Nationen schlechthin betrifft, ergibt sich aus den Beschlussfassungsregeln von Artikel 27, Absatz 3 der UNO-Charta. Dieser Artikel gibt den fünf ständigen Mitgliedsländern, also den Siegermächten des Zweiten Weltkriegs, das Recht, *jeden* Beschluss über Zwangsmassnahmen (bis hin zur Anwendung von Waffengewalt) zu *beeinspruchen* und somit zu *verhindern*,

und zwar ohne Angabe von Gründen. Dieser selbe Artikel legt weiter fest, dass bei allen derartigen Beschlüssen die (eigentlich selbstverständliche) Verpflichtung zur Stimmenthaltung für ein Land, das selbst in einen Konflikt involviert ist, nicht gilt. Für die nicht zwingenden Beschlüsse des Sicherheitsrates nach Kapitel VI („Friedliche Beilegung von Streitigkeiten") gilt diese Verpflichtung jedoch sehr wohl. Wir haben es hier also mit einer statutarischen Monstrosität zu tun, nach welcher bei Beschlüssen, die letztlich nur den Charakter von Empfehlungen haben, ein ständiges Mitglied des Sicherheitsrates, wenn es selber Konfliktpartei ist, sich der Stimme enthalten muss, aber bei verbindlichen Entscheidungen, wenn es um die Durchsetzung des Gewaltverbotes geht, eine solche Verpflichtung für einen an einem Konflikt beteiligten Staat nicht gilt. Dies bedeutet: Ein Staat, der den Status eines ständigen Mitgliedes hat, kann einen anderen Staat angreifen, einen Aggressionskrieg führen, und gleichzeitig im Sicherheitsrat verhindern, dass es zu Zwangsmassnahmen gegen ihn selbst kommt. Hier wird uns drastisch wie kaum sonstwo die *Logik der Machtpolitik* vor Augen geführt wird. Ein anderer US-Aussenminister der Weltkriegsära, *Cordell Hull*, der bei der Ausarbeitung der UNO-Charta eine entscheidende Rolle gespielt hatte, hat in seinen Memoiren (konkret sich auf das eigene Land beziehend) in durchaus entwaffnender Offenheit enthüllt, dass die Siegermächte des Zweiten Weltkriegs niemals bereit gewesen wären, ein Gremium einzurichten, das so weitreichende Befugnisse besitzt wie der Sicherheitsrat, wenn sie nicht selbst von diesen Zwangsmassnahmen ausgenommen gewesen wären. („… our government would not remain there a day without retaining the veto power.") Der langen Rede kurzer Sinn (in der Logik der Grossmächte): „Quod licet Jovi, non licet bovi." [Was dem Jupiter erlaubt ist, ist dem Ochsen nicht erlaubt.]

(B) Damit kommen wir zu den *realpolitischen Fakten*, die aus diesen doktrinären Gegebenheiten folgen. Wie vorhin erläutert, kann jedes der fünf ständigen Mitglieder, sollte es Waffengewalt gegen einen anderen Staat anwenden, das Gebiet eines anderen Staats besetzen etc., Zwangsmassnahmen des Sicherheitsrates gegen sich selbst verhindern, d. h. also ungestraft und quasi unbesorgt Machtpolitik jenseits des Völkerrechts betreiben. Eines der drastischsten Beispiele in jüngerer Geschichte ist sicherlich die Invasion des Irak durch die Vereinigten Staaten im Jahre 2003.

Ein weiteres machtpolitisches Faktum zeigt sich am Statut („Römer Statut") des Internationalen Strafgerichtshofes (nicht zu verwechseln mit dem „Internationalen Gerichtshof" der Vereinten Nationen). Gemäß Artikel 13(b) kann der Sicherheitsrat eine „Situation", in welcher ein Land einen Aggressionskrieg führt bzw. dessen Vertreter Kriegsverbrechen oder Verbrechen gegen die Menschlichkeit begangen haben, dem Strafgerichtshof zuweisen. Aufgrund dieser Bestimmung wäre das

Gericht grundsätzlich für die Ahndung internationaler Verbrechen in jedem Staat der Welt zuständig, unabhängig davon, ob ein Land dem Strafgerichtshof beigetreten ist oder nicht. Dies gilt jedoch *nur dann*, wenn der Sicherheitsrat dem Gericht eine „Situation" gemäß Zwangsresolution (also nach Kapitel VII) zuweist. Diese Bestimmung über das Recht auf Zuweisung von Fällen an den Internationalen Strafgerichtshof gemäß Zwangsresolution bedeutet gleichzeitig auch – und dies ist eine kaum zu überbietende Ironie der Machtpolitik! –, dass Politiker und Militärs eines Landes, das ständiges Mitglied des Sicherheitsrates, aber dem Strafgerichtshof nicht beigetreten ist (und dies gilt für drei von fünf ständigen Mitgliedern), sich vollkommener Straflosigkeit auf internationaler Ebene erfreuen, weil dieses Land eine Zuweisung durch sein Veto jederzeit verhindern kann. Tatsächlich gehören die militärisch mächtigsten Mitgliedsländer des Sicherheitsrates – Vereinigte Staaten, Russland und China – dem Internationalen Strafgerichtshof nicht an. Das bedeutet konkret, dass z. B. kein amerikanischer Politiker oder Militär jemals für allfällige Kriegsverbrechen im Zuge der Irakinvasion von 2003 rechtlich zur Verantwortung gezogen werden kann, es sei denn, es nimmt sich ein amerikanisches Gericht der Sache an.

Was bedeutet all dies im Hinblick auf die moderne Völkerrechtsdoktrin? Ich möchte dies kurz in vier Gesichtspunkten erläutern:

1. Man muß zur Kenntnis nehmen, dass das Völkerrecht im strengen Sinne (noch) *kein Recht* ist, da, wie ich zu erläutern versucht habe, gerade in den gravierendsten Fällen die Sanktionsmöglichkeiten fehlen. Gemäß der Definition Kelsens, der ich hier folge, sind Normen, für die es kein generelles Durchsetzungsverfahren gibt, keine Rechtsnormen, sondern allenfalls Moralprinzipien. In diesem außerrechtlichen Bereich sind wir unweigerlich auch mit dem Phänomen konfrontiert, das seit den neunziger Jahren als „policy of double standards" – Politik des Messens mit zweierlei Maß – bezeichnet wird.

2. Das *Gewaltverbot* von Artikel 2 (4) der UNO-Charta ist das Papier nicht wert, auf dem es geschrieben steht, da es gemäß dem von mir schon zitierten römischen Diktum „Quod licet Jovi, non licet bovi" umgesetzt wird. Es gilt *effektiv* gerade für diejenigen nicht, die dafür sorgen müssten, dass es durchgesetzt wird – die fünf ständigen Mitglieder des Sicherheitsrates. Staaten, denen gemäß Artikel 24 der UNO-Charta die „Hauptverantwortung" für die internationale Friedenssicherung übertragen ist und von denen es aufgrund ihres Vetoprivilegs abhängt, ob eine Durchsetzungsaktion erfolgen kann oder nicht, sind also faktisch von der Anwendung eben dieser Bestimmungen ausgenommen, sie sind gewissermaßen machtpolitisch immun.

3. Dies bedeutet in Folge, dass das bereits mit dem Briand-Kellogg-Pakt von 1928 „geächtete", d. h. in der Völkerrechtsdoktrin abgeschaffte, *ius ad bellum* – das Recht, Krieg zu führen – durch die Hintertür wieder eingeführt wird.
4. All dies heißt schlussendlich, dass das Prinzip der souveränen Gleichheit der Staaten faktisch nicht gilt, weil fünf in der UNO-Charta individuell benannte Staaten ein Sonderrecht genießen, mit welchem sie einerseits die Souveränität aller anderen Staaten ungestraft verletzen oder ignorieren und andererseits ihre eigene Souveränität in einem absolutistischen Sinne interpretieren und handhaben können.

Wir sind also – entgegen allen anderslautenden Beteuerungen der selbsternannten Hüter der internationalen Rechtstaatlichkeit – auch am Beginn des neuen Jahrtausends mit den *Konsequenzen der Souveränitätsanarchie* konfrontiert. Dies ist ein Umstand, der, wie ich schon eingangs sagte, unter den Bedingungen einer *unipolaren* Weltordnung besonders schwer wiegt, also in einer Konstellation, in der es keine Gewaltenteilung gibt, weder *statutarisch* – in der UNO-Charta – noch *realpolitisch* (was einen echten Machtwettbewerb zwischen kräftemäßig vergleichbaren Partnern voraussetzen würde). Ein funktionierendes System der Gewaltenteilung setzt ein globales Machtgleichgewicht („balance of power") voraus.

4   Quid nunc?

Damit komme ich zu den Zukunftsperspektiven. Tatsache ist: Die aus der Machtpolitik resultierenden normenlogischen Widersprüche der UNO-Charta haben die Weltorganisation bis jetzt daran gehindert, ihr in der Präambel so schön, geradezu poetisch, skizziertes Mandat zu verwirklichen, das sich in den Formulierungen zu Gerechtigkeit, Gleichheit und Frieden im Interesse aller Völker und Staaten manifestiert. Dies sollte der Weltgemeinschaft insgesamt – und ich meine hier nicht nur die westlichen Staaten, die sich heutzutage gerne stellvertretend *für alle* als „international community" deklarieren – Ansporn sein, eine grundlegende *Reform* des Systems der zwischenstaatlichen Beziehungen in Angriff zu nehmen. Ein würdiges Zusammenleben der in einer Vielzahl souveräner Staaten organisierten Bürger ist nur möglich, wenn all das, was *Souveränität* ausmacht – diejenige des *Bürgers* mit seinen unveräußerlichen Rechten genauso wie, davon abgeleitet, diejenige des den Bürger repräsentierenden *Staates* –, (1) in den internationalen Verträgen beachtet bzw. in diese integriert und (2) in der *realen* Politik auch umgesetzt wird. (Diese ist nicht mit „Realpolitik" im konventionellen Sinn zu verwechseln; gemeint ist vielmehr eine *reale* Politik im Sinne der tatsächlichen Umsetzung des Prinzips der Souveränität.) Auch wenn dies zum gegenwärtigen Zeitpunkt eine bloße Vision sein mag, so muss mit den Maßnahmen gerade angesichts der *globalen Legitimitätskrise*, die sich in einer immer stärker werdenden Ablehnung der Auswüchse der Machtpolitik durch die Weltöffentlichkeit manifestiert, begonnen werden.

Eine solche grundlegende Reform erfordert, unter anderem:

1. *Eine Bereinigung der begrifflichen (normenlogischen) Widersprüche in der UNO-Charta:* Konkret geht es dabei um das – in der Charta übrigens nirgends so bezeichnete und auch in Artikel 27 (3) nur verklausuliert erwähnte – *Veto-Recht.* Gerade an diesem der UNO-Philosophie der Partnerschaft zwischen den Staaten diametral entgegengesetzten Prinzip wird deutlich, wie notwendig es wäre, im Zuge einer normenlogischen Bereinigung die Charta so zu reformieren, dass die souveräne Gleichheit der Staaten (Artikel 2 [1]) tatsächlich zu einem zentralen Organisationsprinzip (Systemprinzip) der Vereinten Nationen wird.

2. *Eine Demokratisierung und Verrechtlichung der internationalen Beziehungen –* generell und speziell – *first and foremost* sozusagen – im Bereich der Vereinten Nationen, aber auch von großen regionalen Zusammenschlüssen wie etwa der Europäischen Union: Mit Bezug auf die UNO heißt dies ganz konkret, dass der Sicherheitsrat gemäß dem früher Gesagten nicht *über* dem bzw. *jenseits* des Rechts stehen darf. Weiters müssten die Rolle und Kompetenzen des Internationalen Gerichtshofes gestärkt werden, sodass er – ähnlich einem Verfassungsgerichtshof – auch Entscheidungen des Sicherheitsrates auf ihre Rechtmäßigkeit überprüfen kann. Während der Internationale Gerichtshof besser in das UNO-System inegriert werden müsste, sollte jedoch der Internationale *Straf*gerichtshof (nicht zu verwechseln mit dem ersteren) gerade aus der Umklammerung des Sicherheitsrates der Vereinten Nationen gelöst werden, was dessen Zuständigkeit für Zuweisungen von Situationen bzw. Sistierungen von Verfahren gemäß den Artikeln 13 (b) bzw. 16 des Römer Statutes betrifft. Von seiner Konstruktion her gehört dieser Gerichtshof nämlich nicht zum System der Vereinten Nationen. Er ist erst viele Jahrzehnte nach deren Gründung, nämlich zu Beginn dieses Jahrtausends, zustande gekommen und von dieser Organisation rechtlich vollkommen unabhängig.

3. *Die Förderung von regionalen Zusammenschlüssen (Kooperationsstrukturen) zwischen Staaten,* und nicht nur in Europa; ein Beispiel hierfür wäre etwa ASEAN, der Verband Südostasiatischer Staaten (*Association of South-East Asian Nations*): Eine derartige Entwicklung könnte ein wichtiger Beitrag zur schrittweisen Herausbildung einer neuen *multipolaren* Weltordnung sein. Von besonderer Bedeutung ist in diesem Zusammenhang – auch wenn es hier

nicht um einen *regionalen* Zusammenschluss geht – die Rolle der sogenannten BRICS-Staaten (Brasilien, Russland, Indien, China, Südafrika). Wenn die Reform der UNO-Charta jemals eine Chance haben soll, so wird diese nicht in einer Konstellation und in einem Stimmungsklima *unipolarer* Herrschaft, sondern nur unter den Bedingungen eines neuen Machtgleichgewichtes erfolgen können.

Warum, so mag man hier fragen, ist eine Änderung der Charta nur möglich, wenn es ein neues Machtgleichgewicht gibt? Man darf den Pferdefuß jedweder statutarischen Reform der Organisation der Vereinten Nationen nicht übersehen. Tatsächlich bedarf gemäß Artikel 108 der UNO-Charta jede – auch noch so geringfügige – Änderung der Zustimmung der fünf ständigen Mitglieder des Sicherheitsrates. Warum, so könnte man weiter fragen, sollte ein Land freiwillig auf den Sonderstatus (vgl. das Vetorecht), der mit der ständigen Mitgliedschaft verbunden ist, verzichten? Nach der Logik der Macht muss man zur Kenntnis nehmen, dass kein Staat auf auch noch so skandalöse und ungerechtfertigte Privilegien verzichtet, wenn es dafür keinen realpolitischen Grund gibt, d. h. wenn er aus diesem Verzicht nicht irgendeinen Vorteil lukrieren kann. Dies gilt umso mehr, wenn der betreffende Staat – wie etwa Großbritannien und Frankreich – tatsächlich keine Großmacht mehr ist. Allein eine Änderung der globalen Machtkonstellation in Richtung auf Multipolarität könnte die seit 1945 privilegierten Akteure davon überzeugen, dass der *politische* Preis für die Beibehaltung des Status quo höher ist als die Vorteile, die eine Aufrechterhaltung ihres Sonderstatus mit sich bringen mag. Diese Einsicht ist sicher deprimierend; aber eine umfassende (nicht nur kosmetische) Reform ist eben nur in einem entsprechenden politischen Kontext möglich. Der Verweis auf Rechtsprinzipien und auf die Notwendigkeit der Widerspruchsfreiheit zwischen diesen beeindruckt Staatenlenker eher nicht. Dieses realpolitische Faktum muss man zur Kenntnis nehmen muss, wenn der reformerische Idealismus nicht ins Leere gehen soll.

Abschließend möchte ich nochmals auf die für Souveränität zentralen Begleitumstände bzw. Anwendungsbedingungen verweisen. Die Begriffe „Demokratie" und „Recht", insbesondere Rechtsstaatlichkeit („rule of law"), machen nur Sinn, wenn sie in ihrer *universalen Gültigkeit* anerkannt und demgemäß auch als Prinzipien auf *internationaler* – nicht nur innerstaatlicher – Ebene angewendet werden. Eine „lex privata", sozusagen als Privileg für einzelne Staaten, entspricht eher der Mentalität des Feudalismus als dem auf Partnerschaft und friedliche Koexistenz ausgerichteten und an den Menschenrechten und der Idee der Gleichheit *aller* orientierten Denkansatz der Neuzeit. Das Messen mit zweierlei Maß („policy of double standards") ist nicht nur im Bereich der *Menschenrechte*, sondern auch und gerade in Sachen der *Demokratie* als politisch-rechtlicher Organisationsform zu vermeiden. Man kann nicht Demokratie *im Inneren* predigen und gleichzeitig *nach außen* als Diktator auftreten. Dies ist das Dilemma der Außenpolitik insbesondere der Vereinigten Staaten, die in der jüngeren Geschichte – bis in die Gegenwart hinein – immer wieder beansprucht haben, die politischen Verhältnisse in anderen Staaten gemäß ihren eigenen (amerikanischen) Wertvorstellungen (d.h. ihrer Ideologie) umzugestalten – wenn nötig, unter Anwendung von Gewalt und außerhalb der UNO-Charta. Abgesehen von ihrer normativen Inkonsistenz hatte diese Politik auch realiter durchaus „kontraproduktive" Folgen, da sie nicht nur die Länder und Regionen, die Ziel einer Intervention wurden, destablisierte, sondern oftmals auch neue Kriegsgefahr heraufbeschwor.

Daher soll die Entwicklung des Begriffes der Souveränität in Richtung auf die *Gleichheit* aller Staaten im normativen Sinn – in klarer Abhebung von ihrer exklusiven absolutistischen Interpretation – von allen internationalen Akteuren unterstützt werden. Der Prozess, der insbesondere mit der humanistischen Philosophie der Aufklärung des 18. Jahrhunderts einsetzte, sollte nicht im Zeichen eines neuen Absolutismus, demgemäß sich ein Staat quasi als unverzichtbares Gemeinwesen („indispensable nation" à la Madeleine Albright, 1998) betrachtet, abgewürgt oder ideologisch uminterpretiert werden.

Ich möchte meine Betrachtungsweise abschließend mit drei Maximen bzw. Imperativen verdeutlichen:

1. Die Inanspruchnahme von Souveränität (d.h. eines international souveränen Status) durch das jeweilige Gemeinwesen ist nur gerechtfertigt, wenn diese die Souveränität – im Sinne der unveräußerlichen Rechte – jedes Bürgers dieses Gemeinwesens einbezieht. (Auch hier gilt es, ein Messen mit zweierlei Mass zu vermeiden.) Dies mündet in die Forderung nach *innerstaatlicher Demokratie*.
2. Das Prinzip der staatlichen Souveränität ist im zwischenstaatlichen Verkehr nur sinnvoll und legitim, wenn es gemäß dem Grundsatz der Gleichheit interpretiert und realisiert wird. Das mündet in die Forderung nach *internationaler Demokratie*.
3. Der dem Prinzip der Souveränität innewohnende, aus der „Selbstgesetzlichkeit" (Autonomie des Subjektes) abgeleitete Anspruch auf Gleichheit muss als Grundlage jeder Rechtsordnung, ob inner- oder zwischenstaatlich, angesehen werden. Recht ohne Gleichheit in der Anwendung der Normen ist nicht Recht, sondern Willkür. Dies mündet in die Forderung nach der *„internationalen Herrschaft des Rechts"*.

Alle diese drei Grundsätze bzw. Imperative – innerstaatliche Demokratie, internationale Demokratie und internationale Herrschaft des Rechts („international rule of law") –, die, wie ich zu zeigen suchte, aus der Souveränität folgen, sind *gemeinsam* für eine gerechte Weltordnung, d. h. für ein würdiges Zusammenleben im Sinne des mir von Ihnen gestellten Themas, unverzichtbar. Damit beschließe ich meine Ausführungen und danke Ihnen für Ihre Aufmerksamkeit.

Hans Köchler, Prof. Dr., Vorsitzender der Arbeitsgemeinschaft für Wissenschaft und Politik und Präsident der International Progress Organization

II
Politische Ebene

„Viel zu lernen du noch hast" – Medienkompetenz frei nach Yoda

Peter Tauber

Nicht zuletzt seit den Snowden-Enthüllungen wird über die digitale Souveränität gerade unter dem Aspekt der Sicherheitspolitik viel und kontrovers diskutiert. Wir hatten und haben hier sicherlich Nachholbedarf und ich bin der Ansicht, dass wir uns dieser gesamtgesellschaftlich relevanten Diskussion ausführlich stellen müssen – was wir auch tun. Ein aus meiner Sicht wichtiger Teilaspekt der digitalen Souveränität kommt dabei jedoch häufig noch zu kurz: Das Stichwort lautet Medienkompetenz.

Auf politischer Ebene diskutieren wir seit Jahren sowohl in den Ländern wie auch im Bund sehr intensiv und oftmals auch emotional über Medienkompetenz und Jugendschutz im digitalen Zeitalter. Noch fehlt es an neuen gesetzlichen Regelungen. Ich bin der Ansicht, dass reine Verbote und gesetzliche Maßnahmen hier viel zu kurz greifen. Wir müssen Kinder und Jugendliche aktiv begleiten, wenn Sie digitale Medien für sich entdecken. Eltern und Schulen sind daher ebenso in der Pflicht wie Politik. Und trotz vieler und toller Projekte und Initiativen in diesem Bereich scheint es noch immer so, als ob noch viel mehr getan werden müsste.

Und in der Tat, aus meiner Sicht gibt es viele dringende Fragen, denen wir uns stellen müssen – als Politiker, vor allem aber als Nutzer: Wie gehen wir selbst – also jeder einzelne von uns – mit digitalen Medien um? Sind wir beispielsweise sensibel genug mit unseren Daten? Wie sieht überhaupt der digital souveräne Nutzer aus? Was kann Medienkompetenz hier leisten? Wie können wir insbesondere unsere Kinder und Jugendlichen kompetent und souverän auf die digitale Welt vorbereiten? Nutzen unsere Schulen und Universitäten schon alle Möglichkeiten, um junge Leute auf die digitale Welt vorzubereiten? Wo muss der Staat helfend eingreifen – Stichwort Jugendschutz und Jugendmedienschutz?

Die Liste der Fragen könnte noch schier endlos weitergeführt werden. Bisher gibt es aus meiner Sicht noch zu wenige Antworten.

Klar ist, das Internet ist sowohl im privaten wie auch im beruflichen Alltag angekommen. Gerade für Kinder und Jugendliche ist die Nutzung von Computern,

Handys oder sonstigen mobilen Endgeräten heute selbstverständlich, auch die Kommunikation mit Freunden über soziale Netzwerke, Messenger, Chats oder Foren gehört längst zum Alltag. So sind bereits 75 Prozent der 6- bis 13-Jährigen laut der aktuellen KidsVerbraucherAnalyse 2014 online; 97 Prozent sind es bei den 10- bis 13-Jährigen; 100 Prozent bei den 14- bis 19-Jährigen (letztgenannter Wert geht auf die ARD/ZDF-Online-Studie 2014 zurück). Welche Bedeutung das Internet insbesondere für die älteren Kinder hat, zeigt sich daran, dass über die Hälfte von ihnen täglich online ist. Jedes vierte Kind (1,5 Millionen) besitzt ein Smartphone und damit fast doppelt so viele wie im Jahr zuvor.

Gerade die heranwachsende Generation muss daher in die Lage versetzt werden, kompetent mit digitalen Medien umzugehen. Dies betrifft nicht nur den technischen Umgang mit Tablets, PCs, Smartphones oder TVs. Vielmehr müssen Kinder und Jugendliche auch lernen, Inhalte kritisch zu hinterfragen. Sie müssen mit der Masse an Informationen kompetent umgehen können. Sie müssen risikobewusst mit ihren Daten umgehen. Sie müssen aber auch in die Lage versetzt werden, Angebote nutzen zu können, die vom Staat im Rahmen von E-Government und Open-Data-Strategien zur Verfügung stehen. Kinder und Jugendliche müssen also die Chancen der Informations- und Kommunikationstechnologien nutzen, gleichzeitig jedoch um die Risiken wissen und souveräne Entscheidungen darüber treffen können. Heranwachsende müssen zu einem mündigen digital-souveränen Bürger erzogen werden.

Entscheidend ist, Kinder und Jugendliche dabei nicht von der Lebenswirklichkeit abzuschotten, sondern sie zu begleiten, wenn sie das Internet für sich entdecken. Wir müssen ihnen das Handwerkszeug vermitteln, damit sie sich im Netz sicher und selbstbestimmt zu bewegen wissen. Dafür brauchen wir eine frühzeitige und vernetzte Medienerziehung.

Medienkompetenz ist für mich damit eine permanente Aufgabe. Unter dem speziellen Gesichtspunkt des Internets ist Medienkompetenz außerdem eine Querschnittsaufgabe: Eltern, Pädagogen und Politiker müssen an einem Strang ziehen.

Gerade Eltern und Schulen sind enorm wichtig. Zum einen stehen sie in direktem Kontakt mit den Heranwachsenden. Zum anderen greift gerade im Bereich Medienkompetenz der Ruf nach rein gesetzlichen Regelungen viel zu kurz. So führt uns das Internet deutlich die Begrenztheit staatlicher Eingriffsmöglichkeiten vor Augen, wenn wir in einem Abwägungsprozess von Jugendschutz und staatlichen Regulierungsmöglichkeiten nicht Freiheitsrechte im Internet beschneiden wollen.

Gehen wir also davon aus, dass die Möglichkeiten staatlicher Regulierung im Jugendschutz in Bezug auf das Internet unzureichend sind, dann fällt unser Blick zweifelsfrei auf die Eigenverantwortung des Einzelnen. Hier finde ich es schon bezeichnend, dass viele nach der Politik rufen, um unliebsame Inhalte aus dem

Internet zu verbannen. Gleichwohl installieren noch viel zu wenige Eltern die häufig kostenlose Jugendschutzsoftware auf dem heimischen Rechner. Aber selbst wenn Eltern diese installiert haben, sind sie noch in der Pflicht. Jugendschutzprogramme können nicht zu 100 Prozent schützen. Keine Technologie kann einwandfrei verhindern, dass Kinder und Jugendliche, die gezielt nach ungeeigneten Inhalten suchen, diese finden und abrufen. Zudem sind die Hersteller von anerkannten Jugendschutzprogrammen in der Pflicht: Noch gibt es diese nicht für Smart-TVs oder Spielekonsolen, mit denen Jugendliche ebenfalls häufig im Netz surfen.

Neben der Frage guter Software im Bereich des Jugendschutzes sind Eltern auch aufgefordert, mit den Sprösslingen das Gespräch zu suchen und darüber zu sprechen, was sie da möglicherweise im Internet sehen könnten oder bereits gesehen haben. Dabei reden wir heute nicht mehr nur über Sexual- und Gewaltdarstellungen. Eltern wie Jugendliche sehen sich im Netz mit neuen Herausforderungen konfrontiert: Cyber-Mobbing, Cyber-Grooming, Identitätsklau, Abzocke und vielem mehr. Hier könnte beispielsweise überlegt werden, ob ein Auskunftsrecht von Opfern gegenüber Betreibern eines Internetportals sinnvoll wäre. Bislang haben Opfer von anonymen oder pseudonymen Verletzungen ihrer Persönlichkeit keinen Anspruch auf eine Herausgabe der Nutzerdaten durch den Anbieter, weil eine gesetzliche Grundlage für die Weitergabe der Daten fehlt.

Gleichwohl will ich auch nicht schwarzmalen: Die meisten Nutzer wägen sehr sorgfältig ab und auch junge Leute agieren sehr viel vernünftiger, als man allgemein annimmt. So hat die aktuelle ARD/ZDF-Onlinestudie 2014 ergeben, dass 91 Prozent der 14- bis 29-Jährigen „vorsichtig mit ihren persönlichen Daten" sind und „ungefähr wissen", wie man sich im Netz schützen kann. Dass der eine oder andere „dummes Zeug" schreibt oder sich im Ton vergreift, findet man hingegen leider nicht nur in sozialen Netzwerken. Das Internet hält uns hier wohl eher einen Spiegel unserer Gesellschaft vor.

Auch wenn Heranwachsende digitale Medien verantwortungsbewusster nutzen, als dies gemeinhin gedacht wird, so müssen Eltern wie Schulen dennoch bei der Mediennutzung ihrer Kinder und der Schüler am Ball zu bleiben. Ich finde es sogar fahrlässig, wenn Politik den Eindruck vermitteln würde, sie könne beim Thema Jugendmedienschutz den Eltern Pflichten abnehmen. Das entledigt den Staat zwar nicht einer gewissen Fürsorge. Diese muss vor allem darin bestehen, Eltern und Pädagogen das notwendige Werkzeug in die Hand zu geben, um den Jugendschutz zu gewährleisten. Darauf haben Eltern und Pädagogen einen Anspruch. Diesem müssen wir als Politiker gerecht werden und unsere Hausaufgaben machen.

Bei der Medienkompetenzarbeit sind die Eltern für mich die zentrale Zielgruppe. Sie müssen noch viel mehr in den Fokus der Medienbildung rücken. Denn ebenso wie Lehrer sind auch Eltern häufig mit der Mediennutzung der Kinder vollkommen überfordert. Hier möchte ich auf die Handlungsempfehlungen der Enquête-Kommission „Internet und Digitale Gesellschaft" verweisen. „Die Enquête-Kommission setzt sich für die Ausweitung von gezielter Elternberatung, insbesondere über niedrigschwellige Angebote ein. Hierzu können beispielsweise Informationsabende in Kindertagesstätten und Schulen dienen." (Seite 35, Drucksache 17/7286 des Deutschen Bundestages) Die konstruktiven Vorschläge liegen vor; es gilt sie umzusetzen.

Die zweite wichtige Zielgruppe für Medienkompetenzarbeit sind Lehrer und Lehrerinnen. 66 Prozent stehen dem Einsatz von elektronischen Medien im Unterricht im Großen und Ganzen positiv gegenüber; 29 Prozent eher positiv. Also finden nur vier Prozent den Einsatz negativ oder eher negativ. Dies hat der Branchenverband Bitkom in einer erst kürzlich durchgeführten Umfrage bei Lehrkräften herausgefunden. Gleichwohl sagen 45 Prozent, dass sie zwar gerne neue Medien einsetzen würden, an der Schule jedoch das entsprechende Gerät fehle. Und fraglich sei zudem, ob sie die technischen Hilfsmittel im Unterricht sinnvoll einsetzen könnten. 59 Prozent der Lehrerinnen und Lehrer gaben zu, dass sie in den letzten drei Jahren lieber eine Fortbildung zu anderen Themen gewählt hätten, da sie wichtiger erschienen.

Was will ich mit diesen Zahlen verdeutlichen? Es geht insgesamt um die kompetente Nutzung digitaler Angebote im Bildungsbereich. Als Politiker müssen wir dafür Sorge tragen, dass die Schulen die entsprechende technische Ausstattung bekommen. Dazu gehört für mich neben interaktiven Whiteboards beispielsweise auch, wie von der Enquête-Kommission gefordert, dass jeder Schüler und jede Schülerin einen eigenen Laptop oder einen eigenen Tablet-PC bekommt. Insgesamt muss ein sehr viel höheres Niveau an technischer Ausstattung in den Schulen Standard werden und nicht vom Wohlwollen und dem Mut des Schulleiters, der Finanzkraft der Kommunen oder des Bildungsministeriums abhängen.

Außerdem darf digitale Medienbildung nicht mehr auf eine gesonderte Unterrichtsstunde abgewälzt werden – Beispiele dafür gibt es leider noch immer genug. Ziel muss es sein, dass digitale Medien fester Bestandteil des Unterrichts und als sinnvolles Arbeitsinstrument integriert werden, mit dem beide Seiten kompetent umgehen können.

Wir als Politiker müssen dafür Sorge tragen, dass das pädagogische Personal entsprechend geschult wird. Das fängt bei der Ausbildung der Lehrkräfte an und hört bei Lehrerfortbildungen auf. So sind Lehrer und Lehrerinnen inzwischen täglich mit den Smartphones ihrer Schüler konfrontiert. Unter den Tischen wird gechattet, vom Tafelaufschrieb werden Bilder gemacht und immer wieder klingelt es laut. Oft wird das Smartphone dabei als störend wahrgenommen. Dabei sind die Möglichkeiten, das Gerät in den Unterricht einzubinden, vielfältiger als gedacht.

So kann sich das Smartphone in ein Mikroskop „verwandeln" oder mit einer entsprechenden App im Sportunterricht eingesetzt werden. Noch fühlen sich jedoch zu viele Lehrer von den digitalen Medien überfordert. Häufig liegt es vor allem daran, dass sie selbst zu wenig Teil der digitalen Lebenswelt sind. Es bedarf also einer Angleichung von Lehrern und Schülern beim Umgang mit digitalen Medien.

Und last but not least muss der Staat auch gesetzgeberisch tätig werden, insbesondere im Bereich Jugendmedienschutz. Der Jugendmedienschutzstaatsvertrag muss endlich den aktuellen Entwicklungen angepasst werden. Das ist nicht einfach, aber unumgänglich. Die Zuständigkeit dafür liegt bei den Ländern. Zudem sollte im Zuge der im Koalitionsvertrag angekündigten Bund-Länder-Kommission für den Bereich Medienpolitik auch über eine stärkere Vernetzung der Medienkompetenz-Initiativen von Bund und Ländern nachgedacht werden. Es könnte des Weiteren überlegt werden, die unterschiedlichen Aufsichtsinstitutionen im Bereich Jugend-/ Jugendmedienschutz stärker zu bündeln. Sicherlich würde hier der ein oder andere über seinen Schatten springen müssen. Aber auch hier gilt: Eine 100 prozentige Kontrolle wird es nicht geben können. Wir müssen uns jedoch bemühen, die vorhandenen Ressourcen bestmöglich zu nutzen.

Ich bleibe bei meiner Überzeugung: Der Medienkonsum von Kindern und Jugendlichen zu Hause geht den Staat nichts an. Und wer wieder nach staatlicher Regulierung ruft: jedes Kind hat meistens zwei Regulierer zu Hause. Eine höhere „Betreuungsdichte" wird der Staat kaum gewährleisten können und es liegt eben vor allem in der Verantwortung der Eltern – das entspricht zutiefst unserem christdemokratischen Verständnis von Familie –, den eigenen Kindern das notwendige Rüstzeug mit auf den Weg zu geben.

Peter Tauber, Dr., MdB, Generalsekretär der CDU, Berlin

Digitale Souveränität – nur ein Faktor für einen Wirtschaftsstandort Deutschland in Zeiten der digitalen Transformation

Ein Gespräch zwischen Thomas Jarzombek und Peter Bisa

Bisa:
Die erste wichtigste Frage: „Digitale Souveränität" ist das Thema in der heutigen globalen Welt überhaupt noch relevant? Ist bei einer globalisierten Welt eine digitale Souveränität überhaupt noch gegeben?

Jarzombek:
Generell Ja, aber ich glaube, das hat verschiedene Facetten: digitale Souveränität, aus der eigenen Perspektive betrachtet, bedeutet, ich habe zumindest eine offensichtliche Kontrolle über das was ich tue, oder habe ich sie halt eben nicht. Da ist man schnell auch bei Fragen von Medienkompetenz, ebenso wie von Nutzerrechten gegenüber Anbietern, die die eigenen Daten verwalten. Ich kenne auch Leute, die versuchen, wenn man Sie googelt, dass es keine Einträge mehr gibt. Letzteres zu realisieren ist schon sehr komplex. Also die persönliche digitale Souveränität ist in einem gewissen Maße machbar. Dabei gibt es sicherlich eine Herausforderung und zugleich auch Handlungsbedarf, wenn man das in dem Sinne hinterfragt, ob andere Dienste, Staaten oder Dritte existieren, die die gesamte Kommunikation abhören. Dann glaube ich persönlich, dass man in der Globalisierung eine wirkliche 100 %-ige digitale Souveränität nicht mehr erreichen kann. Man hört dies selbst auch von amerikanischer Seite, die sich darüber Sorgen machen, dass ihre Geräte mit amerikanischen Betriebssystemen am Ende auf Plattformen laufen mit chinesischen Prozessoren und chinesischen Spezialchips und sich jetzt fragen, ob da möglicherweise Kompromittierendes drin ist. Dieselbe Frage stellt sich ja auch beim Thema des Handy der Kanzlerin: das basiert auf einer amerikanischen Hardware, einer amerikanischen Betriebssystemsoftware. Die Globalisierung bringt das einfach mit sich, dass man nicht mehr sagen kann, es gibt hier ein Produkt, was nur in einem einzigen Land gefertigt wurde. Selbst wenn es so wäre, können Sie auch da ja nicht sicher sein, das nicht irgendwo eine Hintertür eingebaut ist und jemand

in der Herstellerkette dann auch vielleicht für Dritte arbeitet. Insofern muss man das, so glaube ich, so nehmen wie es halt eben jetzt ist.

Bisa:

Wie sehen Sie das für unsere Wirtschaft? In einem Gespräch mit einem amerikanischen Toplobbyisten wurde mir entgegnet, warum Deutschland als die führende Industrienation Europas nicht seine eigene Industriepolitik definieren würde, warum wir nicht stärker das Handeln bestimmen, warum wir uns so sehr abhängig von anderen Ländern machen. Er sagte, selbst von uns in Amerika. Er sagte: „Sie hätten doch die Kompetenz in der Technologie, in der Software zur Verschlüsselung, um hier stärker aktiv zu werden." Im Sinne einer eigenen Selbsterhaltung.

Jarzombek:

Also, ich glaube, dass der Unterschied darauf beruht, dass in Amerika die Entwicklung, die dort stattgefunden hat, nicht vom Staat getrieben wurde. Sie basierte einfach auf erfolgreichen Entrepreneuren. Ob IBM, Microsoft oder Hewlett Packard beispielsweise, sie alle haben einfach begonnen, dann kam irgendwann Intel etc. Sie alle sind immer wieder hungrig geblieben und haben wieder neu investiert. Die daraus sich ergebenden Innovationen, die Plattformen, die uns heute so dominant erscheinen, die sind ja nicht vom Staat begründet worden, indem die Politik beschlossen hat, wir müssen jetzt hier Monopolisten schaffen, sondern von Entrepreneuren, von Unternehmern. Deshalb glaube ich auch, es würde schiefgehen, wenn jetzt die deutsche Bundesregierung sagen würde, wir definieren hier unsere Ziele. Dann kann Ihnen das auch passieren, dass Sie fünf Ziele definieren, die in die völlig falsche Richtung gehen. Und speziell dieses disruptive Element, was wir ja bei der digitalen Transformation erleben, das ist das Entscheidende: denn keiner weiß genau, welche Branche, welcher Lebensbereich als nächstes umgewälzt wird. Wir erleben aber, dass jedes Jahr zahlreiche Lebensbereiche und Branchen umgewälzt werden. Da ist halt eben auch viel trial and error, manche Dinge funktionieren eben wirklich disruptiv, andere funktionieren gar nicht. Wenn Sie mit Investoren reden, sagen die deutlich, dass die normale Quote bei 10 zu 1 liegt: ein Investment wird ein Star und neun können Sie vergessen. Das ist wie ein Nebelvorhang, durch den man da schießen muss. Und ich glaube nicht, dass das solche Aktivitäten die Aufgabe des Staates sein können.

Bisa:

Da stimme ich Ihnen voll und ganz zu. Mir stellt sich dabei jedoch die Frage, was unterscheidet dann die US-Wirtschaft von der deutschen Wirtschaft? Bei der Analyse der Entstehung des Safe Harbor Acts geht eindeutig aus den vorliegenden

Dokumenten eindeutig hervor, dass die amerikanische Wirtschaft ein anderes Selbstverständnis hat als wir hier in Deutschland. Und die Politik damit auch, denn die Politik hatte die Wirtschaft gefragt, was braucht ihr, und das setzt sie dann um. Während wir in Deutschland zunächst den Staat rufen und sagen, ihr müsst für uns das tun. Könnte diese unterschiedliche Haltung mit ein Grund sein dafür, dass die amerikanische Wirtschaft so stark in den Digitaltechnologien nach vorne gekommen ist und wir soweit zurückgefallen sind?

Jarzombek:
Ich glaube, das ist eine Frage, das müssten vielleicht Wirtschaftshistoriker aufarbeiten. Aber Sie erleben ja, dass es ja in den verschiedenen Ländern Branchen gibt, wo man sehr stark aufgestellt ist und andere, in denen man sehr schwach ist. Wenn Sie sich Deutschland anschauen, haben wir ja eine erfolgreiche Industrie, insbesondere im Bereich Maschinenbau mit einer sehr großen Stärke. Demgegenüber gibt es in der amerikanischen Wirtschaft gerade im industriellen Bereich teilweise eklatante Schwächen. Vielleicht haben die Stärke der Amerikaner und die Schwäche der Deutschen in der ICT-Branche aus historischen Gründen dazu beigetragen, Fragen vielleicht auch von Risikobereitschaft, von Gründermentalität. Ich glaube in Deutschland ist es ja auch so, dass man eben stärker auch andere Aspekte betrachtet. Wenn man sich die Automobil-Industrie ansieht und das Thema mit CO2-Zielen, dies mit anderen Ländern vergleicht, dann merkt man doch schon, dass da auch eine starke Verknüpfung besteht. Ich bin überzeugt, wenn wir eine starke ICT-Wirtschaft hätten, dann würde auch eine Bundesregierung deren Interessen deutlicher in ihre Überlegungen einbeziehen, so wie es die Amerikaner halt an der Stelle tun.

Bisa:
Ihr Beispiel zur deutschen Automobil-Industrie greife ich gerne auf: Es gibt genügend historische Hinweise, dass in den sechziger Jahren seitens der deutschen Automobilhersteller die Überlegung erfolgte, wie man stärker die Standards der Zukunft bestimmen könnte. Einige sagen, dass dies die Sternstunde gewesen sei zur Schaffung der starken Dominanz der deutschen Automobilindustrie weltweit. Ich kann mich mit dieser These voll anfreunden. Denn die Asiaten, beginnend mit den Japanern, haben uns als Vorbild genommen: aus ihrer historisch religiösen Tradition abgeleitet, jeweils nur das Beste zu kopieren, denn nur der wahre Meister ist es wert, kopiert zu werden. Sie haben erstmal die Deutschen kopiert, als es um die Automobilwirtschaft ging. Nun kann man sich dann fragen, könnte das ein Grund sein, dass wir uns in Deutschland beim Beginn der ICT-Industrie der

Konsequenzen der digitalen Entwicklung überhaupt nicht bewusst waren – im Gegensatz zu den Amerikanern?

Jarzombek:

Also ich glaube, Standards zu setzen war immer eine wesentliche Stärke der deutschen Industrie – siehe die DIN-Norm, die ja sogar am Ende sogar die Grundlage für das chinesische Normsystem bildete. Aber auch hier ist die Frage, welche Stärke hat man, um Standards und Normen auch zu setzen. Ich bin heute überzeugt, dass wir eine Chance haben beim Thema Diversifikation und Verschlüsselung. Es gibt ja auch bestimmte Standards, die aus Deutschland kommen. Nehmen Sie das MP3-Format, eine Frauenhofer-Entwicklung und das Team von Professor Brandenburg. Ohne das MP3-Format würde es heute kein iPhone und all die ganzen Dinge geben, die damit verbunden sind. Dann folgte der iPod, der wiederum am Ende ja dann das iPhone erst ermöglicht hat. Die Frage ist, wie man daraus aber auch Marktmodelle machen kann.

Bisa:

Nun gibt es eine These, die besagt, dass die bestehende Asymmetrie zwischen USA und Europa resp. Deutschland auch einen historischen Grund hatte, dass nach 1989, nach dem Fall der Mauer im Pentagon klar gesagt wurde, dass die Kriege der Zukunft langfristig auf einer anderen Basis ablaufen als bis dato. Die Waffen der Zukunft stehen auf den Schreibtischen unserer potenziellen Gegner, und wir bauen sie. Ich gebe zu, das ist eine Story, die in nun sehr stark kolportiert wird von Menschen, die aus dem militärischen Komplex kommen. Könnte das mit eine Ursache sein? Würden Sie dem zustimmen oder halten Sie das für ein Gerücht?

Jarzombek:

Das kann ich nicht so einfach beantworten. Ich habe gestern einen Fernsehbericht gesehen, der gezeigt hat, dass die DDR und die Russen in der Lage gewesen sind, Schreibmaschinen abzuhören, mechanische Schreibmaschinen und seit dem scheinen diese Technologien, den Gegner an der Quelle abzuhören, keine Erfindung des ICT-Zeitalters zu sein. Die Entstehung des Internets ist halt eben eine militärische Überlegung gewesen, ich glaube, das ist sehr bekannt. Wenn ich mich richtig erinnere, ging es darum, dass man zwischen fünf Standorten von Waffensystemen Kommunikation ermöglichen wollte, selbst im Falle des Nuklearkriegs. Aus diesem militärischen ARPA-Netz entstand dann ein wissenschaftliches Netz und daraus irgendwann das kommerzielle Netz. Wir haben diesen Mechanismus auch in einigen deutschen Unternehmen, wo bestimmte Entwicklungen von der Wehrtechnik den Bogen schließen zum Autozulieferer. Wo bestimmte Entwicklungen zunächst für militärische Dinge gemacht werden und dann anschließend in den Serienproduktionen für Fahrzeuge sich wiederfinden. Das mag sicher auch zur Entstehungsgeschichte des Internets und der Affinität zum Internet beigetragen haben. Aber ich glaube jetzt nicht, dass das Internet eine Erfindung ist, um den Gegner abzuhören. Das halte ich für ein Gerücht.

Bisa:
Sehen Sie überhaupt in der bestehenden Asymmetrie zwischen USA und Deutschland resp. Europa ein Risiko oder ist das mehr eine natürliche Entwicklung?

Jarzombek:
Meiner Meinung nach sehen viele Menschen darin kein Risiko sehen, denn das Nutzungsverhalten hat sich nach den Enthüllungen von Edward Snowden offensichtlich überhaupt nicht verändert. Das hat vielleicht auch mit einer gewissen resignativen Haltung zu tun, nach dem Motto, wir können uns ja halt eh nicht dagegen wehren, alles ist am Ende zu knacken und was soll das. Jedoch glaube ich schon, dass es gut ist, wenn man es den anderen zumindest schwerer macht. Ich gehöre nicht zu denjenigen, die jetzt Tag und Nacht nicht mehr schlafen können. Auch vor dem Hintergrund, das wir eigentlich ja auch davon ausgehen müssen, mit den Amerikanern in einem freundschaftlichen Verhältnis zu stehen. Was nicht ausschließt, sich zur Wehr zu setzen resp. es dem anderen schwerer macht. Nur genau da sind wir momentan nicht besonders gut drin. Und da sehe ich glasklar einen Nachholbedarf.

Bisa:
Wo liegen denn Ihrer Meinung nach die Stärken der deutschen IT-Industrie, läßt sich das Ihrerseits konkretisieren?

Jarzombek:
Man hat schon den Eindruck, dass insgesamt die deutsche Wirtschaft ihre Stärke bei Investitionsgütern als bei Konsumgütern hat. Wenn Sie sich ein Unternehmen wie Siemens angucken, sind die sehr erfolgreich mit Investitionsgütern, haben jedoch in den Märkten der Konsumgüter eigentlich am Ende immer den Kürzeren gezogen. Ich glaube, dass das Thema der Business-Cloud und der Business-Intelligence eine deutsche Stärke ist. Das sehen Sie bei Firmen wie SAP, der Software AG, bei vielen kleineren Unternehmen in diesem Umfeld. Das ist ja auch der Bereich, wo wir letzten Endes führend sind. Wenn Sie das verrückteste, wildeste Produkt von den größten Nerds haben wollen, die irgendwie völlig ausgeflippt mit Turnschuhen auf eine Bühne springen, dann ist das nicht das, was die deutsche Kultur ausmacht.

Schauen Sie aber im Süden Deutschlands in das Herzstück, wo Software-Entwicklung stattfindet, dann finden Sie sehr typisch deutsche, bodenständige, vernünftige, kluge Leute, die den ganzen Tag an Lösungen für komplexe Probleme tüfteln. Und ich glaube, komplexe Problemstellungen zu lösen, das ist eine echt deutsche Stärke.

Bisa:

Ich kann das nur bestätigen, denn es kursiert die Aussage aus dem Hause Microsoft, die besagt, wenn wir ein Problem haben, was wir nicht lösen können, dann geben wir das nach Deutschland, die werden eine Lösung finden. Die werden solange knobeln, bis die Lösung da ist. Sollte denn Deutschland vielleicht eine Art Leadfunktion übernehmen in Europa, um so etwas wie den IT-Airbus zu wiederholen?

Jarzombek:

Das Wort Leadfunktion finde ich grundsätzlich immer schwierig, schon aus dem historischen Kontext. Aber eine Innovationsrolle, das erschien mir viel sympathischer. Vor dem Hintergrund des existierenden Wettbewerbs aber ich glaube auch nicht, dass man der noch national zu führen ist. Eines unserer Probleme besteht darin, dass unsere Märkte viel zu fragmentiert sind. Sie können im Internet heute kein lokales Produkt mehr erfolgreich vermarkten. Die Zeiten sind vorbei. Wenn Sie im Internet eine gute Idee, das richtige Team haben und eine neue Plattform aufbauen, dann müssen Sie ein globales Rollout hinbekommen, schnell innerhalb von 12 Monaten. Und ich treffe mehr und mehr Gründer, die dann halt eben von Deutschland aus den Sprung ins Silicon-Valley machen, weil der amerikanische Markt sehr groß ist, mit einem gleichen Sprach- und Rechtsraum usw. Sie können mit einer Plattform gleich 300 Millionen Kunden ansprechen. Dagegen haben wir in Europa die unterschiedlichen Sprachen, wir haben in jedem Land unterschiedlichen Datenschutz, Urheberrechte, Verbraucherschutzrechte etc. Insofern begrüße ich die Pläne der Europäischen Union, diese Aspekte zu standardisieren. Denn nur wenn wir ebenfalls einen gleich großen oder aber sogar größeren Wirtschaftsraum haben und ein Gründer merkt, ich kann mein Produkt in Europa genauso gut platzieren wie in den USA, ich kann genauso schnell Reichweite erzielen, ich kann genauso schnell damit zum globalen Unternehmen werden, dann wird er das auch hier machen. Wenn er das nicht kann, dann können wir an allen anderen Schrauben drehen wie wir wollen, dann wird er es trotzdem aus Kalifornien machen.

Bisa:

Wie bewerten Sie in diesem Entwicklungsprozeß außerhalb der beiden Märkten Europa und USA die Rolle der Asiaten, der Chinesen insbesondere? Ich lasse Japan mal außen vor, da sie aktuell sehr zurückhaltender geworden sind, die Chinesen hingegen die dynamischeren?

Jarzombek:
China ist ja schon in einem großen Teil die Werkbank der Welt, was so die gesamte ITC-Hardware betrifft. Hinzu kommt, dass sich China auch weiterentwickelt und Produkte auf den Markt bringt, die auch lifestyliger sind, die ebenfalls mit einem Premiumanspruch daherkommen, um auch im Westen Fuß zu fassen. Nehmen Sie als Beispiel diese Handyfirma, die übersetzt Hirse heißt, ich kann das chinesisch nur nicht aussprechen. Das ist natürlich ein starker Konkurrent geworden, ein maßgeblicher Spieler auch auf dem Feld der Hardware.

Bisa:
Sollten wir aufgrund der Snowden-Affäre überhaupt wirtschaftspolitische Konsequenzen für unseren Standort hier in Deutschland und Europa ableiten? Ich stimme Ihnen zu, dass die Dinge heute nicht mehr auf nationaler Ebene alleine lösbar sind. Aber ich vertrete die These, und da bin ich nicht der einzige, dies wurde mir auch in Gesprächen mit führenden US-Vertretern so entgegnet, dass Deutschland als führende Wirtschaftsmacht im Industriekomplex Europa eigentlich auch stets die ersten Schritte vollziehen sollte. Die anderen werden folgen. Denn einer muss immer den ersten Schritt machen.

Jarzombek:
Grundsätzlich wäre es ein Fehler, eine solche große entscheidende innovative Branche zu vernachlässigen. Ob man das nun begründen kann aus Snowden etc., das wäre mir persönlich zu wenig. Denn ich bin der Überzeugung, dass es noch sehr viel mehr gute Gründe dafür gibt, auch in Deutschland eine starke Internetwirtschaft aufzubauen. Und durch eben solche Fragen wie die nach der digitalen Souveränität, durch die Entwicklung des Datenvolumens, das sich geradezu exponentiell entwickelt und welche Bedeutung das hat, dann führt dies auch zu einer Art Kulturfrage dergestalt, wie man dann mit all den Dingen umgeht. Genau wie die Kultur der Videoclips unsere jungen Menschen sehr stark beeinflusst hat, die Kultur des Internets generell ebenfalls, so sollten wir den eigenen Kulturraum präsentieren. Ergo: ich glaube, man tut gut daran, hier auch eine starke Wirtschaft aufzubauen, die sehr viel mehr Bedeutung hat als man in reinen Messzahlen wie Anzahl von Jobs oder und Anteil am Bruttosozialprodukt ausdrücken kann.

Bisa:

Wo sehen Sie bei diesem Komplex den Hauptaspekt? Technik, Cybersecurity, Verschlüsselung, Schutz des Individuums vor Überwachung, Manipulation, Spionage?

Jarzombek:

Meiner Meinung nach ist auch das wieder eine Aufgabe von Gründern, denn die darüber, wo sie Marktpotenziale sehen. Wir haben hier in Düsseldorf eine Firma trivago, die sind weltweit sehr erfolgreich damit, Hotels zu verkaufen. Das ist z. B. ein gutes Modell, es ist eine Hotelsuchmaschine, die in diesem Datengeschäft große Bedeutung hat. Ich fände es nicht sinnhaftig, wenn dies als Staat vorgegeben wird. Wenn man natürlich an digitale Souveränität denkt und sich die Frage stellt, wie kann man dabei die eigene Kommunikation der Regierung zu schützen wäre, dann braucht man dafür natürlich auch entsprechende Tools. Insofern ist natürlich Verschlüsselung etwas wo wir mit relativ wenig Investment eine relativ starke Absicherung bekommen könnten.

Bisa:

Ich stimme Ihnen da zu, weil es für mich ein Anachronismus ist, wenn, wie vor einiger Zeit geschehen, die damals wohl beste Verschlüsselungssoftware, Insider sagen aus Dortmund, dann von der NSA gekauft wurde. Name und Details lassen wir jetzt aber weg.

Jarzombek:

Ein entscheidender Punkt ist m. E., dass wir in Deutschland für Sicherheitslösungen eigentlich gar keinen Markt haben. Das ist ja jetzt auch offensichtlich geworden bei der Übernahme von Secusmart oder bei dem Kaufangebot durch Blackberry. Es ist einfach kein Markt da. Selbst Bundestagsabgeordnete haben ja keine verschlüsselten Handys ebenso wie Spitzenbeamte. Wenn dann 100 Handys für die Regierung angeschafft werden, ist das natürlich überhaupt kein Markt, wo irgendjemand auf die Idee kommen würde zu sagen, wir bauen jetzt in Deutschland eine tragfähige Sicherheitslösung. Wo wollen Sie die denn verkaufen, wenn der Staat als Leadinvestor so etwas nicht abnimmt. Dann folgen die Unternehmen am Ende halt eben auch nicht. Und wenn man mit den Leuten von Secusmart redet, die hier ganz in der Nähe sitzen, dann können die einem das wirklich in Zahlen belegen. Wenn die ein paar hundert sichere Handys im Jahr verkaufen, dann ist das vielleicht der Kern des Problems. Aber wenn man sagen würde, wir wollen auch als deutscher Staat eine Lösung haben, wo wir alle Abgeordnete, alle Spitzenbeamte auch quer über alle Bundesländer und auch alles Sonstigen im Netz Aktiven in eine Umgebung einer wirklich vertraulichen Kommunikation bringen, dann würden sich auch schnell ein Unternehmen finden, die es eben machen. Denn dann trifft das zu, was ich zu Beginn schon mal gesagt habe, ein Unternehmen kann nur erfolgreich sein, wenn es auch global aufgestellt ist: es braucht globale Geldgeber. Vielleicht kommt dann auch die NSA, die einen sehr großen Investmentfonds hat und in solche Securityentwicklungen investiert. Wir selber haben diese Möglichkeit halt nicht. Aber dann braucht auch keiner hier bei uns zu glauben, dass eine Lösung, wo man halt irgendwie mal 20 oder 100 Millionen in die Hand nimmt, etwas Sinnvolles wäre. Aber dann gilt es, das US-Beispiel zu kopieren, es genauso zu machen, und dann gilt die Logik 10 zu 9 zu 1: auf 10 Investments kommen eben auch 9 Flops und man muss eben auch Milliarden in die Hand nehmen. Ob allerdings die Bereitschaft dafür da ist, das bezweifele ich.

Bisa:

Ich kann Ihnen da wieder nur zustimmen. Denn aus eigener Erfahrung bei einer Sitzung des Wirtschafts- und Innenausschuss der CDU-Fraktion wurde offenkundig, dass die Bundestagsverwaltung eine Ausschreibung macht, dass Secusmart rausfällt, da sie zu teuer wären. Der Aspekt Security steht nicht in den Vergaberichtlinien. Im Gegensatz zu z. B. den USA, denn aus der presidential directive geht eindeutig hervor, wie dies in Amerika zu handhaben ist: buy american. Sehen Sie denn eine Chance in dem Ansatz mit so Botschaften wie „Security made in Germany". Weil das eigentlich ein Exportschlager sein müsste, aus Vertriebs- und Marketinggesichtspunkten, da man uns weltweit diese Kompetenz abnimmt. Bitte nicht miss zu verstehen, wenn ich sage, die Deutschen übernehmen das Design und die Italiener die Sicherheitsmaßnahmen, dass dürfte nie eine ideale Kombination werden, aber wenn Security made in Germany mit italienischem Design kombiniert würde, wäre das vielleicht ein Exportschlager.

Jarzombek:

Also das Problem bei Security dürfte im Wesentlichen die Usability sein. Bei diesen ganzen Tributen „irgendwas made in Germany" bin ich persönlich erstmal skeptisch. Seit Jahren erzählen Leute, der Datenschutz wäre so ein tolles Verkaufsargument und mit Datenschutz made in Germany würden wir weltweit einen Exportschlager haben. Fakt ist: den haben wir überhaupt nicht. Das ist alles ziemlich kontraproduktiv, weil ich glaube, dass wir mit dem viel zu restriktiven Datenschutz hier sehr viele Geschäftsmodelle komplett vernichten. Das geht in die gleiche Richtung wie das Thema Genforschung. Nur weil wir es verbieten, wird es ja nicht aufhören. Deshalb bin ich da ehrlich gesagt sehr skeptisch und glaube daher, was den Erfolg von Sicherheitslösungen betrifft, so liegt das Zauberwort beim Thema Usability. Es gibt ja bestimmte Lösungen, „open PGP" zum Beispiel, aber es benutzt halt eben kein Mensch, weil viel zu kompliziert. Und deshalb glaube ich, dass man für eine sichere Kommunikation Produkte benötigt, denen man nicht nur vertrauen kann, sondern die auch einfach zu handhaben sind. Sie dürfen den Arbeitsfluss nicht weiter stören. Das ist heute das Problem der Sicherheitsprodukte.

Bisa:
Können Sie dem zustimmen, wenn man dazu eine Analogie zu dem Erfolg von Apple und dessen einfacher Bedienbarkeit wählt?

Jarzombek:
Genau das.

Bisa:
Ich erlaube mir die Analogie, weil ich selber noch in der Welt groß geworden bin, wo ein Schraubenzieher nötig war, um zur Nutzung eines Laptops die Telefonabdeckung abzuschrauben, wenn man online gehen wollte. In dem Moment wo statt mit verkrampften Händen, sondern mit wisch und weg der PC nutzbar wurde, erfolgte der Durchbruch.

Jarzombek:
Ja, absolut.

Bisa:
Kommen wir nochmals zurück zum Thema Security. In den USA gibt es eine ganz klare Politik „buy american" für alle Produktbereiche, die eine gewisse Sicherheitsrelevanz haben. Halten Sie es für sinnvoll, so etwas in Deutschland oder in Europa auch einzuführen?

Jarzombek:
Ja, aber dann man muss sicherlich über die Instrumente reden, zugleich aber auch darüber, wie wir dafür einen Markt schaffen. Und das ist momentan nicht der Fall. Dieses Thema bei Ausschreibungsbedingungen ist noch offen ebenso wie die Frage nach einem offenen Quellcode bis hin zu Zertifizierungen. Heute ist es so, dass unser BSI zwar Zertifizierung machen kann, und die sind auch sehr anerkannt, aber für ein Start-Up, für einen Mittelständler kaum zu finanzieren, weil man da Zertifizierungskosten hat, die fast 6-stellig sind. Insofern brauchen wir ein Gremium, was Standards setzt und Zertifizierungen mit einem vertretbareren Aufwand ermöglicht.

Bisa:
Kommen wir zu einem anderen Thema: In Deutschland ist jetzt ein „german chapter" von Business Big Data and Analytics gegründet worden und aus diesem Gremium wurde ich angesprochen, was in der Politik zu ändern sei. Viele US-Konzerne umgingen Deutschland, weil Ihnen die deutschen Datenschutzvorschriften zu restriktiv wären und um zugleich jedes Risiko zu vermeiden. Es gibt ja Kreise, die „Big Data gleich Big Brother" interpretieren, die demnach zu verbieten sei. Wie sollen wir damit umgehen?

Jarzombek:
Big Data bietet viele Chancen. Früher wurden Daten sozusagen als eine betriebsinterne Geschichte angesehen, die vielleicht die Effizienz gesteigert, aber keinen richtigen Mehrwert gebracht hat. Das ist eben heute anders. Wenn Sie z. B. das Buch von Mayer-Schönberger lesen, dann findet man dort viele Beispiele, wo Wirtschaftswachstum durch die Kombination von Daten erbracht wird. Wir dürfen uns dem nicht versperren, denn zu restriktiver Datenschutz wird dazu führen, dass bestimmte Innovationen in Deutschland nicht mehr stattfinden. Das kann man am Beispiel von Google-Street-View und ähnlichen Diensten sehr gut beobachten. Der deutsche Markt ist nicht groß genug, dass wir glauben können, das globale Verhalten von Unternehmen verändern zu können resp. das deutsche Sonderrollen machbar sind. Im Zweifelsfall werden dann Produkte existieren, die es einfach in Deutschland nicht geben wird. Wenn man in den 80iger Jahren nach Amerika fuhr, gab es da viele spannende Dinge, die es alle irgendwie in Deutschland nicht gab. Die Zeiten sind vorbei, das finde ich gut und ich möchte nicht, dass sich das wieder dorthin entwickelt, dass bestimmte Produkte und Dinge, die für einen positiven Effekt auf die Wirtschaft haben, dass es die überall auf der Welt, nur nicht in Deutschland gibt. Deshalb müssen wir vorsichtig sein und ein Wettbewerbs-, ein Datenschutzrecht organisieren, welches auch in der Lage ist, Innovation zu ermöglichen. Wir haben bei der Genforschung schon ein strategisches Feld einfach aufgegeben. Wenn wir das bei der Datenverarbeitung auch tun, werden wir uns als Industrienation erheblich schädigen.

Bisa:
Sollten wir in Europa die Sicherheit über unsere Netze wiedergewinnen?

Jarzombek:
Haben wir die nicht?

Bisa:

Ich hatte Gesprächspartner in den letzten Wochen, die gesagt haben, wir haben sie nicht. Weil wir keinen Zugang mehr haben zu den Basistechnologien.

Jarzombek:

Gut, man könnte sagen, das Internet ist immer ein bisschen wie wilder Westen und die Frage ist, hat überhaupt irgendjemand Kontrolle darüber? Ich glaube, dass das nicht der Fall ist, trotz aller Versuche. Natürlich haben wir dort wie im realen Leben Kriminalität und alles andere an Möglichem, das ist halt die Kehrseite. Dem steht eben diese tolle Freiheit gegenüber. Das ist halt die Freiheit für alle diejenigen, die sich nicht immer in unseren Wertvorstellungen bewegen. Ich glaube, der Versuch, über eine so komplexe Infrastruktur eine vollständige Kontrolle zu erlangen, das halte ich für eine Illusion, so wie z. B. das Schengen-Routing. Das mag sein, dass das einen infinitesimalen Gewinn an Sicherheit mit sich bringt, aber das steht in keinem Verhältnis zum Aufwand. Und es lenkt vor allen Dingen davon ab, Lösungen zu implementieren, die sehr viel wirksamer sind. Das ist meines Erachtens das Thema Krypto, d. h. Verschlüsselung, denn wenn ich davon ausgehen muss, dass ich einfach auf einer unsicheren Plattform unterwegs bin, muss ich eine Schicht darüber legen, die einigermaßen sicher ist. Und das ist realisierbar. Darauf sollten wir unsere Aufmerksamkeit. Wir können nicht den Geist wieder in die Flasche zu stecken. Das werden wir nicht schaffen.

Bisa:

Eric Schmidt, der Google Verwaltungsratsvorsitzende hatte ja einst eine Art Hegemonie-Verständnis der US-Unternehmen postuliert. Halten Sie das für übertrieben oder ist das mehr ein Marketing-Gag, entsprechend der amerikanischen Einstellung, die ja viel stärker kommunikativ ist, viel deutlicher in die Öffentlichkeit agiert als das deutsche Unternehmen praktizieren?

Jarzombek:

Ich glaube, es gibt kein „die" Unternehmen, sondern da kommt es immer auf das einzelne Unternehmen an. Wenn man sich die Aktivitäten von Google anschaut, das hat teilweise ja auch an manchen Ecken fast schon etwas Sektiererhaftes. All diese Forschungen in dem transhumanistischen Bereich, die dort stattfinden, haben an manchen Stellen schon fast einen religiösen und weltverändernden Anstrich. Das kann gut sein, dass Google eine solche Denkweise hat, ich würde das aber nicht grundsätzlich für jedes Unternehmen in Amerika sagen. Wenn Sie sich auch dort mal mit Investoren unterhalten, und ich hab das verschiedentlich getan, dann finden Sie einen großen Teil, die sagen, warum soll ich denn rausgehen aus

Kalifornien, hier ist doch alles, und wer was will, der soll zu uns kommen. Das ist für mich viel komfortabler als diese ganze Rumreiserei. Aber es gibt auch andere, Matt Cohler, zum Beispiel, einer der ersten Investoren bei Facebook und LinkedIn, der sehr viele Investments auch in Berlin platziert. Er ist ein Fan von Deutschland und hat auch hier ein Stück Verständnis für den Markt aufgebracht. Und er hat, nebenbei, damit, glaube ich, auch ganz gutes Geld verdient. Es wird immer diejenigen geben, die sagen, ich bewege mich nicht weg aus den USA ; ich werbe im Zweifel alle Talente ab; kommt alle zu uns und wir machen es von hier. Das ist für mich bequemer. Ich muss mich nicht mit den ganzen anderen Märkten, diesem komischen Europa auseinandersetzen. Aber es wird auch andere geben, die ihre Chance genau darin erkennen.

Bisa:
Sie würden mir zustimmen, wenn man sagt, es gibt in dem Bereich zwei Pole. Das sind Google mit einer extrem kommunikativen Vorgehensweise, manchmal fast pseudoreligiös, so könnte man es interpretieren, und dann so eine vergleichsweise nüchterne IBM.

Jarzombek:
Das sind ganz unterschiedliche Unternehmen. IBM ist ein Beratungshaus und Google ist eine Technologiefirma. Ich bin auch zu wenig Kenner der Szene von IBM, um das genauer zu verstehen. Ich war da nie im Headquarter. Bei Google hingegen schon, da schaut man viel genauer hin. Ich würde vielleicht bei diesen Unternehmen den Blick einfach weglenken und auf die Investoren schauen. Wo ist das Geld und wo sind die Talente? Google ist ja vielleicht nicht mehr oder weniger als eine Hülle, das ist, glaube ich, das Entscheidende. Wenn Sie sich die Top-Investoren ansehen, da sind ja auch Deutsche darunter, sowie Andreas von Bechtolsheim, Mitbegründer von Sun, Stage-Investor bei Google. Mit denen zu reden ist der viel interessantere Punkt, dabei zu sehen, welche Philosophie die haben. Auf der anderen Seite von Google sind die Talente. Dann werden Sie es am Ende darauf reduzieren, dass es 100 bis 200 der exzellentesten Leute sind, die es weltweit gibt. Wenn diese Personen glauben, dass das nicht mehr der richtige Rahmen für Ihre Aktivitäten ist, verlassen die das Unternehmen. Und dann kann eine Firma wie Google auch von heute auf morgen verschwinden. Deren Hauptaugenmerk besteht darin, eine attraktive Plattform für diese Super-High-Potentials zu bleiben. Und die ziehen dann in der 2ten Reihe 100-tausende weiterer High-Potentials heran. Wenn man über Philosophien und Ideen nachdenkt, dann muss man einmal auf die Investoren und die Super-High-potentials schauen. Das sind diejenigen, die verändern. Es kommt dabei nicht so sehr auf die Hüllen an, die damit einhergehen.

Bisa:

Mir ist bei meiner Recherche zum Thema Safe-Harbour-Act aufgefallen, als seinerzeit dieses Gesetzvorhaben ins Leben gerufen wurde, die EU von Data-Protection und die amerikanische Regierung von Privacy gesprochen haben, also von zwei inhaltlich völlig verschiedenen, unterschiedlichen Begriffsfelder. Redet man also immer auf verschiedenen Ebenen miteinander?

Jarzombek:

Es ist ja bekannt, dass die Philosophien sehr unterschiedlich sind. Wir haben in Deutschland aufgrund unserer Geschichte mit der NS-Zeit und auch der DDR-Zeit eine ganz andere Sensibilisierung, was das Thema Privatsphäre betrifft. Das werden Sie woanders in der Welt so nicht finden. In Amerika schon gar nicht. Denn dort sieht man in der Datenverarbeitung viel mehr Nutzen und weniger Gefahren. Das Interessante ist, dass in Deutschland offensichtlich die Menschen auch sehr viel Nutzen sehen. Oder warum machen sie ja bei all diesen Angeboten mit und sind auch bereit, Ihre Daten in Dritt-Staaten zu transferieren. Die Gefahrenpotenziale werden dann am Ende doch als sehr abstrakt gesehen werden.

Bisa:

Was sollten wir tun, um die Menschen stärker, souveräner zu machen, dass Sie nicht nur die Bedienung der Technologie erlernen, sondern dass Sie auch hinterfragen, was Sie bekommen, wie die Informationen, die Sie abrufen, sich zusammenstellen?

Jarzombek:

Am Ende muss man die Dinge die dort stattfinden besser erklären und versuchen, den Verbraucher zu ertüchtigen. Das ist eine der zentralen Säulen der sozialen Marktwirtschaft, so ist ja auch die Stiftung Warentest einmal gegründet worden. Um einen besseren Wettbewerb zu erzeugen, brauchen wir aufgeklärtere Verbraucher. Das ist eine ganz wichtige Komponente, die können wir auch nicht einfach durch eine Verordnung oder Ähnliches durchsetzen. Wir leben in einer Welt, wo wir jedes Quartal Innovation erleben, die tatsächlich umwälzenden Charakter haben. Für eine Demokratie mit all ihren Entscheidungswegen ist auch die Geschwindigkeit der Innovationen eine Herausforderung. Unsere Form der Demokratie ist ja bewußt so ausgelegt, anstehende Entscheidungen zu verlangsamen. Dieser Designanspruch des Grundgesetzes, Entscheidungen auf möglichst viele zu verlagern und gut abgewogen zu machen, hat eine ganz andere Geschwindigkeit als das Entwicklungstempo bei allen technischen Innovationen. Die Stärken des Endnutzers sind die Basis, da wird kein Weg dran vorbeiführen. Denn wir können nicht vorausahnen, was alles an Innovationen kommt. Hier darf seitens der Politik nichts ausgebremst werden, denn das wäre innovationsfeindlich. Es ist ein kompliziertes Thema. Vielleicht müssten sich auch einige der Vorreiter dieser Thematik offensiver stellen, dies vorleben.

Bisa:
Was halten Sie von einem europäischen Silicon-Valley und wie könnte man das realisieren?

Jarzombek:
Wir sehen doch derzeit, dass wir in Europa verschiedene Standorte haben, die sich recht gut entwickeln, was das Thema Internet-Startups, Gründungskultur und Innovationsqualitäten betrifft. Wenn man auf Deutschland schaut, sieht man einerseits Berlin, was mehr auf der Konsumentenseite mit eher schillernden Figuren und Produkten unterwegs ist. Dem steht gegenüber der Südwesten Deutschlands, das ganze Software-Cluster rundum die SAP und die Software AG, die Region zwischen Mannheim und Saarbrücken. Wir haben eine Szene in München. Wenn man den europäischen Blick hat, ist sicherlich London ein ganz starker Hub. In Skandinavien ist Stockholm eine Stadt, die häufig genannt wird, wo es viele Gründungsaktivitäten gibt. Daneben gibt es noch eine ganze Reihe anderer Hot-Spots. Vor diesem Hintergrund glaube ich nicht, dass es realistisch ist zu sagen, wir haben jetzt in ganz Europa nur noch einen Standort, wo wir entwickeln, und dort konzentriert sich alles und der Rest, der fällt bei uns durchs Rost. Europa ist diesbezüglich anders aufgebaut. Das halte ich für keine realistische Zielvorstellung.

Bisa:
Ein europäisches Silicon-Valley würde im Gegensatz zu der Vielfalt Europas stehen? Ist Europa anders verteilt?

Jarzombek:
Ja, es ist auch anders gewachsen. Wir bauen mit Europa ja nicht etwas Neues auf der Wiese auf, sondern wir haben über Jahrhunderte und Jahrtausende gewachsene Kulturen. Und im Hinblick auf die Digitalisierung haben wir ebenfalls unterschiedliche Entwicklungen in den einzelnen europäischen Ländern. Wie wollen Sie einem Boris Johnson in London erklären, dass er alle Startups von London nach Berlin verlegen soll. Das wird nicht passieren, und das ist auch nicht erforderlich. Ich glaube, das ist auch die Stärke Europas, dass man nicht alles an einen Standort konzentriert und somit auch ein Stück weit bunter aufgestellt ist. Das hat viele Vorteile, natürlich auch Nachteile, aber das kann man auch vor allem nicht politisch erzwingen. Das Silicon-Valley ist ja nicht durch politischen Beschluss der US-Regierung entstanden, sondern durch unternehmerisches Handeln.

Bisa:

Kann der Konsument in Zukunft eigentlich noch wirklich souverän handeln? Nehmen wir den ganzen Komplex von Profiling, Big Data Analytics etc.

Jarzombek:

Der Mensch neigt dazu, Souveränität abzugeben, er sucht ja danach, wenn ich das so bezeichnen kann. Das ist ja die Idee hinter vielen Entwicklungen, dass Sie nicht mehr selber sehen müssen, wann und wo welcher Termin ist und wie man dahinkommt, sondern dass Ihr Smartphone Sie z. B. über Google Now gleich dran erinnert, wie eine Art persönlicher Buttler. Gleiches gilt für das Autofahren, das sehen wir ja bei den ganzen Assistenz-Systemen. Sie nehmen dem Fahrer bestimmte Dinge ab: das Auto im Stau steuern, die Notbremsung einleiten, wenn ein Fußgänger auf die Straße läuft, usw. Dies ist ja eine Form der Abgabe von Souveränität. Das sehen wir in vielen weiteren Bereichen. Menschen träumen von Haushaltsrobotern, die den Fußboden reinigen, die Fenster putzen. Damit haben sie in ganz profanen Bereichen Ihre Souveränität verloren und natürlich wünscht sich jeder, wenn er mal alt ist, dass er seinen persönlichen Pflege-Roboter hat. Das alles ist am Ende ein Verlust an persönlicher Souveränität, aber das ist das Ziel dieser Entwicklung.

Bisa:

Wenn ich mit Menschen spreche, die noch Erfahrung mit der ehemaligen DDR-Diktatur haben, sagen die mir, das Gefühl des ständigen Kontrolliert-werdens führt zu einer Verhaltensänderung.

Jarzombek:

Man muss in der DDR dann auch sehen, dass es dort tatsächlich direkte Konsequenzen gegeben hat. Und das ist auch der Unterschied, der hier stattfindet. Hier werden ja erstmal Daten ohne Zweckbindung gesammelt, was nach deutschem Datenschutz sehr problematisch ist. Wenn man das gesellschaftspolitisch sieht, ist das ja vielleicht erstmal nicht so schlecht. Die DDR hat tatsächlich Daten mit einem ganz klaren Zweck gesammelt. Denn sie wollte herausfinden, wo sind die Personen, die unser System infrage stellen können. Und in dem Augenblick, wo man durch die zweckgebundene Datenerhebung Leute gefunden hat, von denen man zumindest glaubte, Sie würden das eigene System infrage stellen, dann hat man doch mit ziemlicher Härte unmittelbare Konsequenzen folgen lassen. Sie können mit ganz vielen Leuten reden und Ihnen am Ende vor Augen führen, was mit Ihren E-Mails passiert, wenn sie bei Google Mail liegen und all diese ganzen Suchanfragen, die sie bei Google eingeben usw., aber es führt trotzdem zu keiner Verhaltensänderung, weil sie nicht sehen, dass es für sie eine persönliche Konsequenz hat. Das ist ein ganz essentielles Problem der Datenschützer. Man kann am Ende heute kaum noch einem Jugendlichen erklären, was eigentlich das Problem bei dieser Datensammelei ist. Und das führt zur der Frage, wer liegt da jetzt eigentlich richtig, die Alten oder die Jungen? Vielleicht sind bestimmte Dinge ja auch naiv, das mag ja alles sein, vielleicht ist es auch in einem Land wie Deutschland einfach unproblematischer, weil der Staatsapparat tatsächlich nicht auf irgendwelche Sanktionen und Repressionen aufgebaut ist. In Ländern wie der Türkei, Russland oder China ist dies vielleicht eine ganz andere Sache. Insofern ist es vielleicht auch ein Privileg in unser freiheitlichen Demokratie, dass man sich keine Gedanken machen muss, der deutsche Staat nutze diese Daten, um einen wahllos oder eben grade ganz bewusst am Ende damit zu schaden, mit dem was wir tun. In allen aktuellen Fällen, über die jetzt geredet wird, hat der deutsche Staat irgendwo von irgendeinem Technologieanbieter Daten genommen, um seinen eigenen Bürgern zu schaden.

Bisa:
Es gibt Meinungen, die ein Risiko darin sehen, die indirekte Kontrollfunktion könnte aus wirtschaftlicher Sicht nützlich sein, indem man den Menschen Meinungen vorgibt, die mit bestimmten wirtschaftlichen Interessen korrespondieren. Sehen Sie das als ebenfalls als ein Risiko oder ist das mehr eine theoretische Diskussion?

Jarzombek:
Man darf nicht nur erst die ganzen Risiken, sondern man muss auch die Chancen und den Nutzen sehen, die diese Entwicklungen bringen. Und der Nutzen, der ist doch einfach sehr, sehr viel größer als die Risiken. Natürlich gibt auch Aspekte, über die man reden oder zumindest nachdenken muss. Wenn ich natürlich in einer Meinungsmonokultur lebe, nur noch die Dinge sehe, die meine Freunde und Bekannten auch für gut befinden, die sowieso so denken wie ich, dann bin ich in diesem berühmten Filter-Bubble. Schaue ich nicht mehr nach links und rechts, wird damit meine persönliche Meinungsfindung ein bisschen einfältiger. Das ist natürlich ein Risiko. Da kann man sich als Nutzer selbst überlegen, wie man da aus dieser Filter-Bubble herauskommt. Das sind alles lösbare Herausforderungen.

Bisa:
Wo sehen Sie, die drei wichtigsten politischen Weichenstellungen für die Zukunft einer digitalen Souveränität?

Jarzombek:
Auf eine digitale Souveränität alleine würde ich es nicht reduzieren. Damit Deutschland auch ein innovativer Standort in der digitalen Transformation bleibt, ist der

wichtigste Faktor Aufgeschlossenheit und Risikobereitschaft. Der nächste Faktor ist dann auch Akzeptanz für diejenigen, die es tun, gepaart mit einem gewissen Gründergeist, einer Begeisterung und auch einer Offenheit für Neues. Dass man Chancen sieht und nicht immer erst an die Risiken denkt. Das sind die allerwichtigsten Faktoren, aus denen sich dann alles Weitere ableitet. Und wenn man das eher technisch betrachten möchte, dann ist es wichtig, dass man leistungsstarke Infrastrukturen hat, d. h., volle Breitbandzugänge, gepaart mit einer finanziellen Infrastruktur, um Gründungen und Innovationen zu finanzieren und zu ermöglichen. Dass man eine technologische Kompetenz entwickelt, auf der man aufbauen kann.

Bisa:
Herzlichen Dank.

Interview geführt in Düsseldorf am 12. August 2014

Thomas Jarzombek, MdB, CDU, Berlin

Peter Bisa, Geschäftsführer Tactum GmbH Köln sowie Mitglied im Wirtschaftsrat der CDU und Mitglied der MIT

Rückgewinnung digitaler Souveränität und Völkerrecht des Netzes

Lars Klingbeil

Das Internet war ein globales Freiheitsversprechen, ein Ort der freien und offenen Kommunikation, in dem die Privatsphäre geschützt wird. Ein Ort der Teilhabe und der unternehmerischen Selbstentfaltung. Ein Ort des Zusammenlebens. Die digitale Gesellschaft ist die Vision einer demokratischen, pluralen und offenen Weltgesellschaft über vernetzte Kontinente hinweg. Doch diese Utopie und dieses Freiheitsversprechen sind angesichts der flächendeckenden Ausspähung durch Nachrichtendienste ernsthaft in Gefahr.

Seit etwas mehr als einem Jahr wissen wir über die Möglichkeiten ausländischer Geheimdienste und von der Existenz von Überwachungsprogrammen wie „PRISM" und „TEMPORA". Mit „PRISM" soll die NSA auf die Serverdaten der großen Internetunternehmen wie Google, Facebook, Microsoft, Apple oder Yahoo zugreifen können. Unter den Namen „TEMPORA" soll der eng mit der NSA kooperierende britische GCHQ den Datenstrom von mehr als 200 Glasfaser-Verbindungen „full take" überwachen. Es verging kaum eine Woche ohne neue Enthüllungen über die Ausspähaktionen und die Instrumente der Geheimdienste mit Namen wie „XKeyscore" oder „Boundless Informant". Sie reichen von der flächendeckenden Kommunikationsüberwachung von Bürgerinnen und Bürgern, über die Überwachung von Regierungsmitgliedern und -institutionen, das Ausspähen von Unternehmen und Medien bis hin zur Unterwanderung der gesamten Netzkommunikationsstruktur durch Backdoors und Exploits. Inzwischen wissen wir, dass diese Enthüllungen wahrscheinlich nur die Spitze des Eisberges darstellen. Diese Praktiken sind ein Angriff auf die Grund- und Freiheitsrechte von Bürgerinnen und Bürgern und eine Gefährdung einer offenen, freien und demokratischen Gesellschaft.

Auch aus Sicht der Vereinten Nationen hat diese Massenüberwachung höchst besorgniserregende Ausmaße angenommen. In ihrem Bericht „The right to privacy in the digital age" betont die VN-Hochkommissarin für Menschenrechte, Navi Pillay, dass diese Praktiken den menschenrechtlichen Schutz der Privatsphäre unverhältnismäßig zu Lasten der nationalen Sicherheit verletzt. Dabei stützt sie sich auch und explizit auf die Rechtsprechung des EuGHs zur Vorratsdatenspeicherung. Sie fordert die VN-Mitgliedstaaten auf, die entsprechenden Gesetzgebungen sorgfältig zu überprüfen, um eine transparente und demokratische Kontrolle notwendiger Sicherheitsmaßnahmen durch Exekutive, Parlamente und Gerichte zu ermöglichen.

Wie groß der Vertrauensverlust in die nicht mehr aus dem Alltag wegzudenkenden Lebensadern des 21. Jahrhunderts inzwischen ist, belegen neueste Umfragen: Die nicht endenden Enthüllungen über unsichere E-Communication, E-Banking und E-Commerce haben das digitale Alltagshandeln der Menschen zwar noch nicht massiv beeinträchtigt, sie aber doch nachhaltig verunsichert. Eine knappe Mehrheit der Gesamtbevölkerung (53 Prozent) und fast zwei Drittel der 20- bis 39-Jährigen (64 Prozent) erwarten laut einer Studie des Gesellschaftsforschers Horst Opaschowski Maßnahmen von der Politik. Sie erwarten, dass der Staat die Privatsphäre und Persönlichkeitsrechte auch im Internet schützt. „Die systematischen Ausspähaktionen lassen die Netzfreiheit zur Scheinfreiheit werden", erklärte der Forscher. „Massive Vertrauensverluste in die Sicherheit des Internets sind die Folge."

Seit den Enthüllungen aus dem Jahr 2013 läuft die Diskussion über die richtigen politischen Konsequenzen. Diese Diskussion hat mit dazu beigetragen, dass die Bedeutung von Digital-Themen weiter deutlich gestiegen ist. Die Bundesregierung beginnt mit der Umsetzung ihrer umfassenden Digitalen Agenda und der Deutsche Bundestag hat erstmals einen gleichnamigen Ausschuss eingesetzt. Das Thema ist also in der Mitte der politischen Auseinandersetzung angekommen. Trotzdem stehen wir bei der politischen Umsetzung noch am Anfang. Die folgenden Punkte könnten eine Richtschnur für das weitere Handeln sein:

1 Politische Konsequenzen aus der NSA-Affäre

Wir brauchen eine Neuausrichtung doppelter Richtung, in technischer und in rechtlicher Sicht. Wir brauchen (1) endlich Aufklärung und eine umfassende Bestandsaufnahme der Angriffsmöglichkeiten und Kompromittierungen der Informations- und Kommunikationsinfrastruktur. Dies ist – aus technischer Perspektive – die Grundvoraussetzung dafür, um digitale Souveränität zu erhalten oder in vielen Fällen auch zurückzugewinnen. Dazu gehört auch eine Neuausrichtung der Wirtschafts- und Forschungspolitik mit einer starken Schwerpunktsetzung im Bereich der IT-Sicherheit. Wir brauchen gleichzeitig – aus der Perspektive des Rechts – (2) eine internationale Debatte zu den Grenzen der nachrichtendienstlichen Ausspähung und zum Schutz der Grund- und Freiheitsrechte in der digitalen Welt. Es bedarf klarer internationaler

Vereinbarungen und Abkommen zum Schutz der Grund – und Freiheitsrechte der Bürgerinnen und Bürger – wir brauchen ein Völkerrecht des Netzes.

2 Digitale Souveränität: umfassende Bestandsaufnahme und Neuausrichtung

Digitale technologische Souveränität und sichere und vertrauenswürdige Informationstechnik und Kommunikationsinfrastrukturen sind von grundlegender Bedeutung. Mit der fortschreitenden Digitalisierung und der immer weiteren Durchdringung dieser Technologien geht ein fundamentaler Wandel einher, der sich durch alle gesellschaftlichen Bereiche und Branchen zieht. Durch E-Government, Industrie 4.0, Smart Home oder auch E-Health werden auch die Abhängigkeiten von diesen Technologien immer fundamentaler. Ohne IT-Sicherheit und ohne technologischer digitaler Souveränität (zumindest in strategisch wichtigen Bereichen) steht der Schutz der Grundrechte ebenso in Frage wie die Innovations- und Wettbewerbsfähigkeit der deutschen und europäischen Wirtschaft.

Dabei geht es nicht nur um die digitale Souveränität bei Entwicklung und Herstellung deutscher und europäischer Informationstechnik. Große Bedeutung kommt zudem der Frage der Standardisierung und Normierung zu, die darüber entscheidet, ob und wie neue Abhängigkeiten geschaffen werden. Inzwischen sind es vor allem US-amerikanische und asiatische Unternehmen, die neben ihrer Dominanz im Bereich der IT die Standardisierung dahingehend nutzen, Geschäftsmodelle abzusichern und Märkte abzuschotten. Deutsche und europäische Unternehmen spielen hier nur noch eine untergeordnete Rolle, da sie ihre Produkte und Dienste auf der Basis „fremder" Standards aufsetzen. Deutschland und Europa verlieren auch auf diese Weise ihre technologische Souveränität.

Prinzipiell ist es möglich, so gut wie jedes IT-System zu kompromittieren und es entgegen der Absichten seiner Nutzer einzusetzen. Zumindest jedem geschäftsmäßigem IT-Einsatz liegt daher eine Risikoanalyse zugrunde, mit welchem Aufwand ein IT-System durch unbefugte Dritte übernommen und kontrolliert werden kann, um ausreichende Schutzmechanismen anzuwenden. Durch die Enthüllungen im NSA-Skandal sind viele dieser Risikoanalysen obsolet geworden. Das gilt sowohl im Bezug auf die infrage kommenden Ziele und Systeme als auch auf die bisher als sicher gehaltenen Werkzeuge, Algorithmen und Systeme der IT-Branche.

Vor diesem Hintergrund bedarf es einer umfassenden Bestandsaufnahme folgender Fragen: „Wo und wie können Informations- und Kommunikationsinfrastrukturen sowie Endgeräte angegriffen werden (Angriffspotentiale)? Welche

Sicherheit können Hard- und Software bieten und welche Kompromittierungen gibt es darüber hinaus? Im Rahmen einer solchen Bestandsaufnahme muss auch untersucht werden, welche Technologien – insbesondere Werkzeuge und Algorithmen – und IT-Systeme als möglicherweise, wahrscheinlich oder mit hoher Wahrscheinlichkeit kompromittiert anzusehen sind und welche Infrastruktur- oder IT-Sicherheitsstandards „geschwächt" sein könnten. Untersucht werden muss, welche technische Alternativen es gibt oder erst entwickelt werden müssen, um potenzielle Sicherheitsdefizite für deutsche und europäische Nutzer effektiv zu kompensieren. Grundlegende Bedeutung kommt dabei in Zukunft wirksamen und vertrauenswürdigen Ende-zu-Ende-Verschlüsselungstechnologien zu. Dabei ist wichtig herauszufinden, welchen Beitrag alternative Entwicklungsmodelle wie Freie und Open Source Software im Vergleich zur proprietärer Software leisten können und wie deren Sicherheit verbessert werden kann. Dabei wird nicht zuletzt auch die Frage entscheidend sein, wie die Verbreitung von Sicherheitstechnologien durch einfachere Nutzbarkeit und Bedienbarkeit erhöht werden kann, Gerade für Privatanwender, Freiberufler und KMUs sind viele Techniken wie die E-Mail-Verschlüsselung heute schlicht zu kompliziert.

Inzwischen werden viele Vorschläge diskutiert, auch solche, die nur auf den ersten Blick ein Mehr an Sicherheit versprechen. Von daher sollte auch geklärt werden, ob Vorschläge wie ein Deutschland- oder Schengennetz und entsprechende Abschottungsstrategien tatsächlich ein Mehr an Sicherheit für deutsche Nutzer bieten können.

Gefragt ist gleichzeitig eine zukunftsgerichtete Innovations- und Forschungspolitik sowie die Unterstützung von Forschung und Entwicklung im Bereich der IT-Sicherheit. Der Wunsch nach mehr Digitaler Souveränität ist so auch eine zentrale wirtschaftspolitische Aufgabe.

3   Völkerrecht des Netzes

Der Begriff digitale Souveränität verweist bereits darauf, dass es um mehr geht als allein um die technische Dimension. Es geht neben den technischen Fragen vor allem auch um die rechtliche Dimension und letztlich auch um die staatliche Souveränität. Hier sind zunächst die europäische und die weltweite Ebene zu unterscheiden. Bei den Enthüllungen um die flächendeckende Ausspähung der Nachrichtendienste ist der Fokus oft allein auf den amerikanischen Geheimdienst NSA gerichtet. Weitaus weniger Aufmerksamkeit findet in der Öffentlichkeit und in der Medienberichterstattung die Tatsache, dass der britische Geheimdienst GHCQ – und damit der Nachrichtendienst eines europäischen Mitgliedslandes. Es muss auf europäischer Ebene sichergestellt werden, dass das gegenseitige Ausspähen von EU-Mitgliedstaaten unterbleibt. Eine solche flächendeckende Überwachung ist mit den EU-Grundrechten unvereinbar, hierüber darf die Konzentration der Debatte auf die NSA nicht drüber hinwegtäuschen. Die europäischen Rechtsgrundlagen müssen dahingehend überprüft werden, ob es hier ggf. Regelungsdefizite gibt. Als ein wichtiger Baustein ist die Verabschiedung einer wirksamen europäischen Datenschutzgrundverordnung, die europaweit ein einheitlich hohes Datenschutzniveau sicherstellt und dem alle Anbieter, die in Europa ihre Dienste anbieten, unterliegen.

Auf internationaler Ebene brauchen wir so etwas wie ein Völkerrecht des Netzes. Seitens des Auswärtigen Amtes wurde ein Transatlantischer Cyber-Dialog zur Balance von Freiheit und Sicherheit angestoßen. Dies kann aber nur ein erster Schritt sein. Wir brauchen auch auf internationaler Ebene verbindliche Vereinbarungen, dass die Menschenrechte und die Grund- und Freiheitsrechte auch in der digitalen Welt gewahrt sind. Auf Initiative der SPD haben sich CDU/CSU und SPD in ihrem Koalitionsvertrag auf folgendes verständigt:

> „Um die Grund- und Freiheitsrechte der Bürgerinnen und der Bürger auch in der digitalen Welt zu wahren und die Chancen für die demokratischen Teilhabe der Bevölkerung am weltweiten Kommunikationsnetz zu fördern, setzen wir uns für ein Völkerrecht des Netzes ein, damit die Grundrechte auch in der digitalen Welt gelten. Das Recht auf Privatsphäre, das im Internationalen Pakt für bürgerliche und politische Rechte garantiert ist, ist an die Bedürfnisse des digitalen Zeitalters anzupassen."

Es ist zwischen Völkerrechtlern umstritten, ob das bestehende Völkerecht diese Fragen nicht bereits heute abdeckt, oder aber, ob es eigene Vorgaben für die digitale Welt braucht. Es ist vermutlich richtig, dass eine Vielzahl der Vorgaben des bestehenden Völkerrechts sich auch auf die digitale Kommunikation und das weltweite Kommunikationsnetz übertragen lassen. Es muss allerdings überprüft werden, ob es im Zusammenspiel von nationalem, europäischem und internationalem Recht oder in dessen Anwendung Regelungs- oder Umsetzungsdefizite gibt. Es muss Klarheit über das anwendbare „Völkerrecht des Netzes" hergestellt werden, um die geltenden Grund- und Freiheitsrechte im digitalen Zeitalter und die Chancen für eine demokratische Teilhabe am weltweiten Kommunikationsnetz zu verstärken.

Darüber hinaus müssen die bestehenden Abkommen wie Safe-Harbor oder SWIFT, deren Untauglichkeit angesichts der Enthüllungen der vergangenen Monate offensichtlich geworden sind, grundlegend überarbeitet werden. Umgesetzt werden muss zudem endlich ein Datenschutzabkommen zwischen der EU und den USA, das seinem Namen gerecht wird. Und schließlich muss es auch Konsequenzen mit Blick auf das Transatlantische Freihandelsabkommen (TTIP) geben. Datenschutz und Datensicherheit dürfen hier keine Verhandlungssache sein. Zwar sind allgemeine

Datenschutzfragen nach Verhandlungsmandat der Kommission nicht Gegenstand der TTIP-Verhandlungen. Als sicher gilt jedoch, dass bei den TTIP-Verhandlungen Fragen der Datenübermittlung und auch der Datensicherheit behandelt werden sollen. Es muss sichergestellt sein, dass bei den TTIP-Verhandlungen Vorgaben und Gesetze zur Gewährleistung der IT-Sicherheit oder auch zum Zwecke einer Stärkung des europäischen Routings zukünftig, nicht ausgeschlossen werden können. Ein Abkommen darf die bestehenden Regeln die vorsehen, dass Unternehmen gesetzlich verpflichtet werden können, sensible Daten in Europa zu speichern und zu verarbeiten nicht aufheben oder verändern. Ein direkter Zugriff auf in Europa gespeicherte Daten durch US-Behörden muss ausgeschlossen sein.

4   Fazit

Eine freie, offene und demokratische Gesellschaft setzt voraus, dass es Räume gibt, in denen sich der Einzelne unbeobachtet bewegen und in denen er unbeobachtet kommunizieren kann. Es bedarf nach den Enthüllungen aus den Snowden-Daten erheblicher technischer und rechtlicher Konsequenzen, um diese Frei- und Freiheitsräume zu erhalten. Nur so kann die digitale Gesellschaft eine freie, offene und demokratische Gesellschaft bleiben. Es bedarf einer umfassenden Bestandsaufnahme der Angriffsmöglichkeiten und Kompromittierungen und es bedarf einer Neuausrichtung der Innovations- und Technologiepolitik und –förderung, um die digitale Souveränität zurückzugewinnen. Diese Maßnahmen müssen durch rechtliche Absicherungen auf nationaler, europäischer und weltweitere Ebene flankiert werden.

Wenn es diese Freiräume in der Gesellschaft nicht mehr gibt, wenn jeder und jede ständig fürchten muss, ohne Anlass beobachtet, ausspioniert und hinsichtlich möglicher Verhaltensauffälligkeiten durchleuchtet zu werden, führt dies dazu, dass eine Form der Selbstzensur greift. Der Staatsrechtler Dieter Grimm hat dies einmal wie folgt skizziert: „Der allwissende Staat wird schnell zum allmächtigen Staat. Freiheit gibt es dagegen nur im begrenzten Staat." Und auch der US-Amerikaner Benjamin Franklin wusste: „Wer Freiheit für Sicherheit aufgibt, wird beides verlieren."

Lars Klingbeil, MdB, SPD, Berlin

Digitale Souveränität aus europäischer Perspektive

Ein Gespräch zwischen Jan Philipp Albrecht und Mike Friedrichsen

Friedrichsen:
In der heutigen Zeit im Zuge der Globalisierung gibt es den Begriff der digitalen Souveränität. Inwieweit halten Sie diesen Begriff für akzeptabel? Ist er noch zeitgemäß?

Albrecht:
Ich halte das für einen absolut zeitgemäßen Begriff. Es geht im digitalen Raum um Selbstbestimmung des Einzelnen und auch die Handlungsfreiheit als Gesellschaft zu bewahren. Da sind wir erst am Anfang der Auseinandersetzung.

Friedrichsen:
Wie würden Sie diesen Begriff definieren, was würden Sie grundsätzlich unter digitaler Souveränität verstehen?

Albrecht:
Für mich hat das zwei Facetten. Das eine ist die Möglichkeit, als Individuum auch im digitalisierten Leben noch Herr der eigenen Entscheidungen zu sein. Zum Beispiel: Welche Vertragsbeziehungen gehe ich ein? Wem gebe ich sozusagen welche Information über mein privates Leben? Inwiefern möchte ich Teil einer Entwicklung sein oder an welchen Entwicklungen bzw. Vorgängen möchte ich teilnehmen? Einerseits ist dieser Aspekt wichtig, auf der anderen Seite stellt sich gleichzeitig die Frage, ob und inwiefern wir noch demokratische Prozesse in einem digitalen Raum gestalten können, wo es keine Unterschiede bei Landesgrenzen oder Gerichtszuständigkeiten mehr gibt. Da stellt sich tatsächlich die Frage: Wie wollen wir in Zukunft die verlässliche Anwendung des Rechts garantieren?

Friedrichsen:
Die Diskussion, die dahintersteckt, bezieht sich auf das Freihandelsabkommen. Das führt uns zum nächsten Aspekt, der Asymmetrie zwischen Deutschland, Europa und den USA. Sie haben gerade angedeutet, dass Sie darin gewisse Probleme sehen. Aber was wären die eigentlichen Risiken?

Albrecht:
Die eigentlichen Risiken in diesem Prozess sind die unabsehbaren Folgen von generellen Richtungsentscheidungen auf internationaler Ebene. Es ist vollkommen unklar, was das konkret für die Gesetzgebung in den einzelnen Ländern bedeutet, aber es wird am Ende nicht mehr durch die gewählten Parlamente entschieden, sondern durch in diesen Handelsabkommen geschaffene bzw. installierte Schiedsgerichte. Das ist letztendlich die Entfernung von parlamentarischen Demokratien, wie wir sie kennen. Mit Blick auf den digitalen Raum heißt das im Bereich von geistigem Eigentum, Datenschutz oder Informationsfreiheit, dass diejenigen sich langfristig in einem solchen Handelsumfeld durchsetzen werden, die auf diese Schiedsgerichte Einfluss nehmen können. Das sind vor allem große Industrie- und starke Lobbygruppen. An dieser Stelle müssen wir politisch einschreiten. Wir brauchen gemeinsame Standards, die parlamentarisch diskutiert und entschieden werden.

Friedrichsen:
Die Bundestagsabgeordneten fahren nach Silicon Valley und sind immer ganz begeistert. Sehen Sie da eine Chance, dass auch wir in Europa, ähnlich wie beim Airbus in der Flugzeugindustrie, eine solche Industrie aufbauen können? Oder auch in Deutschland als der leitenden Volkswirtschaft? Wie sehen Sie das Problem oder ist es bereits zu spät?

Albrecht:
Es wird letztlich der politische Wille entscheiden, ob es noch ein Gegenmodell zu den Milliardenunternehmen aus dem Silicon Valley geben wird. Es ist nicht damit getan, nunmehr Kapital zur Verfügung zu stellen oder diverse Unternehmen in gewisser Form zu subventionieren. Außerdem ist das wahrscheinlich nicht der richtige Weg, das gleiche deregulierte Marktumfeld zu schaffen wie im Silicon Valley. Meines Erachtens wird es nur darüber gehen, dass wir in der Europäischen Union als größter Markt der Welt die Bedingungen diktieren, unter denen zukünftig Produkte und Dienstleistungen im digitalen Markt unterwegs sein können. Diese müssen sich an klaren Werten und Grundlagen orientieren und das sind vor allem starke Verbraucherrechte, um einen Markt zu schaffen, in dem die Verbraucher letztendlich den Wettbewerb mitbestimmen. Zudem bedarf es einer fairen Wett-

bewerbsregulierung. Hierbei ist wichtig, dass es öffentliche Räume wie das Netz für Suchmaschinen als neutrale Infrastruktur gibt. Das wäre dann ein Markt, in dem jeder die Möglichkeit hat, sich selbst und sein eigenes Unternehmen sowie Innovationen zu entwickeln und zu vermarkten.

Friedrichsen:
Wenn man diese Märkte in Europa, Deutschland, USA und Asien einteilt, wo sehen Sie die Stärken, die wir jetzt in der IT-Industrie haben und wo haben die USA und auch Asien ihre Stärken im Detail?

Albrecht:
Es liegt auf der Hand, wo die Stärken der europäischen IT-Wirtschaft liegen. Es ist allerdings überraschend, wie wenig die deutsche und europäische Politik diese Vorteile zum Wohle der europäischen Volkswirtschaft nutzt. Der wichtigste Kompetenzbereich ist eindeutig in den sicheren und datenschutzfreundlichen Technologien zu sehen. Die IT-Sicherheit und datenschutzfreundliche Technologien, Anonymisierungssoftware usw. werden in Zukunft sicherlich extrem boomen. Damit sind wir im Weltmarkt konkurrenzfähig und können sichere, gute und verbraucherfreundliche Technologien und Dienste entwickeln. Zudem wird ein weiterer Bereich seit einigen Jahren unterschätzt: die transparente Technologie, vornehmlich im Bereich Open Source, speziell auch Open Source Hardware. Da haben wir in der Europäischen Union im Grunde genommen schon heute eine Weltmarktführung, die sich allerdings überhaupt nicht im Wettbewerb realisieren lässt, weil selbst in der Europäischen Union und auch gerade in Deutschland diese Dienste und Produkte überhaupt nicht in Anspruch genommen werden. Stattdessen wird weiterhin auf geschlossene Technologien gesetzt. Fast alle Behörden in Deutschland arbeiten mit Microsoft-Betriebssystemen. In allen Ausschreibungen erhalten in der Regel große amerikanische Software- oder Hardware-Konzerne mit geschlossenen Diensten Aufträge in Milliardenhöhe. Diese Summe könnte man im Grunde genommen in die europäische Internet-Wirtschaft, in die Software-Entwicklung im Bereich Open Source, investieren, indem man einfach das Vergabewesen dahingehend ändert, dass offene Standards und offene Quellcodes eine Grundvoraussetzung sind. Im Übrigen halte ich das für selbstverständlich, nicht nur aus Wirtschaftsförderungsgründen, sondern auch aus Gründen der Rechtsstaatlichkeit. Heute kann keine Behörde mit Microsoft-Produkten garantieren, dass dort keine „Hintertür" ist, die die sensiblen Daten täglich an die NSA weiterleitet.

Friedrichsen:
Wenn Sie jetzt an Snowden denken, gibt es irgendwelche wirtschaftspolitische Konsequenzen, die man für unseren Wirtschaftsstandort ableitet? Oder ist das eine völlig andere Baustelle?

Albrecht:
Es ist eindeutig, dass die Snowden-Enthüllungen uns zu denken geben sollten, vor allem mit Blick auf die Frage, welche Regeln eigentlich Unternehmen im europäischen Markt befolgen müssen. Es kann nicht sein, dass große IT-Konzerne - insbesondere von außerhalb - mit gewollten oder ungewollten Sicherheitslücken in deren Informationssystemen in die Europäische Union kommen, durch die Daten an Geheimdienste wie die NSA oder an den chinesischen Geheimdienst weitergeleitet werden. Die europäischen Regulierungs- und Aufsichtsbehörden sowie die Wettbewerber lassen das ohne Bedenken durchgehen. Wir brauchen eine IT-Sicherheitsgesetzgebung, in der die Verantwortung der Systembetreiber für klaffende Sicherheitslücken verankert wird und in der klargestellt wird, welches Produkt, System oder Software im europäischen Markt unterwegs sein darf. Das muss überprüfbar sein und den europäischen und deutschen Regeln sowie dem Datenschutz entsprechen.

Friedrichsen:
Sollte Deutschland im ICT-Bereich jetzt die Standards entsprechend „Security made in Germany" entwickeln? Es gibt immer einige Menschen, die Analogien zu den sechziger Jahren und auch zu der Automobil-Industrie herstellen. Wäre das ein Weg, der daraus hergeleitet werden kann?

Albrecht:
Es geht um Produkte, die in Zukunft unser Leben dominieren werden und eine ähnliche wirtschaftliche Stellung einnehmen, wie das vor 50 bis 60 Jahren in der Automobilindustrie der Fall war - genauso wie bei den Sicherheitsstandards im Straßenverkehr und der Frage, welche Qualitätsstandards bei Fahrzeugbremsen berücksichtigt werden sollen. Auch hier ist es inakzeptabel, dass diese Standards nicht überprüft werden. Diese Standards müssten wir ebenfalls an Software- und Hardware in der EU anlegen. Aus meiner Sicht würden dann wahrscheinlich 90 Prozent der konkurrierenden Produkte aus den Vereinigten Staaten erstmal zu Nachbesserungen zurückgewiesen. Im Gegensatz dazu würden europäische Produkte nicht nur in der EU, sondern weltweit plötzlich viel stärker gefragt sein, weil die EU mit Blick auf Sicherheitsstandards und Datenschutzstandards offensichtlich weiter in der Entwicklung ist, als die Vereinigten Staaten. Viele Grundsatzentscheidungen

muss die Politik jetzt treffen. Das heißt auch, Mut beweisen, auch wenn es harschen Widerspruch aus der amerikanischen Wirtschaft geben wird.

Friedrichsen:
Wenn wir Ihre Aussagen ein wenig bündeln, dann haben wir bei der digitalen Souveränität Technik, Cyber-Security, Verschlüsselung, Schutz des Individuums vor Überwachung, Manipulation und Schutz der Wirtschaft vor Spionage. Wenn wir das in ein Ranking bringen würden, was ist für Sie das Hauptaugenmerk, wenn Sie an den Begriff der digitalen Souveränität denken?

Albrecht:
Das Individuum, die Nutzer und Verbraucher sollen sich selbst ein Stück weit vor Risiken schützen können - zum Beispiel inwiefern Verschlüsselung stärker in der Masse zur Pflicht gemacht werden kann. Wie kann der Verbraucher, wie können die Nutzer darauf vertrauen, dass Sicherheitsstandards für sie vorhanden sind? Es muss von der Politik eingefordert werden, dass solche Standards zur Regel werden. Es ist für alle Beteiligten, auch für Unternehmen, ein Vorteil, wenn Verbraucher sicher kommunizieren können. Und wenn Arbeitnehmer sich sicher verständigen, dann ist auch letztendlich die Sicherheit in den Betrieben erhöht. Es wird darauf ankommen, eine bestimmte Risikominimierung zu erreichen, um am Ende zu verhindern, dass an allen Ecken und Enden Informationen, z.B. auch Betriebsgeheimnisse, nach außen dringen können. Die Wirtschaft tut gut daran, gemeinsam mit den Verbrauchern solche Standards als Grundeinstellung zu etablieren.

Friedrichsen:
Das Problem, das wir haben, oder das Sie ja als politischer Handlungsträger haben, ist, die Balance zu schaffen zwischen dem Schutzauftrag des Staates, den Sie intensiv diskutieren, und dem Recht des Individuums auf informationelle Selbstbestimmung. Wie schafft man die Balance?

Albrecht:
Jeder einzelne hat ein Stück weit den Anspruch, dass der Staat ihn vor unnötigen Risiken in der Gesellschaft und auch am Markt schützt - natürlich auch vor Risiken durch willkürlich staatliche Eingriffe. Nichtsdestotrotz muss auch immer die Möglichkeit gegeben werden, selbst darüber zu entscheiden, welches Risiko am Ende jeder für sich eingehen möchte. Es ist aber kein großer Widerspruch, wenn wir sagen, dass jeder grundsätzlich geschützt ist. Aber wenn ein Einzelner sich von diesem Schutz freistellt und explizit in die Nutzung - z.B. möglicher sensibler Gesundheitsdaten, um tolle Statistiken über seine sportliche Aktivität zu erheben

- einwilligt, dann ist das absolut in Ordnung. In diese Richtung müssen wir gehen. Eine einzige Innovation wird nicht dadurch vermieden, in dem gesagt wird, die Deutschen müssen erstmal zustimmen, denn es wird immer Menschen geben, die sagen, um diese oder jene Innovation zu erhalten, stimme ich gerne zu, sodass auch meine Daten geschützt werden. Nur es sollte eben explizit und informiert erfolgen.

Friedrichsen:
Das führt uns zum nächsten Themenbereich, die „digital natives" und die sogenannten Alten oder Immigrants. Haben wir ein Generationsproblem aus Ihrer Sicht? Oder ist es so, dass die „digital natives" ein ganz anderes Grundlagenverständnis von den ganzen Datenprozessen haben als die Älteren. Sind die grundsätzlichen Bedenken der Älteren berechtigt? Wie stehen Sie zu diesem Generationenaspekt?

Albrecht:
Die Älteren machen sich Sorgen und die Jüngeren nehmen das alles auf die leichte Schulter - das stimmt nicht wirklich. In allen Generationen gibt es solche, die weniger Konsequenzen für sich befürchten, wenn sie sich im Internet bzw. in der digitalisierten Gesellschaft bewegen oder mit Technik in Kontakt kommen. Es gibt auch in jeder Generation viele, die davor Bedenken oder Befürchtungen haben. Insofern halte ich es für wichtig, egal um welche Generation es geht, dass wir eine gesellschaftliche Debatte darüber führen, was denn überhaupt stattfindet. Jeder sollte ein Grundverständnis haben, was hinter der weißen Webseite von Google stattfindet oder was im Smartphone passiert. Es besteht die Notwendigkeit einer gesellschaftlichen Bildung über den technologischen Fortschritt und über die digitale Revolution, um am Ende eine gesellschaftliche Entscheidung darüber fällen zu können. Die wichtige Frage ist, was wir für gemeinsame Standards und für ethische Grundwerte verankern wollen, auch im Technikrecht, um individuell mündige Entscheidungen zu treffen. Wieviel Risiko, Fortschritt oder Technik möchte jeder im eigenen Leben haben?

Friedrichsen:
Jetzt zu Ihrer eigentlichen Arbeit, die Sie leisten. Es ist in den letzten Tagen viel über die digitale Agenda, über das soziale Netz diskutiert worden. Wie können Sie das unterstützen oder wie meinen Sie dieses Thema in Ihrer Arbeit über den Bundestag einzubringen?

Albrecht:
Wir arbeiten vor allen Dingen im Europäischen Parlament an der europäischen digitalen Agenda, aber es ist absolut richtig, dass auch auf Bundesebene an einer

solchen digitalen Agenda gearbeitet wird. Dennoch ist es enttäuschend, wie die digitale Agenda, die jetzt vorgelegt wurde, dort anfängt, wo schon zwei Enquete-Kommissionen im Bundestag angefangen haben - im Grunde genommen in einer sehr generellen ergebnisoffenen Dialogform. Das hinkt weit hinter dem zurück, wo wir eigentlich gerade stehen. Wir befinden uns mitten im Prozess der Neuschaffung von fundamentalen Regeln unseres Zusammenlebens. Wir werden eine EU-Datenschutzverordnung schon bald in Kraft gesetzt bekommen und die Frage ist, was für Regeln verbindlich niedergeschrieben werden. Wir werden in den kommenden Jahren eine Urheberrechtsreform zu bewältigen haben, in Richtung einer ganz einheitlichen europäischen Regelung. Da wäre es wünschenswert, dass in diesen Bereichen oder bei der Telekommunikationsregulierung - Stichwort Netzneutralität - der Bundestag und die Bundesregierung auf der europäischen Ebene und in europäischen Gesetzgebungsverfahren ganz konkret Einfluss nehmen und keine Paralleldiskussionen schaffen, so wie es zuletzt bei den IT-Sicherheitsgesetz der Fall war. Thomas de Maizière schlägt ein IT-Sicherheitsgesetz für den Bund vor und erwähnt nicht mit einem Wort, dass wir seit zwei Jahren an einer europäischen Richtlinie zu genau diesen Fragen diskutieren und dass er daran auch selbst beteiligt ist als Gesetzgeber. Wir müssen europäischer denken. Es ergibt keinen Sinn, jetzt im Rahmen nationaler Alleingänge zu agieren oder in Parallelvorgängen zu diskutieren. Das führt nur zur Verwirrung in der Bevölkerung, sodass keine langfristige Lösung gefunden wird, sondern im Halbjahresrhythmus alles immer wieder neu diskutiert werden muss.

Friedrichsen:
Meinen Sie, dass wir die Sicherheit über unsere Netze in Anführungsstrichen zurückgewinnen können oder ist das schon zu spät?

Albrecht:
Ich bin mir ziemlich sicher, dass diese Chance noch immer besteht. Deswegen arbeiten wir intensiv an dieser Frage. Es muss klare Entscheidungen geben. Unternehmen und Behörden tragen Verantwortung für einen Sicherheitsstandard in ihren Systemen, der dem Stand der Technik entspricht und nicht dem, was man sich gerade leisten möchte oder der Logik von Kosten-Nutzen-Rechnung folgt. Der höchste Sicherheitsstandard, der vertretbar ist, ist Grundstandard und das muss gesetzgeberisch verankert werden. Davor darf man sich nicht drücken. Wer seine Informationssysteme so offen lässt, dass im Grunde genommen jeder eindringen und alles entnehmen kann, der muss am Ende für den Schaden verantwortlich sein, der dabei entsteht. Und das heißt in manchen Fällen durchaus auch, dass Schadensersatz gezahlt werden muss. Über diese Fragen müssen wir diskutieren,

sonst werden wir nicht zu einem Anreiz kommen, tatsächlich sichere Systeme zu gestalten in Europa.

Friedrichsen:
Müssen wir, was die nachwachsende Generation angeht, auch im Bildungsbereich aktiv werden? Das heißt, wie kann man da digitale Souveränität angehen? Ist das für Sie ein Thema?

Albrecht:
Wir müssen in der digitalen Transformation, die wir derzeit durchschreiten, die mit Sicherheit nicht weniger bedeutend ist, als die industrielle Revolution, die Gesellschaft schnell fortbilden und mitnehmen. Wir brauchen einen Prozess, in dem wir als Gesellschaft mithalten können mit dem technologischen Fortschritt und das heißt gerade in den Bereich der IT und der IT-Sicherheits-Fortbildung zu investieren, auch in allgemeine Ausbildung und in gesellschaftliche Bildung. Es ist allerdings nicht realistisch, zu glauben, dass jeder oder dass vielleicht nur viele im Detail begreifen werden, wie konkret die Sicherung von Informationssystemen zu schaffen ist oder wie Fehler konkret gefunden und auch beseitigt werden. Das werden wir nicht schaffen. Es wird weiterhin Menschen geben, die sich schwerpunktmäßig im Leben mit anderen Dingen beschäftigen und das ist gut so. Deswegen sollte die Weiterbildung ein „zusätzliches Muss" sein. Die Grundvoraussetzung wird sein, ein regulatives Umfeld schaffen, in dem die Menschen sich tatsächlich sicher fühlen dürfen.

Friedrichsen:
Wir in Deutschland diskutieren stets viel über Datenschutz. Das ist auch schon so ein besetzter Begriff und in den USA wird in diesem Kontext von „Privacy" gesprochen. Können wir davon ausgehen, dass unser klassisches altes Datenschutzverständnis in Europa keine Überlebenschance hat?

Albrecht:
Es ist auch in der Vergangenheit nicht so gewesen, dass jeder immer hundertprozentig nachvollzogen hat, wie Technik funktioniert. Letztendlich hat man ein Stück weit für sich selbst eine Entscheidung getroffen, auf der individuellen Grundlage und vielleicht auch unter Berücksichtigung von Verbraucherschutzverbänden oder Datenschutzexperten. So wird es weiterhin laufen. Die informative Selbstbestimmung eines jeden Menschen muss gewährleistet sein. Aber es wird vielleicht notwendig sein, sich Dritter bedienen müssen, die bei der Entscheidung und bei der Selbstbestimmung Hilfestellung leisten. Und deswegen ist es wichtig,

dass wir gerade beim Datenschutz neue Möglichkeiten einräumen. Verbraucher-schutzverbände, Datenschutzverbände und vielleicht auch solche, die im Rahmen der Wissenschaften oder anderswo Lücken aufdecken oder Unzulänglichkeiten erkennen, sollen in der Lage sein, stellvertretend für viele Menschen oder für die Gesellschaft sogar die Durchsetzung des Rechts einzuklagen und einzufordern. Solche Kontrollmechanismen sind unumgänglich. Wir müssen auf ein Maß an informativer Selbstbestimmung vertrauen können, das ein Stück weit unsere Menschenwürde sichern soll.

Friedrichsen:
Wenn wir das jetzt auf Europabasis diskutieren, dann gibt es sehr unterschiedliche historische Herangehensweisen. Wir haben zwei Diktaturen parallel erlebt in zwei Staaten. Wie meinen Sie denn kann man das in der Europapolitik berücksichtigen, dass die Menschen natürlich letztlich immer mit diesen Kontrollproblemen unter-schiedlich umgehen? Gibt es ein europäisches Problem? Haben Sie den Eindruck, dass das in den Gesellschaften, dass das in Europa Schwierigkeiten bereitet oder ist das gar kein Thema?

Albrecht:
Europa ist geprägt durch sehr unterschiedliche Erfahrungen. Dazu gehört auch ein großer historischer Erfahrungsschatz, den man dort zusammenträgt. Es gibt viele Perspektiven und wir unterschätzen trotz dieser großen Herausforderung oft, dass wir in den letzten 50 Jahren auch schon sehr weit gekommen sind im Zu-sammenwachsen dieser Erfahrungen und der unterschiedlichen Kulturen. Gerade im Themenbereich Datenschutz ist das Bewusstsein von sehr unterschiedlichen Vorstellungen in Europa sehr real. Wir haben mittlerweile seit 1995 ein europä-isches Datenschutzrecht. Datenschutzbeauftragte aus der ganzen EU treffen sich regelmäßig und diskutieren darüber, wie und was nun genau durchgesetzt werden soll. Ähnliches erfahren wir auch in anderen Regulierungsbereichen, in den wir gemeinsam in der EU vor allen Dingen unsere Regeln durchsetzen, wie im Wett-bewerbsrecht und in der Telekommunikationsregulierung. An dieser Stelle muss man mutig sein und gemeinsam ständig über die unterschiedlichen Erfahrungen reden. Meine Erfahrung in den letzten Jahren im Europäischen Parlament ist, dass eine große Offenheit über den Austausch von Erfahrungen bezüglich staatlicher Willkür herrscht und dass das in die Entscheidungen auf europäischer Ebene miteinbezogen wird.

Friedrichsen:
Wenn Sie jetzt die drei wichtigsten politischen Weichenstellungen für die Zukunft der digitalen Souveränität herausstellen sollten, welche drei würden sie dann nennen?

Albrecht:
Die wichtigste Entscheidung ist eindeutig die Schaffung eines Datenschutzgesetzes - eines EU-Datenschutzgesetzes. Dieses soll im Grunde genommen als eine Art Grundgesetz für die informationelle Selbstbestimmung in Europa dienen. Der zweite Bereich ist, dass wir eine IT-Sicherheitsgesetzgebung brauchen, in der festgelegt wird, wie genau Produkte, Dienstleistungen und Informationssysteme in Europa auf dem europäischen Markt ausgestaltet werden müssen, damit sie sicher und verlässlich sind. Es muss dafür gesorgt werden, dass für aufgetretene Lücken oder Nichterfüllung von Standards die Verantwortung übernommen wird - unabhängig davon, ob der Schaden monetär oder bei Datenverlust immateriell ist. Der dritte große Bereich neben dem Datenschutz und der IT-Sicherheit ist die Regulierung der Netze - die Netzneutralität und der Grundgedanke, dass wir einen öffentlichen Raum auch in der digitalisierten Welt haben. Es kann nicht sein, dass wir im analogen Bereich Straßen haben, auf denen jeder fahren darf oder dass wir Plätze haben, auf denen jeder sich versammeln, reden, austauschen und handeln darf, aber im Netz, in der Netzinfrastruktur und in der Suchmaschineninfrastruktur, in den großen Portalen, herrscht plötzlich die reine Willkür derjenigen, die ihre Netze aufgebaut haben oder denen diese Netze gehören. Das darf nicht sein. Wir brauchen eine durchsetzungsfähige Regulierung, ohne die werden wir keinen fairen Markt, sondern letzlich sogar eher eine Diktatur einiger Weniger bekommen.

Friedrichsen:
Recht herzlichen Dank, Sie haben mir damit auch verdeutlicht, dass wir in den nächsten Jahrzehnten viel Arbeit vor uns haben, packen wir es an.

Das Interview wurde telefonisch geführt am 12. November 2014.

Jan Philipp Albrecht, MdEP, DIE GRÜNEN, Brüssel

Mike Friedrichsen, Prof. Dr., Professor für Medienökonomie und Medieninnovation an der Hochschule der Medien Stuttgart und wissenschaftliche Leitung der Humboldt-School Stuttgart/Berlin

Digitale Souveränität besteht aus Verantwortung und Vertrauen

Dorothee Bär

Wenn man die letzten Jahre der politischen Debatten betrachtet, dann stellt man eine begriffliche wie inhaltliche Entwicklung von der Netzpolitik hin zur Digitalisierung oder Digitalpolitik fest.

Aus einem Randthema wurde ein ubiquitäres, aus einer Materie, die einige Wenige betraf, wurde ein gesamtgesellschaftliches Phänomen, ein neues Politikfeld, dass in alle anderen Felder mittelbar oder unmittelbar hineinwirkt.

Nachdem die Parteien in Deutschland sich diesem Thema in teilweise äußerst kontroversen Debatten angenommen hatten, wurde das, was wir heute als Digitalpolitik verstehen, zunächst in die Wahlprogramme aufgenommen, fand sich schließlich im Koalitionsvertrag von CSU, CDU und SPD wieder und ist nun sowohl im Parlament mit dem Bundestagsausschuss Digitale Agenda als auch in der Bundesregierung mit den entsprechenden drei federführenden Ministerien verankert.

Die Netzpolitik ist also keine Netzpolitik (mehr), weil sie sich nicht als eigenes Ressort definieren lässt und als Querschnittsthema nicht abgrenzbar ist. Die Digitalisierung hat unmittelbare Auswirkungen auf ausnahmslos alles, was zu unserer Gesellschaft gehört und stellt Politik, Wirtschaft und die Menschen weltweit vor Herausforderungen, die es in dieser Größe lange nicht gegeben hat.

Hier stellt sich die Frage nach der Rolle, die die einzelnen Mitwirkenden einnehmen oder einnehmen müssen. Hier stellt sich die Frage nach Einflüssen, nach Abhängigkeiten, nach Freiheit und die Einschränkungen dieser Freiheit. Es geht um Selbst- und Fremdkontrolle und es geht um die Souveränität eines Staates und seiner Staatsbürger.

Wie bereits angedeutet, muss man sich zunächst einmal überlegen, was mit einem bestimmten Begriff eigentlich gemeint ist. Wovon sprechen wir, wenn wir über eine „Digitale Souveränität" sprechen? Geht es hier um eine staatliche Selbständig- und Unabhängigkeit, wie sie Bodin im 16. Jahrhundert verstanden hatte oder geht es um die Souveränität im Sinne der Eigenverantwortlichkeit und persönlichen Freiheit?

Ist es überhaupt notwendig, eine begriffliche Definition vorzunehmen und schränkt eine solche Festlegung nicht deshalb zu sehr ein, weil eine digitale Welt Werte, Konzepte und die reinen Lehren der vergangenen Zeit relativiert, re-konzipiert und umdefiniert hat? Ist es nicht genau die Notwendigkeit des Neu-Denkens, was wir meinen, wenn wir von disruptiven Veränderungen sprechen?

Wir sollten also Abstand nehmen von fertigen oder gelernten und gewohnten Konzepten und einen Blick Richtung Horizont werfen, darauf, was uns „da vorne" erwartet. Und wir sollten dies in dem Wissen tun, dass dieser Horizont keiner ist, der sich zunehmend verdunkelt, sondern einer, der, wenn wir uns auf dem richtigen Wege nähern, immer heller und strahlender werden kann.

Es ist kein Geheimnis: Die absolute Grundvoraussetzung dafür, dass wir in einer digitalen Gesellschaft leben können, ist der technische Zugang zu dem, was wir früher noch als „das Internet" bezeichnet hatten. Auch diesen Begriff verwenden wir heute ja im Grunde nur noch deshalb, weil wir eine gewissermaßen greifbare Referenz brauchen, wenn wir über bestimmte Dinge sprechen. „Das Internet" ist, seine Nicht-Greifbarkeit betreffend also gleichzusetzen mit „Die Luft" oder „Das Wasser" – eine Parallele, die sich auch semantisch weiter gefasst gut begründen lässt, denn auch die beiden genannten Begriffe stehen für etwas, ohne das unser Leben nicht funktionieren würde, etwas, das lebensnotwendig ist.

Natürlich ist es Unsinn, zu behaupten, man würde ohne einen Zugang zum Internet sterben (bei Wasser und Luft ist dies so), aber einen eklatanten gesellschaftlichen Nachteil und eine heute nicht mehr hinnehmbare Verminderung der Lebensqualität erleidet man ohne die nötige digitale Infrastruktur allemal.

Und dass eine schnelle Datenübertragung Leben retten kann, sehen wir spätestens dann, wenn wir über Themen wie E-Health sprechen, wenn also Gesundheitsanwendungen internetbasiert sind und Operationen aus der Ferne gesteuert werden.

Definiert man die Souveränität über die Freiheit und die damit verbundenen persönlichen Möglichkeiten, wird klar, dass es keinen Unterschied geben darf, ob jemand in einer Großstadt, einem Dorf oder auf einer einsamen Almhütte wohnt. So, wie jede Bürgerin und jeder Bürger von seinen demokratischen Rechten Gebrauch machen können muss, so müssen sie auch mit leistungsfähigem Internet versorgt und damit der digitalen Gesellschaft zugehörig sein können. Die Bundesregierung hat dies und die Notwendigkeit des Ausbaus der digitalen Infrastruktur in ihrer im Sommer 2014 vorgestellten Digitalen Agenda klar benannt und festgelegt.

Dies also die Basis, das Fundament unseres modernen Zusammenlebens.

Gehen wir eine Stufe höher: Denn nachdem die technischen Voraussetzungen gegeben sind, geht es um den konkreten Umgang damit. Der Zugang zu etwas allein hilft nicht weiter, wenn man nicht weiß, wohin man sich begibt. Was so einfach klingt, stellt sich als gesamtgesellschaftliche, politische und wirtschaftliche Herausforderung heraus, wenn wir an die schier grenzenlosen Möglichkeiten denken, die ein „always on" bieten und dabei die Medaille vorsichtig drehen, um ihre zwei Seiten zu sehen.

Am deutlichsten wird dies, wenn wir uns dem zuwenden, um das es eigentlich geht: um Daten. Hier ist zunächst festzuhalten, dass der souveräne Umgang mit diesen Daten sich aus zwei tragenden Säulen zusammensetzt: Verantwortung und Eigenverantwortung. Sind diese beiden Fundamente gleichermaßen stark, hält auch das Gesamtkonstrukt.

Ein Beispiel: Bereits in wenigen Jahren, wird es serienmäßig Selfdriving Cars geben, Autos, die man nicht mehr selbst steuern muss, sondern die von selbst fahren. Dass damit eine umfängliche Verarbeitung von Daten verbunden ist, muss hier nicht näher erklärt werden. Denn Datensparsamkeit – erneut ein Begriff, dessen Gültigkeit heute ernsthaft hinterfragt werden muss – führt hier zu einem Sicherheitsrisiko. Entsteht eine Datenlücke, wird zum Beispiel nicht ausreichend erfasst, wo genau ich mich mit meinem Fahrzeug befinde, was neben und hinter mir stattfindet, können Abstände und Geschwindigkeiten nicht eingehalten werden. Das Auto gerät außer Kontrolle, die logische Folge ist ein Unfall.

Um Verantwortung geht es in diesem Fall dann, wenn es um die Rolle des betreffenden Unternehmens geht, das die Fahrzeuge herstellt, die Technik betreut und die Funktionsfähigkeit garantieren muss. Ich muss mich als Nutzerin oder Nutzer darüber hinaus darauf verlassen können, dass mit meinen Daten sorgsam umgegangen wird – es geht also auch um Vertrauen.

Auf der anderen Seite muss ich als Userin und User wissen, was ich tue, und ob ich das möchte. Wenn ich weiß, welche Daten ich „aus der Hand geben" muss, um bestimmte Dienste zu nutzen, kann ich souverän entscheiden, ob ich diese Angebote auch wahrnehmen möchte. Keiner zwingt mich, in ein Auto zu steigen, das von alleine fährt, aber ich kann mich dazu entscheiden, genau dies zu tun.

Das hört sich alles sehr einfach an. Zugegeben. Aber ein Stück komplizierter wird es, wenn ich nach der Verantwortung des Staates frage, dessen Aufgabe es ja durchaus auch ist, seine Bürgerinnen und Bürger vor Risiken oder Gefahren zu schützen.

Digitale Souveränität impliziert immer die Frage nach der Hoheit der Daten. In fast jeder politischen Rede findet sich der inzwischen apodiktische Satz „Daten sind die Währung des digitalen Zeitalters".

Dieser Satz schreit förmlich danach, anzufügen, dass man bereits im frühen Kindesalter durch die Zuteilung eines Taschengeldes den verantwortungsvollen Umgang mit seiner Währung lernt.

Der Unterschied ist natürlich, dass man seine Daten bereits von Anfang an in quasi unbegrenzter Fülle besitzt, was auf das echte Geld nicht zutrifft. Auch kann einem bei Letzterem relativ egal sein kann, was damit geschieht, nachdem man es aus der Hand gegeben hat (abgesehen natürlich von ethischen und moralischen Aspekten).

Aber wenn es darum geht, seine wertvolle „Währung" nicht leichtfertig, sondern bewusst und überlegt abzugeben, ergibt der Vergleich durchaus Sinn.

Die Frage, die sich dabei stellt, und die schon so manche, die sich mit der Beantwortung beschäftigt haben, schier in Verzweiflung getrieben hat, ist: Wie verträgt sich die eigene, durch die Digitalisierung eher noch größer gewordene persönliche Freiheit, mit der Aufgabe des Gesetzgebers, eben jene Freiheit zum Schutz der Bürgerinnen und Bürger einzuschränken, auf dass sie nicht zur Ohnmacht durch ein Zuviel an Offenheit und Unbekümmertheit der Menschen führt? Sollte der Staat versuchen, die Geister, die man als allzu unvorsichtiger Bürger im digitalen Zeitalter gerufen hat, soweit einzuschränken, dass sie sich nicht gegen den oder die Betreffenden wenden? Und wenn ja, wie weit darf er dabei gehen?

Und eine Frage, die die Antwort zumindest schon ansatzweise in sich trägt, lautet gleichzeitig: was muss und darf denn gesetzlich überhaupt geregelt werden und was lässt sich sinnvoller durch die Vermittlung von Wissen und Kompetenz lösen?

Wenn es um die Grenzen des technisch Machbaren geht (und nicht nur dann), müssen alle Beteiligten, alle Mitglieder unserer Gesellschaft die moralischen Grenzen kennen. In seinem Roman „Der Circle", der zu Beginn des Jahres 2014 für Aufsehen sorgte, lässt der Autor Dave Eggers eine seiner Figuren ein Szenario errichten, in dem es möglich ist, durch äußerlich kaum wahrnehmbare Kameras jeden Ort der Welt „sichtbar" zu machen. Da diese Kameras leicht erschwinglich sind, kann sie jeder User ohne großen technischen oder finanziellen Aufwand wo auch immer er möchte, installieren. Das hört sich zunächst großartig an, weil es schließlich ein großer Schritt für die Demokratie zu sein scheint, wenn man genau sehen kann, was auf den Tahir-Plätzen dieser Welt geschieht und wo unschuldige Menschen unter Staatsgewalt (oder jeglichen anderen Verbrechen) zu leiden hätten.

Gleichzeitig preist der fiktive Entwickler, dass er damit sogar die Wohnung der eigenen gebrechlichen und daher wenig selbständigen Großmutter überwachen könne, obwohl sie das gar nicht wollte.

Hier werden die beiden Seiten gezeigt, zwischen denen jener schmale Grat verläuft, auf dem es zu balancieren gilt. Mit demselben Argument, nämlich der Transparenz, mit dem ich die Sicherung und Förderung von demokratischer Freiheit verteidigen kann, kann ich vor dem endgültigen Verlust von persönlicher Freiheit warnen.

Mit diesem Dilemma umzugehen, mit diesem Sowohl-Als-Auch und dem unwiderruflichen Ende von Schwarz und Weiß, von moralischer Eindeutigkeit und der immer wichtiger werdenden Frage nach der ethischen Legitimierung des technologischen Fortschritts fertig zu werden, ist ebenfalls ein ganz wesentlicher, vielleicht der zentrale Teil unserer Digitalen Souveränität.

Wenn es um Veränderungen in Wirtschaft und Gesellschaft geht, dann sprechen viele immer gerne über disruptive Prozesse. Solche Entwicklungen verändern uns und unser Zusammenleben, sie heben das auf, was über lange Zeit als allgemeingültig galt oder verändern es. Sie stellen Fragen, die sich viele vor sehr kurzer Zeit nie gefragt hätten und sie verschieben Kategorien, von denen man sicher sein konnte, dass sie auf unverrückbarem Fundament stehen.

Entwicklungen, die so grundlegend sind und die bis in den Alltag jedes Einzelnen von uns hineinreichen, wirken auf Menschen sehr unterschiedlich. Manche sind begeistert von den vielen völlig neuen Möglichkeiten und Anwendungen, manche reagieren abwartend, weil sie sich irritiert oder unsicher fühlen, und manche schrecken vor dem zu schnellen und zu weitgehenden technologischen Fortschritt zurück, weil sie Bedenken oder Angst haben, weil sie beunruhigt sind von einer Ungewissheit und dem, was eines Tages alles zu Tage treten könnte.

All diese Menschen sind Teil unserer modernen und digitalen Gesellschaft und wenn man sich die Programme der Parteien ansieht und die Agenda der Bundesregierung in der laufenden Legislaturperiode – gewissermaßen der ersten nach der Digitalen Revolution – dann merkt man, dass dort Rezepte gesucht werden, auf der einen Seite den Menschen die Angst zu nehmen und auf der anderen Seite die bedingungslose Begeisterung mit dem Hinweis auf nicht zu negierende Risiken zu relativieren.

Denn wenn Fortschritt nicht mehr hinterfragt wird und sich von Bedingungen entkoppelt entwickeln kann, werden moralische Kategorien aufgebrochen und Eggers Utopien werden Wirklichkeit. Das Machbare wird das Gebotene, die Chance wird zur Pflicht und die Spitze des Fortschritts wird zum unerreichbaren Siegerfeld, das die Schwachen an den Streckenrändern zurücklässt.

Ebensowenig förderlich für unser Zusammenleben erweist sich die Angst, die zwar eine natürliche Erscheinung aber eine denkbar schlechte Ratgeberin ist. Denn Skeptizismus, ein Vorbehalt gegen alles Neue und eine latente oder auch offensichtliche Fortschrittsfeindlichkeit schützen uns nicht vor Risiken und fragwürdigen Entwicklungen, sondern machen uns zu Unwissenden und Abgehängten. Unwissen schafft Unsicherheit und letztere steht im direkten Gegensatz zu einer wie auch immer gearteten Souveränität.

Damit sind wir wieder bei dem oben genannten Dilemma, mit dem sich Institutionen, Menschen und Unternehmen, wo auch immer sie sich in unserer Gesellschaft befinden, beschäftigen müssen.

Wenn wir beispielsweise davon ausgehen, dass Schulen den Auftrag haben, junge Menschen auf das Leben vorzubereiten, dann stellt sich die Frage nach ihrer Rolle im Transformationsprozess hin zu einer Gesellschaft, in der die Kategorien Online und Offline keine Antagonisten mehr sind. Natürlich handelt es auch hier um die Vermittlung von Wissen, aber wenn es darum geht, aus digital natives eigenverantwortliche Bürgerinnen und Bürger zu machen, dann reicht es nicht, Fakten zu kennen und fachliches Wissen zu erlangen, sondern es geht hier vielmehr um die Tatsächliche Kompetenz in der Anwendung und eine allgemeine Alltagstauglichkeit in einer technologisierten Welt. Das Grundwissen umfasst neben Rechnen, Schreiben und Lesen eben auch die Medien- und Informationskompetenz und so wie erstere keine theoretische Materie bleiben, kann auch letztere erst in der Anwendung innerhalb und außerhalb der Schulgebäude erlernt werden.

Dazu kommt – und dies zeigt die Dimension und eben jenen disruptiven Charakter der technologischen Entwicklung – dass nicht nur Lerninhalte sich verändert haben, sondern es gewissermaßen zu einer völligen Umkehr der Wissenshierarchie gekommen ist. Das Konzept „Lehrer vermittelt Wissen an Schüler" wird relativiert und die Regel ist heute auch „Schüler vermittelt Wissen an Lehrer".

Wir müssen hier unterscheiden zwischen einem Wissensvorsprung in der Theorie und einem Kompetenzvorsprung in der Praxis, die letztendlich nur im Zusammenspiel dazu führen können, das für alle beste Ergebnisse zu erreichen.

Der praktische Kompetenzvorsprung ist das Wissen der jungen Schülerinnen und Schüler, das sich aus dem täglichen Leben als digital natives ganz automatisch ergibt und gewissermaßen intuitiv geworden ist. Anwendungen sind bekannt, die Praxistauglichkeit wird rein autodidaktisch erreicht und man muss keinem jungen Menschen heutzutage mehr erklären, was Snapchat, WhatsApp oder Spotify sind. Sie wissen, wie sie Ihre Fahrradrouten erstellen und verwalten und sie wissen, wo sie sich Texte übersetzen, Informationen suchen oder Menschen mit gleichen Interessen finden können. Eine Videothek ist heute fremder als ein Streamingportal und CDs werden bisweilen noch gekauft, Musik wird in der Regel aber doch über ein Endgerät aus dem Netz geladen.

Der theoretische Wissensvorsprung dagegen ist das Wissen um die rechtlichen Hintergründe, über die Funktionsweise bestimmter Dienste, wenn es um die Daten und deren Austausch geht. Am Beispiel des immer wieder gerne zitierten Industrie 4.0 - Kühlschranks kann man vielleicht sagen: Ein Anwender weiß, DASS das Gerät automatisch erkennt, wenn der Joghurt langsam ausgeht, das theoretische Wissen vermittelt dagegen auch, WARUM das so ist.

Es sind diese beiden Komponenten, die ganz wesentlich zur Souveränität eines Bürgers oder einer Bürgerin in der Digitalen Gesellschaft gehören – ganz gleich, welchen Alters sie sind. Die Schule muss auch hier, neben allen anderen Teilhabern, die verantwortlich sind für die Vermittlung der Grundkompetenzen ihrer Mitmenschen – dafür Sorge tragen, Ihrer Rolle gerecht zu werden.

Der Staat hat nicht nur einen Bildungsauftrag, er muss seine Bürgerinnen und Bürger auch schützen, wie wir weiter oben schon festgestellt haben. Die Frage nach den Grenzen staatlichen Handelns und gesetzlicher Vorgaben durch die Digitalisierung nicht gerade leichter geworden ist.

Im zitierten Beispiel aus „The Circle" haben wir gesehen, dass beispielsweise eine lückenlose Überwachung mit kleinen Kameras im Dienste der Freiheit eben gerade deren Abschaffung herbeiführen wird.

Was das für den Staat, jenseits literarischer Zukunftskonzepte schon heute bedeutet, zeigt sich zum Beispiel, wenn man sich ansieht, welche regulatorischen Maßnahmen bei innovativen Geschäftsmodellen sinnvoll sind. Legen wir jungen Gründerinnen und Gründern mit einer vielversprechenden Idee ein zu enges Gesetzeskorsett an und legen ihnen zu enge Datenschutzketten um, werden sie ihr Konzept entweder gar nicht oder außerhalb Deutschlands umsetzen. Beide Konsequenzen erweisen sich als äußerst nachteilig für unser Land als Wirtschaftsstandort.

Auch die Nutzerinnen und Nutzer leiden unter einer staatlichen und gesetzgeberischen Überregulierung, was den Schutzauftrag eines Staates gegenüber seinen Bürgerinnen und Bürger ad absurdum führt.

Um beim Begriff der Souveränität zu bleiben, muss man sagen, dass auch ein zuviel an gutgemeinten Entscheidungsmöglichkeiten gerade zu einer gefühlten oder tatsächlichen Beschränkung führen kann. Dies ist beispielsweise dann der Fall, wenn man bei einem konsequenten Opt-In-Modell der Anwenderin oder dem Anwender so viele Entscheidungsmöglichkeiten bietet (oder bieten muss, weil es die Gesetzeslage so verlangt), dass ein Dienst aufgrund der immer wieder zu treffenden Auswahlmöglichkeiten (das berüchtigte „Häckchensetzen") nicht mehr nutzbar ist.

Die Menschen legen Wert auf Komfort, vor allem dann, wenn bestimmte Dienste eben gerade das Ziel haben, das Leben zu vereinfachen. Setzt der Gesetzgeber also Standards fest, die zwar ein hohes Maß an Sicherheit zu gewährleisten scheinen (die Binsenweisheit, dass es die hundertprozentige Sicherheit nicht gibt, möchte ich hier erst gar nicht mehr anbringen), aber eine Nutzung des Angebots so gut wie unmöglich machen, verliert er doppelt: er schwächt die Innovationsmöglichkeit des Wirtschaftsstandorts und er verwehrt den Menschen damit in letzter Konsequenz die Teilhabe an einer weltweit sich weiterentwickelnden digitalen Gesellschaft.

Ganz allgemein lässt sich sagen: Die Daten, die in jedem Bruchteil einer Sekunde erfasst, übermittelt und verarbeitet werden, werden sekündlich mehr und mit der Datenflut steigt auch die Zahl der Möglichkeiten der Auswertung und Verwendung. Was für viele eine schier unerschöpfliche Schatztruhe darstellt, erscheint für andere als eine Büchse der Pandora, deren Schlüssel mit jeder neuen Anwendung mehr verschwindet.

Souveränität bedeutet, eigenverantwortliches Handeln im verhältnismäßigen gesetzlichen Rahmen unabhängig vom Standort des Handelns. Das ist und war gewiss schon immer ein Idealzustand, den zu erreichen nicht allein eine Aufgabe von Regierungen und Parlamenten ist, sondern in der Tat eine gesamtgesellschaftliche Herausforderung.

Weder die uneingeschränkte Euphorie, noch der grundsätzliche Vorbehalt gegen den technologischen Fortschritt sind die richtigen Antworten auf die Fragestellungen, die sich aus den Neuentwicklungen ergeben. Souveränität hängt immer mit Selbstvertrauen und Vertrauen in andere zusammen. Und dieses Vertrauen schließlich ist die Ingredienz jeglichen Zusammenlebens, das, was unsere Gesellschaft ausmacht.

Dorothee Bär, MdB CSU, Parlamentarische Staatssekretärin beim Bundesminister für Verkehr und digitale Infrastruktur, Berlin

Ist Verschlüsselung der Schlüssel zur digitalen Souveränität?

Jimmy Schulz

Die Selbstbestimmtheit in der digitalisierten und global Vernetzten Welt erscheint heute, in der Post-Snowden Ära, viel komplizierter als zuvor. Betrachtet man das was wir über globale Überwachung wissen, lassen sich die meisten Menschen (und Unternehmen) grob in drei Gruppen nach Ihrer Reaktion auf diese Enthüllungen einsortieren:

- „Wir haben nichts zu verbergen" – Diese Gruppe gab es schon immer. Sie ist Obrigkeitsgläubig und akzeptiert einen Staat der zum Schutze der Sicherheit sehr wohl in wesentliche Grundrechte eingreifen darf. „Wer sich nichts zu Schulden kommen lassen hat, der hat auch nichts zu verbergen" ist da ebenso eine Aussage wie, „Ich bin doch nicht interessant.", „Mein Unternehmen macht kein rocket science". Die eigene Privatsphäre wird entweder nicht als so wichtig eingestuft oder das Ausmaß der Verletzung der eigenen Privatsphäre wird nicht erkannt.
- „Gegen die NSA kann ich mich nicht wehren" – Meist bei kleinen und mittelständischen Betrieben anzutreffende Antwort. Man würde sich gerne gegen Überwachung und Spionage schützen, sieht sich aber einem vermeintlich übermächtigem Gegner gegenüber gegen die, die eigenen Schutzmaßnahmen wirkungslos sind.
- „Verschlüsselung ist zu kompliziert" – Verschlüsselung als effektivster Schutz gegen Überwachung steht nicht zu unrecht in dem Ruf entweder sicher *oder* benutzbar zu sein. Dies trifft insbesondere auf die so wichtige E-Mail Verschlüsselung aber ebenso wie auf Telefonie zu.

1   Unternehmenskommunikation

Alle Gruppen haben, trotz unterschiedlicher Motivation, eines gemein, sie nutzen nicht die Möglichkeiten sich selbst zu schützen, und machen es somit potentiellen Datendieben sehr einfach. Die Interessen an fremde Daten zu kommen, können sehr unterschiedlich sein. Snowden eröffnete einem breiten Publikum die Machenschaften von NSA, GHCQ BND und anderer Dienste. In Folge von 9/11 scheint hier ein Verlangen nach privaten Informationen entstanden zu sein welches jedes Maß verloren hat und auf Anstand und Gesetz keinerlei Rücksicht nimmt. Eine anlasslose umfassende Totalüberwachung der Kommunikation der gesamten Gesellschaft ist die Folge. Dabei erscheinen die bereits bewiesenen (Patalong, 2000). Fälle von Wirtschaftsspionage Wirtschaftsspionage ist zu unterscheiden von der Konkurenz- oder Industriespionage (Wikipedia, 2015) in der öffentlichen Debatte sogar eine untergeordnete Rolle zu spielen, selbst wenn diese schon vor 2001 lagen. Aber nicht nur Amerikaner, sondern natürlich auch andere Staaten betreiben in diesem Feld aktive Unterstützung ihrer eignen Unternehmen. Es ist kein Geheimnis, dass gerade in Berlin eine ganze von weiteren Staaten Telefon und Internetverkehr abhören und diese Erkenntnisse auch nach Hause weiterreichen.

Neben dieser staatlich unterstützten Wirtschaftsspionage spielt auch die klassische Industriespionage eine wichtige Rolle. Wenn Unternehmen Mitbewerber ausspionieren finden sich dafür in der Geschichte zahlreiche Beispiele. Diese Angriffe müssen gar nicht aus dem Ausland erfolgen, sondern sind akute Gefahr die vom neidischen Nachbarn ausgeht (Dams, 2014).

Viele der Angriffe auf Unternehmen kommen von innen. Hier spielen Mitarbeiter und ehemalige Mitarbeiter eine große Rolle. Gerade enttäuschte oder gar gekündigte Mitarbeiter geraten in Situationen in denen sie sich von Mitbewerbern anwerben lassen, oder gar aus Rachsucht versuchen dem Unternehmen zu schaden.

Boshaften Datendieben wird es mittlerweile auch einfach gemacht. Da wo früher noch viel Know-How und jahrelange Erfahrung notwendig waren kommen nun intelligente Werkzeuge die leicht zu bedienen sind ins Spiel. Anstatt dem versierten Hacker sind oft Angriffe die schon ein halbwegs begabter Zwölfjähriger starten kann ein Problem. Die Ursache dafür sind aber nicht nur die immer ausgefeilteren Werkzeuge, sondern vielmehr die immer noch schlecht geschützten Systeme und allen voran die Unachtsamkeit der User. Wer, ohne sich Gedanken über die eigene Sicherheit zu machen, ein Gerät mit dem Internet verbindet, muss damit rechnen ständigen Angriffen ausgesetzt zu sein.

Gerade kleine und mittelständische Unternehmen vernachlässigen diesen Bereich ihrer Sicherheit oft. Schlecht gewartete Firewall, veraltete Virenscanner und in vielen Fällen Betriebssysteme die nicht auf dem neuesten Stand sind. Dies sind die einfachsten Einfalltore für potentielle Angreifer.

Das gleiche gilt aber nicht nur für Unternehmer, sondern auch für die Mitarbeiter. Ist erst einmal Misstrauen gesät steht der gegenseitigen Bespitzelung im Firmennetz meist kaum mehr etwas im Wege. Einheitliche, selten geänderte Passwörter auf dem „Post-It" am Monitor oder unter der Tastatur sind leider keine Klischees, sondern Realität. Arglosigkeit bei der Kommunikation über digitale Wege ebenso. Selbst nach einigen Jahrzehnten hat sich die Erkenntnis, dass eine E-Mail höchstens so sicher ist wie eine Postkarte noch nicht durchgesetzt. Jeder der Zugang zum Firmenmailserver oder zum Firmennetz hat kann die E-Mails mitlesen. Das ist nicht nur das technische Personal.

2   Private Kommunikation

Ähnliches gilt im privaten Umfeld, der Vorhang, die Rollläden schützen vor all zu neugierigen Nachbarn, ein Schloss an der Wohnungstüre für ungebetenem Besuch. Ein abgeschlossener Schrank kann ein Tagebuch sicher verwahren, doch bei der digitalen Kommunikation werden gedankenlos alle persönlichen Details in aller Öffentlichkeit verbreitet. Aber selbst diejenigen die sich an dem geistigen Dauer-FKK in sozialen Netzen nicht beteiligen und die direkte Kommunikation bevorzugen handeln meist unachtsam. Unverschlüsselte WLANs, Nutzung von Short Message Systemen die nicht verschlüsselt sind, gaukeln eine gefühlte Vertraulichkeit vor die nicht vorhanden ist. „Wen interessiert es welches Geburtstagsgeschenk wir für Tante Erna vereinbaren?", „Was wollen die denn mit der Information, die ist doch wertlos." Das hört man hier oft. Das ist nicht der Punkt. Es geht niemanden etwas an und was andere mit den Informationen anfangen können, wissen wir nicht.

3   Geschäftsmodelle

Gerade im privaten Umfeld ist das Mitlesen von Nachrichten nicht nur durch das eigene soziale Umfeld, sondern auch durch Unternehmen weit verbreitet. Die meisten gratis Dienste im digitalen Kommunikationsumfeld finanzieren sich durch Werbung. Um die Werbung an den Interessen der Kunden zu orientieren lesen diese die Kommunikation mit. Die wenigsten Kunden haben die AGBs dieser Dienstleister gelesen, den wenigsten ist wirklich bewusst, dass jede Nachricht gelesen wird (Bager, 2011). Das geschieht zwar vollautomatisch, macht aber die Sache nicht wesentlich besser. Ebenso wird versucht deutsche und europäische Datenschutzgesetze und -regeln durch Klauseln in den AGBs außer Kraft zu setzen[1]. Ob dies so machbar ist wird noch zu klären sein. Die meisten Dienste, seien es nun Suchmaschinen, soziale Netzwerke, Nachrichtendienste oder Bilder Communities verdienen Ihr Geld mit Werbung. Die Währung mit der wir diese vermeintlichen Gratis Angebote finanzieren sind unsere Daten. Dazu gehören eben nicht mehr nur Adresse und Telefonnummer, sondern weitreichendes Profil mit Kreditwürdigkeit, privaten Vorlieben und das soziale Umfeld. Das ist solange die Entscheidung dies zu tun bewusst und freiwillig getroffen wurde unbedenklich. Jedoch geschieht dies in vielen Fällen nicht.

4   Politische Kommunikation

Gerade bei der Kommunikation im politischen Bereich spielt die Vertraulichkeit eine besondere Rolle. Ist zwar in Deutschland die Meinungsfreiheit und der liberale Rechtsstaat soweit ausgeprägt und stabil, dass sich der politisch Aktive kaum Sorgen über die Verbreitung seiner politischen Thesen machen muss (manchmal eher umgekehrt um die Nicht-Verbreitung). Bleibt jedoch der Bereich z. B. in politischen Gremien wie Parteivorstand oder Fraktion. Hier gibt es Rückzugsräume der Politik die auch der Vertraulichkeit bedürfen. Nicht jede Vorstandsmail die in den Personalfragen diskutiert werden ist für die Medien gedacht. Nicht alle politischen Strategien sind beim Mitbewerb gut aufgehoben. In Ländern mit weniger ausgeprägter liberaler Rechtsstaatlichkeit in denen Meinungs- und Pressefreiheit einen anderen Stellenwert haben spielt die digitale vertrauliche Kommunikation oft den einzigen Draht für politisch aktive zur Außenwelt dar. Die Blogger des arabischen Frühlings, die Dissidenten in China, ebenso wie die Opposition in Russland haben ein großes Bedürfnis an sicherem Informationsausstausch.

---

1   „Special Note to International Users: The WhatsApp Site and Service are hosted in the United States and are intended for and directed to users in the United States. If you are a user accessing the WhatsApp Site and Service from the European Union, Asia, or any other region with laws or regulations governing personal data collection, use, and disclosure, that differ from United States laws, please be advised that through your continued use of the WhatsApp Site and Service, which are governed by California law, this Privacy Policy, and our Terms of Service, you are transferring your personal information to the United States and you expressly consent to that transfer and consent to be governed by California law for these purposes." http://www.whatsapp.com/legal/

5   Staatliche Bespitzelung

Durch die Enthüllungen von Edward Snowden wurde das, was Fachleute schon Jahre wußten oder vermuteten, bestätigt und in vielen Fällen weit übertroffen. Nicht erst seit 9/11 spionieren Geheimdienste weltweit ohne Rücksicht auf Grundrechte und unkontrolliert in der Privatsphäre der Bürger. Ohne jeden Anlass werden alle Menschen unter einen Generalverdacht gestellt und mit den Methoden totalitärer Unrechtsstaaten überwacht. Das ganze Ausmaß dieses Überwachungssystems lässt sich durch die schrittweisen Veröffentlichungen nur erahnen.

Die Politik steht dieser erschreckenden Erkenntnis teils Fassungslos, teils Machtlos, teils Handlungsunfähig, aber eben auch, teils Handlungsunwillig gegenüber. Das ausgerechnet sogar diejenigen die für diese Misere mitverantwortlich sind nun selbst an den Geistern die sie riefen scheitern (Stark, 2014).

Gesprächsversuche und transatlantischer Dialog wollen in dieser Frage nicht richtig in Gang kommen. Das liegt nicht nur an der kompromisslosen Haltung der Verhandlungspartner sondern auch an der Verwicklung eigener Dienste in das Überwachungssystem und die damit verbundene Blockade Haltung (Krempl, 2015).

6   Schlußfolgerungen

Wir stellen fest, in allen Bereichen der Gesellschaft, der Wirtschaft und der Forschung gibt es einen Bedarf an vertraulicher Kommunikation. Das im Grundgesetz Art. 10 (1) verankerte Recht auf Privatsphäre in der Kommunikation: *„Das Briefgeheimnis sowie das Post- und Fernmeldegeheimnis sind unverletzlich.“* wird in vielerlei Hinsicht verletzt und Missachtet.

Hier ist in erster Linie der Statt gefragt, dieser trägt Verantwortung die Bürger vor Verletzung Ihrer Grundrechte zu schützen. Alle bisherigen Bemühungen scheiterten und sind sehr halbherzig. Selten kommt auch Aktionismus zum tragen.

Der Hilflosigkeit muss ein neues Verständnis von moderner Kommunikation weichen. Dabei stehen sich die Abgeordneten meist selbst im Weg. Aufklärung ist notwendig! Deswegen ist die Arbeit des NSA Untersuchungsausschuss zur restlosen und schonungslosen Aufklärung vorbehaltlos zu unterstützen. Nur so sind die Strukturen transparent und auch entsprechender Schutz organisierbar.

Das wirksamste Mittel zum Schutz vor Ausspähung der Kommunikation ist die Ende-zu-Ende-Verschlüsselung. Die technischen Möglichkeiten sind seit Jahrzehnten vorhanden, sie werden jedoch nicht oder falsch eingesetzt.

Wer soll für diesen Schutz sorgen? Viele sehen hier einzig den Staat in der Verantwortung. Es ist jedoch vielmehr eine gemeinsame Aufgabe aller gesellschaftlichen Kräfte.

- Die Unternehmen haben für mehr Sicherheit ihrer Mitarbeiter zu sorgen und ihre eigenen Werte zu schützen. Unternehmen können durch neue innovative Sicherheitsprodukte und einfach einzusetzende Software einen wesentlichen Beitrag dazu leisten. Gerade für die deutsche Wirtschaft böte sich hier ein lukratives Geschäftsfeld: „Security made in Germany" als Markenzeichen etablieren. Leider wurde das von der Bundesregierung vernachlässigt.
- Bürger können durch den Einsatz sicherer Kommunikationswerkzeuge auch für Ihre eigene Sicherheit sorgen. Es ist eben nicht nur Verantwortung des Staates, es bleibt auch immer ein Stück Eigenverantwortung für Sicherheit und Schutz zu sorgen. Auch wenn Autodiebstahl in Deutschland verboten ist werden trotzdem Autos gestohlen. Die Eigenverantwortung des Bürgers liegt darin möglichst viele Hürden aufzubauen und z. B. das Auto abzuschließen. Das gleiche gilt für Daten – wer seine Daten vor Diebstahl oder Zugriff unbefugter Dritter schützen will, muss sie vorher abschließen/verschlüsseln.
- Der Staat kann Entwicklungen für Verschlüsselungstechnologien fördern. Selbst auf eigene Sicherheit besser achten und in allen Kommunikationswegen und Behörden einen verschlüsselten Weg anbieten.

Die effektivste aller Maßnahmen wäre jedoch, das von mir seit langem geforderte Grundrecht auf Verschlüsselung (Wilkens, 2014).

Anstatt darüber nachzudenken wie der Bürger noch besser ausspioniert werden kann, wie die erschreckende, erneute Debatte um die Vorratsdatenspeicherung zeigt, wäre es an der Zeit, dass sich der Staat um die Sicherung der Grundrechte kümmert.

Ein Grundrecht auf Verschlüsselung stellt dem Artikel 10 des Grundgesetzes einen wirksamen Schutz beiseite. Sind doch bisher alle anderen Maßnahmen gescheitert sollen mit diesem Grundrecht alle Anbieter von Kommunikationsleistungen dazu verpflichtet werden eine sichere verschlüsselte Variante als Standard anzubieten.

Ende-zu-Ende-Verschlüsselung funktioniert eben nur dann wenn alle Kommunikationspartner dies auch können. Eine Verpflichtung eine solche Standardtechnologie in allen Bereichen anzubieten gibt also erst die Möglichkeit, dass alle Kommunikation auch verschlüsselt ablaufen kann. Ein solches Recht stellt übrigens keine Verpflichtung zu Verschlüsselung dar, sondern definiert lediglich die Verschlüsselung als Standard.

Ein solches Recht wäre eine schnelle und wirksame Methode um der breiten Masse in der Bevölkerung und der Wirtschaft einen wirksamen Schutz vor Bespitzelung zu bieten. Niemals kann es eine 100%ige Sicherheit geben, aber wirksam in den meisten Fällen sehr wohl.

Literatur

Bager, J. (2011). FAQ: Privatsphäre bei Google. Internet: http://www.welt.de/print/die_welt/wirtschaft/article130415025/Industriespionage-verursacht-Milliardenschaeden.html.

Dam, J. (2014). Industriespionage verursacht Milliardenschäden. Internet: http://www.welt.de/print/die_welt/wirtschaft/article130415025/Industriespionage-verursacht-Milliardenschaeden.html.

Krempl, S. (2015). NSA-Ausschuss: BND zensierte im großen Stil Akten für die Abgeordneten. Internet: http://www.heise.de/newsticker/meldung/NSA-Ausschuss-BND-zensierte-im-grossen-Stil-Akten-fuer-die-Abgeordneten-2568172.html.

Patalong, F. (2000). Große Ohren: Echelon – Spionage unter Freunden. Internet: http://www.spiegel.de/netzwelt/web/grosse-ohren-echelon-spionage-unter-freunden-a-71135.html.

Stark, H. (2014). Gescheiterter NSA-Reformer: Erst Hardliner, jetzt hilflos. Internet: http://www.spiegel.de/netzwelt/netzpolitik/nsa-republikaner-james-sensenbrenner-scheitert-mit-reform-a-1003952.html.

Wikipedia (2015). Wirtschaftsspionage. Internet: https://de.wikipedia.org/w/index.php?title=Wirtschaftsspionage&oldid=144003716.

Jimmy Schulz, Unternehmer ehemaliger MdB, FDP

Geopolitische Herausforderungen digitaler Souveränität im neo-imperialen Zeitalter und die Bedeutung von Qualitätsmedien

Peter Haric und Johanna Grüblbauer

„Verdeckte Operationen im Informationsraum und Qualitätsmedien als Instrument digitale Souveränität – Ein analytischer Kommentar über den Zusammenhang von Jauchs Mittelfinger-Gate, Putins deutschen ‚Schläfern' in sozialen Netzen und dem Diskurs über Qualitätsjournalismus."

Bis heute ist Clausewitz' Diktum vom Krieg als der Fortsetzung der Politik mit anderen Mitteln grundsätzlich ein Nationalstaaten übergreifender common sense. Wenngleich wir Europäer im 20. Jahrhundert erfahren haben, dass Staaten Krieg auch um seiner selbst willen führen – z. B. aufgrund totaler Ideologien, die nur totalen Sieg oder vollständigen Untergang kennen – ist festzustellen, dass im 21. Jahrhundert diese Form des Krieges nur mehr von ‚irregulären' bewaffneten Gruppen wie z. B. von radikalen Islamisten verfolgt wird. Es sei hier vorab erwähnt: Laut Clausewitz entsteht Krieg erst, wenn ein angegriffenes Land sich wehrt: Erst durch die defensive Absicht, sich dem Gegner entgegenzustellen, um die Souveränität über das eigene Territorium zu verteidigen, entsteht ein Krieg. Die Besetzung eines Landes wie z. B. die von Österreich 1938 durch Hitler und die deutsche Wehrmacht ist – im politischen und medialen Sprachgebrauch als auch in der Geschichtsschreibung – noch kein Krieg.

Was also ist nun Souveränität? Aus der Sicht der Rechtswissenschaft und insbesondere des Staats- und Völkerrechts bedeutet Souveränität die Selbstbestimmungsfähigkeit des jeweiligen Rechtssubjekts – im Sinne des Völkerrechts die Unabhängig und Selbstbestimmung eines Staates gegenüber anderen (Souveränität nach außen) und die selbstbestimmte staatliche Gestaltung im Inneren (Souveränität nach innen). Schon der Staatstheoretiker Jean Bodin definierte im 16. Jahrhundert Souveränität als Letztentscheidungsbefugnis und begründete damit die bis heute gültige Lehre vom staatlichen Gewaltmonopol. Einer der umstrittensten politischen Theoretiker des 20. Jahrhunderts, Carl Schmitt, definierte: Souverän ist das Subjekt, das über den Ausnahmezustand, also den Staatsnotstand oder Verfassungsnotstand entscheidet, um die Existenz des Staates und die Erfüllung staatlicher Grundfunktionen zu gewährleisten. Folgt man dieser Definition, so ist z. B. Putin – in überspitzter Interpretation – derzeit der Souverän in der Ukraine, denn er entscheidet durch seine verdeckte Operation darüber, ob und wann der Staatsnotstand in der Ukraine beendet wird.

Die geopolitischen Anforderungen offener Gesellschaften an die Bewahrung ihrer Souveränität nach innen und außen haben sich mit der Digitalisierung erheblich verändert. Die innere und äußere Souveränität kann heute ohne Kriegserklärung durch Cyberattacken auf Teile, die ganze Funktionsinfrastruktur oder einzelne staatliche Institutionen eines Landes (z. B. durch Abhören) gefährdet sein, ohne dass klar ist, wer der Angreifer ist. Und dazu gehören nicht nur die Versorgungseinrichtungen wie Elektrizitätswerke, Telekommunikationsknoten, etc. Denn im Gegensatz z. B. zu Ländern wie China und Russland, in denen nicht von freien Medien geredet werden kann, da diese nicht über verfassungsmäßig garantierte Freiheitsrechte verfügen, sind *Institutionen* in der westlichen Welt nicht nur die drei Gewalten Exekutive, Legislative und Judikative, sondern auch die freien Medien, die z. B. in Deutschland laut Grundgesetz durch die Zuweisung von Freiheitsrechten gegen Zensur geschützt sind. Die Schweizer Bundesverfassung spricht hier sogar nicht nur von Pressefreiheit, also im Wortsinne von der Freiheit für das gedruckte Wort, sondern von Medienfreiheit, wenngleich natürlich Pressefreiheit in der Rechtsprechung und in Kommentaren zum Grundgesetz in Deutschland natürlich ebenso ausgelegt wird.

Es stellt sich jetzt also die Frage: Wie sehen nun die geopolitischen Veränderungen aus, die die Souveränität in den westlichen Staaten bedrohen? Grundsätzlich lässt sich das zusammenfassen mit Houellebecqs martialisch klingendem Diktum von der „Ausweitung der Kampfzone" durch verdeckte Operationen. Waren schon im Kalten Krieg Versuche der Medienmanipulation – neben verdeckten und auch manifesten Operationen in den drei Dimensionen Land, Wasser und Luft – festzustellen, hat sich erst mit der Digitalisierung, also der Entstehung einer vierten Dimension gezeigt, dass hier enorme neue Potenziale bestehen. Denn schließlich muss man feststellen, dass sowohl seitens der USA als auch Russlands Europa und insbesondere Deutschland in den letzten Jahren sowohl hinsichtlich des Post-, Brief- und Fernmelde-Geheimnisses (Art. 10 GG) als auch hinsichtlich der europäischen Friedensordnung und den flankierenden medialen Kampagnen in seiner Souveränität beeinträchtigt wurde.

Ersteres ist durch die Enthüllungen von Edward Snowden bekannt geworden. Letzteres ist nicht nur von westlichen Medien festgestellt worden, sondern auch von russischen Medien wie der investigativen russischen Zeitung Nowaja Gasete. Hier ist man also nicht nur auf die eigene Beobachtung von sozialen Netzwerken, die Kommentare auf Medienportalen und Aktivitäten selbsternannter Publikumsräte angewiesen oder die Vermutungen hiesiger Medien und Einschätzungen westlicher Auslandsgeheimdienste, sondern kann dies auch mittels russischer Medien verifizieren.

Dieses „Pöbeln für Putin" (Zitat: Bild-Zeitung) ist dabei nicht nur einfach unter immerhin grundgesetzlich legitimer freier Meinungsäußerung ‚wegzubuchen', sondern führt auch zu ganz konkreten Einschränkung der Souveränität der Vierten Gewalt: Golineh Atai, Ukraine-Berichterstatterin des ARD und Journalisten des Jahres 2014 und Hanns-Joachim-Friedrich-Preisträgerin, gestand kürzlich in einem Interview, dass sie Ziel vieler Hassmails und bedrohender Postings in sozialen Medien ist und sich dadurch mitunter selbst die ‚Schere im Kopf' anlegt. Anders formuliert: Die Beschränkung einer offenen Berichterstattung kann auch durch psychischen Druck erfolgen, also neben der Verbreitung falscher Informationen als ein Mittel verdeckter Operationen, kann auch ein Klima gegen einzelne Protagonisten der sogenannten Vierten Gewalt dazu führen, dass diese sich in der Berichterstattung eingeengt fühlen, unabhängig davon, wie die Bedrohungslage objektiv einzustufen ist.

Wenngleich aktuellen Meinungsumfragen zeigen (Institut für Demoskopie Allensbach), dass der vermeintlich breite ‚Zweifel' an der objektiven Berichterstattung durch die ‚Lügenpresse' und der Täterrolle Putins nicht der Mehrheitsmeinung der Deutschen entspricht, sondern jeweils an den politischen Rändern von AfD und Linkspartei zu verorten ist, so zeigt sich – angesichts der breiten Verunsicherung von Medien und öffentlicher Meinung durch Putins verdeckte Operationen insbesondere im deutschen Cyberspace vom Lancieren von Botschafter-Telefonaten bis hin zu Posting-Attacken – dass offene Gesellschaften besonders anfällig für verdeckte Operationen sind.

Das Wesen einer verdeckten Operation besteht letztlich darin, dass Fronten und Gegner nicht mehr unterscheidbar sind. Eine weitere wesentliche Unterscheidung im Souveränitätsbegriff von Carl Schmitt war die von Freund und Feind. Feindschaft verstand er als eine antagonistische Beziehung zwischen Gruppen oder Individuen, die durch Feindbilder geprägt ist. Hier zeigt sich im Besonderen das Problem von – in der Militärsprache – Fronten oder in der Sprache des Völkerrechts – Grenzen, die die Souveränitätssphäre überhaupt erst definieren. Auch in dieser Beziehung wird es in der vierten Dimension immer schwieriger zu unterscheiden. So unterscheidet z. B. die USA zwischen Freund und Feind in der vierten Dimension nur mehr in Nuancen: Feinde werden bespitzelt, Freunde werden überwacht – Instrumente und Maßnahmen sind aber für Freund und Feind zunächst erst einmal die gleichen.

Es lässt sich also zusammenfassen, dass im neo-imperialistischen Zeitalter sich nicht nur die Fronten verlagern und die virtuelle Dimension sogar zur Hauptkampfzone werden kann, sondern dass – ähnlich wie in einem Guerilla-Krieg – die Fronten, also die Unterscheidung zwischen Kombattanten und Nicht-Kombattanten verschwinden. So verschwindet auch die Komfort-Zone. Konnten die Europäer hoffen, dass der Ukraine-Krieg begrenzt werden kann und der Antagonismus zwischen den USA und Russland außerhalb der Grenzen der Europäischen Union bleibt, ist Krieg zumindest als Informationskrieg mitten in Europa angekommen, während die tatsächlichen bewaffneten Auseinandersetzung derzeit noch ‚nur‘ an der Peripherie stattfinden. Hingegen könnte auch dieses bezweifelt werden in der Auseinandersetzung mit dem radikalen Islamismus, der eigentlich schon innerhalb dieser Grenzen stattfindet, wie die Ermordung der Redakteure von *Charlie Hebdo* in Paris beweist und die zu einem nicht unerheblichen Teil auch im Cyberspace durch Propaganda-Angriffe mittels Hinrichtungsvideos bis hin zur Cyber-Rekrutierung von IS-Kämpfern zu immer größeren Teilen auch über die digitalen Medien stattfindet, wobei Gewaltakte nicht am Anfang, sondern am Ende verdeckter Operationen stehen bzw. deren Resultat sind.

Der Begriff des Neo-Imperialismus ist ideengeschichtlich zunächst eigentlich ein Diskurskonzept der politischen Linken, die den Neo-Imperialismus seit den 1960er Jahren in den USA verortet. Seit den 60er Jahren zeigt sich die USA zwar als ein wesentlicher Akteur verdeckter Kriegführung, die zwischen indirekter Einflussnahme und öffentlich sichtbaren Eingreifen bewaffneter Streitkräfte changiert: Korea, Kuba, Vietnam, Nicaragua, Grenada sind hier die prominentes Beispiel für die Periode zwischen 1950 und 1989. Diese Formen der verdeckten bis offenen Kriegsführung in den vier Dimensionen Land, Wasser, Luftraum und Informationsraum (öffentliche Meinung) sind zwar aus dem Antagonismus zwischen dem USA und der Sowjetunion bzw. China abzuleiten. Andererseits kann die Sowjetunion ihrerseits auf eine lange Tradition verdeckter und offener Angriffe auf die Souveränität anderer Staaten verweisen: Ungarn, Tschechoslowakei, Polen, Afghanistan sind hier die analogen Beispiel für die Periode zwischen 1950 und 1989. Und vermutlich muss man die Sowjetunion auch als Erfinder der verdeckten Operationen bezeichnen, die von Desinformation, Erpressung, Abhören, Diskreditierung bis hin zu gezielter Desavouierung und Tötung reichen. Schließlich erlebte diese Form vormilitärischer Operationen ihre erste ‚Blüte‘ in der Verfolgung innenpolitischer Gegner in der Stalinzeit, deren Meister, der NKWD, als Vorläufer-Organisation des KGB anzusehen ist – also der Schule, die auch Putin besucht hat.

Und in dieser Schule der verdeckten Operationen, sieht man dann plötzlich überall verdeckte Operationen und Verschwörungen, so wie Putin – und offenbar die Mehrheit in Russland – hinter den ganzen friedlichen Revolutionen im ehemaligen

Ostblock Aktionen des CIA vermutet. Und in einer Welt verdeckter Operationen ist Verschwörungstheoretikern insgesamt Tür und Tor geöffnet. Pikanterweise war Marx hier nicht nur der geistige Vater der Sowjetunion, sondern auch des Denkens in Verschwörungstheorien, denn für Marx fand ja die Strukturbildung der Geschichte hinter dem Wissen der Akteure statt – von daher kam ja auch die Rede vom falschen Bewusstsein, also dem geistigen Überbau der Klassengesellschaft. Aus dieser Perspektive wird Informationen auch dann nur mehr eine Frage des (Klassen-) Standpunkts: Es braucht sozusagen den richtigen Spin für die Informationen und die Wahrheit bzw. ist Objektivität nur eine Frage des Standpunkts. Nicht umsonst ist Marx auch der diskurstheoretische Vater der Postmoderne, in der es nur mehr viele Wahrheiten, aber nicht mehr die Wahrheit gibt. Die Prawda (Die Wahrheit) als das sowjetische Zentralorgan hatte ja auch keinen investigativen Journalismus-Ansatz, sondern nur einen Anspruch auf Deutungshoheit erhoben.

Somit waren also verdeckte Operationen nach außen im vormilitärischen Raum und nach innen in der Sicherung der Herrschaft einer Machtgruppierung unmittelbar mit der Systemauseinandersetzung zwischen Kapitalismus und Sowjetsozialismus verbunden und zum Teil auch ein Mittel, der völligen gegenseitigen Vernichtung zu entgehen. Ziel war grundsätzlich, die Handlungsfähigkeit zurückzugewinnen unterhalb der Schwelle eines konventionellen Krieges, der mit höchster Wahrscheinlichkeit in kurzer Zeit zu einem atomaren Weltkrieg ohne Gewinner eskaliert wäre. Geheimdienste beider Blöcke des Kalten Krieges haben insgesamt ein reichhaltiges Portfolio von Instrumenten verdeckter Kriegführung entwickelt, dass von der Beeinflussung öffentlicher Meinung, Desinformation bis hin zu Waffenlieferungen und finanzieller Unterstützung irregulärer Verbände in anderen Staaten reicht, wobei heute – vor dem Hintergrund des Ukraine-Kriegs – Desinformation wohl zur wichtigsten ‚Waffengattung‘ gehört, während Soldaten nur mehr in geringem Umfang zum Einsatz kommen und – bei geschickter verdeckter Operation – nicht einmal ihre Waffen einsetzen müssen wie es bei den sogenannten ‚grünen Männchen‘ auf der Krim der Fall war. Das Mittel der Desinformation, also die Verbreitung irreführender und auch falscher Informationen, ist dabei ein immer stärkerer Bestandteil der verdeckten Operationen geworden.

Komplementär dazu könnte man den Begriff der streitbaren Demokratie stellen. Mit diesem vom Bundesverfassungsgericht eingeführten Begriff – ursprünglich als ‚wehrhafte Demokratie, neuerdings weniger martialisch ‘streitbare Demokratie‘ – ist damit die Forderung verbunden, sich gegenüber den Feinden der demokratischen Grundordnung nicht neutral zu verhalten. In Bezug auf verdeckte Operationen könnte das wie folg interpretiert werden: Wenn Fronten verschwinden und die Unterscheidung von Freund und Feind nicht mehr aufgrund ihrer Verhaltensweisen eindeutig ist, könnten Qualitätsmedien eine ganz neue Rolle spielen, nämlich

als Maginot-Linie gegen verdeckte Operationen, wenn die Rede vom Qualitätsjournalismus im Sinne einer vierten Gewalt tatsächlich ernst genommen wird
und dieser nicht nur als Mittel verdeckter privatwirtschaftlicher Interessen und
Gebühren-Legitimierung verwendet wird.

Der öffentlich-rechtliche und privatwirtschaftliche Qualitätsjournalismus hat
in den letzten Jahren jedoch eher weniger durch Ansätze streitbarer Demokratie
geglänzt. Diese Rolle übernehmen zunehmend mehr Outsider wie es der investiga-
tive datenbasierte Journalismus des Guardian, Wikileaks und Blogs wie Bellingcat.
Der crowd-finanzierte Investigativ-Blog Bellingcat hat im Informationskrieg um
den Abschuss von MH 17 über der Ukraine gezeigt, wie durch Vergleiche von
Google-Earth-Karten und russischen ‚Beweisen' Fälschungen von Desinformations-
kampagnen aufgedeckt werden und mittels diverser Smartphone-Fotos aus sozialen
Medien und Satellitenbildern in einer langen, nahezu lückenlosen Indizienkette
gezeigt, wie die Flugabwehrbatterie in die Ostukraine gebracht wird, über dem Ab-
schussort von MH 17 stationiert wurde und diese mit geringerer Raketenbestückung
unmittelbar nach dem Abschuss nach Russland verlegt wurde und was parallel
zu den schnell wieder gelöschten Jubelpostings von russischen Kommandeuren
(Stichwort: Strelkow) ostukrainischer ‚Selbstverteidigungskräfte' geschehen ist.

Hingegen haben öffentlich-rechtliche Schlagzeilen nur die jeweiligen Verlautbarungen zu den Daten und Ereignissen der jeweils einen und anderen Seite ohne
jeglichen Erkenntnisgewinn wiederholt und damit letztlich ‚Putin verstehenden'
Verschwörungstheoretikern überhaupt erst den Raum für ihre Version eröffnet. Selbst
die Rolle der russischen Armee bei der Besetzung der Krim blieb lange vage und
brauchte erst das Bekenntnis Putins bis hier endlich auch die öffentlich-rechtlichen
Medien zu einer eindeutigen Version gefunden hatten. Jedenfalls war von einem
investigativen Ansatz keine Spur, jenseits der Wiedergabe der Verlautbarungen der
jeweils einen oder anderen Seite.

Dieses Problem simulierten Qualitätsjournalismus zeigt sich jüngst auch im
Falle Günther Jauch, der nach Gerüchten für seine Dienste über 1 Mio. jährlich
von seiner öffentlich-rechtlichen Sendeanstalt erhält. Sein pseudo-investigativer
Mittelfingergate-Scoop hat im Anschluss die Frage aufgeworfen: Hat der griechische
Finanzminister nun mit dem Mittelfinger Richtung Deutschland gezeigt oder nicht?
Varoufakis verneinte ja bekanntlich, wobei er das inkriminierende Video sogar selbst
ins Netz stellte. Unabhängig davon, dass man sich fragen muss, was hier eigentlich
der relevante Inhalt ist und ob es sich hier nicht um einen Pseudo-Scoop handelt,
der eigentlich nur die deutsche Erregungsgesellschaft wieder empört, zeigt sich dann
in der darauffolgenden Entwicklung, dass selbst öffentlich-rechtliche Rundfunkanstalten am post-modernen Spiel von Wahrheit und Fälschung beteiligt sind. So hat
ja bekanntlich in den folgenden Tagen Böhmermann von ZDFneo (Neo Magazin

Royale) behauptet, Jauch sei auf seine Fälschung hereingefallen. Der Mittelfinger sei eine geschickte Montage, wobei sich in der Social-Media- und Blogosphäre schon wieder klammheimliche Freude über die ‚Lügenpresse' entwickelte.

Wenngleich Böhmermann dann zurückruderte mit der Behauptung „alles sei nur Satire", also ein Fake eines Fakes gewesen, stellt sich dann die Frage: Haben öffentlich-rechtliche Rundfunkanstalten wirklich das Recht zu verdeckten Operationen gegen die eigene Öffentlichkeit? Und insgesamt stellt sich die Frage: Was ist jetzt am Mittelfinger von Varoufakis der Erkenntnismehrwert für die Frage nach einer Lösung in Griechenland und was ist eigentlich so lustig an dem Fake vom Fake? Beides ist jedenfalls meilenweit vom öffentlich-rechtlichen Informations- und Bildungsauftrag entfernt, der gebetsmühlenartig immer wieder die Klaviatur des Qualitätsjournalismus bedient, um Gebühren und Kosten zu rechtfertigen.

Im Sinne Clausewitz fängt ein Konflikt – und damit auch ein Informations-konflikt – da an, wo ein Souverän auftritt und seine Souveränitätsrechte verteidigt. Dies setzt aber voraus, dass Qualitätsjournalismus nicht nur ein Schlagwort zur Marktverteidigung von bedrohten Medienakteuren ist, sondern sowohl akademisch als auch praktisch zu einer definierten Messgröße wird, was die Rede vom Qualitäts-journalismus trotz vierzigjähriger Debatte bis heute noch nicht ist. Investigativ sind nicht wohlfeile Erzählungen im Reportagen-Stil oder die Summe wiedergegebener öffentlicher Verlautbarungen. Investigativ heißt nicht nur, ‚Geschichten finden', sondern kritische Beobachtung und indizienbasierte Datenauswertung. Dabei ist die These: Es gibt Wahrheit und Fälschung und nicht nur unterschiedliche Standpunkte, wie Putins ‚Schläfer' und ‚grüne Männchen' in den sozialen Netzwerken weißmachen wollen. Die Frage ob Putin die Nato stoppt oder die Nato Putin, lässt sich dann vermutlich sehr leicht und ganz eindeutig beantworten, wenn man einfach nur die Fakten jenseits des gerade aktuellen Pseudo-Ereignisses zusammenträgt und einen simplen Fakten-Check macht. So kommt also der Diskurs über die demokratiethe-oretische und auch kulturhistorische Bedeutung einer freien Qualitätsberichter-stattung als Vierte Gewalt wieder zurück in neuem Gewand. Das würde allerdings voraussetzen, dass auch die Berichterstattung der sogenannten Qualitätsmedien weg von Sensationsberichterstattung hin zu Recherche von Zusatzinformationen führt z. B. in Form valider Vergleiche und Zahlen etc., um Verschwörungstheorien und Panikmachern den Boden zu entziehen durch nachprüfbare Informationen jenseits des jeweils konkreten Ereignisses und Verlautbarungen. Letztlich verläuft hier dann auch die Grenze zwischen Journaille und Journalismus, wenn Qualitätsjournalismus als Fortsetzung der streitbaren Demokratie gegen Verschwörungstheoretiker und Social-Media-Pressure von PR-Agenturen anderer Länder und deren ‚Schläfern' von Verschwörungsplattformen betrachtet wird. Damit wären dann Qualitätsmedien die adäquate Antwort westlicher Demokratien auf verdeckte Operationen totalitärer Akteure und das Gegenkonzept zum digitalen Isolationismus, wie ihn z. B. China durch seine Internetsperren vorexerziert, wo also die digitale Souveränität von einer Polit-Bürokratie definiert wird. Eine offene Gesellschaft hat hier das Potenzial und auch die Pflicht andere Wege zu gehen, wenn man davon ausgeht, dass offener Meinungsaustausch und demokratische Willensbildung immer noch die Erfolgsfaktoren sind für Wohlstand und Selbstentfaltung anstelle der Angst vor dunklen Mächten. Freiheit verpflichtet Verantwortung zu übernehmen. Wahrheit ist nicht eine Frage des Standpunkts oder der Perspektive, sondern eine Frage von Daten, Fakten und Faktenchecks. Diesem Ansatz sollten sich Qualitätsmedien zwingend verpflichten und auf Erregungsjournalismus verzichten – auch im Sinne ihrer Legitimität und dem Interesse an der eigenen Fortexistenz. Und dieses sollte insbesondere für öffentlich-rechtliche Medien gelten: Zuletzt hatte ja ein Gutachten des Wissenschaftlichen Beirats festgestellt, was bereits das Bundesverfassungsgericht 2007 im Gebührenurteil gefordert hat: Öffentlich-rechtliche Programme müssen sich eindeutig von Angeboten privatrechtlicher Medien unterscheiden. Zu Recht forderte deshalb Bernhard Pörksen in der *Zeit* anlässlich der Berichterstattung zur Germanwings-Flugkatastrophe eine Abkehr der Medien vom „Extremismus der Erregung" und eine Befreiung aus dem selbstverschuldeten „Nachrichtenvakuum", das aus dem „Sofort-Sendezwang" entstehe. Substanzierte Information anstatt „permanentes Sofort-Kommentieren" wäre dann eine öffentlich-rechtliches Differenzierungsmerkmal und ein Beitrag zur gesellschaftlichen Aufklärung – auch im Sinne der wehrhaften Demokratie zur Verteidigung gegen Verschwörungstheorien aller Art und verdeckte Operationen.

Peter Haric, Dr., Leiter des Leitbetriebe Austria Institut, Wien.

Johanna Grübelbauer, Dr., Senior Researcherin und stellvertretende Leiterin des Österreichischen Instituts für Medienwirtschaft an der Fachhochschule St. Pölten, Österreich

Der Einfluß der Netzneutralität auf die digitale Transformation

Mike Friedrichsen

Kommunikation, Informationsvermittlung und Konsum von Medien verlagern sich mehr und mehr ins Internet. Dieser Umstand führt dazu, dass sich Politik und Regulierungsbehörden mit der Notwendigkeit gesetzlicher Rahmenbedingungen befassen müssen. Insofern wurde folgerichtig der Ausschuss Digitale Agenda im Bundestag eingerichtet, um in Deutschland die Chancen der Digitalisierung zu nutzen.

Doch neben der Politik ist auch die Wirtschaft aufgefordert, entsprechend innovativ im Rahmen der digitalen Transformation zu handeln. So ist es für Unternehmen existentiell, strategische Überlegungen zu modernen Märkten, Lebens- und Arbeitswelten anzustellen, damit die Transformation zu digitalen Geschäftsmodellen erfolgreich bewältigt werden kann. Die Transformation beginnt bei der Interaktion mit Kunden, beeinflusst operative Geschäftsprozesse und schließt die Mitarbeiter eines Unternehmens ebenso ein (vgl. Capgemini Consulting, 2015).

Wie spürbar dieser Wandel schon heute ist, veranschaulichen Pionierbranchen wie u.a. Medien aufgrund des Bedeutungsverlusts von Printmedien und Infrastrukturanbietern. Ebenso wurden der Einzelhandel durch Online-Kaufhäuser und digitalen Fachhandel oder die Musikindustrie durch volldigitalisierte Produkte und Vertriebswege transformiert (vgl. Blöching et. al., 2015, S. 18).

1 Digitale Transformation

Die Digitale Transformation hat vier unterschiedliche Wirkmechanismen (siehe Abbildung; vgl. Blöching et. al., 2015, S. 17).

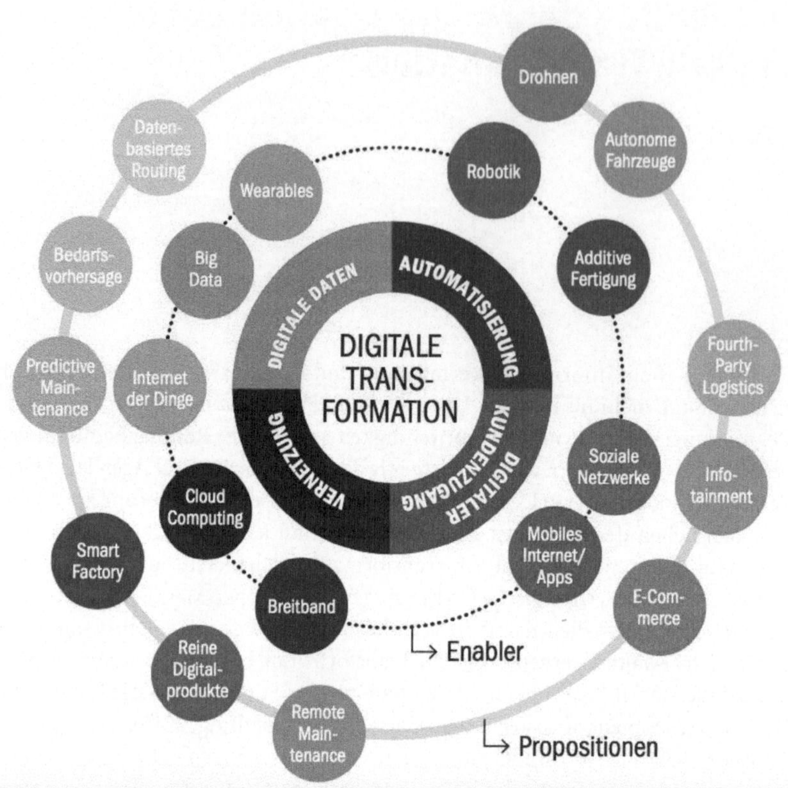

Abb. 1   Logik der Digitalisierung

Quelle: Blöching et. al., 2015, S. 20).

- *Digitale Daten*: Aufgrund der Erfassung, Verarbeitung und Auswertung digitalisierter Massendaten ist es zukünftig einfacher, hochwertigere Vorhersagen
  und Entscheidungen zu treffen.
- *Automatisierung*: Hierbei werden klassische Technologien mit künstlicher
  Intelligenz kombiniert, wodurch zunehmend autonom arbeitende und sich
  selbst organisierende Systeme entstehen, welche die Fehlerquote senken, die
  Geschwindigkeit erhöhen und die Betriebskosten senken.

- *Vernetzung:* Mithilfe der mobilen oder leistungsgebundenen Vernetzung gesamter Wertschöpfungsketten über hochbreitbandige Telekommunikation werden Lieferketten synchronisiert und dabei sowohl Produktionszeiten als auch Innovationszyklen verkürzt.
- *Digitale Kundenzugang:* Durch das (mobile) Internet entstehen neue Möglichkeiten direkten Zugang zum Kunden herzustellen und dabei vollständige Transparenz und neuartige Services anzubieten.

Das Internet der Dinge, Big Data, eine hochwertige Breitbandversorgung oder die zunehmende Automatisierung zählen zu den Technologien, die auch „Enabler" genannt werden. Beispielsweise werden neue Marktpositionierungen und Nutzenversprechen („Value Propositions"), unabhängiges Logistikmanagement („Fourth-Party Logisics") oder vorausschauende Wartung („Predictive Maintenance") ermöglicht. Erst durch die Kombination dieser einzelnen Technologien und Propositionen und die Vernetzung zuvor eigenständiger Systeme sowie der Herausbildung digitaler Kundenschnittstellen kommt es zur Transformation von Geschäftsmodellen und zur Neugliederung ganzer Branchen.

2 Netzneutralität

Unabhängig von Inhalt, Empfänger oder Absender werden alle Daten stets nach der Reihenfolge ihres Eintreffens in gleicher Qualität und Geschwindigkeit von den Providern weitergeleitet. Deshalb ist die Netzneutralität ein elementares Prinzip bei der Datenübertragung im Internet. Danach gibt es keine Daten, Dienste oder Nutzer erster und zweiter Klasse, keine wichtigen und weniger wichtigen Inhalte. Somit ergibt es keinen Unterschied, welchen Internettarif Sender und Empfänger zahlen oder welche Art von Anwendung oder welches Protokoll das Datenpaket übermittelt oder empfängt (vgl. Digitale Gesellschaft, o. J.).

Der CCC definiert die Netzneutralität ähnlich wie die Digitale Gesellschaft, wonach kein Zugangs- und Netzbetreiber nach inhaltlichen Kriterien Einfluss auf die Verfügbarkeit, Priorisierung oder Bandbreite der weitergeleiteten Daten nehmen darf. Darüber hinaus ist die Einflussnahme nur akzeptabel, wenn das dem Kunden gegenüber transparent und Teil der Vertragsbedingungen ist, um allen Kunden einen fairen Teil der bestehenden Netzwerkkapazitäten zur Verfügung stellen zu können (vgl. CCC, o. J.).

Daher zählt die Netzneutralität zu den fundamentalen Voraussetzungen für ein freies und offenes Internet. Die Telekom bemängelt den einseitigen Profit bei der

Partnerschaft von Netzbetreibern mit Internetunternehmen. Demnach investiert die Deutsche Telekom seit Jahren Milliarden in Infrastruktur und Netzaufbau, währenddessen die Internetunternehmen hohe Rendite kassierten. Deshalb sollen künftig Unternehmen, die datenintensive Internetinhalte anbieten, Gebühren für die Nutzung der Telekom-Netze zahlen (vgl. Hage, 2010). *„Doch Kritiker befürchten, dass die Netzneutralität unter diesem Modell leidet – und nicht mehr alle Daten unabhängig vom Absender gleich schnell ans Ziel gebracht werden. Netzaktivisten kritisieren, dass darunter vor allem die weniger zahlungskräftigen Unternehmen leiden würden, sollten manche Dienste bevorzugt werden."* (vgl. Spiegel Online, 2013a)

Durch die zunehmende Nutzung und der damit verbundenen wachsenden Bedeutung des Internets ist dessen Architektur und die zugrunde liegenden Prinzipien ein wichtiger Bestandteil des freien und offenen Internets geworden (vgl. Digitale Gesellschaft e. V., 2012, S. 1). Die immer häufigere vorkommende Priorisierung, Drosselung oder Sperrung bestimmter Art von Daten durch die Anbieter hat erhebliche Auswirkungen auf Wirtschaft, Innovation und die Meinungsfreiheit.

Früher transportierten Zugangs- und Netzbetreiber Daten, sie analysierten nicht, welche Art von Daten gesendet bzw. empfangen wurde. Die Betreiber konnten und wollten die einzelnen Datenpakete nicht untersuchen. Mittlerweile haben sich jedoch die technischen Rahmenbedingungen geändert. Durch Technologien wie zum Beispiel „Deep Packet Inspection" (Datenpaketkontrolle) verfügen die Netzbetreiber über Möglichkeiten, den Datenverkehr in Echtzeit zu analysieren. Infolgedessen haben Sie die Möglichkeit, Anwendungen und Inhalte der einzelnen Datenpakete zu kontrollieren.

2013 stellte die EU-Kommissarin Neelie Kroes einen ersten Entwurf vor, um in Europa einen einheitlichen Telekommunikationsmarkt zu schaffen. Dieser Entwurf beinhaltet zudem konkrete Regelungen der Netzneutralität. Grundsätzlich sieht dieser vor, dass der Internetzugang diskriminierungsfrei bleiben sollte. Jedoch heißt es in dem Entwurf auch, dass Endnutzer und Anbieter von Inhalten wie zum Beispiel die Deutsche Telekom oder Spotify das Recht haben müssen, Vereinbarungen mit spezialisierten Diensten zu schließen. Weiter heißt es, dass diese Dienste höheres Qualitätslevel erfordern. Dies bedeutet, dass die spezialisierten Dienste besser behandelt werden, was wiederum im Gegensatz zur Gleichbehandlung steht (vgl. Süddeutsche Zeitung, 2013).

Eingetreten ist dieser Fall in Deutschland aufgrund eines Deals zwischen der Deutschen Telekom und dem Musik-Streamingdienst Spotify. Kunden der Telekom haben die Möglichkeit, eine „Spotify-Option" in Ihrem Tarif hinzu zu buchen. Dadurch kann der Kunde so viel Musik hören wie er möchte, da die anfallenden Megabyte nicht auf das Datenvolumen angerechnet werden. Würde der Kunde stattdessen einen anderen Musik-Streamingdienst nutzen, würden die anfallenden

Megabyte auf den Volumentarif angerechnet werden. Insofern hat Spotify einen Vorteil bei Telekom-Kunden gegenüber Wettbewerbern (vgl. ebd.).

Daher stellt sich die Frage, ob den Netzbetreibern die Möglichkeit gewährt werden soll, diese Technologien zu nutzen und vorzuschreiben, wer unter welchen Bedingungen Zugriff auf Informationen erhält (vgl. Digitale Gesellschaft e. V., 2012, S. 1).

3   Politischer Dimension

Der Grund für die Auslösung der Debatte zum Thema Netzneutralität scheint in Deutschland die immer weiter steigende Auslastung der Internetleitungen zu sein. Dies wurde bisher zwar durch einen stetigen Netzausbau der Telekom kompensiert, jedoch ist mittlerweile eine Grenze erreicht, an dem der weitere Ausbau von Glasfasernetzen höhere Investitionen erfordert (das wurde schon früh erkannt, siehe Schonleben, 2010). Somit suchen die Internet-Service-Provider (ISP) alternative Lösungen, um den bisherigen Standard weiter zu entwickeln. Mitte 2013 hatte die Telekom neue Geschäftsbedingungen formuliert, bei denen das Datenvolumen der Kunden auf 75 Gigabyte begrenzt werden sollte und anschließend nur noch mit eingeschränkter Bandbreite weiter gesurft werden könnte (ZEIT ONLINE, 2013a). Dieses Vorgehen wurde vom Kölner Landgericht letzten Endes für widerrechtlich erklärt. *„Die Zivilkammer, begründete diese Endscheidung damit, dass Kunden mit dem Begriff Flatrate bei Internetzugängen einen Festpreis für bestimmte Surfgeschwindigkeiten verbänden und nicht mit Einschränkungen rechneten"* (ZEIT ONLINE, 2013b). Solche Arten von Drosselungen sind jedoch in mobilen Datenflatrates seit längerem Standard, womit letztlich ein Eingriff in die Netzneutralität stattfindet.

Die Glaubwürdigkeit zur Auslastung der Netze seitens der ISP muss mit Vorsicht betrachtet werden, da es keine präzisen Angaben der Netzanbieter zur Belastung der Netze gibt. Einen neuen Spitzenwert mit einer Durchsatzrate von über 4 Tbit/s hat der Internetknoten DE-CIX in Frankfurt am Main Anfang April 2015 Jahres erreicht. Trotz der Verdopplung der Leistung seit 2012 hat der Knoten mit maximal 48 Tbit/s noch mehr als ausreichend Kapazitäten (vgl. Farsan, 2015). Einen erheblichen Anteil an der an der Auslastung der Bandbreite haben sogenannte Echtzeit-Entertainmentdienste wie Netflix, Youtube und Co. Nach einer Studie des Netzwerkausrüsters Sandvine verbrauchte Netflix 2014 allein in Nordamerika 36,5 Prozent des Downstreams (Sandvine, 2014).

3.1   Diskurs in Deutschland

Bundeskanzlerin Angela Merkel (CDU) hat sich Anfang Dezember 2014 auf der Vodafone-Konferenz für ein Zwei-Klassen-Internet ausgesprochen. Sie betonte, dass es bei innovationsfreundlichem Internet eine Sicherheit für kostenpflichtige Spezialdienste gibt. Die „Spezialdienste" wie beispielsweise telemedizinische Anwendungen oder fahrerloses Fahren werden zunehmen und können sich laut Merkel nur weiterentwickeln, wenn berechenbare Qualitätsstandards zur Verfügung stehen (vgl. N-TV, 2014).

In einem Entwurf der Bundesregierung zu Netzneutralität soll eine gemeinsame Lösung durch ein zwei-Klassen-Internet für alle Parteien gefunden werden. Hierbei sollen die Netzanbieter wie Telekom den Normalnutzern weiterhin ein flüssiges und schnelles Netz bieten, welches die Netzneutralität sicherstellen soll. Erst wenn dies gewährleistet ist, dürfen kostenpflichtige Datenautobahnen an Spezialkunden verkauft werden. Kontrolliert werden soll dies nachträglich von der Bundesnetzagentur (vgl. Spiegel-Online, 2014).

Der Einsatz von Spezialdiensten soll nach Meinung Wirtschaftsstaatssekretär Matthias Machnig (SPD) nur erbracht werden dürfen, wenn die Netzkapazitäten dafür ausreichend sind. Momentan befindet sich Deutschland auf dem letzten Platz in Europa, was Glasfaseranschlüsse von Haushalten angeht (vgl. Lobo, 2014).

Die mangelnde finanzielle Unterstützung der Bundesregierung für den Breitbandausbau führt somit zwangsläufig zu einem Zwei-Klassen-Netz und zur Unterstützung der Telekommunikationsunternehmen.

> „[…] ein weiterer wichtiger Punkt ist der Breitbandausbau. Denn wir brauchen uns über Netzneutralität nicht zu unterhalten, wenn die Netzkapazitäten nicht zur Verfügung stehen." (Merkel, 2014)

Mit dem Opfern der Netzneutralität erhofft sich die Bundesregierung eine höhere Bereitschaft der Provider, in den Breitbandausbau zu investieren, um somit Steuergelder zu sparen (vgl. Tripp, 2014a). Bundeswirtschaftsminister Sigmar Gabriel versucht mit einer 2015 einberufenen Expertenkommission zu „Stärkung von Investitionen in Deutschland" den Wettbewerb auf den Telekommunikationsmärkten und die Netzneutralität einzuschränken. Erreicht werden soll damit, dass die Deutsche Telekom sich stärker als bisher am Ausbau des Gasfasernetzes in Deutschland beteiligt, damit bis zum Jahr 2018 jedem Bürger eine Internetverbindung von 50 Mbit/s zu Verfügung steht (vgl. Berke, 2015a). Zudem forderte die Telekom „Regulierungsferien", bei denen neue Glasfaseranschlüsse von der Zugangsregulierung ausgeschlossen sind und somit die Betreiber höhere Preise verlangen können, um so Investitionsanreize zu schaffen. Dieser Entwurf wurde Anfangs von der Expertenkommission unterstützt, jedoch in letzter Instanz von Sigmar Gabriel aus dem Abschlussbericht gestrichen mit der Begründung, *„[...] dass eine Veränderung der Regulierung einseitig zu Gunsten des regulierten Unternehmens nicht zu mehr Investitionen in den Breitbandausbau führen kann"* (Martin Witt, VATM Präsident, vgl. Berke, 2015b).

3.2 Europäischer Diskurs

Schwierig wird die Gleichbehandlung von Daten im Netz in allen EU-Mitgliedsstaaten. Es gibt Mitgliedsstaaten wie die Niederlande oder Slowenien, die die Netzneutralität längst eingeführt haben. Sie hat das Internet populär gemacht und ist auch dort der Grund für viel Dynamik und Innovation in der Wirtschaft.

Andere Mitgliedsstaaten, u. a. auch die deutsche Bundesregierung, sind dabei zurückhaltender. Sie wollen das Internet strenger durch Vorschriften regeln und den Telekommunikationsunternehmen und Firmen ermöglichen, die Netzneutralität einzuschränken (vgl. Krempl, 2014).

Auch EU-Kommissar Oettinger spricht sich schon seit geraumer Zeit für die Abschaffung der Netzneutralität aus. Das Ende der Netzneutralität soll nach dem Kommissar für Digitale Wirtschaft und Gesellschaft der Europäischen Union (EU) letztlich ohne jegliche Diskriminierung vollzogen werden.

> „Ich will einen Qualitätsstandard für alle, der diskriminierungsfrei jedem angeboten wird."(Oettinger, 2015).

Nach Oettinger, stünden aber keine Entertainmentdienste wie Videos, oder Spiele *„im Fokus, wenn es um Abweichungen nach oben von der Neutralität geht"* (Oettinger, 2015). Dennoch sollen „Spezialdienste", wie die Bundeskanzlerin ja fordert, bevorzugt behandelt werden, um die Sicherheit des Datentransportes zu garantieren.

Mit diesem Schritt in Richtung Zwei-Klassen-Internet könnte die Meinungs- und Kommunikationsfreiheit der Europäischen Grundrechtecharta gefährdet sein und deplatzierte Inhalte ausgebremst werden. Kleine Unternehmen und Startups müssen, um am Markt mitwirken zu können, erhebliche Investitionsgelder aufbringen, um ihre Dienste zu vermarkten (vgl. Weck, 2015).

3.3   Diskurs in den USA

Während in Deutschland und innerhalb der Europäischen Union die Diskussion um die Netzneutralität noch auf höchstem Niveau geführt wird, wurde in den USA die Regelung zur Netzneutralität Ende Februar 2015 verabschiedet. Die unabhängige Regulierungsbehörde der Vereinigten Staaten – Federal Communications Commission (FCC) -hat den Internet-Service-Providern untersagt, legale Inhalte, Anwendungen oder Dienste auszubremsen. Außerdem dürfen keine bezahlten Überholspuren auf den Datennetzen eingerichtet werden, auf denen der Netzverkehr priorisiert weitergeleitet wird (vgl. Krempl, 2015b). Mit dieser Entscheidung wurde das Internet in den USA als Grundversorgung („public utility") eingestuft, ähnlich wie Wasser, Strom oder Telefon.

Ein Auslöser dafür könnte gewesen sein, dass der zweitgrößte Kabelnetzbetreiber in den USA – Comcast – die Verbindung von Netflix massiv drosselte, so dass die Videos deren Abonnenten nur noch langsam geladen werden konnten. Demzufolge beugte sich Netflix und zahlte einen Millionenbetrag an Comcast, um eine stabile Nutzung zu erhalten, damit deren Comcast-Kunden die Netflixangebote wieder ohne Einschränkung nutzen konnten (vgl. Korman & Boch, 2015).

Nach dem Beschluss der FCC reichte der Branchenverband USTelecom eine Klage gegen die „Regeln für die Sicherung von echter Netzneutralität" ein. Die Breitbandanbieter wie Comcast, Verizon und AT&T meinen, die FCC habe willkürlich gehandelt und gegen die Verwaltungsrechte, die Verfassung und den Communications Act von 1934 verstoßen (vgl. Wilkens, 2015). Ein weiteres Problem für die Telekombranche in den USA ist die Einstufung von Internet als „public utility", wodurch die FCC zukünftig die Breitbandanbieter genauso regulieren kann wie die Telefonanbieter. Somit können Investitionshemmnisse seitens der Anbieter entstehen

FCC-Chef Tom Wheeler will zukünftig jede Art von bezahlter Priorisierung verbieten. Erreicht werden soll damit, dass die Provider ohne Spezialdienste ausreichende Investitionen am Netzausbau durchführen, ähnlich wie es beim Mobilfunknetz in den USA in den 80er Jahren der Fall war (vgl. Greis, 2015).

4   Digitale Transformation und Netzneutralität

Die Datenmengen im Internet steigen kontinuierlich. Nicht nur private Inhalte sind als digitale Information vorhanden, auch die Wirtschaft nimmt an der digitalen Kommunikation und Automatisierung teil. Durch die stetig steigende Beanspruchung des Netzes wird es umso wichtiger, dass die Daten neutral behandelt werden, um die Bevorzugung von Datenpaketen und damit die Diskriminierung von bestimmten Inhalten oder Diensten zu unterbinden. Egal woher das Datenpaket kommt, welches Ziel es hat, welchen Inhalt es transportiert und von welcher Anwendung es erstellt wurde.

Hier gibt es nun zwei Möglichkeiten: Entweder erhöhen die Netzanbieter die Kapazität ihrer Netze und transportieren alle Daten gleichberechtigt (Best-Effort Service) – dann bleiben diese Netze „neutral". Oder sie transportieren verschiedene Daten unterschiedlich schnell und in unterschiedlicher Qualität. Maßstab für diese Qualität ist hauptsächlich die Datenrate (Bandbreite) und Delay sowie deren Varianz (vgl. IT-Administrator, o. J.). Das Priorisieren von Datenflüssen und die dadurch geschaffene digitale Überholspur für zahlungsbereite Nutzer erbringt den Internetprovidern eine lukrative zusätzliche Einnahmequelle. Allerdings birgt dies auch einige Probleme in sich, wie eine Studie im Auftrag der BEREC zeigt. Solche Produkteigenschaften, die das Thema Netzneutralität betreffen, beeinflussen die Hälfte aller Kaufentscheidungen. Indikatoren hierfür sind das Datenvolumina, Zugang zu Videostreaming-Portalen und die Download-Geschwindigkeit (vgl. Consulting, 2015).

Aus den unterschiedlichen Sichten der Beteiligten läßt sich deutlich herauslesen, welche Risiken in Bezug auf die Digitale Transformation bestehen.

4.1 Internet Service Provider

Den ISPs widerstrebt es, dass sie im Vergleich zu den großen Content- und Service Providern im Internet einen zu geringen Profit abschöpfen, wobei letztlich sie die Infrastruktur bereitstellen. Aus diesem Grund plädieren die ISPs für ein Zwei-Klassen-Netz. Sie wollen Datenstaus verhindern, indem „wichtige" Daten schneller und „weniger wichtige" Daten langsamer übertragen werden. Folglich sollte eine Videotelefonie einem Download bevorzugt werden, um eine geringere Latenzzeit gewährleisten zu können.

Im Moment sind die Content- und Service-Provider wie Google, Facebook und Netflix den Netzanbietern gegenüber noch im Vorteil, da diese keine Kosten für die Infrastruktur haben. An diesem Vorteil möchten sich die ISPs beteiligen, in dem sie nebst den Endnutzern ebenfalls den Content- und Service- Providern gegenüber eine Gebühr für priorisierte Datenübermittlung erheben wollen (vgl. IT-Administrator, o. J.).

Content-Provider zahlen, um ihre Marktposition zu behalten, und Endnutzer, um eine zeitgemäße Verbindungsgeschwindigkeit zu erlangen. ISPs wie die Deutsche Telekom können noch eigene bzw. gesponserte Dienste auf der priorisierten Leitung anbieten. Spotify hat bereits ein Sponsorship, mit dem den Kunden bei der mobilen Nutzung von Musik-Streaming kein Datenvolumen angerechnet wird. Bei neuen Verträgen möchte die Telekom ihren zusätzlichen Dienst Entertain ebenfalls mit besserer Qualität anbieten. Managed Service wird eine solche Priorisierung genannt, die in den USA schon angewandt wird, um gegenüber anderen Anbietern den Nutzern eine geringere Ladezeit zu bieten (vgl. Spiegel Online, 2013a).

Dieser Ansatz widerstrebt dem Gedanken der Netzneutralität. *„Es [ist] ein Eingriff in den Wettbewerb [und zudem besteht] die Gefahr, dass der Provider den Inhalt, an welchem er selbst aus Wettbewerbsgründen interessiert ist, bevorzugt behandeln würde"* (ZDF, 2010). Somit würde dies ein Zwei-Klassen-Netz fördern und einen *„Weg in ein zukünftiges Geschäftsmodell für das Internet"* ebnen (Leuchters, 2009).

4.2 Content Provider

Zur Netzneutralität sind die Ansichten der Content Provider gespalten. Unter den verschiedenen Großanbietern von Streaming-Diensten, Nachrichtenplattformen, Suchmaschinen, Auktionsplattformen usw. gibt es auch Klein- und Privatanbieter. Durch Vermeidung eines Zwei-Klassen-Netzes können diese ebenfalls in Erscheinung treten, beispielsweise mit User Generated Content, kleinen Auktionsplattformen als auch Startups in jeglicher Art und Weise (vgl. Riedel, 2014). In einem Zwei-Klassen-Netz würde es auf der einen Seite die *„großen, etablierten Unternehmen geben, wie Facebook oder Google die „Überholspuren im Internet" buchen und somit ihren Mitbewerbern das Wasser abgraben"* (Bergmann, 2014). Auf der anderen Seite stehen die gemeinnützigen und politischen Gruppen ebenso wie die Startups. Diese wären nicht in der Lage konkurrenzfähig zu sein, da ihnen schlicht die finanziellen Mittel fehlen. Diese Ungleichheit würde das Erscheinungsbild des Internets, wie wir es heute kennen, natürlich verändern.

Der Zerfall der Gleichheit im Internet macht es unmöglich, für kleinere und mittlere Unternehmen mit den Großen auf dem Markt zu konkurrieren. Dis beinhaltet natürlich auch eine klare Monopolisierungsgefahr (vgl. Riedel, 2014).

> „Es droht eine Diskriminierung von fremden Inhalten bzw. von Unternehmen die nicht Kooperationspartner der Deutschen Telekom sind" (Hans Joachim Otto, parl. Staatssekretär Wirtschaftsministerium; ZDF, 2010).

4.3   Unternehmen

„Netzneutralität ist eine Voraussetzung für Innovation und Wirtschaftswachstum, weil auch junge, kleine Unternehmen den gleichen Zugang zum Internet [...] [brauchen], wie große Konzerne" (Digitale Gesellschaft o. J., S. 3).

In den USA wurde eine umfassende Studie unter Investoren durchgeführt, „ob eine fehlende Netzneutralität ein Risiko für das Geschäftsmodell darstelle" (Digitale Gesellschaft o. J., S. 11). Unternehmen berichteten von Schwierigkeiten bei der Finanzierung. Die Studie kommt zum Ergebnis, dass es eine Gleichberechtigung als auch einen fairen Wettbewerb auf dem Markt geben müsse, damit jedem die gleichen Startbedingungen gewährleistet sind. Dementsprechend würden auch die Nutzer einen Vorteil daraus ziehen, da sie mehr und bessere Anwendungen und Dienste von einem wettbewerbsträchtigen Markt bekommen. Das wäre nur bei einer Netzneutralität gegeben (vgl. ebd.).

„Ohne Netzneutralität können Netzbetreiber neuen oder missliebigen Dienstleistern den Zugang zu ihren Kunden erschweren und sich selbst an erste Stelle setzen" (Digitale Gesellschaft o. J., S. 3), was zu einer Wettbewerbsverzerrung, Einschränkung der Meinungsäußerung und daraus resultierend zu Grundgesetzverstoß führen würde. In den USA „hat sich die Debatte um die Netzneutralität [...] merklich aufgeheizt. Über 150 Internet-Firmen forderten in einem offenen Brief gleiches Recht für alle Daten (Focus Online, 2014).

Gerade junge IT-Unternehmen benötigen eine Chance, die hohen Markteintrittsbarrieren und Wettbewerbshindernisse zu überwinden, vor allem auch, um international bestehen zu können. So hat sich beispielsweise der Beirat Junge Digitale Wirtschaft im BWMi für die Digitale Agenda zum Ziel gesetzt, vor allem kleine und mittlere Unternehmen darin zu unterstützen, ihre Innovationsfähigkeit durch neue digitale Technologien zu erhöhen. Auch die digitale Wirtschaft selbst soll unterstützt werden (vgl. Beirat Junge Digitale Wirtschaft, 2014, S. 3; BWMi, 2014).

4.4   Private Nutzer

Im privaten Bereich hat der Nutzer kaum Möglichkeiten, auf den Datenverkehr Einfluss zu nehmen. Der Nutzer kann sich aus mehreren Providern entscheiden, welcher Anbieter die besseren technischen und vertraglichen Eigenschaften hat. In ländlichen Bereichen ist man zumeist auf einen Provider angewiesen.

„Die viel beschworene Priorisierung von Bandbreiten über den eigenen Router oder die eigene Firewall hat leider nur Einfluss auf den Datenverkehr, den man im

eigenen Hause erzeugt" (Bergmann, 2014). Außerhalb des eigenen Netzwerks hat man keinen Einfluss mehr auf den Transport der Daten.

Was nach dem eigenen Router außen mit den Daten passiert und ob eine Verletzung der Netzneutralität vorliegt, kann nur schwer nachgewiesen werden. Mehr Klarheit wird auch das Ermitteln von Defekt oder absichtlichen Drosselung der Bandbreite durch Messung seitens des ISPs nicht bringen. Sollte die Überholspur im offenen und freien Internet durchgesetzt werden, profitieren die ISPs. Die *„Verbraucher hingegen werden sich einem neuen Tarifdschungel gegenübersehen, wie dies bereits aus dem Mobilfunkbereich leidlich bekannt ist"* (Tripp, 2014b). Also ein Basis-Paket für den Standardzugang, ein weiteres Packet für Onlinedienste, wie beispielsweise HD-Video-Streaming. Dem Otto Normalverbraucher wird es schwerfallen, Tarifpakete nach seinen Bedürfnissen zu finden, die auch dann noch im Budget liegen (vgl. ebd.).

Bundeskanzlerin Merkel brachte als Entgegenkommen ein, *„Unternehmen [sollten] nur dann spezielle Dienste gegen Gebühren auf beschleunigten Leitungen anbieten dürfen, wenn sie zugleich ausreichende Kapazitäten für den diskriminierungsfreien Datenverkehr im offenen Internet schaffen"* (Westphal, 2014). Dieser Vorschlag drückt aus, dass z. B. die Telekom ihren Partnern nur dann auf die Überholspur leiten darf, wenn alle anderen Nutzer eine ausreichende Geschwindigkeit im Internet zur Verfügung haben. *„Man könnte schließlich argumentieren, dass private Nutzer auch mit ISDN-Geschwindigkeit ausreichend fix [bzw. schnell] im Internet unterwegs seien"* (vgl. ebd.).

Letztlich ist der Schutz persönlicher Daten wichtig. Dies bleibt die Grundlage, um die Akzeptanz der Bevölkerung beim Internet-Verkehr nicht zu gefährden. Die informelle Selbstbestimmung der Internetnutzer und die Kontrolle über die eigenen Daten und Informationen muss Ziel des Datenschutzrechts bleiben (vgl. Deutscher Bundestag, 2013). Eine Zwei-Klassen-Gesellschaft würde dies wohl eher erschweren.

5   Fazit und Ausblick

Die digitale Transformation wird zwangsläufig die Voraussetzung einer guten Vernetzung und damit verbunden auch Anforderungen an das Internet erwirken. Besonders wichtig sind die Bereiche, die in Echtzeit arbeiten oder eine hohe Verantwortung tragen wie Health 2.0 oder Connected Cars. Hier sind schnelle Übertragungswege zwingend erforderlich. Durch die vernetzte Nutzung solcher risikobehafteten Anwendungen müssen deren Kommunikationswege sehr zuverlässig und sicher sein. Durch die Netzneutralität können zukünftige Innovationen der digitalen Transformation aufgrund von Überlastung oder fehlender Kommunikationsgeschwindigkeit ausgebremst oder nicht umgesetzt werden. Dabei kann es auch zu Einschränkungen der innovativen Weiterentwicklung der Wertschöpfungsketten für Netzanbieter kommen. Dies erhöht die Investitionshemmnisse zum Breitbandausbau und führt zusätzlich dazu, dass der Breitbandausbau mit hohen staatlichen Kosten verbunden sein könnte.

Der Netzausbau trägt einen entscheidenden Teil zur digitalen Transformation bei, da diese eine enorme Bandbreite braucht und dieser Bedarf mit der Digitalisierung kontinuierlich steigt. Um keine Zweiklassen-Netzgesellschaft zu schaffen und die gesamte Gesellschaft an den Errungenschaften der digitalen Transformation teilhaben zu lassen, ist es wichtig, eine nichtdiskriminierende Netzpolitik bis hin zur absoluten Netzneutralität zu betreiben. Sollte allerdings der Breitbandausbau nicht in dem erforderlichem Maße mit der digitalen Transformation schritthalten können, so könnte die Netzneutralität auch negative Auswirkungen auf zentrale Bereiche der digitalen Transformation haben. Die Qualität einiger sicherheitsrelevanter Innovationen, wie z. B. Connected Cars, kann nur garantiert werden, wenn die Geschwindigkeit zuverlässig und konstant bleibt. Die Bevorzugung solcher Datenströme konnte den Fortschritt der digitalen Transformation und die Weiterentwicklung grundlegend beeinflussen. Da das Bevorzugen von Daten nicht nur für die Wirtschaft als diskriminierend empfunden werden kann, sondern auch für die Gesellschaft, bleibt der Politik nichts anderes übrig als entsprechende Rahmenbedingungen zügig zu schaffen. Durch einen flächendeckenden Netzausbau von Hochgeschwindigkeits-Breitband-Internet könnte diese Problematik auch ohne Einschränkung der Netzneutralität gelöst werden. Die digitale Transformation wird überdies Veränderungen hinsichtlich Prozessen, Strukturen, Produkten und Kulturen mit sich bringen. Die Veränderung der Wertschöpfungsketten befindet sich gerade erst in den Kinderschuhen, die eigentliche Wucht der Digitalisierung wird in den nächsten 10 bis 15 Jahren erst spürbar. Starre Wertschöpfungsketten wandeln sich zu dynamischen Wertschöpfungsnetzwerken, die flexibel aufeinander reagieren. Darauf müssen sich alle einstellen: Wirtschaft, Politik und Gesellschaft.

Literatur und Quellen

Beirat Junge Digitale Wirtschaft (2014). Junge Digitale Wirtschaft. Internet: http://www.bmwi.de/BMWi/Redaktion/PDF/H/handlungsempfehlungen-beirat-junge-digitale-wirtschaft,property=pdf,bereich=bmwi2012,sprache=de,rwb=true.pdf, Zugriff am 08.06.2015.

Bergmann, U. (2014). Netzneutralität – Fluch oder Segen? Internet: http://www.nethinks.com/blog/allgemein/netzneutralitaet-fluch-oder-segen/, Zugriff am 08.06.2015.

Berke, J. (2015a). Expertenkommission will Netzneutralität kippen, Artikel vom 20.04.2015. Internet:http://www.wiwo.de/politik/deutschland/bundeswirtschaftsmini sterium-ex-pertenkommission-will-netzneutralitaet- kippen/11661544.html, Zugriff am 08.06.2015

Berke, J. (2015b). Expertenkommission will Netzneutralität kippen, Artikel vom 21.04.2015. Internet: http://www.wiwo.de/politik/deutschland/bundeswirtschaftsministerium- ex-pertenkommission-will-netzneutralitaet-kippen/11661544.html, Zugriff am 08.06.2015

Blöching, B. et al. (2015). Die digitale Transformation der Industrie, München: Roland Berger Strategy Consultants GmbH Berlin: Bundesverband der deutschen Industrie e. V. (BDI). Internet: http://www.rolandberger.de/media/pdf/Roland_Berger_Die_digitale_Trans-formation_der_Industrie_20150315.pdf), Zugriff am 09.06.2015.

Bundesministerium für Wirtschaft und Energie (2015). Industrie 4.0 und Digitale Wirtschaft, Impulse für Wachstum, Beschäftigung und Innovation. Internet: http://www.bmwi.de/BMWi/Redaktion/PDF/I/industrie-4-0-und-digitale-wirtschaft,property=pdf,bereich=b-mwi2012,sprache=de,rwb=true.pdf, Zugriff am 09.06.2015.

CCC (o. J.): Netzneutralität. Definition des Begriffs. Internet: http://www.ccc.de/de/netzneutralitaet, Zugriff am 02.06.2015.

Consulting (2015). Verbraucher sehen Zugriff auf das Internet als Grundrecht. Internet: http://www.consulting.de/nachrichten/alle- nachrichten/consulting/verbraucher-sehen-zugriff-auf-das-internet-als- grundrecht/, Zugriff am: 14.06.2015.

Deutscher Bundestag (2013). Enquete-Kommission Internet und digitale Gesellschaft. Internet:http://webarchiv.bundestag.de/cgi/show.php?fileToLoad=2944 &id=1223, Zugriff am 03.06.2015.

Digitale Gesellschaft e. V. (2012). Handbuch Netzneutralität, 14.12.2012. Internet: http://de.scribd.com/doc/116813445/Handbuch- Netzneutralitat, Zugriff am 08.06.2015.

Focus Online (2014). Einschränkung der US-Netzneutralität hat weltweite Auswirkungen. Internet: http://www.focus.de/digital/internet/netzneutralitaet-in-gefahr-einschraen-kung-der-us-netzneutralitaet-hat-weltweite-auswirkungen_id_3849399.html, Zugriff am 08.06.2015.

Hage, S. (2010). Deutsche Telekom: Obermann will Google zur Kasse bitten. Artikel vom 18.03.2010. Internet: http://www.manager-magazin.de/unternehmen/it/a684172.html, Zugriff am 08.06.2015.

Greis, F (2015). Verbände und Firmen klagen gegen Verbot von Überholspuren. Artikel vom 16.04.2015.Internet: http://www.golem.de/news/netzneutralitaet-verbaende-und-firmen-klagen-gegen-verbot-von-ueberholspuren-1504-113540.html, Zugriff am: 12.06.2015.

IT-Administrator (o. J.). Netzneutralität, Artikel. Internet: http://www.itadministrator.de/lexikon/netzneutralitaet.html, Zugriff am 07.06.2015.

Katzmaier, David (2015). 4K content guid: What to watch in 4K today. Internet: http://www.cnet.com/news/4k-content-guide-what-to-watch-in-4k-today/, Zugriff am 15.06.2015.

Krempl S. (2014). Netzneutralität entzweit den EU-Rat. Artikel vom 28.11.2014.Internet: http://heise.de/-2468334, Zugriff am 08.06.2015.

Krempl S. (2015). US-Regulierer FCC verabschiedet starke Regeln zur Netzneutralität. Artikel vom 27.02.2015. Internet: http://www.heise.de/newsticker/meldung/US-Regulierer-FCC-verabschiedet-starke-Regeln-zur-Netzneutralitaet-2560674.html, Zugriff am 09.06.2015.

Leuchters J. (2009). Droht das Zweiklassen-Internet? Artikel vom 30.06.2009. Internet:http://www.monitor.at/index.cfm/storyid/11738Netzneutralita et_contra_Gebuehren-Internet-Droht_das_Zweiklassen-Internet, Zugriff am 07.06.2015.

Lobo, S. (2014). Die Mensch-Maschine: Unter dieser Frau kein Anschluss. Artikel vom 10.12.2014. Internet: http://www.spiegel.de/netzwelt/web/sascha-lobo-verdammt-angela-merkels-digitalpolitik-a-1007659.html, Zugriff am: 07.06.2015.

N-TV (2014). Überholspur für Spezialdienste – Regierung versucht Spagat bei Netzneutralität. Internet: http://www.n-tv.de/mediathek/videos/technik/Regierung-versucht-Spagat-bei-Netzneutralitaet-article14099461.html, Zugriff am 07.06.2015.

Riedel, D. (2014). Net Neutrality Threats: Bad for Consumers, Deadly for Startups. Internet: http://tech.co/yes-net-neutrality-bad-consumers-deadly-startups-2014-07, Zugriff am 07.06.2015.

Spiegel Online (2013a). Netzneutralität: Google, Microsoft und Facebook zahlen für US-Bandbreite. Artikel vom 21.06.2013. Internet: http://www.spiegel.de/netzwelt/web/google-microsoft-und- facebook-zahlenfuer-bandbreite-a-907121.html, Zugriff am 07.06.2015.

Süddeutsche Zeitung (2013). Entwurf der EU-Kommission: Kritik an Vorschlag zu Netzneutralität. Artikel vom 12.09.2013. Internet: http://www.sueddeutsche.de/digital/entwurf-der-eu-kommission-kritik-anvorschlag-zu-netzneutralitaet-1.1769254, Zugriff am 08.06.2015.

Tripp, V. (2014a). Digitale Agenda des Digitale Gesellschaft e. V.. Artikel vom 19.08.2014. Internet: https://digitalegesellschaft.de/2014/08/digitale-agenda-digiges/#Netzneutralität, Zugriff am 01.06.2015.

Tripp, V. (2014b). Verhandlungsposition zur Netzneutralität: Kompromisse sehen anders aus. Artikel vom 5.12.2014. Internet: https://digitalegesellschaft.de/2014/12/netzneutralitaet-kompromisse, Zugriff am 07.06.2015.

Weck A. (2015). Keine Einigung bei Netzneutralität und Roaming: EU- Regulierungspaket steckt fest. Artikel vom 27.05.2015. Internet: http://t3n.de/news/eu-netzneutralitaet-roaming-verhandlungen-612718/, Zugriff am 09.06.2015.

Westphal, A. (2014). Kanzlerin Merkel gegen Netzneutralität. Internet: http://www.hartware.de/news_62417.html, Zugriff am 25.06.2015.

ZDF (2010). ePolitik Dummy (02) Netzneutralität. Internet: http://youtu.be/ZgutvVxblnY, Zugriff am 01.06.2015.

ZEIT ONLINE (2013a). Drosselkom: Telekom drosselt fast allen Kunden. Internet: http://www.zeit.de/digital/internet/2013-05/telekom-drossel-2016, Zugriff am: 02.06.2015.

ZEIT ONLINE (2013b). Flatrate: Gericht untersagt Telekom die Netz-Drosselung. Internet http://www.zeit.de/digital/internet/2013-10/telekom-drosselkom-festnetz, Zugriff am: 02.06.2015.

Mike Friedrichsen, Prof. Dr., Professor für Medienökonomie und Medieninnovation an der Hochschule der Medien Stuttgart und wissenschaftliche Leitung der Humboldt-School Stuttgart/Berlin

III
Wirtschaftliche Ebene

Jagd auf eine Illusion

Henrik Tesch

Die Enthüllungen des NSA Mitarbeiters Edward Snowden haben die Spionageprogramme amerikanischer Geheimdienste öffentlich gemacht und das öffentliche Vertrauen in die Sicherheit von Informations- und Kommunikationstechnologien erschüttert. Das hat die Öffentlichkeit in Deutschland empört und zutiefst verunsichert. In den Köpfen der Menschen hat sich das Bild eines handlungsunfähigen Staates verfestigt, der nicht in der Lage ist, sich selbst, die eigenen Bürger und die nationale Wirtschaft zu schützen.

Die sich entspinnende Debatte brachte u. a. Forderungen nach ‚digitaler Souveränität' hervor. Für den Internetvisionär und Publizist Evgeny Morozow ist diese Vorstellung eine der aktuell wichtigsten und umstrittensten Doktrinen: Der Staat erlangt die hoheitliche Kontrolle über das Internet im eigenen Lande und schützt Bürger und IT-Infrastrukturen vor dem Zugriff durch andere Staaten. Die Idee von ‚digitaler Souveränität' ist eng mit der Hoffnung auf umfassende Sicherheit für die eigenen Bürger, die heimische Wirtschaft und den Staat selbst verbunden. Sie wird von politischen Akteuren gern aufgegriffen – können sie damit doch den Eindruck vermitteln, sie hätten das Heft des Handelns wieder in die Hände genommen.

Die „Rückgewinnung der digitalen Souveränität" wurde sogar als staatspolitische Aufgabe formuliert: Deutschland und Europa müssten sich von den USA technologisch emanzipieren – eine Gegenreaktion auf die gefühlte digitale Hegemonie amerikanischer Geheimdienste und IT-Konzerne. Deshalb hat die digitale Souveränität auch eine wirtschaftspolitische Dimension: Das Streben nach digitaler Souveränität mündet schließlich in der Forderung nach einem staatlich subventionierten Ausbau einer eigenen – deutschen und europäischen – IT- und Internetwirtschaft. Durch staatlich finanzierte IT-Unternehmen soll ein höheres Maß an Unabhängigkeit geschaffen und der Schutz der deutschen und europäischen IT-Systeme gewährleistet werden. Gerne wird in diesem Zusammenhang auf die Schaffung des europäischen Gemeinschaftsprojekts Airbus als Antwort auf die

Dominanz des US-Flugzeugbauers Boeing verwiesen. Analog wurde der Ruf nach der Errichtung eines europäischen „IT-Airbus" laut.

1   Im Netz ist der nationalstaatliche Souveränitätsbegriff längst überholt

Abgesehen davon, dass solche Forderungen häufig eng mit den wirtschaftlichen Interessen einzelner nationaler Anbieter von Internet- und Telefondiensten verbunden sind, wird in dieser Debatte ein entscheidender Punkt übersehen oder wissentlich vergessen: ‚Digitale Souveränität' ist eine Illusion. Sie steht, so wie sie als Forderung von Politikern und Unternehmensvertretern formuliert wird, dem Gedanken und Wesen einer digital vernetzten, interdependenten Welt diametral entgegen.

Souveränität ist ein Konzept, dass eng mit der Entstehung von Nationalstaaten verbunden ist. Ein Staat gilt als souverän, wenn er im Verhältnis zu anderen Staaten unabhängig ist. Diese Idee von Souveränität war lange Zeit ein unumstößliches Paradigma der Sicherheitspolitik. Bis in das 20. Jahrhundert hinein existierte beispielsweise das eng mit der Souveränitätsidee verbundene Recht zur Kriegsführung (ius ad bellum). Im Nachgang der verheerenden Erfahrungen zweier Weltkriege hat sich die Vorstellung von nationaler Souveränität und Sicherheit jedoch stark gewandelt.

In einer globalisierten, nach Sicherheit strebenden Welt haben Staaten bewusst den Weg gewählt, Souveränität abzugeben. Sicherheit entsteht nicht mehr durch mehr Autonomie, sondern durch mehr Interdependenz. Das sicherlich bedeutendste Beispiel hierfür ist die Europäische Union. Die Grundlage für diese Erfolgsgeschichte, die dem Kontinent Frieden und Stabilität sichert, bildet die Abgabe von Souveränität an eine supranationale Institution.

In einer globalisierten und in jeder Hinsicht eng vernetzten Welt ist der alte nationalstaatliche Souveränitätsbegriff längst überholt. Für die digitale Welt hat er noch nie getaugt. Um den berechtigten Wunsch der Anwender nach Sicherheit und Schutz ihrer Daten zu erfüllen, ist es vielmehr notwendig, das nationalstaatliche Denken des 20. Jahrhunderts zu überwinden und nach supranationalen Vereinbarungen zu suchen. Denn die Ursache für die Vertrauenskrise liegt vorrangig nicht in einer fehlenden Beschränkung digitaler Technologien. Vielmehr sind es die Defizite in der internationalen politischen Zusammenarbeit und bei der Schaffung von bi- und multilateralen Vertragsstrukturen.

Seit ihren Anfängen ist die Grundstruktur der digitalen Welt international organisiert. Mit der Entwicklung des Internets ist unter anderem die Internet

Corporation for Assigned Names and Numbers (ICANN) entstanden, die auf einer globalen, staatenübergreifenden Ebene die Vergabe von IP-Adressen als zentrales Element zur Regulierung der Kommunikation im Internet organisiert.

2   Kein Mehr an Sicherheit durch die Eurocloud

Die Sachlage lässt sich mit einem einfachen Bild verdeutlichen: Beim Internet handelt es sich nicht um ein Schienen- oder Straßensystem innerhalb eines fest umrissenen Staatsgebiets, das die nationalen Akteure souverän regulieren können. Es ist vergleichbar mit den internationalen Seewegen, deren Offenhaltung im Interesse aller Akteure ist – und gleichzeitig eine Zusammenarbeit aller Beteiligten zwingend notwendig macht. Projekte wie ein „deutsches Internet" oder die „Eurocloud" entsprächen nach diesem Bild einer Sperrung bestimmter Seewege, einer Schließung wichtiger Handelsrouten. Bei der Einrichtung einer so genannten „Eurocloud" müssten die EU-Mitglieder Irland und Großbritannien wegen der Anbindung durch internationale Tiefseekabel ausgeschlossen werden – ein Widerspruch an sich.

Sollten sich die Befürworter eines nationalen oder europäischen Internets tatsächlich durchsetzen und sollte das regionale oder nationale Routing von Daten tatsächlich technisch möglich sein, erhöht sich hierdurch nicht zwangsläufig die Sicherheit der digitalen Kommunikation – im Gegenteil. Beim regionalen oder nationalen Routing würden die Kommunikationsdaten auf wenigen Servern innerhalb eines eng begrenzten Raums gespeichert. Der Datenaustausch wäre auf wenige Datenleitungen beschränkt. Ein „Honigtopf" an Daten wird aufgebaut, der für Geheimdienste und kriminelle Organisationen gleichermaßen anziehend wirkt.

Gelingt es Angreifern welcher Couleur auch immer, die Sicherheitsschranken zu durchbrechen, erhalten sie auf einen Schlag Zugang zu einer unfassbar großen Menge an Daten. Anders als wenn die Daten dezentral weltweit in unterschiedlichen Serverstrukturen gespeichert würden. Viel zeit- und somit auch ressourcenintensiver ist es, dezentral gespeicherte Daten abzugreifen, da hierfür an unterschiedlichen Stellen auf der Welt in die Serverstrukturen eingebrochen werden muss.

Ein nationales oder regionales Routing bietet also nur vordergründig das Gefühl eines besseren Schutzes oder einer höheren Sicherheit der Daten. Der Gedanke, dass die örtliche Nähe des Speicherortes Sicherheit und Kontrolle erhöht, stammt aus der analogen Welt. Er ist vergleichbar mit der Vorstellung, dass Ersparnisse unter dem eigenen Kopfkissen sicherer aufbewahrt werden können als auf der Bank und entspricht nicht der Realität des 21. Jahrhunderts.

3　Insellösungen erschweren den Zugang zu Märkten und Technologien

Auch die Vorstellung eines nationalstaatlich geförderten europäischen „IT-Airbus" korrespondiert nicht mit dieser Realität. Der Aufbau einer europäischen IT- und Internetwirtschaft lässt sich nicht staatlich verordnen. Im Gegenteil: Offenheit und Vernetzung sind die Grundprinzipien für den weltweiten Erfolg der IT-Branche sowie ihrer Produkte und Dienstleistungen. Eine Politik, die auf eine ‚digitale Souveränität' der Nationalstaaten zielt und danach strebt, nationale Märkte abzuschotten, steht diesen Prinzipien diametral entgegen. Sie missachtet, wie stark schon heute die Interdependenzen zwischen deutschen und internationalen Unternehmen gerade im IT-Bereich sind. Sie ignoriert zudem, dass vor allem Deutschland von der grenzüberschreitenden Internetkommunikation weltweit am meisten profitiert (Frankfurter Allgemeine Zeitung, Deutschland ist der Sieger der Globalisierung, 19.04.2014).

Das bedeutet jedoch nicht, dass nationale Industrie- und Forschungspolitik wirkungslos sein müsste. Aber anstatt öffentliche Ressourcen dafür zu verschwenden, erfolgreichen internationalen Entwicklungen hinterher zu laufen, sollte sich eine nationale digitale Agenda deshalb eher an den Stärken der deutschen Wirtschaft ausrichten. Stichwort Industrie 4.0 – im engeren Sinne intelligente Produktionssysteme, die Optimierung von industriellen Prozessen sowie die Fertigung in vernetzten und transparenten Liefer- und Wertschöpfungsketten. Grundlage dafür bilden mit intelligenten Systemen und Sensoren ausgestattete Produkte und Maschinen, die, programmierbar und kommunikationsfähig sind, so genannte Cyber Physical Systems. Zukunftsgerichtete Investitionen in Forschung und Anwendungen auf diesem Gebiet werden ein Vielfaches des Nutzens bringen, den rückwärtsgewandte technologische Aufholversuche hätten.

Aktuell entstehen unterschiedliche Zusammenschlüsse von Industrie, Politik und Wissenschaft mit dem Ziel, der deutschen Wirtschaft eine Pole-Position beim Thema Industrie 4.0 zu sichern und die dafür notwendigen politischen Rahmenbedingungen zu definieren. Dies passiert vor einem ernsten, wettbewerbspolitischen Hintergrund: Die Bedrohung der klassischen deutschen Industrie durch disruptive Geschäftsmodelle, in deren Zentrum die Veredlung von und der Handel mit Daten stehen. Darüber hinaus soll das volkswirtschaftliche Potenzial für ein robustes oder gar überdurchschnittliches Wirtschaftswachstum gehoben werden und zu einem digitalen Wirtschaftswunder beitragen. Die Bundesregierung erwartet bis 2025 allein für die Branchen Maschinenbau, Elektrotechnik, Automobil, Chemie, Landwirtschaft und ITK ein zusätzliches Wertschöpfungspotential von 78 Milliarden Euro durch die Umsetzung von Industrie 4.0. Die Politik hat erkannt, dass künftige Geschäftsmodelle und damit die Wertschöpfung auch in der klassischen Industrie künftig immer stärker von der intelligenten Verwertung von Daten abhängig sein wird.

Dies gilt für die Industrie im engeren Sinne – aber auch weit darüber hinaus für die gesamte Wirtschaft. Die Digitalisierung wird in fast allen Wirtschaftsbereichen und Unternehmensgrößen zu tiefgreifenden Veränderungen führen: Laut IHK-Unternehmensbarometer sagen 94 Prozent der deutschen Unternehmen, dass die Digitalisierung ihre Geschäfts- und Arbeitsprozesse beeinflusst. Dabei sind alle Wirtschaftszweige in vergleichbarem Umfang betroffen. Mobile und Cloud-Technologien, Big Data und Social Communications sind Treiber für innovative Produkte und Services, definieren den Wettbewerb neu und lassen eine Vielzahl neuer Geschäftsmodelle entstehen. Laut den Analysten von Gartner basieren schon 2017 neue Geschäftsmodelle vor allem auf Computer-Algorithmen. Eine Entwicklung, die vor allem kleine und mittelständische Unternehmen nutzen sollten: Die Cloud bietet Unternehmen jeder Größe einen direkten Zugang zu Anwendungen, die sich beliebig skalieren lassen, mobil zur Verfügung stehen und immer auf dem aktuellsten Entwicklungsstand sind. In Kombination mit intelligenten „Mobile Devices" macht die Cloud neue Formen der vernetzten, orts- und zeitunabhängigen Zusammenarbeit möglich, die Unternehmen innovativer, agiler und produktiver machen.

Allerdings: Unter dem Deckmantel pragmatischer Industriepolitik werden auch protektionistische Positionen vertreten, die das Ziel haben, außer-europäische Technologienanbieter auszuschließen. Das ist zum einen ein Reflex auf die Angst vor den disruptiven Geschäftsmodellen globaler Internetkonzerne, zum anderen eine Antwort auf die Befürchtungen der deutschen Wirtschaft, Opfer von Industriespionage und Cyberkriminalität zu werden. Aber statt Gedankenspiele anzustellen, wie man internationale IT-Anbieter vom Wettbewerb ausschließen könnte, sollten sich die Akteure lieber fragen, wie die Zusammenarbeit zwischen globalen Playern und lokalen Mittelständlern ausgebaut werden kann.

Denn zwischen der deutschen Wirtschaft und internationalen IT-Unternehmen besteht eine über Jahrzehnte gewachsene, vielschichtige und von gegenseitigem Vertrauen – sowie gemeinsamem wirtschaftlichem Erfolg – geprägte Beziehung. Über 38.500 meist kleine und mittlere Unternehmen bieten allein in Deutschland beispielsweise mit ihrem spezifischen Know-how IT-Dienstleistungen auf Basis von Microsoft-Technologien an und entwickeln darüber hinaus eigene einzigartige Anwendungen und Technologien. Deutsche Unternehmen nutzen speziell auf ihre Bedürfnisse abgestimmte Lösungen auf Basis international etablierter Plattformen – und können so wichtige Skaleneffekte nutzen. Darüber hinaus wäre es fraglich, ob die Neuentwicklung von Basistechnologien und Plattformen unter vernünftigen Kosten realisierbar wäre. Global agierende IT-Unternehmen sind mit ihren innovativen Hardware- und Softwarelösungen ein Motor der Digitalisierung der gesamten deutschen Wirtschaft.

Im Übrigen profitiert interessanterweise gerade die deutsche IT-Sicherheitsindustrie von einer internationalen Verzahnung. Deutschland hat eine international anerkannte Forschungs- und Entwicklungslandschaft im Bereich der IT-Sicherheit. Vieler dieser Unternehmen und Einrichtungen ziehen aus der engen und vertrauensvollen Zusammenarbeit mit Firmen wie Microsoft und anderen großen Nutzen. So entwickeln zahlreiche deutsche Partnerunternehmen von Microsoft Sicherheitslösungen, die nicht nur in Deutschland, sondern auch auf dem Weltmarkt erfolgreich sind. Das heißt: Regionale KMUs profitieren durch die Kooperation mit einem global tätigen Unternehmen wie Microsoft. Die Potenziale dieser Zusammenarbeit sind sicher noch nicht erschöpft. Und nicht zuletzt sind die Microsoft-Partnerunternehmen selbst ein wichtiger Wirtschaftsfaktor. Sie erzielen mit ihren innovativen Produktlösungen einen jährlichen Umsatz mehr als 30 Milliarden Euro und beschäftigen mehr als ein Drittel aller Mitarbeiter der deutschen IT-Industrie.

Kurz gesagt: In der vernetzten Welt ist der Versuch der Herstellung von Souveränität im Sinne von Abkoppelung und Protektionismus kaum realisierbar und schon gar nicht sinnvoll. Ob ein nationales oder europäisches Internet technisch umgesetzt werden kann, ist fraglich. Und ob es ein Plus an Abhörsicherheit mit sich brächte, oder vielmehr neue Unsicherheit erzeugen würde, ist umstritten. Sicher ist, dass Insellösungen den gegenseitigen Zugang zu Märkten und Technologien erschweren. Die wirtschaftlichen Folgen wären gravierend. Eine wirkliche Verbesserung der Datensicherheit würde ausbleiben. Wie auch die Sicherheit in einer modernen Staatenwelt wird auch Sicherheit in der digitalen Welt durch Interdependenz und Dezentralität geschaffen, nicht durch Abschottung.

4   Rechtssicherheit als elementares Grundbedürfnis der digitalen Gesellschaft

Die Enthüllungen über das Ausmaß der Ausspähungen durch staatliche Institutionen hat Bürger und Unternehmen in Deutschland zutiefst verunsichert. Doch bei aller Sorge, bei aller gerechtfertigten Empörung hat die NSA-Affäre auch einen positiven Aspekt: Die Relevanz digitaler Technologien für unsere Gesellschaft ist endlich in den Köpfen der politischen Führung angekommen. Die Bedeutung des Digitalen für die wirtschaftliche und gesellschaftliche Entwicklung ist immens. Die IKT-Branche gehört heute weltweit zu den Schlüsselindustrien. Doch es geht nicht um eine einzelne Branche. Das Internet ist eine Querschnittstechnologie, die von Unternehmen und Individuen gleichermaßen intensiv genutzt wird und die unser aller Leben radikal verändert. Deshalb betrifft Netzpolitik die gesamte Gesellschaft und muss von der Politik endlich zur Chefsache erklärt werden – wohlfeile Forderungen nach Souveränität reichen an dieser Stelle allerdings nicht aus.

Verunsicherte Bürger und verunsicherte Unternehmen benötigen jetzt ein Signal, dass die Politik die Rechtssicherheit bei der Nutzung von IT-Technologien als elementares Grundbedürfnis der digitalen Gesellschaft erkannt hat und willens ist, die Integrität und die Sicherheit von IT-Umgebungen zu gewährleisten. Ein solches Signal ist immens wichtig, um das verlorene Vertrauen in moderne Kommunikationstechnologien wieder herzustellen. Und auch die digitale Wirtschaft benötigt dringend Rechtssicherheit. Derzeit müssen IT-Unternehmen einer Vielzahl unterschiedlicher und zum Teil widersprüchlicher nationaler und internationaler Anforderungen gerecht werden.

Die Verantwortung für die Wiederherstellung von Vertrauen in Internettechnologien ruht auf mehreren Schultern: Auf denen von IT-Anbietern, Anwendern und der Politik. Es ist Aufgabe der IT-Wirtschaft, die Funktionsprinzipien neuer Technologien verständlich zu machen und über Risiken aufzuklären. Die Verantwortung der IT-Hersteller besteht darin, ein Höchstmaß an Produktsicherheit anzubieten, die Daten und Privatsphäre der Kunden vor Angriffen Dritter und unerwünschten Zugriffen zu schützen. Anbieter müssen die Sicherheit ihrer Produkte stetig erhöhen. Microsoft investiert seit Jahrzehnten Milliardenbeträge in Sicherheitstechnologien. Durch eine hohe Produktsicherheit und ein noch höheres Verschlüsselungsniveau leistet das Unternehmen seinen Anteil für die vertrauensvolle Nutzung von IT.

Auch die Anwender selbst tragen – im privaten wie im wirtschaftlichen Bereich – eine Verantwortung für mehr Sicherheit. Sie müssen die angebotenen Sicherheitssysteme auch nutzen und aktiv einsetzen. Im Rahmen zahlreicher Initiativen wie „IT-Fitness" oder „Deutschland sicher im Netz" versuchen die IT-Hersteller durch mehr Aufklärung ein höheres Bewusstsein für die Gefährdung zu schaffen und so die Möglichkeiten des Selbstschutzes besser nutzen. In einem nächsten Schritt sollen nun die unterschiedlichen Initiativen enger zusammen rücken, um die vielfältige – und für den Nutzer mitunter unübersichtliche – „Aufklärungslandschaft" zu ordnen und bessere Orientierung zu schaffen. Durch eine Bündelung der vielen guten und richtigen Maßnahmen ließen sich mitunter bestehende Konkurrenzsituationen vermeiden und letztlich mehr Durchschlagkraft erreichen. Dies würde dem gemeinsamen Ziel, mehr Sicherheit im Netz zu garantieren, effektiv dienen.

Die Aufgabe des Staates – und damit der Politik – ist es, die Bevölkerung im Ganzen und die Unversehrtheit des Einzelnen zu schützen. Es liegt im Verantwortungsbereich der Politik, angemessene rechtliche Rahmenbedingungen für

Sicherheit und Datenschutz zu schaffen ohne die wirtschaftliche Nutzung und den gesellschaftlichen Nutzen von Informations- und Kommunikationstechnologien zu beeinträchtigen.

Die Politik muss für eine Angleichung und Vereinheitlichung von Richtlinien, Rechtsvorschriften und Gesetzen zu IT-Sicherheit und Datenschutz sorgen. Die NSA-Affäre lehrt uns auch: Die fortschreitende Digitalisierung unserer Welt erzeugt Interessenkonflikte zwischen Politik, Wirtschaft und Individuen, die nicht allein über technische Wege zu lösen sind. Sinnvolle und verlässliche Regeln für die digitale Gesellschaft können nur im offenen Dialog zwischen allen gesellschaftlichen Gruppen definiert werden. Diesen Dialog müssen wir jetzt intensiv führen, damit wir die Chancen der Digitalisierung nicht verspielen.

Im Übrigen ist es natürlich auch Aufgabe der Politik, die Verhältnismäßigkeit staatlicher Eingriffe zu kontrollieren. Programme wie Prism oder Muscular stellen einen Einbruch staatlicher Stellen in Technologien dar und haben massive Auswirkung auf das Vertrauen in IT.

5   Verbindliche Standards und Abkommen mit möglichst vielen Staaten

Spontane Forderungen wie die nach einem „deutschen Internet" sind nicht wirklich durchdacht. Stattdessen brauchen wir verbindliche Standards und Abkommen mit möglichst vielen Staaten. Die Bestrebungen, den digitalen Binnenmarkt mit einheitlichen Datenschutzregeln in der EU zu vollenden, gehen in die richtige Richtung. Im ersten Schritt müssen sich die europäischen Regierungen darauf einigen, ihren Bürgern den gleichen Schutz vor einer flächendeckenden und verdachtslosen Überwachung zu gewähren. Letztlich würden sie damit nur umsetzen, was bereits in Artikel 8 der europäischen Menschenrechtscharta verankert ist: Den Schutz der Privatsphäre ihrer Bürger. Dies ist im Sinne aller Akteure, um Vertrauenskrisen vorzubeugen. Nur wenn es – etwa im Bereich des Datenschutzes – verbindliche Regeln und Abkommen gibt, werden die Nutzer neuen Technologien auch das notwendige Vertrauen entgegenbringen.

Im Nachgang der NSA-Enthüllungen ist deutlich geworden: Die Digitalisierung ist nicht national zu regulieren. Eine globale Infrastruktur wie das Internet kann nur global reguliert werden. Eine nationale Regulierung käme dem Versuch gleich, internationale See- und Handelswege durch deutsche Gesetze zu regulieren. Daher bedarf es eines internationalen Dialogs über Standards und Regeln. Auch – oder gerade weil – das Internet in seinem Kern grenzenlos und frei ist, braucht es länderübergreifende Regeln. Nationale Gesetzgebungen können per Definition nur schwer den grenzüberschreitenden Charakter des Internets berücksichtigen. Und ein Flickenteppich unterschiedlichster, nicht abgestimmter Regelungen wird kaum zu einem wirksamen Schutz und Sicherheit der Nutzer beitragen. Der aktuelle Streit um die Auskunftspflichten und Übermittlung von außerhalb der USA gespeicherten Daten an amerikanische Behörden zeigt dies deutlich. Dabei gibt es zwischen den USA und verschiedenen europäischen Staaten durchaus Abkommen (MLATs), die beispielsweise zur Gefahrenabwehr die Übermittlung von Informationen zwischen einzelnen Ländern regeln – und hier bereits ihren Nutzen in der Praxis gezeigt haben. Solche Abkommen ließen sich an die Erfordernisse und Technologien des digitalen Zeitalters anpassen und wären die Grundlage für ein Regelwerk zwischen den Staaten beiderseits des Atlantiks.

Ein erster Dialog zu Standards und Regeln sollte zwischen den EU-Mitgliedstaaten stattfinden. Keine internationale Organisation hat so viel Erfahrung in der supranationalen Regulierung, wie die Europäische Union. Die EU erarbeitet momentan bereits Regeln für einen gemeinsamen Datenschutz (Datenschutz-Grundverordnung) und zur IT-Sicherheit (NIS-Richtlinie). Die Unversehrtheit digitaler Infrastrukturen vor geheimdienstlichen Aktivitäten könnte zusätzlich vereinbart werden. Diesem Prozess müssten sich in einem ersten Schritt nicht alle Mitgliedstaaten anschließen. Mit einer europäischen Einigung würde die Europäische Union eine Grundlage und ein Referenzbeispiel für Verhandlungen auf internationaler Ebene schaffen.

Im zweiten Schritt sollten Verhandlungen über ein internationales Abkommen zur Integrität und Unversehrtheit der digitalen Infrastrukturen eingeleitet werden. Hier kann es nicht in erster Linie um die Aufgabe nationaler Hoheitsrechte gehen. Dennoch könnten sich gewillte Staaten auf UN-Ebene über ein gemeinsames Rahmenabkommen zum Schutz der internationalen digitalen Infrastrukturen verständigen. Die Justiziabilität des Internationalen Gerichtshofs (IGH) könnte zur unabhängigen Rechtsdurchsetzung in ein solches Abkommen ebenfalls integriert werden.

Am Ende dieses Prozesses muss aus Perspektive der IT-Unternehmen die Unverletzlichkeit der internationalen Kommunikationsinfrastruktur vereinbart werden. Diese nimmt eine ähnlich zentrale Rolle für die digitale Wirtschaft ein, wie die Seewege für den Handel von Waren. Daher sollte im Rahmen internationaler Verhandlungen auch diskutiert werden, ob die Informationsstrukturen beispielsweise durch eine supranationale Organisation gegen Spionage geschützt werden können.

Dabei sollte Europa sich nicht auf falsche Freunde einlassen: Die in letzter Zeit häufig geforderte „Entamerikanisierung" des Internets führt in die Irre, da sie das Netz nicht freier, sondern unfreier machen würde. Die in diesem Zuge genannten alternativen Verbündeten sind in keiner Weise an einem wirklich freien Internet und den Rechten der Nutzer interessiert – nicht selten sind sie selbst durch Spionageattacken auf Unternehmen und staatliche Institutionen in Deutschland aufgefallen.

Das Internet braucht Regeln, aber diese Regeln müssen auf einem Wertefundament aufbauen. Grundsätzlich haben deshalb vor allem Europa und die USA die Chance, als Wertegemeinschaft gemeinsam grundlegende Standards zu etablieren. Der „Cyberdialog" zwischen Deutschland und den USA könnte hierzu ein erster Ansatz sein. Die Entwicklung eines gemeinsamen Verständnisses über den Wert von Privatheit sowie die gemeinsame Verpflichtung zum Schutz der Netzsicherheit könnten internationale Standards schaffen und gleichzeitig das Vertrauen zwischen Europa und den USA wieder herstellen.

Die Entwicklung gemeinsamer internationaler Standards und Regeln bietet für Europa die Chance, politische Rahmenbedingungen für eine wettbewerbsfähige digitale Wirtschaft zu schaffen. Europa braucht keinen subventionierten „IT-Airbus". Europa braucht einen ordnungspolitischen Rahmen, der IT- und Internetunternehmen innerhalb Europas stärkt. Denn Sicherheit von und Vertrauen in IT-Technologien sind durch ‚digitale Souveränität' nicht zu erreichen. Es sei denn, wir kappen alle Verbindungen zum Internet. Dies wird aber niemand ernsthaft in Erwägung ziehen. Die Herausforderungen der Digitalisierung lassen sich nur noch begrenzt national oder regional lösen. Dies ist ein Prozess, der sich nicht mehr umkehren lässt.

Henrik Tesch, Director Corporate Affairs & Citizenship, Microsoft Deutschland GmbH, Berlin

Der Wandel der Informationstechnik macht digitale Souveränität unverzichtbar

Ralf Koenzen

1 Eine Revolution beginnt

Viele Jahre war die Entwicklung der Informations- und Kommunikationstechnik vorhersehbar und evolutionär. Die als Mooresches „Gesetz" (benannt nach Gordon Moore, Mitbegründer der Firma Intel) bekannte Regel, dass IT-Komponenten für Rechner oder Übertragungssysteme ca. alle 18 – 24 Monate Ihre Leistung verdoppeln, bestätigte sich in schöner Regelmäßigkeit. Dies verwöhnte uns entsprechend mit stetig schnelleren Computersystemen, deren Mehrleistung sogleich von den nächsten Software-Versionen wieder aufgebraucht wurde. Trotz der Zunahme der Rechenleistung und des Vordringens der Informationstechnologie in immer mehr Bereiche war die Grundstruktur von IT-Systemen, von Ausnahmen abgesehen, doch immer gleich: IT-Dienstleistungen wurden mehr oder weniger lokal erbracht, die Rechner oder Rechenzentren waren unter Kontrolle der jeweiligen Unternehmen, die Weiterverkehrsnetze wurden zum Datenaustausch zwischen Unternehmen oder Filialen verwendet.

Doch gegen Ende der letzten Dekade (Zeitraum ab ca. 2008) begann sich diese eingespielte Struktur in einem beispiellosen Maß zu ändern: Weiterhin steigende Rechenleistungen auf engstem Raum in Verbindung mit immer schnelleren weltweiten Übertragungsleitungen ermöglichten das Konzept des Cloud Computing. Dabei werden umfangsreichste IT-Dienstleistungen ins Internet ausgelagert und von hochskalierbaren Rechenzentren und deren Betreibern bereitgestellt. Waren die Chancen und Konsequenzen in den ersten Jahren nur schemenhaft zu erkennen oder zu erahnen, wurden die Macht dieser Idee und die daraus resultierenden Herausforderungen erst in den letzten Monaten wirklich sichtbar. Zu Recht kann von einer IT-Revolution gesprochen werden.

Die zentrale Bereitstellung von IT-Dienstleistungen in Rechenzentren bezieht ihre Faszination vor allem aus zwei Grundideen: Erstens, die einfache Bereitstellung der immer komplexer werdenden IT-Systeme und zweitens, die Bereitstellung dieser Dienste zu günstigsten Preisen und Konditionen – in der Regel sogar als Mietmodell. Für Kunden gehen damit gleich mehrere lang gehegte Wünsche in Erfüllung: Einerseits der Zugang zu modernsten IT-Diensten bei gleichzeitiger Auslagerung. Letzteres ist besonders attraktiv im Zeitalter schwer verfügbarer IT-Spezialisten, da kein eigenes Know-how zum Betrieb der Lösung mehr benötigt wird. Anderseits passen sich die IT-Lösungen einfach an die jeweilige Unternehmensgröße und tatsächlichen Bedarfe an, was zu optimalen Kostenstrukturen führt. Auch wird die Kapitalbindung in den Unternehmen reduziert, da durch Mietmodelle eigene Investitionen in erheblichem Maße eingespart werden können. Alleine diese Vorteile machen das Thema Cloud Computing für Unternehmen aller (!) Größenordnungen hoch-interessant.

2   Viele neue Megatrends

Gleichzeitig mit dem Siegeszug der Cloud, aber auch bedingt durch den großen Erfolg der Cloud-Modelle, sind eine Reihe weiterer Trends entstanden, die das Cloud-Thema noch weiter beschleunigen. Zu nennen sind hier vor allem Industrie 4.0, Home Automation, Smart Grid, Big Data, Software Defined Networks (SDN) sowie die generelle Industrialisierung der IT-Angebote und deren Produktion. In Summe entwickeln diese Trends eine erhebliche Sprengkraft, die weit über die bisher bekannten Risikoprofile hinausgeht. Zu keinem früheren Zeitpunkt gab es so viele signifikante Veränderungstrends gleichzeitig, und auch die gegenseitige Stimulation dieser Trends erreicht eine vollkommen neue Dimension.

Beleuchten wir die genannten Trends mit Ihren Chancen und Risiken im Einzelnen. Industrie 4.0 beschreibt Konzepte für eine industrielle, hochautomatisierte und hochflexible Fertigung. Grundlage hierfür ist eine umfangreiche Vernetzung von Fertigungssystemen untereinander sowie die direkte Kopplung dieser Fertigungssysteme mit Logistik- und Verwaltungssystemen. So kann der gesamte Bestell-, Produktions- und Lieferprozess durchgängig und vollautomatisiert durchgeführt werden. Lieferzeiten werden verkürzt, Ressourcen besser genutzt und Kosten gesenkt. Die Kommunikation der Systeme erfolgt direkt untereinander, viele Systeme haben Schnittstellen in das Internet (z. B. für Bestellprozesse oder Maschinenwartung), teilweise erfolgt auch ein Teil der Steuerung über in der Cloud befindliche Systeme.

Home Automation bringt eine vergleichbare Vernetzung in den Heim- und Bürobereich. Zu nennen sind hier vor allem Beleuchtungs- und Heizungssysteme, aber auch Schließ-, Brandmelde- und Alarmanlagen. Neben einem deutlichen

Komfortgewinn, insbesondere bei größeren Gebäuden, werden auch Energieeinsparpotenziale gehoben. Diese Systeme können in der Regel auch von mobilen Geräten (Smartphones etc.) aus gesteuert werden und sind somit zwangsläufig mit dem Internet verbunden. Oftmals sind die entsprechenden Verwaltungsrechner ebenfalls in der Cloud installiert.

Smart Grid wiederum bringt die Vernetzung in den öffentlichen Energie- und Versorgungsbereich. Hierbei geht es vor allem darum, die dezentrale Energieerzeugung sowie den Energieverbrauch besser aufeinander abzustimmen (Stichworte: Energiewende und erneuerbare Energien), aber auch darum, den Endverbraucher durch eine transparente Kommunikation über seinen aktuellen Energieverbrauch zu mehr Energieeffizienz zu bewegen. Darüber hinaus können auch neue Energievergütungsmodelle realisiert werden, zum Beispiel unterschiedliche Tarifierungen entsprechend der jeweiligen Verfügbarkeit von Energie. Das kann soweit führen, dass energieaufwändige Systeme wie beispielsweise Kühl- oder Heizungsanlagen, aber auch Waschmaschinen etc. bevorzugt dann arbeiten, wenn Energie im Übermaß vorhanden – und damit preisgünstig – ist. Darüber hinaus können auch Verwaltungsaufwände eingespart werden, zum Beispiel durch die Fernablesung der Verbrauchzähler. In Konsequenz erfolgt eine komplette Vernetzung aller energierelevanten Komponenten, die Verwaltungs- und Steuersysteme sind in der Regel mit dem Internet verbunden und die Management-Systeme oftmals in der Cloud zu finden.

Big Data steckt erst in den Anfängen. Durch die bereits genannten Trends entstehen erhebliche Datenmengen, deren Auswertung und die Erkennung von Mustern vollkommen neue Geschäftsmodelle, aber auch eine neue Transparenz der Kunden schafft. So werden unter anderem Vorhersagen zum Energieverbrauch möglich, was wiederum wichtig für die Energiewende ist, aber auch Gewohnheiten von Bürgern sichtbar macht. In der Regel stehen auch hinter dieser Datenanalyse vollautomatisierte Prozesse, die auf die Informationen anderer Systeme und Anwendungen zugreifen.

Software Defined Networks schließlich ermöglichen eine weitgehende Automatisierung von IT-Prozessen selbst. Diese werden damit industrialisiert und die Kosten für den Aufbau und die Unterhaltung von Kommunikationsnetzen können erheblich reduziert werden. Netzwerkstrukturen werden vollautomatisch erzeugt, erweitert oder angepasst – oder eben aufgelöst. In vielen Produkten wird dieser Prozess inzwischen ebenfalls von Cloud-Prozessen gesteuert.

Darüber hinaus sind einige weitere Themen in Diskussion und Erforschung, zum Beispiel die Vernetzung von Verkehrssystemen oder die direkte Kommunikation zwischen Kraftfahrzeugen zwecks Risikominimierung und Effizienzverbesserung. Die in den obigen Trends beschriebenen Punkte (Datenerfassung, Auswertung in der Cloud, Vollautomatisierung) lassen sich praktisch auf alle weiteren Bereiche übertragen.

An dieser Zusammenfassung der aktuellen Megatrends lässt sich sehr gut erkennen, wie eng diese Themen ineinandergreifen und welche enormen Potenziale hierdurch ermöglicht werden.

3   Viele neue Risiken

Es wird aber auch erkennbar, dass diese sich mit großer Geschwindigkeit entwickelnden Trends nicht frei von Risiken und Nebenwirkungen sind. So spielen Internet- und Cloud-Technologien praktisch in jedem Szenario eine wesentliche Rolle. Die in diesen zu Grunde liegenden Technologien grundsätzlich enthaltenen Risiken übertragen sich damit direkt auf alle Trends und führen zu einer Reihe wichtiger Fragestellungen. Aufgrund der erheblichen gesellschaftlichen Bedeutung der oben genannten Trends spielen vor allem folgende Themen eine wesentliche Rolle: Beherrschung und Reifegrad der Technologie (Ausfallsicherheit, Verfügbarkeit, Nachvollziehbarkeit), Vertraulichkeit (Schutz der Privatsphäre sowie des geistigen Eigentums, Zugriff durch Geheimdienste), Schutz vor Sabotage – durch die genannten Trends können nicht nur wirtschaftliche Schäden provoziert werden, sondern auch lebensgefährliche Situationen entstehen –, Schutz vor kriminellen Angriffen (Erpressung etc.).

Insbesondere die Erkenntnisse ab Juni 2013, also nach Beginn der Veröffentlichungen der NSA-Aktivitäten durch Edward Snowden und den Guardian, dürften klargemacht haben, dass alles, was technisch an Angriffen möglich ist, auch durchgeführt wird. Dabei sollte uns bewusst sein, dass die in den Medien zum Teil sehr starke Fokussierung auf den amerikanischen (NSA) oder britischen Geheimdienst (GCHQ) von den tatsächlichen Bedrohungen möglicherweise eher ablenkt. Es gibt unzweifelhaft eine signifikante Anzahl von Geheimdiensten wie auch kriminellen Gruppen rund um den Erdball, die mehr oder weniger gut ausgerüstet ihre eigenen Interessen konsequent und ohne Rücksicht auf unsere Unternehmen und Gesellschaft verfolgen. Aber auch die Frage, ob wir selbst – als Unternehmen wie als Bürger – angesichts der zukünftigen Bedeutung dieser Technologien für unsere Gesellschaft, ja teilweise auch für unser Leben, mit der notwendigen Sorgfalt zu Werke gehen, sollte erlaubt sein.

4   Wirtschaftlichkeit versus Sicherheit

Die diskutierten Trends werden vor allem durch die zunehmende Industrialisierung der IT-Entwicklungsprozesse realisierbar. Praktisch alle notwendigen „Zutaten", also Rechenleistung, Speicher, sogar umfangreiche, vorgefertigte Programmmodule, sind zu niedrigsten Einstandskosten, teilweise sogar kostenlos, verfügbar. Umfangreiche IT-Dienstleistungen bis hin zum Management von Unternehmensnetzwerken sind gegen geringe monatliche Kosten im Internet verfügbar. Viele Angebote und neue Dienstleistungen werden einfach auf Basis dieser vorhandenen Building Blocks „zusammengesteckt", grob auf ihre Funktionalität geprüft und auf dem Markt angeboten.

Diese Vorgehensweise birgt erhebliche Risiken: Zwar kann noch überprüft werden, ob die so entwickelten Anwendungen und Produkte ihre Aufgaben erfüllen, doch welche weiteren beabsichtigten oder unbeabsichtigten Funktionen darüber hinaus enthalten sind (beispielsweise die sogenannten Backdoors), diese Fragen bleiben oftmals unberücksichtigt oder zumindest unbeantwortet. Das gilt auch für Themen wie Stabilität und Robustheit sowie Verfügbarkeit und Vertrauenswürdigkeit der Anwendungen und der hinter den einzelnen Modulen stehenden Anbieter. Mit der Frage, welcher Rechtsprechung und welchen Datenschutzgesetzen die letztlich angebotene Lösung eigentlich unterliegt, wird offenkundig, dass rechtliche und sicherheitsrelevante Fragestellungen teilweise größeren Raum einnehmen, als die technische Realisierung selbst. Darüber hinaus bauen verschiedenste Systeme und Anwendungen unterschiedlicher Anbieter aufeinander auf, ohne dass die dadurch entstehenden Systemabhängigkeiten und deren Verhalten – zum Beispiel in Fehlersituationen – berücksichtigt oder gar erkannt werden (können).

Im Ergebnis entstehen hochkomplexe Lösungen in teils kritischen Bereichen (zum Beispiel Energieversorgung, Logistik, Bankwesen oder Gebäudesicherheit), deren Abhängigkeiten sich nicht mehr erkennen oder beurteilen lassen. Es stellt sich die Frage, ob die so gewonnenen Lösungen überhaupt noch beherrschbar und somit für die angedachten Nutzungsbereiche geeignet sind.

Doch der Zwang und die Möglichkeit der kostengünstigen und schnellen Realisierung sowie der Mangel an Fachkräften und Ingenieuren, insbesondere mit sicherheitstechnischem Verständnis, führen zwangsläufig dazu, dass die Schere zwischen Wirtschaftlichkeit und Sicherheit immer weiter und schneller auseinander geht, bei einem gleichzeitigen Vordringen von IT-Lösungen in immer mehr (kritische) Lebensbereiche und einer wachsenden Abhängigkeit der Gesellschaft von IT-Systemen und Lösungen. Ehrlicherweise muss auch eingeräumt werden, dass die Aufwände zur umfassenden Qualitätssicherung von IT-Anwendungen die Aufwände und Komplexität der eigentlichen Entwicklung um ein Vielfaches übersteigen können, so dass das Ziel einer umfassenden Risikoabsicherung einer IT-Anwendung oftmals schon an wirtschaftlichen und personellen Rahmenbedingungen scheitert.

Nur in wenigen Software-Bereichen (beispielsweise in der Luftfahrt oder im Maschinenbau) sind solche intensiven Untersuchungen heute Standard, wobei die entsprechenden Systeme insgesamt eine eher niedrigere Komplexität und bessere Überschaubarkeit aufweisen. Von der aus dem industriellen Umfeld bekannten Absicherung von Anlagentechnik (zum Beispiel durch den TÜV) sind wir im Bereich der vernetzt miteinander agierenden Softwaresysteme aber vermutlich meilenweit entfernt.

5   Verlust der Souveränität

Letztlich führt die beschriebene Vorgehensweise bei der Implementierung der aktuellen Trends zu einem immer schneller werdenden Verlust der Digitalen Souveränität, also der Selbstbestimmung in den entsprechenden Bereichen. Teilweise wird diese Situation offen sichtbar (zum Beispiel bei der Abhängigkeit von wenigen großen Soft- oder Hardwareherstellern), teilweise offenbart diese sich aber auch erst bei der genaueren Analyse bestimmter IT-Lösungen und Anwendungen. Das Vertrauen von Diensteanbietern in die zugrundeliegenden Einzelkomponenten scheint oftmals unendlich zu sein. Solange etwas funktioniert, ist die Welt in Ordnung. Verfügbarkeits- und sicherheitsrelevante Themen spielen nur eine untergeordnete Rolle und werden kaum diskutiert. Das gilt nicht nur für die Ebene der Hersteller und Anbieter von Dienstleistungen, sondern interessanter Weise auch für die Anwender selbst, die diese Themen nach wie vor viel zu wenig hinterfragen. Und das gilt selbst nach den recht aufrüttelnden Erkenntnissen aus den NSA-Veröffentlichungen.

So finden wir uns als Gesellschaft in der Situation wieder, dass einerseits Souveränität in immer schneller werdendem Maße aufgegeben wird (bewusst oder unbewusst), andererseits gerade diese, aufgrund der immer größer werdenden Bedeutung von IT-Lösungen für unsere Gesellschaft und unser Leben, jedoch deutlich gestärkt werden müsste. Diese Einschätzung hat nichts mit Protektionismus zu tun. Sie ist schlicht eine Frage der Technologiebeherrschung und Risikobegrenzung für unsere Gesellschaft.

Blindes Vertrauen in die am Markt verfügbaren Lösungen, einseitige wirtschaftliche Betrachtungen unter Ausblendung möglicher Risiken und Nebenwirkungen sind mehr denn je fehl am Platz. Wie schnell sich alleine schon geopolitische

Rahmenbedingungen dramatisch ändern können, wird in diesen Tagen immer wieder sichtbar. Nehmen wir zum Beispiel die Krise in der Ost-Ukraine – welche Rolle spielt dort Russland? Wie verschieben sich die Interessenslagen Russlands und Asiens anhand weiter wachsenden Sanktionen der westlichen Länder gegenüber Russland? Wie werden sich die westlichen Bündnisse weiterentwickeln?). Vollkommen zu Recht hat auch die (Innen-)Politik die Brisanz des Themas erkannt und versucht, erste Antworten hierauf zu geben. Erste Schritte sind zum Beispiel das erste IT-Sicherheitsgesetz, dessen Entwurf kürzlich vorgelegt wurde, oder auch die Digitale Agenda der Bundesregierung. Doch schnell wird deutlich, dass diese hochkomplexen Fragestellungen in einer so schnelllebigen Zeit kaum ausreichend durch gesetzliche Regelungen und Absichtserklärungen gelöst werden können.

6 Was wir tun können

Es drängt sich das Fazit auf, dass wir der aktuell bedenklichen Entwicklung machtlos gegenüberstehen. Doch dem ist mitnichten so. Natürlich ist es fraglich, ob Versuche zielführend und erfolgreich sein können, ein europäisches CISCO, Microsoft oder Google mit politischer Hilfe erfolgreich am Markt zu positionieren (hier wird oftmals das Airbus-Modell als Beispiel herangezogen). Doch glücklicherweise sind Digitale Souveränität und Sicherheit keine Schwarz–Weiß-Thematik, sondern drücken sich in vielen kleinen und großen Schritten und Maßnahmen aus.

Warten wir also nicht auf Gesetze oder behördliche Regelungen, sondern gehen wir als IT-Anbieter und Hersteller, aber auch als Kunden und Anwender in Deutschland verantwortungsvoll mit den geschilderten Fragestellungen um. Vertrauenswürdigkeit und Sicherheit müssen wieder mehr in den Vordergrund rücken, denn nur so können wir unseren Kunden entsprechende Alternativen bieten. Gleichzeitig aber müssen auch wir Hersteller selbst in unserer Rolle als Kunden auf sichere, vertrauenswürdige Angebote setzen. Nur so schließt sich der Kreis.

Die Medien sollten nicht müde werden, die teilweise komplexen Zusammenhänge der Wirtschaft, der Politik und den Anwendern zu verdeutlichen, um dort ein entsprechendes Bewusstsein zu schaffen. Die Politik sollte durch das Setzen geeigneter Rahmenbedingungen, durch aktive und langfristige Förderung der deutschen IT-Industrie in realistischem Umfang und durch ihre Vorbildfunktion das Bewusstsein für Digitale Souveränität weiter stärken.

Der Aus- und Aufbau Digitaler Souveränität ist für uns alle kein Luxus, sondern dringend notwendig. Dies ist zumindest in Teilen machbar, wenn wir ALLE daran arbeiten – Hersteller, Wirtschaft, Verbraucher, Medien und Politik. Digitale Souveränität ist DIE zentrale Herausforderung und Chance für unsere Gesellschaft. Packen wir es an – gemeinsam!

Ralf Koenzen, Geschäftsführender Gesellschafter, Lancom Systems GmbH, Würselen

Digitale Souveränität – aus Sicht eines Beratungsunternehmens und deren Kunden

Philipp-Chr. Rothmann

1 Compliance – notwendiges Übel oder nutzenstiftende Vorgabe?

Wenn es für mittelständische Unternehmen in Deutschland eine Umfrage zum Unwort des Jahres gäbe, so hätten vermutlich Begriffe wie „Compliance" oder „Ordnungsmäßigkeit" große Chancen weit oben in der Liste vermerkt zu werden. Für viele Unternehmen stehen diese beiden Begriffe für übertriebenen Formalismus, eine zum Selbstzwecke entwachsene Gesetzestreue, die ausschließlich dazu dient die Finanzverwaltung, den Steuerberater und/oder die Banken zufriedenzustellen.

Tatsächlich stehen beide Begriffe im Kontext zur Informationsverarbeitung in Unternehmen und deren Sicherheit für originär eigenwirtschaftliche Interessen eines jeden Unternehmens, wie folgende drei Fälle aus der Praxis zeigen.

Fall 1: Rufschädigung statt positiver Unternehmenskommunikation

Ein großer deutscher Anbieter betriebswirtschaftlicher Beratungsleistungen wurde von einem Kunden daraufhin gewiesen, dass die Homepage des Unternehmens offensichtlich Opfer eines Hackerangriffs geworden war. Die Eingabe der Domain führt nicht etwa auf die Seriosität ausstrahlende Homepage des Beratungshauses. Vielmehr gelangte der Internetnutzer auf eine Seite mit pornografischen Angeboten. Statt positiver Publicity aufgrund der unternehmenseigenen Kommunikation musste das Unternehmen um den eigenen Ruf bangen.

Fall 2: Steuerzahlung statt Investitionen in das eigene Unternehmen

Im Rahmen einer steuerlichen Betriebsprüfung gewann der Prüfer des Finanzamts den Eindruck, die Buchhaltung des geprüften Handwerksbetriebs sei nicht ordnungsgemäß, mithin manipuliert. Im Rahmen eines statistischen Testverfahrens

(Chi²-Test) wurden dieser Eindruck objektiv bestätigt. In Folge dessen verwarf der Betriebsprüfer die Buchhaltung und nahm Schätzungen vor, die zu einem erheblichen Steueraufwand für das betroffene Unternehmen führte. Im Rahmen der folgenden gerichtlichen Auseinandersetzung wurde die Vorgehensweise der Finanzverwaltung bestätigt. Bedingt durch die Steuernachzahlungen wurden die finanziellen Ressourcen stark in Anspruch genommen, notwendige Investitionen konnte nicht umgesetzt werden.

Fall 3: Unsicherheit statt Detailinformationen

Nicht zuletzt um den eigenen Mitarbeitern die Möglichkeit einzuräumen, kleinere Änderungen am ERP-System des Unternehmens selbst vorzunehmen, räumte ein mittelständisches Industrieunternehmen allen Mitarbeitern der ersten beiden Führungsebenen Administratorrechte ein. Ein im Unfrieden ausgeschiedener Mitarbeiter, dessen Nutzerprofil nicht gesperrt worden war, nutze diese weitgehenden Rechte zur Manipulation des Buchhaltungsbestands. Aufgrund des korrumpierten Datenbestands konnte die Unternehmensleitung sich nicht mehr auf die Richtigkeit der betriebswirtschaftlichen Auswertung des externen Rechnungswesens, der Kostenrechnung sowie des internen Reportings verlassen. Die zentralen Steuerelemente des Unternehmens waren sprichwörtlich über Nacht nicht mehr verwendbar.

Vorstehenden Praxisfällen ist eins gemein – das jeweilige Unternehmen erachte Ordnungsmäßigkeitsfragen rund um die Informationstechnologie als notwendiges Übel. Investitionen in „die IT" hatten nicht den gleichen Stellenwert wie die Investition in Menschen und (Produktions-)Maschinen. Allen drei Fällen ist aber auch gemein, dass das jeweilige Unternehmen die Folgen dieses Vorgehens – Rufschädigung, finanzielle Belastung durch Steuernachzahlungen und Unsicherheit ob der eigenen Daten – unmittelbar ereilten.

Fragen nach der Ordnungsmäßigkeit der Informationsverarbeitung im Unternehmen und digitale Souveränität sind zwei Seiten der gleichen Medaille. Ausschließlich Unternehmen, die die Ordnungsmäßigkeit ihrer Informationsverarbeitung gewährleisten können digital souverän, mithin unabhängig und selbstbestimmt, agieren.

Im Folgenden Abschnitt wird die Relevanz von digitaler Souveränität vor dem Hintergrund von Ordnungsmäßigkeitsaspekten aus Sicht einer mittelständischen Wirtschaftsprüfungs- und IT-Beratungsgesellschaft und ihrer Mandanten vorgestellt. Im Vordergrund steht hierbei die Sichtweise des Dienstleisters als Anwender von digitalen Netz- und Telekommunikationsinfrastrukturen (digitaler Raum) und die Fragestellungen der Mandanten in Bezug auf Datenschutz, Datensicherheit bzw. Informationssicherheit.

2 Digitale Souveränität als Grundvoraussetzung erfolgreicher Beratungsunternehmen

Aus Sicht eines Beratungsunternehmens gilt es in erster Linie, die Daten und Informationen der eigenen Mandanten zu schützen. Das Publik werden vertraulicher Kundendaten, wie z. B. deren steuerlichen und wirtschaftlichen Verhältnisse, kann alleine schon zu einem bestandsgefährdenden Risiko für ein Unternehmen werden, das allein schon aufgrund der gesetzlichen Vorgaben zur vollumfänglichen Verschwiegenheit verpflichtet ist. Dabei ist zu beachten, dass die Verarbeitung der Mandantendaten natürlich auch über den digitalen Raum abgewickelt und die Daten in eigenen oder fremden Rechenzentren gespeichert werden. In Folge dessen ist die konsequente Umsetzung von Datenschutz und Informationssicherheit sowie die relevante Beratung ein entscheidender Beitrag für die digitale Souveränität des Beratungsunternehmens. Nicht zuletzt die Verschwiegenheitspflicht der Berufsträger und Ihrer Erfüllungsgehilfen erfordert angemessene Schutzmaßnahmen dieser Informationen.

Als Grundlage für digitale Souveränität sind demgemäß die Konzepte und Prozesse des Datenschutzes und der Datensicherheit bzw. Informationssicherheit als Ordnungsmäßigkeitsanforderungen von zentraler Bedeutung:

Der *Datenschutz* legt auf Basis des jeweils gültigen Datenschutzrechts (z. B. Bundesdatenschutzgesetz oder spezielle Gesetzgebung wie das Telemediengesetz) fest, unter welchen Voraussetzungen personenbezogene Daten unter Einhaltung bestimmter organisatorischer und technischer Maßnahmen verarbeitet werden dürfen. Regelmäßig dienen diese Maßnahmen auch der Informationssicherheit. (BFDI, 2014)

Informationssicherheit trifft organisatorische und technische Maßnahmen, um das von einer Organisation benötigte Maß an Verfügbarkeit, Vertraulichkeit und Integrität von allen zu verarbeitenden Daten und Informationen (unabhängig vom Personenbezug) sicherzustellen.

Datenschutz und Informationssicherheit sind aufeinander angewiesen. Der Datenschutz betrachtet die Maßnahmen der Informationssicherheit als wesentliches Werkzeug, um Datenschutzziele zu erreichen. Umgekehrt betrachtet die Informationssicherheit den Datenschutz bei Verfahren, in denen personenbezogene Daten verarbeitet werden, als eine wesentliche Quelle für Anforderungen, die sie umzusetzen hat.

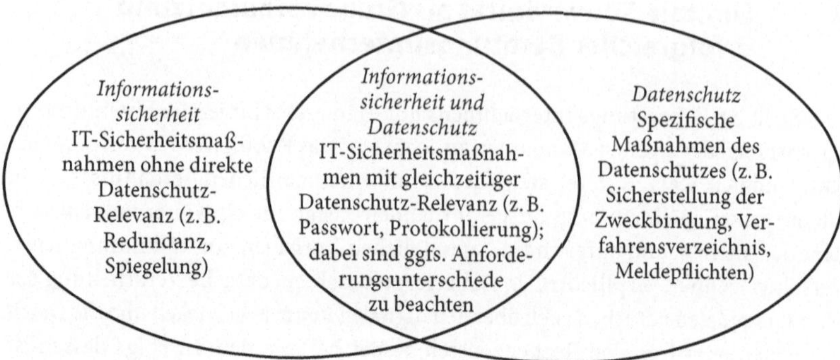

Abb. 1 Datenschutz und IT-Sicherheit weisen eine bedeutende Schnittmenge auf (BFDI, 2014)

Aus Sicht des Datenschutzrechts lassen sich die Anforderungen an Verfahren und Systemen zur Verarbeitung personenbezogener Daten – sowohl in einem Beratungsunternehmen als auch in klassischen Industriebetrieben – grundsätzlich in zwei Gruppen teilen:

- Anforderungen an die Informationssicherheit (Verfügbarkeit, Vertraulichkeit und Integrität, in Abbildung in der Schnittmenge dargestellt), die sich aus dem Datenschutz ergeben und
- Datenschutzspezifische Anforderungen (unter anderem Zulässigkeit der Datenverarbeitung, Zweckbindung, Erforderlichkeit, Transparenz aber auch Vertraulichkeit und Integrität).

Die Sicherheit der IT-Infrastruktur ist insoweit ein Bestandteil des Datenschutzes, dass sie den Zugriff von Unbefugten auf Daten verhindern soll. Da zu diesen Daten auch personenbezogene Daten gehören können, ist die Aufrechterhaltung der Informationssicherheit für den Datenschutz ebenso wichtig wie für die Wahrung anderer Geschäftsgeheimnisse.

Für Beratungsunternehmen sind die Schutzziele des Datenschutzes und der Informationssicherheit essentiell und führen in ihrer Konsequenz zu einem sicheren Umfeld für die eigenen Daten und insbesondere für die Informationen der eigenen Kunden und Mandanten.

Der folgende Abschnitt beschreibt konkrete Bedrohungen der Ordnungsmäßigkeit einer Informationsverarbeitung eines Beratungsunternehmens und seiner

Mandanten, die eine Auseinandersetzung und Stärkung der digitalen Souveränität erforderlich machen.

3 Bedrohungen im digitalen Raum

Die Auswirkungen von Angriffen im digitalen Raum auf Beratungshäuser und ihre Mandanten sind nicht auszudenken wie die einleitenden Beispiele verdeutlichen.

Die Praxis zeigt, dass der Diebstahl von Daten nach einer Mitarbeiter-Kündigung, das Abfangen von E-Mail-Nachrichten mit Geschäftsgeheimnissen, die Nicht-Erreichbarkeit einer Internet-Seite oder die Umschaltung auf eine andere Seite mit anstößigem Inhalt nur einige Beispiele von gezielten Angriffen auf die Daten und Unternehmenswerte sind.

Die Sensibilität gegenüber IT-Risiken ist allerdings noch lange nicht bei allen Unternehmen gefestigt und teilweise pragmatisch mit teuren Sicherheitsprodukten punktuell adressiert, ohne alle Schwächen zu kennen.

Direkt gehandelt wird bei eingetretenen Schäden wie z. B. Diebstahl eines Notebooks. Oftmals bleiben Sicherheitsvorfälle jedoch unerkannt, weil kurzfristig kein sichtbarer oder offensichtlicher Schaden eintritt. Daher ist es notwendig, ebenfalls Verfahren zur Aufdeckung von nicht offensichtlichen Sicherheitsvorfällen und langfristig angelegten Angriffen zu entwickeln.

Regelmäßige Schwachstellenanalysen über die vorhandenen Systeme (insbesondere von außen erreichbare Systeme) sind die Basis, um zu bewerten, wie die IT des betreffenden Unternehmens beherrschbar ist.

Nicht offensichtliche Schwachstellen werden oftmals nur durch Zufall aufgedeckt wie ein weiteres Praxisbeispiel zeigt: Auf einem Firmengelände wurde bei Baggerarbeiten ein unautorisierter WLAN-Router mit Anschluss zum Firmennetz gefunden. Verborgen war der Router in einer Kunststoffdose, die in Reichweite der benachbarten Straße vergraben war. Der Angreifer konnte beispielsweise vom Auto aus ohne (weitere) Zutritts- oder Zugangskontrollen von außen auf das Firmennetzwerk zugreifen. Den Router auszuschalten, war dabei zu kurz gedacht. Gerade dann empfiehlt sich, alle Netzübergänge abzusichern und insbesondere individuelle DSL-Zugänge und UMTS-Datenverbindungen in die Schutzvorkehrungen der allgemeinen Netzinfrastruktur (Firewall, VPN) einzubeziehen, wenn das Netzwerk einmal korrumpiert wurde. Schließlich stellt sich im vorliegenden Fall die Frage, wie der Angreifer überhaupt einen Zugang zum Netzwerk erlangen, die Datenleitung zum Standort des Routers verlegen und diesen vergraben konnte. Vorher verfügte der Angreifer über Zugangsdaten zum Netzwerk und vor allem:

Welche Daten waren konkret Gegenstand des Angriffs und welche Daten konnte der Angreifer bis zur Entdeckung des Routers erlangen?

Auch ein weiterer Praxisfall zeigt die Notwendigkeit zur umfassenden Schwachstellenanalyse auf: Bei einem Unternehmen wurden vorhandene Schwachstellen in dessen IT-Systemen durch einen Trojaner (Schadsoftware) ausgenutzt. Der Angreifer konnte so geschäftskritische Daten lesen und verändern. Leider war der eigentliche PC als letzte Verteidigungslinie zwar mit einem aktuellen Virenschutz ausgerüstet gewesen, bei gezielten Angriffen wie in diesem Beispiel wurden allerdings Schwachstellen ausgenutzt, die von der Virenschutzsoftware nicht erkannt wurden. Mit einer gestaffelten Verteidigung über mehrere Systeme und Produkte sowie der technischen Unterbindung des Anschlusses von beliebigen externen Geräten (z. B. USB-Sticks) kann man sich hier schützen.

„Vertrauen ist gut, Kontrolle ist besser" – dieser Leitsatz archaischer Unternehmensführung bekommt in abgewandelter Form im Kontext zu IT-Sicherheit und IT-Compliance eine neue Bedeutung. Untersuchungen des BSI oder auch des Bundeskriminalamts zeigen einen erheblichen Anteil von Wirtschaftsdelikten durch so genannte Innentäter. Hierbei handelt es sich um Mitarbeiter des betroffenen Unternehmens, die aus unterschiedlichen Gründen und mit unterschiedlicher Motivation gegen die digitale Souveränität von Unternehmen verstoßen, gesetzliche Datenschutzvorgaben ignorieren und digital verfügbare Informationen zweckentfremdet nutzen.

Um diesen Angreifern sinnvoll zu begegnen bedarf es eines angemessenen Maßes an Kontrollaktivitäten. Diese können prozessintegriert sein, wie beispielweise die Freigabe von Änderungen am produktiven ERP-System durch zwei Mitarbeiter oder aber prozessunabhängig. Zu den prozessunabhängigen Kontrollaktivitäten gehören beispielweise turnusmäßige Ordnungsmäßigkeitsprüfungen nach IDW PS 330 des Instituts der Wirtschaftsprüfer in Deutschland durch eine entsprechend spezialisierte Wirtschaftsprüfungsgesellschaft.

4   Wie schaffen und erhalten Unternehmen digitale Souveränität?

Wie kann ein Unternehmen Souveränität, Vertrauen und Identität im digitalen Raum schaffen, wenn diese Werte keine Anforderungen bei der Konzeptionierung und Erschaffung des digitalen Raums waren? (CCC, 2014) Als das Internet u. a. für das einfache Texte-Surfen und Versenden von Nachrichten (E-Mail) gebaut wurde, waren Vertrauen und Identität nachrangig vor Funktionalität. Heute ist das

Vertrauen in das Internet und den digitalen Raum mit der NSA-Affäre, Angriffen durch Bot-Netze, die allgegenwärtige Belästigung durch Spam-E-Mails und den eigenen praktischen Erfahrungen der Internetnutzer und -konsumenten auf einem Tiefpunkt angelangt.

Nur durch die Stärkung der digitalen Sicherheit und des Datenschutzes kann das Vertrauen wieder aufgebaut bzw. neu geschaffen werden. Der Schutz vor digitalen Angriffen, die zwingende Identität von E-Mail-Absendern und Empfängern sind nur Ansatzpunkte in der Umsetzung nachhaltiger und übergreifender Schutzlösungen aus digitalen, technischen und organisatorischen Komponenten.

5   Vertrauen und digitale Identität

Grundlegend empfiehlt sich die Anwendung technischer Verfahren wie digitale Verschlüsselung mit ausreichenden Schlüssellängen zu verwenden und mit Hilfe dieser Verfahren digitale Identitäten wie den elektronischen Personalausweis und Reisepass einführen und verstärkt nutzen. Möglichkeiten wie digitale Signaturen basieren ebenfalls auf dieser Verschlüsselungstechnik, sind aber in ihrer sichersten Form (mit Signaturkarte und PIN) eher benutzerunfreundlich. So muss der Spagat zwischen wirtschaftlichen Lösungen auf der technischen Ebene, aber auch effektiven Sicherheitsmaßnahmen sowie organisatorischen Rahmenbedingungen angepasst sein.

Da das Versenden von E-Mails hinsichtlich der Vertraulichkeit des Inhalts in etwa dem Versand einer Postkarte gleicht, kann jeder mitlesen – Geheimdienste oder Kriminelle tun dies auch. Deshalb sollten alle Unternehmen, nicht zuletzt jene, die erhebliche Daten ihrer Kunden verwalten, die Verschlüsselung von E-Mails anbieten. Das Vertrauen und die digitale Identität schaffen und bestätigen solche Unternehmen mit Hilfe einer elektronischen Signatur: Auf diese Weise deklarieren der Absender dem Empfänger, dass erstgenannter auch tatsächlich der Sender ist und nicht ein anderer, der die Identität des Absenders missbraucht. Außerdem stellt der Absender so sicher, dass die E-Mails unterwegs nicht manipuliert oder verändert werden.

Problematisch ist bei diesen Verfahren, dass der Absender von gesicherten E-Mails nicht autonom agieren kann. Vielmehr muss auch der Empfänger die technische Lösung zur Verschlüsselung unterstützen und im eigenen IT-System implementieren. Anderenfalls kommen lediglich Lösungen zur Anwendung, die aufgrund ihrer Unhandlichkeit für die praktische Umsetzung wenig geeignet sind. So beispielsweise der Versand von passwort-geschützten PDF-Dokumenten. Nicht selten WIE die (verschlüsselte) PDF-Datei und das Passwort, wenngleich in zwei getrennten E-Mails, an den identischen Empfänger versandt. Kann ein Angreifer die eine E-Mail abfangen, wird er auch jene mit dem Passwort einsehen und das Passwort verwenden können. Ein hinreichendes Maß an Sicherheit kann bei diesen Verfahren nur durch den Versand des Passworts beispielsweise per SMS an dem Empfänger der E-Mail erreicht werden. Dies stößt jedoch auch wieder an Grenzen – z. B. weil der Empfänger kein Handy hat bzw. das private Mobilfunkgerät nicht für dienstliche / geschäftliche Zwecke nutzen darf.

6 Zertifizierung – nicht nur für Beratungsunternehmen

Die Basis für digitales Vertrauen zwischen Beratungsunternehmen und ihren Mandanten ist eine Mischung aus gehärteten Prozess-Architekturen und gutem Prozessmanagement für Datenschutz und Datensicherheit. Um dies nach außen zu dokumentieren kann es sinnvoll sein das Managementsystem für Informationssicherheit zertifizieren zu lassen: Als anerkannte Standards haben sich in diesem Umfeld der IT-Grundschutz und die internationale Normenreihe ISO/IEC 27000 etabliert. Hier werden Prozesse und geeignete Maßnahmen für jede Art von Unternehmen etabliert, die auf den eigenen Fundamenten und Kompetenzen basieren und die zugleich den internationalen Kontext berücksichtigen.

Auch für Industrieunternehmen, die beispielsweise als Serviceprovider innerhalb von Unternehmensgruppen und Konzernen tätig sind, kann eine Zertifizierung nach den vorgenannten Standards sinnvoll sein. Neben der Signalwirkung der Zertifizierung an die (gruppeninternen) Kunden des Serviceunternehmens ist die Verantwortung und Haftung des Managements zu berücksichtigen. Gehen für Dritte verwaltete Daten verloren oder werden diese durch Unbefugte eingesehen und/oder verändert, wird das Dienstleistungsunternehmen den Nachweis über ordnungsmäßige identifiziert, kann hieraus ein Haftungstatbestand resultieren.

7 Sensibilisierung von Anwendern und Herstellern

Die Angebote und Standards für Informationssicherheit und Datenschutz sind veröffentlicht, eine Sensibilisierung ist über Medien, Politik und teilweise die eigene Betroffenheit gegeben. Gleichsam gehen weiterhin viele Unternehmen mitunter erhebliche IT-Risiken ein.

Unseres Erachtens hat die Sensibilisierung auf diese Gefährdungslage noch nicht alle Unternehmen und innerhalb der Unternehmen nicht alle Mitarbeiter erreicht und es werden Risiken für die digitale Souveränität auch weiterhin nicht vollumfänglich erkannt. Daher muss das IT-Risikobewusstsein und das Verständnis für IT noch viel weiter in den Unternehmenskulturen und –leitbildern Niederschlag finden. Hierbei müssen Politik, Wirtschaft und vor allem die Informatik-Berufe noch stärker aktiv werden und die Brücke zu Fachfremden schlagen, um Vertrauen zu schaffen und zu erhalten.

Wichtigste Komponente ist dabei die Umsetzung und das Leben von digitaler Souveränität der Informatiker: Wenn nicht Informationssicherheit und Datenschutz bei der Strategie und Konzeption von Technologie und Produkten im Vordergrund stehen, sondern Funktionalität vor Authentizität steht, kann den IT-Risiken nicht proaktiv begegnet werden. Entwickler von Software und Technologie sollten die Werte Verfügbarkeit, Vertraulichkeit und Integrität gleichsam mit Funktionalität betrachten. So können auch aufwändige Sicherheitspatches und Updates reduziert und Schwachstellen minimiert werden.

Für viele Produkte ist diese Forderung zu spät gekommen und es sind pragmatische Handlungsempfehlungen für die Begrenzung von Schäden und die Suche nach Schwachstellen notwendig, deren Betrachtung die Grundlagen für robuste Netze und resistente IT-Systeme sind:

Der überwiegende Teil von Angriffen gegen IT-Systeme erfolgt über Schwachstellen in eingesetzten Softwareprodukten, die in aktuelleren Versionen bereits durch die Hersteller geschlossen wurden. Mit vergleichsweise geringem Aufwand kann daher eine besonders große Schutzwirkung durch das flächendeckende und zeitnahe Einspielen von Sicherheitsupdates erzielt werden.(BSI, 2014)

8 Fazit

Mit technischen Schutzlösungen für die Nutzung der IT und Sensibilisierung der Mitarbeiter kann ein gewisses Maß an Vertrauen und Identität im digitalen Raum geschaffen werden. Allerdings ist der Weg noch weit, bis jeder Besucher des digitalen Raums die Notwendigkeit der teilweise benutzerunfreundlichen Sicherheitsmaßnahmen akzeptiert und umsetzt. Aus Sicht der Verfasser greifen technische Maßnahmen alleine auch zu kurz. Nur mit einem ganzheitlichen und risikoorientierten Ansatz (z. B. Informationssicherheitsmanagementsystem mit integriertem Datenschutz) kann IT-Risiken begegnet und digitale Souveränität ausgestrahlt und aufbaut werden.

Dabei sind die Anforderungen für den Schutz von Informationen für Beratungsunternehmen und die deren Kunden und Mandanten im Grunde gleich, auch wenn für einzelne Beratungsunternehmen (beispielsweise Wirtschaftsprüfungsgesellschaft) höhere Anforderungen u. a. aufgrund der berufsrechtlichen Verschwiegenheitspflicht gelten.

Rein technische Lösungen oder pauschale Pakete sind nicht angemessen und treffen weder den genauen Bedarf, noch den Appetit (potentieller) Angreifer auf die Daten der Unternehmen.

Literatur

BFDI (2014). Baustein Datenschutz. Internet: http://www.bfdi.bund.de/SharedDocs/ Publikationen/Arbeitshilfen/ErgaenzendeDoks/MassnahmeGS-Kat.pdf?__blob= publicationFile, Zugegriffen am 20.6.14
BSI (2014). Cyber Sicherheit. Internet, https://www.bsi.bund.de/DE/Themen/Cyber-Sicherheit/ cyber-sicherheit_node.html, Abruf am 20.8.14
CCC.de (2014). Effektive IT-Sicherheit fördern. Internet, http://www.ccc.de/de/updates/2014/ digitaleagenda, Zugegriffen am 20.8.14

Philipp-Chr. Rothmann, DHPG IT Services GmbH, Gummersbach

Digitale Standortpolitik in der Post-Snowden-Welt

Ansgar Baums

1   Einleitung

Welche Folgerungen sind aus der Snowden-Affäre für die digitale Standortpolitik in Deutschland zu ziehen? Auch ein gutes Jahr nach den Enthüllungen haben wir auf diese Frage keine Antwort gefunden. Die kürzlich vorgelegte „Digitale Agenda 2014-2017" der Bundesregierung liefert Bruchstücke eines Programms „technologischer Souveränität", aber keine umfassende Antwort (vgl. http://www.bmwi.de/DE/Themen/Digitale-Welt/digitale-agenda.html). Wir stehen vor einem langwierigen Prozess der Abschichtung von Vorschlägen zur „technologischen Souveränität".

Ein großes Problem der aktuellen Debatte ist die Unklarheit bezüglich des Referenzrahmens. Geht es um die Kontrolle von Nachrichtendiensten? Oder die Machtfrage in IT-Märkten? Um Außenpolitik? Sicherheitspolitik? Innenpolitik? Globalisierung der Wirtschaft? „Geht um alles" wäre eine mögliche Antwort. Mit einer solchen Vermischung geht unweigerlich analytischer Schärfe verloren.

Dieses Kapitel unterbreitet einen Vorschlag zur Strukturierung der politischen Debatte. Abschnitt 2 stellt die politischen Herausforderungen vor. Abschnitt 3 ordnet die bisher vorgebrachten Vorschläge in diese Struktur ein und bewertet die Stichhaltigkeit.

2   „Triple N": Strukturierung der Debatte

Wie strukturiert sich also die aktuelle Debatte zu den Snowden-Enthüllungen? Entscheidend für das Verständnis ist die Differenzierung von drei Kernthemen und dem Kontext einer „dreifachen Globalisierungskrise" nationalstaatlichen Handelns.

Kernthemen: Die kürzeste Zusammenfassung der drei Kernthemen lautet „Triple N": NSA, NSU und NEST (vgl. Abschnitt 2.1). Die Akronyme stehen für (1) die Herausforderungen des Schutzes staatlicher und kritischer Infrastrukturen vor Cyber-Attacken und Ausspähung („NSA"), (2) die Adaption des Big Data-Paradigmas für die nachrichtendienstliche Arbeit und deren Kontrolle („NSU") sowie (3) für die Beantwortung der Frage, wie die Digitalisierung von Wertschöpfungsketten die deutsche Wirtschaft beeinflusst („NEST").

Kontext: Über diesen Kern hinaus hat die NSA-Debatte ein Schlaglicht auf die Handlungsoptionen des Nationalstaates in einer globalisierten Welt geworfen. Präziser kann man von einer Dreifach-Krise sprechen, die im Sinne von Fritz Scharpf sowohl die „Input"-Legitimation (namentlich die passive Rolle der Parlamente), die „Throughput"-Legitimation (Kompromittierung und Transparenz politischer Prozesse und die „Output"-Legitimation (Einfluss nationalstaatlicher Politik auf eine globalisierte IT-Wirtschaft) umfasst (vgl. Abschnitt 2.2; Scharpf, 1999).

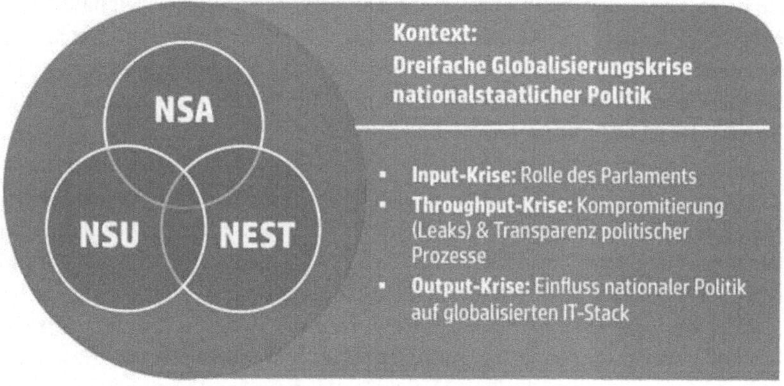

Abb. 1 Triple N – Struktur der aktuellen IT-Sicherheitsdebatte

2.1 Kernthemen: „Triple N"

Wie dargelegt, gibt es zurzeit noch keine präzise Fassung der Fragestellungen der Snowden-Affäre. Dies führt zu einer unglücklichen Vermengung von Argumenten und Hypothesen. Das Problem ist dabei nicht nur ein analytisches, sondern auch ein politisches: Ein Hauptfehler der aktuellen Debatte ist es, IT-Sicherheitspolitik im engeren Sinne industriepolitisch umzudeuten – mit fatalen Folgen für den Standort Deutschland. Drei Themen sollten unterschieden werden – der Einfachheit halber hier als „Triple-N" bezeichnet:

NSA: Der Kern der NSA-Debatte im engeren Sinne sind drei Fragen: (1) Wie schützt sich der deutsche Staat gegen Ausspähungen ausländischer Nachrichtendienste und Cybercrime-Attacken? (2) Wie schützt der Staat die kritischen Infrastrukturen vor IT-basierten Attacken? und (3) wie garantiert der Staat den Schutz von Daten der Bürger gemäß des geltenden Rechts?
NSU: Diese drei Fragen der NSA-Debatte werden ergänzt durch Herausforderungen im weiteren Kontext staatlicher Sicherheitspolitik: (4) Wie können Sicherheitsbehörden Big Data-Technologien effizienter einsetzen, um Sicherheitsrisiken zu begegnen und (5) wie kann dieser Technologieeinsatz von den demokratisch legitimierten Kontrollinstitutionen beaufsichtigt werden?

Dass diese beiden Fragen aktuell sind, haben die Morde der terroristischen NSU vor Augen geführt, die zeitgleich zur NSA-Affäre im Bundestag aufgearbeitet wurde. Der Abschlussbericht des Untersuchungsausschusses hat deutlich aufgezeigt, dass die Zusammenarbeit der Sicherheitsbehörden bezüglich des Austauschs von Daten und die Analysefähigkeiten generell zu schwach ausgeprägt sind und maßgeblich zum Scheitern beigetragen haben (vgl. Abschlussbericht des NSU-Untersuchungsausschusses vom 22. August 2013, S. 853ff.; Baums, 2011. Liest man den Abschlussbericht „quer" und schaut sich die Reformvorschläge genauer an, so geht es im Grunde um die Stärkung der Analysefähigkeiten mit Hilfe erweiterter „Big Data"-Kapazitäten der Nachrichtendienste. Gleichzeitig hat die NSA-Debatte zu einem gesteigerten Interesse an den Tätigkeiten des BND gesorgt, insbesondere im Bereich der strategischen Fernmeldekontrolle. Agieren NSA und BND nicht allzu ähnlich und werden zu wenig beaufsichtigt ((vgl. u. a. http://www.stiftung-nv.de/152843,1031,111427,-1.aspx)? Die Parallelität von NSA und NSU zeigen die Notwendigkeit einer differenzierten Debatte zu Möglichkeiten und Kontrolle von Nachrichtendiensten (vgl. Wunderlin, 2013; Bull, 2013).

NEST: Hinzu kommt eine dritte Dimension, die in der aktuellen Debatte immer wieder diskutiert, aber nie klar herausgearbeitet wurde – nämlich die Frage einer strategischen Wirtschaftspolitik als Antwort auf die Digitalisierung von Wertschöpfungsketten (vgl. Baums/Scott 2013, hier insbesondere Kapitel 2). Die Übernahme von NEST, einer auf „Smart Home"-Anwendungen spezialisierten Firma, durch Google hat in dem betroffenen Teil der deutschen Wirtschaft (zum Beispiel Hersteller von Haushaltsgeräten) einen Denkprozess ausgelöst. NEST steht stellvertretend für die Frage, wie deutsche Anwenderbranchen (Automotive, Retail, Maschinenbau, Pharma, Energie etc.) auf die Digitalisierung ihrer Wertschöpfungsketten reagieren („Industrie 4.0", „Internet der Dinge", „Internet of Services"): (6) Wer baut die IT-Plattformen für diese digitale Reorganisation? (7) Wer dominiert den Aufbau einer solchen Infrastruktur? (8) Sind wir in Deutschland oder Europa in der Lage, in „Winner Takes It All"-Märkten zu bestehen? Verlieren wir unsere Daten an große amerikanische Plattformen und werden von den „Commanding Heights" der digitalen Wirtschaft ausgeschlossen? Ist also die Digitalisierung ein Prozess, der zu einer Machtverschiebung zugunsten (zumeist US-amerikanischer) Internet-Konzerne führt (vgl. Der Spiegel, 2014; Handelsblatt, 2014; FAZ, 2014; Lobo, 2014)?

Zu jeder dieser genannten Dimensionen stellen sich grundsätzliche Fragen. Obwohl diese drei N mit einander verknüpft sind, ist es doch notwendig, sie getrennt zu betrachten und die richtigen Fragen zu stellen. Besonders fatal ist die mittlerweile gängige Argumentationskette, über das Thema IT-Sicherheit den Wirtschaftsstandort Deutschland zu entwickeln. Viele im Kontext der „technologischen Souveränität" angeführten Pläne basieren auf diesem Denkfehler:

IT-Sicherheits- oder Datenschutzvorgaben, die das freie Entscheiden deutscher Unternehmen einschränken, verursachen Kosten und ungewollte Nebeneffekte. So ist die Fokussierung auf das Safe Harbor-Abkommen nicht nur sachlich kaum auf die NSA-Debatte im engeren Sinne zurückzuführen, sondern blendet auch die Abhängigkeit deutscher global operierender Unternehmen von Brückeninstrumenten zwischen verschiedenen Datenschutzsystemen aus. Wer also glaubt, über eine Abwicklung von Safe Harbor die deutsche Wirtschaft stärken zu können, liegt falsch – die Gesamtbalance dürfte deutlich negativ sein.

Das oftmals angeführte Argument, deutsche IT-Produkte seien besonders sicher und könnten zu einem Exportschlager werden, lässt bislang eine empirische Unterfütterung missen. Zum einen ist ein direkter Zusammenhang zwischen „Made in Germany" (soweit dies in einer globalisierten IT-Welt überhaupt eine zulässige Denkkategorie ist) und Sicherheitsstandards nicht feststellen – ein solcher Zusammenhang lässt sich zum Beispiel beim Lesen bekannter Marktanalysen von Forrester oder Gartner oder Berichten der IT-Security-Analysten nicht erkennen.

Diese Aufzählung fehlerhafter Denkmuster impliziert nicht, dass die standortpolitische Frage nicht relevant ist. In der Tat werden wir in den nächsten zehn Jahren eine stark beschleunigte Digitalisierung von Wertschöpfungsketten feststellen. Hier stellt sich die Frage, wer die Spielregeln und Standards solcher IT-Plattformen definiert. Das Programm „Industrie 4.0" stellt genau diese Fragen für die großen IT-Anwenderbranchen in Deutschland. Ein Industrie 4.0-Programm, das versucht, über besonders national-restriktive Regelungen zum Thema Datenschutz und IT-Sicherheit zum Erfolg zu gelangen, dürfte jedoch ein teurer Rohrkrepierer werden, da eine Abschottung dieser Plattformen gegenüber internationalen Innovationsprozessen zu ihrer Irrelevanz führen wird.

2.2 Kontext: Die dreifache Globalisierungskrise

Diese drei „N" müssen in einem weiteren Kontext gesehen werden. Die Snowden-Affäre zeigt exemplarisch die Grenzen nationalstaatlicher Politik in einer digitalisierten und hyperglobalisierten Welt. Was dies genau bedeutet, lässt sich anhand von Fritz Scharpfs Legitimationsmodell beschreiben:

Input-Legitimation: Einer der erstaunlichsten Aspekte der Snowden-Affäre ist die Rolle nationaler Parlamente. Snowden selber hat durch die Zusammenarbeit mit dem „Guardian" deutlich kommuniziert, was er von der parlamentarischen Kontrolle exekutiven Handelns hält: Nichts. Snowdens Handeln ist die praktische Manifestation eines mediendemokratischen Theorems: Willst Du politisch etwas erreichen, musst Du die Medien einsetzen.

Weder das deutsche noch irgendein anderes Parlament hat sich im weiteren Verlauf der NSA-Krise von diesem Schock erholt. In keinem Land spielte das Parlament die zentrale Rolle, die ihm in der Verfassung als Kontrolleur der Exekutive zugeschrieben wird. Umso erstaunlicher, dass diese Dokumentation des Bedeutungsverlustes bislang kaum reflektiert wurde. Der naheliegende Schluss aus der Snowden-Affäre – nämlich die Kooperation nationaler Parlamente bei der Aufklärung der Vorgänge – hat auch nicht ansatzweise stattgefunden. Wie viele Telefonate fanden wohl seit Beginn der Affäre zwischen Bundestags- und US-Kongressmitgliedern statt, um sich gegenseitig auszutauschen? Wahrscheinlich kein einziges.

Throughput-Legitimation: Die Snowden-Affäre ist vorläufiger Höhepunkt einer neuen „Leak-Politik", die eng mit der Digitalisierung verbunden ist. Das Wachstum digitalisierter Kommunikations- und Transaktionsdaten staatlicher Institutionen („E-Government") hat zum kaum vorhergesehenen Problem der Mikro- und Mega-Leaks geführt (vgl. Lobo, 2014). Staaten sind offensichtlich zurzeit nicht in der Lage, die Integrität der eigenen Kommunikationsprozesse zu gewährleisten. Dieser Verlust von Integrität wird kontextualisiert durch normative Forderungen nach extremer Transparenz (vgl. die ACTA und TTIP-Diskussionen). Die Transparenzforderung kann auch Folge eines Vertrauensverlustes in die Politik generell interpretiert werden, führt in ihrer Extremausformung zu einem Funktionsverlust von Regierungen (vgl. Brandeins, 2011).

Zurzeit sind die Folgerungen der Leaks kaum abzusehen. Klar ist jedoch, dass der Raum für strategisches Handeln des Staates weiter eingeschränkt wird.

Output-Legitimation: Die Probleme, nationalstaatliches Handeln auf eine hyperglobalisierte IT-Wirtschaft zu projizieren, sind schon länger bekannt. In Deutschland stehen dafür stellvertretend die Netzsperren-Debatte („Zensursula"), die Urheberrechtsdiskussion oder auch die Datenschutzdebatte. Welchen Zugriff hat der Nationalstaat also auf die digitalisierte Welt? Zugespitzt könnte man sagen, dass die Snowden-Affäre die schon in den 90er Jahren analytisch verstandene Globalisierungskrise des Nationalstaates schmerzvoll erfahrbar gemacht hat – insbesondere für die Parlamente (wie oben beschrieben). Eingeschränkte Handlungsfähigkeit ist eine negative Erfahrung – und erhöht die Versuchung, in eine Symbolpolitik zu verfallen, die Handlungsfähigkeit suggeriert, de facto aber im besten Falle keine Wirkung, im schlechtesten Falle negative Folgen hat (vgl. Abschnitt 3.1).

Die NSA-Affäre hat allerdings noch einmal verdeutlicht, dass *keine* Nation der Erde tatsächliche „technologische Souveränität" im Sinne eines vollen Zugriffs auf den IT-Stack hat.

Dieser Kontext macht deutlich, dass die aktuelle IT-Sicherheitsdebatte *eine* Globalisierungskrise des Nationalstaates darstellt und damit neben *andere* Globalisierungskrisen wie die Klimapolitik tritt. Die Antworten auf die Snowden-Affäre werden von diesen drei Kontextfaktoren massiv beeinflusst werden.

3   Folgerungen: Do's and Don'ts

Was folgt aus dieser Segmentierung der Diskussion? In erster Linie ergibt sich eine Chance, die bislang unterbreiteten Vorschläge auf ihre Stichhaltigkeit zu überprüfen. Eine abschließende Bewertung würde den Rahmen dieses Papiers sprengen. Dennoch ist eine grobe Verortung – wie weit sind wir von sinnvollen Antworten entfernt? – möglich.

3.1   Zur Lösung der NSA-Herausforderung (vgl. Baums, 2013)

(1) Wie schützt sich der deutsche Staat gegen Ausspähungen ausländischer Nachrichtendienste und Cybercrime-Attacken? (2) Wie schützt der Staat die kritischen Infrastrukturen vor IT-basierten Attacken? und (3) wie garantiert der Staat den Schutz von Daten der Bürger gemäß des geltenden Rechts?

a) Gute Vorschläge

Die NSA-Enthüllungen haben Licht auf einige aus deutscher Sicht unangenehme Wahrheiten. Unabhängig von der Frage, wie sicherheitspolitische Verbündete mit einander umgehen (hier gibt es tatsächlich zahlreiche Fragen zu beantworten), gilt es vor allem, die bisherige Cyber-Politik Deutschlands kritisch zu reflektieren:

IT-Sicherheit ist ein Investment: Deutschland hat im Bereich der Cyber-Sicherheit Dekaden eines „Underinvestments" hinter sich. Im Vergleich zu den Möglichkeiten, die sich nicht nur die USA, sondern Staaten wie China und Russland oder auch Israel erarbeitet haben, fällt Deutschland offensichtlich zurück. Hier stellen sich wichtige Fragen der Cyber-Verteidigungsfähigkeit. Zugespitzt: Deutschland befindet sich in einem selbst verschuldeten asymmetrischen Verhältnis zu sicherheitspolitischen Bündnispartnern. Zusätzliche Investitionen in IT-Sicherheit sind deswegen unumgänglich. Der aktuelle Entwurf des Bundeshaushalts deutet allerdings nicht darauf hin, dass hier die grundsätzliche Bereitschaft besteht, dieses Thema ernsthaft anzugehen.

Technologische Souveränität beginnt mit IT-Skills: In der öffentlichen Debatte ist bislang viel zu wenig beleuchtet worden, dass „technologische Souveränität" immer mit der Frage beginnt, ob man in der Lage ist, sichere von nicht sicheren Technologien zu unterscheiden. Dies klingt zunächst banal, ist allerdings in der Praxis wohl die größte Herausforderung für die deutsche IT-Sicherheitspolitik.

Einer der interessanten Nebenaspekte der aktuellen Affäre ist das Verhältnis zwischen externen Dienstleistern und der Verwaltung. In den USA ist das Outsourcing von IT-Dienstleistungen weit fortgeschritten – und ist sowohl verantwortlich für das extrem hohe IT-Know-how als auch für die aktuellen Probleme wie Geheimnisverrat und Unkontrollierbarkeit der Dienstleister. Unabhängig von der aktuell vorherrschenden Schadenfreude stellt sich für die deutsche Administration die drängende Frage, wie man langfristig den eigenen IT-Kompetenzen erweitern will. Hier steht die Antwort noch aus. Zögerliche Anpassungen der Tarife im öffentlichen

Dienst (siehe Verpflichtungsprämien im Bundeswehrreform-Begleitgesetz, vgl. http://www.bmvg.de) werden dieses Problem nicht lösen.

Fokussierung auf objektivierbare Kriterien: IT-Sicherheit muss sich an objektivierbaren Kriterien orientieren, nicht an „gefühlter Sicherheit". Diese objektivierbaren Kriterien spielten in der bisherigen Diskussion allerdings eine untergeordnete Rolle. Streng genommen sagt zum Beispiel der Standort eines Servers, die Art der Diensteerbringung („on Premise" oder Cloud-basiert) oder der Standort des Hauptquartiers eines Unternehmens nichts über das Niveau der IT-Sicherheit aus. Diese Banalität ist in den IT-Beschaffungsabteilungen von Behörden und Unternehmen selbstverständlich bekannt, allerdings spielten Argumente, die auf solchen Differenzierungen beruhen, in der politischen Diskussion eine erstaunlich große Rolle.

Wirkliche Fortschritte beim Thema IT-Sicherheitsniveau werden nur dann erzielt werden können, wenn möglichst zügig eine solche Fokussierung auf objektivierbare Kriterien und deren Einforderung durch Richtlinien oder Zertifikate stattfindet.

Neue Instrumente für eine strategische Technologiepolitik: Für jede Regierung stellt sich zurzeit die Frage, wie man Einfluss auf die Technologieentwicklung der IT-Wirtschaft nehmen kann – und zwar ohne negative Auswirkungen auf die Innovationsgeschwindigkeit. Eine „harte" Technologiepolitik, die für einen bestimmten Rechtsraum Zwangsmaßnahmen auf technologischer Ebene festschreiben will, würde unweigerlich ins Abseits führen. Dies gilt ebenso für Ideen eines „europäischen IT-Airbus" – also den Versuch, den IT-Stack durch das Fördern bestimmter Anbieter zu regionalisieren. Die Bilanz solcher Ansätze ist desaströs und sollte Warnung genug sein. Stattdessen wird es darum gehen, eine „weiche" Technologiepolitik zu implementieren, die Marktanreize zu ihren Zwecken nutzt. Hier steht eine Sortierung des politischen Instrumentariums noch aus. Erste Ansätze gibt es allerdings: So ist das BSI durch die Gesetzesreform 2009 in die Lage versetzt worden, einzelne Technologiebausteine bestimmter Hersteller öffentlich als „Best Cases" zu bezeichnen (vgl. §7 Abs. 1 BSI-Gesetz, https://www.bsi.bund.de). Hiermit kann eine positive Marktdynamik ausgelöst werden, in dem andere Hersteller sich gezwungen sehen, ein ähnliches Sicherheitsniveau zu garantieren. Die Einführung eines IT-Sicherheitsgesetzes, das die Kompetenzen des BSI in Richtung kritische Infrastrukturen erweitert, dürfte die Relevanz solcher Instrumente weiter erhöhen.

b) Schlechte Vorschläge

„Schengen-Routing"? Pläne einer Umgestaltung der Kommunikationsinfrastrukturen auf Routing-Ebene gehörten zu den ersten Vorschlägen, die nach Bekanntwerden der NSA-Dokumente gefordert wurden. Diese Maßnahme soll die Anfälligkeit

gegenüber Spähangriffen verringern. Was zunächst plausibel klingt, erweist sich bei näherer Analyse als weitgehend wirkungslos. Spähangriffe könnten hierdurch kaum unterbunden werden, zugleich würden sowohl erhebliche Kosten anfallen und Wettbewerbseinschränkungen eintreten (vgl. Pohlmann, 2014 und zu wettbewerblichen Auswirkungen Welchering (2013).[1] Insofern ist Schengen-Routing teuer und wirkungslos – angesichts der begrenzten Ressourcen für IT-Sicherheit insgesamt also negativ zu bewerten.

Kündigung bzw. Modifikation von Safe Harbor? Ein weiterer neuralgischer Punkt in der Sicherheitsdebatte ist Safe Harbor. Für Datenschutzexperten ist die Fokussierung auf diesen „Brückenmechanismus", der dazu dient, Datenaustausch zwischen den USA und Europa zu ermöglichen, überraschend, da kein inhaltlicher Zusammenhang zur NSA-Affäre erkennbar ist. Anstelle eines inhaltlichen Arguments wurde dem entsprechend zügig auf ein strategisches Argument verwiesen: Über eine Androhung der Abschaffung von Safe Harbor könne man Druck auf die amerikanische Regierung ausüben. Diese Überlegung verkennt allerdings die Bedeutung von Safe Harbor für beide Seiten. So basiert die Datenarchitektur vieler deutscher globaler Konzerne auf Safe Harbor – in einer BITKOM-Umfrage gaben 53 Prozent der Unternehmen an, Safe Harbor zu nutzen, 79 Prozent sehen Safe Harbor als vorteilhaft an (vgl. BITKOM Research, 2014). Eine Umstellung dürfte also auch hier erhebliche Kosten verursachen – eine Tatsache, die das strategische Argument unglaubwürdig macht. Safe Harbor ist in der aktuellen Debatte zu einem Symbol geworden. Es liegt nahe, diesen symbolpolitischen Schaukampf möglichst zügig ad acta zu legen und auf zentralere Themen zu fokussieren.

Allheilmittel Data Localization? Eine weitere Überlegung bezieht sich auf die Lokalisierung von Daten entweder im deutschen oder im europäischen Rechtsraum. Data Localization ist schon heute in bestimmten Bereichen etabliert – Daten deutscher Regierungsbehörden verlassen den deutschen Rechtsraum nicht. Eine solche Datenlokalisierung ist also technisch machbar und hat hinsichtlich einiger legaler Aspekte des Datenschutzes ggf. Vorteile. Dem stehen allerdings zwei Nachteile gegenüber: Zum einen sind Unternehmen bestrebt, die Effizienzpotenziale globaler Cloud-Lösungen zu nutzen. Eine Fragmentierung des Cloud-Marktes widerspricht dieser Entwicklung und treibt de facto die Kosten für IT und für deutsche Unternehmen in die Höhe – mittelfristig ein Wettbewerbsnachteil. Darüber hinaus ist völlig offen, ob Datenlokalisierung auch zu einem höheren IT-Sicherheitsniveau

---

1   Dazu auch: http://www.heise.de/ix/meldung/Schengen-Routing-Hohe-Kosten-fuer-wenig-Schutz-2094602.html).

führt – „ein schlecht gepflegter Server im Keller ist unsicherer als eine professionell gemanagte Cloud-Lösung". Datenlokalisierung muss also zumindest differenziert betrachtet werden und sollte nicht als Allheilmittel angesehen werden.

3.2   Zur Lösung der NSU-Herausforderung

4) Wie können Sicherheitsbehörden Big Data-Technologien effizienter einsetzen, und (5) wie kann dieser Technologieeinsatz von den demokratischen Institutionen effizient kontrolliert werden?

a) Gute Vorschläge

Gezielte Weiterentwicklung der IT-Infrastruktur von Sicherheitsbehörden: Der parlamentarische Untersuchungsausschuss zum NSU-Fall hat einzelne Maßnahmen zur Verbesserung der Datenanalyse vorgeschlagen. Insgesamt bleibt es hier jedoch bei einer sehr heterogenen Applikationslandschaft und unverbundenen Datensätzen, die das Potenzial von Big Data nicht ausschöpfen. Perspektivisch wird eine engere Verknüpfung der Datenverarbeitung zwischen Polizei und Nachrichtendiensten ebenso anstehen wie strukturelle Veränderungen im Bereich des föderal organisierten Verfassungsschutzes. Das oftmals angeführte Trennungsgebot kann in diesem Kontext nicht überzeugen. In erster Linie geht es bei Big Data um die Erstellung einem umfassenden Lagebild, nicht um eine Vermengung der Zuständigkeiten zwischen polizeilichen und nachrichtendienstlichen Aufgaben.

Stärkung der parlamentarischen Kontrolle durch Aufbau von Big Data-Kompetenzen: G10-Ausschüsse auf Bundes- und Landesebene sowie das Parlamentarische Kontrollgremium stehen vor der Herausforderung, komplexe Big Data-Analytik bewerten zu müssen. Dies ist mit den bisherigen Prozessen und Strukturen nicht zu leisten, das aktuelle Verfahren der Genehmigung von Suchbegriffslisten für die strategische Fernmeldekontrolle ist veraltet.[2]Um Big Data-Analytik der Nachrichtendienste wirklich verstehen zu können, ist der Aufbau eigener IT-Kompetenzen durch die Kontrollgremien unumgänglich. Hier ist in erster Linie an unabhängige Experten zu denken, die an den jeweiligen Sekretariaten angesiedelt sind.

---

2   Vgl. die Argumentation von Niko Härting (http://www.cr-online.de/blog/2014/03/24/ der-bnd-liest-mit-klage-gegen-die-exzessive-ueberwachung/)

b) Schlechte Vorschläge

Generelles Verbot der strategischen Fernmeldekontrolle („Rasterfahndung")? Kritiker der Sicherheitsbehörden halten das anlasslose Scannen von Kommunikationsdaten für das eigentliche Problem, da es gegen die Unschuldsvermutung verstoße. Dieses grundsätzliche Infragestellen der strategischen Fernmeldekontrolle ist jedoch aus sicherheitspolitischer Sicht höchst problematisch, wenn nicht sogar illusorisch. Der Fokus der Debatte sollte auf der Kontrolle der strategischen Fernmeldekontrolle liegen, nicht auf deren Abschaffung.

3.3   Zur Lösung der NEST-Herausforderung

(6) Wer baut die IT-Plattformen für diese digitale Reorganisation? (7) Wer dominiert den Aufbau einer solchen Infrastruktur? (8) Sind wir in Deutschland oder Europa in der Lage, in „Winner Takes It All"-Märkten zu bestehen? Verlieren wir unsere Daten an große amerikanische Plattformen und werden von den „Commanding Heights" der digitalen Wirtschaft ausgeschlossen?

a) Gute Vorschläge

International orientierte, marktrelevante Industrie 4.0-Initiativen: Das von acatech initiierte Forschungsprojekt „Industrie 4.0" hat das Thema Digitalisierung von Wertschöpfungsketten in der politischen Diskussion etabliert. Neben den Forschungsthemen geht es allerdings vor allem darum, eine strategische Entscheidung zu treffen, welche „Governance" und Architekturprinzipien für solche Plattformen gelten sollen. Fraunhofer IPA und Hewlett-Packard haben im Projekt "Virtual Fort Knox" eine dezentralisierte, auf open-stack-Technologie basierende Infrastruktur entwickelt (vgl. Abschlussbericht des NSU-Untersuchungsausschusses vom 22. August 2013; Baums/Diemer 2014).

b) Schlechte Vorschläge

Nationale Alleingänge: Die im Zuge der NSA-Debatte von manchen geforderte „Renationalisierung" der digitalen Welt ist vor allem im Kontext der Digitalisierung von Wertschöpfungsketten problematisch und letztendlich nicht im Interesse der eng mit internationalen Partnern kooperierenden deutschen Wirtschaft. Industrie 4.0 muss deswegen unbedingt international entwickelt werden. Gremien wir das „Industrial Internet Consortium" sind wichtige Partner, keine Konkurrenz.

4   Ausblick

„Technologische Souveränität" ist aus politischer Sicht ein attraktives Paradigma.
Richtig verstanden führt dieses Paradigma zu einer Stärkung des Staates bei der
Wahrnehmung seiner Kernfunktionen. Falsch verstanden schadet er der hoch-
vernetzten deutschen Wirtschaft. Wer die Digitalisierung als „Zero-Sum Game"
diskutiert, wird unweigerlich zu einer protektionistischen Agenda kommen.
Diesem Rückfall auf nationale Denkmuster gilt es zu widerstehen. Aufgabe der
IT-Wirtschaft ist es, hierzu den Dialog zu suchen und für eine strategische Sicht
auf die Digitalisierung zu werben.

Literatur

Abschlussbericht des NSU-Untersuchungsausschusses vom 22. August 2013, BT-Dr 17 |
    14600, S. 853 ff.. Internet: (http://dipbt.bundestag.de/dip21/btd/17/146/1714600.pdf).
Baums, A. (2013). Technologische Souveränität – Strategie oder PR-Hype? Internet:
    http://h30507.www3.hp.com/t5/HP-Point-of-View/Technologische-Souver%C3%A-
    4nit%C3%A4t-Strategie-oder-PR-Hype/ba-p/144901).
Baums, A. (2011). Im Scheitern geeint. In: The European (http://www.theeuropean.de/
    ansgar-baums/8998-thesen-zum-rechtsextremismus).
Baums, A./Diemer, J. (2014). Digitalisierung von Wertschöpfungsketten: Herausforde-
    rung Datensouveränität. Internet: http://h30507.www3.hp.com/t5/HP-Point-of-View/
    Digitalisierung-von-Wertsch%C3%B6pfungsketten-Herausforderung/ba-p/170102#.
    VA2rAfl_uPM.
Baums, A./Scott.B. (2013) (Hrsg.). Kompendium Digitale Standortpolitik. Berlin. Hier:
    Kapitel 2. Internet: http://h30507.www3.hp.com/hpblogs/attachments/hpblogs/point_
    of_view/21/1/Kompendium%20Digitale%20Standortpolitik%202013.pdf).
BITKOM Research (2014). Die Relevanz von Safe Harbor als Rechtsgrundlage für Da-
    ten-transfers in die USA.
Brandeins (2011). Interview mit Byung-Chul Han: Nur eine Maschine ist transparent. Ausgabe
    7/2011. Internet: http://www.brandeins.de/archiv/2011/transparenz/transparenz.html).
Bull, H-P. (2013): Die Verfassung schützen – aber richtig. In: PinG 1 | 2013. (http://www.
    pingdigital.de/ce/die-verfassung-schuetzen-aber-richtig/detail.html).
Der Spiegel (2014). Interview mit Joe Kaeser „Digitaler Krieg". Ausgabe 2.05.2014. Internet:
    http://www.spiegel.de/spiegel/print/d-126954511.html.
FAZ (2014). Sigmar Gabriel: Unsere politischen Konsequenzen aus der Google-Debatte.
    Ausgabe 16.05.2014. Internet: http://www.faz.net/aktuell/feuilleton/debatten/die-digital-
    debatte/sigmar-gabriel-konsequenzen-der-google-debatte-12941865.html.

Handelsblatt (2014). Interview mit Timotheus Höttges. Ausgabe 12.05.2014. Internet: http://www.handelsblatt.com/unternehmen/it-medien/europas-telekomkonzerne-vs-google-telekom-chef-fordert-mehr-chancengleichheit/9882448.html.

Lobo, S. (2014). Überwachungsgesellschaft – Politik mit dem Leak. Internet: http://www.spiegel.de/netzwelt/web/snowden-erdogan-sarkozy-sascha-lobo-ueber-leakpolitik-a-959308.html)

Pohlmann, N. (2014). Direktvermittlung: Das Schengen-Routing zu Ende gedacht. Internet: http://www.internet-sicherheit.de/institut/forschung/publikationen-vortraege-neu/dokumente-als-pdfs/alle-dokumente/?eID=dam_frontend_push&docID=3239.

Scharpf, F. (1999). Regieren in Europa. New York.

Welchering, Peter (2013). Daten im Land halten bringt nicht viel. Internet: http://www.faz.net/aktuell/technik-motor/computer-internet/europaeisches-netz-daten-im-land-halten-bringt-nicht-viel-12690332.html.

Wunderlin, P. (2013). Big Data und Nachrichtendienste. In: PinG 2 | 2013. (http://www.pingdigital.de/ce/big-data-und-nachrichtendienste/detail.html).

Ansgar Baums, Director Corporate Affairs, Germany, CEE & MEMA, Head of Berlin Office, Hewlett-Packard Company, Berlin

Datensouveränität im digitalen Zeitalter

Eva-Maria Kirschsieper

Der Begriff der Souveränität beschreibt die Selbstbestimmung des Individuums – das heißt, eigenständig und unabhängig Entscheidungen zu treffen und danach zu handeln. Das ist vor allem im digitalen Zeitalter wichtiger denn je, stellt uns gleichzeitig jedoch alle vor große Herausforderungen.

Souveränität impliziert, dass Menschen verstehen, wie sie digitale Medien sicher und in ihrem Sinne nutzen können. Bei der Vielzahl an technischen Möglichkeiten, die das Internet mit sich bringt, ist das allerdings kein einfaches Unterfangen. Die Geschwindigkeit, mit der neue Tools, Apps und Dienste entstehen, hat sich um ein Vielfaches im letzten Jahrzehnt erhöht.

Dieses Tempo müssen auch Vertreter von Gesellschaft, Politik und Wirtschaft aufnehmen, wollen sie mit den damit verbundenen Anforderungen Schritt halten. Die Medien- und auch Datenkompetenz des Einzelnen steht dabei im Fokus. Nur wer souverän mit Medien – insbesondere den Online-Angeboten – und auch den eigenen Daten umgehen kann, weiß wie er sich schützen kann und in Folge dessen auch bewusst entscheiden, ob und wie er sich im digitalen Raum bewegt.

Digitale Selbstbestimmung heißt immer auch Selbstverantwortung. Jeder Einzelne muss in der Lage sein, Vor- und Nachteile einer Entscheidung in der Onlinewelt abzuwägen und potentielle Risiken einschätzen zu können. Keinesfalls ist damit jedoch gemeint, Online-Nutzer auf dem Weg zu einer souveränen Nutzung allein zu lassen. Facebook als Plattform ist sich dieser Verantwortung bewusst und hat verschiedene Initiativen gestartet, die Menschen auf dem Weg zu einer digitalen Datensouveränität zu begleiten.

1   Gefahren für die Souveränität

Die NSA-Enthüllungen durch Edward Snowdon haben aufgeschreckt und den Menschen das Gefühl gegeben, ohnmächtig zu sein. Auf einmal erschien die Souveränität der Nutzer Makulatur. Über den Umfang der US-amerikanischen Regierungsaktivitäten war auch Facebook überrascht. Mark Zuckerberg hat sich eigens in einem Facebook Beitrag im März 2014 dazu geäußert und seiner Frustration darüber Luft gemacht.

> "The US government should be the champion for the internet, not a threat. They need to be much more transparent about what they're doing, or otherwise people will believe the worst."

Fest steht: Die Überwachung der Internetnutzer durch Regierungen erschüttert das Vertrauen der Menschen in die freie Kommunikation.

Wir fordern, dass mehr Transparenz darüber geschaffen wird, welche Informationen von Regierungen eingesehen werden und wollen die Befugnisse staatlicher Behörden limitieren. Daher unterstützen wir entsprechende Gesetzgebungsvorhaben in den USA. In einem Transparenzbericht legt Facebook seit August 2013 dar, welche Art der Auskunft Behörden von uns verlangen. Wir zeigen auf, wie viele Regierungsanfragen in welchen Ländern zu wie vielen Konten der Nutzer bei uns eintreffen. Nur wenn die Menschen nachvollziehen können, wie und in welchem Umfang staatliche Behörden Informationen bekommen, können sie souverän handeln.

Auch Angriffe von außen sind eine Gefahr für die Digitale Souveränität. Datendiebstähle und Cyberattacken häufen sich. 91 Prozent der Internetnutzer, die auch Mitglieder in sozialen Netzwerken sind, ist der Schutz der persönlichen Daten „wichtig", darunter 74 Prozent sogar „sehr wichtig", so eine TNS Emnid Studie aus dem Jahr 2014 (vgl. TNS Emnid, Umfrage zum Thema Soziale Netzwerke, Ergebnisbericht, Januar 2014).

Facebook arbeitet kontinuierlich an der Entwicklung neuer Systeme und optimiert bestehende Techniken, um proaktiv Missbrauch auf der Plattform zu identifizieren und passende Maßnahmen zu ergreifen. Zum Beispiel wurde 2014 das erste Mal der mit 50.000 US-Dollar dotierte ,Internet Defense Prize' vergeben. Ziel des Preises ist es, die Sicherheit im Internet zu erhöhen. Bei der Erstauflage gewannen zwei Deutsche, Johannes Dahse und Thorsten Holz von der Ruhr-Uni Bochum.

2 Eine globale Plattform

Bei Fragen wie diesen ist es wichtig zu verstehen, dass derartige Herausforderungen stets global zu sehen sind. Weltweit nutzen mittlerweile mehr als 1,3 Milliarden Menschen regelmäßig Facebook. Stand Januar 2015 nutzen monatlich 22 Millionen Menschen in Deutschland Facebook mobil. Täglich greifen 16 Millionen Deutsche mobil auf Facebook zu. Damit nutzen heute knapp 60 Prozent aller deutschen Smartphone-Besitzer Facebook aktiv. Insgesamt ist jeder zweite Onliner in Deutschland auf Facebook aktiv. Die Hälfte der Nutzer meldet sich mindestens einmal pro Tag an, teilt sich seinen Freunden mit, versendet Links, postet Fotos oder liest einfach nur die Updates der Freunde. Facebook gehört inzwischen zum Alltag vieler Menschen. Studien besagen, dass sich mehr als die Hälfte der Jugendlichen bei Facebook durch die Plattform stärker mit ihren Freunden verbunden fühlt.

Von Anfang an war es Facebooks Anliegen, den Menschen die Möglichkeit zu geben, sich zu vernetzen und die Welt damit offener zu gestalten. Ein Zugang zum World Wide Web ist dafür die Voraussetzung, weshalb Mark Zuckerberg beispielsweise Internet.org ins Leben gerufen hat. Internet.org ist eine Initiative, mit der abgelegene Regionen mit Internetzugang und mobilen Apps versorgt werden sollen. Mark Zuckerberg geht in seiner Initiative soweit, dass er sagt, „Zugang zum Internet ist ein Menschenrecht". Bislang laufen im Rahmen der Initiative Projekte in Indien, Indonesien, Sambia und Tansania sowie seit Anfang 2015 auch in Kolumbien, Ghana und Indien.

Mit der Unterstützung von internet.org werden immer mehr Menschen auf der ganzen Welt vernetzt. Sie haben unterschiedliche kulturelle und religiöse Prägungen und leben in unterschiedlichen Rechtssystemen. Und für alle Menschen gilt gleichermaßen, dass wir ihnen gegenüber verpflichtet sind.

3 Weltweite Verantwortung

Für alle Menschen, die unsere Plattform nutzen, tragen wir bei Facebook eine hohe Verantwortung. Wir müssen sicherstellen, dass unser Dienst technisch sicher ist, die Menschen keine persönliche Bedrohung erfahren und dass sie nicht mit Missbrauch oder Kriminalität konfrontiert werden.

Dies ist eine große Herausforderung, denn pro Tag werden auf Facebook über eine Milliarde Suchanfragen durchgeführt, es werden mehr als drei Milliarden Videos angeschaut und über sieben Milliarden Inhalte auf Facebook mit einem Gefällt mir versehen (Stand: Januar 2015). Aufgrund dieser Vielfalt an Inhalten ist Facebook auf die Unterstützung der Menschen und deren digitale Souveränität angewiesen. Missbräuchliche Inhalte werden gemeldet und anschließend von einem spezialisierten Team einzeln überprüft. Aber auch mithilfe technischer Dienste werden beispielsweise kinderpornographische Inhalte bereits vor der Veröffentlichung blockiert.

Die selbstbestimmte Nutzung unseres Dienstes ist jedoch keine Selbstverständlichkeit. Wer sorgt dafür, dass die Nutzer souverän mit Facebook umgehen können? Wer ermöglicht es ihnen, dass sie Zugang dazu haben, dass sie medienkompetent agieren können, dass das Angebot entsprechend gestaltet wird und dass dies in einem geordneten Rechtsrahmen stattfindet?

Unternehmen wie Facebook haben natürlich ein Interesse an der Souveränität ihrer Nutzer im Umgang mit der Plattform. Nur wer sich sicher fühlt im Umgang mit angebotenen Diensten, wird diese auch wiederholt nutzen. Hier greift zum Beispiel der ‚Privacy Checkup' von Facebook. Mit diesem Service können die Privatsphäre-Einstellungen des eigenen Kontos schnell überprüft werden. Darüber hinaus werden Nutzer darauf hingewiesen, wenn sie sehr häufig Beiträge öffentlich posten. Sie werden gefragt, ob Sie sich sicher sind, dass das in ihrem Sinne ist – oder ob sie lieber die Einstellung auf „Freunde" ändern wollen.

4   Agieren im Europäischen Rechtsraum

Natürlich kommt ein Unternehmen wie Facebook seinen rechtlichen Verpflichtungen nach. Obwohl wir unsere Wurzeln in den USA haben, halten wir uns an die europäischen Gesetze. Unsere internationale Zentrale ist seit vielen Jahren in Dublin, Irland. Mit diesem Standort hat sich Facebook bewusst für einen eigenen europäischen Standort entschieden, einschließlich der Entscheidung, sich der europäischen Rechtsprechung zu unterwerfen. Demzufolge gelten für uns auch und insbesondere auch im Datenschutzrecht die gleichen Regeln, wie für alle anderen europäischen Unternehmen.

Alle bei Facebook zur Verfügung gestellten Daten bleiben im Eigentum desjenigen, der sie zur Verfügung gestellt hat. Mit der Nutzung unseres Dienstes erhält Facebook gewisse Nutzungsrechte, die jederzeit widerrufen werden können. Ganz einfach durch Löschen der Informationen.

Hier offenbart sich auch ein Mythos rund um Facebook. Natürlich ist es möglich, sein Konto oder seine eigenen Inhalte zu löschen. Wenn sich ein Nutzer dazu entschließt, sein gesamtes Konto nicht weiterführen zu wollen, dann entfernt er damit alle Informationen, die er dort hinterlegt hat. Das Konto kann nicht wieder reaktiviert werden und die Informationen sind unwiederbringlich gelöscht.

Des Weiteren gilt: Facebook verkauft keine Daten der Nutzer. Die Weitergabe von Daten wird nur mit Zustimmung ermöglicht, zum Beispiel im Zuge der Nutzung einer Anwendung. Sofern Daten weitergegeben werden, dann ausschließlich in anonymisierter und aggregierter Form. Ein Rückschluss auf eine einzelne Person ist nicht möglich.

Derartiges Wissen ist Voraussetzung für eine wirklich souveräne Nutzung unseres Dienstes. Für andere Dienste gilt dies ganz ähnlich. Nur wenn ich weiß, welche Rechte ich an unterschiedliche Plattformbetreiber gebe, bin ich in der Lage, aufgeklärte Entscheidungen zu treffen.

5   Souveränität durch Aufklärung

Facebook trägt zur souveränen Nutzung und zur digitalen Selbstbestimmung jedes einzelnen Nutzers bei. Wir verstehen es als unsere Aufgabe, die richtigen Instrumente zur Verfügung zu stellen, durch die Souveränität gewährleistet werden kann. Hierzu zählen technische Maßnahmen, wie die möglichst intuitive Gestaltung des Dienstes, möglichst vielseitige Einstellungsmöglichkeiten, die es erlauben zielgerichtet zu teilen, sowie selbstverständlich auch die Möglichkeiten des Löschens. Darüber hinaus stellen wir umfangreiche Informationen zur Verfügung, die die Handhabung auf der Plattform erklären. Wir weisen unmittelbar auf Veränderungen hin und erinnern die Nutzer daran, regelmäßig ihre Einstellungen zu überprüfen. Des Weiteren erläutern wir all das, was im Hintergrund passiert und beachtet werden muss, wie zum Beispiel Fragen der Datenverarbeitung: Wie werden welche Daten erhoben, wie verarbeitet und zu welchem Zweck und so weiter.

Den Menschen, die Facebook nutzen, bieten wir Hilfestellung, um die Sicherheit auf der Plattform konstant hoch zu halten. Sie können ihre Profile personalisieren und genau bestimmen, wie präsent sie für andere auf Facebook oder im Internet sind. In den Privatsphäre-Einstellungen kann jeder individuell genau die Einstellungen wählen, die für ihn persönlich richtig sind. Sie haben jederzeit die volle Kontrolle über ihre Informationen.

Unter www.facebook.com/about/basics finden unsere Nutzer umfangreiche und niedrigschwellig zugängliche Informationen zu den „Grundlagen zur Privatsphäre". Hier erhalten sie Tipps und Anleitungen dazu, was sie tun können, um Verantwortung für ihre Aktivitäten auf Facebook zu übernehmen. In interaktiven Anleitungen werden die am häufigsten gestellten Fragen dazu beantwortet, wie die Menschen ihre Informationen auf Facebook kontrollieren können. Diese Informationen gibt es nicht nur in Englisch und Deutsch, sie stehen in 36 Sprachen zur Verfügung.

Das Datenkompetenz-Portal „Leben in einer vernetzten Welt" (www.aconnectedlife.info) bietet darüber hinaus wichtige Informationen in deutscher Sprache dazu, wie Internetnutzer Informationen und Daten besser schützen können. Neben Facebook-eigenen Funktionen und Tools bietet das Portal eine Vielzahl externer Ressourcen und deutscher Anlaufstellen, wie dem Partner Deutschland sicher im Netz e. V. (DsiN)

Die Nutzer haben daher die Aufgabe, sich mit den Gegebenheiten und Möglichkeiten auseinanderzusetzen und sich aktiv damit zu befassen. Im Umgang mit ihren Informationen müssen sie sorgsam sein und sich entsprechend der Sicherheitshinweise verhalten.

6   Facebook selbstbestimmt nutzen

Die überwältigende Mehrheit der Nutzer nimmt die Möglichkeiten der selbstbestimmten Nutzung von Facebook an. Mehr als die Hälfte der Menschen, die Facebook nutzen, verändern im Laufe der Zeit die Privatsphäre-Einstellungen ihres Profils. Sie posten Informationen wohl überlegt an unterschiedliche Leserkreise (benutzerdefiniert, nur für Freunde, auch für Freunde von Freunden, für Freunde und Netzwerke etc.) und sie legen Gruppen von Freunden an, mit denen sie bestimmte Informationen teilen. Gerade der riesige Erfolg der Gruppenfunktion zeigt, dass die Menschen die Möglichkeiten der Plattform, sie individuell zu nutzen, verstehen.

Bereits seit 2010 bietet Facebook mit der Option „Lade deine Informationen herunter" eine sichere, einfache und transparente Möglichkeit, Daten auf Facebook – wie beispielsweise Fotos, Meldungen, Nachrichten – herunterzuladen. Dieses Tool haben wir in dem regulären Audit des für Facebook zuständigen irischen Datenschutzbeauftragten abgestimmt. Dabei wurden seine Vorschläge aufgegriffen und mit erweiterten Funktionalitäten in die Tat umgesetzt. Diese kann ohne Übertreibung als Branchenstandard angesehen werden.

7   Unterschiedliche Interessen

Dennoch sehen wir bei Facebook, dass von Zeit zu Zeit unterschiedliche Interessen unserer Nutzer aufeinanderprallen. Auch unterscheidet sich das individuelle Knowhow im Umgang mit sozialen Medien. Daher stellen wir uns die Frage: Welche Form von Schutz ist für jeden Einzelnen notwendig ist, wie kann dieser geleistet werden und wer muss das tun?

Die unterschiedlichen Interessen zeigen sich beispielsweise dort, wo die einen möglichst frei kommunizieren wollen, aber die anderen darin gegebenenfalls ihre Würde verletzt sehen. Dort, wo der eine ohne Angst im Internet seine Meinung ausdrücken möchte, der andere aber auch Möglichkeiten haben will, sich gegen Beleidigungen, Mobbing oder hetzerische Aufrufe zu wehren.

Symbole wie Hakenkreuze sind ein Beispiel für unterschiedliche Ansichten und Regelungen in verschiedenen Ländern. In Deutschland verboten, können sie anderswo ungestraft verwendet und gezeigt werden. Facebook bezieht hier ganz klar Stellung. Nach den Standards der Facebook-Gemeinschaft, die allen Nutzern zugänglich sind und denen jeder einzelne Nutzer zustimmen muss, wird kein gewaltverherrlichender Inhalt toleriert. Facebook agiert umgehend, wenn ein Hakenkreuz missbräuchlich verwendet wird und entfernt dies sofort von der Plattform. Zur Souveränität gehört auch, dass man missbräuchliches Verhalten erkennen und damit entsprechend umgehen kann. Hierzu haben wir bereits 2012 mit „Netz gegen Nazis" und „Laut gegen Nazis" Informationen erarbeitet, die diese Kenntnisse vermitteln sollen und aktualisieren diese im regelmäßigen Austausch.

In diesem Zusammenhang ebenfalls wichtig ist die Regelung zur Verwendung von echten Namen. Dieses Prinzip gewährleistet in freien Gesellschaften die Übernahme von Verantwortung. Die Menschen nutzen Facebook, um sich mit ihren Freunden zu vernetzen und mit ihnen Dinge zu teilen. Wir schaffen eine sichere Umgebung und tragen damit zu Vertrauen auf unserer Webseite bei. Die Menschen, die unseren Service nutzen, möchten sich mit echten Menschen verbinden und beschweren sich regelmäßig bei den Aufsichtsbehörden für Datenschutz über die Verwendung von gefälschten Konten. Um es deutlich zu sagen: Im Internet muss es Räume für Anonymität geben – Facebook ist nicht so ein Raum. Das bedeutet allerdings keineswegs, dass Inhalte direkt mit einem Millionenpublikum geteilt werden müssen. Mit Hilfe der Privatsphäre-Einstellungen, aber auch durch das Eröffnen von Gruppen zu speziellen Themen können Informationen mit einer gesonderten Zielgruppe geteilt werden.

Das Ziel von Facebook ist es auch, die Balance zwischen Rechtsdurchsetzung und der Privatsphäre der Nutzer zu wahren. Als verantwortungsvolles Unternehmen hält sich Facebook an geltende Gesetze. Als Teil dieses Prozesses überprüft Facebook jede einzelne Anfrage von Behörden, verlangt eine detaillierte Beschreibung für jede Anfrage, die gemacht wurde, und falls es angemessen ist Daten weiterzugeben, wird dies auf das Minimum begrenzt.

8   Virtuelle Konflikte

Nicht alle Probleme fallen also in den Bereich des selbstbestimmten Umgangs mit Daten und nicht alle Probleme kann Facebook als Plattform allein lösen. Sicherheit gewährleisten wir bei Facebook auch im selbstbestimmten Umgang mit virtuellen Konflikten. Die Nutzer können anstößige Inhalte jederzeit melden. Bei kontroversen Inhalten, Videos oder Fotos prüft Facebook daraufhin sehr genau, ob sie gegen die Richtlinien verstoßen und handelt dann umgehend. Grundsätzlich gilt, dass beispielsweise Hassreden gegen die Standards der Facebook-Gemeinschaft von Facebook verstößt und solche Inhalte umgehend gelöscht werden.

Facebook hat darüber hinaus einen Sicherheitsbereich für Familien eingerichtet (www.facebook.com/safety). Hier werden Eltern, Teenager und Pädagogen aktiv eingebunden. Sie finden hilfreiche Artikel und Videos rund um die Themen Sicherheit und Privatsphäre sowie viele weitere Informationen.

Gemeinsam mit der EU-Initiative klicksafe hat Facebook auch die Kampagne „Sei Mutig. Stopp Mobbing." gestartet. Ziel der Kampagne ist es, die Aufmerksamkeit und das Bewusstsein für Mobbing insbesondere bei Jugendlichen, Eltern und auch Pädagogen zu schärfen und sich gegen Mobbing stark zu machen. Im Zentrum der Initiative steht eine interaktive App, mit der die Menschen auf Facebook ihr persönliches Engagement gegen Mobbing zeigen und ihre Freunde zu einem ebensolchen Bekenntnis anregen können.

Darüber hinaus wurde in Kooperation mit klicksafe mit dem ‚Yale Center for Emotional Intelligence' im letzten Jahr ein Portal gestartet, welches wertvolle Informationen zum Thema bietet (www.facebook.com/mobbingstoppen). Auf dieser Seite bekommen Jugendliche, Eltern und Lehrer Gesprächsleitfäden an die Hand, wenn sie Opfer von Mobbing sind bzw. auf eine solche Situation aufmerksam werden.

Prinzipiell ist es so, dass auf Facebook – als neutrale Plattform – auch drastische oder verstörende Inhalte diskutiert werden können. Auf diese Weise entsteht die Voraussetzung für gesellschaftliche Diskurse und Problembewusstsein unter den Menschen. Manchmal sind es Erfahrungen und Themen, die Bildmaterial beinhalten, das von öffentlichem Interesse ist, wie etwa Menschrechtsverletzung, Terrorismus oder andere Gewalttaten. Wenn Menschen solche Inhalte teilen, tun sie dies oft, um dies zu verurteilen. Manchmal ist die Verbreitung über Kanäle wie Facebook für die Menschen auch der einzige Weg, auf derartige Situationen (z. B. bei politischer Unterdrückung oder Terror) aufmerksam zu machen. Wenn solche Inhalte jedoch aus sadistischem Vergnügen oder zum Zwecke der Gewaltverherrlichung geteilt werden, dann werden sie von unserem Team gelöscht. Gemeldete Inhalte werden immer im ganzheitlichen Kontext betrachtet.

Um Jugendliche besser vor verstörenden Inhalten zu schützen, versieht Facebook solche Inhalte mittlerweile mit einer Altersbeschränkung 18+. Minderjährigen Menschen auf unserer Plattform werden solche Beiträge dann nicht mehr angezeigt. Darüber hinaus bekommt man einen Warnhinweis angezeigt und man kann sich bewusst entscheiden, ob man den Inhalt sehen möchte.

9   Zusammenarbeit mit Partnern

Die Arbeit am Datenkompetenz-Portal „Leben in einer vernetzten Welt" und die Kooperation mit klicksafe bei „Sei Mutig. Stopp Mobbing." zeigen, Facebook bringt sich aktiv mit deutschen Initiativen ein. Unser Ziel ist es hier, mit Partnern zusammenzuarbeiten, um nationale Bedürfnisse zu erkennen und zu adressieren.

Um auch den gesellschaftlichen Wert von Facebook aufzuzeigen, haben wir zusammen mit der Stiftung Digitale Chancen den „Smart Hero Award" ins Leben gerufen. Im Juli 2014 wurden „Smarte Helden" ausgezeichnet, die ihr ehrenamtliches und soziales Engagement rund um die Werte Soziales Miteinander, Anerkennung, Respekt und Toleranz erfolgreich in und mit Social Media realisieren. Erst ein verantwortungsvoller und sicherer Umgang mit Social Media Anwendungen ist die Voraussetzung dafür, diese Auszeichnung zu erhalten.

Auch der Austausch mit den Datenschutz- oder Verbraucherschutzbehörden hilft uns Probleme zu erkennen oder Bedenken aufzunehmen. Er hilft auch besser zu verstehen, wo unter Umständen auch Regelungen auf unserer Plattform verändert werden müssen. Da wir versuchen, mit global einheitlichen Unternehmensregeln zu arbeiten ist hier eine ständige Balancierung unterschiedlicher Schwerpunkte erforderlich.

Bei der Frage jedoch, wer Informationsmaterial zu den Themen Datenschutz und Datensicherheit in sozialen Netzwerken zur Verfügung stellen sollte, sehen die Befragten der TNS Emnid Studie neben den Anbietern sozialer Netzwerke und Bildungseinrichtungen auch die Datenschutzbeauftragte des Bundes und der Länder in der Verantwortung (vgl. TNS Emnid, Umfrage zum Thema Soziale Netzwerke, Ergebnisbericht, Januar 2014).

10   Eine gemeinsame Aufgabe

Eine ausschließlich „klassisch-datenschutzrechtliche" Perspektive auf das Thema Datensouveränität/Datenkompetenz einzunehmen, wird in Zukunft nicht mehr ausreichen. Die Menschen wollen am Potenzial und Mehrwert des Internets partizipieren und ein Ende dieses Trends ist nicht in Sicht.

Die Selbstbestimmung des Einzelnen in diesem weiter wachsenden digitalen Umfeld bleibt eine gemeinsame Aufgabe von Diensten wie Facebook, den Menschen aber auch Dritten (Schulen, Bildungseinrichtungen und Familien). Nur im Zusammenspiel von Technik, Diensten, Menschen und Behörden können wir ein vertrauenswürdiges Umfeld schaffen, in dem jeder Einzelne authentisch agieren und sein Netzwerk souverän pflegen kann. Wir wollen hierzu unseren Beitrag leisten.

Literatur

TNS Emnid, Umfrage zum Thema Soziale Netzwerke, Ergebnisbericht, Januar 2014.
Facebook Privacy Basics: https://www.facebook.com/about/basics.
Facebook Datenrichtlinie: https://www.facebook.com/about/privacy.
Portal „Mobbing stoppen": https://www.facebook.com/mobbingstoppen.
Datenkompetenzportal: https://aconnectedlife.info/de-en/.
Facebook Sicherheitsbereich für Familien: https://www.facebook.com/safety.

Eva-Maria Kirschsieper, Manager Privacy & Policy, Facebook Germany GmbH, Berlin

Gründungskultur im digitalen Bereich als Basis für digitale Souveränität

Woran es in Deutschland fehlt und wie die Chancen besser genutzt werden können

Marco Zingler

Um die digitale Wirtschaft politisch gestalten zu können, braucht es eine dynamische deutsche und europäische Digitalindustrie, die auch international gesehen relevante Marktanteile erreicht. Seit SAP hat es in Deutschland aber keine Gründung in der Digital-Industrie gegeben, die es zu globaler Bedeutung in irgendeinem relevanten Segment der digitalen Wirtschaft gebracht hat. Den Börsengängen von Zalando und Rocket Internet kommt von daher eine große Bedeutung als potentielle Leuchtürme für die deutsche Internetszene zu. Diese beiden Firmen streben nach einer globalen Rolle und haben durch ihre Börsengänge nun eine ausreichende Kapitalbasis, um diese Pläne weiter voranzutreiben. Doch sieht man von diesen beiden Beispielen ab, dann ist die digitale Zukunftsindustrie in Deutschland in weiten Teilen vornehmlich durch Nachfrage geprägt – einheimische Unternehmen und Konsumenten nutzen überwiegend die Services und Produkte amerikanischer und zunehmend auch asiatischer Anbieter.

Die Folgen dieser verpassten Chancen sind vielfältig und es fehlt in Deutschland ein digitales Ökosystem aus dem heraus neue Technologien und Produkte entstehen könnten. Die deutsche Digitalindustrie rutscht immer tiefer in einen Teufelskreis aus zu wenig Innovationen, zu wenig Neugründungen, zu seltene Markterfolge und letztlich zu geringen Investitionen in Innovationen, die diesen Kreis durchbrechen könnten. Zurück bleibt eine deutsche Digitalindustrie, die viele Gemeinsamkeiten mit der griechischen Automobilmarkt aufweist: Auch dort gibt es selbstverständlich Kunden, Autohäuser und Werkstätten, aber zu wenig anwendungsnahe Forschung, keine Innovation und Produktion und insgesamt zu wenig Substanz.

Dieser Teufelskreis setzt sich leider in der politischen Sphäre fort. Die möglichen Steuereinnahmen fallen aus – nicht zuletzt auch aufgrund europäischer Steuerschlupflöcher. Die europäischen Datenschutzregeln und -gesetze laufen für außeneuropäische Anbieter weitgehend ins Leere, da die Server ganz absichtlich in allen kritischen Fällen eben nicht in Europa stehen und sich damit der deutschen

Datenschutzkontrolle entziehen. Der deutschen Gesetzgebung fehlen deutsche oder europäische Anbieter, die man nachhaltig regulieren und kontrollieren könnte, so wie den europäischen Kunden und Internet-Nutzern echte Alternativen zu den amerikanischen Anbietern fehlen, die ähnlich hervorragende Dienste anbieten würden – aber auf hohem Datenschutzniveau. So bleibt den Nutzern nichts weiter übrig als die amerikanischen Dienste weiter zu nutzen mit allen Schattenseiten, die hinlänglich bekannt geworden sind – oder sie müssen sich ganzen Aspekten der digitalen Revolution verweigern. Ohne echte Alternativen nutzen die europäischen Kunden das, was ihnen angeboten wird und flüchten sich bezüglich Datenschutzanforderungen in Fatalismus.

Aufschlussreich ist ein Blick auf die deutsche Digital-Gründer-Szene. Warum gelingt es seit fast 20 Jahren nicht, nachhaltig erfogreiche Startups zu gründen und zu international relevanten Anbietern zu entwickeln? Die Antworten sind vielschichtig und um nachhaltigen Fortschritt zu erzielen, bedarf es ein Umdenken aller beteiligten Akteure. Im Folgenden werden die hemmenden Faktoren analysiert und Handlungsoptionen zur Stärkung der deutschen Unternehmensgründungen im digitalen Bereich aufgezeigt.

1   Zu frühe Verkäufe an ausländische Wettbewerber

Schon die Hardware- und Softwareindustrie, die ihren globalen Siegeszug in den 60er und 70er Jahren angetreten hat, kann bis auf die strahlende Ausnahme SAP keinen einzigen aus Deutschland stammenden Weltmarktführer vorweisen. Und selbst die vielgerühmten „Hidden Champions" aus dem Mittelstand, die in anderen Industriezweigen so charakteristisch für den Standort sind, muss man hier mit der Lupe suchen. Natürlich gibt es hier und da erfreuliche Ausnahmen und vielversprechende Ansätze, aber diese enden meist nach wenigen Jahren, indem sie vorzeitig im Rahmen eines Exits an amerikanische Konkurrenten verkauft werden – und das waren bis dato schon die deutschen Erfolgsgeschichten.

Die Folgen der frühzeitigen Verkäufe der Startups ins Ausland sind dramatisch, denn die Wertschöpfung, die eigentliche Kreativ- und Ingenieurleistung, wandert nach dem Verkauf deutscher Digitalstartups in den meisten Fällen ins Ausland ab. Zurück bleiben Vertriebsstandorte und Lobbyisten. Wer sich im politischen Berlin mit dem Thema Digitalisierung beschäftigt, wird feststellen, dass dort amerikanische Lobbyisten der digitalen Weltmarktführer stark vertreten sind und sehr selbstbewusst Einfluß auf den deutschen Politikbetrieb nehmen. Deutschland kolonialisiert seine Digitalindustrie gegenwärtig selbst und breite Teile der Öffentlichkeit und Politik bemerken es kaum oder finden sich damit ab.

2   Die Gründer und die Universitäten

Wenn Digitalgründungen in Deutschland nicht so erfolgreich sind, wie ihre Konkurrenten im Ausland, drängt sich zunächst die Frage auf, ob sie vielleicht einfach schlechter aufgestellt sind als ihre Kollegen im Silicon Valley, London, Tel Aviv, Bangalore oder Shanghai. Nein, das sind sie nicht. Aber es fällt auf, dass in Deutschland in der Mehrzahl andere Berufsgruppen gründen als im Ausland. Der typische, deutsche Gründer mit einem digitalen Geschäftsmodell ist ein Betriebswirt oder MBA ganz ohne oder mit überschaubarer Berufserfahrung vornehmlich in Unternehmensberatungen.

Die digitale Revolution ist aber zunächst eine technische Revolution. Daimler, Bosch, Siemens, SAP sowie Microsoft, Google und Facebook wurden nicht von Betriebswirten, sondern von Technikern gegründet. Sie sind in der Lage durch die Kreativität der Ingenieure technischen Fortschritt zu kreieren. Gesucht werden also zusätzlich zu den Ökonomen Gründer aus dem MINT-Bereich, um dann bestenfalls gemeinsame Teams zu bilden. Doch leider ist gerade der deutsche Ingenieursnachswuchs gründungsskeptischer geworden als in der Vergangenheit. Jungingenieure streben überwiegend zu den etablierten Marktführern und lassen sich von hohen Einstiegsgehältern motivieren. Hier ist ein Mentalitätswandel notwendig, wenn wieder mehr technologiegetriebene Gründungen in Deutschland enstehen sollen.

Denn steht dieses technische Know-how nicht zur Verfügung, bleibt oft nichts anderes übrig als erfolgreiche Geschäftsmodelle zu kopieren, wie es Rocket Internet zur Kunst erhoben hat. Oder aber Nullachtfünfzehn-Ideen auszubrüten, auf die eigentlich jeder Konsument ohne technisches Wissen kommen könnte – zum Beispiel einen Pizzadienst über das Internet zu organisieren, statt über das Telefon. Das ist schön und gut, aber das nächste Google kommt auf diese Weise nicht zustande. Und Chancen aus dem B2B-Bereich kann man auf diese Weise ebenso wenig nutzen, denn dazu fehlt die konkrete technische Erfahrung aus der Praxis. SAP wurde von IT-Experten gegründet, die sich ihr spezifisches Fachwissen über ERP-Systeme als IBM-Berater angeeignet hatten. Ohne diese spezifische Berufserfahrung sind erfolgreiche Gründungen im B2B-Umfeld schwer zu realisieren.

Die Lösung dieses Problems muss man glücklicherweise in Deutschland nicht eigens erfinden, man kann sie zum Beispiel beim MIT und anderen Top-Universitäten abgucken. Die angegliederte Business School, die MIT Sloan School of

Management, bringt Ingenieure und Ökonomen schon während des Studiums gezielt zusammen und organisiert Ausgründungen mit beträchtlichen Erfolgen in den letzten Jahrzenten. So werden am MIT mit rund 13 Ausgründungen pro 100 Professoren mehr als dreimal so viele Unternehmen je Professor gegründet als in Berlin, dem deutschen Startup-Mekka (McKinsey, Berlin gründet). Die staatlichen Hochschulen mit ihren verbeamteten Lehrstuhlinhabern, für die solche Kooperationen zunächst einmal zusätzliche Arbeit bedeuten, sind auch heute noch überwiegend weit davon entfernt ein Motor erfolgreicher Gründungen zu sein. Dadurch geht in Deutschland viel Potential für erfolgreiche Gründungen verloren.

3   Konzerne und etablierte Unternehmen

Gerade die Konzerne und etablierten Unternehmen stehen durch die Digitalisierung vor den größten Herausforderungen. Wenn es weiterhin nur schleppend gelingt, die angestammten Geschäftsmodelle in das digitale Zeitalter zu transformieren, werden sie unter den gleichen Existenzdruck geraten, der etwa die analoge Fotoindustrie, die Musikindustrie, das Taxigewerbe und den Versandhandel schon getroffen hat. Aber gerade deutsche Unternehmen tun sich extrem schwer damit, sich selbst neu zu erfinden und eigene digitale Produkte zu entwickeln, die das angestammte Geschäft zwischenzeitlich kannibalisieren könnten. Lieber starrt man wie das Kaninchen auf die Schlange – bis es zu spät ist. Viele deutsche Top-Manager bewundern die Innovationskraft amerikanischer Startups und würden gerne selbst ein wenig Innovationsdynamik ins eigene Unternehmen transplantieren, aber ironischerweise schließen die Einkaufs- und Compliance-Regeln dieser Unternehmen meist kategorisch aus mit jungen Unternehmen zusammenzuarbeiten. Denn aufgrund des durch Venture Capital ermöglichten schnellen Wachstums gehen in den ersten Jahren Marktanteile vor Profitabilität der Startups. Das ist ein notwendiger Teil der Strategie, den alle amerikanischen High-Tech-Startups durchlaufen mussten. Aber mit Lieferanten zu arbeiten, die möglicherweise noch rote Zahlen schreiben oder eine geringe Eigenkapitalquote vorweisen und mit denen man naturgemäß als Kunde oder Partner ein gewisses Risiko eingeht, kommt für deutsche Großuntern-hemen nur äußerst selten in Frage. Es gilt die alte Manager-Weisheit: „No one ever got fired for hiring IBM". Hätte der erste Kunde von SAP, die Imperial Chemical Industries, schon diese rigiden und Startup-diskriminierenden Einkaufs-Regeln befolgt, gäbe es SAP heute wohl nicht.

4   Die deutsche Investorenszene

Die sogenannten strategischen (bzw. unternehmensnahen) Investoren spielen in der überschaubaren Risikokapitalszene Deutschlands eine wichtige, aber leider selten erfolgreiche Rolle. Es werden in Summe recht wenige Startups finanziert, die Finanzierungsrunden sind extrem bürokratisch und für die Gründer enervierend und zeitaufwendig. Dabei sind die Summen, die letztlich investiert werden viel zu klein, als dass man damit globale Marktführer nach Vorbild der amerikanischen Startups produzieren könnte. Ein nachvollziehbarer Know-how-Transfer zurück in das Mutterunternehmen kommt ebenfalls nur selten zustande, so dass sich die Frage stellt, warum sich diese Konzerne überhaupt mit Startups beschäftigen, wenn die eingesetzten Mittel von vornherein gemessen am Business Plan nicht ausreichen können. Es drängt sich der Eindruck auf, dass bei einer Reihe dieser strategischen Investoren Marketingaspekte und Investor Relations für die Mutterunternehmen wichtiger sind als ein nachhaltiges Interesse an den Gründungen.

Diese Lücke könnten Risikokapitalgeber wie Business Angels und Venture-Capital-Firmen schließen. Diese Form der Unternehmensfinazierung hat in Deutschland leider keine lange Tradition und ist erst in den letzten Jahrzenten aus den USA übernommen worden. Sie ist insbesondere für High-Tech-Gründungen unumgänglich, denn es geht darum in seinem Segment in kurzer Zeit zu den Marktführern zu zählen, wenn man nachhaltig Erfolg haben will – und das ist die Voraussetzung für einen lukrativen Exit. Für die erste Phase der Gründung, die Seed-Phase, ist mittlerweile mehr Kapital verfügbar. In der Wachstumsphase, in der Finanzierungsrunden über drei Mio. Euro benötigt werden, sieht es dagegen deutlich schlechter aus.

Insgesamt ist die Zahl der Investitionen durch Risikokapitalfirmen in Deutschland im Verhältnis zu den USA immer noch sehr gering und das jeweils investierte Kapital zu bescheiden, um globale Marktführer zu produzieren. Auch die Risikobereitschaft hiesiger Venture Capitalists ist deutlich geringer als bei den amerikanischen Vorbildern. Laut BITKOM wurden 2013 in Deutschland nur 254,8 Mio. Euro in Startups im Bereich IT und Internet investiert – in den USA hingegen waren es 14 Milliarden Euro. Mit diesen „kleinen Tickets" können allenfalls attraktive Übernahmekandidaten für ausländische Marktführer produziert werden. Das ist aus Sicht der Akteure legitim und nicht zu kritisieren, aber so entsteht kein digitales Ökosystem mit echter Wertschöpfungstiefe in Deutschland.

Solange der Markt für Risikokapital in Deutschland so ist wie er ist müssen Gründer genau überlegen, ob sie viel Zeit in die Suche nach Kapital in Deutschland investieren wollen, um dann meist zu kleine Finanzierungsrunden abzuschließen und aufgrund schlechter Bewertungen überproportional viele Anteile schon in den frühen Phasen der Unternehmensentwicklung abzugeben. In bestimmten Fällen können zumindest die ersten Schritte mit anderen Finanzierungsmodellen bestritten werden. Mit einem „Launching Customer" zu gründen, also einem Startkunden, der mit seiner Projektfinanzierung einen großen Teil der Produktentwicklung des Startups finanziert, bringt viele Vorteile im Verhältnis zu einer Risikokapitalfinanzierung mit sich. Die Gründer konzentrieren sich vom Tag eins an nur auf die Bedürfnisse echter Kunden und sie verlieren keine Anteile. Es ist vielleicht kein Zufall, dass SAP aber auch viele weniger bekannte aber erfolgreiche Unternehmen genau so entstanden sind. So einen „Launching Customer" findet man allerdings häufiger im B2B- als im B2C-Umfeld und daher ist die Methode keine Pauschallösung für alle digitalen Unternehmensgründungen.

5   Die öffentliche Hand

Es mangelt nicht an Programmen der öffentlichen Hand. Ein Sammelsurium an Förderprogrammen stellt potentielle Gründer vor die Aufgabe, aus konkurrierenden Angeboten ein passendes herauszusuchen und sich dann durch einen zeitraubenden, bürokratischen Dschungel zu kämpfen. Dabei stehen Aufwand und Nutzen bei den meisten Programmen in keinem vernünftigen Verhältnis – mit der Folge, dass die meisten erfolgreichen Gründungen einen Bogen um diese Programme machen. Hier fehlt eine ordnende Hand, die die Förderprogramme aufeinander abstimmt und für Gründer attraktiv macht.

Betrachtet man die Orte in der Welt, an denen regelrechte Startup-Hubs entstanden sind, so stellt man fest, dass der Staat als koordinierender Faktor dort eine wichtige Rolle gespielt hat. Die indische Software-Industrie in Bangalore ist eine Folge staatlicher Planung und Koordination von der Infrastruktur bis hin zu den Universitäten, die gezielt den Bedarf an Informatikern ausbilden. Die chinesische Software-Industrie in Shanghai wäre ohne die besonderen Bedingungen der Sonderwirtschaftszone so nicht entstanden. Allein im Jahre 2011 wurden drei sehr erfolgreiche staatliche Programme in internationalen Startup-Hubs aufgelegt: Tel Aviv Startup City, NYC-Digital und East-London-Tech-City. Alle drei Standorte können schon jetzt gute Erfolge vorweisen.

Durch weiteres Abwarten oder halbherzige Versuche wie die „Digitale Agenda" der gegenwärtigen Bundesregierung, die die Themen zwar richtig benennt, aber kein Aktionsprogramm auflegt, kommen wir also nicht voran – das haben wir in den letzten fünfzehn Jahren zu Genüge erlebt. Aber Deutschland könnte sich auch in der digitalen Wirtschaft an die Spitze setzen, wenn dieses Ziel als gesellschaftliche Aufgabe definiert würde.

Schon mit einigen konkreten Schritten könnte sich viel ändern. Etablierte Unternehmen könnten sich als Kunden und Partner von jungen Unternhemen aufstellen, wenn sie ihre eigenen Einkaufsregeln ändern würden. Der Netzausbau hin zu flächendeckendem Hochgeschwindigkeitsinternet bedürfte eines Investitionsprogramms in Höhe von schätzungsweise zehn bis fünfzehn Mrd. Euro. Wenn diese Investitionen nicht wieder ausschließlich an ein Konsortium von Großunternehmen, sondern zu einem geringen Teil auch an junge Technologieunternehmen vergeben würden, käme das einem Wachstumsprogramm für europäische Startups gleich. Die Bundesländer müssten Ihre Hochschulen zu Gründungslaboren aus- und umbauen. Mittelfristig würden sich Ausgründungen, an denen die Hochschulen wie in den USA als Gesellschafter beteiligt wären, durch die Mittelrückflüsse sogar für die Universitäten und damit für die Bundesländer lohnen.

Es ist noch nicht zu spät das Ruder in Deutschland herumzureissen und eine starke heimische Digitalindustrie aufzubauen, denn viele Beispiele beweisen, dass in der digitalen Revolution die Gewinner von heute die Verlierer von morgen sein können. Vielleicht wird gerade in diesem Moment der nächste deutsche Weltmarktführer der digitalen Wirtschaft gegründet.

Marco Zingler, Geschäftsführer, Denkwerk GmbH, Köln

Digitale Souveränität ist möglich

Deutsche (Sicherheits-) Industrie zeigt Wege bei Technik und Organisation auf

Michael von Foerster

Die deutsche und europäische Diskussion um eine eigene digitale Souveränität spiegelt das wachsende Unbehagen in der Wirtschaft, der Politik und bei den Bürgern wider, das die Vormachtstellung US-amerikanischer oder chinesischer IT- und Onlineunternehmen auslöst. Dabei treffen zum einen völlig unterschiedliche Auffassungen über den Umgang mit persönlichen Daten aufeinander. Zum anderen sind aber auch handfeste wirtschaftliche Interessen betroffen, wenn es beispielsweise in der Industrie 4.0 um die Sicherheit von Informationen sowie um den digitalen Schutz von Maschinen als auch die (kritische) (IT-) Infrastruktur geht. Die gesellschafts-politische Diskussion um eine digitale Agenda beschert Deutschland nun auch in wirtschaftspolitischer Hinsicht eine Diskussion, die bei Facebook, Google oder Amazon im privaten Bereich seit langem stattfindet: es gilt die großen Potentiale der Digitalisierung mit den gleichzeitigen Risiken abzugleichen. Wie bei einer Medizin gibt es bei einer neuen Technologie immer zwei Seiten: komfortables Onlineshopping und eine effiziente Steuerung von Maschinen einerseits sind schön, aber will man den Preis dafür zahlen? Beziehungsweise was ist der Preis? Zunehmende Angst vor Cyberangriffen auf die digitale Infrastruktur in der Industrie 4.0 oder vor Missbrauch der gesammelten persönlichen Daten im privaten Bereich sowie die Unkenntnis, wer diese Informationen jeweils lesen und nutzen kann, sind die bekanntesten Beispiele für die Risiken, die die Digitalisierung in allen Lebensbereichen mit sich bringt. 2013 zitiert beispielsweise die FAZ den damaligen Innenstaatssekretär Klaus-Dieter Fritsche mit den Worten: „Spionage in Deutschland findet auf allen Ebenen statt, insbesondere zu Lasten der deutschen Wirtschaft. Gerade der hochinnovative Mittelstand ist hier akut bedroht". Die Unternehmensberatung PricewaterhouseCoopers geht in einer Studie davon aus, das in Europa die Zahl erkannter Cyberangriffe um 41 Prozent im Vergleich zu 2013 gestiegen ist. Und auch hier wiederholt sich derzeit in der Bekämpfung bzw. Eindämmung der Risiken das Verhältnis zwischen Anbieter und Nutzer. Nicht nur das die Anbieter der Digitalisierung aus den USA oder Asien kommen, auch die Lösungen für sichere IT kommen oft von dort. Hinzu kommt, dass selbst die Geheimdienste westlicher Verbündeter nicht davor zurückschrecken, ihre Technologie auch zur Wirtschaftsspionage einzusetzen.

Daher ist die Frage nach der digitalen Souveränität durchaus berechtigt. Ist Deutschland und/oder Europa in der Lage, eine eigene digitale Wirtschaft aufzubauen, um die großen Zukunftsthemen, Industrie 4.0 und das „Internet of Things and Services (IoTS) von Deutschland aus gestalten und die Märkte mit innovativen Systemlösungen beliefern zu können?

Mit dieser Fragestellung beschäftigt sich der nachfolgende Beitrag, der aufzeigt, dass die Frage nach der digitalen Souveränität durchaus mit „Ja" beantwortet werden kann. Die vorliegende Darstellung ist dabei keine Software-Thematik sondern zeigt anhand der Möglichkeiten IP-basierter Kommunikation auf, wie eine Technologie genutzt und geschützt werden kann, um neue Produkte und Dienstleistungen anbieten zu können, die dem Kunden deutlichen funktionalen Mehrwert stiften und gleichzeitig hohen Sicherheitsanforderungen genügen. Dazu werden bereits in der Entwicklung IP-basierter Lösungen mögliche Gefahren von Anfang an „mitgedacht" und durch präzise abgestimmte Schutzmechanismen so adressiert, dass die Restrisiken akzeptabel bleiben und so die Vorteile der IP-Technologie voll zum Tragen kommen. Denn das Thema Digitalisierung bietet Chancen, die nicht von der einseitigen Fokussierung auf berechtigte Aspekte der Sicherheit überlagert werden sollten.

1   IP-Netzwerke – Chancen und Möglichkeiten

In absehbarer Zeit wird das analoge Telefon verschwinden. British Telekom hat diesen Wandel bereits weitgehend vollzogen, und das Voice Communications Exchange Committee hat sich schon 2012 sehr genau festgelegt: Am 15. Juni 2018 sollen nach dessen Vorstellungen weltweit alle Telefonanschlüsse auf IP umgestellt sein. Dieser Tag wird, wenn es denn dazu kommt, das Ende eines gewaltigen Umwälzungsprozesses markieren, in dem ehemalige Marktführer untergingen und neue Anbieter nach oben gespült wurden.

Auch in der Sicherheitstechnik wird von Tag zu Tag deutlicher erkennbar, dass auch dieser Markt sich immer stärker der Vernetzung mit Ethernet und IP zuwendet. In der Videoüberwachung sind IP-basierte Lösungen mit digitalen Kameras heute praktisch Standard. Und wenngleich heute Brandmelder und Kartenleser in der Regel nicht über einen Netzwerkanschluss verfügen, wird doch die Infrastruktur dahinter zunehmend auf IP umgestellt. So kommunizieren Zentralen immer häufiger über Ethernet und IP untereinander oder mit dem übergeordneten Managementsystem. Auch die Aufschaltung auf interne wie externe Leitstellen erfolgt über IP-basierte Netze wie das Internet oder private, vom öffentlichen Internet abgekoppelte Sicherheitsnetzwerke, die sensible Daten auch in größerer Menge transportieren können. Solche IP-basierte Lösungen sind beispielsweise vom Verband der Schadenverhütung VdS zugelassen.

Natürlich ist die zunehmende Vernetzung in der Sicherheitstechnik kein Selbstzweck. Hier einige der Versprechen, die sie im Gepäck hat:

- Vereinfachung
- Effizienz- und Zeitgewinn
- Höhere Zuverlässigkeit
- Systemoptimierung.

2 Vereinfachung

Die Verwendung weltweit standardisierter Übertragungsmedien und Protokolle vereinfacht ganz erheblich die Kommunikation zwischen mehreren Systemen, seien es nun zwei Brandmeldezentralen oder eine Überwachungskamera und eine Leitstelle. Inkompatible und proprietäre Lösungen benötigen hierfür eine Vielzahl von Umsetzern und Protokollkonvertern, so dass eine systemweite Kommunikation extrem komplex wird. Der Einsatz von Ethernet und IP gewährleistet dagegen nicht nur die effiziente Kommunikation zwischen Sicherheitssystemen. Er ermöglicht auch die Integration von Komponenten der Gebäudetechnik wie etwa HVAC-Systemen (Heating, Ventilation, Air Conditioning) oder gar mit der Lichttechnik und der Jalousien-Steuerung. Hinzu kommt, dass bestehende Datennetze für die Sicherheitsanwendungen genutzt werden können und der Betreiber nicht mehr zwei völlig getrennte Netze unterhalten muss. Diese Reduktion der Komplexität und die damit verbundene Konzentration der Infrastruktur-Expertise auf nur eine Organisation innerhalb des Unternehmens, kann die Betriebskosten erheblich reduzieren.

3   Effizienz- und Zeitgewinn

Eine fast zwangsläufige Folge der Vereinfachung sind die Effizienzgewinne. So ermöglichen beispielsweise vernetzte Zutrittskontrollsysteme in einer Firmenzentrale und den dazugehörenden Niederlassungen ein einheitliches und zentrales Berechtigungs- und Kartenmanagement. Gleichzeitig können die Stammdaten der Zutrittskontrolle einfach und sicher mit HR-Systemen, wie etwa SAP, abgeglichen werden. Über geeignete Schnittstellen können auch die Zugangsrechte zur physischen und zur DV-Welt sehr effizient zentral verwaltet werden.

In der Videoüberwachung ist die IP-Technologie eine wichtige Voraussetzung für die Speicherung auf verteilten digitalen Videorecordern und die Echtzeitübertragung von Videobildern in HD-Qualität. Zudem ermöglicht die Digitalisierung eine lokale Videoanalyse in der Kamera, so dass Videodaten nur noch bei bestimmten, vordefinierten Ereignissen an die Leitstelle übertragen werden, um die Mitarbeiter dort erheblich zu entlasten. Eine gemeinsame technologische Basis ermöglicht auch die Korrelation von Ereignissen aus unterschiedlichen Systemen. So können Videokameras über ein zentrales Managementsystem automatisch und praktisch in Echtzeit genutzt werden, um einen Feueralarm zu verifizieren oder einen vom Einbruchmeldesystem gemeldeten Eindringling zu verfolgen.

Effizienzgewinne versprechen vernetzte Systeme auch dort, wo man nicht unbedingt zuerst danach suchen würde. So ist es unter Compliance-Geschichtspunkten zunehmend wünschenswert, wenn nicht erforderlich, eine zentrale Aufzeichnung aller sicherheitsrelevanten Ereignisse mit entsprechenden Berichtsmöglichkeiten zu realisieren. Damit kann durch vernetzte Systeme die für Audits benötigte Zeit ganz erheblich reduziert werden.

4   Höhere Zuverlässigkeit

omplexität ist der natürliche Feind der Zuverlässigkeit. Die Reduktion der Komplexität durch den Einsatz von Standardtechnologien reduziert auch die Zahl von potentiellen Fehlerquellen und vereinfacht zudem die schnelle Beseitigung von Störungen. Zwar wurde das IP-Protokoll ursprünglich als Best-Effort-Mechanismus ohne garantierte Dienstgüte entwickelt – was übrigens der Hauptgrund für die anfängliche Skepsis gegenüber der IP-Telefonie war – doch die ständige Weiterentwicklung hat daraus ein sehr robustes Protokoll gemacht. Zudem ist es mit Ethernet und IP möglich, relativ kostengünstig redundante und damit ausfallsichere Infrastrukturen zu implementieren. Das Internet ist das beste Beispiel dafür, aber auch innerhalb einzelner Standorte werden für besonders kritische IT-Anwendungen seit langem redundante IP-Netze eingesetzt.

Ein weiterer Vorteil IP-vernetzter Lösungen ist die einfache Möglichkeit der Datenverschlüsselung und -authentifizierung. So können die Daten der Sicherheitssysteme abhör- und vor allem manipulationssicher übertragen und gespeichert werden. Entsprechende Technologien sind mittlerweile ausgereift und kostengünstig zu implementieren.

5   Systemoptimierung

Eine große Herausforderung für viele Betreiber ist die individuelle Anpassung der Sicherheitssysteme an sich stetig verändernde Anforderungen. Monolithische Systeme sind hier wie der sprichwörtliche Großtanker auf hoher See, während vernetzte Systeme einen sehr modularen Aufbau von Sicherheitslösungen ermöglichen. Die einfache Skalierbarkeit solcher Lösungen erhöht nicht nur die Flexibilität etwa bei Nutzungsänderungen oder Erweiterungen, sondern schützt auch die ursprünglichen Investitionen.

Zudem lassen vernetzte Systeme sich über ein zentrales Managementsystem betreiben, auch wenn sie, wie etwa in Filialbetrieben, räumlich getrennt sind. Dabei ermöglicht etwa ein Gebäudemanagement-System (Building Integration System (BIS) von Bosch), Brand- und Einbruchmeldeanlagen, Zutrittskontrolle, Sprachevakuierung und Videoüberwachung auf einem zentralen Bedienplatz zusammenzuführen, wo sie von wenigen geschulten Mitarbeitern in vollem Umfang bedient werden können. Ein solches integriertes Systemdesign spart nicht nur Betriebskosten, sondern erhöht durch die Möglichkeit eines automatisierten und konzertierten Vorgehens im Alarmfall auch die Sicherheit. So kann etwa im Brandfall die Anzeige auf dem BIS mit allen Informationen erfolgen, die zu diesem Alarm gehören, etwa Lagepläne oder festgelegte Maßnahmenpläne. Zusätzlich können beispielsweise Schranken an den Zufahrten angesteuert werden, um Einsatzkräften den ungehinderten Zugang zu ermöglichen. Automatisch übertragene Videoaufnahmen geben gleichzeitig ein exaktes Bild des Vorfalls.

Und das nicht mehr nur in der Leitstelle. Ein weiterer Vorteil der Vernetzung ist, dass Sicherheitsanwendungen jetzt auch auf mobilen Systemen wie Smartphones oder Tablets genutzt werden können. So wird dem Sicherheitspersonal oder den Einsatzkräften im Alarmfall schon bei der Anfahrt ein klares Bild von der Situation vermittelt. Möglich wird dies durch das dynamische Transcoding von Bosch. Diese neue Technologie unterstützt die Übertragung von Videos über Verbindungen mit geringer und schwankender Bandbreite, wie sie für Mobilfunknetze typisch sind. Dabei wird die verfügbare Bandbreite laufend gemessen und das Video automatisch so weit komprimiert, dass es in Echtzeit übertragen werden kann. Wird am mobilen Gerät der Pausenmodus aktiviert, wird das gerade angezeigte Bild in voller HD-Qualität übertragen, um auch die Details sichtbar zu machen.

6 Sicherheit und die Cloud

Die Vernetzung von Sicherheitssystemen mit Ethernet und IP ermöglicht aber auch völlig neue Anwendungen und Geschäftsmodelle wie etwa cloudbasierte Dienste. Beispielsweise einen Cloud-Service für die Videoüberwachung kleiner und mittlerer Betriebe, der sich darüber hinaus auch für den Einsatz an abgelegenen Standorten etwa von Solaranlagen oder an Baustellen eignet. Dabei werden am zu überwachenden Standort die benötigten IP-Kameras installiert und über das IP-Netzwerk an die Security Cloud in der nach EN 50518 zertifizierten Bosch Sicherheitsleitstelle angebunden. Mitarbeiter dieser Leitstelle haben bei Bedarf rund um die Uhr Zugriff auf Livebilder und aufgenommene Videos und können über einen vor Ort installierten Lautsprecher aktiv eingreifen, wenn die Kameras einen Eindringling registriert haben. Über eine Smartphone App hat aber auch der Geschäftsführer oder der Sicherheitsverantwortliche im Unternehmen jederzeit die Möglichkeit, sich auf die Videokameras aufzuschalten und live seinen Standort zu inspizieren.

Auch Remote Services wie etwa Ferndiagnose, Fernparametrierung oder Inbetriebnahme lassen sich über IP-Netze wesentlich effizienter durchführen als über das Telefonnetz. Bei der Ferndiagnose und -Parametrierung ist der Einsatz eines Technikers vor Ort häufig nicht mehr nötig. So können bei Systemstörungen in etwa zwei Drittel aller Fälle bereits aus der Ferne die Ursachen ermittelt und Fehler direkt behoben werden. Falls die Fehlerbehebung so nicht möglich ist, liefern die ermittelten Informationen den Servicetechnikern wertvolle Unterstützung, um sich auf den Einsatz vor Ort optimal vorzubereiten. Ein permanentes Condition Monitoring, also die Überwachung des Zustandes des Systems und seiner Komponenten, ermöglicht darüber hinaus eine vorbeugende Wartung und die bessere Planbarkeit von Serviceterminen. So schonen Lösungen zur Fernwartung, Ressourcen (Bosch-Lösung: EffiLink) und verbessern gleichzeitig die Reaktionszeit, so dass die Kundensysteme schneller wieder verfügbar sind.

7   IP Netzwerke absichern

Betreibt man die Sicherheitstechnik über eine IT-Infrastruktur oder gar in der Cloud, muss man sich zwingend auch mit den Fragen des Datenschutzes und der Informationssicherheit beschäftigen.

Der Datenschutz spielt vor allem bei der Videoüberwachung und der Zutritts-kontrolle eine Rolle, weil hier personenbezogene Daten anfallen bzw. verarbeitet werden. Bosch stattet daher seine IP-Kameras mit einem Smartcard Chip aus, wie er auch bei Kreditkarten verwendet wird. Dieser identifiziert die Kamera unverwechselbar und speichert kryptographische Schlüssel auslesegeschützt und manipulationssicher ab. Zudem verschlüsseln die Kameras Video-, Audio-, Meta- und Kontroll-Daten. So lassen sie sich auch in offenen IP-Netzen sicher betreiben. Über das Netz zugängliche Bildspeicher und die Datenbanken der Zutrittskontrolle müssen zudem natürlich über in der IT-Welt gängige Sicherheitsmechanismen gegen unbefugte Zugriffe abgesichert werden. Bei Cloud-Angeboten ist es darüber hinaus wichtig, dass der Anbieter durch interne Regelwerke die Einhaltung gesetzlicher Anforderungen zu Datenschutz und Informationssicherheit gewährleistet. Zudem muss der Zugriff auf sicherheitsrelevante bzw. personenbezogene Daten nachweislich restriktiv gehandhabt und regelmäßig kontrolliert werden.

Neben dem Datenschutz spielt auch die Informationssicherheit in IP-Netzen eine entscheidende Rolle. Daten aus der Videoüberwachung oder der Brandmeldeanlage sind kritisch; sie dürfen weder in falsche Hände gelangen noch der Gefahr der Mani-pulation ausgesetzt werden. In manchen besonders kritischen Umgebungen kommt es daher vor, dass für die Sicherheitstechnik zwar IP-Technologien eingesetzt, aber trotzdem separate Netze aufgebaut werden. Der leitende Gedanke ist dabei, dass die Trennung von Sicherheits- und Datennetz einen erheblichen Sicherheitsgewinn bringt und auch der Performance beider Netze zugutekommt. Natürlich verliert man dabei aber einen der wesentlichen Vorteile vernetzter Sicherheitssysteme, nämlich die Nutzung eines ohnehin vorhandenen Netzes. In der Regel wird die Trennung daher durch den Aufbau virtueller Netze (VLANs) innerhalb nur einer physischen Infrastruktur realisiert.

Der logische Zugang zu dieser Infrastruktur wird dann mit etablierten krypto-graphischen Protokollen abgesichert. So lassen sich über IEEE 802.1X auf der Ebene von Ethernet-Ports einzelne Geräte authentifizieren. Damit kann ausgeschlossen werden, dass jemand an einem zugänglichen Port ein nicht zugelassenes Gerät in das Netzwerk integriert, etwa indem er den Netzwerkanschluss einer Videokamera im Außenbereich „anzapft".

Unbefugtes Abhören und Manipulieren von Daten lässt sich auf Netzwerkebene zudem recht einfach über standardisierte Protokolle wie TLS oder IPSec verhindern.

Auch bei der Absicherung der zentralen Server für das Managementsystem und der Netzwerk-Infrastruktur verlässt sich der Sicherheitsverantwortliche am besten auf das ohnehin vorhandene Know-how in der IT-Abteilung. Besonderes Augenmerk verdienen dabei Maßnahmen gegen sogenannte Denial of Service (DoS)-Attacken, die darauf abzielen, Server durch eine Flut von Anfragen zu überlasten, so dass sie ihre Aufgaben nicht mehr erfüllen können.

8 IP-Sicherheit als Konzernaufgabe

Die beschriebenen Chancen des Einsatzes von vernetzter Technologie bieten sich in einem breit aufgestellten Konzern wie der Bosch-Gruppe nicht nur einzelnen Geschäftsbereichen wie der Sicherheitstechnik, der Heizungstechnik oder dem Bereich Automotive. Deshalb ist man hier Anfang 2014 einen Schritt weitergegangen und hat das Thema IoT und Vernetzung zum übergeordneten Konzernthema gemacht und damit auch das Thema Sicherheit dieser Netzwerke. Und es ist dabei nicht bei Ankündigungen geblieben, sondern wurde auf zwei Ebenen organisatorisch konsequent umgesetzt. Zum einen durch die Verankerung von entsprechendem Know-how im Unternehmen, beispielsweise durch Zukauf der Firma escrypt, einem Spezialisten für die Absicherung eingebetteter Systeme, zum anderen mit der Vernetzung und Bündelung interner Experten in den Bosch-Geschäftsbereichen. Diese prüfen bereits am Anfang der Produktentwicklung, welche Informationssicherheitsrisiken für das Produkt existieren und wie man diesen begegnen kann. Sie berichten wiederum an eine zentrale Steuerungsstelle, so dass das Thema im gesamten Unternehmen verankert ist und Erfahrungen einzelner Geschäftsbereiche für das gesamte Unternehmen nutzbar gemacht werden können. Der Fokus liegt dabei weniger darauf, jede konkrete Sicherheitslösung selbst zu entwickeln, sondern Risiken für das eigene Produktportfolio genau zu verstehen und ihnen mit geeigneten Lösungen – ggf. auch von Drittanbietern – optimal zu begegnen. Lösungsalternativen beurteilen und die beste Lösung auswählen zu können ist wiederum nur möglich, wenn entsprechendes Know-how im Unternehmen vorhanden ist.

Der Umgang mit dem Thema „Vernetzung" und „Sicherheit" im eigenen Unternehmen ist somit ein weiterer Beleg dafür, wie man digitale Souveränität leben kann: Herausforderungen neuer Technologien annehmen und sich entsprechend technisch und organisatorisch darauf ausrichten. Dies setzt allerdings voraus, dass ein Unternehmen die Herausforderungen, vor denen es steht, erkennt und akzeptiert.

9   Digitale Souveränität muss Politik beschleunigen

Bleibt die Frage, welche Rolle die Politik hinsichtlich einer digitalen Souveränität spielt, da sie das Thema ja auch auf ihrer Agenda hat, sowohl national wie auf Ebene der EU, hier unter dem Stichwort „Digital Single Market". In Deutschland kommt dabei zum tragen, dass die Sicherheitsindustrie als strategische Wachstumsindustrie betrachtet wird, und sie sich daher einer gewissen Aufmerksamkeit und Unterstützung sicher sein kann. Dies spiegelt sich unter anderem in der „Digitalen Agenda" der Bundesregierung wieder. Die hier vorgeschlagenen Maßnahmen zielen sowohl auf das Thema „Sicherheit" ab als auch darauf, die Wertschöpfung der digitalen Möglichkeiten in Deutschland zu halten. Zum anderen aber soll dem Thema Cybersicherheit mit einem IT-Sicherheitsgesetz (ITSiG) und einer Meldepflicht für Cyberangriffe begegnet werden. Ein entsprechender Gesetzentwurf wurde zu Ende 2014, am 17.12. verabschiedet. Diesem steht die Wirtschaft aus Gründen zusätzlicher Bürokratie und potentiell fehlender internationaler Ausrichtung jedoch kritisch gegenüber. Gesetzesinitiativen wie die Meldepflicht von IT-Attacken sind zwar ein Weg, auf die Bedrohung der digitalen Sicherheit zu reagieren. Hierbei stehen allerdings alle Beteiligten erst am Anfang, müssen erst Erfahrungen gesammelt werden, um festzustellen, ob dies ein geeigneter Schutzmechanismus ist. Weiterhin sollte eine gesetzliche Regelung nicht nur auf eine Meldepflicht hinauslaufen, sondern Informationen auch umgekehrt fließen, wie es der BDI in einer Stellungnahme zum ITSiG-Entwurf vom November 2014 fordert.

Über die den dargestellten verfügbaren technischen Sicherheitslösungen hinaus ist gerade die Diskussion um das IT-Sicherheitsgesetz aber auch ein gutes Beispiel für die Lösungskompetenz der heimischen Industrie. Interessant sind nämlich nicht nur die Gründe zur Ablehnung des bisherigen Gesetzentwurfs sondern auch die Gegenvorschläge, etwa eben der Ausbau einer nationalen IT-Sicherheitsindustrie auf Anbieterseite, der Aufbau eines Meldeportals, das die bereits jetzt schon (freiwillig) gemeldeten Vorfälle zentralisieren würde und die stärkere Einbindung existierender freiwilliger Initiativen wie die „Allianz für Cybersicherheit" des BSI. Hier bietet die Industrie der Politik ihre vorhandenen Kapazitäten an, die durch eine sinnvolle Verbindung und Förderung dem Ziel „vor Cyberattacken besser geschützt zu sein" deutlich näherkommt. Und dass der Teilaspekt „Schutz der digitalen Lösungen" innerhalb des Gesamtthemas „Digitale Souveränität" ein wesentlicher Bestandteil ist, darüber dürfte Einigkeit bestehen.

Neben der Diskussion um die Ausgestaltung nationaler gesetzlicher Regelungen ist daher ein anderer Schritt umso dringender, nämlich die Schaffung von IT-Standards, die in der „Digitalen Agenda" und vom BDI auch angesprochen werden. Es macht wenig Sinn, von den Betreibern großer Netzwerke oder kritischer

Infrastrukturen bestimmte Sicherheitsleistungen zu fordern, ihre Zulieferer aber keiner ebensolchen Standardisierung zu unterwerfen. Der Zulieferer als solcher, also Anbieter von „Software as a Service" (SaaS) und „Hardware as a Service, muss daher auch ein „Sicherer" sein und ebenso seine Produkte und Lösungen! Dies insbesondere auch deswegen, weil diese Anbieter in der Regel ein internationales Geschäft betreiben. Zudem werden die IT-Standards dringend erwartet, um auch die Wirtschaft (insbesondere KMUs) und die öffentliche Hand in die Lage zu versetzen, die Sicherheitsqualität von Produkten beurteilen zu können; auch eine Form digitaler Souveränität. Nur so kann langfristig Vertrauen in die IT-Sicherheit zurückgewonnen werden. Dabei sollten diese Standards allerdings mit denen von internationalen Standrads harmonisieren, da im Bereich Sicherheit reine nationale Insellösungen als problematisch betrachtet werden (BDI-Papier zum ITSiG-Entwurf).

Neben den Fragen des „wie" – Gesetze, Standrads etc. – tritt aber noch ein ganz anderer und wesentlicherer Aspekt: der der Zeit. Die digitale Wirtschaft denkt und handelt in deutlich kürzeren Zeiträumen als die traditionelle Wirtschaft und vor allem die Politik. Daher kann eine Publikation zum Thema Digitale Souveränität in Deutschland nicht umhin, hier eindeutig mehr Tempo zu fordern. Die in den Positionspapieren und Gesetzesentwürfen enthaltenen, großenteils richtigen Maßnahmen müssen deshalb jetzt umgesetzt werden. Google & Co werden keine Rücksicht auf das bisherige Tempo politischer Entscheidungen in Deutschland nehmen.

Michael von Foerster, Hauptgeschäftsführer des VDR, ehemals Director Government & Public Affairs (ST/SAG), Bosch Sicherheitssysteme GmbH, Berlin

IV
Gesellschaftliche Ebene

Das digitale Bauchgefühl

Lena-Sophie Müller

1 Einleitung

These: Noch fehlt uns ein „digitales Bauchgefühl", die Umsicht, die uns im Alltag vor Dummheiten schützt.

Auch wenn es noch so verlockend ist: Solange wir bei klarem Verstand sind springen wir nicht in unbekanntes Wasser und essen keine Beeren von Sträuchern die uns nicht als ungiftig bekannt sind. Erfahrung und das oft zitierte „Bauchgefühl" warnen uns im Alltag vor Gefahren. Gleiches gilt für die Einschätzung von Situationen für andere, beispielsweise Kinder, Jugendliche oder ältere Angehörige. Im Internet fehlt diese Umsicht den meisten von uns. Obgleich der Anteil der Internetnutzer in der deutschen Bevölkerung in 2015 bei 78 Prozent liegt, sind doch nur rund 36 Prozent der Bevölkerung als digital souverän zu charakterisieren (Initiative D21 e. V., 2015, S. 55). NSA-Affäre, Cybermobbing und Datenhandel – auch hier mahnt die verbliebenen 64 Prozent der Deutschen der gesunde Menschenverstand, dass es an der Zeit wäre zu lernen, ebenso souverän durch die digitale Welt zu navigieren.

Wir stehen an einem gesellschaftlich-technologischen Wendepunkt. Die Digitalisierung ist Ursache der dynamischsten gesellschaftlichen Veränderung seit der industriellen Revolution im 19. Jahrhundert. Digitalisierung öffnet eine neue Ebene der Lebenswelt, die sich jedoch nicht nur online verorten lässt, sondern unsere Arbeitsweisen, Lebenswandel und Werte beeinflusst. Digitalisierung zwingt uns komplexer zu denken, da sie alle Lebensbereiche gleichzeitig erreicht und viele dieser Bereiche neu vernetzt. Die Regeln der digitalen Welt zu verstehen ist wichtig, denn die durch die Digitalisierung ausgelösten gesellschaftlichen Veränderungen sind bereits in vollem Gange. Der Umgang mit den Auswirkungen der Digitalisierung für Wirtschaft und Gesellschaft ist eine der großen Herausforderungen des 21. Jahrhunderts. Die Chancen die darin liegen sind ein Mehr an Informationen und

Wissen, ein Mehr an Kommunikation, ein Mehr an Mitsprache und Demokratie, ein Mehr an Transparenz, Effizienz und Wirtschaftsleistung.

Ob Deutschland von diesen Chancen profitieren kann, hängt maßgeblich vom Digitalisierungsgrad der Bevölkerung ab, insbesondere von ihrer digitalen Souveränität. Der Wirtschaftsstandort Deutschland braucht eine digital-kompetente und souveräne Gesellschaft um zukünftig erfolgreich zu sein, denn hier ist der Einzelne zugleich Konsument digitaler Güter, Nutzer digitaler Technologien und (Co-)Produzent neuer, datengetriebener Dienstleistungen und Produkte.

Auf der Kehrseite werden Menschen, die keinen Zugang zu Internet haben oder nicht damit umgehen können, zunehmend weniger am gesellschaftlichen Leben teilhaben können und schlechtere Karrierechancen haben. Digitale Souveränität wird strukturell durch das Bildungsniveau und die erworbene Medienkompetenz bestimmt. Für jüngere Menschen ist letztere fast schon eine Selbstverständlichkeit. Es ist aber festzustellen, dass die Medienkompetenz bereits ab dem 50sten Lebensjahr in Korrelation mit zunehmendem Lebensalter abnimmt – und dies betrifft in besonderem Maße Frauen.

Angesichts der fortschreitenden Digitalisierung aller gesellschaftlichen Lebensbereiche, der zunehmend mobilen Verfügbarkeit des Internets und nahezu all seiner Dienste und der damit einhergehender Möglichkeiten und Gefahren wird die Förderung digitaler Souveränität – im Sinne des selbstbestimmten Handelns der Bevölkerung im Netz – zu einem unumgänglichen Imperativ (IT-Planungsrat (Hrsg.), 2013, S. 34). Es müssen Maßnahmen umgesetzt werden, die nachhaltig sicherstellen, dass digitale gesellschaftliche Teilhabe keine Frage von Bildung, Alter, Wohnort, Einkommen und Geschlecht ist – sondern jedem offensteht. Um nachhaltige Wirkung zu erzielen, bedarf es für diese Aufgabe ein Zusammenwirken aller gesellschaftlicher Akteure – der Politik und Verwaltung für die notwendigen Rahmenbedingungen zum Beispiel durch Datenschutzvorgaben und standardisierte Verfahren, der Wirtschaft für entsprechende IT-Lösungen die auf allgemein akzeptierten Standards aufbauen, der Bildungsinstitutionen und Zivilgesellschaft für Aufklärung und Wissensvermittlung individueller Kompetenzen. Daneben steht aber auch der Einzelne als Bürger, Arbeitnehmer, als Verbraucher, als Elternteil in der Verantwortung des Aufbaus seiner eigenen digitalen Souveränität.

Trotz der gesamtgesellschaftlichen Aufgabe, wird hier intensiver die Ausgangssituation und die nötigen Veränderungen des Einzelnen hin zu einem digital souveränen Akteur in der Gesellschaft betrachtet. Was kann der Einzelne tun, um seine individuellen Fähigkeiten und sein digitales Bauchgefühl zu entwickeln? Und wie ist der souveräne Umgang mit dem Internet und neuen Medien am besten zu vermitteln? Diese Frage stellt insbesondere Eltern, Lehrer und Führungskräfte vor eine Herausforderung. Denn für die Generation Y und Z[1] ist das Internet zwar ein selbstverständlicher Teil ihrer Lebensrealität, nicht aber unbedingt der umsichtige Umgang damit.

2 Was ist das digitale Bauchgefühl? Was bedeutet digital souverän im Alltag?

Täglich treffen Menschen hunderte von Entscheidungen: Verhält man sich in einer Situation auf die eine oder auf die andere Weise? Rational kann man abwägen, sofern alle Konsequenzen und Wahrscheinlichkeiten bekannt sind. Besteht aber ein Informationsmangel oder -überfluss, ist die Zeit knapp oder die Situation neu und unbekannt, können wir Entscheidungen nicht rational treffen. Hier kommt einem das Bauchgefühl zur Hilfe. Es ermöglicht, basierend auf unserer Erfahrung und einfacher Heuristiken (Faustregeln), Entscheidungen intuitiv zu treffen. Für das souveräne Verhalten des Einzelnen in der digitalen Welt folgt daraus, dass wir entweder die notwendigen Informationen und das Wissen für rationale Entscheidungen benötigen, oder aber lernen müssen, unser Bauchgefühl – wie in der analogen Welt – auch in der digitalen Welt sicher einzusetzen.

2.1 Medienkompetenz und IT-Verständnis

„A magazine is an iPad that does not work" – dieses viel geklickte YouTube-Video zeigt ein einjähriges Mädchen, das erfolglos auf einem Print-Magazin wischt und darauf tippt (UserExperiences Works, 2011). Und es zeigt, dass Medienkompetenz heute in dem Moment beginnt, in dem wir mit digitalen Medien in Berührung kommen. Vieles, was der Generation Y und Z durch das Aufwachsen im Umfeld von Internet und mobiler Kommunikation spielerisch von der Hand geht, müssen sich ältere Generationen erst mühsam aneignen. Jedoch sind die Generationen X und Y nicht automatisch digital kompetente Mediennutzer. Medienkompetenz ist auch – aber nicht nur – technische Kompetenz: Verstehe ich beispielsweise Begriffe wie Betriebssystem oder Cookie? Bin ich in der Lage, Geräte zu installieren oder

---

1 In der Soziologie beschreibt die „Generation Y" die Jahrgänge von 1977–1998, die „Generation Z" die nachfolgenden Jahrgänge ab 1999. Die Soziologie bescheinigt diesen Generationen bestimmte Charakteristika, u. a. eine hohe Technologieaffinität, vgl. (Wikipedia, 2015a) und (Wikipedia, 2015b).

Computerprogramme zu bedienen? Verstehe ich, wie Suchmaschinen das Wissen der Welt für mich personalisieren und weiß ich welche Sicherheitssoftware ich installieren muss?

Der Erziehungswissenschaftler Dieter Baacke, der den Begriff der Medienkompetenz definiert hat, sagte 1999: „Es gibt bis heute Menschen, die sich nicht an einen Videorekorder herantrauen, weil sie ihn nicht programmieren können. Und so können sie die Möglichkeit der Aufzeichnung, die heute auch ein Privathaushalt hat, nicht vollständig nutzen" (Bayrle, 2014). Heute können wir den Videorekorder in diesem Zitat etwa ersetzen mit Smartphone, Computer, Social Media oder Internet. Die Möglichkeiten, die den Menschen damit entgehen, sind jedoch schwerwiegender als die eines Videorekorders: Es geht um die Teilnahme an der – zunehmend digitalen – Gesellschaft und um die Fähigkeit sich selbstbestimmt im Internet zu bewegen. Und nicht zuletzt um die Einschätzung von Gefahren für sich selbst und Schutzbefohlene.

In dem Zitat mit dem Videorekorder beschreibt Baacke eine Dimension seiner Definition von Medienkompetenz: Die Fähigkeit, Medien zu nutzen – die Fähigkeit, die der Generation Y und Z sozusagen in die Wiege gelegt wird. Daneben definiert er drei weitere Dimensionen von Medienkompetenz: Medienkritik, Medienkunde und Mediengestaltung. Es geht also um die Fähigkeiten, Medien unterscheiden und bewerten zu können, über Medien Bescheid zu wissen und kreativ mit ihnen umzugehen zu können. In den 1990er Jahren bezog sich die Medienkompetenz noch hauptsächlich auf den Umgang mit Presse, Radio und Fernsehen und somit vor allem auf den Konsum von Informationen. Die Digitalisierung des 21. Jahrhunderts zwingt uns aber, komplexer zu denken. Medienkompetenz bedeutet heute nicht nur, dass wir digitale Inhalte mit Bedacht und Umsicht konsumieren. Wir werden zunehmend auch zu (Co-)Produzenten von digitalen Inhalten und zu Anbietern internetbasierter Dienstleistungen. Wir müssen lernen, mit diesen Möglichkeiten verantwortungsvoll umzugehen – uns interessieren, lebenslang weiterbilden. Dazu braucht es neben Technikkompetenzen auch Meinungsbildungs-, Sozialkompetenzen und ein gesundes Rechts- und versiertes Datenbewusstsein im Netz.

2.2   Meinungsbildungskompetenz

Über welche Medien informiere ich mich um mir eine Meinung zu bilden und kann ich die Quellen im Internet kritisch hinterfragen?

Das Internet hat die Definition von Wissen und Bildung maßgeblich verändert. Mit der steigenden Nutzungsdauer und Reichweite, steigt auch die Bedeutung des Internets als Informationsmedium und dessen Auswirkungen auf den Prozess der öffentlichen Meinungsbildung (vgl. Stark et al., 2014). In Zeiten des Gatekeeper-Monopols der Traditionsmedien konnte man die Qualität eines Inhalts in den meisten Fällen relativ einfach anhand der etablierten Quelle einzuschätzen: Brockhaus, FAZ und Süddeutsche galten beispielsweise als etablierte und qualitätsgesicherte Quellen der Information. Heute werden diese Quellen ergänzt durch eine Vielzahl unterschiedlichster neuer, auch nicht professioneller Anbieter: Online Lexika, Blogs, Nachrichtenmagazine, Kurznachrichtendienste wie Twitter und soziale Netzwerke. Inhalte von ausgebildeten Journalisten und Wissenschaftlern stehen in der flachen Hierarchie des Netzes gleichwertig neben Inhalten von Privatpersonen und global agierender Wirtschaftsunternehmen. Am Beispiel von Wikipedia und Twitter wird deutlich: zunehmend reiht der Nutzer sich selbst ein als Produzent von Inhalten. Die Relevanz und Vertrauenswürdigkeit von Quellen und Informationen kritisch zu hinterfragen und einschätzen zu können wird zu einer wichtigen individuellen Fähigkeit, um zu entscheiden, welche Inhalte dieser Medienvielfalt wir benutzen und unserer Meinungsbildung zugrunde legen und was wir ausblenden.

Eine aktuelle Studie zur Medienkompetenz von Achtklässlern zeigt, dass 30 Prozent der Kinder in Deutschland nur über rudimentäres Wissen zum Umgang mit neuen Technologien verfügen (Bos et al., 2014). Dabei wurde auch berücksichtigt, ob gefundene Informationen im Hinblick auf ihre Qualität und Nützlichkeit bewertet werden konnten und sowie der verantwortungsbewusste und reflektierte Umgang mit Informations- und Kommunikationstechnologien. Nicht nur – wie häufig fälschlich vermutet – die älteren Generationen, sondern auch die Generation Y und Z brauchen also dringend Anleitung. Lehrer und Eltern sind aber oft selbst unsicher, sodass Kinder IT-Verständnis und Medienkompetenz zumeist von Freunden und älteren Geschwistern lernen. Letztlich schulen wir unser Bauchgefühl durch Erfahrungen, die wir machen. Wesentliche Fundamente werden in der Kindheit gelegt. Digitale Kompetenzen müssen auch deshalb über kurz oder lang zwingend an der Schule vermittelt und praktiziert werden – durch das Lernen mit und über digitale Medien (vgl. atene KOM GmbH, 2014, p. 7). Praxisnah mit Innovationen, wie beispielsweise Geschichtsunterricht mit Datenbrillen, Sportunterricht mit intelligenten Wearables (z. B. Armbändern), die Team-Erfolge sofort visualisieren, Plattformen auf denen verschiedene Schüler und Lehrer gemeinsam an Präsentationen oder anderen Projekten arbeiten. All das wird Kinder im Umgang mit digitalen Informationsquellen, Technologien – und mit persönlichen Daten schulen und motivieren.

Auch hinsichtlich der Meinungsbildungskompetenz zwingt uns Digitalisierung aber, komplexer zu denken: Was beeinflusst die Meinungsbildung und woran erkennt man, wann die Meinungsbildung im Internet beeinflusst wird?

Die gewaltigen Informationsmassen der digitalen Welt machen es notwendig, sie zu strukturieren und auffindbar zu machen. Suchmaschinen wie Google und Soziale Netzwerke wie Facebook strukturieren durch Selektion und Personalisierung (sog. Algorithmen) was wann angezeigt wird. Einerseits ermöglichen sie so einen Zugang zu Informationen, über den das menschliche Gehirn die Informationsvielfalt verarbeiten kann. Anderseits steuern Algorithmen den Informationszugang nachhaltig. Sie zeigen uns „zufällig" genau die Produkte auf Websites als Werbung, die wir in der letzten Woche gesucht haben. Auch der Facebook-Algorithmus zeigt besonders viele Informationen von den Personen an, die wir häufig „liken" und die – nach der Logik des Algorithmus – deswegen „wie wir" denken. Das bedeutet auch, dass konträre Meinungen so weniger sichtbar werden. Kritisch für die Meinungsbildung ist es, wenn selektive Darstellung in für neutral gehaltenen Bereichen des Netzes stattfindet und beispielsweise bestimmte politische Meinungen in Suchmaschinenergebnissen häufiger zu finden wären als andere.

Neben der Aufgabe der Politik, Maßstäbe zu entwickeln, um die Einflussnahme auf den Zugang zu Informationen zu bewerten und damit die Informationsvielfalt zu sichern (vgl. Stark et al., 2014), wird deutlich, dass die Nutzer Wissen über und ein Bauchgefühl für die Möglichkeiten der Einflussnahme online entwickeln müssen, um in der Lage zu sein, Inhalte kritisch zu hinterfragen. Philosophen bezeichnen Algorithmen bereits als die moderne Version des Schicksals. Sie funktionieren zu komplex, als dass ein normaler Mensch sie verstehen könnte und doch sind es zunehmend sie, die über Glück, Liebe, Karriere und Wohlstand entscheiden. Längst sind es Algorithmen, die mit den Aktien von Privatanlegern handeln, Kredite vergeben und potentielle Lebenspartner auswählen. Eine Angstdebatte wäre hier fehl am Platz – eine digital souveräne Gesellschaft wird verstehen, mit diesem Einfluss technologischer Intelligenz umsichtig umzugehen.

2.3 Soziale Kompetenz

Was ist anständiges, was unhöfliches Verhalten im Netz? Welche Konsequenzen habe ich zu befürchten, wenn ich mich unfair im Internet verhalte?

Unser Verhalten richten wir – teils unbewusst – an sozialen Normen aus. Die meisten Normen lernt man als Kind. Das Elternhaus gibt weiter, welche Verhaltensweisen als „ok" gelten. Über die Jahre des Heranwachsens erweitert sich im Normalfall die Anzahl der Normen und Heranwachsende passen sich dem gesellschaftlich akzeptierten Bild an. Spätestens als Erwachsene erwartet man von uns, dass wir die meisten Normen kennen und beachten und in der Öffentlichkeit nicht unangenehm auffallen. Tun wir es doch, werden wir vermutlich darauf hingewiesen oder sehen es anhand der negativen Reaktion unseres Gegenübers.

Die Digitalisierung öffnet eine neue Ebene der Lebensrealität und erfordert somit neue Regeln und die Anpassung sozialer Normen und Verhaltensweisen. Durch flächendeckendes mobiles Internet, die Verbreitung von Smartphones, Social Media und Messenger Diensten hat sich die zwischenmenschliche Kommunikation innerhalb weniger Jahre massiv verändert. Kommunikation ist direkter, schneller und transparenter als sie es jemals war. Kommunikation ist im digitalen Zeitalter allgegenwärtig und die Grenzen zwischen beruflicher und privater Kommunikation verschwimmen zunehmend. Durch den Einfluss sozialer Medien wie beispielsweise Twitter ist eine Feedbackkultur mit flachen Hierarchien entstanden, in der wir zunehmend als Dialogpartner auf Augenhöhe und nicht nur als Empfänger agieren. Doch auch hier fehlt vielen Internetnutzern ein zuverlässiges Bauchgefühl für das höfliche bzw. korrekte Verhalten bei der Kommunikation online. So hat es sich gezeigt, dass die Hemmschwelle für Mobbing online oft geringer ist, weil die Täter an den Bildschirmen in der vermeintlichen virtuellen Anonymität bleiben und die Reaktion des Opfers nicht direkt erfahren. Im direkten Kontakt ist die Reaktion des Adressaten umgehend sichtbar und auch das eigene Verhalten muss vor den anwesenden Personen gerechtfertigt werden. Im Internet gibt es diese soziale Kontrolle in dieser Form nicht. Das Thema „Netiquette" betrifft nicht nur Kinder und Jugendliche. Auch viele Erwachsene pöbeln und beleidigen sich als sogenannten „Trolle", teils unerkannt und ungestraft durch die Kommentarfelder der Online-Medien und missbrauchen so die Kultur des offenen Dialogs im Internet. Die sozialen Normen, die quasi die Leitplanken des Verhaltens darstellen, sind für das globale, kulturübergreifende Netz noch nicht ausreichend gefestigt.

Als Verbraucher, Nutzer und Produzenten legen wir wie auch im analogen Leben, durch unser Online-Verhalten fest, was wir im Netz tolerieren: Entsprechend bedarf es auch in der digitalen Welt Zivilcourage, um gesellschaftliche Normen und Werte stetig weiterzuentwickeln und Mitmenschen auf nicht akzeptiertes Verhalten hinzuweisen. Deshalb ist es so wichtig, dass Eltern und Lehrer in der Lage sind, Kinder und Jugendliche mit der Weitergabe von Werten und sozialen Normen zu unterstützen, damit ein stabiles Wertesystem für das Online-Verhalten und soziale Regeln für das Miteinander in einer digitalisierten Welt entstehen können. Diese Werte wiederum werden Grundlage für unser intuitives Entscheiden im Netz – unserem digitalen Bauchgefühl.

2.4   Digitales Rechtsbewusstsein

Als Teil unseres Bauchgefühls kennt unser Rechtsbewusstsein die Legalität unserer Handlungen. Geprägt wird es durch familiäre Vorbilder, Erfahrungen und gesellschaftlich akzeptierte Verhaltensmuster. Ignorieren wir es, führt es oft zu einem schlechten Gewissen. In der digitalen Welt lässt uns unserer Bauchgefühl noch manchmal im Stich.

Digitale Güter folgen anderen Regeln als analoge. *„They're subject to different economics, where abundance is the norm, rather than scarcity".*[2] Zwar sind die Produktionskosten digitaler Güter hoch, nicht jedoch die Reproduktionskosten. Ein digitaler Inhalt kann per Mausklick vervielfältig werden und wird nicht weniger, wenn man ihn teilt. Einher mit dieser veränderten Logik geht auch die notwendige Anpassung unseres Rechtsbewusstseins, da wir den Wert digitaler Güter möglicherweise anders einschätzen. Dies zeigte sich auch im Umgang mit Musikdateien: Viele der heute 25 bis 35 Jährigen haben Ende der 90er und Anfang der 2000er wie selbstverständlich Musikplattformen genutzt, um Musik und Filme herunterzuladen und zu teilen – kaum einer dieser Nutzer hätte die kriminelle Energie aufgebracht, um gleich mehrere CDs im Laden zu entwenden. Der Diebstahl im Netz war zwar auch damals bekanntermaßen rechtswidrig – das Bauchgefühl sagte aber, dass das Vergehen allein aufgrund der Masse an Nutzern, höchstens als Kavaliersdelikt geahndet werden konnte.

Eine trügerische Sicherheit, wie sich herausstellte: Mit Abmahnwellen für MP3-Raubkopien lernte die Gesellschaft auf teilweise schmerzliche Weise, digitale Musik als kostenpflichtigen Inhalt zu respektieren. Doch auch die Musikindustrie war gezwungen sich der „neuen Ökonomie" und dem offensichtlichen Wunsch der Nutzer am breiteren Zugang zu Musik anzupassen. Und sie reagierte mit Alternativen Geschäftsmodellen die stärker auf den Zugang ausgerichtet waren und zur neuen Ökonomie des 21. Jahrhunderts passten: Heute nutzen die „Musikdiebe" der 90 er Jahre Streaming-Dienste, wie Spotify und Netflix, und zahlen gerne einen monatlichen Beitrag für den unbegrenzten Zugang.

Während wir im analogen Leben gelernt haben, zwischen einem Werbegeschenk und einer zu bezahlenden Ware zu unterscheiden, ist vielen Menschen aber heute noch unklar, welche Inhalte sie im Netz kopieren und weitergeben dürfen. Für den Bereich der Musikdateien wurde der Diskurs hierzu in den 90ern begonnen und führte zu einem Lerneffekt sowohl seitens der Nutzer als auch der Musikwirtschaft. Dennoch gibt es weiterhin Bereiche, in denen das Rechtsbewusstsein irrt. Fehlt ein Bild für

---

2   (Brynjolfsson & McAfee, 2014, S. 9); Sinngemäß ist in der digitalen Welt Reichtum und Überfluss an Gütern eher der Normalfall und Knappheit die Ausnahme.

eine Präsentation, ist mit einem Klick ein vermeintlich kostenloses Bild aus dem Netz kopiert. Damit unser Bauchgefühl unser rechtskonformes Handeln im Netz hier zukünftig besser leiten kann, bedarf es der Erkenntnis, was man mit welchen Inhalten machen darf und was nicht. Für einen transparenteren und einfacheren Umgang mit dem Urheberrecht eines Werkes wurden die sogenannten Creative Commons Lizenzen entwickelt. Für Bilder, Texte und Multimediainhalte ermöglichen sie mit einer simplen Bildsprache schnell zu erfassen, was der Urheber erlaubt hat und was nicht. Die rechtliche Unsicherheit wird so minimiert.[3] Aber auch hier wird erst eine breite Verwendung der Lizenzen dazu führen, dass ihr Bekanntheitsgrad wächst und zu einem klareren Bewusstsein und somit zur Anpassung unseres Rechtsbewusstseins für die Verwendung und Bereitstellung von Inhalten im Netz führen können.

2.5   Datenbewusstsein

Wer hat Zugriff auf meine persönlichen Daten? Welchen Wert haben sie? Sind Dienste im Internet wirklich kostenlos?

Im menschlichen Zusammenleben ist eine bekannte Logik, für eine Leistung eine Gegenleistung oder einen Gegenwert zu erhalten. In den Anfängen waren es Tauschgeschäfte, bis Währungen eingeführt wurden. An vielen Stellen im Internet zahlen wir heute bereits mit unseren Daten. Die vermeintlich kostenlosen digitalen Dienstleistungen wie z. B. Karten oder Messenger-Dienste, bezahlen wir, ohne darüber explizit informiert zu werden, mit privaten Informationen, wie Wohnort, Karriere und Lebensweise, oder Informationen über unsere Interessen. Wie wertvoll persönliche Daten sind, lässt sich an den exorbitanten Preisen erkennen, die für Internetunternehmen bezahlt werden. Greifbarer ist der Marktpreis für einen Datensatz: Möchte man eine Privatadresse aus Deutschland zu einem Personenkreis der nicht älter als 45 Jahre ist, in 1-2-Familienhaus oder im Reihen-/Doppelhaus in einem bestimmten Postleitzahlbereich wohnt und sich für Technik, PC und Internet interessiert, so zahlt man pro Datensatz 1,65 Euro.[4] Mit Hilfe dieser Daten können Unternehmen beispielsweise gezielter Werbung adressieren.

Währungen ändern sich im Laufe der Geschichte, von Goldmünzen zu Papier- und „Plastikgeld", hin zu Daten und Bitcoins. Diese Entwicklung muss per se nichts Schlechtes sein. Die Gesellschaft muss aber lernen, mit dieser Währung sicher

---

3   (Creative Commons Deutschland, 2014)

4   Schober ist einer der größten Adressanbieter im deutschsprachigen Raum und ermöglicht auf der Webseite die Preisberechnung von Adressdaten nach bestimmten Kriterien (NIKU Media AG, 2014).

umzugehen und die Chance bekommen, ein Gefühl dafür zu entwickeln, was ein angemessener Tauschwert für eine Information ist. Dieses „digitale Bauchgefühl" ist die Voraussetzung, dass Internetnutzer selbstbestimmt entscheiden können, wem sie ihre Daten preisgeben möchten und welchen Gegenwert sie dafür einfordern wollen. Nur so können wir das datenbasierte Wirtschaftsmodell fair gestalten und davon profitieren.

Bisher ist dieses Datenbewusstsein nicht oder nur rudimentär vorhanden. So fragte der D21-Digital-Index die deutsche Bevölkerung, ob sie es in Ordnung fänden, wenn im Tausch für einen Service (z. B. eine App) der Anbieter Zugriff auf die persönlichen Daten erhielte. Die Mehrheit (84 Prozent) der Deutschen verneinte die Frage. Ein paradoxes Ergebnis vor dem Hintergrund, dass immerhin 64 Prozent Soziale Netzwerke und – mit steigender Tendenz – bereits 10 Prozent sog. Quantified-Self-Anwendungen nutzen.[5] Es zeigt sich, dass Wunsch bzw. Ideal und Nutzungsrealität an dieser Stelle auseinanderfallen: Es existiert noch kein ausgeprägtes Datenbewusstsein.

Immer mehr Geräte finden den Anschluss an das Internet. Mit dem sogenannten Internet der Dinge wird es im analogen Alltag eine ganz neue Dimension im Bereich Datenerhebung und -erfassung geben. Vernetzte Autos, Kühlschränke, Zahnbürsten und sogenannte Wearables (z. B. intelligente Sportarmbänder und Uhren) werden unseren Alltag bald lückenlos nachverfolgen, ohne, dass es uns explizit bewusst ist oder wir gefragt werden. Natürlich liegen in den gut analysierten Informationsmassen, den sogenannten Smart Data, riesige Innovationschancen für Wohlstand, Gesundheit und Bildung; aber wir müssen uns auch darüber im Klaren sein: das Internet der Dinge ist kommerzialisiert und unsere persönlichen Daten sind die Währung der neuen digitalen Welt. Der selbstbestimmte und bewusste Umgang mit Daten in der Informationsökonomie des Internets ist also ein zentrales Element digitaler Souveränität.

3 Wie souverän ist die digitale Gesellschaft?

3.1 Die Digitale Gesellschaft ist heterogen

Die deutschen Internetnutzer verbrachten in 2014 durchschnittlich 3 Stunden am Tag online. E-Commerce ist für zwei Drittel der Internetnutzer regelmäßige Praxis und auch cloudbasierte Anwendungen finden verstärkt Zuspruch.[6] Während es für

---

5 (Initiative D21 e. V., 2014, S. 13, 42-43)
6 (Initiative D21 e. V., 2014, S. 37-38)

einige Teile der deutschen Bevölkerung also selbstverständlich ist, von digitalen Medien, Diensten oder Produkten umgeben zu sein, so gibt es einige Gruppen, die entweder keinen Zugang oder aber noch fehlendes Wissen über neue Technologien und deren Auswirkungen auf unseren Alltag haben, oder für die sich der persönliche Nutzen nicht erschließt oder ergibt.

Trend Indexwert 2013 / 2014 / 2015

	Zugang	Nutzungsvielfalt	Kompetenz	Offenheit	Gesamt-Index
Trend	+1,8	-3,4	+1,1	-1,7	+0,3
2013	54,2	40,3	50,3	53,9	51,2
2014	56,9	41,5	47,8	54,9	51,3
2015	58,7	38,1	48,9	53,2	51,6

Abb. 1 Vier Bereiche des Digitalisierungsgrads der Bevölkerung: Zugang, Nutzungsvielfalt, Kompetenz und Offenheit

Quelle: Initiative D21 e. V., 2014, p. 12

Um die Heterogenität der digitalen Gesellschaft greifbar zu machen, hat die Initiative D21 im Jahr 2013 den sogenannten Digital-Index entwickelt. War es über Jahre ausreichend, die Digitalisierung der Bevölkerung quantitativ an ihrem Internetzugang zu messen, ist heute relevant, die qualitative Nutzung zu beobachten, um relevante Entwicklungen zu erkennen. Zu dieser qualitativen Nutzung gehört die Vielfältigkeit in der Nutzung, beispielsweise ob einmal im Monat die E-Mails abgerufen werden oder das Internet täglich beruflich und privat genutzt wird, sowie die Kompetenz, die Offenheit gegenüber digitalen Themen und der Internetzugang bei der Arbeit, privat, mobil und über die Art der Endgeräte. Erst mit dieser komplexen Darstellung gelingt es, einen umfassenden Einblick in den Digitalisierungsgrad der Bevölkerung zu erhalten. Die vier Subindices bilden zusammengenommen den Digital-Indexwert, der auf einer Skala von 0 bis 100 möglichen Punkten den Digitalisierungsgrad der Bevölkerung angibt. Je höher der Wert, desto stärker ist die Person ins digitale Leben integriert. Auf dieser Basis wird es möglich, verschiedene Nutzertypen, ihre Charakteristiken und speziellen Bedarfe zu analysieren.

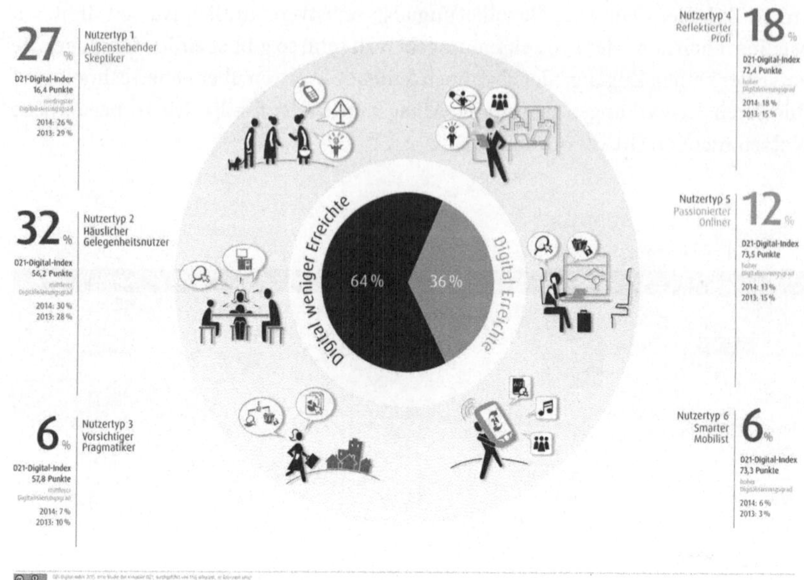

Abb. 2 Nutzertypen der digitalen Gesellschaft, unterteilt in „Digital weniger Erreichte" und „Digital Souveräne"

In 2015 offenbarte sich sehr deutlich, dass die digitale Gesellschaft ausgeprägt heterogen bleibt. Unterschiede im Digitalisierungsgrad (also der qualitativen Nutzung des Internets) bleiben in Bezug auf Alter, Geschlecht und Regionalität nach wie vor bestehen. Der Zugang zum Internet und die digitalen Kompetenzen haben sich im Vergleich zum Vorjahr 2014 nur leicht verbessert. Wir stehen an einem gesellschaftlich-technologischen Wendepunkt – und wir werden als Gesellschaft lernen, umsichtig und souverän mit den Chancen und Risiken der Digitalisierung umzugehen. Aktuell bewegen sich jedoch erst 36 Prozent der Bevölkerung in Deutschland bei der Internetnutzung digital selbstbestimmt.

3.2 Chancen der Digitalisierung erschließen und strukturelle Benachteiligung überwinden

Die Untersuchungen der Initiative D21 belegen seit mehreren Jahren, dass digitale Souveränität strukturell maßgeblich durch das Bildungsniveau und die erworbene Kompetenz bestimmt wird. Angesichts der fortschreitenden Digitalisierung aller Lebensbereiche darf digitale gesellschaftliche Teilhabe aber keine Frage von Bildung, Alter, Wohnort, Einkommen und Geschlecht sein.

Wer nicht ankommt in der Welt des Digitalen, wer die Regeln nicht verstehen lernt und die Chancen nicht für sich zu nutzen weiß, wird im 21. Jahrhundert zunehmend benachteiligt sein. Und das gilt nicht nur für den Jugendlichen, der digitale Souveränität als Voraussetzung für einen gelungenen Start ins Berufsleben benötigt, sondern in gleichem Maße auch für ältere Menschen. Digitale Dienste – wie schon der Einkauf von Lebensmitteln online – können es älteren Menschen ermöglichen, länger unabhängig zu bleiben und z. B. auch ihre medizinische Betreuung besser zu koordinieren. Auch das soziale Umfeld profitiert, denn der regelmäßige Kontakt zu Kindern, Enkeln und Freunden ist über Dienste wie Skype sehr viel einfacher aufrecht zu erhalten. Gerade die am wenigsten erreichte Nutzergruppe der sogenannten „außenstehenden Skeptiker", zu der rund 27 Prozent der deutschen Bevölkerung zählen, könnte im Alltag oft in besonderem Maße von der Digitalisierung profitieren. Digitale Souveränität bedeutet in diesem Zusammenhang auch ein wesentlich erhöhtes Maß an Selbstbestimmtheit und an persönlichen Möglichkeiten, die Angebotsvielfalt und Kommunikationsmöglichkeiten zu nutzen. Deshalb ist der gezielte Aufbau von Medien- und Meinungsbildungskompetenz und die Vermittlung von Daten- und Rechtsbewusstsein und digitalen Werten unumgänglich.

Die Nutzertypen mit einem niedrigen Digital-Index sind tendenziell eher weiblich, älter und bildungsferner. Gerade diesen Gruppen müssen digitale Kompetenzen vermittelt und der Zugang zum Internet erleichtert werden. Damit die Bürger mit ihren unterschiedlichen Bedürfnissen und Entwicklungsmöglichkeiten von den Chancen der Digitalisierung individuell profitieren können, bedarf es gezielter Maßnahmen.

Bund und Länder, Kommunen, Zivilgesellschaft und Unternehmen sind gefragt, in den Bildungsinstitutionen und darüber hinaus Angebote bereitzustellen. Der zielgruppenspezifische Nutzen des Internets und der digitalen Medien sollte bei allen Maßnahmen im Vordergrund stehen. Zudem besteht weiterhin Handlungsbedarf zur Gleichstellung von Frauen. Die Förderung von MINT-Projekten bleibt damit eine wichtige Aufgabe.

Bei den Nutzergruppen mit einem höheren Digitalisierungsgrad liegt die Herausforderung darin, sie in ihrem pionierhaften Erkunden der digitalen Möglichkeiten zu ermutigen und in ihrer Entwicklung nicht einzuschränken. Gleichzeitig gilt es, die weniger internet- und technikaffinen Gruppen, die sich vom schnellen technologischen Fortschritt überfordert fühlen zu erreichen und zu schützen.

Eine weitere Herausforderung ist die Gestaltung der Arbeitswelt. Wie ist das Zusammenwirken der jungen Generationen Y und Z und der erfahrenen Arbeitnehmerinnen und Arbeitnehmer in den Unternehmen positiv zu nutzen? Der Wirtschaftsstandort Deutschland hat in den 90er Jahren die erste Phase der Digitalisierung – nämlich den flächendeckenden Aufbau von IT-Strukturen – gut umgesetzt und von diesem technischen Vorsprung profitiert. Nun gilt es, die nächste Phase des Digitalisierungsprozesses ebenso erfolgreich zu gestalten. Denn der Wirtschaftsstandort Deutschland ist auf digital souveräne Arbeitnehmer angewiesen, um zukünftig wettbewerbsfähig zu sein.

4 Wer trägt die Verantwortung für den souveränen Umgang mit den gesellschaftlichen Implikationen der Digitalisierung?

Eingangs wurde ausgeführt, dass es eine gesamtgesellschaftliche Aufgabe ist, Möglichkeiten der Kompetenzerlangung und Teilhabe anzubieten sowie über einen zeitgemäßen Daten- und Verbraucherschutz zu gewährleisten, sodass sich auch Internetnutzer mit geringer IT-Kompetenz sicher in der digitalen Welt bewegen können und sie ein digitales Bauchgefühl entwickeln. Datenschutz hat in Deutschland traditionell einen hohen Stellenwert. Dennoch ist das Bewusstsein für den Wert persönlicher Daten nur schwach ausgeprägt. Online erhalten wir schon jetzt permanent Anreize persönliche Informationen abzugeben, beispielsweise auf Social Media Plattformen wie XING, LinkedIn oder Facebook. Aber auch beim Online-Einkauf geben wir viel von uns preis, meist ohne lange darüber nachzudenken.

Noch verlassen sich Internetnutzer zumeist auf die Verantwortung der Anbieter von Online-Plattformen, -Anwendungen und die Hersteller digitaler Endgeräte, die Sicherheit ihrer Produkte zu gewährleisten. Und in der Tat tragen Unternehmen hier eine besondere Verantwortung. Aufgabe der Politik aber auch der Medien ist es, verstärkt Aufklärung zum sicheren Umgang in der digitalen Welt zu betreiben und wo nötig die relevanten Rahmen korrekt zu setzen. Diese Rahmensetzung ist beispielsweise einen zeitgemäßen Datenschutz zu entwickeln, der maximale Rechtssicherheit gewährleistet, ohne Innovationen auszubremsen. Der Einzelne muss seine individuellen Fähigkeiten weiterentwickeln, um sich nicht fahrlässig im digitalen Alltag zu bewegen. Hierbei benötigt er Unterstützung.

Doch wie lässt sich die Bevölkerung bei der Digitalisierung mitnehmen? Wie gelingt der Wertewandel zu einer digital souveränen Gesellschaft?

Die Entfaltung einer souveränen digitalen Gesellschaft ist ein komplexer, gesamtgesellschaftlicher Modernisierungsprozess, der im Spannungsfeld von verfügbarer Infrastruktur, Medienkompetenz und Nutzungsverhalten abläuft und nicht zuletzt von der Offenheit der Bevölkerung hinsichtlich neuer Technologien abhängt.

Am wichtigsten ist es deshalb, ein *Bewusstsein* für den umfassenden gesellschaftlichen Wandel zu schaffen und die öffentliche Debatte konstruktiv voranzutreiben. Die Chancen der Digitalisierung zu thematisieren und die Offenheit der Bevölkerung im Hinblick auf digitale Themen zu fördern. Hierbei kommt auch den Medien, gerade den öffentlich-rechtlichen, eine aufklärende Aufgabe zu. Die Ängste der Menschen in Bezug auf das Internet und neue Technologien dürfen nicht als Kulturpessimismus abgetan werden, sondern müssen ernst genommen und adressiert werden. Ebenso wie uns als Kinder einfache Faustregeln („geh nicht mit Fremden mit…") durch unsichere Situationen leiteten, benötigen wir diese Richtlinien auch für digitale Verhaltensmuster („klick nicht auf fremde Links…"). Häufig genannte Sorgen der Deutschen sind die Angst vor Cyberkriminalität, dem Missbrauch persönlicher Daten und Identitätsdiebstahl (Initiative D21 e. V., 2015). Jöran Muuß-Merholz, Medienpädagoge, hat z. B. diesen Ansatz für den Bereich der Cyberkriminalität umgesetzt und 14 Richtlinien für den Umgang mit seltsamen E-Mails bereitgestellt (Muuß-Merholz, 2014).

Die zweite wichtige Herausforderung ist, *Innovationen* nicht zu hemmen und Gründern ein gutes Umfeld zu bieten. Der gesellschaftliche, aber auch volkswirtschaftliche Nutzen einer stabilen digitalen Netzinfrastruktur und einer Anwendungsvielfalt darf nicht unterschätzt werden. Viele Innovationen fördern die digitale Integration der bisher „digital wenig Erreichten". So führte beispielsweise die Einführung des iPhones generell zu einer Verstärkten Internetnutzung. Aktuelle Zahlen zeigen, dass Tablets dazu führen, dass Frauen das Internet verstärkt nutzen: Bei den deutschen Internetnutzern – egal über welches Endgerät – sind Frauen nach wie vor in der Minderheit. Bei den Tablet-Nutzern ist der Unterschied signifikant geringer (Initiative D21 e. V., 2014, p. 33). Die Wirtschaft in Deutschland ist auf schnellen, zuverlässigen Internetzugang angewiesen, um in Zukunft erfolgreich sein zu können. Die flächendeckende Breitbandversorgung ist entscheidend für den Standort Deutschland und muss mit gemeinsamen Anstrengungen von Politik und Wirtschaft vorangetrieben werden. 50 Megabit pro Sekunde sollen bis 2018 in allen Haushalten in Deutschland zur Verfügung stehen. Das Ziel der Bundesregierung kann nur als Zwischenziel verstanden werden, denn vor dem Hintergrund der rasanten Entwicklung datenintensiver Services müssen perspektivisch höhere Bandbreiten angestrebt werden, um die Infrastruktur in Deutschland zukunftssicher zu machen. Unternehmen benötigen verlässliche Rahmenbedingungen und in vielen Fällen auch Anleitung, um ihr Geschäftsmodell den Realitäten und Anforderungen der digitalen Welt anzupassen. Innovationen können auch Katalysator digitaler Integration sein.

Drittens gilt es, das Verständnis von *Grundkompetenzen* zu aktualisieren. Medienkompetenz gilt heute wie Lesen, Schreiben und Rechnen als Schlüsselqualifikation für einen chancenreichen Start ins Berufsleben. Während Medienbildung in manchen Bundesländern umfangreich im Lehrplan verankert ist oder projektorientiert vermittelt wird, hängt sie in anderen Ländern mehr vom individuellen Engagement der Schulen und Lehrer ab. Der souveräne Umgang aller Schüler mit PC, Internet und digitalen Medien setzt daher eine flächendeckende und systematische Verankerung von Medienbildung voraus. Medienbildung muss im schulischen Bildungsauftrag verankert werden, damit Lehrkräfte Medienkompetenz erfolgreich vermitteln können. Lehrerinnen und Lehrer müssen selbst medienkompetent und mediendidaktisch geschult sein. Gerade ältere Lehrkräfte benötigen zum Aufbau eigener Medienkompetenz Zeit, Unterstützung und Begleitung durch eine qualifizierte Medienberatung an ihreren Schulen (atene KOM GmbH, 2014).

5 Jede Zeit hat ihre Herausforderung – Gestaltung einer digital souveränen Gesellschaft als Aufgabe unserer Zeit

Wir leben im Jahr 2015 in einem wiedervereinigten Deutschland, in einer Wohlstandsgesellschaft, die Großeltern- und Elterngenerationen gestaltet haben. Wie selbstverständlich bewegen wir uns heute in einem sicheren Europa ohne Grenzen. Während die Aufgabe zur Zeit der späten 60er Jahre darin lag, einen vorurteilsfreien und toleranten Rechtsstaat mitzugestalten, liegt die Chance – aber auch die soziale Verantwortung – heute darin, den durch die Digitalisierung ausgelösten gesellschaftlichen Wandel mitzugestalten und zu definieren. Hierbei stehen besonders die Teile der Gesellschaft in der Verantwortung, ihre Kenntnisse und Fähigkeiten einzubringen und weiterzugeben, die bereits als digital souverän gelten und über ein ausgeprägtes digitales Bauchgefühl verfügen. Finden sie in Politik und Wirtschaft Gehör bei der Gestaltung der Rahmenbedingungen für eine digital souveräne Gesellschaft, wird ihre Leistung eine stabile und zukunftsfähige digitale Infrastruktur und ein digitalkompatibles Werte- und Wissensgerüst sein. Die Generation Z und nachfolgende Kinder werden das umsichtige Verhalten in der digitalen Welt dann ganz natürlich und selbstverständlich mit auf den Weg gegeben bekommen.

Mit den erweiterten Möglichkeiten der digitalen Welt steigen auch die Ansprüche – zumindest einiger Bevölkerungsgruppen: So hätten 49 Prozent der Deutschen beispielsweise gerne ein umfangreicheres Online-Angebot der Behörden, das zeigt eine repräsentative Studie der Initiative D21 und ipima aus dem Herbst 2014 (Initiative D21 e. V. 2014; ipima, 2014). Zeitliche Unabhängigkeit und Bequemlichkeit sind die Haupttreiber dieser Forderung nach einer modernen Verwaltung, die besser zur digitalen Lebenswelt der Bürger passen soll. Gelingt es nicht, den Verwaltungsapparat zu modernisieren und den Lebens- und Wirkungsrealitäten digital souveräner Bürgerinnen und Bürgern anzupassen, besteht die Gefahr, dass die deutsche Verwaltung in Zukunft zur Bremse im System und zum Standortnachteil wird. Für den Aus- und Weiterbildungsbereich ist eine ähnliche Erwartungshaltung zu vermuten: Die heute 14 bis 25-Jährigen, die sich aktuell noch in der Ausbildung befinden, weisen einen überdurchschnittlichen Digitalisierungsgrad – besonders in Bezug auf Ihren Zugang und Ihre Offenheit – auf. (Initiative D21 e. V., 2014, p. 51). Aktuell spiegelt sowohl die Ausstattungssituation, aber auch die Lehrpraxis nicht die digitale Lebensrealität von Schülern, Jugendlichen und jungen Erwachsenen wider. Es sind überwiegend digital souveräne Lehrer, die sich in diesen Jahren bemühen, die Unterrichtspraxis und die Vermittlung von Wissen neu zu denken und die die Institution Schule den Anforderungen der digitalen Gesellschaft anpassen wollen – unter den erschwerten Bedingungen eines Bildungssystems, dass die Anforderungen der digitalen Welt noch nicht adressiert. Es ist zweifellos eine der zentralen Herausforderung des gesellschaftlichen Wandels, digitale Souveränität in die Schulen zu bringen.

Um alle Teile der Gesellschaft mitzunehmen, ist es relevant, generationenübergreifende Maßnahmen zu fördern. Unterstützt durch den formellen Rahmen eines „Freiwilligen Sozialen Jahrs Digital" könnten digital Souveräne ihre Fähigkeiten und ihr Wissen beispielsweise an „digital wenig Erreichte" weitergeben und sie so im sicheren Umgang mit dem Internet schulen und ihnen die Möglichkeiten aufzeigen. Dies trifft zum Beispiel auch für ältere Menschen zu, denn 71 Prozent der über 70 Jährigen sind Offliner, haben aber bei immer höheren Lebenserwartungen noch wertvolle Lebensjahre vor sich. Auch in der Arbeitswelt können Digital Souveräne einen Mehrwert leisten. Der Digitalisierungsgrad von Berufseinsteigern liegt bei überdurchschnittlichen 68,9 Indexpunkten im Vergleich zur Gesamtbevölkerung mit 51,3 Indexpunkten (Initiative D21 e. V., 2014, pp. 15, 51). Arbeitnehmer beklagen zunehmend, bei der Einführung neuer Software und Technologien an ihrem Arbeitsplatz nicht ausreichend geschult zu werden. Vor diesem Hintergrund ist es nicht überraschend, dass sich gemischte Teams aus erfahrenen und jungen Mitarbeitern in Unternehmen als besonders produktiv erweisen. Der in dieser Konstellation gegebenen Möglichkeit, bestehendes Wissen über neue digitale Kanäle noch effizienter zu nutzen, kommt bei dem aktuell stattfindenden Übergang zur Industrie 4.0 eine besondere Bedeutung zu.

Obgleich das Internet seit nunmehr 20 Jahren existiert, wird die Bedeutung der Digitalisierung erst seit Kurzem von Entscheidern in Politik, Wissenschaft und Zivilgesellschaft richtig eingeschätzt und die ersten wichtigen Schlussfolgerungen mit der Digitalen Agenda institutionalisiert. Gleichzeitig machen wissenschaftliche Untersuchungen deutlich, welch wichtige Rolle gerade die beschriebenen sog. Digital Souveränen in wichtigen Kernbereichen spielen und wie wichtig die Nutzung und kontinuierliche Weitergabe gerade ihres Wissens für die aktuelle Gesellschaftsentwicklung und damit auch für die nachfolgenden Generationen ist. Diese Basis ist stetig und mit flankierenden Maßnahmen gezielt zu verbreitern, denn sie ist ein wichtiger Schlüssel für unsere zukünftige gesellschaftliche und wirtschaftliche Prosperität. Nur so wird es auch gelingen, alle gesellschaftlichen Akteure auf diesem Weg mitzunehmen und gemeinsam die digitale Gesellschaft nachhaltig zu gestalten. Hierin liegt auch die Antwort zur Ausgangsfrage nach dem „digitalen Bauchgefühl": Es wird bei diesen Voraussetzungen eine gute Chance haben, seine Rolle als wichtige innere Stimme in unbekannten digitalen Sphären einnehmen zu können.

Literatur

atene KOM GmbH (Hrsg.) (2014). Medienbildung an Deutschen Schulen – Handlungsempfehlungen für die digitale Gesellschaft. Internet: http://www.initiatived21.de/wp-content/uploads/2014/11/141106_Medienbildung_Onlinefassung_komprimiert.pdf, Zugriff am 1 Januar 2015.

Bayrle, M. (2014). Vimeo – Dieter Baacke Statement, Fachkonferenz Medienkompetenz 2014. Internet: http://vimeo.com/89699657, Zugriff am 31 Dezember 2014.

Bos, W. et al. (2014). ICILS 2013 – Computer- und informationsbezogene Kompetenzen von Schülerinnen und Schülern in der 8. Jahrgangsstufe im internationalen Vergleich. Münster, New York: Waxmann.

Brynjolfsson, E./McAfee, A. (2014). The Second Machine Age. New York, London: W. W. Norton & Company, Inc.

CreativeCommonsDeutschland(2014).CreativeCommons.Internet:http://de.creativecommons.org/, Zugriff am 31 Dezember 2014.

Initiative D21 e.V. und ipima (2014): eGovernment MONITOR – Nutzung und Akzeptanz von elektronischen Bürgerdiensten im internationalen Verg. Internet: http://www.initiatived21.de/wp-content/uploads/2014/09/eGovMon2014_web.pdf, Zugriff am 1 Januar 2015.

Initiative D21 e.V. (2015). D21-Digital-Index. Internet: http://www.initiatived21.de/wp-content/uploads/2015/10/D21_Digital-Index2015_WEB.pdf, Zugriff am 7 November 2015.

Initiative D21 e. V. (2014). D21-Digital-Index.Internet: http://www.initiatived21.de/wpcontent/uploads/2014/11/141107_digitalindex_WEB_FINAL.pdf, Zugriff am 31 Dezember 2014.

Initiative D21 e. V. (2014). Mobile Internetnutzung 2014 – Gradmesser für die digitale Gesellschaft.Internet: http://www.initiatived21.de/wp-content/uploads/2014/12/Mobile-Internetnutzung-2014_WEB.pdf, Zugriff am 01. Januar 2015.

IT-Planungsrat (Hrsg.) (2013). Zukunftspfade Digitales Deutschland 2020. Internet: http://www.bmi.bund.de/SharedDocs/Downloads/DE/Nachrichten/Kurzmeldungen/zukunftspfade-digitales-deutschland-2020.pdf?__blob=publicationFile ,Zugriff am 31 Dezember 2014.

Muuß-Merholz, J. (2014). 14 Richtlinien zum Umgang mit seltsamen Emails. Internet: https://www.dropbox.com/s/i8x45q4do31utqn/14%20Richtlinien%20fuer%20seltsame%20E-Mails.pptx?dl=0, Zugriff am 01. Januar 2015.

NIKU Media AG (2014). Schober Adressen inside. Internet: http://shop.schober.com/, Zugriff am 31. Dezember 2014.

Stark, B./Jürgens, P./Magin, M. (2014). Medienpolitik – Medienkonvergenz: „Für mich ist Google das Internet".Internet: http://www.medienpolitik.net/2014/02/medienkonvergenz-fur-mich-ist-google-eigentlich-das-internet/, Zugriff am 31. Dezember 2014.

UserExperiencesWorks (2011). YouTube – A Magazine Is an iPad That Does Not Work. Internet: https://www.youtube.com/watch?v=aXV-yaFmQNk, Zugriff am 31. Dezember 2014.

Wikipedia (2015a). Generation Y. Internet: http://de.wikipedia.org/wiki/Generation_Y, Zugriff am 05. Januar 2015.

Wikipedia (2015b). Generation Z. Internet: http://de.wikipedia.org/wiki/Generation_Z, Zugriff am 05. Januar 2015.

Lena-Sophie Müller, Geschäftsführerin, Initiative D21, Berlin

Eine neue digitale Weltordnung

Aleksandar Stojanovic

„Man kann keine neuen Ozeane entdecken, hat man nicht den Mut, die Küste aus den Augen zu verlieren." (André Gide)

Mit der NSA Affäre wurde das Offensichtliche plötzlich auch wirklich offen sichtbar: In einer digitalen Welt herrscht ultimative Transparenz. Und ebenso plötzlich stellen sich intellektuelle Eliten, Machthaber aus Wirtschaft und Politik und ganze Gesellschaftsschichten die besorgte Frage, wie sich individuelle und gesellschaftliche Souveränität in dieser digital vernetzen Realität verteidigen lässt. Aus der Perspektive eines „analogen Establishments" ist diese beschützende Haltung auch durchaus nachvollziehbar. Doch sie bindet auch wichtige Kapazitäten, die nun für die Beantwortung einer noch wichtigeren Frage fehlen: Nämlich, ob das klassische Konzept von individueller und gesellschaftlicher Souveränität überhaupt noch zeitgemäß ist und sich realistisch umsetzen lässt. Bereits eine oberflächliche Auseinandersetzung mit dieser Frage offenbart gute Gründe, um dies zu verneinen.

1 Eine neue digitale Wirklichkeit

Mit Amazon, eBay, iPhone, Google, Facebook & Co. hat die digitale Transformation unserer Gesellschaft nicht begonnen. Dennoch sind diese Plattformen und Marken aufgrund ihrer hohen Sichtbarkeit zum Synonym für den gesellschaftlichen Wandel unserer Zeit geworden. Mit diesen Organisationen bekommt das abstrakte Konstrukt einer „digitalen Welt" Gesicht und konkrete Ansprechpartner – mitunter auch für Kritik und Vorwürfe. Doch die digitale Welt ist deutlich größer und wirft bei genauerer Betrachtung komplexe Fragen auf, die über den Umgang mit Datenschutz und informationeller Selbstbestimmung sehr weit hinausgehen.

Beispielsweise beim Autofahren. Entgegen der üblichen Vorstellung bremst nämlich nicht etwa der Fahrer, sondern das Fahrzeug. Das Bremspedal in einem modernen Automobil ist heutzutage auch ein drucksensitiver Knopf, der einen kleinen, aber durchaus intelligenten Computer damit beauftragt, den gewünschten Bremsvorgang zu berechnen und dann einen ebenso intelligenten Bremsroboter in Gang zu setzen. Eine auf dieser digitalen Tatsache basierende Argumentation hat vor einem Verkehrsgericht zumindest aktuell noch keine Chance, doch das selbstlenkende Auto steuert ja bereits mit hoher Geschwindigkeit auf uns zu, zahlreiche hitzige Diskussionen im Gepäck.

Die Finanzindustrie ist eine digitale Industrie, auch abseits von Geldautomaten und Online-Banking. Der bis heute für breite Bevölkerungsschichten noch weitgehend unbekannte Hochfrequenzhandel sorgte im Mai 2010 fast für einen globalen Meltdown, als sich die damals noch vergleichsweise dummen Algorithmen nach einer einzigen Fehlorder ineinander verhakten und den Dow Jones Index in weniger als 30 Minuten um fast zehn Prozent einsacken und gleich wieder steigen ließen. Zahlreiche Aktien verloren in dieser kurzen Zeitspanne fast ihren gesamten Wert. Die US-Amerikanische Börsenaufsicht erklärte die extremsten Transaktionen daraufhin für ungültig und eröffnete damit die Möglichkeit zur partiellen Rückabwicklung dieses sprichwörtlich verrückten Tages. Seither ist trotzdem nichts mehr wie jemals zuvor.

Um diesen technologischen Fortschritt korrekt einzuschätzen, muss man sich vor Augen führen, dass 1999 in den Vereinigten Staaten gerade mal erst eintausend automatisierte Orders je Sekunde gehandelt wurden. Im Jahr 2013 lagen wir bei zwei Millionen automatisierten Orders je Sekunde. Dabei werden an einigen Tagen lediglich 5 % dieser Transaktionen auch tatsächlich ausgeführt. Der Rest ist sogenanntes „Quote Stuffing", eine Art Maschinenrausch: Kurze Vorstöße und Rückzüge der „High Frequency Trading" Algorithmen, um den Markt zu sondieren oder im eigenen finanziellen Interesse zu verwirren. In der digitalen Finanzwelt bleibt dem Mensch lediglich die Funktion des staunend-erschreckten Beobachters. Jeder manuelle Eingriff könnte schnell zu einem weiteren und deutlich verheerenderem „Flash Crash" als in 2010 führen (Lewis, 2013).

Mit dem digital erweiterten Wirkungskreis hat sich aber auch unser althergebrachtes Konzept von Raum und Zeit endgültig verflüchtigt. Die individuelle Reichweite ist praktisch ultimativ. Und mit der gleichen Selbstverständlichkeit, mit der wir uns als Individuen die virtuelle Welt zu eigen machen und uns häuslich in ihr einrichten, so verfestigt sich das Virtuelle und Abstrakte auch in unserer eigenen, ganz echten Realität. Auch hier finden sich schnell einige beeindruckende und mitunter auch erschreckende Beispiele.

Digitale Bauanleitungen für voll funktionstüchtige Maschinenpistolen sich umsonst aus dem Internet herunterladen und auf einem vernetzten 3D Printer für ein paar Tausend Euro dann auch gleich im Wohnzimmer ausdrucken. Zwar zerbrechen die meisten dieser Do-It-Yourself Schusswaffen unter den hohen ballistischen Kräften schon nach einigen wenigen Schuss, doch schon ein einziger tödlicher Treffer dürfte wohl reichen, um unsere Gesellschaft und unsere Idee von individueller Sicherheit und Geborgenheit für immer zu verändern. Auch das ist die neue digitale Welt, in die wir uns alle nichtsahnend hineingewagt haben.

Und während wir uns über diese fragwürdigen Entwicklungen noch die Köpfe zerbrechen, ziehen die ersten künstlich-intelligenten Flugdrohnen für den Privatgebrauch über selbige hinweg. In wessen Interesse, mit welcher Absicht und Fracht diese Fluggeräte bereits jetzt unseren Luftraum unterhalb von 100 Metern durchqueren, können wir ihnen nicht ansehen. Es darf sogar bezweifelt werden, dass wir die künftige Generation von Drohnen aufgrund ihrer geringen Größe und Lautstärke überhaupt noch erkennen werden. Schon stellt sich de Frage nach Verantwortungskausalität. Wer wird bei Unfällen zur Rechenschaft gezogen, wenn die Drohne aus dem weit entfernten Ausland von einem Unbekannten gesteuert wird. Was, wenn gar eine Bombe an dieser Drohne dranhängt? Ebenfalls unklar ist, wer gerade zu stehen hat, wenn die eigene Transportdrohne gehackt, gekapert und für einen Bankraub missbraucht wird.

Über große Infrastruktur wie Kraftwerke, Oberlandleitungen oder auch die Wasserversorgung möchte man am liebsten gar nicht nachdenken. Nichts davon ist heute ohne digitale Technologien machbar. Die Steinzeit ist möglicherweise nur einen Computerwurm weit entfernt (Thaller, 2013).

Insgesamt verschwimmt die Grenze zwischen analoger und digitaler Welt auch für unser Bewusstsein. Nirgends sonst ist das besser sichtbar als bei den Konzepten, Produkten und Technologien rund um die Begriffswelt „Virtual Reality". Daten und Menschen verdichten sich zu gänzlich neuen Erlebnissen. Wer die Rift-Brille der Facebook-Tochter Oculus selber mal vor Augen hatte, dem eröffnen sich zwingend neue Dimensionen und Handlungsmöglichkeiten. Dazu muss gesagt werden, dass ein menschliches Gehirn nicht in der Lage ist, zwischen der „echten" und einer gut konstruierten virtuellen Realität zu unterscheiden. Der bislang abstrakte, digitale Raum ist auf einmal auch für unsere Köpfe regelrecht begreif- und begehbar (http://vhil.stanford.edu/news). Es bedarf keiner expliziten visionären Kraft, um sich die auf Grundlage dieser digitalen Technologie möglichen Umwälzungen in allen Bereichen unseres Lebens vorzustellen. Diese Produkte ermöglichen einen perfekt designten Wachtraum. Ob ein Spacewalk im Orbit, die Besteigung eines Achttausenders oder das virtuelle Familientreffen am Strand. Ob das blutige Horror-Ballerspiel oder der besonders absurde Pornostreifen. Für das menschliche Gehirn ist das alles echt und passiert wirklich (Hobson A. et al., 2014).

Ganz neue Anwendungen leiten sich nun ab. So arbeiten beispielsweise einige ambitionierte digitale Vordenker daran, die industrielle Tiermast mittels kleiner Virtual Reality Kopfhauben „artgerechter" und damit stressfreier und gesünder zu gestalten (http://www.secondlivestock.com/). Ein Huhn müsse – so die Hypothese – letztendlich ja auch nur glauben, dass es auf einem friedlichen Bauernhof lebe und auf einer satten grünen Blumenwiese umherlaufen dürfe. Die Wahrnehmung reiche aus, denn – so heißt es – sie definiere die Realität. Und so kommen unsere Frühstückseier vielleicht schon sehr bald aus der Matrix.

Andere Konzepte sind weniger kritikbehaftet oder auch ganz und gar unterstützenswert. Beispielsweise die aktuelle Global Learning Challenge der X Prize Foundation (http://www.xprize.org/). Mit einem Preisgeld von 15 Millionen Dollar werden digitale Vordenker dazu angestiftet, eine universelle Software für billige Tablet-Computer zu entwickeln, mit der sich benachteiligte Kinder in Entwicklungsländern ohne jegliche fremde Hilfe die elementarsten Kompetenzen im Bereich Mathematik, Lesen und Schreiben selber beibringen können. Dies alles ist möglich in einer Welt des digitalen Überflusses (Diamandis, 2013).

Auch die in scheinbar unendliche Regularien einbetonierte Gesundheitswirtschaft hat sich schon in einem gewissen Umfang digitalisiert. Doch die wahren Umwälzungen stehen kurz bevor. Der sogenannte E-Patient ist ganz und gar vernetzt und in der Regel besser informiert, als der eigene Arzt. Kein Wunder, denn dieser kann eine DNA Analyse für weniger als 200 Euro im Internet in Auftrag geben (http://www.23andme.com). Digitale Plattformen verbinden gesundheitsbezogene Datenpunkte und erkennen krankhafte Muster, bevor sich ernsthafte Komplikationen entwickeln oder sie suchen mit semantischen Algorithmen und sogenannten Knowledge Graphs nach Korrelationen in Hundertausenden von Studien und Aufsätzen (z. B. ExB AG, http://www.ptpt.de/). Ein weiteres beeindruckendes Beispiel aus dem Bereich Big Data lieferte die Plattform healthmap.org, als sie – allein mit im offenen Internet verfügbaren Daten – den Ausburch von Ebola detektierte. Das besondere hierbei: Die Plattform war neun Tage schneller als die Weltgesundheitsorganisation.

Selbst die NSA Affäre ist aus dieser Perspektive nichts weiter als ein Meilenstein während der digitalen Transformation unserer globalen Gesellschaft. Die erste Empörung hat sich gelegt und nun legt die Affäre lediglich ein erschreckendes Unvermögen des US-Amerikanischen Machtapparats im Umgang mit der digitalen Welt offen. Überwachen lässt sich unter Einsatz ungeheuerlicher Ressourcen zwar nach wie vor sehr viel, doch kontrollieren und steuern lässt sich hingegen so gut wie gar nichts. Und so macht die digitale Transparenz selbst vor einer derart gut ausgestatteten Organisation, wie der NSA, keinen Halt. In einer digitalen Welt bleibt nichts verborgen. Dies gilt ohne Ausnahme für alle. Selbst die allergeheimsten Geheimdienste sind nicht mehr geheim.

Dies alles und noch sehr sehr viel mehr ist die wirkliche digitale Welt. Man darf bezweifeln, dass unser bisheriges Konzepts von „Souveränität" hier überhaupt einen Sinn hat. Wie soll globale Hyperkomplexität national, regional oder gar lokal reguliert werden? Wie soll der Umgang mit Daten und Information geregelt werden, wenn die Konsequenzen für uns, unsere Gesellschaften und auf das Menschsein im Allgemeinen einfach nicht mehr abschätzbar sind? Die digitale Welt anhand dieser Teilaspekte verstehen zu wollen, wirkt fast so, als wenn man vom oberflächlichen Blick auf den Ozean dessen Tiefe abschätzen wolle.

2 Verändern oder bewahren?

Informationstechnologien haben sich über Dekaden hinweg langsam und stetig immer weiter in unsere Realität vorgearbeitet. Es fällt schwer, heute überhaupt noch einen Lebensbereich zu finden, der gänzlich frei ist von IP-Adressen, Prozessoren und digitalen Interfaces. Bereits in 2003 gab es mehr an das Internet angeschlossene Gerätschaften als es Menschen auf der Erde gibt. Plausible Hochrechnungen schätzen, dass die Anzahl von an das Internet konnektierte „Dinge" bis zum Jahr 2020 auf mehr als 50 Millarden ansteigen wird (http://www.eetimes.com/document. asp?doc_id=1321229). Zeitgleich nehmen Datenrate und Datenvolumen immer weiter zu. Ein durchschnittlich vernetzter Haushalt produziert heute mehr Internettraffic, als das gesamte Internet im Jahr 2005. Und ein überdurchschnittlich vernetzter Haushalt – und die eigene Erfahrung bestätigt dies – hat mehr als 30 interne IP Adressen.

Gezwungen werden wir aber nicht: Es bedarf niemanden, um uns dazu zu überreden, die neuen Möglichkeiten freudig anzunehmen. Digitale Landkarten, Online-Überweisungen oder Smartphones sind nicht nur sehr viel praktischer, schneller und effizienter als ihre analogen Vorläufer. Sie erweitern uns. Wirkungskraft und Wirkungskreis unserer Entscheidungen können dank dem stetigen Fluss neuer Applikationen und Services mit exponentieller Geschwindigkeit ansteigen. Wenn wir das möchten, können wir alle sofort unmittelbaren und globalen Einfluss nehmen.

Die fortlaufende technologische Aufrüstung unseres Lebens treiben wir selber immer weiter voran, ohne überhaupt zu merken, dass wir hiermit auch die ganz grundlegenden Spielregeln und Prinzipien unseres Zusammenlebens im Kern verändern. Parallel stellen wir alle die, die sich gegenüber dieser Entwicklung versperren und bewusst auf „always on" verzichten, früher oder später vor eine Schicksalswahl: Entweder Teil der Welt sein oder sich aus ihr – sofern überhaupt noch möglich – zurückziehen. Doch diese Art von Aussteigertum ist der wahre Luxus unserer Zeit – nur die Wenigsten von uns können und wollen sich ein derartiges Leben leisten (Johnson, 2011).

Und so installieren wir laufend neue digitale Technologien und upgraden unsere digitalen Persönlichkeiten. Die Vorteile haben wir dabei stets im Blickfeld. Doch die seltsamen Fragestellungen, die sich als Konsequenz aus den wunderbaren Diensten, Tools, Gadgets und Plattformen ergeben, erkennen wir immer erst bei näherer Betrachtung. Und dies auch immer nur erst dann, wenn sich dafür überhaupt konkrete Gründe aufzwingen, so wie die bereits erwähnte NSA Affäre. Wie aus einem schönen Traum wachen wir auf und richten unser individuelles und gesellschaftliches Bewusstsein auf die Bewahrung unserer Soveränität. Dabei im zentalen Blickfeld: Ängste rund um Datenschutz und Unversehrtheit der persönlichen Privatsspähre. Offen kommunizieren und vernetzen möchte man sich zwar und auch die kollaborativen Kräfte des Internet voll ausschöpfen und nutzen. Dann aber sollte das alles doch wieder auch nicht zu offen und auch nicht zu vernetzt sein. Die alte Illusion der hohen Rendite bei null Risiko.

Der wahre Clash der Kulturen findet damit unmittelbar in unseren Köpfen statt: Als Menschen leben und arbeiten in den größten Städten und Metropolen, die die Welt je gesehen hat. In manchen unserer Gebäude leben Hunderte und Tausende unter einem Dach. Und dennoch haben wir nicht wirklich etwas miteinander zu tun, kennen oftmals nicht einmal die Namen der Menschen, mit denen wir eine gemeinsame Wand teilen. In dieser urbanen Welt bestimmen Beton, Stahlbeschläge und perfekt abschottende Kopfhörer unseren Lebensraum. Eine Welt voll mit anonymen Bewohnern, persönlichen Sicherheitsrisiken und minimalen Vertrauenvorschüsse. Wir haben uns gut daran gewöhnt und es erscheint uns ganz normal, dass wir niemanden zu nah an uns heranlassen wollen.

Die digitale Welt ist da ganz anders. Jeder, der es nicht wusste, hat es geahnt oder zumindest verdrängt: Anonymität gibt es hier nicht und es gab sie auch nie wirklich. Basierend auf der ultimativen Datentransparenz, herrschen in der digital-globalen Welt schon fast dörfliche Zustände. Wir wissen alles voneinander, können und wollen in vielen Fällen auch nicht wirklich etwas verbergen. Wenn man etwas einkauft, wird das Einkaufserlebnis auf die eigenen Bedürfnisse angepasst. Ganz so wie in Tante Emma's Dorfladen, wo man aus dem Einkaufsverhalten und den lockeren Gesprächen schnell erfuhr, wer Katze und wer Hund sein eigen nennt. Insgesamt ist man auch hier angehalten, auf sein Verhalten und die Etikette zu achten, denn das Dorfgedächtnis vergisst nichts und verzeiht kein größeres

Fehlverhalten. Online-Datingportale sind der neue Dorfbrunnen. Suchmaschinen und Bewertungsplattformen sind das digitale Gegenstück zu den Dorfältesten, die irgendwie immer alles wissen oder zumindest aufzeigen können, wo dieses Wissen verborgen liegt. Im Grunde fügen sich alle digitalen Communities, von den lokalen „Nettwerk" Gruppen und bis hin zu Shared-Economy Plattformen wie AirBnB wunderbar in diese griffige Metapher ein.

Diese dörfliche Nähe und Verbundenheit macht die digitale Welt überhaupt erst so attraktiv. Sie entspricht unseren Instinkten und der ursprünglichen Lebensweise des Menschen. Zugleich sind wir innerhalb dieser Welt auch ebenso transparent und verletzlich wie in einer Dorfgemeinschaft. Und nachdem uns Freunde und Feinde dabei beobachtet haben, was wir so auf den Straßen unseres großen Dorfes anstellen und angestellt haben, ziehen wir uns erstmal in unsere Häuser zurück. Wir wissen zwar nicht genau, ob sich nicht auch jemand durch unsere heimische Sockenschublade gewühlt hat und welche Rückschlüsse man aus den Löchern in unseren Socken ziehen könnte, doch nun sollen es Zäune, Bewehrungen, Mauern und sogar Burgen richten. Manche fordern das vom Staat ein. Andere treffen sich zu Cryptoparties oder beauftragen Profis, um digitale Beschläge und Schlösser an Notebooks, Smartphones und persönlichen Daten anzubringen.

All das kann sicher nicht schaden. Dennoch findet die digitale Welt nicht in unseren eigenen vier Wänden statt, sondern im vernetzten Dialog von Mensch mit Mensch, Mensch mit Maschine oder auch Maschine mit Maschine. Egal, wie sehr wir uns einigeln, diese Vernetzung schreitet voran und hat den Sprung von der digitalen in in unserere „reale" Welt schon vor Jahrzehnten gemeistert.

3   Der Vorabend einer neuen digitalen Weltordnung

Die Implikationen unserer neuen, digitalen Welt sind über weite Strecken schlicht nicht vorhersehbar. „Neuland" trifft es als Begriff insofern auch ganz gut, denn sogar der gerade eben noch erhaben lächelnde Digitalprofi traut sich nicht, die bevorstehenden Entwicklungen der kommenden fünf Jahre ernsthaft zu prognostizieren. Doch eines dürfte klar sein: Bei der Auseinandersetzung mit unserer digitalen Souveränität kann es doch eigentlich nicht darum gehen, ob irgendein unregulierter Datensatz einem Algorithmus etwas darüber verrät, welche Websites man besucht hat oder ob man vor zwei Monaten grüne Gummistiefel gekauft hat.

Nicht, dass es egal wäre, wem dieser Algorithmus gehört und was der Eigentümer mit diesen Informationen und den daraus gewonnenen Erkenntnissen vorhat. Privatssphäre, informationelle Selbstbestimmung, Datenschutz oder auch das exklusive Recht der einen oder anderen Regierung, Bürger zu bespitzeln sind allesamt wichtige Themen. Wir haben gutes Recht, genau zu erfahren, was da wer mit unseren Daten macht. Doch wir können dieses Recht längst nicht mehr durchsetzen. Was bleibt ist unser Recht, uns über diese Entwicklungen zu ärgern und uns sogar die guten alten Zeiten zurückzuwünschen.

Protest und Gewalt sind bereits an der Tagesordnung. Schriftsteller vereinen sich und wettern gemeinsam gegen die Lizenzpolitik von Amazon, Taxifahrer zerren die privaten Teilzeit-Chauffeure von UBER aus ihren Autos und verprügeln sie auf offener Straße. Und es ist unausweichlich, dass vernetzte Systeme und Hochleistungscomputer künftig auch unsere komplexere und kreativste Denkarbeit übernehmen: Schon jetzt braucht es keine Banker mehr für die Kreditentscheidung. Kein Ingenieur dieser Welt kann mit der Suchgeschwindigkeit eines digitalen Patentlücken-Crawlers mithalten. Und sogar das hochkreative Erfinden neuer – und aus ganz eigener Erfahrung vorzüglicher – Kochrezepte wurde kürzlich vom IBM Supercomputer Watson unter Beweis gestellt. Allem Ärger zum Trotz.

Der Ruf nach Verteidigung der hart erkämpften Souveränität in allen nur denkbaren Bereichen ist aber auch gerade deshalb ganz und gar nachvollziehbar. In diesem Zuge sollen die globalen digitalen Plattformen und Internetkonzerne im Sinne einer Koexistenz staatlich reguliert werden. Die bürgerlichen Errungenschaften der Vergangenheit sollen auch in Zukunft respektiert werden. Die Internetkonzerne beteiligen sich – alleine schon zum Schutz ihrer Handlungsfreiheit – aktiv an diesem Prozess: Die digitale Wirtschaft gehört weltweit bereits zu den Top-Spendern für politischen Kommunikation und Lobbyarbeit (http://www.lobbywatch.org, http://www.publicintegrity.org).

Überall dort, wo das diplomatische Policy Making scheitert, verwickeln sich die Akteure immer häufiger in offenen Konfrontationen und richtiggehenden Handelskriegen. Dabei stehen üblicherweise die die reichweitenstarken Plattformen wie Twitter, Facebook, Google und dessen Tochter YouTube aufgrund ihrer Popularität im Fadenkreuz. Doch das, was sie zum Angriffsziel macht, liefert zugleich auch das beste Argument in der Debatte um Souveränität: Diese Plattformen begründen ihre Macht auf der kollaborativen Kraft der zahlreichen individuellen Nutzer. Man kann heute die Abschaltung dieser Dienste selbst im Namen der digitalen Souveränität nicht fordern, ohne zeitgleich auch die individuelle digitale Souveränität des einzelnen Bürgers zu bescheiden.

Doch selbst der „analogste" Staat merkt irgendwann, dass moderne digitale Plattformen keine Stecker haben, die man einfach nach Belieben ziehen könnte. Und noch während die stolzen Reden über die vermeintlich wiederhergestellte staatliche Souveränität über das dazugehörige Medienmonopol verbreitet werden, fließen die unerwünschten Inhalte einfach weiter – über sogenannte VPN-Tunnel und andere technische Workarounds. Sperrungen hin oder her – kein Expat in China muss heute auf Facebook, kein Türke auf YouTube und kein Araber auf das Betrachten nackter Haut verzichten. Der internationale Datenverkehr kennt weder nationale, noch sonstige Grenzen.

Die kleinen und die großen, die beherrschten und beherrschenden Plattformen haben sich längst in übernationalen, redundanten und weit verzweigten Subnetzen zusammengeschlossen. Das ist keine explizit gesteuerte, von mächtiger Hand organisierte Entwicklung, sondern die natürliche Folge von Netzwerk- und Akkumulationseffekten. Eher zufällig und in einem weitgehend ungesteuerten Staffelungsprozess kumuliert sich eine neue Kategorie von Macht in den Händen der Pioniere (Popitz, 2004). Aufgrund der dezentralen Struktur dieses Ökosystems lässt sich hier nichts durch intelligente staatliche oder gar multinationale Initative stoppen. In ihrer entmaterialisierten Form existiert und expandiert die digitale Welt jetzt in einer nebulösen „Cloud" und entzieht sich dabei ganz faktisch jeder ungewollten staatlichen Regulierung.

Der Fortschritt suchte schon immer gezielt nach Schwächen in etablierten Systemen, um selbige auf dieser Grundlage komplett oder zumindest in Teilen zu ersetzen. Die wesentlichste und auch schnell erkennbare Schwäche des heutigen Establishments ist die mangelhafte Vernetzung und die protektionistische, bisweilen gar arrogante Haltung. Zahlreiche auf asymmetrischer Ressourcen- und Informationsverteilung beruhende Strukturen und selbst ganze Industrien sind auf diese Weise bereits wie dünnes Glas zerbrochen. Zuerst war die Musikindustrie betroffen, rasch gefolgt von der Medienbranche insgesamt. Schnell auch fielen Reisebranche, der Handel, die Finanzindustrie und ganz aktuell die Gesundheitswirtschaft der häufig unerwünschten aber auch unabdingbaren digitalen Transformation zum Opfer. Heute kann nicht einmal mehr das lokal verankerte Taxi- und Hotelgewerbe das angestammte Ressourcen- und Verteilungsmonopol aufrecht halten und steht in seiner bisherigen Form nun ebenfalls zur Disposition.

Bestehenden Systeme und Strukturen werden umgangen, wo auch immer die unmittelbare Vernetzung zwischen den Akteuren einen schnelleren, direkteren und effizienteren Weg für den Transfer von Informationen, Produkten und Meinungen finden kann. Warum, so die Frage, sollte diese disruptive Kraft des Digitalen nun gerade vor Währungen, politischen Machtstrukturen, nationalen Grenzen oder Gesellschaftsordnungen Halt machen? Alles in allem geht es um Macht und die Definition einer neuen, digitalen Weltordnung. Während wir darüber diskutieren, ob die Bandbreite in unseren Dörfern ausreicht, wird Eigentum, Definitionshoheit und Informationsgewalt mit geänderten Vorzeichen neu verhandelt und verteilt. Alte und nicht erneuerungsfähige Systeme bleiben hierbei schlicht auf der Strecke, selbst wenn sich auch diese Erkenntnis wie immer nur sehr langsam durchsetzt.

Möglicherweise ist wahre digitale Souveränität ja doch etwas ganz anderes, als eine zwei-punkt-null-Version unserer bisherigen, individuellen und gesellschaftlichen Souveränität. Möglicherweise ist diese neue, digitale Souveränität kein Schutzwall, sondern eine von Optimismus und Mut geprägte Initative für Teilhaberschaft an der neuen digitalen Welt. Vielleicht verbirgt sich in dieser Souveränität dann auch endlich ein wirklich souveränes, von einer ganz eigenen Vision getriebenes Handeln. Ausgehend von den bisherigen Entwicklungen und dem was da wahrscheinlich noch so kommt, steht zu befürchten, dass wir unsere tatsächliche Souveränität beim bewahren des Alten und abwehren des Neues aufs Spiel setzen und verlieren.

Als Einzelne könnten wir – sofern wir es uns individuell auch leisten können – aus diesem Rennen aussteigen. Doch als Gesellschaft haben wir keine andere Wahl. Wir müssen die digitale Transformation unserer eigenen Gesellschaft aktiv mitgestalten und dabei auch bisherige Konzepte komplett neu denken oder gar komplett über Bord werfen. Dabei geht es längst um mehr, als „nur" um Datenschutz und die Frage, ob jedes Land eine eigene staatliche Suchmaschine braucht. Es geht um nichts weniger als um eine neue, auf die neuen Umstände ausgelegte Weltordnung. Nur auf diese Weise können wir unsere Werte und unsere kulturellen Errungenschaften in ein neues Zeitalter überführen und dabei vielleicht sogar wieder echte Souveränität erlangen und uns endlich auf Augenhöhe mit den bisherigen Pionieren der digitalen Welt stellen.

Literatur

Schmidt E. (2013). Die Vernetzung der Welt: Ein Blick in unsere Zukunft.
Lewis, M. (2013). Flash Boys. A Wall Street Revolt.
Rushkoff, D. (2013). Present Shock: When Everything Happens Now.
Hobson A. et al. (2014). Psychodynamic Neurology: Dreams, Consciousness, Virtual Reality.
Johnson C. (2011). The Information Diet: A Case for Conscious Consumption.
Thaller G. (2013). Viren, Würmer und Trojanische Pferde: Die größten Hackerangriffe
Diamandis P. (2013). Abundance: The Future is Better Than You Think.
Popitz H, (2004). Phänomäne der Macht: Autorität, Herrschaft, Gewalt und Technik.

Aleksandar Stojanovic, Executive, The NeonBridge Consortium

Was lehrt Meinungsmacher das Fürchten?

Cherno Jobatey

Wissen ist Macht. Und die Aufmerksamkeit, die nötig ist, um Wissen – worüber auch immer – überhaupt vermitteln zu können, ist schwer zu erlangen. Diese Aufmerksamkeit ist ein wertvolles Gut in unserer Wissensgesellschaft. Wie wertvoll sie ist, wird beispielsweise dann klar, wenn man die Preise führender Magazine für Ganzseitenanzeigen abruft.

1 Digitale Macht, die stille Revolution

Seit Mitte der Neunzigerjahre hat in der Öffentlichkeitsarbeit eine schleichende Veränderung stattgefunden: Während die Welt mit etlichen Kriegen am Golf, in Nahost und auf dem Balkan sowie einigen Wirtschaftskrisen beschäftigt war, ereignete sich in aller Stille eine Revolution, die die Welt gründlicher verändert hat, als vielen bewusst ist. So richtig begann alles mit der Erfindung des Internetbrowsers. Kosten beschränkten früher das Angebot. Nach der Demokratisierung der Produktionsmittel durch den PC in den 1980ern erfolgte nun eine Demokratisierung des Vertriebs mit dem auf einmal ganz einfach zu bedienenden Internet. Eine direkte Verbindung von Angebot und Nachfrage wurde möglich durch hilfreiche „Filter" wie etwa Google.

Angebot und Nachfrage treffen sich auf virtueller Ebene. Gatekeeper und Königsmacher verlieren so ihre Macht. Die digitale Revolution wirbelt bis heute sehr viel durcheinander, traditionelle Geschäftsmodelle änderten sich genauso wie Kommunikationsformen. Viele handwerkliche Fähigkeiten verloren ihren Wert.

Richtig deutlich wurde das den meisten erst, als sich ein politischer Niemand aus dem Mittelwesten, aus Illinois, um das amerikanische Präsidentenamt bewarb und die Möglichkeiten, die das Internet bietet, für sich und seine Ziele nutzte.

2 Die neue digitale Elite trat an gegen das Gestern, die „analoge Hemdsärmeligkeit".

Barack Obamas Kampf war (fast schon) unfair, denn er hatte enorme Vorteile: Mithilfe der technischen Moderne konnte er preiswert seine altmodisch agierenden Gegner besiegen. Anfangs wurde der später sehr erfolgreiche Obama noch von seiner eigenen Partei-Elite und den Medien belächelt. Der technologische Fortschritt ist aber für amerikanische Wahlkämpfe seit jeher eine Stimmen-heischende Kraft gewesen: Ebenso nutzte Franklin D. Roosevelt das Radio wie zuvor schon Abraham Lincoln die damals in Mode kommenden Zeitungen zur Verbreitung seiner Redetexte. Legendär wurde die TV-Debatte, in der vor allem das strahlende Aussehen John F. Kennedys gegen den muffeligen Richard Nixon wirkte. Ronald Reagan hob mit Comedy-Sprüchen seine TV-Wirkung auf ein neues, ungeahntes Level. Obamas Innovation bestand im Vergleich zur innerparteilichen Rivalin Hillary Clinton, die die Partei, meinungsführende Zeitungen und TV-Sender hinter sich wusste, darin, online Dinge zu tun, die vorher zwar schon möglich waren, aber einen unglaublichen Aufwand bedeutet hätten. Fernsehen und Radio machen, Briefe schreiben und telefonieren, Spenden sammeln, Menschen und Ereignisse organisieren, unschlüssige Wähler überzeugen und natürlich informieren, informieren, informieren. Dies alles gelang Obama zu einem Bruchteil sowohl des bis dahin gewohnten personellen Aufwands als auch der bis dahin für normal gehaltenen Kosten. So schaffte es Obama, schon während der US-Vorwahlen zum Drachentöter der Clinton-Wahlkampfmaschinerie zu werden. Viele Beobachter hielten den Clinton-Apparat für den besten und effektivsten seit Langem bei den Demokraten. Legendär, wie sich Anfang der 1990er- Jahre der weithin unbekannte Gouverneur eines armen Südstaates erst gegen die eigene Partei in den Vorwahlen und dann im Rennen um das Weiße Haus gegen den damaligen amtierenden Präsidenten George H. W. Bush durchsetzte. Bill Clinton wurde als Präsident sogar in eine zweite Amtszeit gewählt und gilt trotz vieler Skandale bis heute als geachteter „elder statesman".

Hillary Clintons Kandidatur war denn auch für viele nur eine Formsache. Aber Barack Obamas moderner Wahlkampf verschaffte ihm, dem Junior-Senator aus Illinois, entscheidende Vorteilsmomente in einem der härtesten und längsten Vorwahlkämpfe. Das Ergebnis war erstaunlich und so wahrscheinlich von niemandem vorhersehbar: Plötzlich verlor schiere Größe an Bedeutung und David besiegte Goliath. Da die Türsteher des Wissens, nämlich des Internets, sich neutral verhielten, was bei den klassischen Printmedien, bei Fernsehen und Rundfunk so nicht der Fall gewesen wäre, wurden gelebte Hierarchien umgangen und das klassische Top-down-Herrschaftswissen außer Funktion gesetzt!

## 3	Die neue Realität heißt: Kommunikationsschranken gelten nicht mehr.

Die neue Realität heißt: Alles geht, jeder gegen jeden! Auf diese Weise wurde eine unsichtbare Lawine losgetreten, die losgelöst von allem Gängigen so vieles unter sich begraben hat. Was so einfach klingt, ist allerdings schon mit einiger Arbeit verbunden: Bei Wahlpartys verkaufte Obamas Wahlkampftruppe von Anfang an nicht nur die üblichen Buttons und T-Shirts. Obamas Helfer sammelten fleißig E-Mail-Adressen und Handynummern: Wer kaufte, ließ sich damit auch gleich als Kleinstspender registrieren und gab deshalb auch seine E-Mail-Adresse oder Handynummer an. Mit dieser erteilten Erlaubnis werden E-Mails nicht als Spam empfunden, sozusagen vom Empfänger erlaubt; der amerikanische Marketingguru Seth Godin erfand hierfür den Begriff des Permission-Marketings. War man erst einmal registriert, begann die Kontaktaufnahme Obamas mit einer E-Mail / SMS, die den Unterstützer als „friend" oder mit dem Vornamen ansprach. Der neue Freund wurde dann mit allen multimedialen Mitteln in den Wahlkampf für Obama einbezogen: Drei bis vier Mal pro Woche erreichte ihn eine E-Mail aus dem Obama-Lager. Jede Mail nahm kurz Stellung zu einem aktuellen Tagesthema, darunter befand sich ein Link. Der führte zum Herzstück der Kampagne, der Webseite www.barackobama.com. Klickte man auf den Link, konnte man sich tagesaktuell über den Wahlkampf informieren, etwa darüber, dass Ihn auch Hip-Hop-Promis unterstützten. Meist erklärte Obama höchstpersönlich in einem Video mit einfachen Worten seine Position zu verschiedenen Themen. So umging er mit seinen Videobotschaften im Netz die gefürchteten Zehn-Sekunden-Soundbites des amerikanischen Fernsehens. Er konnte mithilfe des Internets Substanzielles sagen, ganz nebenbei erzeugte das ständige Dabeisein per Video eine Illusion von Nähe. Obama beteuerte später immer wieder: „Auch ich war überrascht, wie gut Politik und die Kräfte des Internet zusammenpassen."

Wie alle sozialen Netzwerke funktioniert dies aber nur gut, wenn die Mitglieder selbst etwas beisteuern. Obama, der aus der kommunalen Politik kommt, erklärt seine Internetstrategie ganz einfach: „Wenn man Menschen einlädt, sich zu engagieren und ihnen Politik nicht wie Seife verkauft, sondern ihnen auch noch sagt: ›Dieses ist eure Kampagne, sie gehört euch!‹, dann reagieren Menschen auch anders. So kamen wir zu einer zuverlässigen Basis." Online wurde Fans die Möglichkeit gegeben, sich auf welchem Level auch immer zu organisieren, etwa mit Nachbarn oder in Schulen.

Diese kleinen „Obama-Zellen" organisierten aus Überzeugung, und umsonst! So spiegeln die Spendengeldvergleiche nicht die früheren Realitäten wieder, als man allein mit der Wahlkampfkasse noch Reichweiten abschätzen konnte. Ein konkretes Beispiel aus den US-Vorwahlen: Die Benzinpreise stiegen und der Vorschlag kam auf, die Spritsteuern für sechs Monate auszusetzen, was natürlich den netten Nebeneffekt produziert hätte, bis nach der Wahl die Preise absenken zu können. John McCain und Hillary Clinton waren dafür. Binnen Stunden erreichte jeden „friend" eine E-Mail von Obama mit einer Gegenargumentation, inklusive Bitte um eine Kleinspende für den Wechsel (zur Wahrheit), nämlich für die Produktion eines TV-Spots, der das Thema „Senkung der Spritsteuern" aufgreifen sollte. Wenige Tage später erreichte die virtuellen Obama-Freunde eine erneute E-Mail, die referierte, was mit genau dieser Spende passiert war: Zunächst einmal bedankte sich der „campaign manager" beim „friend" für dessen finanziellen Beitrag am Clip, um dann einen kurzen Text zum Thema nachzuschieben. Selbstverständlich war der

Text garniert mit zwei respektablen Quellen, New York Times und Newsweek. Klickte man die Links, so las man, wie zwei Starkolumnisten sich wunderten über McCain und Clinton und „natürlich!" Obamas Meinung bestärkten.

Aber zurück zur E-Mail: Neben einem Foto Barack Obamas befand sich ein Link zum frisch produzierten TV-Spot und dem Versprechen: „It shows Barack at his best" und: „Honest Answers no Washington Gimmicks". Obama spricht im Clip mit Filmmusik unterlegt. Gut demografisch choreografiert lauschen Menschen jeden Alters und aller Farben, wobei sie beifällig nicken. Obamas Online-Strategie ging aber noch weiter und bot nicht nur an, sich den Clip herunterzuladen. Er forderte darüber hinaus den „friend" auf, das Video weiterzuverbreiten. Auch das war sehr einfach: Ein Klick auf eine Schaltfläche, dann musste man zum Weiterschicken nur noch E-Mail-Adressen eintragen. Wem das zu mühsam war, dem half eine Software dabei, Kontakte aus dem eigenen Adressbuch hineinzukopieren. Der Inhalt der E-Mail inklusive Link stand sofort fix und fertig in der erzeugten Kettenmail. Ergebnis: 416.000 Personen sahen so diesen Clip binnen kürzester Zeit! Das Ganze war auch noch kombiniert mit dem althergebrachten Konzept des „Guerilla-Marketings", gemäß welchem man dahin geht, wo Leute sind. In die Formensprache des Internet übersetzt hieß das:

4   Ab in die sozialen Netzwerke!

Zielgruppenkonform gab's dort Infos in multimedialen Häppchen jeglicher Größe. So ist Obama bis heute in vielen sozialen Netzwerken online sehr aktiv. Auf seiner Webseite unten rechts befindet sich der Kasten „Obama Everywhere", von dem aus kleine Icons einen mit Obama-Gruppen in den jeweiligen sozialen Netzwerken verbinden, in denen er kommuniziert.

Beispiel Facebook: Hier sind es fast zwei Millionen, die mit ihm in Kontakt stehen und fleißig schreiben. Im kleineren Business-Netzwerk LinkedIn hat er über 20.000 Kontakte sowie 15.191 in einer speziellen Obama-Diskussionsgruppe. Hier geht es natürlich um Wirtschaft. Diskutiert wird, was ein Präsident Obama für kleine Geschäftsleute tun könne, Zeitungen berichten von 1.500 Vorschlägen pro Woche. Das sind nur zwei Beispiele – und das Obama-Team netzwerkt auf noch vielen weiteren Marktplätzen des World Wide Web: Black Planet, MySpace, Faithbase, YouTube, Eons, Flickr, Glee, Digg, MiGente, MyBatanga, Eventful, Asian Ave. Besonders erwähnenswert ist noch der Microbloggingdienst Twitter. In Kurzform und an die technisch fast schon ausrangierte SMS erinnernd, wird man in zwei Sätzen plus Link auf dem Laufenden gehalten: „Landed at Ben Gurion Airport in Israel. Spoke earlier today in Amman, Jordan. View the video at http:// tinyurl. com/5euks9." Bereits sechs Stunden nach dieser Kurzinfo hatten 14.900 Menschen das Video gesehen. Indem er fast keine Nische ausließ, sammelte er ein immer größeres Heer an potenziellen Wählern, die er wahrscheinlich nicht über die traditionellen Medien Fernsehen, Hörfunk, Zeitungen und Zeitschriften erreicht hätte. Kleinvieh macht eben auch …, aber heute spricht man vornehm von „Long-Tail-Kurve". Den Werbern in den USA nötigte er Respekt ab mit der Vorstellung seines Vize-Kandidaten: Per SMS erreichte er 2,9 Millionen Menschen bei null Kosten. Marktforscher Nielsen sprach respektvoll vom „größten mobilen Marketingereignis der USA".

5   Jeder kann es

Man muss gar nicht Obamas Webseite klonen, wie es etwa bei Dieter Althaus oder Benjamin Netanjahu aussah, es reicht, die neue Denke zu übernehmen. Die Teilnahmebedingungen an diesem neuen Spiel sind leicht, die Schwelle ist sehr niedrig. Jeder, also jeder mit einer E-Mail-Adresse und einem Internetanschluss, kann diese neuen Möglichkeiten für sich nutzen. Es ist machbar, simpel zu bedienen und – noch viel besser –, bezahlbar!

Wer etwas mitzuteilen oder zu verkaufen hat, merkt schnell, dass sich die Machtverhältnisse im Kampf um die Meinungsführerschaft verschoben haben, hin zu denen, die die Möglichkeiten der neuen Zeit für sich nutzen.

Früher war alles ganz einfach: Nur Medienhäuser konnten mit ihren Artikeln und Geschichten Reichweiten erzielen. Dort kann man sich im Anzeigengeschäft Reichweite kaufen, die ihren entsprechenden Preis hat. Bei diesem System sind viele ausgeschlossen, denn wer kann es sich schon leisten, mit einer fünfstelligen Summe für sich oder seine Ideen zu werben? Mit den neuen Medien ist das anders: Angebot und Nachfrage treffen sich, wie schon erwähnt, virtuell, Filter wie Google bringen die Marktteilnehmer zusammen. Jeden Monat werden in Deutschland bei Google sage und schreibe 3,7 Milliarden Suchanfragen gestellt. Dies entspricht mehr als 123 Millionen Suchanfragen pro Tag. Kein kleiner Markt also. Jeder User stellt pro Monat im Schnitt 107 Suchanfragen an Google. Die aktivsten Nutzer sind zwischen 18 und 29 Jahre alt, die passivsten User sind in der Altersgruppe unter 18 Jahren zu finden (Internetworld, 2009).

Diese eindrucksvollen Zahlen machen sich immer mehr Menschen zunutze, auch im normalen Geschäftsleben. Wie einfach und erfolgreich das gehen kann, zeigt die Geschichte eines kleinen Weinhändlers von der amerikanischen Ostküste, genauer gesagt aus Springfield, New Jersey. Gary Vaynerchuk kam auf die Idee, sein Geschäft mit neuen Weinen anzukurbeln. Doch dazu musste er erst die gängigen Meinungskartelle brechen. Er begann mit einer Webseite, http://winelibrary.com/. Dann folgte ein Internet-Tagebuch, ein Blog, später noch ein Videoblog: http:// tv.winelibrary.com/. Der in Weißrussland geborene Vaynerchuk wurde ganz nebenbei zum einflussreichen Weinpropheten. Ihm folgt eine mittlerweile weltweite Anhängerschaft im hohen sechsstelligen Bereich, http://twitter.com/garyvee, die seine Empfehlungen auch kauft.

Ähnliches hat sich auch in Hollywood getan: War das Vermarkten von Filmen und Stars bislang ein vorhersehbares Geschäft, das weitgehend in den Hinterzimmern der Agenten bestimmt wurde, so gibt es mittlerweile eine Armee von Bloggern, die das knappe Gut der Aufmerksamkeit verteilen. Perez Hilton http:// perezhilton.com gehört zu den Bekannteren und beschreibt sich selbst so: „Celebrity gossip juicy celebrity rumors Hollywood gossip blog Written by the internet's most notorious gossip columnist, Perez Hilton." Millionen lesen ihn täglich, allein auf Twitter (http://twitter.com/PEREZHILTON) folgen ihm 1.622.850 Menschen. Perez Hilton und seinesgleichen besitzen inzwischen einen Einfluss, der noch vor kurzem undenkbar gewesen wäre. Aber auch auf ganz anderen Spielfeldern ist so etwas möglich, etwa im Bereich der Wohlfühlwelt für gestresste Großstädter: im New-Age-Bereich. Weit weg auf der paradiesischen Pazifikinsel Guam kam ein ziemlich gestresster Vater von sechs Kindern auf die Idee, dass er sein Leben ändern, dass heißt vereinfachen, müsse. Leo Babauta schrieb seinen neuen Lebensstil der Vereinfachung zuerst nur für sich selbst auf: „Finding simplicity in the daily chaos of our lives. " Dann wurde daraus ein Blog. Drei Artikel schreibt er inzwischen pro Woche und 146.000 Menschen lesen „zenhabits" (http://zenhabits.net/). Mittlerweile ist daraus ein Klassiker der Wellness-Blogs geworden. Und als das US-Nachrichtenmagazin TIME „zenhabits" mit der Kür zu den Top-25-Blogs der USA veredelte, war genau jener Mr. Babauta aus Guam auf einmal ein gefragter

Mann. In Buchform schaffte der Blog unter dem Titel The Power of Less mühelos die Nummer Eins der Bestsellerliste.

6 Abstimmung per Mausklick bringt alte Kulturformen zurück

Moden jedweder Art, also auch Musikstile, Trends, Tänze, Shows oder schlicht Darstellungsformen werden begünstigt durch Medienkonzerne, die natürlich kommerzielle Interessen haben. Eine alte, fast schon vergessene Form der Kleinkunst erlebte jedoch durch reine Mund-zu-Mund-Propaganda und Videoclips eine Renaissance: das Bauchreden. Comedien Jeff Dunham war ein hart arbeitender Showman. Bauchredend tingelte er mit verschiedenen Figuren durch die Lande, machte 180 Shows pro Jahr. Seine Figur des „incompetent suicide bomber Ahmed, the dead terrorist" brachte den Durchbruch. Eine DVD seines Auftritts landete bei Youtube und wird geschaut und geschaut. Politisch nicht ganz korrekt, aber sehr lustig, haben Filme seiner Bühnenauftritte bei YouTube die 100-Millionen-Zuschauermarke lange überschritten. Ahmed hat mittlerweile sogar eine eigene Facebook-Fanseite. Undenkbar, dass ein Medienhaus jemandem eine TV-Show geben würde, der an der Pforte sagt: „Ich kann Bauchreden." Mittlerweile ist Bauchreden wieder Kult, es gibt sogar in der Welthauptstadt des Entertainments, Las Vegas, wieder Bauchredner-Shows.

7 Konzerne müssen umdenken

Diese neue Form des Gehörtwerdens kann großen Konzernen ziemlich zu schaffen machen. Das bewährte Weghören, etwa bei Kundenbeschwerden, kann ins Auge gehen. Ein wunderbares Beispiel dafür ist die Geschichte des kanadischen Countrysängers Dave Carrol. Auf US-Tour landete er mit einem Flieger der United Airlines nach einer Zwischenlandung in Chicago irgendwo im Hinterland. Bei der Landung sah er aus dem Flugzeugfenster, wie Packer auf dem Rollfeld mit Gitarren herumwarfen. Als er sein Gepäck endlich hatte, stellte er fest, dass seine geliebte Taylor-Gitarre zerstört war. Als er sich beschwerte und um Ersatz bat, wurde er rüde und arrogant abgefertigt, von Callcenter zu Callcenter weitergereicht. Irgendwann hatte Dave genug, schrieb darüber einen Song und stellte einen lustigen Billig-Clip dazu ins Netz. Wenn man „United breaks Guitars" bei Google eingibt, landet man sofort auf dem Stück. Auch für Nicht-Country-Fans ist der Song hörbar und ganz lustig. Mittlerweile haben den Song 6 Millionen Menschen gehört und gesehen und United hat sich entschuldigt, aber der PR-Flurschaden ist immens. Zeitungen und Fernsehsendungen berichteten über diese Geschichte, die früher in der Versenkung verschwunden wäre.

8 Für etablierte Politiker wird es schwieriger

In Italien, wo große Teile der Medien, aber auch der Bevölkerung, sich mit Präsident Silvio Berlusconi abgefunden zu haben scheinen, gab es Anfang Dezember 2009 eine historische Demonstration: Der „No Berlusconi Day". Es war eine Großdemonstration mit nach Veranstalterangaben 300.000, Polizeiangaben 90.000 Demonstranten. Das Besondere an dieser Demo ist deren Entstehungsgeschichte: Regierungskritische Blogger hatten die Idee und organisierten zwei Monate lang über das Social-Network Facebook diesen Protesttag. Da Violett als Farbe in Italien politisch nicht besetzt ist, wurde bei dem Aufruf auch noch dazu aufgefordert, in Violett zu erscheinen. Als die Bewegung immer größer wurde, sprangen etablierte Vereinigungen wie Gewerkschaften oder auch andere kleinere Parteien auf den fahrenden Zug. Auf einmal war sie da: eine lautstarke, zahlreiche Opposition. Berlusconi, dem selbst große Teile der Medien gehören und der auch gehörig Einfluss nimmt auf öffentlich-rechtliche Medien, hatte es geschafft, in Italien eine Stimmung zu erzeugen, die Kritisches zu ihm oder seinem Amt als Regierungschef wenn überhaupt, dann fast nur noch im Zusammenhang mit zu jungen Mädchen oder Prostituierten hören ließ. Politisch hingegen konnte dem 73-Jährigen kaum einer etwas. Dieser „No Berlusconi Day" war ein großes Statement quasi aus heiterem Himmel. Aus der digitalen Wolke heraus entstand etwas, das Politiker, Parteien und Verbände sowie etablierte Medien bislang nicht geschafft hatten.

Auch dieses Beispiel zeigt: Wirklich jeder mit einer E-Mail-Adresse und einem Internetanschluss kann die neuen Möglichkeiten für sich nutzen. Es ist machbar, simpel zu bedienen und noch viel besser: bezahlbar! Wissen ist Macht, daran wird sich nichts ändern. Und noch nie waren so viele so mächtig!

Cherno Jobatey, Chefredakteuer Huffington Post, München

Quo Vadis Digitale Bildung?

Jörg Müller-Lietzkow

Der nachfolgende Text versteht sich nicht als wissenschaftliche Forschung sondern viel eher als provokante Positionierung in Form eines Essays zur digitalen Bildung als Schlüssel zur Zukunftsfähigkeit souveräner Staaten und Staatssysteme inklusive deren Subsysteme. Die zentrale Fragestellung ist dabei, ob digitale Bildung weiterhin in Deutschland als eher pragmatisches Verbessern von Ausstattung und Zugang verstanden werden soll, oder ob darüber hinaus eben ein grundlegendes Hinterfragen gesellschaftlich weithin akzeptierter Bildungspositionen notwendig wird, will man langfristig global bestehen können. Der Autor sieht eben nicht in digitaler Bildung einen reinen Instrumentalansatz, sondern versteht diese als Aufforderung grundlegendere Fragen zu stellen. Letzten Endes wird es kaum eine Form digitaler Souveränität in einem Land geben können, wenn der Staat nicht über einen digitalen Bildungsansatz in der Lage ist, die entsprechend notwendigen Kompetenzen in breite Bevölkerungsschichten zu tragen.

1 Digitale Bildung? – Digitale Bildung!

In den letzten fünf Jahren haben sich Politik, Wirtschaft und Wissenschaft verstärkt mit der digitalen Transformation der Gesellschaft aus den jeweiligen Blickwinkeln auseinandergesetzt. Auf Deutschland bezogen manifestierten sich diese Überlegungen[1] politisch in der so genannten Enquete-Kommission „Internet und digitale Gesellschaft" sowie der im August 2014 vorgestellten „Digitalen Agenda"

---

[1] Die Zwischenberichte, die zusammengefasst den Endbericht darstellen finden sich unter: http://www.cr-online.de/30303.htm.

(Bundesregierung, 2014a). Dabei werden zahlreiche Zentralbereiche mit dem Zusatz „Digital" als eindeutigem Richtungszeiger versehen.

So ist es nicht verwunderlich, dass auch die „digitale Bildung" und „digitale Wissenschaft" in den Mittelpunkt vor allem vor dem Hintergrund der zentralen Vermittlungsbedeutung von notenwendigen Digitalkompetenzen rücken und im Rahmen der Hightech-Strategie (Bundesregierung, 2014b) prominent positioniert werden. Aus der im September 2014 vorgestellten Hightech-Strategie lässt sich folgendes entnehmen Bundesregierung, 2014b, S. 17):

> „Digitale Wissenschaft: Die Digitalisierung bringt große Umbrüche auch für die Wissenschaft mit sich, sie eröffnet vielfältige neue Möglichkeiten der Forschung und der Zusammenarbeit. Die Bundesregierung will die Wissenschaft bei der erfolgreichen Gestaltung der digitalen Transformation unterstützen, die digitalen wissenschaftlichen Informationsinfrastrukturen stärken und eine breite Zugänglichkeit und Nutzbarkeit von digitalen Informationen sicherstellen. Dazu wird gemeinsam mit den Ländern ein Rat für Informationsinfrastrukturen als übergeordnetes Koordinierungs- und Beratungsgremium gegründet, der mit seinen Empfehlungen die Wissenschaft in ihrem Selbstorganisationsprozess unterstützt. Auf dieser Grundlage ist geplant, ausgewählte strategische Projekte mit großer Hebelwirkung für durchlässige, offene und kompatible Strukturen zu fördern."

Und weiter:

> „Digitale Bildung: Das Bildungssystem soll die Menschen noch besser auf die Nutzung der Potenziale digitaler Medien und die Anforderungen der Wissensgesellschaft vorbereiten und hierzu breite Kompetenzen schaffen. Die Bundesregierung wird sich daher gemeinsam mit den Ländern und unter Einbindung weiterer Akteure im Bildungsbereich für den stärkeren Einsatz digitaler Medien in der Bildung und im gesamten Lebenslauf einsetzen. Gemeinsam wird eine Strategie „Digitales Lernen" erarbeitet, die die Chancen der digitalen Medien für gute Bildung nutzt, weiter entwickelt und umsetzt. Die Wirkung digital basierter Bildung auf Lernende unterschiedlichen Alters und soziodemografischer Situation wird im Rahmen empirischer Bildungsforschung evaluierend begleitet."

In dem nachfolgenden kurzen Beitrag soll nicht weiter auf die „digitale Wissenschaft[2]" (damit wird insbesondere die Forschung bzw. der Zugang zu Forschungsergebnissen im Sinne des Open Access Ansatzes adressiert) eingegangen werden, wenngleich hier zahlreiche Anknüpfungspunkte zu einer trefflichen Diskussion über den Terminus und vor allem die Stringenz eines Gesamtansatzes gegeben wären, sondern

---

2 Unter „digitale Wissenschaft" im Sinne der Forschung fällt exemplarisch der Bereich der digital Humanities (vgl. Burdick et al., 2012). Gemeint sind eben nicht nur Disziplinen, wie eben Informatik oder Elektrotechnik.

der Fokus richtet sich auf die „digitale Bildung" (damit wird primär die Lehre bzw. die Vermittlung von Wissen adressiert). Faktisch konzentriert sich politisch und medienpädagogisch heute das Interesse auf die Nutzungskompetenz sowie den Einsatz, die „Programmierung" und die Nutzung technischer digitaler Medien. Anknüpfend an die Enquete-Kommission „Internet und digitale Gesellschaft" des deutschen Bundestages (2009-2012), konzentriert sich dabei der Blick auf die Schulen bzw. konkreter die Schülerinnen und Schüler sowie die Hochschulen konkreter die Studierenden als primäre Bildungsnehmer. Das exkludiert allerdings nicht alternative Einsatzformen der digitalen Bildung z.B. in der beruflichen Bildung oder auch bei Senioren etc. Es geht viel mehr um den Ansatzpunkt. Kritiker, wie Lankau (FAZ, 9. April 2015, S. 7), betonen immer wieder, dass allein schon auf semantischer Ebene keine „digitale Bildung" existieren würde und somit der geistige Ansatzpunkt falsch sei. Auf diesen Punkt wird ebenfalls einzugehen sein, wobei dem semantischen Spiel schon an dieser Stelle eine Absage in der Form erteilt sei, als dass die allein darauf bei Lankau aufbauende Kritik eben nicht schlüssig und somit nachvollziehbar ist.

Zurück zum Ausgangspunkt der hier anzustellenden Überlegungen: Reicht diese rechte starke Eingrenzung, die technische Optionen in Form digitaler Medien und die reine Kompetenz weit vor die Frage der Bedeutung und transformativen Wirkung setzt? Sind es nur die „digitalen Medien", die es auszuschöpfen gilt? Ist „digitale Bildung" in letzter Konsequenz nur eine evolutionäre Weiterentwicklung? Wie unschwer an den kritischen Fragestellungen zu erkennen ist, schätzt der Autor die Lage anders, vor allem grundlegender, ein. Es ist recht einfach (und politisch opportun) das Schlagwort der „digitalen Bildung" mit Forderungen, wie „Tablets" für alle Schulkinder zu verknüpfen – ähnliche Forderungen gingen schon einmal in Richtung von Notebooks für jedes Schulkind vor einigen Jahren herum. Der Wirkungsgrad kann aber vor allem dann durchaus kritisch gesehen werden, wenn diejenigen, die Elemente der digitalen Bildung nutzen sollen, eigentlich selber erst einmal die Kompetenz hierzu erwerben müssten – etwas vereinfacht: Was nützen Schüler Tablets, wenn die Lehrer diese nicht bei der Nutzung unterstützen können (bzw. sogar die Schüler die Lehrer[3] „unterrichten" müssen)? Jüngst verstärkt wurde diese Diskussion über digitale Bildung vor allem auch durch die international angelegte ICILS-Studie 2013[4] (Bos et al., 2014), welche Deutschland insgesamt

---

3   Laut Rohleder haben 4 von 10 Lehrerinnen und Lehrern bisher keine entsprechenden Fortbildungen in den letzten drei Jahren besucht (Rohleder, 2014, S. 17).

4   Die Studie, die von einem größeren Autorenkollektiv erstellt wurde, geht auf „Computer- und informationsbezogene Kompetenzen", „Lehr- und Lernbedingungen", die „Schulische Nutzung von neuen Technologien", die Geschlechtsunterschiede sowie die

eine eher rückständige Position hier attestierte sowohl die Kompetenzen als auch die Ausstattung betreffend. Die Signale dieser Studie müssen zumindest aus einer nationalen Perspektive als alarmierende verstanden werden.

Im Kern geht es – und das wird sich gerade in den nächsten Jahren verstärkt zeigen – auch um eine besondere Form der „digitalen Souveränität" (vgl. Boberach und Neuburger, 2014, S. 767), nämlich die Frage nach der Bildungshoheit in einem Gesamtkonzept, welches bis heute in Deutschland nicht vorliegt. Auch Boberach und Neuburger (2014, S. 767) betonen dabei explizit die enge Verzahnung digitaler Bildung und digitaler Souveränität:

> „Um die technisch immer anspruchsvolleren und komplexeren Infrastrukturen und Endgeräte nutzen zu können, sind vielschichtige Kompetenzen erforderlich, die über rein technische Qualifikationen hinausgehen und insbesondere auch organisatorische Kompetenzen im Umgang mit neuen Medien sowie Kenntnisse existierender Möglichkeiten und Risiken einschließen: Die sogenannte Digitale Souveränität. Derartige Kompetenzen müssen auf allen Ebenen stärker in das Bildungssystem integriert wer- den – gewissermaßen als Kernelement der Aus- und Weiterbildung in allen verantwortlichen Institutionen."

Der Beitrag ist wie folgt aufgebaut:

- Zunächst wird auf Basis einer sehr kurzen historischen Betrachtung das Verständnis von digitaler Bildung als übergreifendem Kompetenzkonzept erweitert. Dabei wird reflektiert, dass die „digitale Bildung" eben nicht nur ein Kurzzeitphänomen oder ein Modebegriff ist, sondern dass schon seit gut drei Jahrzehnten Bemühungen bestehen, proaktiv diese Potenziale in unterschiedlichsten Bildungskontexten zu aktivieren.
- In einem zweiten Schritt wird auf den Status-Quo im Jahr 2015 eingegangen. Hier zeigt sich, dass Anspruch und Wirklichkeit, im Sinne eines flächendeckenden Ansatzes (noch) weit auseinanderklaffen.

soziale Herkunft inklusive der Frage der Bedeutung des Migrationshintergrundes ein. Insbesondere sieht man das Kompetenzniveau deutscher Schüler im Vergleich (Bos et al., 2014, S. 126), fällt auf, dass Deutschland sogar leicht hinter dem EU-Durchschnitt und im Rahmen der IT-Ausstattung Gerick et al., 2014, S.161) nur knapp über dem EU-Durchschnitt. Erschreckend fällt allerdings die Bilanz des Einsatzes von Computern bzw. IT-Technologie im Unterricht aus. Da ist Deutschland Schlusslicht der Vergleichsländer (Eickelmann et al., 2014, S. 204). Zumindest lässt die ICILS Studie 2013 den Schluss zu, dass im schulischen Bereich nicht die existierenden Möglichkeiten digitaler Bildung hinreichend erkannt und ausgenutzt werden.

- Schließlich wird ein Blick auf die Bedeutung digitaler Souveränität im Kontext der digitalen Bildung geworfen. Es geht dem Autor durchaus auch darum, über plakative (und aus politischer Sicht durchaus vertretbare) Forderung zu einer lediglich besseren Hard- und Softwareausstattung, der Breitbandversorgung oder auch der Steigerung von „Medienkompetenz" (i. e. S.) hinaus einen Vorschlag zu entwickeln, der zeigt, dass die große Linie in der digitalen Bildung mehr Mut zur Veränderung erfordert.

Im Mittelpunkt steht dabei nichts Geringeres als der Mut das etablierte und existierende Bildungssystem in seinen Grundfesten in Frage zu stellen. Wagt man den weiten Blick in die Zukunft, wird es genau dieser Mut sein, der eine echte (notwendige) Reform des nationalen Bildungswesens erfordert um im globalen Wettbewerb bestehen zu können. Umgekehrt – und darin liegt der politische Anspruch des kleinen Beitrags – verspielt man (unnötig) langfristig Zukunftschancen und Wohlstand (wozu die entsprechenden Kompetenzen auch in der Wirtschaft benötigt werden (vgl., Rohleder, 2014). Andere (Schwellen-)Länder haben schon bewiesen, wie stark die digitale Transformation vor allem im Bildungssektor umsetzbar ist. An „Best Practice", wie so häufig von der Praxis gefordert, mangelt es also nicht. Doch dazu zum Ende noch einige Hinweise.

2 Erweitertes Modell der digitalen Bildung

Ausgehend von den vorangestellten Überlegungen soll hier mit einem deutlich breiteren Verständnis „digitaler Bildung" agiert werden, denn schon der simple Blick in das Meer obsoleter bzw. genauer abgelöster Konzepte signalisiert auch in der Gegenwart, dass eine technische dominierte Definition im Sinne der Computertechnologien hier nicht hinreichend wäre. Allem voran ist sicher zu stellen, dass der Terminus der digitalen Bildung in der Tat vielleicht eben nicht der günstigste ist, aber als Cryptic Label derzeit hohe Konjunktur genießt, warum auch in diesem Beitrag auf diese Verkürzung zurückgegriffen wurde. Der extrem verkürzte, sicherlich auch viele Entwicklungen ausblendende Blick in die Vergangenheit signalisiert, warum man dies auch durchaus kritisch beurteilen kann. Sinnvoller wäre auf der rein semantischen Ebene sicherlich eine schärfere Trennung zwischen den Kompetenzen, die den Umgang und den Kompetenzen, die die Erschaffung digitaler Güter, Programme und Artefakte ermöglichen.

3   Digitale Bildung im Zeitraffer

Ein kurzer Blick auf die Digitalisierung der Bildungsmedien veranschaulicht schon, dass das Thema gar nicht so neu ist, sondern in multiplen Facetten immer wieder, seit dem Aufkommen der PCs und Heimcomputer eine Rolle spielt. Zunächst als Offline-Programme, schon zu Zeiten des Commodore 64, dann zunehmend als Onlineprogramme und Angebote (unter dem Stichwort Web Based Trainings). In den C64er-Zeiten war es sicherlich vor allem die Tatsache, dass der Informatikunterricht als Frühform digitaler Bildung nach und nach in den Schulalltag eingezogen ist. Auch erste Anwendungen zum schulischen Lernen wurden (jenseits des Informatikunterrichts) angeboten. Neben die Homecomputer traten auch verstärkt Terminals und erste Personal Computer Ende der 1980er-Jahre als Pool- und freie Geräte in den Schulen und (öffentlichen) Bildungsstätten.

Es fand allerdings nur in sehr beschränktem Maß ein verpflichtender Informatikunterricht – also eine Form der Bildung zum Digitalen – statt. Auch der Einsatz digitaler Technologien im Unterricht (an den Schulen) kann man als gering bezeichnen. Vieles hatte lediglich Experimentalcharakter (häufig waren es in den Schulen z. B. „Informatik AGs" oder andere Formen von kurzen Kursen, nicht aber stringente im Lehrplan festgeschriebene Unterrichtseinheiten). Erst Anfang der 1990er Jahre mit der breiten Penetration von Personal Computern sowie entsprechender Peripherie wandelte sich das Bild in Richtung der bekannten „CBTs", also den Computer Based Trainings, bei denen neben der eigenen Programmierung auch andere inhaltliche Akzente gesetzt wurden. Auch diese aber können, zumindest zu Beginn, als eine eher rudimentäre Form digitaler Bildung betrachtet werden, wobei hervorzuheben ist, dass nun mehr und mehr die durch Digitalisierung ermöglichte/bereicherte Bildung und nicht die Bildung zum Digitalen im Mittelpunkt gestanden ist.

Dabei war (und ist) vielfach der Einzellerner (bei den CBTs) in den Mittelpunkt gestellt worden – und zwar sowohl im schulischen/akademischen als auch im professionellen Aus-, Weiter- und Fortbildungs-Bereich/Markt. Dem Einzellerner wurden inhaltliche Angebote gemacht, die prinzipiell der „alten" Lernwelt entnommen und (lediglich) digitalisiert wurden (häufig auch stark Textbasiert). Spuren davon finden man auch heute noch, sieht man z. B. den boomenden E-Book-Markt. Genau genommen liegt darin schon eine Paradoxie, sieht man doch, dass zahlreiche Lehr-Lernkonzepte prinzipiell, vor allem im schulischen Kontext, auf Mischformen des Wissenserwerbs ausgerichtet sind.

Mit dem starken Aufkommen des Internets Ende der 1990er Jahre und in den 2000er Jahren, inklusive wachsender Bandbreiten sowie ökonomisch vertretbaren Flatrate-Kosten für den Zugang, sind immer mehr Online-Angebote entwickelt worden, vielfach auch als Web Based Trainings bezeichnet (WBTs). Diese haben lange das „moderne" Bild digitaler Bildung geprägt und insbesondere „E-Learning" stand hoch im Kurs (vgl. z. B. Lang, 2002, Dichanz/Ernst, 2002). Im Windschatten sind dann auch erste virtuelle Klassenräume und andere Konzepte in die Praxis eingeführt worden. Allerdings mangelte es lange Zeit an geeigneten Programmen, die eine einfache und gut administrierbare digitale Lernkommunikation überhaupt ermöglichten.

In den letzten Jahren sind innovative oder erweiterte Konzepte (jenseits) des E-Learning und der webbasierten Trainings entwickelt worden, die vor allem die Fehler der ersten Generation dieser Lernverfahren zu vermeiden versuchen. Virtuelle Klassenräume und Lerngruppen sowie auch Eigeninitiativen spielen hierbei eine durchaus nicht zu vernachlässigende Rolle, ermöglichen heutige Technologien mit mobilen Endgeräten auch vielfältige Zugangsoptionen. Ebenso wurde das Konzept der „(Corporate) Virtual Universities", (vgl. Töpfer, 2001) also die Kombination aus (unternehmens-) spezifischen Lernangeboten und zeitlich und räumlicher Entkopplung, zunehmend auf einer konzeptuellen Ebene diskutiert und progressiv entwickelt.[5] Problematisch in dem Zusammenhang waren (und teilweise sind) vor allem die inhaltlichen Überlegungen adäquat mit einer technischen Infrastruktur zu verbinden. Konkret hat z. B. früh Coenen (2001) eine ansprechende Arbeit zur „E-Learning-Architektur für universitäre Lehr- und Lernprozesse" vorgelegt, aber auch dort fehlt(e) eine stringente Verzahnung, die ein echtes Ausnutzen der Potenziale der Virtualisierung hätte auslösen können. Auf diesen Missstand hat der Autor selber schon vor vielen Jahren hingewiesen (Müller-Lietzkow, 2003).

Aus pädagogischer Sicht haben zahlreiche Untersuchungen sich entweder mit Vor- oder Nachteilen digitaler Lehr-Lernformen, insbesondere dem E-Learning, auseinandergesetzt, ohne dass man von einem geschlossenen Bild sprechen kann. Drei Besonderheiten machen dies auch aus Sicht der Forschung besonders schwierig zu erfassen: *Erstens* ist die Geschwindigkeit des technologischen Wandels als besonders hoch einzustufen. Die Folge davon ist, dass wissenschaftliche Untersuchungen sehr häufig hinter den aktuellen Entwicklungen zurückbleiben (müssen) und vor allem Langzeitstudien, die detaillierteren Erkenntnisgewinn zulassen, gerade in diesem Feld entweder bei Erscheinen veraltet sind oder schlicht nicht sinnvoll. *Zweitens* wird noch immer sehr stark auf Einzelbereiche geschaut. Dies kann sich auf Jahrgänge oder Inhalte z. B. im Rahmen der Schulforschung beziehen. Die Übertragung der Erkenntnisse sind dann aber immer unter Vorbehalt nur sinnvoll vorzunehmen. *Drittens* und letztens sollte man sich aus einer Forschungsperspektive

---

5   Dies hängt natürlich nicht zuletzt gerade bei den großen Konzernen mit dem hohen Druck internationale Standards zu schaffen zusammen.

auch im Klaren darüber sein, dass die Vergleiche der Lehr-Lernverfahren bei der digitalen Bildung logischerweise nur sehr schwer möglich sind. Selbst wenn man z. B. einen Kontrollgruppenvergleich vornimmt, ist nicht klar, ob die erklärte Varianz tatsächlich hinreichend die Schwachstellen offen legt (z. B. werden bei solchen Verfahren weder Gruppenprozesse noch die Lehrleistungen erfasst, sondern lediglich der Output bewertet, damit aber Langzeiteffekte ausgeblendet). Das bedeutet nicht, dass nicht Forschung an der Stelle eine hohe Relevanz hat, man wird aber nicht an daran vorbei kommen, hier zunächst eine Metastudie zu erstellen, die ein pluralistisches Gesamtbild erlaubt.

Inzwischen hat sich das Angebot insbesondere in Richtung kollaborativer Lehr-Lernumgebungen, hochskalierender Modelle (MOOCs[6]) und des zur Verfügung stellen von offenen edukativen Inhalten (Open Educational Resources) in den Kanon der digitalen Bildungskonzepte eingereiht. So sehr man dies begrüßen sollte, bleiben dennoch einige (alte) Schwächen bestehen, nämlich der fehlende Gesamtansatz eines digital geprägten Bildungsverständnisses, die Stringenz in der Bildungsvita und der immer noch zu stark ausgeprägte Einzelfallcharakter. Fasst man diese kurze historische Einordnung zusammen, wird schnell klar, dass die moderne Bezeichnung „digitale Bildung" einen Trugschluss dann darstellen würde, wenn man von einem neuartigen oder operativ geschlossenen Phänomen ausgeht. Die digitale Bildung (in ihren unterschiedlichsten Facetten) gibt es schon lange, die breite öffentliche und politische Aufmerksamkeit auf diese hat allerdings erst in jüngerer Zeit Konjunktur.

4   Digitale Bildung heute – Facetten

Digitale Bildung ist eine sprachliche Verkürzung auf verschiedenste Formen der Verbindung von Bildung und Digitalem. Dabei geht es sowohl um die Ausbildung zur Nutzung bzw. Entwicklung des Digitalen (z. B. Programmieren), der Nutzung

---

6   Eine recht umfängliche State-of-the-Art Beschreibung zu MOOCs haben Becker und Rojas (2013) vorgelegt. Insbesondere der Hinweis auf den „Weltmarkt" (2013, 5%) zeigen auch das Dilemma hinsichtlich digitaler Souveränität. MOOCs werden heute prinzipiell als Bildungsgeschäftsmodell verstanden. Dies widerspricht aber tendenziell dem nationalen Bildungsideal und ist geprägt durch US-amerikanische Vorstellungen, bei denen die Schul- und Hochschulbildung explizit als Geschäft durch hohe Schul- und Hochschulgebühren geprägt ist. Um eine nationale Perspektive zu entwickeln, wird es hier sicherlich weiterer Überlegungen bis hin zu einer Plattform in staatlicher Trägerschaft bedürfen.

des Digitalen im instrumentellen Sinn (z. B. Lerntools), der Verbreitung von Inhalten in digitaler Form (z. B. E-Books) aber eben auch um die Kompetenzen im Umgang mit dem Digitalen und dem Internet im Sinne einer kritisch-rationalen Grundhaltungsperspektive sowie auch der Kenntnis über Probleme und eventuelle Gefahren[7]. Digitale Bildung kann dabei in mannigfaltigen, kombinierten und hochkomplexen, interaktiven Formen auftreten, kann sich aber auch lediglich auf die Hardwareausstattung beziehen. Verorten kann man die digitale Bildung daher auch nicht prinzipiell z. B. als „Schulthema", wie nun schon mehrfach angedeutet.[8] Wohl aber sind staatliche und private Bildungsträger als Multiplikatoren digitaler Bildung allgemein adressiert. Digitale Bildung tritt also in multiplen Kontexten auf, bei der die institutionellen, wie Schulen und Hochschulen zwar die politische Diskussion aktuell bestimmen (Anhörung im Ausschuss für Bildung, Forschung und Technikfolgeabschätzung des deutschen Bundestages am 22.4.2015), aber natürlich auch die berufliche Aus-, Fort- und Weiterbildung ebenso betroffen ist, wie auch der gesamte private Bildungssektor. Immer wieder werden Konzepte, wie das lebenslange Lernen und die digitale Bildung in Zusammenhang gesetzt (umfänglich hierzu Voigtländer/Breitner 2010).[9]

Mit ein wenig Abstand sieht man, dass eigentlich mit dem Terminus vielmehr der Transformationsprozess der Bildungsangebote, als ein konkret zu beschreibendes Phänomen gemeint ist. Die angestrebte Einordnung dieses Beitrags, der ja mit einem recht provokanten „Quo Vadis" einhergeht, kann also nicht vor dem Hintergrund einer Zustandsbeschreibung mit anschließender Prognose erfolgen.[10] Die übliche

---

7   Es geht im Umkehrschluss auch um die Frage, welche Sicherheiten muss der Staat an der Stelle bieten und welche Formen der individuellen Sicherheitsvorsorge sind a) möglich und b) zu leisten (z. B. der Einsatz von Verschlüsselungssoftware).

8   Eine schlüssige theoriebasierte Strukturbeschreibung liefern hierzu Iske und Meder (2010, insb. 29 ff.), die auf die nicht-lineare Organisationsform digitaler Lernwelten explizit hinweisen.

9   Bewusst wird an dieser Stelle auf eine umfängliche ökonomische Marktbetrachtung verzichtet. Der Bildungsmarkt ist, soviel sei aber angemerkt, natürlich von dem Trend zur digitalen Bildung stark betroffen. Müller-Lietzkow und Meister (2010) konnten z. B. für den Serious Games-Markt zeigen, dass diese Opportunitäten auch die Anbieter vor Herausforderungen derart stellen, dass nicht selten auch bei den Anbietern von Lehr-Lernmaterialen defizitäres Wissen über die Genese digitaler Bildungsgüter herrscht. Diese Lücke kann nur schlüssig durch Kooperationen schnell geschlossen werden (in dem Fall mit der digitalen Spieleindustrie). Mittelfristig werden die Anbieter entweder hinzukaufen oder die Kompetenzen selber aufbauen müssen.

10 Auch hier muss der Hinweis erfolgen, dass nicht Einzelaspekte im Mittelpunkt der Betrachtung stehen. Insbesondere Detailfragen helfen an der Stelle recht wenig. Nur ein Beispiel: Beschäftigt man sich mit der Frage, ob ggf. Lehrer durch Daten, die Systeme

Einzelfallverengung, z. B. auf Bildungsmedien oder auch die Nutzung von Sozialer Software in Bildungszusammenhängen, spielt sicherlich eine ebenso wichtige Rolle, wie die Diskussion, ob nun „Programmieren" als „dritte Fremdsprache" zum Pflichtkanon in den Schulen gehört. Die Einordnung und der Ausblick an dieser Stelle muss also eher als politischer verstanden werden, der Fragen nach größeren und zukunftsorientierteren Konzepten in den Mittelpunkt rückt. Behelfsweise kann man auch von einem Schalenmodell ausgehen, in dessen Kern zunächst die digitale Bildungsmedien inklusive Social Software / Web 2.0-Technologien stehen um sowohl die Bildung zur Nutzung des Digitalen als auch die Bildung zur Entwicklung des Digitalen voranzutreiben. Die weiteren Schalen müssen sich mit Fragen der Aufbereitung, der Verfügbarkeit, den rechtlichen Rahmenbedingungen oder auch der Barrierefreiheit widmen. In den äußersten Schalen wird es dann darum gehen die richtigen Rahmenbedingungen zu schaffen, finanziell, personell und strukturell. Wer heute digitale Bildung also lediglich als die Nutzung von Tablets als Buchersatzmedium versteht, verschenkt genau die hier durch eine breitere Betrachtung möglichen Potenziale. Dabei werden, wie Hugger und Walber zurecht anmerken (2010, S. 9), sowohl die formellen als eben auch die informellen Lernprozesse adressiert.

5 Warum setzt sich digitale Bildung derzeit in Deutschland nicht durch?

Wie im vorangegangenen Abschnitt umfänglich beschrieben, kennt die digitale Bildung viele, interaktive, nicht-lineare Facetten, die dem erweiterten virtuellen Paradigma (Müller-Lietzkow, 2003[11]) gerecht werden. Die daran weiter oben formulierten anschließenden Fragen im Zusammenhang mit einer möglichen Zukunftsprognose wurden unter der ceteris paribus Annahme getroffen, dass die Bildungssysteme steuerbar seien, zumindest auf einem normativ-regulativen Niveau. Dies trifft natürlich aus heutiger Sicht nur sehr bedingt (noch) zu.

im Rahmen der digitalen Bildung von einzelnen Schülerinnen und Schülern gesammelt haben, ein anderes Bild bekommen, gar die Schülerinnen oder Schüler benachteiligen, müsste man entsprechende normative Lösungen, kann man sehr lange diskutieren, wie man dieses spezifische Problem lösen kann, ohne dabei den Gesamtkomplex der digitalen Bildung schlüssig weiter zu entwickeln.

11 Unter dem erweiterten virtuellen Paradigma wird neben der räumlichen und zeitlichen Entkopplung auch die technische Entkopplung von Einzelgeräten bzw. Medien verstanden.

Erstens stehen finanzielle Beschränkungen einer umfänglichen Intensivierung der institutionalisierten digitalen Bildung im Weg, insbesondere unter Berücksichtigung der nationalen Besonderheit, dass durch den Föderalismus eben keine einheitliche Steuerung möglich ist und das Kooperationsverbot zwischen Bund und Ländern explizit auch noch eine zusätzliche Hürde darstellt.

Zweitens fehlt es an substanziellem (Ausbildungs-)Wissen in den Institutionen, insbesondere den Schulen aber auch anderen staatlichen Bildungsträgern. Es reicht an der Stelle ebene nicht über Sonderprogramme Hard- und Software sowie (gesicherten) breitbandigen Netzzugang zur Verfügung zu stellen, sondern es sind vor allem diejenigen, die das Wissen einerseits vermitteln und andererseits diese Kompetenz auch leben müssen. Dies widerspricht aber nicht selten dem Schulalltag.

Drittens mangelt es auch an geeigneten Lehr-Lern-Materialien, die entsprechend die Chancen und Potenziale der digitalen Bildung adäquat nutzbar machen. Hinzu kommt, dass die Produktion der ersten Kopie deutlich kostenintensiver ist und die Halbwertszeit dafür umso kürzer. Die über Skaleneffekte erzielbaren Mehreinnahmen, da z. B. die fehlenden Produktionskosten physischer Güter sowie die Distribution entfallen, überkompensieren im Zweifelsfall aber nicht die Mehrkosten.[12]

Die Frage, warum also heute eine flächendeckende Umsetzung im nationalen Kanon scheitert, basiert nicht auf einer zentralen Erkenntnis, sondern es sind ganze Bündel in einem komplexen Bedingungsgefüge. (vgl. hierzu auch Herzig/Grafe, 2010, S. 116 f.) Auch muss man insgesamt überlegen, ob nicht vor allem Gründe aus politischer bzw. verwaltungstechnischer Sicht häufig verhindernd wirken. Ein einfaches Beispiel mag dies illustrieren: Man kann einerseits überlegen, ob nicht in Schulklassen z. B. Tablets als Lehr-Lernmittel eingesetzt werden. Technisch könnten diese ebenso gut als E-Book-Reader, als Taschenrechner oder auch als interaktives Lexikon inklusive spezifischer Tools im Klassenraum als Partizipationsinstrument eingesetzt werden. In einigen europäischen Ländern ist dies bereits der Fall. Man kann aber, und dies ist nicht selten die nationale Perspektive, auch über mögliches Tracking der Nutzung, Datenmissbrauch, Urheberschutzrechtsverletzungen etc. debattieren und damit den Einsatz signifikant erschweren. Nicht selten sind es genau diese Argumente, die eher bremsend in Deutschland wirken und digitale Bildung trotz guten Willens behindern. Darüber hinaus fehlt es weiterhin bei den Lehrenden nicht selten an (Vermittlungs-)Kompetenz im Umgang mit digitalen Medien,

---

12 An der Stelle sei angemerkt, dass dann auch nicht zwingend sichergestellt ist, dass auch mit den neu produzierten Medien immer gelernt wird, was gelernt werden soll. Dieses Dilemma bedeutet, dass zunächst zumindest Subventionsprogramme notwendig sein könnten, damit zumindest ein Grundstock an digitalen Bildungsressourcen auf einem geeigneten Qualitätsniveau aufgebaut werden kann.

Hardware und dem Netz im Zeitalter Web 2.0. Diese Schwächen zu überwinden, wird eher eine politische, denn eine rein pädagogische Herausforderung sein.

6   Erweitertes Verständnis digitaler Bildung

Auf die semantische und definitorische Problematik wurde schon weiter oben hingewiesen. In der Tat bedeutet das Label „Digitale Bildung", dass verschiedenste Dinge unter einen Hut gepackt werden. Nachfolgend wird hier der Versuch einer kurzen Einordnung in einem weiten Verständnis vorgenommen, die es auch den entsprechenden Adressaten ermöglicht umfänglichere Maßnahmenpakete entsprechen hierunter zu packen.

Digitale Bildung, so ergibt die kurze, definitiv unvollständige Analyse, als Schlagwort in der häufig verwendeten technisch dominierten Konnotation, als eine Verengung auf die Informatik bzw. „Programmieren" in der Schule (Liggesmeyer, 2014), wird weiterhin eine Randerscheinung bleiben, wenn sich nicht das Verständnis der Bedeutung verändert. Daher wird an dieser Stelle ein erweitertes Modell propagiert, welches sich von der reinen Informatikfixierung verabschiedet. Auch die neueren Konzepte, die sich sehr eng an Forderungen wie „iPads in die Schulen" etc. orientieren bilden nur einen Teilabschnitt eines umfänglichen Neuansatzes aus. Es wird wesentlich mehr darauf ankommen, das Denken über Prozesse, Herausforderungen, Aufgaben etc. stärker auf die Möglichkeiten durch die Digitalisierung in Bildungskontexten auszurichten. Konkreter wird es darauf ankommen, ob man in der Lage sein wird, digitale Lösungen und Angebote parallel oder auch substituierend zu entwickeln, die einem ganzheitlichen Bildungsverständnis gerecht werden. Digitale Bildung erfasst im Kern sowohl die Kompetenzbildung zur Nutzung als auch zur Genese des Digitalen, sprich die Fähigkeiten digitale Inhalte und Angebote proaktiv individuell oder kollektiv einzusetzen als auch die Kompetenz digitale Strukturen durch Wissen über Programmierung und Technologien zu verstehen und souverän zu beherrschen.

Hierzu sind aber weit mehr Maßnahmen notwendig, als lediglich Unterrichtsformen zu ändern oder Investitionsprogramme zu starten. Ein solches Verständnis digitaler Bildung setzt die Bereitschaft voraus, Bildungsstrukturen so zu verändern, dass weder der Zugang zu notwendigen Ressourcen (Wissen, Technologien, Netzzugang etc.) zum limitierenden Faktor wird noch dass die Qualität der Wissensvermittlung zugunsten der Digitalisierung eingeschränkt wird. Gerade Letzteres kommt aber gar nicht so selten vor. Konkret am Beispiel von Lernprogrammen lässt sich zeigen, dass diese häufig mit einem hohen technischen Aufwand produziert werden, sich aber sehr eng auf nur einen kleinen Ausschnitt des tatsächlich zu vermittelnden Wissens konzentrieren.

Digitale Bildung soll daher an dieser Stelle subsummierend als ganzheitlicher Ansatz verstanden werden, der konsequent die digitale Transformation der Bildung als umfängliches Programm versteht, welches nicht nur zur Steigerung der Medienkompetenz dient (also über diesen Ansatz weit hinausgeht), sondern darüber hinaus auch die proaktive Kompetenz der Erstellung ebenso abdeckt, wie die Integration der Anpassung der Lehr-Lernsysteme inklusive der Aus-, Fort- und Weiterbildung der Vermittler von Wissen. Etwas einfacher formuliert: Wenn man nicht bei den Lehrenden ansetzt, werden die Lernenden kaum systematisch, geplant und strukturiert die notwendigen Kompetenzen erlangen können.[13]

7 Digitale Souveränität und digitale Bildung

7.1 Nationale und international Perspektive

Der Titel des Buches spricht von digitaler Souveränität. Souveränität bedeutet im Kern Selbstbestimmung und auch Unabhängigkeit von Dritten. Nun stellt sich die Frage welche Rolle hier die staatliche und welche die private (digitale) Souveränität spielt, gerade wenn es um digitale Bildung geht. Aus staatlicher Perspektive wird man recht schnell merken, dass die Länderhoheit einer stringenten Bildungspolitik im Sinne der digitalen Bildung deutlich im Weg steht, darauf wurde ja schon hingewiesen. Auch verwundert bis heute, dass neben der Frage der Länderhoheit (selbst bei einem inzwischen gelockertem Kooperationsverbot (19.12.2014); (vgl. bmbf, 2015) nicht auch schon längst die Frage aufgekommen ist, warum nicht viel enger verzahnt zwischen Schulen, Hochschulen aber auch in der Aus-, Fort- und Weiterbildung gedacht wird. Konzepte bleiben häufig Insellösungen und lassen mögliche Individualisierungspotenziale brachliegen.

Darüber hinaus behindern z. B. das Urheberrecht (im Sinne der Frage welche Inhalte wie durch wen in welchem Rahmen digital genutzt werden dürfen) ebenso, wie die mangelhaften Optionen für Lehrenden selber die notwendigen Kompetenzen anzueignen. Einfache Schulungen zu technischen Möglichkeiten helfen nicht geeignete medienpädagogische Konzepte in der inhaltlichen Vermittlung zu

---

13 Nimmt man die Studie von Wetterich et al. (2014, S. 7) zur Grundlage, kann man natürlich die Medienkompetenz auch in einem weiten Sinn auffassen. Dann fallen natürlich auch die Struktur- und Fortbildungsmaßnahmen mit in den Kontext.

ersetzen. Auch kann man die berechtigte Frage stellen, ob man Konzepte wie „Bring Your Own Device" unter dem Aspekt digitaler Souveränität behandeln will und kann. Aus individueller Perspektive scheint dies eine einfache und kostengünstige Lösung zu sein, da nicht selten auch eigene Geräte recht gut beherrscht werden. Die Frage ist aber, ob damit effektiv und gezielt digitale Bildung vorangetrieben werden kann, ganz jenseits technischer Fragen. Im Sinne einer nationalen digitalen Souveränität im Kontext der Bildung ist auch dafür Sorge zu tragen, dass eine faire Chance auf Partizipation besteht.

Die Liste der Herausforderungen aus nationaler Perspektive ist damit nicht abschließend behandelt, ganz zu schweigen von den Finanzierungsfragen. Diese Fragen dürfen aber genau nicht der Grund sein, digitale Bildung als Konzept nicht konsequent und nachhaltig anzugehen, sondern sind viel mehr Verpflichtung dem Thema besondere Aufmerksamkeit zu schenken. Anders als vergleichsweise im US-amerikanischen Bildungssystem ist der Staat der zentrale Bildungsanbieter in Deutschland und entsprechend auch für die Umsetzung der digitalen Bildung verantwortlich.

Darüber hinaus muss der Staat auf technischer Ebene dafür Sorge tragen, dass geeignete Angebote sowohl hinsichtlich der Produkte und Leistungen als auch der Infrastruktur zur Verfügung zu stellen. Nicht zuletzt geht es auch dabei darum durch Verschlüsselungstechnologien und Sicherheitssysteme einen Schutzraum zu schaffen. Dies leitet direkt über zur Frage des Verhältnisses im internationalen Kontext.

Ausgehend von den voran skizzierten Fragestellungen bleibt zu überlegen, ob und wenn ja, welche Auswirkungen die digitale Bildung hat bzw. was ein Vernachlässigen dieser im internationalen Vergleich zur Folge hätte. Schnell zeigt sich, dass man heute schon nicht mehr Vorreiter dieser Entwicklungen wäre/sein kann, sondern vielen Ländern erst einmal hinterherläuft. Dies gefährdet aber nicht nur die Anschlussfähigkeit (z. B. in Studiensystemen), sondern bedeutet auch, dass in einer längerfristigen Perspektive Abhängigkeiten von denjenigen, die diese Ressourcen haben und einsetzen, wachsen können. Konkret sollte es Ziel nationaler Politik bleiben, eben nicht nur auf US-amerikanische oder andere internationale Plattformanbieter zu setzen, die dann Bildungsangebote mit einer stark divergierenden kulturellen Prägung offerieren. Digitale Souveränität erfordert zumindest auf der inhaltlichen Ebene einen souveränen Staat um digitale Bildung anforderungsgerecht zu entwickeln. Im Umkehrschluss dürfte damit klar sein, dass nicht nur reine Vergleichsstatistiken (seien es OECD Daten oder auch andere internationale Bildungsstudien) Basis solcher Überlegungen sein dürfen (im Sinne des reinen Aufschließens), sondern darüber hinaus eigenständige und vor allem auch innovative Lösungen gefragt sind.

7.2   Perspektiven einer kurz- und mittelfristigen Bildungspolitik zur Digitalisierung

Die Ausführungen dürften klar signalisiert haben, dass der Autor sich keinesfalls zu den harten Kritikern an der Entwicklung hin zur digitalen Bildung versteht, im Gegenteil, viele der Entwicklungen auch in der historischen Perspektive begrüßt, wenngleich im internationalen Vergleich Deutschland ein eindeutiges Defizit aufweist. Es bleiben aber, wie schon im Abschnitt 3 gezeigt, drei grundlegende Herausforderungen, zu denen die Politik bisher kaum Antworten anbieten konnte. Der kleine Aufsatz soll daher mit ebenso drei konkreten Forderungen bzw. Positionen beendet werden, die Forschungs- und politisches Arbeitsprogramm zugleich darstellen.

Erstens muss nach über 30 Jahren Erfahrung mit digitaler Bildung eine zentrale Erkenntnis gereift sein, die sich am besten damit zusammenfassen lässt, dass die Notwendigkeit eines ganzheitlicheren Vorgehens evident ist. Erst wenn man aufhört Schule, weiterführende Bildungsangebote (Berufsschule, Hochschule etc.) und berufliches Lernen als separate monolithische Blöcke zu verstehen und eine integrative Haltung entwickelt, wird es digitale Bildung ein vollständiges Lehr-Lernpotenzial entfalten können. Dies beginnt sicherlich schon mit einfacheren Fragen, wie z.B. Lerneinheiten (zeitlich, organisatorisch, inhaltlich) besser und angemessener organisiert werden können und geht weiter bis hin zu der Frage der Individualisierung durch Granularisierung[14] von Lehr-Lernpotenzialen des Einzelnen. Aus Forschungsperspektive bleibt auch die Frage, ob und wie dies mit einem pädagogischen Gesamtverständnis in Einklang gebracht werden kann. Die politische Herausforderung liegt im Mut hier grundlegend neue Bildungsparadigmen auch in den Alltag einzustreuen.

Zweitens geht es um die Frage der Genese und Verfügbarkeit von Inhalten. Wie schon angedeutet, ist die Produktion digitaler Bildungsinhalte in der Ersterstellung deutlich kostenintensiver als herkömmliche Lehrmittel, insbesondere Lehrbücher und zum anderen ist die Halbwertzeit der Gültigkeit des aufbereiteten Wissens deutlich kürzer. Selbst bei stark modularisierten Konzepten, die eine hohe Wiederverwertbarkeit einzelner Bausteine erwarten lassen, bleibt die Herausforderung diese inhaltliche Aufbereitung jenseits reiner Text-Digitalisierung voran zu treiben. In dem Zusammenhang ist die Forschungsfrage, ob diese digital aufbereiteten Inhalte durch Interaktion bzw. die Präsentation tradierten Lehr-Lernmitteln so überlegen sind, dass insgesamt der Aufwand gerechtfertigt ist. Aus einer politischen

---

14 Zur Granularisierung durch das Sammeln digital verfügbarer Daten sei auf die Ausführungen von Kucklick (2014) verwiesen.

Perspektive werden sowohl die Finanzierung als auch die rechtlichen Fragestellungen (Urheberrecht, Datenschutzrecht) elementare Herausforderungen darstellen. Die Verfügbarkeit, insbesondere im Zusammenhang mit dem Stichwort „Open Educational Resources" (OER) bedeutet nämlich auch im Umkehrschluss, dass die Bildungsindustrien (z. B. Verlage, Schulungsanbieter etc.) unter erheblichen Druck geraten werden.[15] Außerdem wächst natürlich mit hoher Verfügbarkeit von Wissen in Form von digitalen Ressourcen (OERs) die Komplexität, wie diese zur Verfügung gestellt werden. Auch damit verbunden sind die personellen Konsequenzen, mit der sich die dritte Empfehlung beschäftigt.

Drittens, wie schon angedeutet, wird es insbesondere im Zusammenhang mit der staatlichen Form digitaler Bildung in Schulen und Hochschulen darum gehen, sowohl geeignetes Personal einzusetzen, die zukunftsorientiert Bildungsinhalte vermitteln können, als auch dementsprechend die Komplexität so zu filtern, dass eben nicht reine Überlastung die Konsequenz systemischer Fehler werden. Blinder Aktionismus wäre genau die falsche Vorgehensweise. Recht einfache Forderungen nach reiner Ausstattung oder gar Konzepten wie „Bring your own device" sind zwar politisch derzeit en Vogue, werden aber weder kurz- noch mittelfristig die maßgeblichen Treiber einer Entwicklung hin zur digitalen Bildung darstellen. Es wird die Forschungsherausforderung sein, zu überprüfen, wie den Vermittlern von Wissen hier die wesentlichen Werkzeuge an die Hand gegeben werden, ihr Wissen a) digital selber einfacher aufzubereiten und b) aber auch die Vermittlung auf die Nutzung der digitalen Bildung auszuweiten. Konkret werden z. B. Vorlesungen ersetz durch entsprechende Bausteine und die Präsenzzeiten können gänzlich anders genutzt werden. Wer dem entgegenhält, man hätte auch früher schon aus Büchern lernen und dann diskutieren können, der hat eben nicht die interaktiven, nicht-linearen und kollaborativen Potenziale digitaler Bildung verstanden. Dies zu vermitteln wird dabei ebenso wiederum Aufgabe der Politik sein, wie auch die Finanzierung und vor allem die Weiterbildung von Lehrenden in neuartigen Formen (z. B. in regelmäßigen digitalen Bildungs-Sabbaticals) der Fortbildung sicher zu stellen. Hinter den drei Vorschlägen steht dann noch die Wahrung einer nationalen (digitalen) Bildungskultur, die eben nicht blind entsprechend kulturell divers geprägten Angeboten Folge leistet, sondern die eigene Souveränität und vor allem auch die Stärken des Bildungssystems wieder sogar mehr in den Mittelpunkt rückt.

---

15 In diesem Zusammenhang muss auch die berechtigte Frage gestellt werden, warum nur in Deutschland die Buchpreisbindung auf eBooks übertragen wird, wohingegen international der kostengünstige Zugang zu Wissen unkritisch möglich ist. Sicherlich kann die Buchpreisbindung als ein Hinderungsgrund im Kontext der digitalen Bildung bezeichnet werden.

Es geht eben nicht darum durch Digitalisierung Bildung zu verkürzen, sondern die Breite des Gesamtverständnisses digitaler Bildung zur grundlegenden Reform des nationalen Bildungssystems mutig und zukunftsorientiert zu nutzen ohne dabei in eine ideologische Haltung[16] abzurutschen, die der Sachlage nicht angemessen wäre.

Literatur

Arnold, R./Weinmann, G. (2010). Digitale Lernwelten: Annäherungen an die Zukunft. Eine Diskussion. In: Hugger, K.-U./Walber, M. (Hrsg.) (2010). Digitale Lernwelten. Konzepte, Beispiele und Perspektiven. (S. 287-293). Wiesbaden: VS-Verlag.

Becker, M./Rojas, R. (2013). MOOCs statt Hörsaal. Der Unterricht im Zeitalter seiner technischen Reprodzierbarkeit. Hannover: Heise. eBook.

Boberach, M./Neuburger, R. (2014). Zukunftspfade Digitales Deutschland 2020. In: HMD (2014), 51. (S. 762-772).

Bos, W./EIckelmann, B./Gerick, J. (2014). Computer- und informationsbezogene Kompetenzen von Schülerinnen und Schülern der 8. Jahrgangsstufe in Deutschladn im internationalen Vergleich. In: Bos, W./Eickelmann, B./Gerik, J./Goldhammer, F./Schaumburg, H./ Schwippert, K./Senkbeil, M./Schulz.-Zander, K./ Wendt, H. (Hrsg.) (2014). ICILS 2013. Computer- und informationsbezogene Kompetenzen von Schülerinnen und Schülern in der 8. Jahrgangsstufe im intrenationalen Vergleich. (S. 113-146). Münster: Waxmann.

Bos, W./Eickelmann, B./Gerik, J./Goldhammer, F./Schaumburg, H./Schwippert, K./Senkbeil, M./Schulz.-Zander, K./Wendt, H. (Hrsg.) (2014): ICILS 2013. Computer- und informationsbezogene Kompetenzen von Schülerinnen und Schülern in der 8. Jahrgangsstufe im intrenationalen Vergleich. Münster: Waxmann.

Bundesregierung (2014a). Digitale Agenda 2014-2017. Berlin August 2014. Internet: http://www.bmwi.de/BMWi/Redaktion/PDF/Publikationen/digitale-agenda-2014-2017,property =pdf,bereich=bmwi2012,sprache=de,rwb=true.pdf, Zugriff am 9. September 2014.

Bundesregierung (2014b). Die neue Hightech-Strategie – Innovationen für Deutschland. Berlin September 2014. Internet: http://www.bmbf.de/pub_hts/HTS_Broschure_Web.pdf, Zugriff am 9. September 2014.

Burdick, A./Drucker, J./Lunenfeld, P./Presner, T./Schnapp, J. (2012). Digital Humanities. Cambridge: MIT Press. eBook.

Coenen, O. (2002). E-Learning-Architektur für universitäre Lehr- und Lernprozesse. Lohmar: Eul Verlag.

Deutscher Bundestag (2013). Sechster Zwischenbericht der Enquete-Kommission „Internet und digitale Gesellschaft". Bildung und Forschung. Berlin. Drucksache 17/12029 vom 8.1.13. Internet: http://dipbt.bundestag.de/dip21/btd/17/120/1712029.pdf, Zugriff am 9. September 2014.

---

16 Ähnlich argumentieren auch Wetterich et al. (2014, S. 10). Gerade im Bereich der digitalen Medien leidet darunter eine angemessene Politik.

Dichanz, H./Ernst, A. (2002). E-Learning – begriffliche, psychologische und didaktische Überlegungen. In: Scheffer, U./Hesse, F. W. (Hrsg.) (2002). E-Learning. Die Revolution des Lernens gewinnbringend einsetzen. (S. 43-66). Stuttgart: Klett-Cotta.

Eickelmann, B./Schaumburg, H./Drossel, K./Lorenz, R. (2014). Schulische Nutzung von neuen Technologien in Deutschland im internationalen Vergleich. In: Bos, W./Eickelmann, B./Gerik, J./Goldhammer, F./Schaumburg, H./Schwippert, K./Senkbeil, M./Schulz.-Zander, K./Wendt, H. (Hrsg.) (2014). ICILS 2013. Computer- und informationsbezogene Kompetenzen von Schülerinnen und Schülern in der 8. Jahrgangsstufe im intrenationalen Vergleich. (S. 197-230). Münster: Waxmann.

Gerick, J./Schaumburg, H./Kahnert, J./Eickelmann, B. (2014). Lehr- und Lernbedingungen des Erwerbs computer- und informationsbezogener Kompetenzen in den ICILS-2013-Teilnehmerländern. In: Bos, W./Eickelmann, B./Gerik, J./Goldhammer, F./Schaumburg, H./Schwippert, K./Senkbeil, M./Schulz.-ZanderK./Wendt, H. (Hrsg.) (2014). ICILS 2013. Computer- und informationsbezogene Kompetenzen von Schülerinnen und Schülern in der 8. Jahrgangsstufe im intrenationalen Vergleich. (S. 147-196). Münster: Waxmann.

Herzig, B./Grafe, S. (2010). Digitale Lernwelten und Schule. In: Hugger, K.-U./Walber, M. (Hrsg.) (2010): Digitale Lernwelten. Konzepte, Beispiele und Perspektiven. (S. 115-128). Wiesbaden: VS-Verlag.

Hugger, K.-U./Walber, M. (2010). Digitale Lernwelten: Annäherungen aus der Gegenwart. In: Hugger, K.-U./Walber, M. (Hrsg.) (2010): Digitale Lernwelten. Konzepte, Beispiele und Perspektiven. (S. 9-20). Wiesbaden: VS-Verlag.

Institut für Demoskopie Allensbach (2014). Digitale Medienbildung in Grundschule und Kindergarten. Befragungsergebnisse. Internet: http://www.telekom-stiftung.de/dts-cms/sites/default/files//dts-library/materialien/pdf/ergebnisse_allensbach-umfrage_gesamt.pdf, Zugriff am 4. Januar 2015.

Iske, S./Meder, N. (2010). Lernprozesse als Performanz von Bildung in den Neuen Medien. In: Hugger, K.-U./Walber, M. (Hrsg.) (2010): Digitale Lernwelten. Konzepte, Beispiele und Perspektiven. (S. 21-38). Wiesbaden: VS-Verlag.

Kucklick, C. (2014). Die Granulare Gesellschaft. Wie das Digitale unsere Wirklcihkeit auflöst. Berlin: Ullstein. eBook.

Lang, N. (2002). Lernen in der Informationsgesellschaft – Mediengestütztes Lernen im Zentrum einer neuen Lernkultur. In: Scheffer, U./Hesse, F. W. (Hrsg.) (2002): E-Learning. Die Revolution des Lernens gewinnbringend einsetzen. (S. 23-42). Stuttgart: Klett-Cotta.

Lankau, R. (2015). Unter dem Joch der Digitalisten. In: FAZ 9. April 2015, S. 7.

Liggesmeyer, P. (2014). Die digitale Bildung stärken. Gastkommentar. Capital. Internet: http://www.capital.de/meinungen/die-digitale-bildung-staerken-2323.html, Zugriff am 4. Januar 2015.

Müller-Lietzkow, J. (2003). Virtualisierungsstrategien in klassischen Industrien. State-of-the-Art in Zeiten des Hyperwettbewerbs. Hamburg: Kovac.

Müller-Lietzkow, J./Meister, D. (2010). Spielerische Vermittlungformen beim eLearning: Wie ein Netzwerk aus Spieleindustrie und Bildungsanbietern durch neue Onlineoptionen kontinuierliche Lernplattformen schaffen kann. In: Breitner, M. H./Voigtländer, C./Sohns, K. (Hrsg.) (2010): Perspektiven des Lebenslangen Lernens. (S. 249-256). Berlin: Gito.

Rohleder, B. (2014). Von Whiteboard bis MOOC – Digitale Medien in der Bildung. Präsentation 1.7.2014. Berlin: Bitkom.

Töpfer, A. (2001). Corporate Universities und Distance Learning – Aufbruch in ein neues Lernparadigma. In: Kraemer, W./Müller. M. (Hrsg.) (2001): Corporate Universities und E-Learning. Personalentwicklung und lebenslanges Lernen. (S. 65-88). Wiesbaden: Gabler.
Voigtländer, C./Breitner, M. (2010). Ein Leben lang lernen – von der Vision zum Zukunftstrend. In: Breitner, M. H./Voigtländer, C./Sohns, K. (Hrsg.) (2010): Perspektiven des Lebenslangen Lernens. (S. 1-80). Berlin: Gito.
Wetterich, F./Burghart, M./Rave, N. (2014). Medienbildung an deutschen Schulen. Handlungsempfehlungen für die digitale Gesellschaft. Berlin: Initiative D21. eBook.

Jörg Müller-Lietzkow, Prof. Dr., Lehrstuhl Medienökonomie, Universität Paderborn

Bin ich digital souverän – und wenn ja, wieviel?

Michael Littger

Digitale Souveränität ist in aller Munde. Doch was bedeutet der Begriff in Bezug auf den privaten und gewerblichen Verbraucher – und wie kann er umgesetzt werden? Der Beitrag befasst sich im Kontext einer „totalen Digitalisierung" des Lebensalltags mit dem Begriff. Unter Verweis auf den DsiN-Sicherheitsindex 2014 werden der heutige Status der Digitalen Souveränität bei Verbrauchern sowie Handlungserfordernisse für eine Verbesserung besprochen.

Drei Faktoren der „Digitalen Aufklärung 2.0" werden benannt, die eine nachhaltige Stärkung der digitalen Kompetenzen und Verhaltensweisen bewirken können: Dazu zählen neben einem abgestimmten Aufklärungsmix, anstelle von Aufklärung mit der Gießkanne, auch die Vernetzung und Bündelung bestehender Initiativen. Um die Grenzen der Aufklärungsarbeit zu überwinden, sollte auch der Dialog aller Beteiligten – Gesellschaft, Politik, Wissenschaft, Wirtschaft – verstärkt werden.

Der Begriff Souveränität wird umgangssprachlich häufig mit dem sicheren Auftreten und Handeln in menschlichen oder geschäftlichen Beziehungen gleichgesetzt. Ein souveräner Mensch lässt sich nicht ablenken, bleibt ruhig und besonnen. Souveränität beschreibt damit eine nützliche Fähigkeit, die hilfreich ist, um schwierige Situationen durchzuhalten. Was aber ist dann die Digitale Souveränität – und wie kann sie erreicht werden?

1 Digitale Souveränität – Anspruch und Wirklichkeit

Unserer Lebenswelten erleben einen Prozess der vollständigen Digitalisierung. Damit geht einher, dass immer häufiger von der Notwendigkeit die Rede ist, digital souverän zu handeln. Dieser „Konstante" steht als Kontrapunkt eine Dynamik der totalen Vernetzung der Gesellschaft durch Kommunikations- und Informationstechnologien gegenüber – mobil und stationär. Der Wunsch nach digitaler Souveränität wird damit auch zum „ruhenden Gegenpol" einer fortschreitenden digitalen Entwicklung.

Bezogen auf den digitalen Nutzer sind die Ansprüche nicht gerade gering: Er soll in die Lage versetzt werden, sich in der digitalisierten Welt sicher zurechtzufinden. Er muss über das notwendige Wissen verfügen, um Dienste des Internets zu nutzen, die seinen Interessen entsprechen. Er soll motiviert werden, diese Dienste und Sicherheitsoptionen eben auch zu nutzen. Diese Kompetenzen zählen wir zu den inneren Faktoren, die „digitale Souveränität" ausmachen.

Dieser Anspruch bezieht sich auf private und gewerbliche Nutzung gleichermaßen; gerade auch Unternehmen sind heute aufgefordert, sich in der digitalen Welt durch einen souveränen Umgang zu behaupten.

2   Digitale Souveränität versus Digitale Sorglosigkeit

Wie aber ist es um die Souveränität wirklich bestellt – und was kann verbessert werden?

Die Sicherheitslage von Internetnutzern in Deutschland wurde kürzlich im DsiN-Sicherheitsindex[1] erhoben, der erstmals die persönliche Bedrohungslage von Internetnutzern in Deutschland in einer Kennziffer zusammengefasst hat. Diese spiegelt die Balance zwischen Gefährdung und Schutzniveau – dem souveränen Handeln – wider.

Zusätzlich betrachtet dieser Indexwert vier Nutzertypen differenziert: Weit abgeschlagen sind demnach der „Fatalist", der viel weiß, aber wenig davon umsetzt, da er nicht an den Erfolg glaubt, sowie der „Außenstehende", der über kaum Grundwissen verfügt und entsprechend in riskanten Situation unbedarft bleibt. Diese Gruppen liegen mit 44,2 bzw. 45,8 Punkten deutlich unterhalb des kritischen Schwellenwerts von 50 Punkten. Etwas besser schneidet der „Gutgläubige" mit gutem Grundwissen aber schlecht ausgeprägtem Risikobewusstsein ab. Lediglich der „Souveräne" hat mit 72 Punkten eine gute Sicherheitslage erreicht und liegt mehr als 10 Punkte über dem Bundesdurchschnitt von 60,2 Punkten.

Bei einigen Nutzergruppen, insbesondere bei jüngeren und älteren Onlinern, fällt der Index unter den Schwellenwert von 50 Punkten. Unterhalb dieses Schwellenwertes kippt die Balance zwischen Bedrohungslage und praktiziertem Schutzniveau.

---

[1]   Der DsiN-Index 2014 ist eine von Deutschland sicher im Netz e. V. herausgegebene Studie.

Um das „digitale Sicherheitsgefälle" zwischen Souveränen einerseits und den übrigen Nutzern abzubauen, helfen jedoch keine blinden Aufklärungsmaßnahmen „mit der Gießkanne". Erforderlich ist ein abgestimmter Maßnahmenmix, der den Bedürfnissen jeder Verbrauchergruppe besser gerecht wird. Insgesamt zeigt das Ergebnis, dass bei 60 Prozent der deutschen Internetnutzer ein erhöhter Aufklärungs- und Unterstützungsbedarf für einen souveränen Umgang mit dem Internet besteht.

3　　Durch Digitale Aufklärung 2.0 zum souveränen Bürger

Ein Abbau des digitalen Sicherheitsgefälles erfordert intensive Anstrengungen einer „Digitalen Aufklärung 2.0", die unter dreierlei Herausforderungen zusammengefasst werden:

1. *Spezifische Maßnahmen zur Sensibilisierung*, Befähigung und Motivation zum sicheren Umgang mit IT und digitalen Diensten
2. *Bündelung bestehender Aufklärungsinitiativen* und gegenseitige Vernetzung für einen besseren Zugang für Verbraucher
3. *Grenzen der Aufklärungsarbeit reduzieren* im Dialog mit allen Beteiligten – Wirtschaft, Gesellschaft und Staat

Erstens: Spezifische Maßnahmen zur Sensibilisierung

Um Sicherheitskompetenzen und -verhalten bei Verbraucherinnen und Verbrauchern zu verbessern, müssen die Bedürfnisse und Fähigkeiten der Zielgruppen besser berücksichtigt werden; ein Mix an Aufklärungsarbeit wird angestrebt.

- Deutschland sicher im Netz bietet dazu bereits einige Aufklärungs- und Unterstützungsangebote für Verbraucher an. Ein konkretes Projekt ist beispielsweise die DsiN-Passwort-Wechsel-App zur Unterstützung im täglichen Passwort-Dschungel: Nutzer können sich mit der kostenfreien App bei vielen beliebten Portalen schnell und einfach zeigen lassen, wo sie das Passwort erneuern können. Anhand von kurzen Texten und Bildern werden Verbraucher Schritt für Schritt an die richtigen Stellen geleitet. Die App von DsiN erinnert zudem an das regelmäßige Ändern der Passwörter.

- Entsprechende Unterstützungen bedürfen auch Unternehmen[2], die in der Mehrheit einen erheblichen Aufklärungsbedarf aufweisen. Auch hier erarbeitet DsiN Maßnahmen: So erfahren kleine und mittelständische Unternehmen unter www.dsin-cloud-scout.de in 10 bis 15 Minuten, in welcher Weise sie Cloud Computing sicher nutzen und dadurch ihre Informationssicherheit verbessern können. Ein Ergebnisbericht vermittelt erste Anleitungen zu IT- und Datensicherheit und bietet Kriterien für die Wahl von Cloud-Diensten und Cloud-Anbietern – ersetzt jedoch keine individuelle Sicherheitsanalyse.

Auf dem Weg der zielgruppenorientierten Aufklärung entwickelt der Verein derzeit neue Projekte mit seinen Mitgliedern, Partnern sowie Bund und Ländern, die bundesweit konkrete Beratung und Unterstützung vor Ort anbieten. Dazu gehören spezielle Angebote für Berufsschüler, Vereine, Senioren und Kleinunternehmen.

Zweitens: Bündelung bestehender Aufklärungsinitiativen

Zahlreiche Initiativen befassen sich heute bereits mit Aufklärungsangeboten – von einzelnen Unternehmen bis hin zu Verbraucherschutz. Hier gibt es viele Projekte und Initiativen, die in ihrem Umfeld bereits gute Arbeit leisten. Für eine wirksame Aufklärung, die Verbraucher wirklich erreicht, sollten diese Angebote vernetzt und für Verbraucher auf diesem Wege besser zugänglich gemacht werden. DsiN steht bereit, diese Vernetzung zu übernehmen.

Drittens: Grenzen der Aufklärungsarbeit reduzieren

Um die Digitale Souveränität vollständig zu erreichen, müssen natürlich weitere Faktoren einbezogen werden, die über die Aufklärungsarbeit hinausgehen und diese ergänzen. Dazu zählen Technologien und Dienste, die Sicherheitslösungen integrieren und ein hohes Maß an Nutzerfreundlichkeit bieten. Erst die Flankierung der Aufklärungsarbeit durch technische, möglicherweise aber auch politische Unterstützung, versetzt die Verbraucher in die Lage zu wirklich souveränem Handeln.

Dieses Zusammenwirken der unterschiedlichen Akteure – Gesellschaft, Politik, Wissenschaft, Wirtschaft – ist damit der dritte Baustein einer Digitalen Aufklärung 2.0, um Digitale Souveränität der Verbraucher zu erreichen. DsiN lädt dazu ein, im Rahmen der Digitalen Aufklärung auch an diesem Dialog mitzuwirken und diesen zu fördern.

---

2   Der Sicherheitsmonitor 2014 ist eine von Deutschland sicher im Netz e. V. herausgegebene Studie.

4   Fazit

Der digital souveräne Anwender – Bürger und Unternehmen – ist wesentliche Voraussetzung für Sicherheit, Schutz und Vertrauen in der digitalen Welt. Eine digitale Anwendersouveränität geht einher mit einer Professionalisierung der Auflärungsarbeit, der Digitalen Aufklärung 2.0. Sie berücksichtigt die Unterschiedlichkeit der Bedürfnisse bei Verbraucher und Unternehmen und stellt einen Maßnahmenmix zur Verfügung. Dabei sollten bestehende Angebote nützlicher Initiativen gebündelt werden, um ihren Zugang zu vereinfachen. Gleichwohl kann Aufklärungsarbeit – neben technologischen oder regulativen Maßnahmen – nur ein Faktor der Digitalen Souveränität sein. Daher sollten die Grenzen und gegenseitigen Abhänigigkeiten im Dialog aller Beteiligten intensiviert werden.

Michael Littger, Dr., Geschäftsführer, Deutschland sicher im Netz e. V., Berlin

V
Juristische Ebene

Digitale Souveränität und europäische Öffentlichkeit

… oder warum es eines neuen Zeitalters der europäischen Aufklärung bedarf

Michael Veddern

> *„Aufklärung ist der Ausgang des Menschen aus seiner*
> *selbst verschuldeten Unmündigkeit."*
> *(Immanuel Kant 1784)*

Digitale Souveränität lässt sich aus staats- und demokratietheoretischer Sicht als die Befähigung der Bevölkerung zur effektiven Ausübung staatlicher Gewalt über Sachverhalte im digitalen Raum mittels demokratischer Mehrheitsentscheidungen definieren. Eine solche Definition wirft eine Reihe grundsätzlicher Fragen theoretischer und praktischer Natur auf. Dies gilt insbesondere mit Blick auf die Tatsache, dass im digitalen Raum – weitestgehend ohne Rücksicht auf nationale Grenzen – Informationen, Dienstleistungen, digitale Güter und Kapital innerhalb von Sekunden auf einfache und kostengünstige Weise verbreitet, geteilt und ausgetauscht werden. Hinzu tritt die durch global agierende Marktteilnehmer wie Google, Facebook, Apple, Uber, Airbnb und andere mal mehr, mal weniger aggressiv, zumindest aber faktisch betriebene Substitution einer klassischen gesetzlichen Regulierung von Wirtschafts- und Lebensbereichen durch reine Marktmechanismen wie Relevanz, Wahrscheinlichkeiten, Konversionsraten, Social Signals und Bewertungen (Morozov, 2015).

Zugleich sind die Marktteilnehmer und User angesichts der potentiell global wirksamen digitalen Kommunikation mit einer unüberschaubaren Vielzahl im Detail sehr unterschiedlicher gesetzlicher Regulierungen durch zum Teil internationale Institutionen einschließlich der Europäischen Union sowie vor allem von Nationalstaaten konfrontiert. Deren komplexes Zusammenspiel, geschweige denn die – selbst für Rechtsexperten – schwierige Vorfeldfrage, welches überstaatliche oder staatliche Recht auf einen konkreten Sachverhalt anzuwenden sei, lässt Marktteilnehmer und User nicht selten zur Nichtbeachtung gesetzlicher Regeln neigen. Zugleich ist in der digitalen Welt ein sog. „forum shopping", d. h. die gezielte

Verlagerung von wirtschaftlichen Aktivitäten oder Gewinnen an Standorte mit den jeweils rechtlich vorteilhaftesten Rahmenbedingungen und Steuersätzen ebenso wie die Wahl zwischen verschiedenen, in Betracht kommenden Gerichtsbarkeiten häufig ohne großen Aufwand möglich (Hans-Bredow-Institut, 2006, S. 13).

Verstärkt wird diese Entwicklung durch – im Vergleich zur Güterwirtschaft des 20. Jahrhunderts – extrem verkürzte Innovationszyklen (BITKOM 2014, S. 13), die fortlaufend neue und aufgrund ihrer globalen Wirksamkeit ungekannt schnell wachsende Geschäftsmodelle hervorbringen. Auf die ständig neu erzeugten und sich fortentwickelnden Geschäftsmodelle und digitalen Erscheinungen können die staatlichen Gewalten – Legislative, Exekutive und Judikative – aufgrund der in den demokratischen Rechtsstaaten einzuhaltenden Verfahren und zu beachtenden Mehrheitsverhältnisse nur stark verzögert und manchmal nur inadäquat reagieren.[1] Angesichts der beschriebenen globalen Wirksamkeit der digitalen Kommunikation und der starken Zersplitterung der zu berücksichtigenden nationalen Rechtsordnungen führt dies zu einer zusätzlichen Verstärkung des Akzeptanzverlustes staatlicher Regulierung.

Diese und weitere Gründe haben zu einer generellen Schwächung der Regelungs- und Durchsetzungsmacht, insbesondere der im Weltmaßstab territorial kleinen europäischen Staaten gegenüber der digitalen Welt, inklusive all ihrer Ausstrahlungen in die analogen Wirtschafts- und Lebensbereiche geführt.

1   Regulatorische Gegenbewegungen

Diese Entwicklung hat zunächst zwei gegensätzliche Bewegungen hervorgebracht, die in ihrem berechtigten Bestreben, eine Antwort auf die Schwächung staatlicher Regelungs- und Durchsetzungsmacht zu finden, aus im Kern ähnlichen Gründen für rechtsstaatlich und demokratisch zu legitimierende Gesellschaften als ungeeignet abzulehnen sind:

---

[1]   Damit soll nicht gesagt sein, dass in nicht rechtsstaatlich-demokratisch organisierten Staaten die Lösungen weniger oft uneffektiv oder ungeeignet sind. Die Gründe für uneffektive oder keine Lösungen sind in demokratisch-rechtsstaatlichen Staaten nur teilweise andere.

1.1   Tendenzen der Renationalisierung und Abschottung

Auf der einen Seite steht die – zunehmend in Parteien (z. B. Front National in Frankreich oder AfD in Deutschland) und außerparlamentarischen Bewegungen (z. B. Pegida) politisch organisierte – Forderung einer territorialen Abschottung und Renationalisierung, verbunden mit der Hoffnung, die vormalige nationale Regelungs- und Durchsetzungsmacht der Nationalstaaten zurückzugewinnen (vgl. Bogdandy, S. 867). Derartige Renationalisierungsbestrebungen gefährden nicht nur die Errungenschaften einer weitgehenden Befriedung der europäischen Völkergemeinschaft durch die Europäische Union sowie die wirtschaftliche Grundlagen der international stark vernetzten europäischen Wirtschaft und damit letztlich Arbeitsplätze und den sozialen Frieden innerhalb Europas. Sie würden im digitalen Raum auch unweigerlich zu einem erheblichen Freiheitsverlust führen;

Abschottung und Renationalisierung bedeuten in durch die Digitalisierung und ihre globale Wirksamkeit geprägten Gesellschaften nichts anderes als eine nationale Kontrolle der digitalen Kommunikation und ihrer Knotenpunkte, wie sie z. B. in China anzutreffen ist. Eine Wiederherstellung einer umfassenden Regelungs- und Durchsetzungsmacht im Sinne einer nationalstaatlichen Souveränität ist in einer digitalen globalen Kommunikation ohne eine rigorose Kontrolle und Beschränkung der Kommunikation an den digitalen Schnittstellen zum Rest der Welt kaum denkbar. Eine derart restriktive und umfassende Kontrolle der von außen auf die nationalen Territorien und Bevölkerungen einströmenden digitalen Kommunikation lässt sich mit dem westlichen Modell des demokratischen Rechtsstaats und des ihm innewohnenden Menschenbildes, sich in freier Selbstbestimmung entfaltender und mit individuellen Rechten ausgestatteter Individuen, eindeutig nicht vereinbaren. Denn notwendige Bedingung sowohl des demokratischen Rechtsstaats als auch der an ihm selbstbestimmt und in freiem Willen teilhabenden Individuen ist die generelle und garantierte Freiheit der Kommunikation.

Dementsprechend hat das Bundesverfassungsgericht die in Art. 5 Abs. 1 des Grundgesetzes garantierte Freiheit der Meinungsäußerung und Kommunikation, stets als „eines der vornehmsten Menschenrechte überhaupt" bezeichnet, da sie der „unmittelbarste Ausdruck der menschlichen Persönlichkeit in der Gesellschaft" und insofern „für eine freiheitlich-demokratische Staatsordnung […] schlechthin konstituierend" sei. Erst die ständige geistige Auseinandersetzung ermögliche den Kampf der Meinungen, der das entscheidende „Lebenselement" freiheitlich-demokratischer Gesellschaften sei. Damit ist die Meinungsfreiheit „Grundlage jeder Freiheit überhaupt" (Bundesverfassungsgericht, 1958, Rn 33).

1.2   Ansätze zur Markt-, Selbst- und Koregulierung

Die gegenteiligen, aus dem wirtschaftlichen Bereich stammenden Ansätze scheinen auf den ersten Blick dem Freiheitsgebot und damit dem freiheitlich-demokratischen Selbstverwirklichungsgebot Rechnung zu tragen. Sie reichen von einer weitgehenden Ersetzung staatlicher Regulierung durch eine Marktsteuerung bis hin zu Systemen der Selbst- oder Co-Regulierung durch die Stake- oder Shareholder. Diesen Ansätzen ist – mit verschiedenen Abstufungen – gemeinsam, dass der Staat sich zunehmend aus der Regulierung digitaler Wirtschafts- und Lebensbereiche zurückzieht und die Regulierung entweder Marktmechanismen wie Preisen, Relevanz, Konversionsraten, Wahrscheinlichkeiten, Sozialen Signalen und Bewertungen, oder einer Selbstregulierung durch die Share- oder Stakeholder überlässt. Dies ist mit der Hoffnung verbunden, dass zugunsten der User unrentable, ungeeignete und mangelhafte Angebote durch einen zielgenauen Preis- und Angebotswettbewerb verdrängt werden bzw. eine Selbstregulierung ein Marktversagen effektiver als mittels gesetzlicher Regulierung verhindert.

Die breite Umsetzung derartiger Regulierungsansätze würde die staatliche Regulierung zu einer Art Rahmengesetzgebung degradieren, die sich zunehmend einer konkreten Sachverhaltsregulierung enthielte und nur noch im Ausnahmefall, d. h. bei einem völligen Markt- bzw. Selbstregulierungsversagen, eingreifen würde. Bestenfalls gibt bei einer Koregulierung der staatliche Gesetzgeber – im Sinne einer „regulierten Selbstregulierung" (Schulz und Held, 2002) – noch Ziele und Mindestanforderungen sowie gegebenenfalls Mittel und Verfahren der Durchsetzung vor (Spindler und Thourun, 2014). Schlimmstenfalls wird sogar die staatliche Rechtsprechungsgewalt zugunsten privater und geheim tagender Schiedsgerichte zurückgedrängt, wie dies auf zwischenstaatlicher Ebene die „Investor-State Dispute Settlement"-Klauseln des im Entwurf vorliegenden europäisch-kanadischen Freihandelsabkommens CETA bzw. des noch in Verhandlung befindlichen europäisch-amerikanischen Freihandelsabkommens TTIP vorsehen.

Auch die Markt- und Selbstregulierungsansätze widersprechen bei weitgehender Umsetzung freiheitlich-demokratischen Grundprinzipien sowie dem Selbstverwirklichungspostulat selbstbestimmter Individuen. Zunächst lassen sie außer Acht, dass Marktmechanismen und Marktverhaltensweisen nicht nur von rational handelnden, aufgeklärten, allwissenden und objektiv urteilenden Wirtschaftsteilnehmern, Verbrauchern und Usern gesteuert werden.[2] Ebenso wenig ist ihr individuelles, tägliches Han primär von einer Gemeinwohlorientierung

---

2   Bemerkenswert ist, dass selbst die Weltbank jüngst vom ökonomischen Standardmodell des „homo oeconomicus" Abstand genommen hat und ein multipolares Menschenbild

geleitet. Marktmechanismen und verhaltensweisen sind zudem anfällig für die Unterschätzung von Wahrscheinlichkeiten, irrationales Verhalten, Missbräuche, Manipulationen sowie die Ausnutzung von wirtschaftlichen Abhängigkeiten.

Dies gilt insbesondere für den digitalen Raum, der zunehmend von wirtschaftlich übermächtigen und global agierenden Angebotsplattformen und Intermediären mit monopol- oder oligopolistischen Tendenzen dominiert wird. Als Kulminationspunkte des Austausches von Informationen und Leistungen vermögen diese Anbieter die Wettbewerbsbedingungen für eine Vielzahl von ihnen abhängigen Wirtschaftsteilnehmern zu definieren und sind schier zu mächtig, als dass die weiteren Stakeholder mit ihnen auf Augenhöhe einen gleichberechtigten Interessenausgleich in Form einer im Allgemeininteresse liegenden umfassenden Selbst- oder Koregulierung herbeiführen könnten. Schwache, gar nicht oder unzureichend organisierte Gesellschaftsgruppen und Individuen hätten überdies schon keine Beteiligungs- und Mitbestimmungsmöglichkeiten, weshalb eine „digitale Elite" immer einseitig bevorteilt wäre.

Auch durch eine weitgehende Markt-, Selbst- oder Koreguleierung würde also das auf gleichberechtigter Teilhabe selbstbestimmter Individuen beruhende demokratische Mehrheitskonzept ausgehebelt. Aus demokratietheoretischer Sicht muss daher das Primat staatlicher Gewalt über Marktmechanismen im Kern erhalten bleiben. Eine Selbst- und Koregulierung kann daher allenfalls – in wohl begründeten Einzelfällen – Annex, aber nicht Substitut einer rechtsstaatlich-demokratisch organisierten Gesetzgebung und Rechtsdurchsetzung sein.

2 Aus demokratisch-rechtsstaatlicher Sicht zu klärende Fragen

Sollen mit Blick auf staatliches Handeln garantierte Rechtsstaats- und Demokratieprinzipen, als Ausdruck einer Gesellschaft freier und sich nach freien Willen selbst verwirklichender Individuen, auch vor dem Hintergrund eines zunehmend komplexer und unüberschaubar werdenden digitalen Umfelds, der zunehmenden Ersetzung staatlicher Regulierung durch Marktprinzipien und des Bedeutungsverlustes der Nationalstaaten und ihrer territorialen Grenzen erhalten bleiben, sind folgende Fragen dringend zu klären:

---

unter Berücksichtigung psychologischer und soziologischer Gesichtspunkte als Leitbild für eine staatliche Regulierung vertritt (World Bank Group, 2015).

- Wie lässt sich auf einer staatlichen oder quasi-staatlichen Ebene das Primat staatlicher Gewalt über gesellschaftliche und wirtschaftliche Prozesse im digitalen Raum sicherstellen?
- Die Bevölkerung welcher staatlichen oder quasi-staatlichen Körperschaft ist in der Lage, die notwendige staatliche Gewalt effektiv auszuüben?
- Wie können die mittels Mehrheitsentscheidungen zur Ausübung staatlicher Gewalt berufenen Bürgerinnen und Bürger – und nicht nur eine digitale Elite – auf der identifizierten Entscheidungsebene auf breiter Basis zur Mitwirkung an Wahlen und Abstimmungen befähigt werden?
- Wie kann im Vorfeld von Wahlen und Abstimmung sowie darüber hinaus ein öffentlicher Meinungsbildungsprozess sichergestellt werden, der eine effektive Möglichkeiten der (Selbst-)Aufklärung der relevanten Bevölkerung über entscheidungsrelevante digitale Sachverhalte ermöglicht und sie zur Teilhabe an den Entscheidungen motiviert?
- Über welche Entscheidungsprozesse und innerhalb welcher unmittelbar oder mittelbar gebildeten Organe sollen die den digitalen Raum betreffenden Rechtsnormen zur Abstimmung gestellt werden?
- Welchen Organen oder Personen sollen dabei Initiativrechte für Gesetzgebungsvorschläge zukommen?
- Welche staatlichen oder quasi-staatlichen Exekutivorgane sollen die demokratisch erlassenen Gesetze und Beschlüsse umsetzen und ihre Durchsetzung überwachen?
- Und wie kann sichergestellt werden, dass sich Unternehmen, Vereinigungen und Individuen gegenüber jeglicher Form staatlichen oder quasi-staatlichen Handelns, sei es in Form von Gesetzen, Exekutivmaßnahmen oder richterlichen Entscheidungen, auf einen effektiven Schutz durch garantierte Menschen- und Grundrechte stützen und diese auch in gerichtlichen Verfahren durchsetzen können?

Zur Beantwortung der aufgeworfenen Fragen sind, ausgehend von einer staats- und demokratietheoretischen Analyse des Zustands der Ausübung der staatlichen Gewalt sowie den angetroffenen europäischen und nationalen Gegebenheiten, insbesondere der derzeitigen vertikalen und horizontalen Verteilung staatlicher Gewalt zwischen einerseits der Europäischen Union und andererseits der nationalen Ebene, die zentralen Defizite zu identifizieren, um notwendige Anpassungsmaßnahmen zu entwickeln.

3 Staatliche Regulierung und digitale Macht des Faktischen

Auf der Seite der Analyse kommt man – wie bereits eingangs angesprochen – nicht umhin festzustellen, dass derzeit ein weltweites Phänomen der Auflösung bzw. Beeinträchtigung der staatlichen Strukturen sowie der Regelungs- und Durchsetzungskompetenzen anzutreffen ist. Nach dem in der Völkerrechtslehre vorherrschenden Staatsbegriff der von *Georg Jellinek* begründeten *„Drei-Elementen-Lehre"* sind souveräne Staaten üblicherweise durch die Gegebenheit der drei Elemente *„Staatsgebiet, Staatsvolk und Staatsgewalt"* gekennzeichnet (Jellinek, 1913, S. 381ff.). Mit Blick auf alle drei Kriterien ist die weltweite Erscheinung der – spätestens seit dem 19. Jahrhundert als unumstößlich geltenden – Organisation politischer Macht in Gestalt von Nationalstaaten einer Krise unterworfen: In außereuropäischen Staaten, wie Afghanistan, Irak, Libyen und Somalia, fehlt es bereits an einem klar definierten Staatsgebiet bzw. Staatsvolk, und erst recht an einer effektiven Staatsmacht. Auch mit Blick auf europäische Staaten, insbesondere auf die sowjetischen Nachfolgestaaten Ukraine, Georgien und Moldawien, mangelt es an einem vollständig beherrschten Staatsgebiet sowie teils an einer sich als ein Staatsvolk definierenden Bevölkerung. Ähnlich ist in einigen Balkanstaaten eine sich nicht vollständig als einheitliches Staatsvolk empfindende Bevölkerung anzutreffen, die eine gemeinsam ausgeübte Staatsmacht unterläuft.

Innerhalb der Mitgliedstaaten der Europäischen Union existieren im Grundsatz weiterhin – trotz einiger zuletzt stärker gewordener Unabhängigkeitsbestrebungen in Schottland und Katalonien – einheitliche Staatsgebiete sowie klar definierte und zur Teilhabe befähigte Staatsbevölkerungen (Bundesverfassungsgericht, 2009, Rn. 346). Weitgehend intakt sind prinzipiell auch die staatlichen Strukturen und Organe, die zur Ausübung rechtsstaatlich und demokratisch legitimierter Gewalt über digitale Sachverhalte theoretisch in der Lage wären. Hieran ändert auch nichts, dass Teile der nationalen Souveränität auf die supranationalen Organe der Europäischen Union übertragen sind (Bundesverfassungsgericht, 2009, Rn. 347). Erstens liegt das Zugriffsrecht auf neue Themen der Gesetzgebung sowie die Letztentscheidungsmacht, die sog. „Kompetenz-Kompetenz", im Kern weiterhin bei den Mitgliedstaaten der Europäischen Union. Denn letztere ist nur aufgrund begrenzter Einzelermächtigungen in den EU-Verträgen zur Ausübung staatlicher Gewalt für die dort definierten Themen befugt. Und zweitens verfügt die Europäische Union ebenfalls über grundsätzlich funktionsfähige Organe und Institutionen, die befähigt sind, in den ihr übertragenen Kompetenzbereichen staatliche Gewalt auszuüben (Hillgruber, 2002, S. 1072ff.). Hieraus kann also nicht die Krise der demokratisch-rechtsstaatlich zu legitimierenden staatlichen Gewalt innerhalb der Europäischen Union und ihrer Mitgliedstaaten resultieren.

Sie ergibt sich vielmehr aus Folgendem: Wie eingangs beschrieben, sind die einzelnen europäischen Mitgliedstaaten und ihre Bevölkerungen – trotz im Grundsatz weiterhin bestehender nationalstaatlicher Strukturen – gegenüber der globalen Mächtigkeit und Wirksamkeit des digitalen Raums und damit zusammenhängender Erscheinungen, wie z. B. den globalisierten Finanzmärkten, schlicht *faktisch* nicht mehr in der Lage, auf nationaler Ebene eine effektive Regulierung der digitalen Welt sicherzustellen oder diese effektiv durchzusetzen. Auf nationalstaatlicher Ebene ist also das dritte Element des Staatsbegriffs, die *Staatsgewalt,* angesichts einer zunehmend stärker werdenden *digitalen Macht des Faktischen*[3] und daraus resultierender Sachzwänge in Auflösung begriffen. In Frage steht damit gleichzeitig die traditionelle „Symbiose zwischen Nationalstaat und Demokratie" (von Bogdandy, S. 855ff.) und die sich aus ihr ergebende digitale Souveränität der nationalenstaatlichen Bevölkerungen.

4 Europäisches Dilemma: Mangel an Demokratie und Öffentlichkeit

Andererseits wäre die Europäische Union aufgrund der Größe und Relevanz ihres Territoriums, der EU-Bevölkerung und ihrer Wirtschaftskraft sowohl grundsätzlich als auch faktisch in der Lage, den globalen Erscheinungen der Digitalisierung, einschließlich der Finanzmärkte, eine effektive Ausübung staatlicher Gewalt entgegen zu setzen. Allerdings leidet die Legitimität staatlicher Gewaltausübung durch die Europäische Union unter zwei schwerwiegenden Legitimationsdefiziten:

Zunächst lässt sich ein Demokratiedefizit feststellen, da das letztentscheidende Rechtsetzungsorgan der EU im Kern nicht das von den EU-Bürgern in freien Wahlen gewählte Europäische Parlament, sondern der Rat der Europäischen Union ist. Da in Letzterem – je nach Thema – die nationalen Fachminister tagen, handelt es sich beim Rat um ein Legislativorgan, welches mit nationalen Exekutivorganen besetzt ist und damit über eine nur sehr mittelbare und nur lediglich national begründete demokratische Legitimation verfügt (Bundesverfassungsgericht, 2009, Rn. 271). Erschwerend kommt hinzu, dass das für die demokratische Legitimierung ebenfalls elementare Initiativrecht für Gesetzgebungsakte allein einem Exekutivorgan zusteht,

---

3 Zur generellen Bedeutung der „normativen Kraft des Faktischen" für das staatliche Recht siehe Jellinek, 1913, 337.

nämlich der Europäischen Kommission, deren demokratische Legitimierung noch geringfügiger als die des Rates ist (Holtz-Bacha, 2006, S. 315).

Des Weiteren fehlt es auf europäischer Ebene an der für ein demokratisch-rechtsstaatliches Gemeinwesen erforderlichen öffentlichen Teilhabe des europäischen Souveräns, also der europäischen Bevölkerung, an der EU-Gesetzgebung, d. h. einer durch die Medien und die Bevölkerung formierten europäischen Öffentlichkeit. Weder ist ein der nationalen Identität entsprechendes europäischen Bewusstsein der EU-Bevölkerung vorhanden noch existiert eine echte – mit der jeweils nationalen – vergleichbare europäische Öffentlichkeitsphäre, die aktiv und kritisch europäische Gesetzgebungsprozesse begleitet. „Öffentlichkeit" in Bezug auf die Europäische Union existiert, wenn überhaupt, vor allem in Form einer sich auf europäische Themen beziehenden nationalen Öffentlichkeit (Europäische Kommission, 2006, S. 4).[4] Dies zeigt sich vor allem daran, dass das gesetzgeberische Handeln der EU von der breiten Öffentlichkeit regelmäßig erst wahrgenommen und diskutiert wird, wenn die europäischen Gesetzgebungsakte auf die nationale Ebene durchsickern und dort im Wesentlichen nur noch durch die nationalen Parlamente, Regierungen und Verwaltungen umzusetzen und damit im Kern nicht mehr beeinflussbar sind. Insgesamt lassen sich nur wenige Ausnahmen von diesem Phänomen fehlender europäischer Öffentlichkeit und Diskussion identifizieren. Zu nennen sind etwa die derzeit im Gesetzgebungsprozess befindliche EU-Datenschutzverordnung oder die schon vor Jahre an öffentlichen Protesten gescheiterte EU-Softwarepatent-Richtlinie. sowie der aufgrund europaweiter Proteste gestoppte Ratifizierungsprozess von ACTA.

Für die Europäische Union und ihr fortbestehendes Demokratiedefizit ist dies ein echtes, „europäisches Dilemma": Während der Mangel an einer unmittelbar demokratisch legitimierten EU-Gesetzgebung und einer Verantwortungsbindung ihrer Akteure an Wahlen und Abstimmungen auf der einen Seite die fehlende öffentliche Wahrnehmung und Teilhabe der EU-Bevölkerung und damit einhergehend ein Akzeptanz- und Legitimitätsdefizit zur Folge hat, steht der Mangel an öffentlicher Wahrnehmung und Teilhabe auf der anderen Seite einem vertiefenden Ausbau und einer weiteren Demokratisierung der Europäischen Union und ihrer Gesetzgebungsprozesse entgegen. Denn ohne eine ausreichende europäische Öffentlichkeit, insbesondere eine kritische Begleitung europäischer Gesetzgebungsprozesse durch die europäische Bevölkerung, ist eine weitergehende Europäisierung

---

4   Wobei nicht vergessen werden darf, dass es sich bei der Öffentlichkeit auf mitgliedstaatlicher Ebene regelmäßig auch nur um „Teilöffentlichkeiten" in Bezug auf bestimmte Themen oder innerhalb bestimmter Gesellschaftsgruppen handelt (vgl. Peters, 2004, S. 376).

rechtsstaatlich-demokratisch ausgeübter Staatsgewalt nur schwer zu rechtfertigen (Grimm, 1995, S. 588f).

5 Schlussfolgerungen

Welche Schlüsse sollten hieraus gezogen werden: Festzuhalten ist zunächst, dass – trotz bestehender Demokratie- und Akzeptanzdefizite in Bezug auf die Europäischen Union – die revisionistische Hinwendung zum Nationalstaat, wie sie z. B. von der Front National in Frankreich oder der AfD in Deutschland betrieben wird, angesichts der Herausforderungen des global wirkenden digitalen Raums und anderer globaler Herausforderungen, z. B. in Bezug auf die Finanzwirtschaft, keine Lösung sein kann. Mangels faktischer Regelungs- und Durchsetzungskompetenz können demokratisch-rechtsstaatliche Prinzipien auf nationaler Ebene immer weniger ihre Wirksamkeit entfalten. Ebenso verbietet sich aus demokratietheoretischer und rechtsstaatlicher Sicht, die Aufgabe staatlicher Gewalt zugunsten von Marktprinzipien oder einer weitgehenden Selbstregulierung durch Marktbeteiligte, da diese Konzepte eine gleichberechtigte Teilhabe an Regulierungsprozessen nicht gewährleisten können.

Um die Souveränität der Bevölkerung über digitale und andere global wirksame Sachverhalte im rechtsstaatlichen und demokratietheoretischen Sinn zu erhalten bzw. wiederzugewinnen, bleibt letztlich nur, die maßgeblichen demokratisch-rechtsstaatlichen Regulierungs- und Durchsetzungsprozesse auf einer höheren, als der nationalstaatlichen Ebene auf- bzw. auszubauen. Im Idealfall wäre dies eine „kosmopolitische", die Weltbevölkerung umfassende Einrichtung oder ein Zusammenspiel vielfältiger internationaler Organisationen (Bogdandy, 2003, S. 868). Weltweite Organisationen, wie die United Nations (UN) oder die World Trade Organization (WTO), existieren bereits in vielfältiger Form. Allerdings verfügen diese internationalen Organisationen weder über eine echte hoheitliche Macht, geschweige denn über eine einheitliche „Bevölkerung" mit eigener Identität; noch ist von den Mitgliedern internationaler Organisationen, wie der UN oder WTO, in absehbarer Zukunft ein übergreifender Konsens in Bezug auf ein gemeinsames Anerkenntnis und Verständnis von demokratisch-rechtsstaatlichen Prinzipien zu erwarten.

5.1 Die Europäische Union als Garant demokratisch-rechtsstaatlicher Prinzipien

Die einzige, bereits existierte internationale Organisation mit quasi-staatlicher Macht, die dies zu leisten vermag, ist und bleibt bis auf weiteres die Europäische Union. Auf Ebene der Europäischen Union existiert bereits eine, wenn auch auf Einzelfälle begrenzte, quasi-staatliche Regulierungs- und Durchsetzungsmacht, die aufgrund ihrer Größe und Wirtschaftskraft im Grundsatz in der Lage ist bzw. wäre, gegenüber global wirksamen Sachverhalten – im Zusammenspiel mit mitgliedstaatlichen Organen und Institutionen – effektiv und faktisch Recht zu setzen und durchzusetzen. Auch wenn eine echte europäische Identität der EU-Bürger, die einer nationalen Identität gleichsteht, bisher nicht vorhanden sein mag, so lässt sich dennoch der Ansatz einer gemeinsamen europäischen Identität im Sinne von gemeinsamen Wertvorstellungen, insbesondere über die Anerkennung von Menschen- und Bürgerrechten sowie von demokratisch-rechtsstaatlichen Prinzipien, feststellen (Graf Vitzthum, 2002, S. 9). Diese gemeinsamen Grundüberzeugungen haben bereits in beachtlichem Maße in verschiedenen europäischen Institutionen und rechtsstaatlichen Verfahren ihren Niederschlag gefunden:

So verfügt die EU mit der Charta der Grundrechte und den EU-Verträgen über verfassungsähnliche Dokumente mit garantierten Rechten und Verfahren, die sich aufgrund des für die EU-Verträge geltenden Einstimmigkeitsprinzip schwieriger ändern lassen, als die allermeisten mitgliedstaatlichen Verfassungen. Auch ein effektives Rechtssprechungssystem ist über den Gerichtshof der Europäischen Union, ergänzt um Individualklagemöglichkeiten vor dem Europäischen Gerichtshof für Menschenrechte bei Verletzungen von Menschen- und Bürgerrechten einschließlich der Meinungsfreiheit, im Grundsatz gewährleistet. Ebenso existieren mit dem Europäischen Rat und dem Europäischen Parlament im Kern handlungsfähige Gesetzgebungsorgane, auch wenn Gewaltenteilungs- und Demokratieprinzipien unzweifelhaft noch einer weitergehenden Umsetzung bedürfen. Mit den Ämtern des Präsidenten des Europäischen Rates, des EU-Außenbeauftragten, des Kommissionspräsidenten und den EU-Kommissaren stehen zudem Exekutivorgane zur Verfügung, die zwar nicht mit denen nationaler Regierungen zu vergleichen sind (Bundesverfassungsgericht, 2009, Rn. 271), aber dennoch, insbesondere in Gestalt der Europäischen Kommission, über eine ähnlich leistungsfähige Verwaltung verfügen.

Vom jetzigen Standpunkt aus gesehen, eignet sich daher nur eine Stärkung, d. h. ein Ausbau der Europäischen Union und ihre weitere Demokratisierung zum Erhalt bzw. zur Rückgewinnung der digitalen Souveränität. Denn nur unter dem Dach der Europäischen Union steht den europäischen Staaten in einem internationalen Kontext eine supranationale Organisation mit klar begrenztem Territorium und definierter Bevölkerung in Gestalt der „EU-Bürger" sowie (begrenzter) hoheitlicher Macht zur Verfügung, die zugleich über eine ausreichende wirtschaftliche Größe sowie ein weltweites politisches Gewicht verfügt, welches eine effektive Ausübung hoheitlicher Gewalt über den global wirksame Digitalisierung und ihre Wirkungen gewährleistet. Angesichts der beschriebenen faktischen Aushöhlung der nationalen Souveränität lässt sich im Sinne der Drei-Elementen-Lehre daher für die europäische Bevölkerung nur auf Ebene der Europäischen Union eine Entsprechung von Territorium, Bevölkerung und Ausübung demokratisch legitimierter und rechtstaatlicher Hoheitsgewalt über den digitalen Raum, sprich die digitale Souveränität der EU-Bevölkerung, sicherstellen.

Die Frage lautet also – anders als noch vor zehn Jahren – nicht mehr, ob und welches Maß an (digitaler) Souveränität wir auf die supranationalen Ebene der Europäische Union übertragen wollen. Faktisch besteht nur noch die Wahl zwischen mehr oder weniger keiner Souveränität oder aber einer europäischen Souveränität. Zu klären ist daher vor allem, wie wir die Voraussetzungen für eine – möglichst weitgehend nach demokratisch-rechtsstaatlichen Prinzipien organisierte – Ausübung souveräner Hoheitsgewalt durch die Europäische Union schaffen.

5.2 Europäische Aufklärung als Lösung des europäischen Dilemmas

Ob die hierfür notwendigen weiteren Integrationsmaßnahmen im Sinne Jean Monnets in kleinen Schritten erfolgen oder sich in einer großen institutionellen Reform vollziehen, ist letztlich zweitrangig. Bedeutsam ist vor allem, dass sie in nicht allzu ferner Zukunft liegen und der Europäischen Union und ihren Organen die notwendigen Kernkompetenzen für die Regelung global wirksamer Sachverhalte übertragen werden. Gleichzeitig müssen die komplexen Rechtsetzungs- und Entscheidungsverfahren vereinfacht und demokratisiert werden. Denn je mehr die faktische Regelungs- und Durchsetzungskompetenz der Mitgliedstaaten schwindet, umso mehr bedürfen die europäischen Institutionen einer demokratisch-rechtsstaatlichen Legitimation (Holtz-Bacha, 2006, S. 328).

An dieser Stelle steht die notwendige Fortentwicklung der Europäischer Union jedoch vor dem oben beschriebenen „europäischen Dilemma", dass der Mangel an öffentlicher Wahrnehmung und Teilhabe und das hiermit einhergehende Akzeptanzdefizit einem weiteren Ausbau der Kompetenzen und Demokratisierung an sich entgegenstehen. Folge dieses Dilemma darf allerdings nicht das Verharren im jetzigen Zustand sein, da dieser – wie oben beschrieben – bereits gegenwärtig einen Souveränitätsverlust bedingt, der sich angesichts der weiter zunehmenden

Bedeutsamkeit der Digitalisierung verschärfen wird. Sinnvolle Konsequenz dieses Befunds sollte im Gegenteil sein, dem Mangel der unzureichenden europäischen Öffentlichkeit und Akzeptanz selbst entgegen zu arbeiten, um damit die Legitimation für einen Kompetenz- und Demokratisierungsausbau zu schaffen.

Letztlich ist dieser Mangel im Sinne von *Immanuel Kants* berühmten Aufsatze „Was ist Aufklärung?" Ausdruck einer zunehmenden, nicht zuletzt selbst verschuldeten Unmündigkeit der europäischen Bevölkerung, ihre Belange selbst wahrzunehmen, und damit letztlich ein Mangel an Aufklärung selbst (Kant, 1784, S. 481 ff.). Eine qualifizierte öffentliche Meinungsbildung und damit Teilhabemöglichkeit setzt sowohl ein Mindestmaß an Informiertheit als auch einen ausreichenden Kommunikationsraum voraus (Peters, 2004, S. 378). An beidem mangelt es auf europäischer Ebene. Um die Voraussetzungen für eine digitale Souveränität der europäischen Bevölkerung zu schaffen, bedarf es neben der Übertragung der notwendigen Gesetzgebungskompetenzen und einer weiteren Demokratisierung der EU-Organe – vor allem also eines neuen Zeitalters der europäischen Aufklärung. Die europäische Bevölkerung muss sich selbst (wieder) in die Lage versetzen, mündig die notwendigen Gesetzgebungsprozesse zu initiieren und zu begleiten. Diese Mündigwerdung sollte angesichts der Komplexität der zu regelnden Sachverhalte allerdings nicht allein der Selbstaufklärung der einzelnen Individuen überlassen sein, sondern durch zusätzliche Maßnamen seitens der EU, der Mitgliedstaaten sowie der Massenmedien aktiv unterstützt werden. Dies insbesondere schon deshalb, weil einer europäischen Öffentlichkeit bereits erhebliche Sprachbarrieren entgegenstehen. Ziel sollte es dabei sein, dass eine hinreichende Öffentlichkeit in Bezug auf die wesentlichen und notwendigerweise zu verhandelnden Themen der europäischen Gesetzgebung möglichst jeweils zu den Zeitpunkten entstehen, in denen die betreffenden Gesetzgebungsprozesse auf EU-Ebene stattfinden oder eine Regelung auf europäischer Ebene von der Öffentlichkeit sinnvoller Weise angestoßen und erörtert werden sollte.

6   Mögliche Initiativen

Notwendig dafür sind – neben einer Bewusstseinsbildung im aufklärerischen Sinne – ein ganzes Bündel von Maßnahmen und Initiativen sowohl staatlicher Akteure der EU und der Mitgliedstaaten als auch der Medien selbst:

6.1   Medienbezogene Maßnahmen

Die möglichen medienbezogenen Maßnahmen reichen von einem verstärkten Abbau sprachlicher Hürden, über die Stärkung von Sprachkompetenzen bis hin zu dem Aus- und Aufbau mehrsprachiger Medien- und Kommunikationsangebote, unter Förderung und Einsatz aller vertretbaren technischen Möglichkeiten zur Überwindung von Sprach- und Technikbarrieren. Erforderlich ist insofern auch der Sachverstand von IT- und Medienexperten, zum einen um attraktive europaweite Medien- und Informationsangebote unter Überwindung von Grenz- und Sprachbarrieren zu konzipieren. Zum anderen sollten sie als journalistische „Übersetzer" der Digitalisierung und Technologisierung und der damit einhergehenden Auswirkungen auf wirtschaftliche, gesellschaftliche und private Lebensbereiche fungieren. Die privaten und öffentlich-rechtlichen Massenmedien, insbesondere Rundfunk, Presse und Telemedien, sollten sich dabei wesentlich stärker als bisher als kritische Begleiter, Erklärer und Kommentatoren europäischer Entscheidungsprozesse und Themen, aber auch der Vorgänge der Digitalisierung und Technologisierung selbst verstehen. Da sich eine europäische Öffentlichkeit bisher vorwiegend über die jeweils nationalen Medien der Mitgliedstaaten bildet (Adam und Pfetsch, 2009, S. 561), bedürfen insbesondere auch diese einer weitergehenden kritischen Öffnung für europäische Themen, anstelle der nicht selten unreflektierten Übernahme der Position der jeweils eigenen Regierung zu europäischen Gesetzgebungsakten (Gerhards, Offerhaus und Roose, 2009, S. 554).

Gleichzeitig bedürfen die nationalen Medien einer stärkeren grenzüberschreitenden Vernetzung und Durchlässigkeit (Peters, 2004, S. 377), um zumindest in wichtigen Teilbereichen einen zunehmenden Austausch zwischen den 28 nationalen europäischen Öffentlichkeiten herbeizuführen und Schritte hin zu einer echten europäischen Öffentlichkeit zu unternehmen (Adam und Pfetsch, 2009, S. 559). In diesem Zusammenhang könnte z. B. der zunehmend unter einem Legitimationsdruck leidende öffentlich-rechtliche Rundfunk eine wesentlich stärker als bisher ausgefüllte Rolle als Mittler europäischer Themen im Rundfunkbereich, einschließlich einer tiefer gehenden grenzüberschreitenden Vernetzung der nationalen Sender, und darüber hinaus für den ihm in großen Teilen bisher vorenthaltenen Bereich der Telemedien übernehmen. Zusätzlich bedarf es umfassender, sich an alle Bevölkerungsgruppen richtender, grenzüberschreitender echter europäischer Angebote in Rundfunk (Holtz-Bacha, 2006, S. 304) und Telemedien, die mehr als, z. B. der deutsch-französische Sender Arte, ein elitäres Kulturangebot für eine „Bildungselite" bereithalten. Zusätzlich wären bei den reichweitenstärksten Privatsendern neben oder an Stelle regionaler Fensterprogramme verpflichtende „europäische Fenster" zu den Hauptsendezeiten denkbar (Peters, 2004, S. 376).

6.2 Institutionsbezogene Maßnahmen

Das Entstehen einer europäischen Öffentlichkeit oder zumindest europäisierter nationaler Öffentlichkeiten erfordert aber auch weitergehende Integrationsschritte: Wie sich aus der oben beschriebenen Interdependenz des Mangels an europäischer Öffentlichkeit und Demokratie ergibt, wird sich letztlich nur dann, wenn die europäische Bevölkerung eine unmittelbare Verantwortungsbindung der europäischen Entscheidungsträger an ihre politische Willensbildung zu erkennen vermag, der Aufmerksamkeitsfokus vermehrt von der nationalen auf die europäische Ebene verlagern. Es bedarf daher – auf der Gegenseite der beschriebenen Wechselbeziehung – weiterer Schritte zur Demokratisierung der Besetzung der EU-Organe, der Gesetzgebungsprozesse sowie der sonstigen Verfahren. Hierzu zählen eine direktere Bindung europäischer Gesetzgebungsakte sowie der europäischen Verantwortungsträger an europäische Wahlen und Abstimmungen und damit einhergehend eine stärkere Personalisierung der europäischen Politik, um weg von einer abstrakten, wenig greifbaren Verantwortung von Institutionen hin zu personalisierten und als verantwortlich erkennbaren Entscheidungsträgern zu gelangen. Dies würde die Entscheidungsträger zugleich vermehrt zur Achtung der öffentliche Meinung und des politischen Mehrheitswillens der Bevölkerung zwingen (Holtz-Bacha, 2006, S. 328). Wichtig ist aber auch eine Vereinfachung der Organ- und Entscheidungsstrukturen, um diese für die Bevölkerung nachvollziehbarer als bisher zu gestalten.[5] Denn eine breite Teilhabe der Bevölkerung setzt voraus, dass der EU-Durchschnittsbürger diese Strukturen, insbesondere hinsichtlich der Verantwortungsbindung der Entscheidungsträger an seine Stimmausübung, gut nachhalten kann. Dies betrifft insbesondere den Rat der Europäischen Union, den Europäischen Rat sowie die Europäischen Kommission, die zugleich den größten Mangel an demokratischer Legitimation aufweist.

Eine gesetzgeberische Maßnahme auf dem Weg zu einer breiteren europäischen Öffentlichkeit könnte es angesichts des üblichen Fokus der mitgliedstaatlichen Bevölkerungen auf ihre jeweiligen nationalen Parlamente sein, diesen im Rahmen der europäischen Gesetzgebung – gegebenenfalls im Zusammenspiel mit einer bestimmten Anzahl von Parlamenten anderer Mitgliedstaaten – eigene Initiativ- oder gar Teilhaberechte einzuräumen. Dies würde zugleich den nationalen Parlamenten eine wichtige Funktion hinsichtlich der nicht mehr ihren Entscheidungskompe-

---

5   Wer kennt denn schon den Unterschied zwischen „Europäischem Rat" und dem „Rat", die wechselnde Besetzung des Rates mit unterschiedlichen Fachministern sowie das komplizierte Abstimmungsverfahren der „doppelten Mehrheit" und die damit zusammenhängenden Stimmgewichtungen der Mitgliedstaaten im Rat.

tenzen unterliegenden Sachverhalte bewahren und gleichzeitig politische Diskussionen auf die mitgliedstaatliche Ebene tragen. Auch direkte Initiativrechte der EU-Bevölkerung, gebunden an bestimmte Quoren in Bezug auf die Bevölkerungen verschiedener Mitgliedstaaten, könnten geeignet sein, das Bewusstsein und die Akzeptanz der EU-Bevölkerung für eine europäische Gesetzgebung, insbesondere für Themen der Digitalisierung und ihrer Wirkungen, zu stärken.[6]

Letztlich ist vieles denkbar und lohnend für eine Diskussion. Entscheidend ist am Ende, dass dem beschriebenen Souveränitätsverlust im digitalen Raum sowie in anderen global wirksamen Bereichen und den hieraus resultierenden Demokratie-, Legitimations- und Öffentlichkeitsdefiziten durch geeignete Maßnahmen auf europäischer Ebene zeitnah entgegengewirkt wird. Im jetzigen Zustand zu verharren und den bestehenden und fortschreitenden Souveränitätsverlust oder gar eine Renationalisierung hinzunehmen, ist – aus demokratietheoretischer und rechtsstaatlicher Sicht – keine Option. Insoweit gilt auch hier der von *Kant* formulierte Wahlspruch der Aufklärung: „Sapere aude! Habe Muth, dich deines eigenen Verstandes zu bedienen!"(Kant 1784, S. 481).

Literatur

Adam, S./Pfetsch, B. (2009). Europa als Konflikt in nationalen Medien. Zur Politisierung der Positionen in der Integrationsdebatte. In: Marcinkowski, Pfetsch, Barbara (Hrsg.) (2009): Politik in der Mediendemokratie. Politische Vierteljahresschrift (PVS). Sonderheft 42/2009, S. 559-584.

BITKOM (2014). IT-Strategie. Digitale Agenda für Deutschland. Deutschland zum digitalen Wachstumsland entwickeln. Internet: http://www.bitkom.org/files/documents/ BITKOM_IT-Strategie.pdf, Zugriff am 8.2.2015.

von Bogdandy (2003). Demokratie, Globalisierung, Zukunft des Völkerrechts. Eine Bestandsaufnahme. In: Zeitschrift für ausländisches öffentliches Recht und Völkerrecht, S. 853-877.

Bundesverfassungsgericht (1958). Urteil vom 15.01.1958 – „Lüth". Aktenzeichen: 1 BvR 400/51.

Bundesverfassungsgericht (2009). Urteil vom 30.6.2009 – „Lissabon-Vertrag". Aktenzeichen: 2 BvE 2/08.

Europäische Kommission (2006). Weissbuch über eine europäische Kommunikationspolitik. KOM (2006) vom 1.2.2006, 35 endg. Internet: http://europa.eu/documents/comm/ white_papers/pdf/com2006_35_de.pdf, Zugriff am 8.2.2015.

---

6   Wichtig ist insoweit allerdings, dass die Anforderungen für direkte Initiativrechte der nationalen Parlamente oder der EU-Bevölkerung nicht zu hoch sein dürfen, damit sie auch tatsächlich zu einer Teilhabe der Bevölkerung führen und die gefühlte Machtlosigkeit nicht weiter verstärken.

Gerhards, J./Offerhaus, A./Roose, J. (2009). Wer ist verantwortlich? Die Europäische Union, ihre Nationalstaaten und die massenmediale Attribution von Verantwortung und Misserfolge. In: Marcinkowski, F./Pfetsch, B. (Hrsg.) (2009): Politik in der Mediendemokratie. Politische Vierteljahresschrift (PVS). Sonderheft 42/2009. S. 529-558.

Graf Vitzthum, W. (2002). Die Identität Europas. In: Europarecht 2002, S. 1-16.

Grimm, D. (1995). Braucht Europa eine Verfassung? In: Juristenzeitung 1995, S. 581-591.

Hans-Bredow-Institut (2006). Final Report on Co-Regulation Measures in the Media Sector. Study for the European Commission. Internet: http://ec.europa.eu/archives/information_society/avpolicy/docs/library/studies/coregul/final_rep_en.pdf, Zugriff am: 8.2.2015.

Hillgruber, C. (2002). Souveränität.Verteidigung eines Rechtsbegriffs. in: Juristenzeitung 2002, S. 1072-1080.

Holtz-Bacha, C. (2006). Medienpolitik für Europa. Wiesbaden: VS Verlag für Sozialwissenschaften/GWV Fachverlage GmbH.

Jellinek, G. (1913). Allgemeine Staatslehre. 3. Auflage. Berlin: Verlag von O. Häring.

Kant, I. (1784). Beantwortung der Frage: Was ist Aufklärung? In: Berlinische Monatsschrift. Band 4. Zwölftes Stück. Dezember 1784, S. 481-494.

Morozov, E. (2015). Privatheit wird zur Ware. Interview in Berliner Zeitung vom 5.1.2015. Internet: http://www.berliner-zeitung.de/wirtschaft/silicon-valley-kritiker-evgeny-morozov-im-interview--privatheit-wird-zu-einer-ware-,10808230,29485236.html, Zugriff am 8.2.2015.

Peters, A. (2004): Europäische Öffentlichkeit im europäischen Verfassungsprozess. In: Europarecht 2004, S. 375-392.

Schulz, W./Held, T. (2002). Regulierte Selbstregulierung als Form modernen Regierens. Eine Studie im Auftrag des Bundesbeauftragten für Kultur und Medien. Arbeitspapiere des Hans-Bredow-Instituts Nr. 10, Hamburg: Verlag Hans-Bredow-Institut.

Spindler, G./Thourun, C. (2014). Eckpunkte einer digitalen Ordnungspolitik. Thesenpapier vom 25.9.2014. Internet: http://www.sriw.de/images/pdf/20140925_Thesenpapier_Eckpunkte_digitale_Ordnungspolitik.pdf, Zugriff am 8.2.2015.

World Bank Group (2015). World Development Report 2015. Mind, society and behaviour. Internet: http://www.worldbank.org/en/publication/wdr2015, Zugriff am 8.2.2015

Michael Veddern, Prof. Dr., Hochschule der Medien Stuttgart

Digitale Souveränität

Günter Krings

Internet und moderne Datenverarbeitungssysteme haben unserer Gesellschaft weltweit einen enormen innovativen Schub gegeben. Die naturwissenschaftliche Forschung hat durch die globale Vernetzung rasante Fortschritte gemacht: Die Entschlüsselung des menschlichen Genoms, die Erforschung vieler Krankheiten – all das wäre nicht denkbar ohne die Vernetzung des globalen Wissens und schnelle Zugriffsmöglichkeiten auf Datenbanken. Der technische Fortschritt ist hier für viele Menschen ein wahrer Segen. In der Industrie vereinfacht und beschleunigt die Digitalisierung den Informationsfluss und damit die Produktionsprozesse. Zunehmend wird das „Internet der Dinge" Maschinen mit Robotern vernetzen. Das klingt unheimlich, ist aber nur ein weiterer Schritt auf dem Weg der Maschinenfertigung, die wirtschaftliches Wachstum und den Wohlstand vieler statt weniger Menschen ermöglicht.

Mit dem technischen und wissenschaftlichen Fortschritt ist ein Freiheitsgewinn verbunden. Wenn Information, Meinung und Wissen frei fließen und einfach zugänglich sind, so stärkt das die demokratischen Grundwerte. Das Internet ermöglicht Teilhabe und es fördert die Chancengleichheit. Es eröffnet selbst abgelegenen ländlichen Räumen Anschluss an das weltweite Geschehen. Das alles ist Grund zu Optimismus und Grund, unsere digitale Infrastruktur auszubauen und daran zu arbeiten, die flächendeckende Verfügbarkeit ebenso wie die Leistungsfähigkeit unserer digitalen Netze verbessern.

Zugleich wirft die Digitalisierung aller Lebensbereiche viele Fragen auf. Ein Phänomen ist die Verselbstständigung computergesteuerter Systeme bis hinein in reale soziale Zusammenhänge. Das im Frühjahr dieses Jahres ergangene Urteil des EuGHs ist insofern richtungsweisend. Das „Recht auf Vergessenwerden" ist ein Sieg des menschlichen Verstandes und unserer Rechtskultur über die Herrschaft des Algorithmus. Die menschliche Abwägung zwischen Meinungsfreiheit und Persönlichkeitsrecht oder zwischen Wirtschaftsfreiheit und Datenschutz kann nicht von einer Maschine, sondern stets nur von einem Menschen vorgenommen werden. Wir müssen sicherstellen, dass der Mensch die Herrschaft über die Technik behält, dass der Mensch die Technik steuert – nicht umgekehrt.

Ein weiteres Phänomen, mit dem wir uns beschäftigen, ist Big Data: Die Menge an maschinenlesbaren Daten steigt stetig. Sekündlich fallen im Internet ungeheure Mengen Daten an, die übermittelt, vervielfältigt und weiterverarbeitet werden. Heute produzieren 20 durchschnittliche Haushalte soviel Datenverkehr wie das gesamte Internet vor 20 Jahren. Es werden aufgrund von Algorithmen automatisierte Vorhersagen über Verhaltensweisen von Personen getroffen. Solche Big Data-Analysen können gesellschaftlich und wirtschaftlich nützlich sein, z. B. bei der Optimierung von Wertschöpfungsketten („Smart Farming"), bei der vernetzten Mobilität, im Gesundheitsbereich, beim Umweltschutz. Andererseits bergen sie Gefahren für das Persönlichkeitsrecht und die Privatsphäre. Die Entwicklungen von Big Data laufen den Grundsätzen des Datenschutzrechts, wie Datensparsamkeit, Zweckbestimmung, Erforderlichkeit, Einwilligung und Transparenz entgegen. Bei der europäischen Reform des Datenschutzrechts muss daher das Thema Big Data eine viel größere Rolle spielen als es bisher der Fall ist.

Die Regelungs- und Gestaltungsaufgabe der Politik darf vor der globalisierten, digitalen Gesellschaft nicht kapitulieren. Die Schwierigkeit dabei ist, dass sie das immer weniger in den Grenzen des Nationalstaates tun kann. Immer mehr politische Themen bedürfen der internationalen Zusammenarbeit. Fragen der Sicherheit, der Terrorismusbekämpfung brauchen internationale Zusammenarbeit. Fragen der Migrationsteuerung, der Bekämpfung illegaler Migration sind nur europäisch zu lösen. Was mit der Globalisierung – angetrieben zunächst von den Fortschritten in Kommunikations- und Verkehrstechnologie – begonnen hat, wird durch die Digitalisierung aller Lebensbereiche und die Verlagerung gesellschaftlichen Lebens ins Internet vollendet: die unmittelbare weltweite Vernetzung aller mit allen. Der Nationalstaat stößt da mit seinen klassischen Handlungsinstrumentarien – im wahrsten Sinne des Wortes – an seine Grenzen.

In dem Maße, in dem die weltweite Vernetzung voranschreitet und Abhängigkeiten wachsen, nimmt die Fähigkeit zur Selbstbestimmung ab. Die Digitalisierung „kratzt" an der Souveränität der Staaten. Und dennoch sind die Nationalstaaten nicht überholt oder gar obsolet geworden – im Gegenteil: Ihr ursprünglicher, uns schon selbstverständlich gewordener Auftrag, für Sicherheit und Frieden zu sorgen, ist zeitlos. Ein verbindlicher und verlässlicher Ordnungsrahmen, ein Gefühl relativer Sicherheit ist eine Grundvoraussetzung jeder funktionierenden Gesellschaft.

Es ist die Errungenschaft einheitlicher staatlicher Machtausübung, das zu leisten. Das staatliche Gewaltmonopol legitimierte sich darin, allgemein Schutz und Sicherheit zu gewährleisten. In den Anfängen verbunden mit einem absolutistischen

Staatsbild, stand bald – und bis heute – die freiheitssichernde Funktion von Recht und Gesetz im Vordergrund. Aufgabe des Staates ist seither, Freiheit und Sicherheit der Bürger zu gewährleisten. In der Rechtsstaatlichkeit verbindet sich beides.

In Zeiten der Digitalisierung werden wir uns in nahezu allen politischen Feldern international abstimmen und zusammenarbeiten müssen, ob wir das wollen oder nicht. Wir können uns nicht der Entwicklung verschließen und uns sozusagen aus der Welt herausnehmen. Es wird aber – jedenfalls auf heute absehbare Zeit – keinen Weltstaat, keine global einheitliche Machtausübung geben. Die Aufgabe, Freiheit und Sicherheit des Individuums zu gewährleisten und so den Frieden zu wahren, wird weiter mehr oder weniger großen staatlichen und supranationalen Einheiten zufallen.

Diese Arbeit unter den Bedingungen einer digital vernetzten Gesellschaft zu leisten, ist eine enorme Herausforderung. Wir werden sie nur erfüllen können, wenn der demokratische Rechtsstaat seinen Anspruch behauptet, Recht zu setzen und – ebenso wichtig – es durchzusetzen. Das erfordert an mancher Stelle mehr Transparenz anstelle von Anonymität. Der Rechtsstaat muss darüber hinaus aber auch ganz neue Antworten in seiner Rechtsordnung finden, um die freiheitliche Gesellschaft auch in Zeiten der Digitalisierung zu bewahren.

Im Datenschutz wirft die Digitalisierung völlig neue Fragen auf. Datenschutz ist ein Thema, das in Deutschland seit jeher einen hohen Stellenwert genießt – die ersten Datenschutzgesetze stammen aus Deutschland. Sowohl unsere Verfassung als auch die europäischen Vorschriften schützen jeden Einzelnen vor Gefährdungen seiner Persönlichkeit und seiner Privatsphäre durch den Umgang des Staates, aber auch privater Dritter mit seinen personenbezogenen Daten. Der Vertrag über die Arbeitsweise der Europäischen Union (AEUV) enthält in Artikel 16 Abs. 1 das Recht auf Datenschutz. Die Charta der Grundrechte der Europäischen Union (GRCh) enthält sowohl das Recht auf Privatsphäre in Artikel 7 als auch das Recht auf Datenschutz in Artikel 8 Abs. 1 und 2. Nach Artikel 8 Abs. 1 GRCh hat jede Person das Recht auf Schutz personenbezogener Daten. Diese Rechte sind in der Google-Entscheidung des EuGHs zur Geltung gelangt. Trotzdem können wir uns nicht zurücklehnen. Wir brauchen ein Datenschutzrecht, dass technischen Entwicklungen wie Big Data, Profiling und Cloud Computing Rechnung trägt. Das ist im jetzigen Entwurf der EU-Datenschutzverordnung noch nicht ausreichend der Fall.

Ein weiteres großes Thema ist die Datensicherheit. Wird meine Blutgruppe in einer medizinischen Datenbank ausgespäht, ist das ein ärgerlicher Verstoß gegen den Datenschutz; wird sie von einem unbefugten Dritten verändert, ist das ein lebensgefährlicher Bruch der Datensicherheit. Das Internet eröffnet neue Möglichkeiten der Sabotage und des Ausspähens. Die werden genutzt, und nicht mehr nur von ein paar obskuren Hackern und intelligenten Internet-Freaks: Früher gab es in der Tat wenige, hochspezialisierte Täter mit großem IT-Sachverstand. Heute gibt es viele Täter, die arbeitsteilig zusammenarbeiten, ohne dass der Einzelne ein übermäßig komplexes Wissen benötigt. So wundert es kaum, dass sich auch die organisierte Kriminalität inzwischen aufs Internet verlagert hat. Cyberkriminalität ist in bedeutendem Umfang organisierte Kriminalität. Die Entwicklung spiegelt sich in der Kriminalstatistik: Cyberkriminalität ist seit Jahren eine Wachstumsbranche. Dagegen stagniert die Aufklärungsquote bei rund 25 Prozent. Das hat damit zu tun, dass digitale Spuren oft der einzige Ansatzpunkt sind, die Strafverfolgungsbehörden aber häufig keine Daten mehr zur Verfügung haben.

Neben der Cyber-Kriminalität steigen auch die Angriffe durch Cyber-Spionage. Die Attraktivität Deutschlands als Zielland ausländischer Spionage ist heute mindestens so groß wie zu Zeiten des Kalten Krieges, wenn auch aus anderen Gründen. In der Hierarchie der Angriffsziele stehen die Regierungsnetze ganz oben, gefolgt von den Finanzinstituten. Danach kommen Pharma-Unternehmen sowie vor allem auch Telekommunikationskonzerne und High-Tech-Firmen. Spionage gehört für eine Reihe ausländischer Nachrichtendienste zum Kern ihrer Aufklärungsaktivitäten. Manche Staaten – vor allem im asiatischen Raum – halten sie für ein legitimes Instrument zur Begleitung des eigenen wirtschaftlichen Aufstiegs. Spionageabwehr und Wirtschaftsschutz gehören daher auf die sicherheitspolitische Agenda. Wir müssen mehr tun, um zu wissen, wie, wo und in welchem Umfang ausländische Nachrichtendienste Zivilgesellschaft, Staat und Wirtschaft ausspähen. Das ist Aufgabe des Verfassungsschutzes. Hierfür brauchen wir seine Fähigkeiten. Wir müssen sie verbessern anstatt die Arbeit des Verfassungsschutzes zu beargwöhnen oder gar seine Abschaffung zu fordern. Aber im Zuge seiner Reform müssen wir die Kompetenzen und Fähigkeiten des Bundesamtes für Verfassungsschutz bei der Cyber-Spionageabwehr stärken. Schon alleine aus Kapazitätsgründen werden wir nie sämtliche nachrichtendienstliche Aktivitäten fremder Dienste feststellen und beobachten können. Wichtig ist jedoch, dass wir die entscheidenden Angriffe erkennen und abzuwehren in der Lage sind. Da haben wir Nachholbedarf.

Das Spannungsverhältnis von Spionage und notwendiger Kooperation wird uns dabei noch sehr stark beschäftigen. Das ist – in etwas anderem Zusammenhang – durch das Vorgehen der NSA verstärkt in das Bewusstsein der Gesellschaft gerückt. Bei aller Kritik und notwendiger Diskussion hierüber dürfen wir jedoch eines nicht vergessen: Die USA sind unser wichtigster Partner in Sicherheitsfragen und wir haben mit ihnen eine enge Interessengemeinschaft. Die Zusammenarbeit mit unseren US-amerikanischen Partnern ist für unsere innere und äußere Sicherheit unersetzlich. Deshalb wären wir schlecht beraten, die Zusammenarbeit aufzugeben. Das ersetzt natürlich nicht das selbstbewusste Vertreten unserer eigenen Interessen.

Wir brauchen einen zeitgemäßen Ordnungsrahmen, der den Schutz persönlicher Daten ebenso gewährleistet ebenso wie eine präventive und umfassende Sicherheitskultur. Innovative Lösungen in der Sicherheitstechnologie sind dabei ein Weg. Ungeachtet dessen muss aber auch der Rechtsstaat die Herausforderung durch die Digitalisierung bestehen. Das Internet ist kein rechtsfreier Raum. Es darf das aber auch nicht de facto werden – durch eine Anonymitätskultur, eine „Piratenmentalität" und durch fehlende Möglichkeiten der Rechtsdurchsetzung.

Auch im Internet muss sich jeder darauf verlassen können, dass eine Rechtsordnung gilt und durchgesetzt wird, die jeden von uns schützt. Und dass der Staat, der das Gewaltmonopol hat, einschreitet, wenn sie verletzt wird. Dazu muss es möglich sein, Menschen zu identifizieren, die im Internet andere Menschen verächtlich machen, sie bedrohen, ihre Daten abfangen und Kontos abräumen oder betrügen. Dabei geht es nicht um flächendeckende Überwachung unbescholtener Bürger. Auch im Internet haben wir ein Recht auf freie Kommunikation ohne staatliche Überwachung. Genauso wenig wie unsere Briefe darf der Staat unsere E-Mails öffnen. Wenn aber individuelle Rechte und Freiheitsgarantien bedroht sind, muss der Staat, der das Gewaltmonopol hat, tätig werden.

Es geht hier nicht nur oder in erster Linie um Strafrechtsdelikte und ihre Verfolgung, sondern auch um unsere zivilrechtliche Ordnung. Ein Thema, mit dem ich mich seit über einem Jahrzehnt im Bundestag beschäftigt habe, ist der Schutz des Geistigen Eigentums. In Zeiten der Digitalisierung hat es einen prekären Stand. Das Geistige Eigentum ist durch die Möglichkeit der digitalen Vervielfältigung und Weitergabe – ohne Qualitätsverlust! – verletzlicher geworden. Manche finden das positiv. Doch diejenigen, für die das „Geistige Eigentum" eher ein Kampfbegriff der Urheberrechtsindustrie ist, vergessen, welche kulturhistorische Errungenschaft die Einführung des Urheberrechtes war. In seiner Folge erblühte das Kultur- und Geistesleben, wovon wir bis heute profitieren. Das Urheberrecht gewährleistet nicht nur einen ideellen Bezug des Schaffenden zu seinem Werk, es ermöglicht auch eine wirtschaftliche Grundlage für freies, kreatives Schaffen und fördert es auf diese Weise. Deswegen sollten wir auch in der digitalen Gesellschaft Vorkehrungen schaffen, die den Urheberrechtsschutz gewährleisten und das Bewusstsein für seinen Wert erhalten. Wir sollten es hier halten wie bei anderen Rechtsgütern, die besonders verletzlich und angreifbar sind: Wir dürfen ihren Schutz nicht resignierend aufgeben, sondern gerade wegen ihrer Verletzlichkeit intensivieren.

Der Schutz des Urheberrechts und die Diskussion darüber in Zeiten des Internets zeigt, wie der bloße Fortschritt technischer Möglichkeiten bisweilen Wertvorstellungen beeinflusst und die Diskussion inhaltlich verändert. Deswegen gilt es, sich immer wieder daran zu erinnern, dass das Internet am Ende ein *Medium* ist, um Inhalte zu transportieren und zu verbreiten. Zu den Inhalten selbst verhält es sich neutral. Wie schrieb der amerikanische Philosoph Henry David Thoreau schon im 19. Jahrhundert zu einer technologischen Revolution der damaligen Zeit: „Wir sind in großer Eile, einen magnetischen Telegraphen von Maine nach Texas zu bauen. Aber es könnte sein, dass Maine und Texas gar nichts Wichtiges miteinander zu kommunizieren haben."

Wir sollten die Chancen der Digitalisierung nutzen, indem wir sie uns dienstbar machen. Wir sollten mit den alten Techniken aber nicht unsere Wertvorstellungen und zivilisatorischen Errungenschaften über den Haufen werfen, sondern auf der Grundlage unseres demokratischen Verfassungsstaates mit gesundem Menschenverstand und Augenmaß weiterentwickeln.

Günter Krings, Prof. Dr., MdB CDU, Parlamentarischer Staatssekretär im Bundesministerium des Inneren, Berlin

VI
Kulturelle Ebene

Digitale Souveränität?

Wolf Siegert

1   Einleitung

Frage an die Leserinnen und Leser: In wie viele Texte dieses Buches haben Sie schon hineingeschaut, bevor Sie sich diesen zuwenden wollen?

Frage an die Autorinnen und Autoren: Wie viele von Ihnen haben vor dem Aufschreiben des ersten eigenen Satzes auf *Google* oder auch in einer anderen *Searchengine die* Begriffe „Digital" oder „Souverän(ität)" eingegeben?

Antwort an die LeserInnen: Ihre Entscheidung, sich dieser Lektüre zu stellen, verdient Respekt. Denn schon die Aufgabe, sich überhaupt mit dieser Fragestellung zu beschäftigen, ist alles andere als *easy peasy*: Sie ist … typisch deutsch.

Antwort an die AutorInnen: Bei den gedanklichen Vorarbeiten zu diesem Text wurde klar, dass das ständige Nachsuchen nach Antworten im Netz selber schon ein Teil des Problems ist – und so wurde die Entscheidung getroffen, diesen Text zunächst einmal „ganz ohne" zu verfassen.

Insofern wird sich dieser Text deutlich von vielen anderen Abhandlungen in diesem Buch unterscheiden, er bezieht ganz bewusst das subjektive Erleben im Verlauf der eigenen Verschmelzung mit dem „Digitalen" mit ein und weist sodann deutlich darüber hinaus: Das Besondere dieser Phänomene wird destilliert und als das Allgemeine zum weiteren Gebrauch – als Werkzeug oder Wegzehrung – angeboten.

2

Insofern mag es zunächst anmaßend erscheinen, sich in der Überschrift fragend auf den Titel des Buches selber zu beziehen. Aber diese *headline* ist das Ergebnis eines langen *Brainstormings*, in dessen Verlauf zunächst immer wieder andere

Titel aufgetaucht sind. Es war wie in einer Redaktionssitzung oder einem *Creativ-meeting*. Die Eingebungen gingen von: „Ich bin in Bing, also bin ich" bis: „Auf der Suche nach dem verlorenen Zenit". Dieser Prozess hat viel Freude bereitet und ein breites Spektrum von Ideen und Ansätzen geliefert, die es ermöglicht haben, sich dieser Aufgabe zu stellen.

„Wir wollen mit dem Buch den Begriff ‚Digitale Souveränität' besetzen bzw. mit Inhalt füllen, und zwar aus allen Perspektiven" – so der Herausgeber in einer *E-Mail* an den Autor. Und die Frage, die sich eingangs jeder von uns gestellt haben wird, lautet: Was verändert sich an dem Begriff der Souveränität, an der Metapher, an dem Streben nach „Souveränität", wenn diesem das Adjektiv „digital" vorange-stellt wird? Was ist daran wirklich neu, und warum? Gibt es durch dieses Adjektiv eine Notwendigkeit oder einen Nutzen, diesen Begriff neu zu besetzen und „mit Inhalt zu füllen".

Wir werden in diesem Band – egal ob zwischen zwei Buchdeckeln oder im *E-Pub*-Format feststellen, dass das Auffüllen der Begriffe mit Inhalten durchaus möglich und eine reizvolle Aufgabe ist. Aber neu besetzen? Wird durch das Adjektiv „digital" das Nomen „Souveränität" wirklich zu einem neuen Begriff? *Nomen – est omen.* Solange wir uns nur dazu verleiten lassen, das als Assoziationen wiederzu-geben, was uns diese beiden Worte nahelegen, werden wir der anlogen Welt noch nicht entwachsen sein und in der digitalen Welt noch nicht erwachsen worden.

3

Schon die Aufgabenstellung selber stürzt uns in eine Falle, in die viele von immer wieder tappen, ja fallen müssen: Weil wir gerade mal erst eine Generation lang mit der Digitalisierung zu tun haben und dennoch heute schon von einer nach-industriellen Revolution reden, und dabei oft übersehen, dass wir – im Bild gesprochen – immer noch in einer Droschke sitzen, der die Pferde ausgespannt wurden, um stattdessen so etwas wie einen „Motor" zur Wirkung zu bringen. Dabei leben wir immer noch in einer Zeit, in der wir gerade beginnen zu begreifen, welche Herausforderungen uns begegnen, in der aber immer noch viele *Easy Riders* die Chance haben, die neuzeitlichen Kutschen zu überholen. Wir sind gerade erst aufgebrochen auf dem Weg in eine Welt, in der die „Realität" unseres Seins immer noch jenseits des Bewusstseins über die Auswirkungen des Einflusses der Digitalisierung definiert wird – auch wenn wir dieses unter Zuhilfenahme all jener Dienste und Geräte tun, deren Handhabung wir gerade erst zu erlernen unternommen haben.

4

Wir wähnen uns schon auf dem *Information Highway* und fahren noch nicht einmal ein Ford-T-Modell. Sind wir wirklich so viel weiter als der Altbundeskanzler Helmut Kohl mit seiner Antwort auf die Frage von Ex-*Microsoft*-Deutschland-Chef Christian Wedell am 4. März 1994 nach einer „Datenautobahn" als er sagte: „Ja, da sind wir ja mitten in der Diskussion, das weiß hier ja kaum einer besser als Sie, und Sie wissen auch wie heftig umstritten das ist."

Sind inzwischen die Routen ins digitalen „Neuland" – wir sollten eigentlich sagen: das Neuland des Digitalen – schon gelegt, weil wir das Thema inzwischen in einer Enquete-Kommission des Bundestages zur Diskussion gestellt haben, weil seit 2014 erstmals eine „Digitale Agenda" als schriftliche Herausforderung vorliegt, mit deren Umsetzung gleich ein ganzes Triumvirat von Ministerien betraut wurde?

Das Zielpublikum dieses Buches, so der Herausgeber in der bereits zitierten *E-Mail*, sei „die interessierte politische Öffentlichkeit und die Politik natürlich". Also hören wir, was der 2014 wieder zum Innenminister ernannte Thomas de Maizière am 20. August 2014 auf der Pressekonferenz zur „Digitalen Agenda" anlässlich der Vorstellung der Pläne der deutschen Bundesregierung gefragt bzw. gesagt hat: „Wer verändert wen? Lassen wir uns verändern durch die sogenannte digitale Welt oder haben wir die Kraft und den Willen, die digitale Welt nach unseren Wert- und Normvorstellungen zu gestalten?"

5

Das ist *Dino-Speak*. Die Welt als Wille und Vorstellung. Schopenhauer lässt grüßen. Und man ist es zufrieden. Seit zwanzig Jahren berührt – und „nix passiert". Und dann hat ein mobiles Telefon der Kanzlerin persönlich plötzlich „ZOOM" gemacht. Und alle Blicke der Öffentlichkeit richteten sich erneut auf sie – und dieses Mal nicht wegen ihrer raute-formenden Hände oder ihrer „Tschland"-Kette, sondern weil ihre Souveränität von einer fremden, unsichtbaren Macht in Frage gestellt worden war. Und damit, stellvertretend, auch unsere?!

Plötzlich war das Digitale nicht länger nur ein Detail zu „unseren Wert- und Normvorstellungen", sondern *Le Diable*, Teufelszeug: Das es zu verteufeln gilt – und doch irgendwie zu akzeptieren, da sich die Welt nicht mehr zurückdrehen lässt. Das symbolhaft Spannende an dieser Affaire ist der Umstand, dass sich das Adjektiv „digital" nicht länger als *Quantité négliable* einer weit- und weltläufig geübten Kommunikationspraxis in der analogen Welt nach dem eigenen Willen verleugnen lässt. Die Geister, die „Mann" einst als „hilfreiche Geister" gerufen hat, sind heute aus der Asservatenkammer und Kommandostruktur ihrer Erfinder befreit und können auch von der Politik nicht mehr eingefangen werden.

Was ist eine in einem Kabel zentralisierte Kommandoleitung gegen die Verknüpfung der Kommunikationsknoten? All das, womit wir uns heute auseinanderzusetzen haben, ist – einmal mehr – das Ergebnis einer Politik der Kriegsführung mit anderen Mitteln. Anstatt es vom Gegner zerschlagen zu lassen, wird mit dem Internetprotokoll das eigene Kommunikat so sehr in seine „Einselteile" und Nullen zerlegt, dass es nicht mehr vom Gegner erkannt und gegen den Urheber genutzt werden kann.

Solange der Krieg in der Denke des 19. Jahrhunderts „… nichts als eine Fortsetzung des politischen Verkehrs mit Einmischung anderer Mittel" zu sein hatte, solange im 21. Jahrhundert die Digitalisierung immer noch als eine Beschleunigung und Virtualisierung der aktuellen Verhältnisse verstanden wird – und damit unverstanden bleibt – solange unterliegen unsere heute immer noch regierenden Altvorderen dem Glauben, dass sie noch Herr der Lage sein könnten – die Souveränität über „das Digitale" wiedergewinnen könnten. Weniger bekannt als der hier zitierte Carl von Clausewitz ist dieser Satz aus dem dritten Kapitel seines ersten Buches über den Krieg: „Ein starkes Gemüt ist nicht ein solches, welches bloß starker Regungen fähig ist, sondern dasjenige, welches bei den stärksten Regungen im Gleichgewicht bleibt, sodass trotz den Stürmen in der Brust der Einsicht und Überzeugung wie der Nadel des Kompasses auf dem sturmbewegten Schiff das feinste Spiel gestattet ist."

Wie aber funktioniert dieser Kompass? Nicht jener, der heute auf dem Smartphone zeigt, wo die Sonne aufgeht und in welche Richtung der Gebetsteppich auszurollen ist, sondern jener, der uns eine Orientierung in einer Welt zu geben in der Lage wäre, in der niemand mehr vermag, eine Karte zu lesen oder aus der Kombination von Uhrzeit und Sonnenstand zu erkennen, wie er sein Ziel erreichen könnte.

6

Erinnern Sie sich, verehrte LeserInnen, noch an jene Zeit, in der plötzlich jene Art von Uhren große Mode war, die keine Zeiger mehr hatten, sondern nur noch Zahlen? Waren Sie noch zu jung, um diesen Trend selbst miterlebt zu haben? Oder hatten Sie selbst eine solche Uhr – eine Zeit lang – und warum tragen Sie sie heute nicht mehr? Nur weil eine Batterie hätte gewechselt werden müssen, oder weil Sie

sie heute wieder wie eine neue Art der Taschenuhr mit sich herumtragen: nunmehr eingeschlossen in den Kommunikations-Angeboten Ihres Smartphones?

Nicht nur die Zeit ist vergänglich, auch die Zeit-Zeige(r)-Zahlen waren es, die versucht haben, das Wesen des Digitalen in der Erscheinung eines digitalen Ziffern-Blattes zur Geltung zu bringen. Die Zahlen, nicht mehr länger Fixpunkt einer in analoge Segmente gegliederten Welt, sondern selber als sich ständig verändernde Indikation eines fortdauernden Zeitstromes, der nun in viele Teile zerschlagen wird, die sich in einer immer wieder erneuernden Zahlenkombination dem Betrachter offenbaren – und offenbar auf Dauer nicht das Gefallen der *user* hat finden können.

Warum ist dieser Designversuch, mit dem Beginn eines neuen Zeitalters auch sinn-optisch mit der Zeit zu gehen, weitgehend gescheitert? Warum ist es nicht gelungen, das Wesen dieser neuen digitalen Welt in ihren Erscheinungsformen zu vergegenständlichen? Warum müssen wir uns in Texten wie diesen darüber verständigen, wie schwer es uns fällt, das scheinbar Offensichtliche auch zu einem offensichtlich notwendigen Arrangement zu führen, das unser Überleben auch in Zukunft sichert? Uns ein Vertrauen in die Zukunft zu-sichert?

Die Frage nach der digitalen Souveränität ist zunächst Ausdruck dieser neuen, noch undefinierten Befindlichkeit, die wir uns bislang aus scheinbar unerfindlichen Gründen (noch) nicht erklären – geschweige denn operationalisierbar – machen können.

7

Wenn einer der regierenden Volksvertreter – hier in der aktuellen Besetzung der Rolle des Innenministers – von der „sogenannten digitalen Welt" spricht, die „wir […] nach unseren Wert- und Normvorstellungen zu gestalten" haben, spricht er dann für das Volk? Dazu die folgenden Erklärmuster: Entweder, er erklärt dem Volk, was es selber noch nicht verstanden hat, oder er spricht mit dem Volk darüber, was er selbst noch nicht verstanden hat. Und? Richtig ist – leider – beides.

Solange ein Politiker in leitender Funktion – und dazu noch für die Innere Sicherheit zuständig – sich erlaubt, von der „sogenannten digitalen Welt" zu sprechen, schwingt da immer noch jene Hoffnung mit, dass diese neue digitale Welt genauso wenig Bestand haben werde, wie einst die „sogenannte DDR". Irgendwann werde schon der Souverän, das Volk, erneut auf(er)stehen und sich als Gegenbewegung gegen all jene Betonköpfen zur Wehr setzen, die sich dann später allenfalls noch auf ihre Wendehälse verlassen, um zuzuschauen, wo(hin) es in Zukunft gehen werde.

Und dann – nach einer möglichst friedlichen Revolution – würden die alten Verhältnisse zwar nicht wiederhergestellt sein, aber die Souveränität des eigenen Willens gegenüber der Verfasstheit einer unmenschlichen Diktatur des Digitalen wäre wiedergewonnen.

Die Synergie und Symbiose von analoger und digitaler Welt: Zu schön, um wahr zu sein. Oder wahr zu werden?

8

Wir stehen heute schon am Abgrund eines Entwicklungspfades, die wir allzu gerne mit Begriffen wie jenen von der „Informationsgesellschaft", der „Technikfolgenabschätzung", der „Industrialisierung 4.0" und dergleichen mehr noch in den Griff zu bekommen versuchen. In dem Bemühen, trotz aller Gefahren Vorreiter einer Entwicklung zu sein, die wir zu beherrschen glauben, die wir aber dennoch kaum verstanden haben und die wir in ihren Auswirkungen überhaupt noch nicht einzuschätzen in der Lage sind.

Der Innenminister als Steuermann und als Symbolfigur für all jene, die das Ruder eines Bootes in die Hand genommen haben, mit dem sie auf ihnen noch unbekannten Gewässern herumschippern. Ausgerüstet mit all den Erfahrungen und Kenntnissen, mit denen einst ganze Kontingente entdeckt werden konnten, glauben sie, nun auch auf die Entdeckung dessen vorbereitet zu sein, was wir die „digitale Welt" nennen.

Wo aber liegt diese, wonach müssen wir Ausschau halten, um sie zu entdecken, wohin unsere Koordinaten ausrichten, um sie zu finden? Diese neue, „digital" genannte „Welt": Sie ist überall – und nirgends. Sie ist von uns selber gezeugt, wir sind ihre Götter-Väter und -Mütter, die ihre Nachgeborenen nicht mehr verstehen, ihr scheinbar virtuelles Wirken nur noch an ihren Aus-Wirkungen erkennen … und die nur noch an den Reaktionsmustern ihrer Kinder erleben, was sie da wirklich in diese Welt neu gesetzt haben.

Dabei sind es vielleicht eher wenige unter uns, die an dieser Entwicklung auch einen praktischen, ja prägenden Anteil hatten, die selber Schöpfer, Generatoren und Multiplikatoren dieser Entwicklung waren. Dennoch aber tragen wir alle die Verantwortung an dieser Entwicklung mit. Und das seit dem Zeitpunkt, als es der US-amerikanischen Politik gelang, mit großen Dollarbündeln winkend, die Wissenschaftswelt in die Unternehmung einzubinden, dass die Militärs als so nützlich erkannt hatten: digitale *Grids* anstatt linearer Größe.

Bevor wir also eine Antwort auf die Frage nach der digitalen Souveränität finden werden, müssen wir uns klarmachen, dass wir uns in einer Lebens-Zeit befinden, wie sie andere Generationen vor uns so noch nicht gekannt hatten. Egal, ob wir jetzt aktiv oder passiv an der Erfindung, Entstehung, Entwicklung und Entfaltung des „Digitalen" Anteil hatten: Wir sind die erste Generation, die noch zu Lebzeiten zu vertreten hat, was in der Zeit geschehen ist, als wir Verantwortung trugen.

Oft genug ist davon die Rede gewesen, dass sich die „Internet-Generationen" in sehr viel kürzeren Abständen voneinander ablösen, als dies in den bisher bekannten Entwicklungszyklen der Menschen der Fall gewesen sei. Es ist viel von der ungeahnten Beschleunigung dieser Zyklen die Rede, die heute darin ihren Ausdruck fände, dass keiner mehr zu sagen vermag, was jenseits des Zeitstrahls eines Quartals, eines Unternehmensjahres geschehen werde. Ja, selbst der Zeitraum einer Legislaturperiode, früher schon als natürliches Hemmnis einer längerfristig gültigen Planungskompetenz in der Politik gerügt, erscheint angesichts dieser Beschleunigung als eine halbe Ewigkeit.

All das ist uns bekannt. Was wir aber in vielen Fällen immer noch nicht daraus abgeleitet haben, das ist ein neues Maß an Verantwortung, das sich aus dieser Entwicklung zwangläufig ergibt. Wir sind es selbst, die das, was im Verlauf unserer Lebenszeit geschaffen wurde, auch zu verantworten haben. Sei es als Mit-Täter, als Mit-Macher, oder auch als Verweigerer.

9

"Humpty Dumpty sat on a wall,
Humpty Dumpty had a great fall,
All the King's horses and all the King's men,
Couldn't put Humpty together again."

Und wir sitzen immer noch – wenn vielleicht auch nicht mehr auf einem hohen Ross – so doch auf jener hohen Mauer, von der *Humpty Dumpty* gefallen ist, sich noch im freien Fall befindet. Wir meinen immer noch, ihn auffangen zu können, und sind doch selber noch längst nicht auf jenem Boden angekommen, auf dem *Humpty Dumpty* alsbald zerschellen wird.

Für uns ist diese „digitale Welt" immer noch „Neuland". Oder gehören wir schon zu den Wenigen, die dem im freien Fall befindlichen Typen noch eine sichere Landung ermöglichen könnten, wie es zum Beispiel jene Spezies aus der Branche der *Gamer*, die ihm schon längst mit ihren Mittel ein virtuelles Sprungtuch aufgespannt haben?

Aber wer redet denn schon mit „denen"? Während die Film-Barone sogar schon die Kreationen ihrer Studios zeitweise vom Markt nehmen, da sie sich den Hackerangriffen auf ihre Bastionen nicht gewachsen sehen, ist inzwischen der Markt der elektronischen Spiele schon auf das Doppelte der Kino-Welt angewachsen: Und das im Verlauf von weniger als einer Generation.

Spätestens seit dem Spiel „*Spore*" dreht sich die digitale Welt – auf der Seite spore.com gleich in Form einer animierten farbigen Lehmkugel als Intro zu sehen – um jeden von uns als den Schöpfer (s)einer eigenen Welt. Dort ist zu lesen: „*With Spore, you can also create vehicles, buildings, even spaceships. Then take your creatures on the most amazing journey ever. Evolve life, establish tribes, build civilizations, sculpt worlds, and explore the cosmos.*"

Das ist die wahre Herausforderung der „digitalen Welt" in Deutschland: der Fall von *Humpty Dumpty* und dazu noch der Fall der Mauer selber. Angesichts dieser zweifachen Revolution haben wir vergessen, für welche Zukunft wir die Verantwortung zu übernehmen haben: für das „eigene" Land und für die Aneignung der digitalen Welt.

Wenn weder die Menschen noch die Pferde-Stärken *Humpty Dumpty* wieder zusammensetzen können, erlaubt die sich im freien Fall andeutende Fraktalisierung des Archetypen, jeden von uns sich als Schöpfer neuer Welten in Szene zu setzen: Am Rechner, gegen Geld oder mit der Preisgabe eigener Daten, und in der Annahme, dass wir daran Gefallen finden werden.

Kurz: Die Frage nach der digitalen Souveränität kann erst jetzt gestellt werden, seitdem der Archetyp des Souveräns von der Mauer gefallen ist – von der Mauer gestürzt wurde? – und wir zeitgleich in der realen Welt allseits und mit Schrecken entdecken, dass nach dem Mauerfall allerorts neue Mauern gebaute werden. Auch im Internet.

10

Wenn Sie diesem Text bis zu dieser Stelle gefolgt sind, wird zumindest deutlich geworden sein, dass die Frage nach der „digitalen Souveränität" nicht an der Definition des Begriffs der Souveränität scheitern wird, sondern an der des Digitalen. Und daran, dass diese beiden Begrifflichkeiten immer noch – und das noch auf lange Zeit – kein gleichberechtigtes Verhältnis zueinander haben werden. Das Digitale gilt immer noch als *add on* unserer Lebenswirklichkeit, die wir in der sich verändernden Form annehmen (müssen) oder auch nicht, die wir identifizieren und verifizieren, über die wir reflektieren, gegen die wir revoltieren oder aber versuchen, mit ihren Mitteln neue Revolutionen in Gang zu setzen.

Es war vom Innenminister als Steuermann und als Symbolfigur für alle jene die Rede, die das Ruder eines Bootes in die Hand genommen haben, mit dem sie auf ihnen noch unbekannten Gewässern herumschippern. Und die Einzige, die ihm und den anderen den Weg weist: Die Kanzlerin. Von *CNN* bis zur *TIMES* die „Frau des Jahres 2014". Eine der ganz wenigen Frauen auf breiter Flur, auf hoher See, und an jenem Fluss der Zeit zwischen den Lebenden und den Toten, Styx genannt.

Da wir noch nicht soweit sind, in der gesellschaftlichen Verortung unserer Zeit eine eigene mentale, psychologische oder sogar soziologische und philosophische Referenz entwickelt zu haben, die wir wirklich als *common sense* für uns vereinnahmt hätten, hier ein Rückgriff auf die Mythologie, auf eine der wenigen weiblichen griechischen Göttinnen – und Flussnamen.

Denn wir haben nur diese Alternative: uns von den Politkern als den von uns mehrheitlich (aus-)gewählten Steuerleuten über dieses Gewässer schippern zu lassen, oder selber – angeleitet durch unsere Mütter und Väter – in diesem Wasser zu baden, was uns dann, der Sage zu Folge, unverletzbar machen würde. Dass das schon „damals" nicht geklappt hat, hat die Geschichte vom Tod des Achilleus deutlich gemacht – so deutlich, dass die erste TNS-infratest-Zukunftsstudie des Münchner Kreise anno 2015 von der Digitalisierung als der „Achillesferse der deutschen Wirtschaft" spricht.

Allein: Unsere Eltern sind noch nicht in dieser neuen Zeit aufgewachsen, viele von ihnen haben immer noch die Schrecken des Krieges als das sie prägende Element zu verarbeiten. Wir sind es, die während zweier Generationen nichts als Frieden erlebt haben und die jetzt – ob gewollt oder nicht – den Herausforderungen der Digitalisierung gegenüberstehen. Ja, wir sind es – wenn wir in der Welt der griechischen Mythologie verbleiben – die als Mutter, Thetis (Θέτις), und als Vater, Peleus (Πηλεύς), aufgefordert wären, unsere Kinder in diesen Wassern zu baden. Und sie gegen die Anfeindungen des Digitalen zu w-app-nen.

Wie lange noch wird es Schulen geben, in denen die SchülerInnen den LehrerInnen erklären müssten, wie es um die digitale Welt bestellt ist? Und selbst die es täten, wäre diese immer noch ein Fortschritt angesichts der Tatsache, dass ihre Flucht in und Sehnsucht nach ihren Freunden und Bezügen in der Welt hinter den Bildschirmen sie von den Älteren eher abschirmt, denn mit ihnen verbindet. Nichts ist un*cooler*, als mit den Eltern in einem der sozialen Netzwerke „befreundet" zu sein – oder?

Mit dieser Styx-Metapher wird auf die eigentliche – aber zumeist unausgesprochene – Angst verwiesen, die signalisiert, dass „das Analoge" etwas Lebendiges, „das Digitale" dagegen etwas Totes sei. Jene von uns, die in den „sozialen" Netzwerken nicht (mehr) von der nachwachsenden Generation akzeptiert, nicht einmal mehr toleriert werden, wir sind die „lebenden Toten" – und selbst dann noch nicht in der Lage zu begreifen, was es mit dieser immateriellen Welt auf sich hat.

Wir begreifen nicht nur unsere Kinder nicht mehr, sondern können auch nicht mehr verstehen, wie sehr eben diese selber darum ringen zu begreifen, wer sie sind und warum sie sind, wie sie sind. Und dabei hätten wir – vielleicht nicht als Eltern, aber spätestens als Großeltern – heute alle Chancen, diesen Dialog über den digitalen Graben hinweg neu zu beleben. Und selbst im Umgang mit dieser scheinbar toten Antimaterie neu erleben und beleben zu können, was so sehnsüchtig von der nachwachsenden Generation vermisst wird: Kontinuität, Vertrauen, Verlässlichkeit, etwas, an dem man sich festhalten kann.

11

Wie all dies erklären, ohne den Rahmen dieses Textes zu sprengen? Vielleicht mit diesen, uns heute geläufigeren Metaphern aus der unmittelbaren digitalen Umgebung. So wurden in den digitalen Welten Konstrukte wie die *Timeline* erfunden und – zwei Jahre nach „*Spore*" von Zuckerberg und Konsorten als Modell der Zeitreproduktion, oder sollte man sagen, der Zeitretrospektion – der Öffentlichkeit vorgeführt. Mehr noch, sie werden inzwischen sogar zu einer für die Nutzer verbindlichen Anwendung erklärt, um das zu reproduzieren, was die digitale Welt von sich aus nicht mehr anzubieten vermag: die Einvernahme der Spuren des eigenen Lebens in dem auf das Digitale reduzierten Welt-Raum.

Anders gesagt – oder gefragt? Warum gibt es immer noch die Vinyl-Kultur in den Plattenläden, die sich hartnäckig gegen die CD- und filebasierten Musik-Angebote zu behaupten vermag? Warum wird heute noch in „gewissen Kreisen" der mit Röhren bestückte Verstärker gegenüber all den Transistor-Geräten vorgezogen? Oder, wir hatten dieses Beispiel schon: Warum hat sich die Uhr mit zwei oder auch mehr Zeigern nicht von jenen mit den Digitalziffern aus dem Markt verdrängen lassen?

Weil wir uns – eh schon ohne Bestimmung in den Raum der eigenen Lebenszeit geworfen – nicht mehr als Herr, als Frau unserer selbst empfinden und erfahren können. Wir, die wir uns selber verbieten, dem eigenen Leben zu einem selbst gesetzten Zeitpunkt ein Ende zu setzen – was aus Sicht des Autors auch ein Signal eigener Souveränität sein kann – hätten in den digitalen Welten jederzeit und unendlich oft die Chancen, Leben zu schaffen und zu beenden. Warum nutzen viele von uns diese Möglichkeiten nicht, im Spiel zu erfahren, was jenseits der eigenen Lebenserfahrung steht und inzwischen allzu oft das Leben der Kinder maßgeblich geprägt hat.

Die Erfahrungen daraus mögen ebenso erschreckend wie fundamental sein: dass wir heute mittels digitaler Technik in der Lage sind, alles und jedes zu schaffen, was uns auch nur einfallen mag. Und dass heute die Grenze dieser Erfahrung nicht mehr durch die Technik gesetzt wird, sondern durch unsere Fantasie.

Die „Lebenszeit" eines Gerätes hing bisher vor allem von der Qualität ihrer Konstruktion und der Güte der dabei eingesetzten Materialien ab – in Zukunft dagegen wird sie immer mehr davon bestimmt sein, ob für das entsprechende *Gadget* noch ein neues Software-Update zur Verfügung gestellt wurde oder nicht.

Der „Zahn der Zeit", wie der Todesbote noch in der analogen Zeit genannt wurde, ist in der digitalen Welt verdrängt worden durch die permanente und sich perpetuierende online-an-gebundene Existenzberechtigung. Der Traum vom ewigen Leben wird heute ersetzt durch die geradezu schon traumatische Erwartung, *always on* sein – und bleiben zu können.

In der analogen Welt gab und gibt es ein Leben, das irgendwann wird enden müssen. Und um dieser Vorhersage zuvor zu kommen, die jederzeit Wirklichkeit werden könnte, haben wir unsere Souveränität gegenüber dieser ungewissen Gewissheit, gegenüber dieser bekannten unbekannten Macht an die Kirche und viele weitere Institutionen delegiert. In der Hoffnung und in dem Bewusstsein, mit der so noch beibehaltenen Vollzugsgewalt sicher und souverän wirken zu können.

Und zumindest noch soviel Frei-Zeit zu haben, um „Sometimes You (have to) Die" zu spielen.

In der sogenannten digitalen Welt leben wir immer noch in der Illusion, dass das einzig wahre und gute das Analoge, das „Reale" sei und wollen nicht begreifen, in welch hohem Maße unsere Realität von virtuellen Werten bestimmt wird.

Erst wenn es gelungen ist, von den phänomenalen Wirkungen der Digitalisierung zu einer Deutung, einer Phänomenologie zu gelangen, die uns auf das Wesen dieser Entwicklung verweist, werden wir in der Lage sein, auch den Begriff der Souveränität nicht nur neu zu deuten, sondern durch unser Handeln – einzeln wie im Kollektiv – neu zu besetzen.

„Digitale Souveränität"? Die wird sich erst entwickeln können, wenn es gelingt, sich den Herausforderungen des Digitalen an sich erfolgreich gestellt zu haben – und nicht nur der Digitalisierung.

Wolf Siegert, CEO IRIS Media, Berlin

Die Hektik des Hashtags: Überlegungen zur politischen Debattenkultur in der digitalen Erregungsgesellschaft

Stephan Weichert

1 Das „Long Tail"-Prinzip der digitalen Debattenkultur

Als John Stuart Mill vor 189 Jahren die *London Debating Society* gründete, hätte er sich nicht träumen lassen, wie soziale Netzwerke einmal die politische Öffentlichkeit prägen. Der Nationalökonom und Sozialreformer, der bis heute als einer der einflussreichsten Verfechter des politischen Liberalismus gilt, hatte den Londoner Debattierclub ins Leben gerufen, um sich für die Einführung einer „reinen Demokratie" einzusetzen (Halliday, 2004). Mill hätte sicher seine Freude daran gehabt zu sehen, wie seine Visionen von einer direkten, die Bürger unmittelbar einbeziehenden Staatsform zu Beginn des dritten Jahrtausends greifbar geworden sind – zumindest in Ansätzen.

Während hierzulande das professionelle Streiten ein vergleichsweise junges Phänomen ist, reicht die Geschichte der Debattierclubs in Großbritannien bis weit ins 17. Jahrhundert. Nicht umsonst gelten die britischen Clubs als Geburtshelfer der politischen Philosophie und als Brutstätten einer bis in die Gegenwart reichenden parlamentarischen Debattenkultur. Aus dem Geist der Aufklärung entstanden, markieren sie Prinzipien, die sich erhalten haben – mit dem Unterschied, dass sich die rhetorischen Figuren des Debattierens zunehmend der digitalen Moderne anverwandeln.

Dem ökonomischen Prinzip des „Long Tail" (Anderson, 2007), also der Idee einer digitalen Vernischung folgend, ist eine wachsende Diversität unserer Debattenkultur zu beobachten bei gleichzeitigem Zugewinn an Partizipationsofferten. Die kommunikativen Einbahnstraßen werden durch die digitalen Verästelungen nicht nur aufgebrochen, sondern im Ergebnis demokratischer. Verglichen mit der gehobenen Streitkultur von einst, die sich an strengen Sprachregeln und festen Ritualen orientierte, erscheint die digitale Debattenära weniger elitär und nicht so stark intellektuell aufgeladen: Das Netz hat gerade die politische Debatte nivelliert

und sie – ganz im Sinne John Stuart Mills – geradewegs ins Herz der Zivilgesellschaft zurückgeführt. Der demokratische Streit ist nicht mehr als hohe Kunst zu
verstehen, die nur eine gebildete Oberschicht beherrscht. Sie ist zum Kernelement
partizipativer Selbstbestimmung herangereift, die weder publizistische Zugangs-
barrieren noch formale Hürden kennt: Schnell, unkompliziert, direkt und mitunter
schmutzig steht sie den Bürgern näher als je zuvor.

2　　Wie wir künftig über gesellschaftliche Themen diskutieren

Mit der Frage, wie tiefgreifend das Internet den zivilgesellschaftlichen Diskurs
und damit den Grad der politischen Mitbestimmung stimuliert, sind Gelehrte,
Sachverständige und Politiker aller Parteien schon seit geraumer Zeit befasst. Die
34-köpfige Enquete-Kommission „Internet und digitale Gesellschaft" hat beispielsweise mit einem Dutzend Projektgruppen nach knapp drei Jahren Amtszeit und 179
Arbeitssitzungen einige dickleibige Bestandsaufnahmen und Forderungskataloge
für den Deutschen Bundestag ausgefertigt. Worum es ihnen in den prognostischen
Handlungsempfehlungen vor allem geht ist, wie die „Herausforderungen der digitalen Gesellschaft gemeistert" und wie „ihre Chancen am besten genutzt" werden.
Wie auf ihrer Website (http://www.bundestag.de/internetenquete) nachzulesen
ist, umtreibt die Kommissionsmitglieder die Vermessung gängiger Schlagworte,
Konzepte und Perspektiven der digitalen Moderne wie „Medienkompetenz", „Datenschutz", „Bürgerbeteiligung", „Urheberrecht" und „Verbraucherschutz". Ganz
allgemein war sie aber auch mit Zukunftsaussichten von Bildung und Forschung,
Wirtschaft und Arbeit, Staat und Demokratie befasst. Etwas weniger evident an den
Berichten ist, dass die von der Kommission präsentierten Lösungsansätze, die sich
in dem „umfangreichen Kompendium zu den Themen der digitalen Gesellschaft"
wiederfinden, zuallererst auch vom Grad der *Integration unserer Debattenkultur*
abhängen. Oder anders gesagt: Die Richtungen, die unsere digitale Gesellschaft
in den nächsten Jahren einschlagen oder nicht einschlagen wird, sind vor allem
von der Qualität abhängig, wie wir über gesellschaftliche Themen diskutieren und
über politische Inhalte streiten.

Holm Friebe hat in einem hellsichtigen Beitrag für das „Jahrbuch Fernsehen"
aufgeschrieben, dass das „öffentlich-rechtliche Fernsehen seiner Rolle als kollek-
tiver Diskursraum und kulturelles Themengedächtnis auch im digitalen Zeitalter
gerecht" werde, wenn es einer Generation entgegenkommt, „die den geplanten
Fernsehkonsum verlernt hat, die ihren Tag nicht nach dem Fernsehprogramm

einrichten, sondern vom Fernsehprogramm gefunden werden möchte" (Friebe, 2012, 21f.). In Analogie möchte man unseren Volksvertretern zurufen, dass sie diesen klugen Gedankengang ebenfalls beherzigen mögen; dass sie unbedingt einsehen wollen, warum ihre politischen Sichtweisen die entsprechenden Zielgruppen unter digitalen Vorzeichen *suchen* müssen – und das Publikum nicht, wie bisher angenommen, auf politische Verkündungen in der *Tagesschau* oder in einem ARD-*Sommerinterview* wartet. Und dass Politik dann darauf hoffen darf, dass auch Nischenthemen ihre Adressaten finden.

3   Hypermodernes Verteilsystem für Argumente

Die Versprechungen, dass soziale Netzwerke zumindest potenziell die politischen Nischen erobern und ihre Anliegen direkter zum Wähler tragen, klingen da äußerst charmant. Das soziale Netz könnte das hypermoderne Verteilsystem für den *politischen Argumentetransfer* bilden, das der für viele Bürger inzwischen opake Politikbetrieb so dringend braucht. Es könnte, ganz konkret, die spezifischen Programme und unterschiedlichen Positionen der politischen Parteien zu größeren und kleineren Debattenthemen wie Elterngeld, Mindestlohn, Tempolimit, Energiewende oder Studiengebühren genau dort platzieren, wo das für diese Signale zu sensibilisierende Publikum sitzt. Und es könnte sich, gewissermaßen im politischen Geist der von Mill erdachten „Direktdemokratie" zum glaubwürdigen Instrument der Mobilisierung engagierter Mitstreiter entpuppen: in Bezug auf Petitionen, die Übertragung von Wahlkampfveranstaltungen mit Abstimmungsrechten oder virtuelle Parteiversammlungen.

Nicht alleine wegen solcher verwegenen Mitmach-Phantasien hat die Social Media-Bewegung in den Parteien einen Ansteckungseffekt bewirkt: Die durchschlagenden Erfolge der beiden Obama-Präsidentschaftswahlkämpfe 2008 und 2012, in denen mit allen digitalen Tricks gekämpft wurde, aber auch der anhaltende Wählerzulauf bei der Piraten-Partei haben etliche Nachahmer unter den politischen Akteuren auf den Plan gerufen und in ihnen einen Überaktionismus geweckt, weil sie offenbar hoffen, dass über soziale Medien reihenweise junge Wählerschichten einzufangen sind: Die Zeiten, in denen im Bundestag mit sozialen Netzwerken gefremdelt wurde, sind passé; längst haben sie sich als kommunikative Werkzeuge im politischen Tagesgeschäft etabliert, wobei das Duett Twitter und Facebook, am Rande allenfalls Google+ und YouTube eine strategische Rolle spielen, um ihre Botschaften mithilfe publizistischer Multiplikatoren an den journalistischen Gatekeepern vorbei in den digitalen Resonanzraum zu schmuggeln. So lassen sich auch deutsche Parlamentarier, die möglichst up-to-date erscheinen wollen, das Feedback aus der Parallelwelt der sozialen Netzwerke systematisch auswerten und diese Erkenntnisse direkt in ihre Wahlkampfstrategie einfließen.

4 Die Schattenseite der neuen Volksnähe

„Tue Gutes und rede darüber" – lautet die älteste Erfolgsformel der PR-Branche. Und genau diese Devise scheint die Politik für das Social Web zu begeistern. Oberflächlich betrachtet. Das millionenfache twittern, liken, posten amerikanischer Politiker und deren gewissenlose Zweckentfremdung von Social Media-Daten zu Wahlzwecken hat viele hiesige Politiker auch skeptisch gegenüber den Praktiken dieser „Politik 2.0" gemacht. Denn vergessen werden darf trotz der Euphorie über den kollektiven Diskursrausch nicht, dass die Digitalisierung unberechenbare Dynamiken in unserem demokratischen Staatsgefüge freisetzt. Die Folgen der immer schnelleren Kommunikation können die Hygiene der politischen Debattenkultur ernsthaft beeinträchtigen. Und das ist die Schattenseite der neuen Volksnähe: Dass der *digitale Sofortismus* den Akteuren aus Politik und Medien ein hohes Maß an Selbstdisziplin abverlangt, nicht jedes Wahlkampftour-Foto vom Bratwurststand an die politischen Freunde zu posten, nicht jedes komplexe Thema der Sozialpolitik für seine Follower-Gemeinde auf 140 Zeichen einzukürzen, und sei die Versuchung, sich ständig mitzuteilen, noch so groß.

Auch verstärken gerade Netzdebatten, die über einen längeren Zeitraum laufen, den Eindruck, als ginge es den Kommentatoren nur selten um einen konstruktiven Dialog. Es nimmt kaum Wunder, dass viele Diskussionen oft spitzfindig, destruktiv und blutleer verlaufen. Vor allem auch die Auseinandersetzungen in den Kommentarspalten und Meinungsforen der Online-Redaktionen reichen vom verbalen Scharmützel über ausgewachsene Verschwörungstheorien bis hin zum digitalen Rauschen, in dem triftige Argumente selbst mit der Lupe nur schwer zu finden sind. Syrien, Israel, Gleichstellung oder Homo-Ehe: Derer Beispiele für solche Reizthemen, die mitunter hochemotionale Reaktionen auslösen und eine echte Debattenkultur vermissen lassen, gibt es etliche. Davon singen selbst online-affine, dialogerfahrene Redaktionen ein Lied: Ob *Spiegel Online, Zeit Online, Tagesschau. de* oder *Süddeutsche.de* – es gibt kaum ein seriöses journalistisches Internet-Angebot in Deutschland, bei dem emotionale User-Debatten nicht schon einmal die Justitiariate im Dauereinsatz beschäftigt hätten.

Ohnehin hat das exorbitante Wachstum der Kanäle, über die politische Inhalte transportiert werden, nicht nur den *Leidens*druck auf die Politiker erhöht, sondern auch den *Leistungs*druck auf die Journalisten: Die publizistische Bedeutung des Web 2.0 als Verbreitungs- und Kommunikationskanal wird auch in Zukunft weiter wachsen. Die für den „Innovationsreport Journalismus" (Kramp & Weichert, 2012) durchgeführte Expertenbefragung konstatiert beispielsweise, dass gerade die sozialen Netzwerke für Journalisten immer wichtiger werden – sei es als Plattform für Marketing und Vertrieb, zum Zwecke des Community-Building, aber auch im Hinblick auf die inhaltliche Auslagerung aufwändiger Recherchen, zum Beispiel bei datenjournalistischen Projekten (Crowdsourcing): Die Sorge in vielen Redaktionen, bald den Anschluss an die „Dialogisierung" zu verpassen, ist daher erwartungsgemäß groß. Von einem tragfähigen Konzept, wie derlei Publikumsdialog möglichst produktiv umzusetzen sei, kann jedoch bisher noch nicht die Rede sein – der Tsunami an ungefiltertem Geraune, das auf die Redaktionen täglich einströmt, ist schlicht nicht zu bändigen: „Es stimmt, dass die Anzahl und Vielfalt der publizierenden Plattformen im Zeitalter des Internet geradezu explodieren – und das ist eine gute Sache", konstatiert Paul E. Steiger (2012), Gründer der amerikanischen Rechercheredaktion Pro Publica, die sich weitgehend über Spenden finanziert. „Allerdings", so Steiger, „beschäftigen sich nur wenige davon mit der eigentlichen Berichterstattung. Dementsprechend stehen wir vor einer Situation, in der *Meinungsquellen* wuchern, während die *Faktenquellen*, auf denen diese Meinungen beruhen, schwinden." Und genau das ist des Pudels Kern: Das Netz ist ideal geeignet für Meinungsaustausch. Für die Herstellung politischer Öffentlichkeit braucht es aber nach wie vor Profis, die das Netz nach Brauchbarem durchforsten und das Gefundene einordnen können.

5 Das Netz als „Speaker's Corner"

Angesichts solcher Verwerfungen im publizistischen System bleibt also interessant, ob das Meinungsgeschwader im Social Web langfristig einen Substitutionseffekt auf den Journalismus ausüben wird und vor allem: Welche Folgen das für die Nachhaltigkeit unserer politischen Öffentlichkeit hat, wenn sich alles Gesagte und Getane in der Politik über soziale Netzwerke ungefiltert seinen Weg zum Wähler bahnt. Es ist zu überlegen, ob der Preis der Authentizität, die ja durch den Direktkontakt zum Wähler über Twitter, Facebook & Co. aufgewertet wird, nicht zu hoch ist – wenn die Politik dadurch noch sinnentleerter und weiter radikal beschleunigt wird. Der Jenaer Soziologe Hartmut Rosa hält die Beschleunigung der Politik jedenfalls für ein „unlösbares Dilemma" (Mayer, 2009). Und es ist offenkundig, dass die technischen Nachrichtenbeschleuniger zu Informationsverdünnern werden, sobald sie dem professionellen Anspruch der Politik zuwiderlaufen, einem Metier nachzugehen, das nach Auffassung von Franz Müntefering „ein menschen-adäquates Tempo" (Nink, 2013, S. 8) braucht – „zum Nachdenken und zum Diskutieren und für demokratisch legitimierte Entscheidungen". Was die Politiker selbst betrifft, glaubt auch Bundestagspräsident Norbert Lammert, dass „die Zeit, die für elektronische Kommunikation in Anspruch genommen wird, für alles andere offensichtlich nicht mehr zur Verfügung" stehe.[1]

Offen bleibt, ob die Transformation des Politischen auch unter dem steigenden Zeit- und Mitteilungsdruck gelingen kann, oder ob letzteres auf Dauer eine Aushöhlung gesellschaftlicher Debatten zeitigt, weil diese fortan ohne ritualisierte Abläufe und stabile Gefäße verhandelt werden (müssen). Dass die ständige Verfügbarkeit Politiker zu Getriebenen machen, wird vielleicht als Nebenwirkung hingenommen. Aber welche Tragweite die „Hektik der Jetzt-Zeit-Mentalität" (Müntefering, 2013) für unser grundlegendes Demokratieverständnis hat, ist bei weitem noch nicht absehbar.

Um allen Kulturpessimisten gleich den Wind aus den Segeln zu nehmen: Natürlich geben die sozialen Netzwerke, im Ganzen gesehen, wichtige politische Impulse und bieten für die Politik den unschätzbaren Vorteil des Direktkontakts zum Wähler: Das Netz ist zum globalen „Speaker's Corner" geworden, einer prinzipiell öffentlichen Spielwiese mit allerlei Eckchen und Spielwiesen, auf denen jeder ungefragt und aus voller Inbrunst der Überzeugung das politische Tagesgeschäft kommentieren darf. Und tatsächlich scheint der Sound der digitalen Politik bei einigen jungen Aficionados wieder aufrichtiges Interesse zu wecken, ihre Debattenlust zu stimulieren. Es sind aber eben nur einige. Denn die erhofften breitenwirksamen „Piratisierungseffekte ohne Piraten" (Bieber, 2013), wonach der politische Aufmerksamkeitskampf über das Netz zu gewinnen sei, bleiben bei vielen etablierten Parteien bisher zumindest aus.

Auch wenn die Zeiten des digitalen Attentismus endgültig vorbei zu sein scheinen, steht zu vermuten, dass die teils immer noch dilettantisch wirkenden Anbiederungsversuche der Akteure des politischen Betriebs, sich über Facebook und Twitter möglichst lässig zu präsentieren, Jugendliche eher abschrecken, als dass sie deren politisches Ego stärken: Die ungelenken Auftritte in der Digitalität erwecken zuweilen den Eindruck, als sei die Internet-Performance letztlich nur Mittel zum Zweck. Mit Innovation hat dieses Gewollt-aber-nicht-gekonnt-Getue in der Regel nur wenig gemein: Vielmehr hat es schon einige Spitzenpolitiker in die berüchtigte Twitter-Facebook-Falle tappen lassen – und sie zu vorschnellen, unüberlegten Äußerungen animiert.

---

1   Persönliche E-Mail an den Verfasser.

6   Pathologien der digitalisierten Medienwelt

Wie schaut nun die Zukunft der öffentlichen Debatte aus? Die Dekonstruktion mag für viele Akteure der Web-Kultur zum gelebten Prinzip gehören. Doch ungeachtet der Attraktivität sozialer Medien für die Politik erfordern gerade die *Pathologien der digitalisierten Medienwelt* eine aufmerksame Beschreibung, auch weil das „Soziale" in den sozialen Medien immer noch kleingeschrieben wird und häufig nachgegärtnert werden muss, damit ein vernünftiger Dialog überhaupt in Gang kommt. Was auch daran liegt, dass sich Trolle nie mit Klarnamen ausweisen, sondern stattdessen den Nebel der Anonymität im Netz bevorzugen, um zu verunglimpfen, zu denunzieren oder sogar zu drohen. Dort, in der herrschaftsfreien Zone, wird die *kollektive Denunziation*, die fiebrige Suche nach menschlichen Verfehlungen, immer mehr zum Volkssport. Die zunehmende Entfesselung im Netz zielt einzig und allein darauf ab, die schwarzen Schafe unter den Abgeordneten an den Online-Pranger zu stellen.

Spitzenpolitiker wie Bundespräsident Joachim Gauck, Peer Steinbrück, Karl Lauterbach, Sebastian Edathy (alle SPD), Patrick Döring, Daniel Bahr (beide FDP), Volker Beck, Hans-Christian Ströbele, Daniel Cohn-Bendit (alle Bündnis 90/ Die Grünen), Dagmar Wöhrl (CSU), Angela Merkel, Jens Spahn (CDU), Christopher Lauer, Johannes Ponader (beide Piraten) – sie alle haben, quer durch alle Parteien, mit dieser Lawine aus digitalen Wutausbrüchen und persönlichen Hasstiraden schon zu tun gehabt. Das Netz birgt offenkundig ein gewaltiges Shitstorm-Potenzial – „mediale Empörungsbewirtschaftung in kontextfreier Endlosschleife", hat dies der Schweizer Journalist Daniel Binswanger (2013) treffend genannt. Und die „Zeit" spricht einstweilen von einem „Debattenklima der Hysterie" (Pauer, Pham & Wefing, 2013), von dem sich Politiker und traditionelle Medien einschüchtern ließen.

Und natürlich stimmt es auch: Die Verrohung der Sitten zeigt sich vor allem in solchen Fällen am deutlichsten, wenn sich die „Netzgemeinde" anschickt, Angeklagte in laufenden Prozessen verbal zu verprügeln und sich dabei zum Richter oder sogar zum Henker aufzuschwingen – das bekommen dann und wann sogar Nicht-Politiker vom Kaliber eines Boris Becker zu spüren. Dass es als Pendant zur Entrüstungswelle nun auch den Wohlfühlwaschgang, den „Candystorm" gibt, macht das Klima nicht besser. Es ist ein bisschen wie das Spiel der Prominenz mit der „Bild"-Zeitung: Wer im Fahrstuhl mit der Social Community nach oben fährt, muss auch damit rechnen, dass es eines Tages wieder abwärts geht. Shitstorm happens!

Überhaupt fragt man sich bei dieser zunehmenden Selbstjustiz, welche moralischen Abgründe die politische Debattenzukunft im Netz noch so alles bereithält. Die moderne „Erregungsgesellschaft" (Peter Sloterdijk) hat so manchen „virtuellen Vernichtungsfeldzug" provoziert, wie das Politmagazin „Panorama" für seine

Sendung vom 5. Juli 2012 unter dem Titel „Shitstorm im Bundestag: Politiker am Online-Pranger" recherchiert hat. Solche Kollateralschäden sagen jedenfalls nichts Gutes über die Verfasstheit unserer demokratischen Öffentlichkeit aus, von der mangelnden bundesrepublikanischen Bindekraft ganz zu schweigen.

Die Politik muss sich daher fragen lassen, ob und wie sie die Ur-Prinzipien einer sportlichen und fairen Kontroverse wieder rekultivieren kann – um der Qualität politischer Auseinandersetzungen und der sozialen Selbstbestimmung willen. So sehr, wie es vielen Zeitgenossen offenbar Schadenfreude bereitet, sich in die Tiefen der Kommentarghettos zurückzuziehen und getarnt unter ihren Pseudonymen ihre eigenwillige Form der Basisdemokratie zu zelebrieren (ohne zu ihren Beleidigungen mit ihrer wahren Identität stehen zu müssen), fällt es anderen, die sich erkennbar bemühen, gewissenhafte und strukturierte Debatten ohne lästige Trolle und obszöne Zwischenrufer zu führen, umso schwerer. Die Konstruktion des Social Web macht die Teilhabe heterogener sozialer Gruppen erst möglich. Soweit, so gut, aber sie verleitet eben Viele auch dazu, Häme, Hass und Zwietracht zu säen.

Noch heute werden Parlamentsdebatten in der Ukraine, der Türkei, in Russland, Südkorea, Mexiko oder Italien nicht nur lautstark, sondern traditionell auch unter Anwendung physischer Gewalt geführt – ausgeraufte Haare, zerfetzte Anzüge und blutige Lippen sind an der Tagesordnung. Die Ultima Ratio zur Debattenkultur ist vielleicht diese: Sind derlei Prügeleien im Parlament mit Blick auf manchen Sittenstrolch im Netz nicht um einiges aufrichtiger, als Politiker im Internet immer gleich zur „Persona non grata" auszurufen und ihnen übel nachzustellen?

7   Politische Identitäten jenseits der Hektik des Hashtags

Es fällt schwer zu glauben, dass Diskussionen in der digitalen Sphäre per se als Arretierungsmarken für die politische Meinungs- und Willensbildung taugen – dafür sind sie in der Regel zu impulsiv, chaotisch und selten nachhaltig – Ausnahmen, wie die mit dem Grimme Online Award ausgezeichnete Twitter-Aktion #aufschrei, in der Anfang 2013 vor allem jüngere Frauen beklagten, wie sie den alltäglichen Sexismus in unserer Gesellschaft erleben, bestätigen diese Regel: Die Bloggerin und Initiatorin Anne Wizorek schaffte es, mit einem simplen Schlagwort (Hashtag) beim Kurznachrichtendienst Twitter eine vergleichsweise nachhaltige Web-Debatte loszutreten. „Binnen weniger Tage schalteten sich 15.000 Menschen in die Debatte ein", analysiert der Hamburger Medien- und Journalismusforscher Volker Lilienthal (2013, S. 20): „Plötzlich war das Thema ‚Sexismus' auf der Tagesordnung. Wizorek wurde zu einer Art Star, eingeladen in viele Talkshows." Bei aller Personalisierung, die die Medien in einem ihrer typischen Reflexe vorgenommen hätten, sei es eben mehr als ein individueller Aufschrei gewesen, denn in der Folge, so Lilienthal, „artikulierte sich der Protest vieler."

Einer Datenanalyse der Programmiererin Lena Schimmel zufolge habe „es sich um eines der größten Diskussionsereignisse auf der deutschsprachigen Twitter-Plattform bisher überhaupt" gehandelt (ebd.). Am Ende dieser emotional aufgeladenen Social Media-Debatte waren laut Schimmel fast 50.000 Tweets und mindestens 30.000 Retweets über Twitter und andere digitale Plattformen wie Facebook mäandert – ein nie dagewesener Rekord. „Die Quantität, aber auch die Qualität dieser Debatte bewies schlagend die Macht von Social Media", konstatiert Lilienthal.

Gerade solche Diskussionen demonstrieren, dass auch in Deutschland Debatten von gesellschaftlicher Tragweite im Netz entstehen, die es – jenseits der Hektik des Hashtags – schaffen, „bislang festgefahrene Perspektiven aufzubrechen und zu erweitern", wie #aufschrei-Urheberin Wizorek (2013, S. 44) für das Technologiemagazin *Wired* kolumniert. So unberechenbar der Ausgang solcher Ad-hoc-Kampagnen für den politischen Diskurs sein mag, so hoch die Gefahr, dass solche Debatten von Dritten vereinnahmt oder gekapert werden und in eine vollkommen andere Richtung abdriften können, sei letztlich doch bewiesen worden, so Wizorek, dass der Auslöser einer solchen Aktion „mittlerweile nicht mehr von einer offiziellen Institution ausgehen oder einer bestimmten Zielführung unterliegen" müsse (ebd., S. 45). „Emotionales Echo" nennt sie es, wenn Social Media ein Lagerfeuer entfachen, „um das sich alle spontan versammeln und eigene Erfahrungen zum Thema einbringen" (ebd.). Und vielleicht ist es genau das, was den Reiz und die Stärke der digitalen Demokratie ausmacht: Dass die Teilhabe an Ereignissen im Netz zuweilen unterschiedliche Existenten mit ähnlichen Interessen zueinander bringt und auf diese Weise politische Gegenöffentlichkeit stiften kann.

Literatur

Anderson, C. (2007). The Long Tail – Der lange Schwanz. München: Carl Hanser.
Bieber, C. (2013). Piratisierungseffekte ohne Piraten. Vocer. Internet: http://www.vocer.org/piratisierungseffekte-ohne-piraten, Zugriff am 18.04.2014.
Binswanger, D. (2013). Demokratie als Shitstorm. Das Magazin, 21, 6.
Friebe, H. (2012). Will TV find me. In: Grimme-Institut u. a. (Hrsg.): Jahrbuch Fernsehen 2012. Berlin, 16-22.
Halliday, R. J. (2004). Political Thinkers. Volume IV: John Stuart Mill. London: Routledge.

Kramp, L./Weichert, S. (2012). Innovationsreport Journalismus: Ökonomische, medien-politische und handwerkliche Faktoren im Wandel. Bonn: Friedrich-Ebert-Stiftung.

Lilienthal, V. (2013). Social Media – eine Substitution von Qualitätsjournalismus? Forschungsjournal. Soziale Bewegungen, 26(2), 20-31.

Mayer, N. (2009). Beschleunigung: „Unlösbares Dilemma für die Politik". Interview mit dem Soziologen Hartmut Rosa über die Tücken der Beschleunigung in allen Lebensbereichen. Internet: http://diepresse.com/home/science/502730/Beschleunigung_Unlosbares-Dilemma-fur-die-Politik, Zugriff am 18.04.2014.

Müntefering, F. (2013). Demokratie braucht Zeit. Vocer. Internet: http://www.vocer.org/demokratie-braucht-zeit, Zugriff am 18.04.2014.

Nink, K. (2013). Der lange Marsch durch die Politik. Vorwärts, 9, 8.

Pauer, N./Pham, K./Wefing, H. (2013). Die große Vergiftung. Die Zeit, 21, 2-3.

Steiger, P. (2012). Fakt, Fiktion, Charity. Vocer. Internet: http://www.vocer.org/fakt-fiktion-charity, Zugriff am 18.04.2014.

Wizorek, A. (2013). Hashtag-Lagerfeuer. Wired, 2, 44-45

Stephan Weichert, Prof. Dr., Makromedia Hochschule, Hamburg

Der Öffentlich-rechtlicher Rundfunk, die Pressefreiheit und der „Public Value"

Wolfgang Hagen

1   Einleitung

Die Debatten um den „Public Value", so wie sie seit gut zehn Jahren in Europa, Neuseeland, Australien und auch den USA geführt werden, (Neumüller, 2011, S. 35) gehen im Wesentlichen auf Mark Harrison Moores Arbeit aus dem Jahre 1995 zurück: „Creating Public Value – Strategic Management in Government." (Moore, 1995) Die Arbeit steht durchaus in der Tradition der Privatisierung-Politiken öffentlicher Aufgaben, wie sie in den USA von der Reagan- und in Großbritannien von der Thatcher-Administration durchgesetzt wurden. Aber Moore wendet sich ab vom kruden Privatisierungswahn des „New Public Management" und geht auf einen ganzheitlichen Ansatz aus, indem er fragt, welche Werte der Gesellschaft – und damit immer auch dem Einzelnen – entgehen, wenn die Privatisierung öffentlicher Aufgaben (Bibliotheken, Wasserversorgung, öffentliche Sicherheit etc.) als isolierte betriebswirtschaftliche Strategien durchgezogen werden. (Bozeman, 2007) Es ist wichtig daran zu erinnern, dass Moore keinen organisationstheoretischen oder institutionensoziologischen Ansatz verfolgt, sondern eine Art Ethik eines neuen Managements im Sinne hat: „The specificity of my purpose [...] does not explain the behavior of organizations because it focuses on managers, not organizations. [...] In short, I develop a normative (rather than positive) theory of managerial (rather than organizational) behavior." (Moore, 1995, S. 2) Moore stellt zudem einen dynamischen Begriff des „Public Value" ins Zentrum. Das, was ein „öffentlicher Wert" ist oder werden soll, muss immer wieder neu ausgehandelt werden im Blick auf Gesetze, Traditionen, tatsächliche Bedürfnisse und experimentelle Innovationen. „Like private sector managers, managers in the public sector must work hard at the task of defining publicly valuable enterprises as well as producing that value." (Moore, 1995, S. 55) „Public Value" im Mooreschen Sinne ist nichts Fixes. Er muss immer wieder neu definiert und ausgehandelt (Smith, 2004, S. 69f) werden ohne

der Gefahr zu erliegen, demokratische Grundwerte zu marginalisieren oder durch
rabulistische Populismen zu ersetzen. (Dahl & Soss. 2012)

2 „Building Public Value" und der BBC

Nach der Jahrtausendwende wurde Moores Ansatz nicht vom Parlament oder den
Aufsichtsgremien, sondern vom Management der BBC (Day&Kenny, 2010) aufgegriffen, hat – sicherlich auch aus taktischen Gründen (Maggiore, 2011, S. 233) – die
Reform des BBC wesentlich bestimmt und auf diese Weise einigen Einfluss auf die
europäischen Medienpolitik genommen. (Coyle & Woolard, 2012) Das Flaggschiff
und Vorbild aller öffentlich-rechtlichen Medienunternehmungen der Welt war nur
nicht deshalb in eine Krise geraten, weil von Seiten der privaten Verleger Legitimität
und Effektivität ihrer digitalen Aktivitäten im Internet kritisiert wurden, sondern
auch wegen einiger zweifelhafter journalistischer Leistungen. („Hutton Inquiry";
McCabe, 2005). Beides nahm man für Zeichen einer internen Krise. 2004 entwickelte daraufhin das Management ein neues Unternehmensleitbild unter dem Titel
„Building Public Value", (BBC, 2004) auf dessen Grundlage zwei Jahre später die
„Royal Charta", also die staatliche Ermächtigung des BBC, für weitere zehn Jahre
erneuert wurde. Sie enthält ebenfalls eine zentrale „Public-Value" Verpflichtung.
(BBC 2006, S. 36) Das neue Aufsichtsorgan, der „BBC Trust", ist seither gehalten,
für neue unternehmerische Vorhaben vorab „Public Value Tests" durchzuführen,
die in ihrer Programmatik ihrerseits dezidiert auf Moores Thesen verweisen.
(Collins, 2009)

3 Legitimation, Akzeptanz, Kosten

Um zu definieren, was „Public Value" im Kern bedeutet, hatte Moore eine pro-
zedurale Dreiecksfigur aus Legitimation, Akzeptanz und Kosten vorgeschlagen:
„A strategic triangle [...] focuses managerial attention on the three key questions
managers must answer [...]: whether the purpose is publicly valuable, whether it
will be politically and legally supported, and whether it is administratively and
operationally feasible." (Moore 1995, S. 22; vgl. Moore & Khagram, S. 3f) Der „Public
Value Test" des „BBC-Trust" verfährt nach diesem Muster und gibt erst dann neue
Vorhaben (wie 2007 den „IPlayer") frei, wenn sie sich (a) als durch den BBC-Auf-
trag gedeckt erweisen, (b) beim Publikum auf erwartbare Akzeptanz stoßen und

(c) in der Marktbetrachtung insofern unbedenklich bleiben, als sie vergleichbaren Unternehmungen im Markt keine Anteile streitig machen. (Kaumanns, 2007) In äußerlich betrachtet ähnlicher Weise verfuhr der so genannte „Drei-Stufen-Test", der im Jahr 2010 ARD, ZDF und Deutschlandradio als Ergebnis eines Kompromisses im Beihilfe-Streit mit der EU auferlegte, neue Online-Angebote der benannten öffentlich-rechtlichen Anstalten einer Überprüfung zu unterziehen. (Doerr, 2005) §11(f) des gültigen Rundfunkstaatsvertrages schreibt hierzu vor: „(4) Ist ein neues Angebot oder die Veränderung eines bestehenden Angebots nach Absatz 1 geplant, hat die Rundfunkanstalt gegenüber ihrem zuständigen Gremium darzulegen, dass das geplante, neue oder veränderte, Angebot vom Auftrag umfasst ist. Es sind Aussagen darüber zu treffen, 1. inwieweit das Angebot den demokratischen, sozialen und kulturellen Bedürfnissen der Gesellschaft entspricht, 2. in welchem Umfang durch das Angebot in qualitativer Hinsicht zum publizistischen Wettbewerb beigetragen wird und 3. welcher finanzielle Aufwand für das Angebot erforderlich ist." (RstV 2010) Hinzukommen weitere Bestimmungen über die Darlegung der „marktlichen Auswirkungen" neuer Online Angebote (5), sowie dezidierte Vorschriften über die Genehmigungsgänge (6) sowie die Art der Veröffentlichung des Verfahrens in den jeweiligen „amtlichen Verkündungsblättern" der Länder (7).

## 4	„Drei-Stufen-Test" – ein Prozeduralkompromiss

Zumindest in der wissenschaftlichen Diskussion herrscht weitgehend Einigkeit: (Bauer & Bienefeld, 2007; Wenzel, 2012) Der Dreistufentest kann in keiner Weise für sich in Anspruch nehmen, auf einen politischen, gesellschaftlichen oder kulturellen Diskurs um den „Public Value", das Gemeinwohl oder den „Öffentlichen Wert" der medialen Angebote des Öffentlich-Rechtlichen Rundfunks zu zielen. Er ähnelt nur rein äußerlich dem englischen Verfahren, vollzieht jedoch ausschließlich die politisch verabredete Kompromissprozedur zwischen EU-Recht (Rundfunk als „Dienstleistung") und deutschem Verfassungsrecht (Rundfunk als „Aufgabe öffentlicher Verwaltung"). (Holtz-Bacha, 2006) Mit dem Dreistufentest erhalten die Anstalten eine detaillierte Bestimmung (und Begrenzung) ihrer Aufgaben qua Gesetzeskraft, was insofern dann beihilferechtlich aus EU-Sicht als unbedenklich gilt. Mit diesem Prozeduralkompromiss erhalten Medienpolitiker in Deutschland endlich einen nahezu direkten Zugriff auf Programmplanungen der Anstalten und können dies mit Verweis auf EU-Recht gut kaschieren. Denn mit diesem Verfahren wurde eine jahrzehntelang anhängige Klage der deutschen Privatrundfunkbetreiber (VPRT) beigelegt, ohne dass in der Sache, also im tatsächlichen Verfassungskonflikt

Rundfunk („Dienstleistung"/"öffentliche Aufgabe"), auch nur ansatzweise eine Einigung gefunden wurde. Auf dieser Basis droht vielmehr nun eine Fortsetzung des Konflikts, nämlich durch die Absicht der Länderministerpräsidenten, „bis 31. Dezember 2014 Verhandlungen zur Fortentwicklung des Auftrags des öffentlich-rechtlichen Rundfunks aufzunehmen." (NSL 2013, S. 1f) 2011 wurde zu diesem Zweck auf Länderebene eine „AG Beitragsstabilität" gebildet, die bis Oktober 2014 Verhandlungsvorschläge erarbeiten soll, der Leitlinie, ganz eng am Dreistufentest angelehnt, lautet „Eine qualitative Beschreibung des öffentlich-rechtlichen Programmauftrags ist auch auf der Ebene der einzelnen Programmgenres möglich." (Beermann 2011, S. 14). Vor dem Hintergrund der gewaltigen Mehreinnahmen aus dem neuen Gebührenmodell ist diese Initiative einstweilen sanft entschlafen.

5 Politischer Druck überlagert die Probleme

Die öffentlich-rechtlichen Medien-Systeme – das zeigen die Beispiele – sind politisch unter Druck geraten. Aber – so legen es die folgenden Ausführungen dar – dieser politische Druck überlagert die tatsächlichen Probleme und macht sie unkenntlich. Es ist deshalb nötig, der tatsächlichen Krise des Rundfunks in Deutschland noch einmal genauer auf den Grund zu gehen, auch, um die Chance auf eine Veränderung der Auseinandersetzungslinien in Richtung auf einen sozial relevanten Einbezug von „Public Value"-Prozessen zu ermöglichen, der in der gegenwärtigen politischen Konfliktlage dringend geboten erscheint. Zusammengefasst versuche ich im Folgenden zu zeigen: Der Grund für die Krise des öffentlich-rechtlichen Systems liegt nicht in Brüssel, sondern darin, dass die massenmediale Basis der nach Artikel 5 GG garantierten Pressefreiheit objektiv im Schwinden begriffen ist; von daher wirkt das gewachsene Verfassungsrichterrecht vor allem in seinen organisationsrechtlichen Regulierungen heute kontraproduktiv, weil es – sowenig wie Artikel 5 selbst – die neuen Entwicklungen der Digitalisierung und des Internets einbezieht. Statt die Pressefreiheit aktiv und objektiv-rechtlich zu sichern, wirken die überregulierten Medienverhältnisse in der Bundesrepublik eher presserechtseinschränkend, weil sie wichtige Entwicklungen hemmen. So kann ein „Public Value" – Diskurs in den vorhandenen Strukturen nicht entstehen, weil die nötigen Freiheitsgrade zu seiner gesellschaftlichen Aushandlung, was den Rundfunk betrifft, verfassungsrichterrechtlich de fakto erstickt sind. Ohne eine Reform des Artikel 5, der die gewachsenen Internetdienste unter die Gewährleistungsverpflichtung der Pressefreiheit einreiht und zugleich die föderale Medienkleinstaaterei in Deutschland zumindest beschränkt, dürfte eine demokratisch förderliche Lösung der Rundfunkkrise kaum gelingen.

6   Krise der „Aktualität"

Für Laien und ‚Normalbürger' sind die rechtlichen Grundlagen des öffentlich-recht-lichen Systems ohnehin kaum noch nachvollziehbar. Niemand versteht auf den ersten Blick, wieso Artikel 5 („Freiheit der Meinung, Kunst und Wissenschaft") das ganze System mit einem einzigen lapidaren Satz ‚begründet': „Die Pressefreiheit und die Freiheit der Berichterstattung durch Rundfunk und Film werden gewährleistet." (Bundestag, 2012) Dass dem aber so ist; dass es Rundfunk in der Bundesrepublik immer auch und vor allem ‚von Verfassungs wegen' gibt; dass er per föderalem Gesetz explizite „gewährleistet" werden muss; dass dies ein wesentlicher Bestandteil der vom GG gewollten ‚aktiven' Pressefreiheit ist, die weit über die Garantie eines individuellen Freiheitsrechts hinausgeht, – dies alles ist viel zu kompliziert, um im Bewusstsein einer breiten Mehrheit der Bevölkerung wirklich verankert zu sein. Obwohl es jede BeitragszahlerIn angeht, bleibt es fast schon hoheitliches Wissen. Im Zweifel ist da durch diese Verfassungsgarantie auch der Zeitungsausträger seiner Teilnahme an der Pressefreiheit wegen in besonderer Weise geschützt. Nur weiß der Zeitungsausträger das nicht und ihn selbst gibt es ohnehin immer seltener.

Damit sind der aus meiner Sicht zwei wichtige Aspekte des derzeitigen Medi-enwandels schon angedeutet. Nämlich erstens, dass öffentlich finanzierte Syste-me, wollen sie in einer modernen Gesellschaft Bestand haben, „verstanden", und das heißt in ihrer Veränderlichkeit gemanagt und von den Menschen akzeptiert werden müssen. Dazu können heute moderne digitale Kommunikationssysteme wesentlich beitragen, insofern sie eine bürgerschaftliche „Governance" der „Public Value"-Bemessungen in gewisser Weise erst möglich machen. Das ist der eine, aus der Verbreitung der digitalen Systeme des Internet erwachsenen Aspekt des Medienwandels. (Neuberger, 2013) Der zweite, ganz empirisch und lapidar, liegt in dem dramatischen Schwund der Tageszeitungen und ihrer Auflagen. Es geht offenbar eine Ära ihrem Ende entgegen, die vor knapp anderthalb Jahrhunderten begann. Seit vor einhundertvierzig Jahren, zu Beginn des Kaiserreichs, auch in Deutschland Zeitungen in hohen Auflagen und großer Zahl mit schnellen Rotati-onsmaschinen gedruckt werden konnten, stieg das Tempo des Informationswechsels in einem nie gekannten Maße, so dass der systemische Charakter dieser neuen Öffentlichkeitsstruktur als solcher erstmals den Nationalökonomen auffiel und entsprechend reflektiert wurde. Aus dem Kontext der Nationalökonomie jedenfalls entstand um die Jahrhundertwende 1900 in Leipzig eine neue Disziplin namens ‚Zeitungswissenschaft', die alle Fakten erstmals zusammentrug und die Mechanis-men des neuen Funktionssystems begrifflich formalisierte. Um 1900, so erfahren wir, erschienen 3.500 deutsche Tageszeitungen, zehnmal mehr als heute, an 1.884 Verlagsorten im deutschen Reich. 70 Zeitungen hatten zwei Tagesausgaben und 20 bis zu sechs. (Kronsbein, 1901, S. 12) Massenmedien definiert man seither durch ‚Periodizität' (regelmäßiges Erscheinen), ‚Publizität' (Zugänglichkeit für jedermann), ‚Universalität' (Themenvielfalt) und ‚Aktualität' (Erwirken von Aufmerksamkeit der Gesellschaft als Ganzes): (Groth, 1928, S. 22) „Jeden Morgen und jeden Abend senkt sich unausweichlich das Netz der Nachrichten auf die Erde nieder und legt fest, was gewesen ist und was man zu gewärtigen hat. Einige Ereignisse ereignen sich von selbst, und die Gesellschaft ist turbulent genug, dass immer etwas geschieht. Andere werden für die Massenmedien produziert. Dabei kann vor allem die Äußerung einer Meinung als ein Ereignis behandelt werden, so dass die Medien ihr Material reflexiv in sich selbst eintreten lassen können. Bei all dem wirken die Erzeugnisse der Druckpresse mit dem Fernsehen zusammen." (Luhmann, 1997, S. 1097). Im 20. Jahrhundert durch das Radio und das Fernsehen erweitert, bilden Massenmedien in der zweiten Hälfte des 20. Jahrhunderts ein „soziales Gedächtnis" der modernen Gesellschaft heraus. Es erinnert durch „Aktualität" und vergisst durch periodische Setzung einer jeweils neuen. (Esposito, 2005)

7   Die Massenmedien und das Grundgesetz

Den Begriff ‚Massenmedien' kennt das aus dem Jahr 1949 stammende Grundgesetz nicht. Er handelt sich um eine Eindeutschung des us-amerikanischen Importwortes „Mass Media", das um 1950 in die neuen empirischen Sozialwissenschaften Eingang fand. (Lazarsfeld & Kendall, 1948) Zwölf Jahre später findet er dann auch erstmals Verwendung im deutschen Verfassungsrecht: „Als Massenkommunikationsmittel gehört der Rundfunk in die Nachbarschaft von Presse und Film. Art. 5 Abs. 1 Satz 2 GG nennt alle drei Massenmedien in einem Satz. Eine Gesetzgebungskompetenz des Bundes ist ausdrücklich nur für die allgemeinen Rechtsverhältnisse der Presse und des Films vorgesehen. (Art. 75 Nr. 2 GG) Der Rundfunk ist in Art. 75 Nr. 2 GG nicht genannt." (BVerfGE 12 ‚S. 205) Das Urteil, aus dem dieser Satz entnommen ist, gehört zu besten medienhistorischen Abhandlungen zur deutschen Rundfunkgeschichte überhaupt und wird an Detailreichtum und Präzision darin auch kaum von heute einschlägigen Werken der Mediengeschichte übertroffen. Es bildet aber zugleich den Auftakt für eine über die Maßen kleinteilige Rechtsprechungsgeschichte zum Artikel 5. Beides wäre aus meiner Sicht so nicht der Fall, hätten nicht dieses erste Urteil das Verfassungsorgan 1961 vor die Aufgabe gestellt, ein anderes Verfassungsorgan, nämlich den regierenden Kanzler zu verurteilen: „Der Bund hat durch die Gründung der Deutschland Fernsehen GmbH (…) gegen Artikel 5 des Grundgesetzes verstoßen." (BVerfGE 12, S. 205) Tatsächlich musste

Adenauer seine nationalen Regierungsfernsehpläne umgehend liquidieren, aus deren ‚Konkursmasse' dann das ZDF hervorging. Im Verein mit Innenminister Schröder und Postminister Stücklen hatte der Kanzler ein letztes Mal (traumatisch) den Schatten der Idee eines Großdeutschen Rundfunks wieder heraufgerufen, mit deren Tradition dezidiert zu brechen das Grundgesetz von 1949 angetreten war.

8   Kleinteiliges Verfassungsrichterrecht

Nach 1961 folgen nach einer Zählung, die bis 1994 in Fachkreisen üblich war, sieben weitere Rundfunkentscheidungen des Verfassungsgerichts. Nimmt man indessen alle Verfahren hinzu, die im engeren oder weiteren Sinne Bezüge zu Rundfunkfragen enthalten, so kommt man von 1961 bis 2007 auf immerhin sechsundzwanzig (Gröpl o. J.). Nur auszugsweise sei hier angeführt, bis zu welcher Regelungstiefe Rundfunkrecht in Deutschland in Wahrheit ein unumstößliches ‚Verfassungsrichterrecht' darstellt:

- Rundfunkanstalten müssen „öffentlich-rechtlich" organisiert sein und „Aufgaben öffentlicher Verwaltung" (BVerfGE 31, S. 314) wahrnehmen, entscheidet gleich die zweite Rundfunkentscheidung von 1971 mit 4:3 Stimmen, also knapp genug. Im seither vergessenen Minderheitenvotum der Richter Geiger, Rinck und Wand heißt es: „Die formale Organisation der Träger von Rundfunk und Fernsehdarbietungen als öffentlich rechtliche Anstalten kann [...]nicht darüber hinweg täuschen, dass sie nach ihrem Aufbau, ihren Organen und der Abwicklung ihrer Geschäfte jedes spezifisch öffentlich-rechtlichen Elements ermangeln"; sie seien „riesige Dienstleistungsunternehmen, die unter den gegenwärtig gesellschaftlich politischen Verhältnissen unentbehrlich sind." (BVerfGE 31, S. 314)
- Das so genannte „Freie Mitarbeiter"-Urteil (1982) ist von mindestens gleichrangiger Bedeutung. Es besagt, dass unbefristete Arbeitsverträge für alle Mitarbeiter im Rundfunk verbindlich sind, „welche nicht unmittelbar den Inhalt der Sendungen mitgestalten." (BVerfGE 59, S. 231)

Weitere Urteile und Beschlüsse legen fest,

- dass im dualen System privater Rundfunk nur existiert, indem und weil es die Öffentlich-Rechtlichen gibt und
- dass eine „unerlässliche ‚Grundversorgung' Sache der öffentlich-rechtlichen Anstalten" (BVerfGE 73, S. 118) bleiben muss (1986);

- dass eine „Bestands- und Entwicklungsgarantie für den öffentlich-rechtlichen Rundfunk" (BVerfGE 74, S. 297) besteht (1987);
- dass die „Bestands und Entwicklungsgarantie für den öffentlich-rechtlichen Rundfunk (…) sich auch auf neue Dienste mittels neuer Techniken (erstreckt), die künftig Funktionen des herkömmlichen Rundfunks übernehmen können." (BVerfGE 83, S. 238) (1991);
- dass „die dem öffentlich-rechtlichen Rundfunk gemäße Art der Finanzierung die Rundfunkgebühr" (BVerfGE 87, S. 181) ist (1992);
- dass die Rundfunkfinanzierung „nicht zu Zwecken der Programmlenkung oder der Medienpolitik eingesetzt werden" (BVerfGE 89, S. 144) (1993) darf.

Die schockgeborene Kleinteiligkeit des Verfassungsrichterrechts hat die Spielräume des Managements öffentlich-rechtlicher „Anstalten" von Beginn an eingeschränkt und ihm auf eine falsche Weise Verantwortung durch Verrechtlichung entzogen. Wer, wie der Autor ein Vierteljahrhundert lang, im mittleren Management einer solchen Unternehmung tätig war, kennt die Entschuldigung gegen Innovationen, die aus diesem Geist dieser Überverrechtlichung erwuchsen, nur zu gut. So sind im Ergebnis eher unbewegliche Unternehmungen daraus geworden. Schon mit dem Einzug der Digitalisierung in die Medienbetriebe, also in den frühen 1990er Jahren, erwies sich beispielsweise, wie fehl das „Freie Mitarbeiter"-Urteil von 1982 ging, als es befristete Dienstverträge nur für unmittelbar programmwirksame Tätigkeiten vorsah, während nunmehr immer klarer wurde, dass es in Medienbetrieben im Zeitalter der Digitalisierung eine besondere Flexibilität braucht und so gut wie jeder Job Programmwirksamkeit erlangen kann. Im Schatten und im Geist der benannten Urteile und Beschlüsse waren zudem, ebenfalls schon in den 1970er Jahren, sehr weitgehende und heute ganz unumstößliche Tarifrechte entstanden, die für das Medienmanagement einer öffentlich-rechtlichen Rundfunkanstalt personelle Dispositionsfreiheiten nahezu auf Null reduzieren, aber bei den gegebenen Verfassungsrechtsprechungen nicht änderbar sind. Hinzu kamen Regelwerke im Bereich von Wort und Musikproduktionen, die gleichermaßen schwer rückführbar sind. Viele Intendanten haben sich im Kielwasser eines verfassungsgerichtlich so hoch geschützten Guts einerseits vor mutigen Taten fürchten dürfen und andererseits gut eingerichtet. Für das Verhältnis von Politik und den Führungsebenen der öffentlichen-rechtlichen Sender gilt dies generell mit der Ergebnis, dass letztere überwiegend nicht zuerst nach Qualifikation, sondern nach politischem Proporz besetzt werden, wobei, trotz letztlicher Gremienwahl, die Kandidaten von den Parteien informell zuvor „in Freundeskreise" ausbaldowert werden.

9   Ein neues, nicht-massenmediales Sozialgedächtnis

Nach fünfzehn Jahren Internet wird unübersehbar, wie in der Funktion von Suchmaschinen, sozialen Netzwerken, Kurznachrichtendiensten und Blogs ein die Massenmedien unterlaufendes, neues soziales Gedächtnis heranwächst. Es handelt sich dabei, anders als bei der redaktionsbasierten journalistischen „Aktualität" der Massenmedien, um ein auf „User"-Operationen und computerbasierte Algorithmen gestütztes Gedächtnis. Das internetbasierte Sozialgedächtnis lässt den Anwender zu minimalsten Transaktionskosten an einem maximal großen Informationsspeicher, dem World Wide Web, partizipieren. Schon dieser Aufriss zeigt, dass es an der gegebenen Sachlage völlig vorbeigeht, dieses neue Geschehen ‚Rundfunk' oder auch nur ‚rundfunkähnlich' zu nennen. Welche Kapazitäten hat dieses neue Gedächtnis? Vermutlich unermessliche. Es enthält Datenmassen, von deren Dimension uns längst schon alle Vorstellungen fehlen. Die Funktion dieses Speichers ist – im Unterschied zu den ‚kanalbasierten' Massenmedien Radio, Fernsehen und Presse – nicht linear. Alle Webinhalte sind überhaupt nur ‚existent', wenn sie abgerufen werden. Nicht nur deshalb ist der Status des Internets als Massenmedium fraglich. Es erreicht zwar weltweit riesige Menschenmassen wie kein Medium zuvor, aber es hat keine ‚Publizität' im klassischen Sinn, weil die Zugänglichkeit der Inhalte entweder auf Vorkenntnis, Links von anderen NutzerInnen oder auf ausgetüftelten Algorithmen einer Suchmaschine basiert. Klassische Publizität jedoch war immer am Beispiel mikroökonomischer Märkte orientiert und damit voraussetzungslos anonym wie diese. Webseiten hingegen kennzeichnet neben diesem Mangel an Publizität auch die fehlende Koppelung von ‚Periodizität' und ‚Aktualität'. Jede Aktion im Web besteht in einer jeweils einzigartigen Punkt-zu-Punkt-Verbindung zwischen einem ‚Sender' und einem ‚Empfänger', vermittelt über Knoten im Netz. Was darüber nicht erreicht wird, existiert nicht. Eine Masse wie in den Massenmedien wird also niemals adressiert.

Suchmaschinen bilden die ‚Oberfläche' des Internets, das selbst keine Oberfläche hat, und liefern Ergebnisse, die zuvor „noch nie gedacht worden sind." (Esposito, 2005, S. 358) Da jedoch bei Abermilliarden Seiten des Internets eine zufällige Darstellung ‚passender' Seiten gleichbedeutend mit einer Nullantwort wäre, ist die Struktur der Gewichtung, die jeder Antwortliste durch die Suchmaschine aufgeprägt wird, die in Wahrheit entscheidende Gedächtnisfunktion des Webs. Jede einzelne Seite, die im Zuge eines Suchvorgangs gefunden wird, bekommt vor ihrer Anzeige vom ‚Backoffice' der Suchmaschine ein Bedeutungsgewicht, das mit der Anfrage selbst nichts zu tun hat. Diese Gewichtung bestimmt die Reihenfolge der Suchergebnisse. Die Maschine simuliert damit eine soziale Erwartung, und zwar so, als wüsste sie, dass wir erwarten, dass sie wüsste, was für uns das Wichtigste ist. Um für uns pseudohaft „Aktualität" – zu simulieren, indizieren riesige Datenbanken alle existierenden Netzseiten (und erzeugen dabei vermutlich 30 Prozent des weltweiten Internetverkehrs) in Bezug auf die ‚Links', die auf jede gegebene Seite ‚zeigen' und damit dieser Seite Wert geben. Rang, Wert, Bedeutung und Geltung einer Seite werden allein durch die Zahl und das Gewicht der Links ermittelt, die auf sie zeigen („Backlinks"). Links, die ihrerseits von Seiten kommen, die viele „Backlinks" aufweisen, haben ein größeres Gewicht. Dieses ausgetüftelte softwarebasierte ‚Ranking' ersetzt die ‚Aktualität', wie sie die Massenmedien hervorbringen. Strukturell gilt das für die Ranglogik der ‚Likes' aus den sozialen Netzwerken gleichermaßen, die ihr ‚Gewicht' aus der Fiktion möglichst zahlreicher „Likes" durch (möglichst ihrerseits stark frequentierte) ‚Freunde und Bekannte' erhalten. Massenmedial formalisierte (weil redaktionsjournalistisch gestützte) ‚Aktualitäten', also die Garanten einer klassisch massenmedialen Meinungsbildung, werden mehr und mehr überlagert (und überflutet) von diesen ‚Rang-Agilitäten', deren Zustandekommen das ausschließliche Werk von Agentensoftware und ‚unsichtbaren Maschinen' ist, wenn auch ausgelöst über die Hände, Augen und Ohren von Menschen.

10 Massenmedien: strukturell zu langsam und überfordert

Der Erfolg dieser netzbasierten Rangagilität hat aber neben einer sicherlich suggestiven Tendenz zur Expansion sozial formatierter Informalität (strukturell vergleichbar der Mode und dem ‚Fandom' der Popmusik) vor allem objektive Gründe. Zu leicht wird vergessen, dass sich seit der ersten ‚Rundfunkentscheidung', dem Fernsehurteil von 1961, die Menschheit an Zahl verdoppelt hat. Das massenmediale Gedächtnis der modernen Gesellschaft stammt strukturell aus dem 19ten Jahrhundert, war immer schon aufwändig, weil strikt linear und deshalb trotz schneller Druckmaschinen und stündlicher Radionachrichten eher langsam. Man kann heute feststellen: Es hält mit den kommunikativen Beschleunigungen und Informationszuwächsen bei gegebenen Wachstum der Globalisierung nicht mehr Schritt. Ganz offenbar haben in den letzten beiden Jahrzehnten (a) die Digitalisierung (= Beschleunigung) herkömmlicher Informationssysteme und (b) die Fülle neuer mobiler und stationärer Internetmedien (Google, Facebook, Twitter etc.) den Mehrbedarf aufgefangen, der durch die linear periodisierte Aktualität der klassischen Massenmedien nicht mehr adäquat bewältigt werden konnte. Das sieht man selbst im Kleinen an den jüngsten Zahlen für das Bundesgebiet. Nutzte noch 2007 nur jeder zehnte hierzulande das Internet als ‚seine' Informationsquelle für das aktuelle Geschehen, so war es 2012 schon jeder fünfte (Statista, 2013). Lasen 1974 noch zwei Drittel aller Bundesbürger täglich eine Zeitung, war es 2010 nicht einmal mehr die Hälfte (Ridder, 2011). Die Tageszeitungsauflagen schrumpfen (13 % Auflagenschwund in zehn Jahren), Fernsehsender verlieren an Reichweite (90 % der amerikanischen TV-Programme haben jeweils weniger als ein Prozent Reichweite; (Stipp, 2009), vom Radio und seinem (überwiegend) kommerziellen Verfall ganz zu schweigen; es hat vor allem bei den Jüngeren (14-29 Jährigen) verloren (Media Analyse, 2013/II, eigene Berechnungen).

Die Krise der Massenmedien aber ist keine quantitative Frage allein. Ebenso sind inhaltsanalytisch bereits deutliche Stresssymptome zu beobachten. Wie Hondrich (2002) und Pörksen & Detel (2012) gezeigt haben, reagieren Presse und Fernsehen mit ‚Skandalisierung' und ‚Empörungsjournalismus' auf offensichtliche Überforderungen. So liegt diese Krise eben nicht vordergründig daran, dass junge Leute keine Tageszeitung mehr lesen oder aufgehört haben, Radio als ihr Lieblingsmedium zu nehmen oder im Fernsehen auf Spartenkanäle ausweichen. Der Grund ist vielmehr, dass durch das lineare Nadelöhr einer massenmedialen Aktualität die vielfach angeschwollene Informationsflut nicht mehr hindurchkommt, und das heißt für jede Einzelne: Sie / ihn erreicht nicht mehr der ‚richtige' Stoff. Und also wird er woanders gesucht.

11   GG Art. 5 reformulieren

Kontextualisiert man diese Phänomene im Blick auf die Intentionen der Pressefreiheitsregelung in Artikel 5 GG, so ergeben sich wichtige Einsichten. Die bisherige Rechtsprechung regelt den Rundfunk als ‚halbstaatliche Aufgabe' und garantiert den Zeitungsfirmen Abwehrrechte gegenüber Staatseingriffen. Wenn aber nunmehr erkennbar ist, dass die klassische gedruckte Presse schrumpft (und mit ihr logischerweise ein Teil der Pressefreiheit) und dass Radio- und auch Fernsehmärkte ins Wanken geraten (und damit auch der andere); und dass dies nicht konjunkturellen Schwankungen geschuldet ist, sondern auf eine fundamentale Krise deutet, die in einem tiefen medialen Umbruch der Gesellschaft liegt, dann muss Artikel 5 auf diese neuen Gegebenheiten, die 1949 niemand vorhersehen konnte, angepasst werden. Die Sicherung der Meinungsfreiheit vor dem Horizont eines neuen sozialen Gedächtnisses, das ökonomisch derzeit von us-amerikanischen Großkonzernen nach puren Marktgesetzen hochgepusht wird, ist nach Artikel 5 weiterhin zweifelsfrei geboten, aus seinem bisherigen Wortlaut aber nicht herleitbar.

Der Verfassungsrechtler Karl-Heinz Ladeur hat in diesem Zusammenhang noch einmal daran erinnert, dass der Gesetzgeber bislang immer „von Verfassungs wegen unterstellen musste, dass die Ordnung dieser neuen Medien durch die Selbstorganisation der Produzenten, der Formate, Standards, Finanzierungsformen etc. erfolgen würde, wie dies auch im Bereich der Presse gilt." (Ladeur, 2010, S. 2) Genau diese Unterstellung trifft nicht mehr zu. Was die Entwicklungen in den Kernbereichen des neuen sozialen Gedächtnisses betrifft, so sitzen vielmehr die klassischen Rundfunk und Presseunternehmen längst gemeinsam in einem lecken Boot. Beide werden umher geschaukelt vom Sturm, der von der ökonomischen Medienmacht der us-amerikanischen Internetmonopolisten herüberbläst. Alle Versuche, über leistungsschutzrechtliche Gesetzesverrenkungen alte Verhältnisse retten zu wollen oder – wie Ex-Kulturstaatsminister Neumann (CDU) – insgesamt ordnungspolitisch drohende Haltungen anzunehmen, gehen völlig an der Sache vorbei. Das Internet ist kein simpler mikroökomischer Markt, bei dem – wie ehemals im Markt der Zeitungsverleger des 19. Jahrhunderts – die Preisbildung durch Geschäfte erfolgt und man Auswüchse durch preisliche Sanktionen regeln kann. Das Internet ist vielmehr ein Metamarkt der Märkte wie es auch ein „Metamedium" ist, „das allen anderen Medien erst zu ihrer Wirklichkeit verhilft." (Rötzer, 1996, S. 88) Das Netz wird von sehr wenigen Softwaregiganten ‚regiert' (Google, Facebook etc.) und durch einen schier unendlichen ‚Long-Tail' (von einer Billion und mehr Webseiten) mit Inhalten gefüttert. Gigantische Monopole sind diese Softwareriesen nicht so sehr, weil es keine konkurrierenden Suchmaschinen gäbe oder keine alternativen sozialen Netzwerke – es gibt zahllose. Die Monopole halten Stand, weil solche hochkomplexen Unternehmungen (z. B. kohärente Datenbanken auf > 100 Tausend Servern) zu managen, die Koordination mehrerer Zehntausend Softwareingenieure verlangt, deren Kohorte es in der nötigen Qualität offenbar nicht mehrfach auf der Welt gibt; ganz sicher aber nicht in Berlin oder Brandenburg, wo der Chef der dortigen Landesmedienanstalt MABB gutmeinend eine eigene öffentlich-rechtliche Suchmaschine aufzubauen vorschlägt.

12

Nichts zeigt die verfahrene Lage besser als das Gutachten des ehemaligen Bundesverfassungsgerichtspräsidenten Hans Jürgen Papier, der von der ARD gebeten wurde, die strittige Formulierung der ‚Presseähnlichkeit' im geltenden Rundfunkstaatsvertrag zu bewerten. (Papier & Schröder, 2010) Es löste vor allem Entrüstung aus. Papiers Expertise bezieht sich auf den geltenden Rundfunkstaatsvertrag, in dessen ‚Telemedien'-Paragraph 11d es heißt: „Nichtsendungsbezogene presseähnliche Angebote sind nicht zulässig." Als ‚presseähnlich' definiert sind dabei „alle journalistisch redaktionell gestalteten Angebote, die nach Gestaltung und Inhalt Zeitungen oder Zeitschriften entsprechen." (RstV, 2010, §2) Die leicht verkrampften Formulierung des Staatsvertrages sind Symptom jener Krise der Massenmedien, in der Verteilungsängste ausgebrochen sind, und die Presseverlage hoffen, im Printbereich verlorene Umsätze durch Marktanteile im Web wiederzuerlangen, was in ihren Augen voraussetzt, dass die öffentlich-rechtlichen Sender sich mit ihren Angeboten zurückhalten. Um das rechtlich zu bewerten (es liegt bislang kein Verfassungsgerichtsurteil vor), leitet Hans-Jürgen Papier eine Abgrenzung von Presse und Rundfunk aus der ständigen Rechtsprechung her. „Die Abgrenzung", schlussfolgert Papier, kann „nur nach der Übermittlungsweise erfolgen. Während Presse ein körperliches Trägermedium benötigt, verwendet der Rundfunk physikalische Wellen für die Übertragung." (Papier & Schröder, 2010, S. 22) Daraus ergebe sich, folgert Papier zum Schrecken der Verleger, „dass Internetangebote, bei denen Texte, Bilder, Töne etc. als Datei vorliegen und über ein Netz abrufbar sind, grundsätzlich als Rundfunk zu qualifizieren sind". Wutschäumende Proteste von Michael Hanfeld und Frank Schirrmacher (FAZ) folgten auf dem Fuße, und auch Bernd Neumann fühlte sich bemüßigt ordnungspolitisch zu rügen (Bähr u. a., 2010). Papiers Argumentation, dass Rundfunk ‚immateriell' überträgt, die Presse hingegen eine ‚körperliche' Vervielfältigung braucht, mag richtig sein oder falsch. Sie zeigt nur, dass eine Rechtsdogmatik der bisherigen Rundfunkentscheidungen die tatsächlichen Problemlagen nicht mehr trifft. Wenn Massenmedien insgesamt in die Krise geraten, hilft kein Technikpositivismus weiter. Die Wellen, mit denen das Internet Datenpakete von Router zu Router schickt, mögen so elektromagnetisch sein wie die alte Mittelwelle oder das Rechtecksignal einer DVB-T-Übertragung, Fernsehen und Internet bleiben dennoch fundamental verschieden wie die Druckausgabe FAZ und die FAZ-Kindle-App. Es sind differente Medien. Das Bundesverfassungsgericht müsste den Paragraphen 11 Abschnitt d, wie auch Karl-Heinz Ladeur findet (Ladeur, 2010), nicht deswegen kassieren, weil die Presse in Wahrheit Rundfunk macht und sich deshalb mit der Konkurrenz zu den öffentlich-rechtlichen Angeboten abfinden muss (das ist Papiers These). Vielmehr müssten die öffentlich-rechtlichen Anstalten dazu angehalten werden, im Benehmen mit den Presseverlagen ihren (so gesehen dezidiert gemeinsamen) Grundversorgungsauftrag im Netz massiv auszubauen. Doch dazu müsste, so meine ich, Artikel 5 Abs. 1, Satz 2, eine Erweiterung erfahren, die ich – im groben Entwurf – so skizzieren möchte: ‚Die Freiheit der Presse, auch in rundfunkähnlicher Form, und damit die Freiheit der Berichterstattung durch die Massenmedien und das Internet werden unter Einbeziehung geeigneter Verfahren zur politischen Willensbildung gewährleistet; Bund und Ländern können hier zusammenwirken.' – So wäre die Sache klar und eine Kooperation von Presse und Rundfunk im Internet könnte in eine pressefreiheitsgesetzliche Regelung überführt werden, die Länderegoismen zügelt und zugleich einen Mitwirkungsprozess der Bürgerinnen und Bürger an der Ausgestaltung der Pressefreiheitsrechte ermöglicht.

13 Pressefreiheit, ein hoher „Public Value"

Artikel 5 des Grundgesetzes regelt die Meinungsfreiheit aktiv. Objektiv gesehen ist diese staatlich gewährleistete Pressefreiheit gewiss ein hoher „Public Value", ein Wert, an dem im Übrigen nichts obsolet geworden ist, weil er eben nicht allein ein individuelles Abwehrrecht repräsentiert. Obsolet geworden ist aber sicherlich die Beschränkung einer objektivrechtlichen Gewährleistung des Bestands und der Entwicklung nur eines Teils der Massenmedien in behördenähnlicher Form. In dieser Gestalt kann der „Public Value" der Pressefreiheit keine gesellschaftliche Akzeptanz mehr finden, ohne die er aber keine Zukunft hat. Die Konvergenz von Presse und Rundfunk im Digitalen sowie die Herausbildung eines neuen, rangagilen internetbasierten Sozialgedächtnisses muss mit in den Kontext einer grundsätzlichen Revision bisherigen Rundfunkrechtsprechungen einbezogen werden, die nur durch eine Reform von Artikel 5 überhaupt angestoßen werden kann. Einhergehen damit muss eine Korrektur der Vorschriften über den Körperschaftsstatus und das Arbeitsrecht der bisherigen Rundfunkanstalten, die zu wenig Flexibilität und damit zu wenig Einbezug bürgerschaftlicher „Governance" erlauben. Beides, Status und Arbeitsrecht, laufen derzeit schon dem eigentlichen Grundgesetzauftrag zuwider, der in der Zukunft noch ganz andere Dynamiken der Entwicklungen verlangt. Mit einem Wort: Ohne eine Reform von Artikel 5 GG ist an eine Einbindung des „Public Value"-Diskurses in die politische Bewältigung des Medienwandels nicht zu denken.

Das Internetgedächtnis, das wesentlich auf Interaktivität basiert, wirkt einem „Public Value"-Diskurs mehr entgegen als es die hauptsächlich unidirektionalen Instanzen der klassischen Massenmedien tun. Es produziert jetzt schon alles andere als einen Meinungsmangel, sondern vielmehr, wie vielfach moniert wird, einen geradezu überbordenden „digitalen Pluralismus" an Informationen und Kommentaren aller Art. (Meckel, 2012, S. 3f) Dies geschieht erkennbar nicht auf eine Weise, dass systemeigene Ausgleichstendenzen zu einer pluralen Verteilung dieses gegebenen Meinungsüberflusses führen; es bilden sich vielmehr zugleich massive ‚Selbst-Segregationen' (Lawrence & Sindes & Farrell, 2010) isolierter Interessengruppen heraus. Um hier aktiv zu werden, kann der Staat keinen Habermas'schen ‚Deliberations'-Diskurs verordnen. „Public Value" – Manager jedoch, die als Verantwortliche öffentlich beauftragter Medienunternehmungen im Rundfunk wie im Netz tätig und überdies mehr als nur Verwalter immobiler Strukturen wären, hätten hier eine große Aufgabe. Hans Bredow Chef Uwe Hasebrink resümiert hier völlig treffend: „Public Value gibt es [...] nicht an und für sich, sondern nur als Ergebnis eines Verständigungsprozesses, der alle relevanten Stakeholder einbezieht und zugleich flexibel genug ist, um auf die sich verändernden gesellschaftlichen Bedingungen rasch mit entsprechend angepassten gesellschaftlichen Zielsetzungen reagieren zu können." (Hasebrink, 2007, S. 42) Der Staat kann als Voraussetzung für die Entstehung eines „Public Value"-Diskurses Wertvorgaben machen, indem er zum Beispiel an der Gewährleistungsaufgabe einer allgemeinen Pressefreiheit festhält. Wie diese im Einzelnen dann auszugestalten wäre, darüber muss ein zivilgesellschaftlicher und politischer Diskurs entscheiden. Das alles, würde es angepackt, wäre ein große, aber keine größere Aufgabe als es die Aufbauphase der öffentlich-rechtlichen Anstalten war, die in den Ländern nach 1949 aufgrund der gegebenen Formulierung von Artikel 5 GG entstanden. Bliebe aber alles beim Alten, so wird auf mittlere Sicht ein eigenlogischer Kollaps und die Dysfunktionalität des öffentlich-rechtlichen Systems die Folge sein. Schon heute ist erkennbar, dass es Rückhalt in der Bevölkerung verliert und damit die Kernaufgabe von Artikel 5 – Sicherung der Meinungsbildung – nicht mehr ausreichend erfüllen kann. Auf den Fall eines solchen völligen Zustimmungsverlusts, der paradox grundgesetzwidrig wäre, sollte man es nicht ankommen lassen.

Literatur

Bähr, G. u. a. (2010). Staatsfeind Nr. 1 Warum ätzt der ARDVorsitzende in einem offenen Brief persönlich gegen den FAZ-Journalisten Michael Hanfeld? In: Focus Nr. 30 Montag 26.07.2010. Internet: http://www.focus.de/kultur/medien/medienstaatsfeindnr1_aid_534222.html, Zugriff am 3.8.2013.

Bauer, HG./Bienefeld, A. (2007). Der Public Value Test – Ein Vergleich zwischen dem BBC-Modell und dem geplanten Verfahren beim ZDF. In Funkkorrespondenz 49, 07.12.2007.

BBC (2004). Building Public Value Renewing the BBC for a Digital World. London 2004.

BBC (2006). Royal Charta. London 2006.

Beermann, J. (2011). Zielpapier AG Beitragsstabilität Die AG Beitragsstabilität als Katalysator für eine Neujustierung des öffentlich-rechtlichen Programmauftrags 9.5.2011. Sächsischer Landtag Drucksache 5/5833 195, 2011.

Bozeman, B. (2007). Public Values and Public Interest Counterbalancing Economic Individualism, Washington: Georgetown University Press 2007.

BVerfGE 12, 205 (1961). 1. Rundfunkentscheidung, Urteil des Zweiten Senats vom 28. Februar 1961.

BVerfGE 31, 314 (1971). 2. Rundfunkentscheidung, Urteil des Zweiten Senats vom 27. Juli 1971.

BVerfGE 59, 231 (1982). Freie Mitarbeiter, Beschluss des Ersten Senats vom 13. Januar 1982.

BVerfGE 73, 118 (1986). 4. Rundfunkentscheidung, Urteil des Ersten Senats vom 4. November 1986.

BVerfGE 74, 297 (1987). 5. Rundfunkentscheidung, Beschluss des Ersten Senats vom 24. März 1987.

BVerfGE 83, 238 (1991). 6. Rundfunkentscheidung, Urteil des Ersten Senats vom 5. Februar 1991.

BVerfGE 87, 181 (1992). 7. Rundfunkentscheidung, Beschluss des Ersten Senats vom 6. Oktober 1992.

BVerfGE 89, 144 (1993). Konkurs von Rundfunkanstalten, Beschluss des Ersten Senats vom 5. Oktober 1993.

Collins, R. (2009). Die BBC, das Internet und Public Value In: Politik und Zeitgeschichte (apuz 910/2009). Internet: http//www.bpb.de/apuz/32170/diebbcdasinternetundpublic-valuep=all, 2009, Zugriff am 3.8.2013.

Coyle, D./Woolard, C. (2012). Public Value in Practice. Restoring the Ethos of Public Service, BBC Trust 2012. Internet: http//downloadsbbccouk/bbctrust/assets/files/pdf/regulatory_framework/pvt/public_value_practicepdf, Zugriff am 3.8.2013.

Dahl, A./Soss, J. (2012). Neoliberalism for the Common Good? Public Value Governance and the Downsizing of Democracy, University of Minnesota 2012. Internet: http://www.leadership.umn.edu/documents/Soss6-29-12.pdf, Zugriff am 3.8.2013

Day, S./Kenny, R. (2012). Public Value: Measuring the Performance of Public Institutions. In: Controlling, 22. Jahrgang 2010, Heft 2, S. 96-103.

Deutscher Bundestag (2012). Grundgesetz für die Bundesrepublik Deutschland, Berlin 2012.

Doerr, D. (2005). Öffentlich-rechtlicher Rundfunk und die Vorgaben des Europarechts. In: media perspektiven 7/2005, S. 333-342.

Esposito, E. (2005). Soziales Vergessen: Formen und Medien des Gedächtnisses der Gesellschaft, Frankfurt: Suhrkamp.

Groepl, C. (2009). Rundfunkentscheidungen des Bundesverfassungsgerichts einschließlich rundfunkrechtsrelevanter Entscheidungen, Uni Saarland, Saarbrücken o.J.

Groth, O (1928). Die Zeitung – ein System der Zeitungskunde, Bd. 01, Mannheim: Bensheimer 1928.

Hasebrink, U. (2007). ‚Public Value' – Leitbegriff oder Nebelkerze in der Diskussion um den öffentlich-rechtlichen Rundfunk. In: Rundfunk und Geschichte. 33. Nr 1–2, 2007, S. 38-42.

Holtz-Bacha, C. (2006). Europa und der öffentlich-rechtliche Rundfunk, Medienheft, Dossier 25 – 18 Juli 2006. Internet: www.medienheft.ch/dossier/bibliothek/d25_Holtz-Bacha Christina.html, Zugriff am 3.8.2013.

Hondrich, K. (2002). Enthüllung und Entrüstung. Eine Phänomenologie des politischen Skandals, Frankfurt: Suhrkamp.

Kaumanns, R. u. a. (2007). BBC – Value for Money & Creative Future. Strategische Neuausrichtung der British Broadcasting Corporation. München: Fischer.

Kronsbein, W. (1901). Das heutige Zeitungswesen, Heidelberg: Pfeffer.

Ladeur, K. (2010). „Presseähnliche" Online-Dienste der Öffentlich-Rechtlichen, Mittwoch 11. August 2010. Internet: http://www.telemedicus.info/article/1829Presseaehnliche OnlineDienstederOEffentlichRechtlichen.html, Zugriff am 3.8.2013.

Lawrence, E./Sides J./Farrell H. (2010). SelfSegregation or Deliberation? Blog Readership, Participation and Polarization in American Politics. In: American Politics. Perspectives on Politics 8(1), 2010, S. 141-157.

Lazarsfeld, P.F./Kendall P.L. (1948). Radio Listening In America. The People Look at Radio Again, New York: Prentice Hall.

Luhmann, N. (1997). Die Gesellschaft der Gesellschaft, Frankfurt: Suhrkamp.

Maggiore, M. (2011). The BBC, Public Value and Europe. In: Karmasin, M./Suessenbacher, D./Gonser, N. (Hrsg.): Public Value Theorie und Praxis im internationalen Vergleich. Wiesbaden: Springer VS, S. 229.

Meckel, M. (2012). Vielfalt im digitalen Medienensemble Medienpolitische Herausforderungen und Ansätze. In: Funkkorrespondenz 48, S. 3-20.

McCabe, C. (2005). The Hutton Inquiry, Cambridge: Salt.

Moore, M.H. (1995). Creating Public Value – Strategic Management in Government. Cambridge Mass: Harvard Univ Press.

Moore, M./Khagram, S. (2004). On Creating Public Value – What Business Might. Learn from Government about Strategic Management, Havard University, Working Paper No 3.

Neuberger, C. (2013). Public Value im Internet. In: Gonser, N (Hrsg.): Die multimediale Zukunft des Qualitätsjournalismus. Public Value und die Aufgaben von Medien, Wiesbaden Springer, S. 104-118.

Neumueller, M. (2001). Von der Bürokratie zur BBC – Zur Entwicklung des Begriffs Public Value. In: In: Karmasin, M./Suessenbacher, D./Gonser, N. (Hrsg.): Public Value Theorie und Praxis im internationalen Vergleich. Wiesbaden: Springer VS, S. 27-44.

NSL (2013): Niedersächsischer Landtag 17. Wahlperiode Drucksache 17/226, Ausgegeben am 04.06.2013.

Papier, H.J./Schroeder, M. (2010). Gebiet des Rundfunks. Gutachten von H.J. Papier und M. Schröder zu Presseähnlichen Angeboten. In: epd medien Nr. 60 04.08.2010, S. 16-33.

Poerksen, B./Detel, H. (2012). Der entfesselte Skandal. Das Ende der Kontrolle im digitalen Zeitalter, Köln: Halem.

Rötzer, F. (1996). Aufmerksamkeit – der Rohstoff der Informationsgesellschaft. In: Bollmann, S. (Hrsg.): Kursbuch Internet. Anschlüsse an Wirtschaft und Politik, Wissenschaft und Kultur. Mannheim, S. 88-103.

Ridder C. (2011). Massenkommunikation VIII, Baden Baden.

RStV (2010). Staatsvertrag für Rundfunk und Telemedien, in der Fassung des Dreizehnten Staatsvertrages zur Änderung rundfunkrechtlicher Staatsverträge vom 10 März 2010.

Smith, R. (2004). Focusing on Public Value. Something New and Something Old. In: Australian Journal of Public Administration, Vol. 63, No 4, 2004, p. 68-79.

Statista (2013). Nutzer von Informationsquellen für das aktuelle Geschehen nach Medien von 2007 bis 2012. Allensbach, Statista.

Stipp, H. (2009). Verdrängt Online-Sehen die Fernsehnutzung? Zehn aktuelle Medientrends in den USA. In: media perspektiven 5/2009, S. 226-232.

Wenzel, C. (2012). Selbstorganisation und Public Value externe Regulierung des öffentlich-rechtlichen Rundfunks. Wiesbaden: Springer VS.

Wolfgang Hagen, Prof., Dr., Leuphana Universität Lüneburg

Zur Psychologie der digitalen Souveränität: Bedürfnis, Gewöhnung, Engagement

Jo Groebel

1   Die Mär von der Souveränität

Es klingt natürlich immer toll, Souveränität. Wer würde sie für sich in Frage stellen wollen, die Selbstbestimmtheit, die Freiheit zum Handeln jederzeit. Bei näherer Betrachtung aber birgt die Souveränität auch viele Einschränkungen, auf den ersten Blick ein Widerspruch in sich selbst. Sie ist in der Regel nur im Wettbewerb mit der Souveränität anderer zu erreichen. Klassisch hier das Beispiel des Prisoner's Dilemma Game, bei dem der eigene Nutzen mit dem anderer beziehungsweise mit dem relativen Nutzen für alle abzuwägen ist. Ehen und Partnerschaften sind besonders beliebte Beispiele für den Stellenwert der Selbstbestimmtheit. Die eigene unbedingte Entfaltung kann fast durchgängig nur zu Lasten des Partners gehen, selbst im Idealfall der maximalen gemeinsamen Interessen dürfte es regelmäßig zu Kollisionen derselben kommen.

Auch das Anstreben individuell-persönlicher digitaler Souveränität, also hundertprozentige Kontrolle über eigene Daten im Netz, die eigene Positionierung im Web kann gar nicht ohne sozialen Bezug stattfinden. Ob es die Markierungen durch Freunde auf Facebook, die Einträge auf Google sind, Kommentierungen in Tweets oder bei WhatsApp, Fotos auf Instagram, geschweige denn Kreditbewertungen, NSA- oder sonstige Überwachung: Sobald wir als soziale Wesen unterwegs sind, verlieren wir ohne eigenes Zutun einen (Groß-)Teil der eigenen Souveränität. Also wir alle.

Als wie schwerwiegend man diese unvermeidbare Einschränkung bewertet, ist ebenfalls eine Frage der sozialen Einbettung. Lässige Nerds mag die Erfassung persönlicher Daten ebenso wenig stören wie sich selbst als immer rechtschaffen Bezeichnende. Aktivisten, die selbst unter unverfänglichen Umständen die Selbstbestimmtheit bei allen Daten an und für sich als notwendiges Merkmal der Freiheit ansehen, werden jede Art nicht-selbst kontrollierbarer Erfassung, Speicherung und Verarbeitung von persönlichen Informationen ablehnen und zu verhindern versuchen.

In den meisten Fällen werden sich die Bürger irgendwo zwischen diesen Polen bewegen. Allerdings ändert sich das gesellschaftliche Klima, ändert sich die öffentliche Meinung hier insgesamt über die Zeit. 1986 erregte die Erfassung einiger weniger Daten bei der Volkszählung flächendeckend die Gemüter. Dreißig Jahre später ist jeder Bürger so vielfältig mit seinen Daten erfasst, ist fast lückenlos gläsern geworden, dass die meisten den Protest wahlweise als vergeblich aufgegeben haben, dies als notwendig oder als notwendiges Übel betrachten, vor der Komplexität der Frage kapitulieren oder gar die Situation als vorteilhaft für ein angenehmeres Leben ansehen. All dies in Abhängigkeit vom unmittelbaren sozialen Umfeld und dessen Bewertung. Als Teillösung für das Problem der Einschränkung persönlicher digitaler Souveränität wird die Verlagerung der Verantwortung auf die ‚höhere Ebene' gesehen, auf Regierung, auf nationale oder supranationale Institutionen. Und tatsächlich kann der Bürger erwarten, dass ihm durch Gesetze und Regelungen sozialverträgliche Lebensbedingungen auch zu seiner digitalen Selbstbestimmtheit geboten werden.

Aber selbst ohne sozialen Bezug, selbst bei perfekten gesellschaftlichen Rahmenbedingungen wird die Souveränität immer schon durch den zu ihrem Erreichen notwendigen eigenen Aufwand eingeschränkt. Um bei der persönlichen digitalen Souveränität zu bleiben: Um sie anzunähern, vermutlich aber nie völlig zu erreichen bedarf es eines riesigen zeitlichen, mentalen und finanziellen Aufwandes. Man muss Algorithmen verstehen lernen, erfahren, wo eigene Daten gespeichert sind, sie zu entfernen versuchen, sich aus digitalen sozialen Netzwerken verabschieden, Online-Verträge kündigen, nur noch bar bezahlen etc., etc. Dies ist in der modernen Gesellschaft aber undurchführbar. Digitale Souveränität kann also auf der individuellen Ebene höchstens maximiert und optimiert werden. Völlige persönliche Digitalsouveränität ist eine Mär.

2 Digitale Souveränität: Gesellschaftspolitik und Psychologie

Anders als bei TTIP geht in Deutschland im 21. Jahrhundert kaum jemand für größere digitale Souveränität auf die Straße. In Umfragen wird sie für das persönliche Leben zwar als wichtig erachtet, hohes Interesse, gar Leidenschaften weckt das Thema aber höchstens in Fachzirkeln, Politik oder Medienkommentaren. Die Forderung nach deutscher oder europäischer Digitaler Souveränität ergibt sich also nicht aus einem massiven Druck der meisten Bürger, die entsprechende Bedingungen für ihr persönliches Leben fordern. Sie wird eher auf der Ebene der Entscheidungsträger, auf der der demokratisch gewählten Repräsentanten und der Institutionen abgehandelt.

Interessant ist dennoch die Beziehung zwischen der Digitalen Souveränität auf der Makroebene im gesellschaftspolitischen Sinne und der individuellen. Die erstgenannte wird hier nicht als Schwerpunkt thematisiert, dies geschieht an anderer Stelle. Erst recht soll staatliche Souveränität allgemein nicht adressiert werden. Allerdings gehört zur Gesellschaftspolitik auch der Begriff des Souveräns, nicht als Herrscher, sondern im Sinne des einzelnen Bürgers als selbstbestimmt im Staat Handelnder. Hier begegnen sich die politisch-gesellschaftliche und die psychologische Perspektive.

Die Souveränität des einzelnen Menschen lässt sich, darum geht es im vorliegenden Zusammenhang vor allem, mit psychologischen Faktoren erfassen. Alltagssprachlich bezeichnet sie die Eigenschaft einer Persönlichkeit, weitgehend unangefochten von äußeren Einflüssen ihren Weg zu gehen oder in einer einzelnen Situation unabhängig, fast überlegen zu handeln. Dass dies in nahezu reiner Form kaum denkbar ist, wurde bereits angesprochen.

Beide, Digitale Souveränität im gesellschaftspolitischen Sinne und Individuelle, kommen da zusammen, wo sich der Einzelne hinreichend befähigt fühlt, unbeeinflusst von äußeren Zwängen in der digitalen Welt relativ unabhängig zu handeln. Dies kann sowohl als Voraussetzung die übergreifende Digitale Souveränität einer Nation oder eines Staatenverbundes wie Europa beinhalten, als auch ganz losgelöst von dieser geschehen. Wenn nämlich das eigene Handeln als systemunabhängig kontrollierbar empfunden wird.

Das viel beschworene User Empowerment, also das Befähigen zu kompetentem digitalem Handeln ist ein von der Systemsouveränität losgelöst denkbarer Ansatz. Eine Studie von 2009 (Groebel, 2009) zeigt allerdings, dass trotz der Erkenntnis der Notwendigkeit zum Beispiel eigener Vorkehrungen zu (Daten-)Schutz und (Daten-) Sicherheit genau diese Vorkehrungen bei weniger als der Hälfte der Bevölkerung auch aktiv getroffen werden. Je geringer also die eigene ‚freiwillige' Souveränität ist, desto mehr verlagert man sie als Erwartung an entsprechende Vorkehrungen auf öffentliche Instanzen wie Regierung oder Regulierer. Genau diesen Aspekt formulierte seinerzeit auch der deutsche Innenminister Thomas de Maizière in der netzpolitischen Runde seines Ministeriums im Plädoyer für eine Balance zwischen dem eigenverantwortlichen Handeln der Bürger im Netz und der Erwartung gegenüber dem Staat, ein zu definierendes Maß an (Daten-) Schutzbedingungen als Rahmen zu bieten.

Allgemein liegt der Vorstellung der persönlichen digitalen Souveränität die Idee der individuellen Selbstbestimmung zu Grunde. Sie entwickelte sich spätestens seit der Aufklärung im späten 18. Jahrhundert als Konzept für jeden Menschen und war ab dieser Zeit nicht mehr nur einigen wenigen Privilegierten vorbehalten. Die Entstehung der Psychologie als eigenständiges akademisches Fach korrelierte zu großen Teilen mit dieser Entwicklung. In der Freud'schen Tiefenpsychologie wurde Ende des 19., Anfang des 20. Jahrhunderts das Ich entdeckt. Alfred Adlers Individualpsychologie (siehe u. a. Ansbacher & Ansbacher, 1972) widmete sich unmittelbar der Entwicklung der Selbstbestimmtheit und der, wörtlich, Souveränität der Persönlichkeit. Ungezählte wissenschaftliche wie populäre, nicht immer seriöse Veröffentlichungen, Seminare und Ratgeberkonzepte haben sich seitdem der Selbstverwirklichung gewidmet, häufig das Ego bis hin zum Narzissmus über alles gestellt.

Zugleich wurde aber auch in einem eher idealistischen Sinne das Erreichen von Souveränität als Befreiung von äußeren und materiellen Zwängen gesehen und als Dienst an hehren, sozialen Zielen gesehen (siehe u. a. Hinde & Groebel, 1992). Als besonders grundlegend ist hier die von Maslow (1943) formulierte Bedürfnishierarchie zu nennen. Auf der untersten, fundamentalen Stufe stehen rein körperliche Motive, die lebensnotwendig sind. Mit mehreren Zwischenschritten ist die höchste erreichbare Ebene die der Selbstverwirklichung, in einer späteren Formulierung dann noch die Transzendenz. Hier geht es um die Einbettung des Einzelnen in die Ganzheit der Gesellschaft, schließlich in der Ergänzung noch um spirituelle Werte wie Gottesbezug oder Ähnliche.

Spätestens mit Sherry Turkle (1995) kam der Bezug zu Ich, Selbstverwirklichung und Identität im digitalen Netz in die Debatte. Unabhängig von der Bewertung schien jeder Mensch im Zeitalter des Internet nunmehr in der Lage, nicht mehr nur sich selbst zu verwirklichen, sondern beliebige, auch andere, Identitäten anzunehmen. Mit dem, vorübergehenden, Hype rund um Avatare und mit der Debatte über Anonymität im Netz wurde dieser Ansatz noch weiter befeuert. Damit schien eine Art Befreiung in Richtung immer größerer persönlicher Souveränität möglich, zugleich erhöhte sich aber auch das Risiko der Identitätsverwirrung.

Die andere Seite der Medaille mit den immer größeren technischen Optionen der Selbstgestaltung war die Wahrnehmung einer ebenfalls zunehmenden Umstellung des Bürgers durch genau diese technischen Möglichkeiten, ohne diese noch kontrollieren zu können. Selbstbefreiung und Beschränkung des Selbst schienen also miteinander einher zu gehen.

In dem Maße, in dem der einzelne Bürger durch die gesellschaftspolitischen Rahmenbedingungen seine digitale Souveränität zunehmen oder abnehmen sieht, und vor allem abhängig von der persönlichen Gewichtung der Vor- und Nachteile einer umfassenden Datensammlung rund um seine Person wird er eine Balance zwischen der digitalen Souveränität seines Staates, seines politischen Referenzrahmens einerseits und seiner persönlichen andererseits anstreben. Die Datenerfassung durch Staat und Unternehmen erleichtert dem einen sein Alltagshandeln, der andere würde um den Preis höheren persönlichen Aufwandes zum Beispiel beim Online-Kauf oder bei Behördengängen darauf lieber verzichten. Eine allgemeingültige Regel für die Digitale Souveränität als Summe der individuellen gibt es also offenbar nicht. Sie muss politisch entsprechend demokratisch ausgehandelt werden.

3 Kosten-Nutzen-Kalkül

Auf der persönlichen Ebene ist im Zusammenhang mit Datenschutz eine der naheliegenden Fragen, inwieweit man sich individuellen Nutzen und Annehmlichkeiten durch eine Einschränkung der Selbstbestimmtheit über private Daten erkauft. Pressehinweise, Online-Empfehlungen für neue Literatur, Musik oder Filme erfordern das Erstellen eines automatisierten Personenprofils auf der Basis früherer Entscheidungen. Während hier allerdings noch ein direkter persönlicher Vorteil identifizierbar sein mag und man zudem mitunter recht einfach die Algorithmen einsehen und beeinflussen kann, stellt sich die Situation bei vom einzelnen entfernten, für ihn abstrakten Arten der Datensammlung und –verarbeitung anders dar. Sie geraten gar nicht erst in sein Blickfeld, entziehen sich also einer individuellen Kosten-Nutzen-Abwägung. Selbst wenn man die nationale Sicherheit theoretisch auch als Teil eines privaten Vorteils ansehen muss, sind umfangreiche Datensammlungen durch, ausländische, Geheimdienste kaum noch als persönlich vorteilhaft zu vermitteln.

Tatsächlich ist individuelles Handeln entgegen dem vorherrschenden Menschenbild eines Homo Oeconomicus sowieso nicht wirklich durch bewusste, ständige Kosten-Nutzen-Abwägungen gekennzeichnet. Es mag bei Großanschaffungen, bei der Berufswahl, manchmal bei der Partnerwahl so sein, geleitet wird der Mensch aber meist mindestens so sehr durch intuitive, emotionale, durch Gewohnheit oder auch Stereotype geprägte Verhaltenstendenzen. In einer Vielzahl überzeugender Studien hat dies der Nobelpreisträger Daniel Kahnemann (2011) mit seinen Kollegen zeigen können.

Einen Nutzen besonderer Art stellt die häufig latente Motivation dar, sich in seinen Auffassungen und Handlungen sozial konform zu verhalten. So zeugte der bereits erwähnte Vorbehalt gegen die Erfassung einiger weniger Daten während der Volkszählungsdebatte 1986 wohl kaum in allen Fällen von einer a priori vorhandenen Sorge um den Missbrauch persönlicher Informationen. Diese Sorge kam sicherlich zwar auch durch die Argumente der, informellen, Meinungsführer gegen die Zählung zustande, vor allem aber war das Thema seinerzeit nicht zuletzt durch massive Medienberichterstattung auf die öffentliche Agenda gekommen und dadurch als für das eigene Leben der einzelnen Bürger relevant wahrgenommen worden. Dies hatte die wahrgenommenen ‚Kosten', eine unterstellte Big-Brother-Struktur, gegenüber dem höchstens indirekt erfahrbaren persönlichen Nutzen, besserer Planbarkeit von staatlicher Infrastruktur, ungleich größer erscheinen lassen. Hinzu kam der soziale ‚Nutzen' der Antihaltung, auf der gesellschaftlich ‚richtigen' Seite zu stehen.

Durch weitgehendes Fehlen einer auch nur annähernd vergleichbar dominierend öffentlichen Debatte im Internetzeitalter fand und findet daher eine entsprechende Besetzung des Themas bei einer ungleich potenziell brisanteren Situation ständiger Datenerfassung nicht statt.

Dass daher beim Online-Verhalten nach Aussagen der meisten Bürger kaum eine, erst recht keine permanente Kosten-Nutzen-Abwägung der freiwilligen Preisgabe von Informationen stattfindet und noch weniger aufwändige Versuche angestellt werden, nicht-transparente Algorithmen zu deren Erfassung nachzuvollziehen und zu kontrollieren, ist also auch darauf zurückzuführen, dass die öffentliche Debatte darüber nicht dominiert. Dies wiederum mag auch darauf zurückzuführen sein, dass sich die hohe Komplexität des Sachverhalts mit Milliarden von Facetten, Zusammenhängen, Optionen, Vor- und Nachteilen nicht (mehr) für eingängige Schlagzeilen eignet. Zudem ist das persönliche Pro oder Contra außerhalb der Insiderzirkel anders als in den 1980er Jahren nicht Teil einer persönlichen politischen Verortung innerhalb der Gesellschaft. Die Studie von Groebel (2009) zeigt zudem, dass, wohl anders als 1986, dem Staat, jedenfalls dem deutschen, weitgehend beim Datenschutz vertraut wird, man daher gerade bei der hohen Komplexität erwartet, dass er die Bürger schon schützt. Inwieweit er das bei den Bürgern schafft, wo es schon bei den eigenen Regierungsvertretern, siehe die NSA-Diskussion, kaum möglich erscheint, sei hier nicht weiter diskutiert.

Der Nutzen eingeschränkter digitaler Souveränität im Alltagsleben ist durch Annehmlichkeiten aller Art, personalisierter Einkauf, bequeme Administration, schnelle Informationsfindung direkt erfahrbar. Die Kosten sind es in der Regel nicht.

4 Bedeutung

Innerhalb des individuellen Umgangs mit der eigenen digitalen Souveränität spielen neben den erwähnten Kosten-Nutzen-Abwägungen weitere psychologische Faktoren eine Rolle. Sie lassen sich unterteilen nach persönlichen, kulturell-gesellschaftlichen und gruppenbezogenen Einflussprozessen.

a) Persönlich

Die Wahrnehmung eigener Souveränität korreliert sehr deutlich mit der Einschätzung, inwieweit man das eigene Verhalten, die eigenen Umstände weitgehend kontrollieren kann und im Griff hat. Neben Termini wie externe und interne Kontrolle im Sinne von Selbstbestimmtheit versus Fremdbestimmtheit hat sich vor allem der theoretische Ansatz des Stanford-Psychologen Albert Bandura (u. a., 1997) zur so genannten Selbstwirksamkeit durchgesetzt. Übertragen auf persönliche digitale Souveränität heißt dies, dass sie als umso größer wahrgenommen wird, je

- erfolgreicher und kompetenter man in der Vergangenheit mit den Anforderungen der digitalen Welt umgegangen ist. Digital Natives würden sich entsprechend nicht verwunderlich für auch digital souveräner halten und zumindest für sich selbst wissen, wie sie den persönlichen Datenschutz optimieren können. Zugleich zeigt dieser Punkt, wie wichtig tatsächlich das bereits erwähnte User Empowerment, wie wichtig die Schaffung digitaler Kompetenz ist.
- mehr man im Sinne stellvertretender Erfahrungen bei anderen miterlebt hat, dass sie souverän mit der Online-Welt umgehen können. Wer als Kind bei digital kompetenten Eltern aufwächst, wird sich auch selbst für einflussreicher halten als jemand, der diese Erfahrung nicht gemacht hat. Es geht aber nicht nur um das Elternvorbild. In der Klasse, im Freundeskreis, ja auch in der Ältere-unter-Jüngeren-Konstellation finden vergleichbare Lernprozesse statt.
- regelmäßiger das eigene Verhalten von außen belohnt wird. Man wird nun nicht ernsthaft erwarten können, dass bei umsichtigem Umgang mit eigenen Daten, also der eigenverantwortlichen Steigerung der persönlichen digitalen Souveränität, ständig Außeninstanzen applaudieren werden. Allerdings sind sehr wohl auch Online-Systeme vorstellbar, die auf die Notwendigkeit der eigenen Maßnahmen hinweisen und diese auch belohnen. Digitale Souveränität beginnt mit dem persönlichen Verhalten.
- weniger beängstigend im Sinne von Ohnmacht oder gar umgekehrt Nervosität das digitale System erlebt wird. Zwar dürfte mittlerweile auch unter den Nicht-Insidern der Umgang mit dem Netz nahezu selbstverständlich geworden sein, dennoch gibt es im Sinne der so genannten erlernten Hilflosigkeit (Seligman, 1975) immer noch bei vielen das unangenehme, auch physiologisch spürbare Gefühl, man sei der Online-Welt machtlos ausgeliefert. Auch hier schafft höhere Kompetenz eine größere Entspannung im Umgang damit.

b) Gesellschaftlich

Der persönliche Stellenwert von Datenschutz und digitaler Souveränität ist in hohem Maße gesellschafts- und kulturabhängig. Groebel und Gehrke (2003) fanden im Rahmen des World Internet Project, dass bei Deutschen im Vergleich zum Beispiel zu US-Amerikanern beim Netz die Sorge um hinreichenden Datenschutz wesentlich ausgeprägter war. In den USA dominierte umgekehrt eher die Angst vor negativen Einflüssen von Web-Inhalten auf Kinder und Jugendliche, dabei insbesondere im Zusammenhang mit explizit sexuellen Angeboten, die bei den Deutschen im Vergleich auf viel geringere Bedenken stieß. Schon damals wurde geringerer Datenschutz zumindest gegenüber staatlichen Instanzen bei den US-Amerikanern als dann unproblematisch angesehen, wenn man sinngemäß ein ‚rechtschaffenes Leben' führe und keine Angst vor Rechtsverfolgung haben müsse.

Auch im Zusammenhang mit der, unfreiwilligen, Preisgabe von Informationen gegenüber kommerziellen Unternehmen wurden in den USA eher die ökonomischen Vorteile für einen selbst und die Wirtschaft insgesamt herausgestellt, als die Beeinträchtigung der persönlichen Souveränität bemängelt.

Die kulturellen Unterschiede in der Bewertung der Wichtigkeit der digitalen Souveränität zeigen, dass sie nicht als ‚Wert an sich' verabsolutiert werden kann. Kontext, Normen und Interpretation fallen ganz unterschiedlich aus. Allerdings wird durchaus nachvollziehbar aus deutscher und europäischer Sicht argumentiert, dass die eigenen Wertvorstellungen eine viel geringere Einflusschance und geringere Beachtung hätten, da die großen, bestimmenden Digitalplayer amerikanischer Provenienz seien und entsprechend ihre eigenen Paradigmen viel mehr durchsetzen könnten als zum Beispiel die Europäer. Genau diese Situation führte nicht zuletzt zur Idee einer eigenen europäischen Digitalsouveränität.

Im Sinne der genannten Kosten-Nutzen-Abwägung stellt sich allerdings auch hier die Frage, ob bei der globalen Vernetzung diese technisch überhaupt realisierbar sein könnte und vor allem, ob dies die Idee der freien und konstruktiven internationalen Informations- und Kommunikationsströme nicht untergraben und zu einer letztlich geringeren Souveränität führen würde, als sich diese an anderer Stelle, sprich unter anderem Datenschutz, vermeintlich erhöhen würde.

Vermutlich ist die Balance zwischen den unterschiedlichen Wertesystemen digitaler Souveränität international auszuhandeln. Zugleich obliegt es der Kompetenz deutscher und europäischer Digitalschaffender und auch von Regierungen und Institutionen durch erfolgreiche Unternehmen und Unternehmungen sich nicht abzuschotten, sondern vielmehr mehr globalen Einfluss zu gewinnen. Breitband- und Infrastrukturpolitik sind hier bislang, gelinde gesagt, ausbaufähig.

c) Third-Person-Effekt

Bei der Selbstwirksamkeit wurde es bereits angesprochen: Man hält sich für umso souveräner, je kompetenter man sich in der digitalen Welt bewegt. Ein interessantes Phänomen ist dabei der ‚Third-Person-Effekt‘. (Davison, 1983) Er erklärt nicht zuletzt, warum man externe Datenschutzmaßnahmen zum Beispiel durch den Staat auch dann für erforderlich hält, wenn man selbst glaubt, das Internet souverän für sich kontrollieren zu können. Menschen tendieren dazu, die eigene Person als eher immun gegenüber negativen Einflüssen von außen anzusehen, während man die anderen als denen eher hilflos ausgesetzt ansieht. Auch dies erklärt, warum, selbst wenn vergleichsweise leidenschaftslos, siehe oben, der Schutz der Daten und digitale Souveränität auch dann von Staat und Unternehmen gefordert werden, wenn man sich selbst, irrtümlich oder nicht, bereits für hinreichend souverän hält.

d) Einstellung, Verhalten, Engagement

Dass die digitale Souveränität auf der persönlichen Ebene nicht zu den Prioritäten zählt, wurde bereits angesprochen, auch wenn man in Umfragen hohe Zustimmungswerte zu deren Notwendigkeit findet. Ebenso, dass Menschen es zwar für nötig halten, selbst Maßnahmen zum Datenschutz zu ergreifen, dies in der Alltagsrealität nicht konsequent umsetzen. Einstellungen und Verhalten klaffen also deutlich auseinander. Die Sozialpsychologen Fishbein und Ajzen (1975) erklären diese Diskrepanz grundlegend. Vereinfachend kann man das Prinzip auch als ‚Papier ist geduldig‘ erklären. Sobald Bewertungskategorien vorgelegt werden, hat man auch eine, häufig vermeintlich sozial erwünschte, Antwort darauf. Ob diese Reaktion sich aber auch in entsprechendem Verhalten, gar regelrechtem aktivem Engagement niederschlägt, hängt ab von der tatsächlich erfahrenen, persönlichen Wichtigkeit, von den Hürden, dieses Verhalten zu realisieren, den Erwartungen von Gruppe und Gemeinschaft, deren eigenem Verhalten und dem sozialen Druck, nicht zuletzt der Präsenz des Themas in Öffentlichkeit und Medien.

Übertragen auf digitale Souveränität heißt dies: Auch wenn sie von vielen propagiert und gefordert wird, im eigenen Präventionshandeln oder in der aktiven Durchsetzung ist sie vermutlich bei den meisten Bürgern im Vergleich zu anderen Themen nicht vorherrschend, weil

- nur sehr wenige einen direkt wahrgenommenen Missbrauch mit eigenen Daten erlebt und daraus resultierend ernsthaften Schaden erlitten haben. (Groebel, 2009)
- der persönliche Aufwand zum Erreichen völliger persönlicher Digitalsouveränität oder gar deren Realisierung auf gesellschaftspolitischer Ebene gemessen an der wahrgenommenen Wichtigkeit offenbar zu groß erscheint.

- anders als 1986 in Deutschland digitale Souveränität nicht zu den ganz großen Themen einer breiten (Medien-)Öffentlichkeit gehört.
- entsprechend außerhalb von Insiderkreisen kein unmittelbarer sozialer Druck dazu existiert.
- die ‚Anderen' sich auch nicht ‚besser' verhalten.

Ob gesellschaftspolitisch brisant oder nicht, Digitale Souveränität ist zu Beginn des 21. Jahrhunderts kein Großthema in der Wahrnehmung der Bürger.

e) Psychologische Faktoren der Digitalen Souveränität

Die bereits genannten und weiteren psychologischen Faktoren der Digitalen Souveränität lassen sich innerhalb eines Systems mit mehreren Dimensionen zusammenfassend darstellen. Dieses System zeigt zugleich die Wechselbeziehung zwischen der individuellen Ebene, der der unmittelbaren sozialen Bezugsgemeinschaft und der Gesellschaft insgesamt sowie die psychologischen Verarbeitungsmodi von Physiologie, Emotion, Kognition, Gruppenbezug, Werten und schließlich Handeln.

Die Mikro-, Meso-, Makro-Ebene

Die Beachtung und Bewertung der Bedeutung digitaler Souveränität auf persönlicher Ebene ist eingebettet in biographische und soziale Bezüge. Eigene Erfahrungen, Befürchtungen, Gleichgültigkeit, also die Mikro-Ebene, spielen hier ebenso eine Rolle wie der Einfluss von und Orientierungen an dem näheren sozialen Umfeld, der Meso-Ebene, und der Gesellschaft insgesamt, also der Makro-Ebene. Nicht zuletzt Medien spielen hier eine zentrale Rolle.

Die ‚Digitalsouveränitäts-Matrix'

Das System der verschiedenen psychologischen Modi der Digitalen Souveränität lässt sich als Matrix darstellen.

	PHYSIOLOGIE	EMOTION	KOGNITION	SOZIALES	WERTE	HANDELN
MIKRO	Beachtung	Involvement	Interesse	Vergleich	Konsistenz	Aufwand
MESO	Ansteckung	Aufregung	Thema	Stellenwert	Norm	Gemeinsam
MAKRO	Präsenz	Ladung	Agenda	Vielfalt	Kultur	Optionen

5 Physiologie

Die grundlegendste Voraussetzung für die psychologische Zuwendung zum Thema Digitale Souveränität ist, dass es überhaupt beachtet wird, dass ihm Aufmerksamkeit gewidmet wird.

Auf der Mikro-, also der individuellen Ebene kann diese durch frühere positive wie negative Erfahrungen und damit verbundene physiologische Erregung auf den ersten Reiz in dem Rahmen hin entstehen. Ein erster Reiz ist zum Beispiel die bloße Erwähnung des Begriffes. Beim Novizen, der sich mit dem Sujet noch gar nicht befasst hat und der auch keine eigenen konkreten Erfahrungen damit verbindet, wird keine physiologische Reaktion erfolgen, er wird kaum beachtet und stößt auf Gleichgültigkeit. Sobald der Begriff allerdings zum Beispiel in einer Kampagne mit einem starken positiven oder negativen ‚Bildreiz‘ verbunden wird, wie es in der Regel bei Werbe- und PR-Maßnahmen geschieht, ist die Anfangsbeachtung allein schon durch Reflexe gegeben. Dies kann einerseits zum Beispiel durch visuelle Angstappelle à la Big Brother geschehen oder umgekehrt durch das bildliche Betonen des positiv Souveränen zum Beispiel eines strahlend-freien Menschen.

Die entsprechenden Prozesse sind angeborene automatische Reflexe, die entweder archaisch-angeboren oder frühzeitig erlernt vor einer bewussten Informationsverarbeitung unmittelbare körperliche Reaktionen möglich machen, wie sie als Überlebensstrategie im Alltag, zum Beispiel im Straßenverkehr nötig sind, ohne dass erst komplexe Wahrnehmungsmuster greifen. Ähnlich automatisch verläuft auch die Gewöhnung an Reize, wenn sie regelmäßig geboten werden, abstrakt bleiben oder vielleicht zunächst noch Aufmerksamkeit erzeugen, aber dann ohne Folgen bleiben. Die Gewöhnung an Werbung, die irgendwann langweilt und irgendwann gar nicht mehr zur Kenntnis genommen wird, ist hier ein Beispiel.

Digitale Souveränität kann als Thema ein solcher Gewöhnungsreiz werden, wenn sie keine persönliche Leidenschaft weckt oder zunächst mit ihr verbundene Aufmerksamkeitsreize irgendwann nicht mehr ziehen.

Beim aktiv Interessierten stellt sich dieser Prozess genau umgekehrt dar. Er reagiert schon auf die bloße Begriffsnennung mit Aufmerksamkeit und macht sich für neue Informationen bereit. Gesellschaftspolitisch ist also schon auf der individuellen Ebene eine Aufteilung in Bürger mit geringer oder nur punktuell ausgeprägter Aufmerksamkeitsbereitschaft gegenüber dem Thema, in Deutschland Anfang des 21. Jahrhunderts im Mainstream offenbar wahrscheinlicher, und solche, die dem Thema als Betroffene, Insider oder politisch einschlägig Engagierte sofort Beachtung schenken.

Beide, Gleichgültigkeit wie Engagement, sind nicht nur Resultat der persönlichen Erfahrung, sondern korrelieren auch mit den sozialen und gesellschaftlichen

Bezügen. Erregung über ein Thema verbreitet sich innerhalb einer Gruppe, zum Beispiel von Aktivisten, regelrecht ‚ansteckend', physiologisch sogar messbar, genauso wie man bei wahrgenommener Gleichgültigkeit in der Bezugsgruppe auch selbst körperlich gelassen bleibt.

Schließlich ist bereits vor der bewussten Wahrnehmung die Präsenz oder Abwesenheit des Themas im gesellschaftlichen Diskurs aufregungs-, damit beachtungssteigernd oder –senkend. ‚Griechenland' oder ‚Flüchtlinge' lösten im Jahr 2015 sofortige Aufmerksamkeitsreflexe aus, ‚Digitale Souveränität' in der Breite eher nicht.

6 Emotion

Durch die bewusste inhaltliche Bewertung ist die Emotion mit der physiologischen Ebene verknüpft. Wer schon persönliche Negativerfahrungen mit mangelndem Datenschutz oder Unbeeinflussbarkeit seines Web-Profils gemacht hat, also zum Beispiel ins Visier der Geheimdienste geriet, einen Job oder einen Kredit wegen ungünstiger Suchmaschineninformationen nicht bekam, dürfte ziemlich sicher Angst, Frustration und schließlich Ärger entwickeln (siehe dazu u. a. Groebel & Hinde, 1991) und dem Thema bedeutend mehr Gefühlsvalenz entgegenbringen als der bislang wenig oder nicht Erfahrene. Umgekehrt wird derjenige, der geschäftlich von möglichst dichter Informations- und Profilsammlung profitiert, emotional der globalen Datensammlung gegenüber digitaler ‚Abschottung' den Vorzug geben.

Auch diese emotionalen Prozesse sind wieder eingebettet in sowohl den unmittelbaren Gruppen- als auch den Gesellschaftsbezug und die jeweilige Gefühlsladung durch diese Ebenen, Engagement versus Gleichgültigkeit im sozialen Nahraum, hohe versus niedrige Themenfärbung national und supranational. Das schon erwähnte weit gehende Fehlen unmittelbar negativer eigener Erfahrungen im Sinne der Beeinträchtigung der persönlichen digitalen Souveränität lässt eine direkte emotionale Reaktion beim Durchschnitt der Bevölkerung weniger wahrscheinlich sein. Allerdings auch deshalb, weil selbst weitreichende private Konsequenzen von Datensammlung und –verarbeitung durch mangelnde Transparenz und unverständliche Algorithmen dem persönlichen Erfahrungshorizont entzogen sind.

6.1 Kognition

Verwandt mit der emotionalen Angst, aber eher das mentale Befassen mit einem Thema, hier mit Datenschutz und Datensouveränität, beschreibend ist die kognitive Sorge. Man steigt informationssuchend, -sammelnd und verarbeitend ein, ist neugierig, engagiert sich und betrachtet sich als sozial verantwortlich. Dies alles mag zwar mit Emotionen verbunden sein, kennzeichnet aber eher die sachliche Ebene. Für die nicht unmittelbar fachlich oder emotional Involvierten lässt ohne weiteren sozialen oder gesellschaftlichen Druck, ohne Thematisierung in der Bezugsgruppe und in der Öffentlichkeit findet sehr schnell auch eine Abnutzung des Informationsinteresses statt.

6.2 Soziales

Dass soziale Bezüge beim Thema Digitale Souveränität sehr viel Einfluss haben, wurde bereits erläutert. Auf der Ebene persönlicher Wahrnehmung ist es der soziale Vergleich der eigenen Auffassungen mit denen der anderen, ist es aber auch das ebenfalls bereits erwähnte Entwickeln stellvertretender Erfahrungen durch die Wahrnehmung dessen, was diese anderen unmittelbar im Rahmen möglicherweise mangelnden Datenschutzes an Negativem mitgemacht haben oder auch umgekehrt positiv geschäftlich aufbauen konnten durch geringe regulatorische Restriktionen. Eingebettet sind diese sozialen Erfahrungen in einzelne Gruppenkulturen, aktiv Engagierte oder Desinteressierte, und wiederum in die Gesellschaft, eine homogene oder (themen-)pluralistische.

6.3 Werte

Korrelierend mit den Gruppenbezügen, aber auch individuell biographisch bedingt ist die Ebene der Wertesysteme. Verkürzt formuliert kann jemand den instrumentell-funktionalen Ansatz für sich zum Lebensprinzip erhoben haben oder auch den übergreifender ethischer Werte, ungeachtet des persönlichen Nutzens oder Schadens. Gerade, digitale, Souveränität fügt sich ein in eine persönliche Überzeugungsstruktur von singulärer Freiheitsorientierung eventuell um jeden Preis gegenüber der Auffassung, ‚Rechtschaffenheit' und maximale geschäftliche Globaloptionen seien im Vergleich zu eingeschränkter Souveränität viel höher zu bewerten. In der Regel dürften auch hier die Gruppennormen, die Gesamtkultur mit beeinflussen, wie man persönlich für sich den Stellenwert der digitalen Souveränität im System eigener Auffassungen definiert, wie konsistent man sich hier verhält. Wie schon erwähnt, kommen hier traditionell gesellschaftlich-kulturelle Unterschiede zwischen den USA und Deutschland, beziehungsweise Europa im

Durchschnitt der Bürger bei der Wertegenese zum Tragen. Deutsche haben gerade im Bereich von Technikentwicklung eher Bedenken als Amerikaner.

6.4   Handeln

Die Bereitschaft, die Emotionen, das Wissen, die Werteorientierungen und die soziale Einbettung rund um das Thema Digitale Souveränität in ein irgend geartetes Handeln zu übersetzen, zum Beispiel sich selbst um mehr eigenen Datenschutz zu kümmern oder sich gar gesellschaftspolitisch zu engagieren ist dann letztlich wieder eine Frage des dazu notwendigen persönlichen Aufwandes und der schon beschriebenen Kosten-Nutzen-Konstellation. Je individuell weniger aufwändig, je mehr begleitet durch entsprechendes Verhalten in der Bezugsgruppe, je mehr Optionen zum eigenverantwortlichen Handeln auf gesellschaftlicher Ebene geboten werden, desto mehr wird der einzelne bereit sein, zum ‚Selbstschutz' und zur persönlichen digitalen Souveränität gewisse Zeit-, Energie- und Finanzinvestitionen vorzunehmen. Je weniger dies in der Kombination der Fall ist, siehe auch die Übersicht der Faktoren in der Matrix, desto mehr wird die Schutzerwartung nach außen, auf externe Institutionen und staatliche Instanzen verlagert. Digitale Souveränität auf der Makroebene ist also auch eine Funktion der Summe persönlicher Ausgestaltungen individueller digitaler Souveränität. Immer natürlich unterstellt, dass es überhaupt hinreichende Freiheitsgrade im System zu privaten Entscheidungen über mehr oder weniger persönliche Souveränität rund um Daten und die digitale Welt gibt.

7   Schlussfolgerung

Weder digitale Souveränität auf persönlicher Ebene noch die Digitale Souveränität im politischen Sinne sind als isolierte Werte anzusehen. Mit dem Schwerpunkt psychologischer Faktoren wurde in den vorangegangenen Abschnitten gezeigt, wie sehr ihr jeweiliger Stellenwert, ihre Realisierung und entsprechendes persönliches Handeln abhängen von einer Vielzahl von Einflussgrößen. Da eine absolute Digitale Souveränität in nationaler und supranationaler Hinsicht kaum denkbar, und vermutlich auch global nicht wünschenswert ist, gilt es, die individuelle so zu steigern, dass eine persönlich, sozial und gesellschaftlich akzeptable Balance zwischen der privaten und der übergeordneten Sphäre entsteht. Grundlage ist hier natürlich eine Mindesttransparenz der Abläufe und Algorithmen, mit denen Bürger und Gesellschaft digital zu tun haben.

Literatur

Ansbacher, H.L./Ansbacher, R.R. (1972). Alfred Adlers Individual Psychologie. Ernst Reinhardt Verlag.

Bandura, A. (1997). Self-Efficacy: The Exercise of Control. W.H.Freeman.

Davison, W.P. (1983). The Third Person Effect in Communication. Public Opinion Quarterly, 1983, 47, 1-15.

Fishbein, M./Ajzen, I. (1975). Belief, Attitude, Intention, and Behaviour. Addison-Wesley.

Groebel, J. (2009). Datenschutz in Deutschland: Einstellungen der Bürger. Eine Repräsentativstudie. Interne Publikation. Deutsches Digital Institut, Berlin.

Groebel, J. (2014). Das neue Fernsehen. Springer Wissenschaft.

Groebel, J. (2015). Fernsehen im 21. Jahrhundert. Medien und Erziehung, 2015, 59, 12-20.

Groebel, J./Gehrke, G. (2003). Deutschland und die Digitale Welt. Leske & Budrich.

Groebel, J./Hinde, R.A. (Eds.) (1991). Aggression and War. Cambridge University Press.

Groebel, J./Noam, E./Feldmann, V. (Eds.) (2006). Mobile Media. Lawrence Erlbaum.

Hinde, R.A./Groebel, J. (Eds.) (1992). Cooperation and Prosocial Behaviour. With a Foreword by HRH the Princess Royal. Cambridge University Press.

Kahnemann, D. (2011). Thinking, Fast and Slow. Straus and Giroux.

Maslow, A.H. (1943). A Theory of Human Motivation. Psychological Review, 1943, 50, 370-396.

Seligman, M.E.P. (1975). Helplessness: On Depression, Development, and Death. W.H. Freeman.

Turkle, S. (1995). Life on the Screen. Identity in the Age of the Internet. Simon & Schuster.

Jo Groebel, Prof. Dr., Deutsches Digital Institut, Berlin

VII
Fazit und Ausblick

Digitale Souveränität – Rückblick und Ausblick
Einige Anmerkungen der Herausgeber

Peter-J. Bisa und Mike Friedrichsen

Als im Jahre 2013 die ersten Informationen über SNOWDEN publik wurden, reagierten viele Akteure der Wirtschaft mit einem irritierten, manchmal auch ungläubigen Gesichtsausdruck. In der Politik selber wurden von einigen Gruppierungen sehr schnell Forderungen nach einer harschen Reaktion gegenüber der US-Regierung laut und seitens der zivilgesellschaftlichen Organisationen brach ein Sturm der Entrüstung los, verbunden mit einem breiten Forderungskatalog an sog. notwendigen Maßnahmen.

Eine erste Reaktion des Verfassers in einem Schreiben an diverse Parlamentarier, dass Sicherheitspolitik nun wohl nicht mehr ausschließlich ein Thema der Innen- und der Verteidigungspolitik sei, sondern ab sofort auch ein Thema für die Wirtschaftspolitik werden müsse, wurde sehr schnell aufgegriffen, geriet dann aber im Verlauf der Diskussionen in das Spannungsverhältnis Pro- oder Contra-USA.

Gerade im Umfeld der IKT-Branche führte diese Diskussion relativ schnell zu der Fragestellung: Haben wir denn in Deutschland, in Europa überhaupt noch eine Chance, unseren Wirtschaftsstandort digital abzusichern, Absichern gegen wen auch immer! Denn das Know-how zur Computerspionage und für Cyberattacken steht weltweit zur Verfügung. Es ist keine Domäne staatlicher Nachrichtendienste, egal aus welchem Lande. Und im Übrigen wurde und wird deren Notwendigkeit von keinem ernst zu nehmenden Betrachter in Frage gestellt. Das Wissen um diese Möglichkeiten wird zwangsläufig auch in kriminellen Milieus verwendet.

Deutschland spielt im Bereich der IT- und TK-Komponenten weder bei der Hardware noch bei der Software eine führende Rolle. Diese Führung entlang der Wertschöpfungskette haben zum allergrößten Teil Unternehmen aus den USA oder aus China übernommen. Eine Erkenntnis blieb jedoch haften: Sicherheit ist unbedingt notwendig, darin waren sich alle einig. Nur bei der Frage, wie dies in der Praxis bewirkt werden kann, wenn die notwendigen Kernkompetenzen nicht mehr bei uns liegen, wir die Produkte nicht mehr selber entwickeln und produzieren, gab es keine einheitliche Meinung.

Sicherheit ist zum einen ein Grundbedürfnis des Menschen. Sicherheit ist aber schlechthin auch die Basis für wirtschaftlichen Erfolg eines jeden Unternehmens: Kundendaten, Produktions-Know-how, Finanzdaten etc. Sie alle bilden das Fundament für ein florierendes Unternehmen. Und für alle politischen Überlegungen sollte Sicherheit ebenfalls eine Basis zur langfristigen Perspektive sein, für die Zukunft eines Landes, seiner Gesellschaft, seiner Wirtschaft, für die Zukunft einer Region.

Die rasante digitale Transformation erfordert nun zwangsläufig eine neue Qualität der Diskussion, der Analyse, wie die unterschiedlichen Facetten zum Thema Sicherheit überhaupt realisiert werden können, wenn man selber keine umfassende Kompetenz mehr in den dafür notwendigen Bereichen besitzt. Oder anders formuliert: Ist man in Deutschland überhaupt noch souverän, da man ja keine eigenständige digitale Selbstbestimmung mehr praktizieren kann? Was tun, um sich gegen digitale Spionage resp. digitale Attacken abzusichern? Was tun, um die Eigenständigkeit und Unabhängigkeit der Wirtschaft, der Gesellschaft zu bewahren, trotz der Globalisierung, oder gerade wegen der Globalisierung? Was ist überhaupt noch sinnvoll in der heutigen vernetzten Welt mit all ihren wirtschaftlichen Verflechtungen?

Der Fragenkatalog läßt sich beliebig erweitern!

Das Ergebnis der zahlreichen Gesprächsrunden führte dann schlußendlich zu der Begriffsprägung „digitale Souveränität", zugleich dann aber auch zur Fortsetzung der eingangs angeschnittenen Fragestellung: Was bedeutet dies denn nun überhaupt in all seinen inhaltlichen Differenzierungsoptionen? Im Kontext von Wirtschaft, Technik, Bildung, Recht, Politik, Eigenverantwortlichkeit des Individuums etc.: Wer in unserer Gesellschaft hat dann ggfs. welche Rolle zu übernehmen? Wie kann dieser Begriff im internationalen Kontext eingeordnet werden, da führende Industrienationen ja auch sehr divergierende Interpretationen, recht unterschiedliche Vorstellungen haben von Industrie- und Wirtschaftspolitik, sie dies z. T. ja auch als klare nationale Zielvorgaben bestimmt haben? Ist eine Forderung nach digitaler Souveränität eventuell auch als ein Rückfall in eine neue Nationalstaatlichkeit zu verstehen, so wie dies mehrfach bei Diskussionen geäußert wurde?

Das Ziel unserer Sammlung von Beiträgen und Abhandlungen ist, dem Leser ein möglichst umfassendes Spektrum zum Themenkomplex der digitalen Souveränität zu liefern. Dabei belassen wir den Leser auch in seiner Souveränität, sich für oder wider beschriebene Konzepte resp. Aussagen zu positionieren. Denn dies entspricht unserem Selbstverständnis von einer mehr oder weniger stark vorhandenen Souveränität, die wir bei jedem Individuum voraussetzen, jedoch zugleich verknüpft mit der entsprechenden Toleranz für andere als die eigene gebildete Meinung. Ohne diese beiden Komponenten ergibt sich ansonsten eine Asymmetrie.

Dessen ungeachtet halte ich folgende Thesen für unabdingbar, für Deutschland, für Europa, für unsere Wirtschaft, die Politik, die Zivilgesellschaft, für die Menschen.

Verantwortlichkeit als Kernthema – aber: Wer macht was?

Es ist eine generelle Aufgabe des Staates, den Menschen, der Gesellschaft Sicherheit und Schutz zu bieten. Daraus leitet sich ja u. a. das Gewaltmonopol des Staates ab. Dies kann jedoch nicht dahingehend interpretiert werden, dass der Einzelne, die Wirtschaft als Ganze, die einzelnen Unternehmen aus der Verantwortung entlassen werden und der Staat sich in eine allumfassende Verantwortlichkeitsposition bringt. Letzteres wird gerne seitens der Politik als eine populäre politische Option gesehen.

In einer immer stärker digitalisierten Welt hat der Staat die gleiche Verantwortung wie bisher, er muss sich nur auf die neuen Herausforderungen einstellen: durch Anpassung der Gesetzeslage, durch Änderung des Sicherheitsgedankens, durch neue Formen der Risikoevaluierung, durch eine neue Bildungspolitik, die die Menschen auch in die Lage versetzt, sich aktiv mit dieser neuen Gesamtsituation auseinanderzusetzen.

Wenn man digitale Souveränität als einen Kontext zur Bewahrung der Eigenverantwortlichkeit des Individuums ansieht, dann ist ein mehr an Schutz, ein mehr an Sicherheit jedoch keine Notwendigkeit für eine Vergrößerung der staatlichen Aufgaben. Denn ansonsten laufen wir Gefahr, das Fundament unserer Gesellschaft, d. h. der Existenz des freien und mündigen Bürgers in dieser seiner Eigenständigkeit, seiner individuellen Unabhängigkeit, seiner Selbstbestimmung zu zerstören. Die Willensfreiheit, die Handlungsautonomie des Individuums dürfen nicht eingeengt resp. außer Kraft gesetzt werden. Im Gegenteil: vor dem Hintergrund der rapiden digitalen Transformation aller Lebensbereiche, damit auch den Aspekten der Meinungsbildung und Meinungsvielfalt wird es eine herausfordernde Aufgabe der Politik, ja aller politischen Gremien, wie in unserer vernetzten und neuen Gesetzmäßigkeiten folgenden digitalen Welt jeder Ansatz zur Einengung der Meinungsvielfalt und Meinungsfreiheit verhindert werden kann. Ist in dieser Welt der sogenannten sozialen Netzwerke, die von wenigen Plattformen geprägt sind, diese Vielfalt noch gewährleistet? Werden die Bürger eines Landes so ausgebildet – zumindest die jüngeren in den Schulen – dass sie die neuen Technologien nicht nur technisch versiert nutzen, sondern auch „hinter die Kulissen schauen" können, dass sie verstehen, interpretieren können: Wer liefert was? Und ggfs. warum? Wer steckt dahinter?

Die Frage nach dem „Warum?" wird eine völlig neue Qualitätsdimension einnehmen!

Wenn im gleichen Kontext die Eigenverantwortlichkeit der Wirtschaft, der Unternehmer betrachtet wird, dann jedoch sollte der Staat, dann sollte die Politik die Herausforderung aufgreifen, diesen ihren Handlungsspielraum zu erweitern. Nicht durch neue Regelwerke, sondern durch klare politische Signale, im Gesamtbündel der staatlichen Aufgaben alle Maßnahmen zu fördern, zu unterstützen, die eine Souveränität für das Staatsgebiet, für das eine Regierung beauftragt wurde, absichert resp. neu aufbaut. Eine solche Priorisierung wird sehr gerne als Rückfall in ein neues nationalstaatliches Denken bewertet, und damit gerade in Deutschland im Hinblick auf unsere Geschichte als quasi-chauvinistische Einstellung äußerst negativ kommentiert. Nur sei dann die Frage erlaubt: Für wen hat ein Staat zu handeln, für wen hat die Politik ein Mandat? An erster Stelle für die Menschen, die Gesellschaft, die Unternehmen in dem Gebiet, für das die Politik verantwortlich ist. Das dies immer im Einklang mit übergeordneten politischen Gebilden erfolgen sollte, ist kein Widerspruch, sondern nur eine zweite Ebene – wie z. B. für uns Deutschland und die EU. Die Basis bildet jedoch zunächst der eigene Raum. Interessant ist, dass andere Länder mit dieser Prioritätenfestlegung weniger Schwierigkeiten haben als wir in Deutschland.

Und dies ist zugleich eine Aufgabe an die Wirtschaft: Wirtschaftliches Handeln lebt ebenfalls von unternehmerischer Kreativität, von Produkten und Dienstleistungen, die sich auf sehr unterschiedlichste Aspekte beziehen und für die verschiedensten Menschen und Lösungen konzipiert wurden. Hier liegt die Aufgabe der Wirtschaft darin, sich einer neuen Kombination von Freiheit und Verantwortung zu stellen, trotz der von den digitalen Apologeten als normal angesehenen Monopolisierungstendenzen digitaler Plattformen. Die Alternative für die Wirtschaft: Aufgabe des freien Unternehmertums, Verlust an Eigenständigkeit, von den Aspekten der Unabhängigkeit und der Kontrolloptionen ganz zu schweigen. Eine digitale Souveränität ist unter diesem Aspekt der Wahrung der Freiheit für das Unternehmertum ein unabdingbares Ziel. Alle bisherigen Erfahrungen haben gezeigt, dass ohne Rahmenbegrenzungen Macht zur Monopolbildung führt. Im digitalen Zeitalter führt Macht jedoch über die dahinterliegenden Daten zu einer neuen Form des Monopols, da sich durch deren Missbrauch nicht nur klassisch profitorientierte Gewinnoptimierungen ergeben, sondern durch das Datenvolumen ein Manipulationsrisiko ergibt. Die Konsequenzen einer solchen möglichen Entwicklung wären mehr als marginal, sowohl wirtschaftlich, erst recht politisch – also nicht nur gesellschafts- sondern auch wirtschaftspolitisch.

Es dürfte für unsere Wirtschaft, für unser Wirtschaftssystem der „sozialen Marktwirtschaft" zu einer Frage des Überlebens werden, ob sich die Unternehmen dieser Verantwortung stellen oder nicht. Auch hier gilt, dass selbst bei der heutigen Vernetzung, der immer stärkeren Globalisierung die Wahrung der eigenen Souveränität das Fundament bildet.

Die Diskussion um die Wahrung, die Rückgewinnung oder aber um eine Neuerfindung einer digitalen Souveränität sollte als generelle gesamtpolitische Aufgabe gesehen werden, dient sie doch der Absicherung des Wirtschaftsstandortes. Vorsorge zu treffen für eine digitale Kompetenz – ob in der Bildungs-, der Wirtschafts-, der Sicherheitspolitik bedeutet nicht Rückfall in alte nationalstaatliche Denkmuster. Sie ist für uns in Deutschland, für alle in Europa die Basis, unsere weitere Zukunft abzusichern, natürlich im Verbund mit anderen Staaten und Organisationen, deren Wertesystem wir miteinander teilen.

Vom Individuum über die Partnerschaft, ob Familie oder anders strukturiert, von der Stadt, der Region in der wir leben, vom Unternehmensstandort bis zur Auslandsfiliale, von Deutschland bis an die Grenzen Europas, in diesem pyramidalen Aufbau wird sich beweisen müssen, ob wir unsere Aussage lebendig erhalten: Freiheit und Verantwortung bedingen einander.

Mike Friedrichsen, Prof. Dr., Professor für Medienökonomie und Medieninnovation an der Hochschule der Medien Stuttgart und wissenschaftliche Leitung der Humboldt-School Stuttgart/Berlin

Peter Bisa, Geschäftsführer Tactum GmbH Köln sowie Mitglied im Wirtschaftsrat der CDU und Mitglied der MIT